U0050838

【第二版】

# 人類行爲與社會環境

# Human Behavior and Social Environment

郭靜晃◎著

# 二版序

當今社會工作實務焦點擺在助人歷程及解決問題之過程上，以作為日後處遇模式之參考。而個人之行為是居於其身處的社會情境中，因此社會工作之處遇著重於個人及其他系統之互動中，這可能運用於個人、團體、家庭或社區之工作中，而社會工作者要能將案主所需之各種處遇有效地呈現於服務歷程中，所運用模式之選擇可能會隨著案主需求、機構或實務單位之宗旨、約束和委託而改變，但是為之不變的是專業的社會工作者必須確信其實務方法是符合社會工作倫理，且社會工作價值觀和目標是一致的。

社會工作專業教育的目標之一是為提供學生一些機會，以統整其即將引用之知識以檢證案主之問題行為，並對案主行為之原因能做有效地診斷、評估，進而提出介入的方案或倡導政策，促使案主之行為得以改善或矯治。因此，社會工作者要能調查、衡鑑行為之病因以做事先之預測。

社會工作服務需要靠方案之規劃及處遇之執行，而這些社會處遇更需要有專業知識及能力做檢證，一般在社會工作過程中社會工作者需要瞭解社會環境及各個系統之適應能力；基本上，社會工作者需要有下列之知識背景：(1)人類行為與社會環境；(2)充權觀點；(3)多元文化觀；(4)社會工作政策、研究與評估。

本書共計十章，包括人類行為評估之多元層面，人生全程發展，胚胎、生產與新生兒，嬰幼兒期，幼兒期，學齡兒童期，青少年期，成年期，中年期與老年期。除了探討人類發展主題與理論、研究方法、分娩、出生、新生兒、嬰兒、幼兒、學齡兒童、青少年、成年、中年與老年等生理特徵之外，尚討論人類發展的各個心理層面，諸如認知、智力、語言、社會、情緒、遊戲、友伴關係、道德、性別角色、職涯發展、成功老化等發展進程及其社會影響因素，進而提供一些幫助，發展個人、家庭及社會功能之社會服務方案和倡導社會政策策略。第二版除增加最近的資料，尤其是發展的前因與後果的影響及復原力處遇模式；此外，尚對全書的結構予以調整，以使使用者方便入手，易於閱讀。

基於篇幅的關係，有關人類發展之社會相關層面，如性別、族群、多元文化等，不能一一介紹，若存在疏漏與不當之處，尚請前輩先進雅正。感謝揚智文化事業股份有限公司諸君的催生、督促及鼓勵，為本書之付梓提供各種協助，使本書順利交稿出版，在此表達個人最誠摯的謝意。

郭靜晃 謹識

陽明山　華岡2016年夏

# 目 錄

## Chapter 7 青少年期 333



## Chapter 8 成年期 439



## Chapter 9 中年期 485

Chapter 1

# 人類行為評估之多元層面

- 社會工作之目的及其專門知識
- 從人類發展解釋人類行為
- 人類發展之科學研究方法
- 結語

## 【案例一】

陳太太是一位六十歲的婦女，在接近農曆新年時，一直感到頭暈與氣喘。陳太太平常是積極活躍和精力旺盛的，常盼望能全家團圓並一起共享天倫之樂。她有兩個女兒、一個已離婚的兒子以及孫子們。然而，兩個女兒一直不和，她經常被夾在中間，時而當橋梁、時而當出氣筒；此外，兒子又離了婚，陳太太想要和她的兒媳或孫子女接觸的任何嘗試，都招致兒女們的怒氣大發。新年即將來臨，她知道她又不能與兒媳、女兒及孫子女一起團聚。

## 【案例二】

《心靈捕手》敘述一位對數理極具天賦的青少年，從小因為家庭變故，生長於寄養家庭，因遭受虐待，導致行為常常違反社會規範，而受到保護管束的案例。男主角因心中對知識與愛的渴望，在美國知名學府（MIT）當清潔工，無意中破解教授所出的數學難題，加上邂逅富家女，卻一直不敢付出真愛，害怕面對自己的過去而自我放逐甚至糟蹋天賦，直到遇到能觸及內心深處的諮商師和「心靈伴侶」，才重新找到自我與新生活。

資料來源：圖文摘自維基百科。

【案例三】

為一家五口的雙生涯家庭，父母皆在底層服務業工作，所得僅能糊口。因為經濟不景氣，工廠突然關門遷至大陸，父親因而被資遣造成失業。經過一段時間父親仍然找不到工作，整個家庭經濟之重擔全落在母親身上，並申請社會救助。父親因長期找不到工作，心情憂鬱，常藉酒消愁而變成酗酒，每當喝完酒之後會對妻子拳打腳踢，造成家庭暴力。

上述例子常反映人的真實生活情境，而每一齣的人生事件都各有其不同的生命插曲。人類行為常處於不同環境中，經常是複雜、困惑又令人著迷的，而社會工作的基本任務即是「加強所有年齡層個體之社會功能」（Zastrow, 1982: 3）。為了加強這些社會功能、增加個人適應力、強化個人因應能力，社會工作者會謀求解決個人問題或減少社會問題的產生。此時唯一的方法就是瞭解它，給予正確的診斷，然後再依個人的創意和智慧來發展技術與技巧之方案或政策，充權這些個體，使其產生解決問題的能力。

## 第一節　社會工作之目的及其專門知識

**社會工作**至少要有三種主要功能（Baer & Federico, 1978: 68）：(1)幫助人群解決困難及有效的因應困境；(2)與公私部門及機構合作，有效運用資源及服務幫助人群；(3)利用助人專業，幫助人們使用可近的資源，解決他們自身的問題。當個人及家庭問題能獲得解決，那麼社會問題便能迎刃而解，達到社會功能。

社會工作是一門助人的專業，與其他助人專業（例如醫生、心理學家）不同，不僅要瞭解及幫助個人問題及身心徵兆之解決，尚要瞭解個人如何與家庭及機構（如非營利組織、機構及公部門機構）之間的互動，並瞭解這些機構如何對個人產生影響。在社會工作歷程中，貧窮因素常是造成個人生活產生壓力以及亟需社會資源的介入，否則可能造成個人或其他家庭成員，甚至整個家庭系統的威脅。

上述的**案例三**是因為貧窮導致家庭危機，進而衍生家庭暴力，需要公共救助及介入服務。這是一個很好的「人在情境中」（persons in situation, PIS）的例子，敘述個人如何與環境交流互動（transaction in environment, TIE）。當社會工作者檢視此案例時，必須要透視家庭與其所處環境中之系統如何相互影響：第一，父親受失業所影響並尋求公共救助服務；第二，家中支援系統無法立即因應家庭經濟壓力；第三，有限的資源供給造成父親酗酒及衍生家庭暴力。

社會工作實踐必須涵蓋下列幾個步驟（Shulman, 1981: 17-28）：

1.問題與情境必須仔細檢證。
2.特定行動方案的執行要有清楚的目標（goals）及對象（objectives）。
3.執行處遇計畫，例如提供諮商、輔導、資源引入、倡導政策以充權案主發展解決問題之能力等實作（doing）過程。
4.結案與追蹤。

Kirst-Ashman及Hull（2009）提出**社會工作過程的五個步驟**：(1)檢視問題及情境的衡鑑（assessment）；(2)協助案主確認可認可方案，以發展特定的行動計畫（plan）；(3)實際的處遇的干預（intervention）及施行（implementation）；(4)控制解決問題進度的評估（evaluation）；(5)結束處遇過程以完成記錄的結案（termination）。社會工作過程從案主帶著問題與需求求助於社會工作者伊始，社會工作者必須瞭解這些問題與需求，透過正確的評量、蒐集、分析、詮釋問題情境的相關訊息，再發展確認可獲得資源的替代方案，經過實作及評估過程以解決案主問題，幫

助案主發展個人及其周遭社會的行為功能。

社會工作實務與過程要求社會工作者對案主個人、問題及情境的仔細衡鑑（Baer, 1979），對有關個人之問題與情境之訊息需要仔細的蒐集、分析與詮釋。Mather和Lager（2000）更進一步提出「社會工作實務規範」（social work protocols in practice, SWPIP），作為社會工作者進行實務工作時採取適當行為與技巧的指引方針。

## 一、人在情境中（PIE）

「人在情境中」（persons in situation, PIS）系統是評估社會功能的問題，最重要是幫助社會工作者在診斷或溝通案主問題時，有一個普遍性之分類系統，用四個層面描述案主的問題：

1.社會角色問題。
2.環境問題。
3.心理違常問題。
4.生理問題。

描述案主問題時，這四項因素缺一不可。前兩項要素是社會工作者作為評估社會功能之依據；在此系統中，社會功能是指案主有能力完成生活需求與任務，並實現社會認同（所規範）的角色。PIE系統建立了明確的分類，以確認社會角色功能的問題。因素三的心理違常評估是關心個人因情境所引發的心理病理行為，而因素四的生理問題評估則是衡鑑造成個人之生理影響及因為社會功能所造成之相關醫療情形。

在PIE系統的架構中，社會工作者要依據信度、效度之評量工具來衡鑑個案在此四系統中之問題、問題之嚴重度和持續時間，此種架構運用之分類和規則如《心理異常診斷統計手冊第四版》（*Diagnosis of Statistical Manual IV, DSMIV*），當然，社會工作者也可借助各種具信、效度量表將案主的問題分類、評量問題的嚴重性及社會功能，以便社會工作者判斷問題的嚴重性及輕重緩急。

就**案例三**所敘述之失業家庭之家暴事件為例，先生因失業、酗酒而毆打妻子，造成妻子全身瘀傷、內出血住院，醫生說她這星期以來病情持續惡化，並診斷出有腹膜炎的情況，現正以靜脈注射，且尚在觀察與評估是否需要開刀；此外，她的精神狀態持續處於恐慌之中。社會工作者經評估之後，案主因為全家都靠她工作之薪水養活，雖領有社會救助金，仍經濟困頓無力負擔醫療費用，擔心丈夫因違反家暴法會送監禁，也怕兒子會因為家暴事件被送往育幼院加以安置。

針對這樣的案例我們透過PIE系統的診斷，描述出案主的問題如下：

| 因素 | 環境系統層面 | 問題層面 | 嚴重度 | 持續時間 | 因應技巧 |
|---|---|---|---|---|---|
| 因素一：<br>社會角色問題 | 家庭之關係 | 角色喪失及地位改變 | 4<br>高 | 5<br>近一個月 | 4<br>不足 |
| 因素二：<br>環境問題 | 經濟與基本需求，缺乏社會支持 | 在自己家中所發生庇護所與安全感 | 高 | 5<br>近一個月 | |
| 因素三：<br>心理違常問題 | 心理 | 恐慌症 | 評估中 | | |
| 因素四：<br>生理問題 | 生理 | 外傷及內傷（腹膜炎） | | | 已處理，<br>正康復中 |

如上表所述，因素一指出了案主家中角色關係之問題、形式、嚴重度及持續度；因素二確認了案主受到的生理與社會環境系統所影響的問題類型、嚴重度及持續程度；因素三則指出案主心理的症狀；因素四指出優先處理之病理問題。此系統的優點能提供社會工作者一種溝通方式，並能清楚定義出案主的問題及其應優先處理之順序，同時也能增加處遇之成效及提供日後預防之壓力及生活事件。

## 二、個人與環境間的交流（TIE）

「**個人與環境間的交流**」（transaction in environment, TIE）最初是由Monkman及Allen-Meares（1995）共同提出，以作為檢視兒童及青少年本身和其情境互動（交流）的架構。這個架構也可考量社會工作對於人在情境之雙向觀點，它不但可以讓社會工作者看出以發展本位的個人需求為標的之工作目標，同時也能看到環境的各個影響層面。

TIE系統之架構其實是運用了**生態觀點**（ecological perspective）及**系統觀點**（systematic perspective），其組成要素有因應行為、交流及環境品質等要素（見**圖1-1**），茲分述如下：

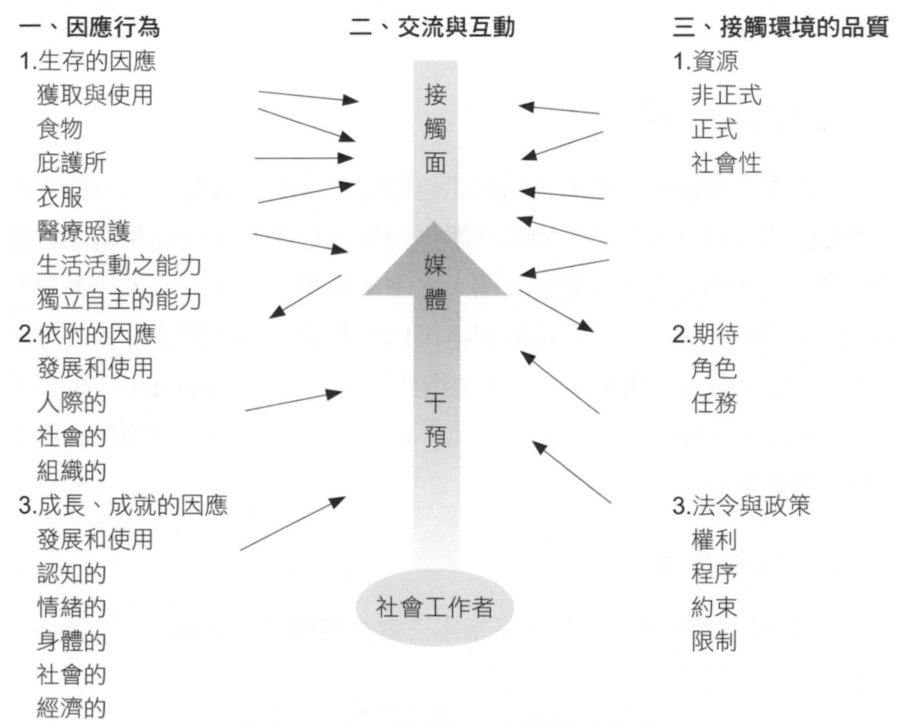


**圖1-1　TIE：社會工作實務之架構**

資料來源：Allen-Meares, P. (1995).

### (一)因應行為要素

**因應行為**是指個人面對環境時，意圖要控制自己的行為能力。兒童及少年福利的社會工作者主要須處理個案三個方面的因應行為：

1.生存的因應行為：指讓個人可以取得並使用某些資源，以便能持續生活與活動的因應行為。因此，生存行為可再區分為各種為取得食物、衣著、醫療處理和交通等各項資源的行為能力。

2.依附的因應行為：使個人得以與其環境中的重要他人有著密切的連結（bonding），此類行為可再區分為發展並維繫親密關係的能力，以及運用組織架構（例如家庭、學校、同儕或社團）的能力。

3.成長與成就的因應行為：使個人得以投入利人利己的知識與社會活動。此類行為又可區分為個體之認知、生理、情緒及社會等方面之功能行為。

### (二)交流與互動要素

因應之交流與互動所需的資訊包括特定事務、資源或情境的瞭解，也可能涉及自身的訊息。因應型態係指個人在認知、行為和情感方面的能力。這些能力交互影響形成個人之生活風格，也成為個人成長史的一部分，所以社會工作者在檢視個案可以從其家系圖或過去生長史來做衡鑑。因此，個人之因應型態可能是指此時此刻（here-and-now）的環境狀況之反應，也可能是源自過去或當下環境的一些期許和回饋所發展而成的行為型態。

### (三)環境品質要素

在TIE系統架構中，環境係指案主會直接觸及或交涉的一些情境，可分為：

1.資源：指人們（如核心家庭、延伸家庭）、組織（如社區、社會服

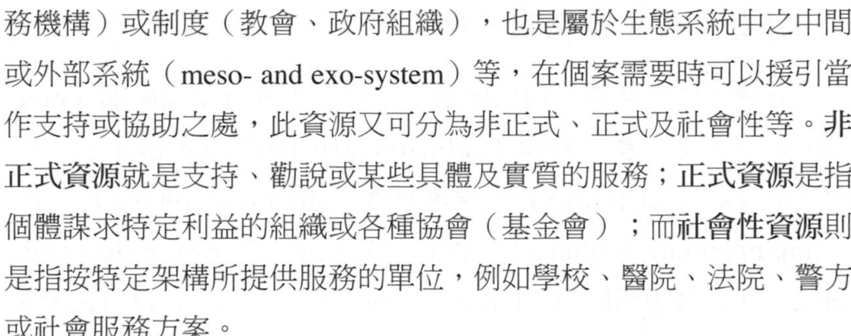

務機構）或制度（教會、政府組織），也是屬於生態系統中之中間或外部系統（meso- and exo-system）等，在個案需要時可以援引當作支持或協助之處，此資源又可分為非正式、正式及社會性等。**非正式資源**就是支持、勸說或某些具體及實質的服務；**正式資源**是指個體謀求特定利益的組織或各種協會（基金會）；而**社會性資源**則是指按特定架構所提供服務的單位，例如學校、醫院、法院、警方或社會服務方案。

2.期待：社會工作者執行社會工作處遇時，必須改變兒童及少年身處不良的環境及重要他人對孩子的期待，也就是說要改變重要他人之失功能的角色及其任務。例如家庭中父母因藥物濫用而失去父母應有的角色功能，那麼社會工作者便要去尋找替代性的安置方式來滿足兒童成長之需求。

3.法令與政策：指對個案行為具有約束力的習俗或規範。例如發現兒童被虐待時，就必須向有關當局通報。法令在保護兒童的同時，也規範了社會工作者之職責和任務，而進入通報程序後，就須依兒童保護服務之流程進行訪查、舉證、開案及對父母之約束與限制。

## 三、社會工作實務規範

**規範**（protocols）是對社會工作者採取工作步驟之描述指標，並確信進行社會工作實務時，能幫助案主解決問題，而不會對案主造成傷害。社會工作實務規範最早運用於醫療社會工作領域，現已普遍運用到社會工作的各個領域之中，此模式企圖提供案主一些較穩定及可靠的社會工作處遇。社會工作實務之規範包含一些步驟，每一步驟又有其規範準則，這些規範與準則雖不一定要迎合各個社會（福利）機構之設立政策與原則，但至少要確信是一個好的實務工作。

## (一)社會工作實務規範之步驟

社會工作實務規範指出處遇之步驟，可分為準備層面（preparation phase）、關係建立層面（relationship building phase）、衡鑑層面（assessment phase）、規劃層面（planning phase）、執行層面（implementation phase）、評估及結案層面（evaluation and ending phase），以及追蹤層面（follow-up phase），步驟之執行旨在確保兒童及家庭走向獨立自主，及不再以接受社會工作之專業依賴的家庭照顧為目標（見**圖1-2**），而每一層面又有其工作重點（見**表1-1**）。

1.準備層面：這個層面在其他社會工作處遇模式中經常被忽略。一個社會工作者面臨案主之問題可能是多元的，他必須在所處的社區中確認其資源及問題癥結，才能確信如何與案主建立關係與採取有效的服務。此階段對問題之處遇必須要運用人類行為及社會環境中之

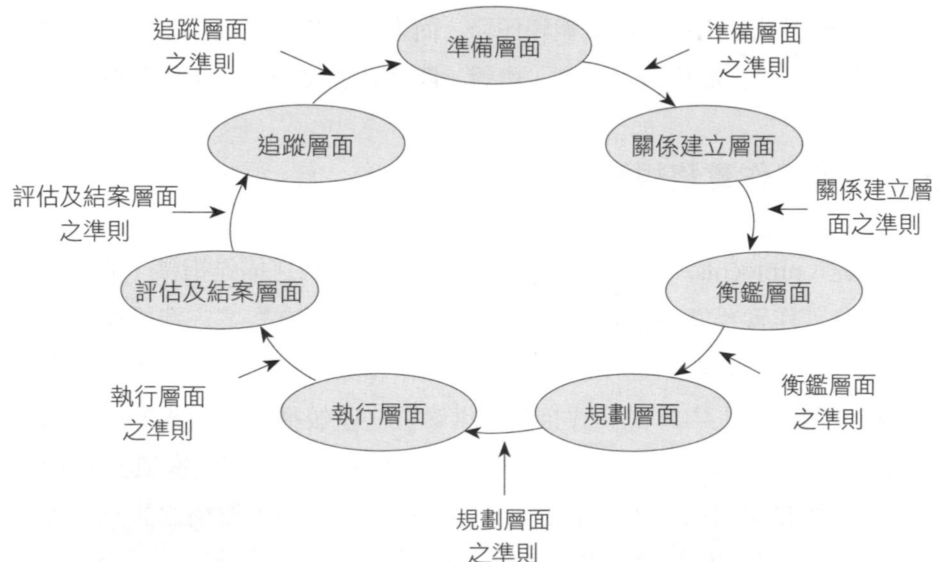


**圖1-2　處遇之步驟——社會工作實務規範層面與準則**

資料來源：Mather, J. H. & Lager, P. B. (2000).

**表1-1　社工實務規範模式各層面之工作重點**

1.準備層面
工作者將個人對個案能有效因應其所處之系統與環境做準備，採用之方法是運用社會資源網絡建立及充權增能個案與其家庭。
2.關係建立層面
運用溫暖、真誠、同理心、積極關注及充權增能等社工技巧，立即與兒童及其家庭建立關係。
（評估此過程與結果）
3.衡鑑層面
依據兒童、核心家庭、延伸家庭、社會資源及方案與服務等系統完整診斷與衡鑑個案之情境。
（評估此過程與結果）
4.規劃層面
與所有系統做規劃及訂定契約的處遇
a.個案問題衡鑑與協調
b.邀請家人協同規劃處遇過程
c.與家人及支持服務系統訂定計畫執行的契約
5.執行層面
執行計畫
a.繼續執行會談
b.繼續與服務資源協調
c.支持及充權增能兒童與家庭
d.辨別問題的障礙與解決之道
e.衡鑑服務及計畫
（評估此過程與結果）
6.評估及結案層面
a.評估結果
b.結案
（評估此過程與結果）
7.追蹤層面
從多重系統觀點做個案追蹤
a.家庭
b.社區
c.方案與服務
d.政策
（評估此過程與結果）

資料來源：Mather, J. H. & Lager, P. B. (2000).

人在情境中（PIE）或個人與環境交流（TIE）的診斷模式，以瞭解個人、家庭在社區中之互動關係。

2.關係建立層面：此層面在確保社會工作者與案主家庭的接觸，且必須要小心處理。例如在兒童保護服務工作者，如果案主強行隔離兒童待在原生家庭，縱使社會工作者有法令之強制執行命令，唯社會工作者一旦與家庭中的父母的立場是對立的，關係一定破裂，關係一旦破裂社會工作者又能如何提供資源幫助案主之家庭自立呢？因此，社會工作者進入案主之家庭時，必須與家庭中之父母建立信任、誠實及互動之關係。

3.衡鑑層面：正確診斷問題之原因才能確保對的處遇過程及好的處遇結果，以增進兒童及其家庭福利。衡鑑不僅是對兒童所處之家庭的功能進行評估，也要對家庭以外的功能加以評估，以及對家庭與社會環境如何互動進行評估。除此之外，家庭外有哪些資源可以運用，以及評估家庭如何透過資源提供來產生何種正向的改變。

4.規劃層面：社會工作實務規範之規劃層面類似其他問題解決模式之訂定契約（contracting）及目標設定（goal-setting）之層面，但此模式之規劃是以家庭及其家庭成員成一系統，並整合其他系統，達成家庭問題解決之目標。

5.執行層面：執行層面是整個社會工作實務規範模式的核心，也是整個規劃及計畫實際運作的過程。這個過程須確保所有有關的成員都能參與決策過程，再透過密集式（intensive）及持續且一致性的目標與任務評估，以確定有效的處遇。

6.評估及結案層面：是整個模式的最後階段——結案，衡鑑整個處遇之效果。換言之，即是決定是否需要採取不同模式，也就是衡鑑整個處遇之有效性。藉著評估過程，瞭解是否造成改變，而不是對處遇的終結；也就是說透過評估的過程、瞭解家庭與兒童是否學會自己處理問題（壓力）的能力與技巧。

7.追蹤層面：是在處遇結案之後所進行的成效評估，此層面必須在下列兩原則下進行：

(1)兒童福利之社會工作者必須在系統中對所有成員做追蹤。

(2)所有追蹤工作不僅限於對個案及其家庭，同時也必須對社區及社會政策加以追蹤。

## (二)社會工作實務之規範

當規範只源於政策而產生的意識型態（ideologies）、經濟（economic）或政治（politic），而不是源自科學研究與實務，難題便自然產生。**社會工作實務規範**是依循兒童福利之社會工作處遇後的步驟及過程所建立之有效執行步驟與過程之指引。這些指引雖因兒童福利機構所創立的宗旨或政策而有所不同，但都有助於兒童福利之社會工作專業的執行（見**表1-2**）。

**表1-2　兒童福利之社會工作專業規範**

| |
|---|
| 一、準備層面<br>1.儘早將個人融入社區，為兒童及家庭倡言。<br>2.與社區之各種不同專業機構發展好的關係。<br>3.積極與政府、社會服務機構及其他助人專業網絡建立關係。<br>4.與媒體建立良好關係以倡導社區中之兒童與家庭理念。<br>5.檢閱社區所有可能的資源。<br>6.成為社會工作專業協會的會員，並參與社區與國家之政治議題。<br>二、關係建立層面<br>7.倡導社會工作專業方案（非由專責社會工作者與案主建立關係），尤其對那些非志願性的案主。<br>8.與案主發展正向關係，確保處遇的成功與順利。<br>9.與案主及其家庭建立關係時，利用同理心、真誠、人性尊嚴及溫暖之技巧。<br>10.與社區中之正式與非正式之服務組織建立正向關係。<br>11.幫助或加強兒童及其家庭建立自然的支持網絡以維持其家庭功能。<br>三、衡鑑層面<br>12.對兒童執行危機評量，尤其是受虐兒童。<br>13.對案主服務時，利用增強觀點來衡鑑個案。 |

(續)表1-2　兒童福利之社會工作專業規範

14.危機評量表要具信、效度，還有社會工作者之評量能力及經驗也要加以考量。
15.採取無缺失之衡鑑工具與方法。

四、規劃層面
16.與案主（兒童）及其家庭一起參與規劃方案，讓案主及其家庭在自然互動中獲取合作，使方案執行更順利。
17.規劃方案最重要是使用個案管理技巧，並整合社區中的正式與非正式資源，最好能建立資源網絡。
18.規劃方案及訂定服務契約需考量個案及家庭的文化背景與需求。
19.兒童福利社會工作者為個案及其家庭的個案管理者，應利用個案管理技巧輔助個案及其家庭與其身在的社區互動。

五、執行層面
20.執行你所能同意的方案，對你不能同意的部分，切勿有任何行動。
21.尊重家庭的需求，對可能損失兒童最佳利益的行動方案，要進行修正。
22.在兒童福利情境中，使用微視觀（micro approach）及鉅視觀（macro approach）執行方案。如果方案執行不能改變家庭的經濟不平等情況，則兒童的福利會持續惡化。
23.教育家庭為他們的權利與社區中其他人互動及採行任何可能的行動。
24.要能有創新的技術及服務來幫助個案、家庭及社區。

六、評估與結案層面
25.利用過程及結果的觀點來做個案評估。
26.家庭是一重要的評估過程，目標是導引他們能獨立照顧自己。
27.評估時不僅要考量現有，也要加以考量未來之個案、服務方案、政策及可使用的資源。
28.集中各種個案的評估以促使制定能改變家庭的政策。
29.終止處遇是個案管理的最終目標，但卻是家庭正向生活的始點。
30.盡早因應家庭成員對結案的各種反應，才能幫助家庭成員日後的獨立生活照顧。
31.結案最重要的是讓兒童及其家人能關注他們的行動成就，並鼓勵他們持續應用社會支持資源。

七、追蹤層面
32.追蹤可使兒童及家庭檢視他們的成功，及讓他們瞭解兒童福利社會工作者仍然關心他們的福利。
33.追蹤可使兒童福利社會工作者制定更好的政策及機構服務方案。

資源來源：Mather, J. H. & Lager, P. B. (2000).

## 四、其他專業的社會工作識能

Siporin（1975: 119）指出，社會工作實務中最重要的在於對問題及情境之衡鑑（assessment）。**衡鑑**係指「瞭解行動為基礎之過程與結果」，包括對人類行為之基本知識與假定。社會工作者需要有此能力與知識基礎，如此一來才能充權（empower）案主辨識問題本源，及選擇解決問題策略。

社會工作實務焦點是擺在助人歷程及解決問題之過程上，以作為日後處遇模式之參考。而個人之行為是居於其身處的社會情境中，因此社會工作之處遇著重於個人及其他系統之互動，這可能運用於個人、團體、家庭或社區工作中，而社會工作者要能將案主所需之各種處遇概括地呈現於服務歷程中，所運用之模式的選擇可能會隨著案主需求、機構或實務單位之宗旨、約束和委託而改變；但是，不變的是專業社會工作助人者必須確信其實務方法是符合社會工作倫理，且與社會工作價值觀和目標一致。

Brill（1995）提供一套社會工作技巧之評估基礎（見**圖1-3**），評述從基本價值觀到處遇技巧之進展，**圖1-3**指出社會工作能力與技巧之發展，從最底層透過專業訓練，朝向最高層之進階發展，基本的哲理和價值觀引導工作之目標訂定，再進一步指引工作之正確方法。人生改變過程之理論和瞭解如何改變之過程，幫助工作者獲得基本工作實務之原則、方法和技巧之具備形式，能用以促進目標達成。

社會工作專業教育目標之一是提供學生一些機會以統整其即將引用之知識，以衡鑑案主之問題行為，並對案主行為之原因做有效診斷與評估，進而提出介入的方案或倡導政策，促使案主之行為得以改變或矯治，因此，社會工作者要能調查、衡鑑行為之病因以做事先預測。

社會工作服務需要靠方案之規劃及執行之處遇，而這些處遇更需要有專業知識及能力做衡鑑，一般在社會工作過程中，社會工作者需要瞭

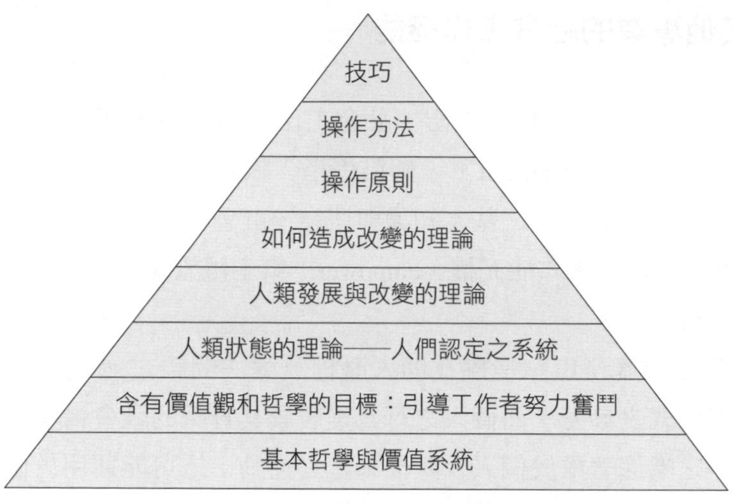


**圖1-3　社會工作能力與技巧之評估**

資料來源：Brill, N. (1995).

解社會環境及各個系統如何與人互動及影響個人，以及如何援引資源及設計方案來改變個人在環境上之適應能力，基本上，社會工作實務者需要有下列之知識背景：

## (一)基本工作實務之原則、方法和技巧

前述的人在情境（PIE）或個人與環境交流（TIE），一直是社會工作專業著重的觀點。瞭解案主及家庭必須深入瞭解其所身處的環境，社會工作處遇不僅對個案及其家庭執行服務過程，也要針對案主在社區之正式（機構或政府）、非正式（親友或家庭成員）之資源加以整合，此種模式也符合生態系統論之觀點。所以整個處遇不僅要衡鑑案主之生理狀況、心理違常行為，更要瞭解其在社會（環境）所扮演的角色及其在身處的環境適應的情形。此類專業教育除了瞭解人類行為與社會環境知識之外，還需要對個人及家庭之發展以及環境，如家庭、機構、組織、社區及社會等，會對個體如何影響之專業知識。

■ 優勢觀點

社會工作者對個案之處遇係用增強或優勢觀點（strengths perspective），採取生態系統模式（ecological model）來檢視個人與所處情境，而非以醫療觀點（medical perspective）來診斷行為之病理徵兆（如神經症及精神症），而截然不同於醫療人員（參見後文）。

Saleebey（1992）更以充權（empower）增能，幫助案主整合資源以助其強化個人能力，進而因應自我的問題。**充權**是增強個人人際及政治優勢之過程，幫助案主採取行動以改善生活方式；換言之，助人者以現實及合乎當下情境觀點，提供案主思考及提供其改變行動（Zastrow & Kirst-Ashman, 2012）。社會工作者透過優勢觀點，幫助個案及其家庭發掘個體之個性、才能及資源，造成個體能力改變以因應環境要求。充權的目標在於強化權力和控制力，使個人、團體、家庭各社區可以排除宿命的擺布，增加改變的力量。此種觀點常在社會工作專業課程有關社會工作實務、理論與技巧中加以訓練，例如個案工作、團體工作、社區工作以及社會工作管理之學科。

■ 對多元文化的認識

社會工作處遇應瞭解多元文化觀點，只是實務上多難以達到此要求。多元文化主義（multi-culturalism）要求人們視其他文化就如同對待自己的文化一般，為達此目標，多元文化教育遂成為社會工作專業之教育基礎。多元文化主義最能彰顯其觀點是「反偏見」，尤其對性別、種族、弱勢族群、能力、年齡和文化的偏見，進而對不同文化也能產生同理心及正面之價值與態度。此種觀點應用到社會工作實務時，社會工作者不僅要瞭解不同個案及其家庭之種族和文化特徵，也要瞭解他們如何看待個人及其家庭；最後，社會工作者更應去除社會預期（social desirability），給予案主及其家庭正面之價值與態度，尤其對案主利用充權及優勢觀點來幫助他們因應生活之困境，解決他們所遭遇的問題。有關多元文化議題之充實，社會工作者應瞭解政治及經濟學議題、風險族群（population at risk）、社會及經濟正義等領域的知識。

除此之外，社會工作者在認知上要瞭解文化、次文化、社會階級因素與案主行為之間的關係；在態度上要有全球化的文化視野，對文化差異抱持開放與接受的心態，與其他專業人員合作，找出最適合的彈性處遇；在行為上要倡導多元文化的價值，除了提供豐富的「適性發展實務」（developmentally appropriate practice, DAP）外，更要提供「適文化的實務」（culturally appropriate practice, CAP）以促進不同文化間的家庭和同儕互動，藉由家長的參與，建立合作關係，其他專業人員更要培養更寬廣的多族群角度的技巧，這也是專業人員的附外價值（Hyun & Marshall, 1997）。處遇方案也必須超越慣性的生活方式、語言、文化等概念，賦予個人正面價值，方案更要防止任何歧視的元素（Derman-Sparks, 1989）。

■評估與執行研究的能力

社會工作專業不僅要有設計及執行方案之能力，也要具有對方案評估及執行科學研究的能力，尤其對過程形成及結果評估之能力，更要具有行動研究之能力。除此之外，社會工作者更須瞭解政策制訂過程以及可用之政策資源，以便日後對政策及行動倡導之用。

### (二)人類行為醫療模式與生態模式的認識

美國社會工作於二十世紀初期開始於大專院校授課，在二〇至六〇年代大都以醫療模式來診斷人類行為，且深受心理分析學家Sigmund Freud所影響。醫療模式視案主為病人（patients），服務之提供首先診斷病人問題之成因，然後再提供處遇，病人之問題源自於病人之心理。關於人類之情緒及行為問題，醫療模式認為此乃病人之心理疾病，然後給予病人標籤，如精神分裂、神經症、精神官能症或精神病。

信守醫療模式的人深信，心理困擾之人的心智皆是受不知名內在情境所影響，這些莫名的內在情境是一些可能之影響因子所造成，例如遺傳、新陳代謝、細菌感染、內在衝突、潛意識之防衛機轉或早期創傷經驗，這些因子會造成個體固著（fixation）以及影響日後心理的成長。醫療模式辨識了兩種主要心理病因：精神病及神經症狀，再由此兩大類區分出一些小分類。醫療模式採取較人文的方式來對待心理疾病之病人。在佛洛依德心理分析學派之前，心理疾病之人常被認為是鬼神附身、是瘋子，不是被鞭笞就是被監禁。而心理醫療模式強調心理內在歷程之衝突，並教導病人適應及因應其社會情境。

在六〇年代，社會工作者開始質疑醫療模式之效用。當時，愈來愈多人相信環境因子與內在因子同樣會影響個體之心理問題。研究人員也開始質疑心理分析對心理治療之效用（Stuart, 1970）。之後，社會工作也開始產生改革，並利用一些資源或系統來服務案主，例如啟蒙計畫（Head Start）或工作組織（Job Corps）的反貧窮方案，以提供案主各種系統及資源來改善案主之問題。

七〇年代，社會工作者轉變為使用生態系統論來作為分析案主問題的成因。生態模式整合處遇和改革方案或政策來處理案主問題，並強調問題之根源來自於個體和生理及社會環境之互動過程，個體唯有與環境產生良好的互動，才能發展健康的適應能力。

個人與環境間的交流之生態模式嘗試增強個人的適應力，如此一來，個人之需求與環境之特徵才得以磨合，以產生最佳的因應能力。生態模式強調人在情境中（PIE），**圖1-4**為生態模式的最佳展現，詮釋個人處於環境的各種系統之中並與之互動。根源於此種概念模式，社會工作強調三項重點：(1)強調個人尋求問題解決、因應及發展能力；(2)強調個人與環境中各個系統之互動關係，並連結個人在各系統中所需之資源、服務及機會；(3)強調各種可以改革系統之機會，以能有效地迎合個體之需求。

生態模式視個體、家庭及團體當從一階段發展至另一階段中有其

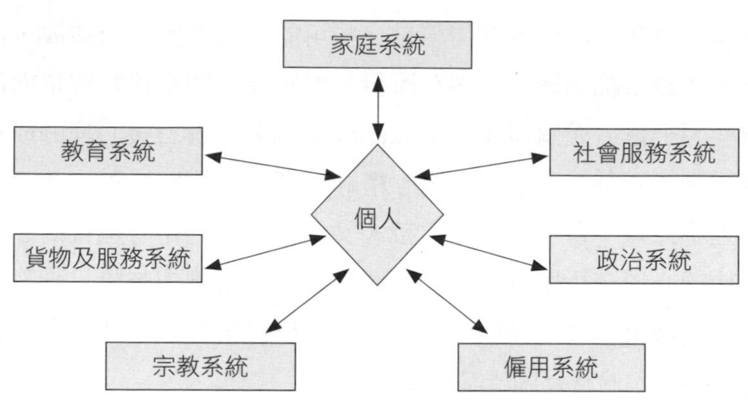


**圖1-4　PIE模式示意圖**

轉捩點和問題。個體面對轉捩點的改變，需要外在支持幫助個體內在產生自我功效，以尋求個體對環境之最佳適應，例如嬰兒期的學習走路、上小學的銜接、青春期的適應、大學畢業初入社會、結婚、求職、初為父母、中年危機等人生發展之轉捩點；家庭也如個體般有其生命週期，例如訂婚、結婚、孩子出生（初為父母），孩子進入小學、離家、失親（可能是離婚或生病招致死亡）；團體也有其轉捩點，例如剛開始熟識、學習彼此信任、自我揭露、一起合作、一起處理衝突、面對團體的結束等。

生態模式之核心焦點是探討個體、家庭及團體的轉捩問題。一旦這些問題及需求被鑑定出來，處遇便隨之而出以幫助個體、家庭及團體解決轉捩點的問題及迎合個體之需求。生態模式不僅關注家庭與團體之適應不良的人際問題與需求，同時也探討家庭與團體之間的適應不良之溝通過程及失功能的關係模式，例如人際衝突、權力鬥爭、雙重束縛、溝通扭曲、代罪羔羊及歧視。生態模式尋求辨別這些失功能和這些不良行為之阻礙，並嘗試應用資源及支持系統以產生最佳處遇策略。

社會工作亦以健康取向作為實務的基礎，這個取向把焦點放在人與其環境間的互動（Weick, 1986）。健康觀點（health perspective）視人為

需要資源、支持及知識的轉變機制，故而能夠選擇那些有助其增進環境方面之功能的各種方式。對人類能力的信念變得更人性化且有尊嚴。健康觀點強調一個人的成長定位並假設人類為福祉而奮鬥。當生物醫療模式（biomedical model）被提出來時，一些人類發展理論及實務乃以此為基礎，互做比較，就會對健康取向更為瞭解。例如醫療模式主要是將問題置於人本身，健康觀點則將問題放在人與環境間的互動上（Kagel & Cowger, 1984）。**表1-3**比較了這兩種模式，在表中可以看出生物醫療模式是一個在由問題焦點（problem-focused）的專家們所解決的問題中，尋求一個特定的成因（疾病），故而生物醫療模式具有狹小的焦點，且認定專業人士乃主要問題解決的機制；健康觀點則認為，人類本身能管理自己的生活，專業人士的角色只是提供人類所需之資源，無論是個人的（如諮商或資訊）或是環境的（如職業訓練或住宅的獲取）。

我們現在轉移我們的注意力至社會工作中的優勢基礎實務（strengths-based practice）。Weick（1992）從這個模式的核心中指出三

**表1-3　醫療與健康模式比較**

| | 生物醫療模式 | 健康模式 |
|---|---|---|
| 要點 | 研究疾病的治療 | 健康的研究與提升 |
| 定位 | 疾病乃身體之錯亂<br>健康是疾病的反制 | 疾病是與環境在互動中的不平衡所產生<br>健康是福祉的呈現 |
| 成因 | 健康是沒有生病，嘗試將特定成因置於身體內之生化及器官功能（改造論） | 各層次間相互影響模式的認識（整體論） |
| 處遇型態 | 外在領域提供治療 | 刺激內在治療 |
| 專業人士的角色 | 外在提供治療的機制 | 治療過程的促進者 |
| 病患的角色 | 醫療中被動但合作的接納者 | 醫療過程的積極指揮者 |
| 社會的角色 | 疾病是個人的事務；社會於福利中負擔部分費用 | 健康是公共事務；社會為建立健康的環境負責 |

資料來源：Weick, A. (1986).

項假設：(1)每人均有內在優勢，可塑造成生命力、轉變能力、生命能量、靈性、生產潛力或治癒能力；(2)這個優勢（strengths）觀點假設這些優勢是引導個人及社會轉化的知識之強大形式；(3)優勢基礎實務是假設當人們的正向能力受到支持時，他們的優勢更可能發揮。藉著將焦點放在人類的資源、天賦、經驗及性情上，正向成長的可能性大增。

Weick對照優勢觀點與傳統的問題解決模式，後者作為社會工作實務之主流已有一段時間。問題解決模式的焦點是在重塑案主問題解決的能力。這個模式與優勢觀點的差異在於，其假設案主有殘缺的或未發展之問題解決技巧，且置社會工作者於教育及重塑的角色上。Weick也主張引用問題解決模式乃社會工作者承諾必會診斷問題並給予治療。相對的，優勢觀點主張「每個人都具有自身轉變的種籽」（Weick, 1992: 25），且社會工作者所付出的是：對這項潛能深信不疑。在此應記住，無論如何，社會工作原理並不是主張工作的首要焦點在於改變個人。社會工作原理中的「始於案主所在之處」不應被誤解，故而主張我們應該接受案主的現況不佳且需要我們的幫助就變成更重要的事。社會工作實務將焦點放在支持案主與其環境抗衡，這可能需要或不需要個人的改變。社會工作者支持案主達成他們的目標，而在許多情況下，案主只需要特殊的資源。在其他情況下，因為歧視，使得案主始終無法取得資源，此時焦點則在於透過倡導來支持案主。

## 第二節　從人類發展解釋人類行為

社會工作者必須具有診斷案主行為之評估能力，以及能應用科學及有系統地檢測案主之特質及他們生活中所面臨的問題和社會診斷，如此一來，社會工作者才能從專業的觀點提出正確的處遇；此外，社會工作者必須恪遵專業的倫理守則，充權（empower）案主，增強社會功能。因

此，社會工作者應要有科學判斷和系統化的分析架構的知識基礎，以正確的判斷與分類。目前還被社會工作實務界用以分析人類行為之方法有二種模式：(1)生物心理社會模式（bio-psycho-social model）；(2)發展模式（developmental perspective）。

## 一、生物心理社會模式

**生物心理社會模式**乃依據系統論之觀點，其假設每個人皆是由最小的分子組成，再由細胞構成器官，亦即每個人都是家庭、社區、社會、國家及文化中的一分子。此種看法如同Erik Erikson（1963）所指出：人類行為及生命是由三個重要系統（身體、自我及社會）相互合作及修訂而產生的。**身體系統**（bio system）包括所有為生物組織正常活動所必需的過程（見**圖1-5**）；我們的感覺能力、運動反應及呼吸系統、內分泌系統和循環系統都是身體系統的一部分，相互運作形成身體之作用力。身體過程是作為一系列因素的結果而發展變化，其中包括由遺傳所導引的成熟和環境種種因素，諸如營養、陽光、意外事故、疾病，以及與使用藥物、日常運動、飲食、睡眠等有關的生活習慣。

**自我**，又稱**心理系統**（psycho system），包括那些對思想和推理很重要的過程（見**圖1-6**）。我們的記憶和思考、解決問題的語言和使用符號（表徵）的能力，以及我們的理想，都是自我（心理）過程。就像身體過程，自我過程也是透過人生發展歷程而改變的。改變的歷程部分是由遺傳訊息所導引的（例如智力），還有生活經驗（包括外在環境中的教育和環境），以及自我引導（包括個人之學習動機、態度等）。

**社會系統**（social system）涉及一個人能否與社會相整合的過程（見**圖1-7**）。社會過程包括社會角色、禮儀、文化傳說、社會期望、領導類型、溝通模式、家庭結構、種族次文化、政治和宗教意識、貧富之經濟模式以及戰爭或和平。社會系統來自人際關係以及社會功能，社會過程

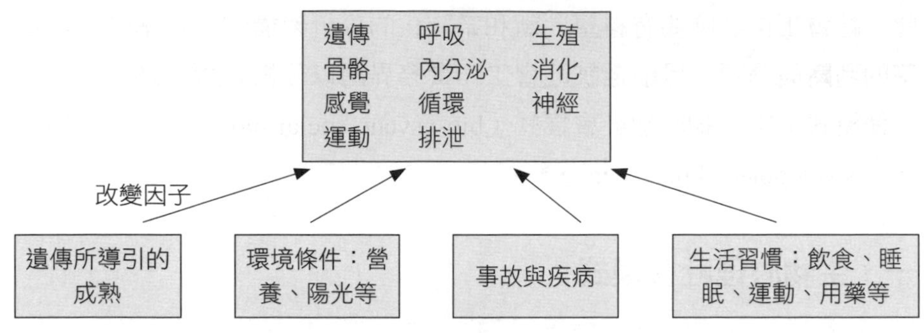


**圖1-5　身體系統的元素**

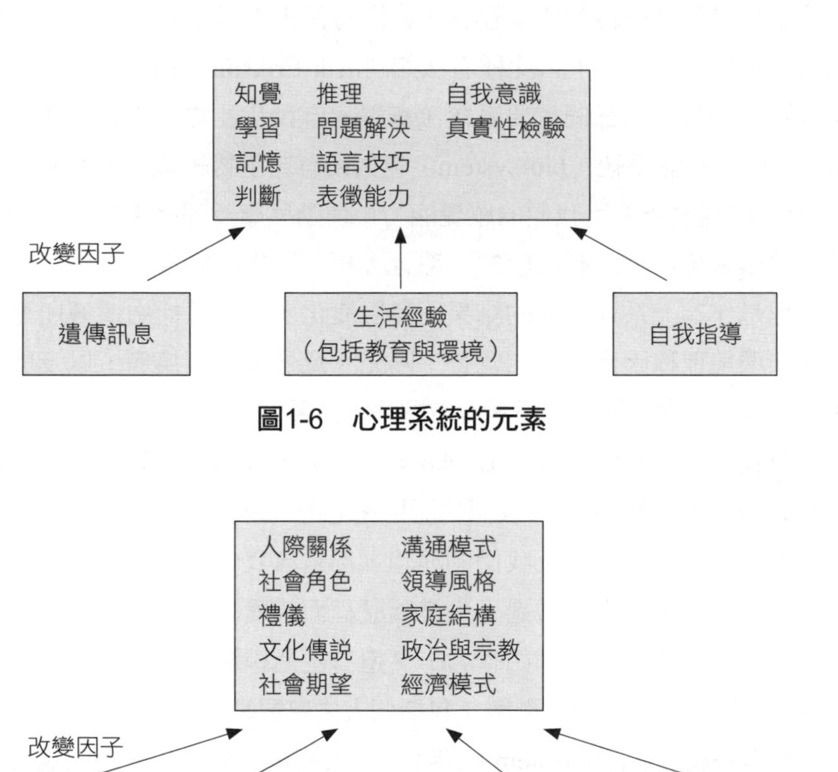


**圖1-6　心理系統的元素**

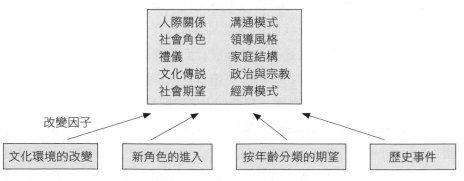

**圖1-7　社會系統的元素**

在人的一生中也是能夠改變的。一個人面臨改變最巨的是從一種文化環境過渡（transit）到另一種環境，例如轉大人、結婚或離婚。在此種情況下，許多關於個人之理想或社會聯繫也將隨之改變。歷史事件使一個人成為上位的壓迫者或下位的被屈服者；富足與貧窮影響文化中之個人看待自己的方式，這些都存在於社會過程中的轉變，同時也對個體產生不同的影響。

Erikson之心理社會學派（psychosocial approach）著重個體與社會互動歷程中所牽引的內部體驗，它們是生理、心理、社會各系統之間互動的產物；換言之，個體之行動與行為是由此三種系統（即身體、心理、社會三系統）互動過程而來。基於生物心理社會模式之觀點，對行為之基本假設為（Ashford et al., 2001）：

1.評估人類行為和社會環境的三個層面分別為生物、心理及社會，且此三個層面構成整體之生物、心理、社會之系統。
2.生物、心理、社會之系統包括多元系統，由最小之細胞到最大系統（文化社會）所構築而成。
3.各個系統不斷進行交流（transact）及互動（interact）或相互影響。

## 二、發展模式

社會工作者的責任之一是提升案主的社會功能。社會功能反映出人類行為之社會能力，而此種能力是要經個體的成長改變與學習和環境的相互作用。**能力模式**（competence model）著重協助個人發揮潛能，並且瞭解個人與環境交互作用下所產生的壓力與需求。Robert White（1974）指出，能力為個體對環境產生的主宰與控制感，進而適應環境的需求。此外，Bandura（1982）亦提出自我功效（self-efficacy）是個體對表現於特定環境所要求行為之自信感。這些皆是日後社會工作所提及的優勢觀點（strengths perspective）（Weick, 1992）。**應用能力**是指在社會工作實務上，社會工作者需要瞭解個體在不同發展階段的生活（發展）任務與需求。Robert J. Havighurst於一九五二年將發展任務（developmental tasks）的概念引進科學的論述之中，並把這一概念運用於整個一生的發展分析之中。Havighurst（1972）堅信：人類發展是人們努力完成由他們所適應的社會要求的任務。這些任務是隨年齡而變化，因為每一個社會對行為皆有以年齡劃分的期待。任務發展得好，個體得到滿足與獎賞；任務完成得不好的人，將會承擔不幸與社會譴責。發展任務不僅說明人們應該在不同階段中完成的發展任務，更說明哪些因素會造成不同的發展狀況。

Havighurst強調社會在發展的階段中需要哪些技能，同時對身體之成熟作用予以解釋。Havighurst認為，發展任務有其敏感期（critical period），這是指一個人已成熟到最大限度地準備好獲得一項新能力的時期，他稱這些時期為可教導的時期（teachable moment），這也是社會工作者要瞭解案主的能力及其發展敏感期，以便預先做處遇之規劃。

發展最主要的關注焦點是**改變**（change），人們隨著不同生命階段而產生改變是一個不爭的事實，但是如何改變以及改變之異同性，卻是全人發展一直所討論的議題。發展強調人們生理、心理和社會改變之因素與結果的過程，這些改變對人們有著正面及負面之影響。這些造成改變的因素以及如何改變，也一直是社會工作教育課程關注人類行為與環境改變過程之科學知識，尤其是人生歷程（life-course）的轉換（transition）。

生命歷程提供個體在不同生命週期階段中的心理各層面行為之改變，生命歷程中的生命階段亦被看成是社會結構化的歷程，此分析取向著重在解釋社會情況如何改變及影響生命階段之事件及行為。社會工作者除了要瞭解人類發展上之行為改變，同時，社會工作者更要有處遇規劃之能力，以及具有如何預防影響個體行為之知能。社會工作專

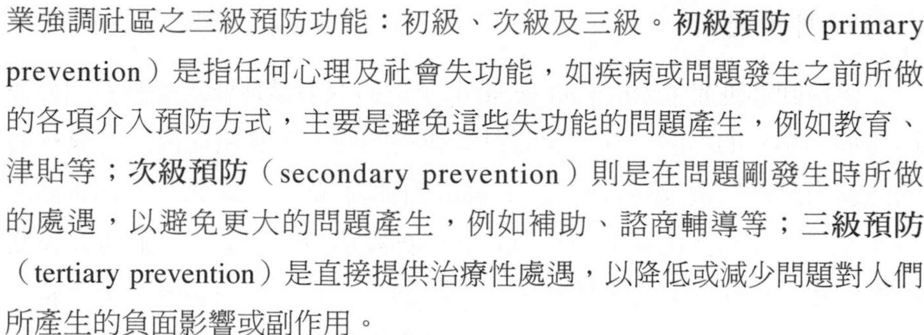

業強調社區之三級預防功能：初級、次級及三級。**初級預防**（primary prevention）是指任何心理及社會失功能，如疾病或問題發生之前所做的各項介入預防方式，主要是避免這些失功能的問題產生，例如教育、津貼等；**次級預防**（secondary prevention）則是在問題剛發生時所做的處遇，以避免更大的問題產生，例如補助、諮商輔導等；**三級預防**（tertiary prevention）是直接提供治療性處遇，以降低或減少問題對人們所產生的負面影響或副作用。

## 第三節　人類發展之科學研究方法

近代發展心理學最重要的特徵是方法的科學化（張欣戊等，2001）。科學方法使我們創立一個知識體系。事實上它是一種發展蘊含訊息的方法，這方法有保證訊息正確的程序。進一步來說，科學研究是人類追求知識或解決問題的一種活動，藉由科學研究的活動，使人類能瞭解事實真相，進而解決問題，而使人類生活素質得以提高。

### 一、研究年齡變化的四種研究

人類發展既是一項實務工作，也是一門對於科學研究結果加以應用的學問。人類發展研究最主要的目的，在於瞭解人類發展的連續性，以及對於變化模式加以描述和解釋，瞭解人類發展上的順序和預期的模式。人類發展最常見的一個變項（variable）就是年齡，那是其他心理學所沒有的。研究年齡變化之設計有四種：回溯研究、橫斷研究、縱貫研究，以及族群輻合研究。

### (一)回溯研究

使用**回溯研究**（retrospective study）的研究者常會要求受試者回憶並描述他們早期的經驗。許多探討兒童教養的研究，利用父母對育兒經驗的追憶來評估兒童行為的模式。Freud問有神經症狀的成人的早期生活經驗，並從中嘗試找出早期經驗與其成年神經病症之關聯性。而研究家庭婚姻滿意感的研究者嘗試問結婚三十年的夫妻，他們在結婚二十年時、十年時及剛結婚時的互動情形，或他們對婚姻的滿意情況，這種方法可獲得一個人對過去事件所保留的記憶的材料，但我們不能確信這些事件是否確實像他們所記憶的那般情形；因為時間的轉移，有可能會使我們對往事意義的記憶產生變化；或因我們認知成熟度的增加而影響我們的態度或對往事的記憶（Goethals & Frost, 1978）。

### (二)橫斷研究

**橫斷研究**（cross-sectional study），是在一個固定時間觀察數組不同年齡的兒童；同時，此種設計也可利用不同社會背景、不同學校或不同社會團體的人來進行研究。這種設計可普遍地應用於研究人類發展，研究者可以比較不同身心水準或不同年齡的個體，瞭解個體特定的身心發展領域是如何隨著年齡之不同而有所差異；此外，研究者也可以比較各種不同社經水準的家庭，探討其育兒方式有何差異。**圖1-8**即是利用橫斷研究法的典型例子，分別於二○○四、二○○九、二○一四年觀察十、十五及二十歲等三組兒童（他們分別出生於一九九四、一九八九及一九八四年）。

### (三)縱貫研究

**縱貫研究**（longitudinal study），係指在不同時期的反覆觀察。觀察間隔可能是短暫的，例如出生後的立即觀察或間隔幾天再觀察；觀察間隔也可能是一段長時間，如**圖1-8**所示，如在二○○四、二○○九及

| 觀察年＼出生年 | 1994 | 1989 | 1984 |
|---|---|---|---|
| 2004 | 10 | 15 | 20 |
| 2009 | 15 | 20 | 25 |
| 2014 | 20 | | |

→ 橫斷研究（橫列）
↓ 縱貫研究（1994 欄）

**圖1-8　橫斷研究與縱貫研究**

二〇一四年十年內分三次重複觀察某組出生於一九九四、一九八九及一九八四年的兒童（此組兒童在三次觀察時的年齡分別為十、十五及二十歲），此種研究設計是為縱貫研究。

縱貫研究的優點是在於使我們能對一組個體的發展歷程做追蹤式重複，並從中瞭解個體隨著年齡的成長而產生身心行為的變化。縱貫法很難完成，尤其是受試者必須參與涵蓋相當長的年齡階段，如兒童時期到成年期。在這個階段中，參試者可能退出研究，造成受試者的亡失（mortality）；也有可能是調查者失去經費，或對研究計畫失去興趣，或者實驗方法已落伍了，或者曾經是很重要的問題，現在已不再重要了，這些都可能是縱貫法難以繼續或完成的原因。

## (四)族群輻合研究

**族群輻合研究**（the sequential design）乃是將上列橫斷和縱貫兩種設計方法合為一種的研究方法（Schaie, 1965）。參與者的各組受試者，叫作同族群（cohort group），這些受試樣本是經抽樣過程選定的（見**圖1-9**），且受試者在年齡上相差一定的歲數，在二〇〇四年進行研究時，選取十歲（一九九四年出生者）、十五歲（一九八九年出生）及二十歲（一九八四年出生）的受試者，此即橫斷研究；然後每隔五年針對某一族群進行訪談，直到十歲的成長到二十歲，此為縱貫研究；當某一族群的年齡超過二十歲時則退出青少年研究，再一次抽取新的族群（研究時剛好是十歲），到了二〇〇九年時，只剩下十五歲及二十歲組，因此研究者必須再抽取十歲（一九九九年出生者），此時才能構成第二組的十歲、十五歲及二十歲組青少年，進行第二次的橫斷研究。而當二〇〇四年是十歲（一九九四年出生）及二〇〇九年是十歲（一九九九年出生），還有二〇一四年也是十歲（二〇〇四年出生）則是同期年齡的比較。族群輻合研究設計的各層分列於**圖1-9**。

族群輻合研究是橫斷比較和縱貫比較的聯合，是一種非常強而有力的發展研究方法。它不但可產生立即橫斷的比較，而且在五年或十年之後也可以產生縱貫的比較，此外也可以有相同年齡的族群比較（cohort comparison）。使用這種方法不僅可以瞭解年齡的成長改變，還可以瞭解社會和歷史因素造成的差異。

發展的改變雖然千變萬化，但其研究方法仍是萬變不離其宗，所以仍是以橫斷研究和縱貫研究為基礎（張欣戊等，2001）。

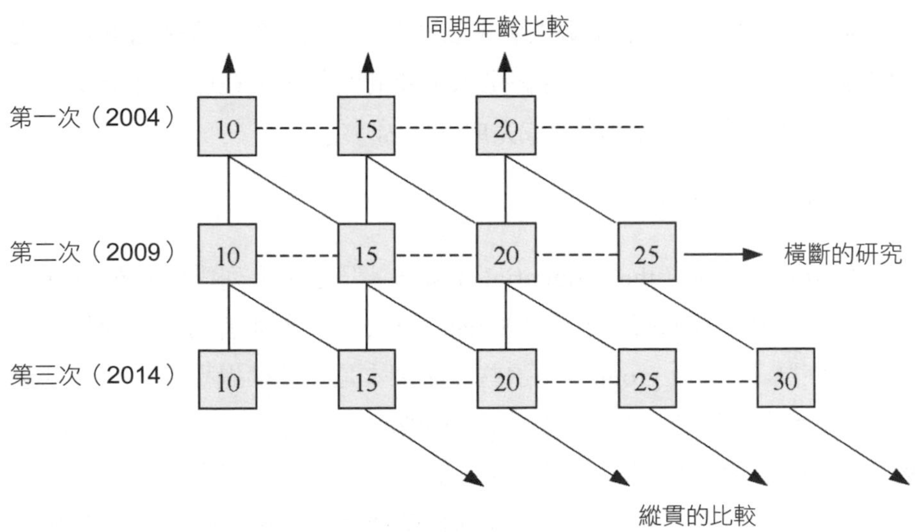


**圖1-9　族群輻合研究**

## 二、常用的人類發展的研究方法

研究的方法有很多種，每一種皆有它的優點和缺點，所以研究者所選擇的任何研究方法或設計都必須適合研究者所要研究的問題。社會行為研究的方法有許多不同的分類，任何一種都可用在人類發展的研究上。應用最廣泛的兩種分類為計質（qualitative）研究和計量（quantative）研究。計質研究方法是針對非數據性的觀察、面談或是書面資料的分析，最具知名的為應用在深度（in-depth）訪談中，用以對瞭解兒童解決問題的策略和認知思考，此種方法也適用於研究道德發展、人際關係的發展和社會行為等，而大部分人類發展的研究是計量研究，此種研究是針對數據的測量與分析。接下來將介紹五種常用的人類發展的研究方法：觀察法、實驗法、調查與測驗法、個案法，以及訪談法。

### (一)觀察法

**觀察法**乃是研究者基於研究之目的，客觀地記錄兒童在家庭或學校中的行為。這是一種研究兒童發展最古老的方式之一。Jean Piaget在他的認知理論的形成中，就是對他自己的孩子進行自然觀察。現今有些觀察者也將此種方法應用到家庭、學校、托育中心或托兒所進行觀察；也有的觀察者請受試者在人為的實驗情境中進行觀察，以便進行人為的控制。前者稱為直接觀察法或自然情境觀察（natural setting observation）；後者稱為控制觀察法或實驗情境觀察（lab setting observation）。這種研究是在檢查各種有關的行為，其優點是：(1)能夠隨時獲得自然發生的反應；(2)可讓正在發生的實際行為啟發研究者瞭解為何產生；其缺點是：(1)在究竟發生什麼行為時，不同觀察者之間常常難取得一致意見。因此當有兩個或兩個以上觀察者記錄同一情境時，為了證實他們的記錄是否具有一致性，我們還要評估其一致性的程度（degree of agreement），或進行評分者間信度（integrator reliability）考驗；(2)有些環境中活動過於頻繁，因而很難全部予以精確觀察。因此，研究者必須掌握一些工具，如抽樣系統或錄影技術來幫助我們進行兒童行為觀察。

錄影技術提供我們一個有效觀察的工具，它既適合實驗情境，也適合自然情境的觀察。另外一個抽樣系統可分為時間取樣與事件取樣。時間取樣（time sampling）是在事先設定的時間內，以規律性間隔或隨機性間隔，觀察和記錄所選擇的行為。時間取樣中，研究者要確定所觀察行為是否具有代表性是很重要的。研究者可決定時間間距（time interval），例如以十五秒、三十秒或一分鐘為單位，在這段時間以外所發生的行為和事件則不加以記錄。另一種方法是事件取樣（event sampling），它是以事件發生為重點，而時間取樣是以時間為重點，兩者之間的步驟和結果都大不相同。事件取樣只選擇某一特定之事件作為記錄的對象。事件是指某特殊範圍的行為，例如兒童的攻擊行為或社會戲劇遊戲。當觀察這些特定行為時，我們必須先確定這些行為是否合乎操作型定義（operational definition），如果是，那麼就代表行為具有吾人想研究的屬性，再進行整個研究觀察與記錄。除了上述時間抽樣及事件抽樣法外，觀察記錄法還可分為採樣記錄法、日記式記錄法、軼事記錄法、檢核表法及量表法等。

### (二)實驗法

**實驗法**主要是讓研究人員可以推論獨立變項（independent variable）與依變項（dependent variable）之間的因果關係。這是因為實驗法可以讓研究人員操弄（manipulate）、應用或引入獨立變項（或處遇變項），並觀察依變項的變化的研究設計。例如研究人員想要知道不同的壓力情境（獨立變項）是如何影響兒童的適應行為（依變項）時，則可以用實驗設計來進行。

在實驗設計中，一組受試者通常會接受另一組不同的經驗或訊息（通常稱為處遇）。接受處遇的受試組稱為實驗組（experimental

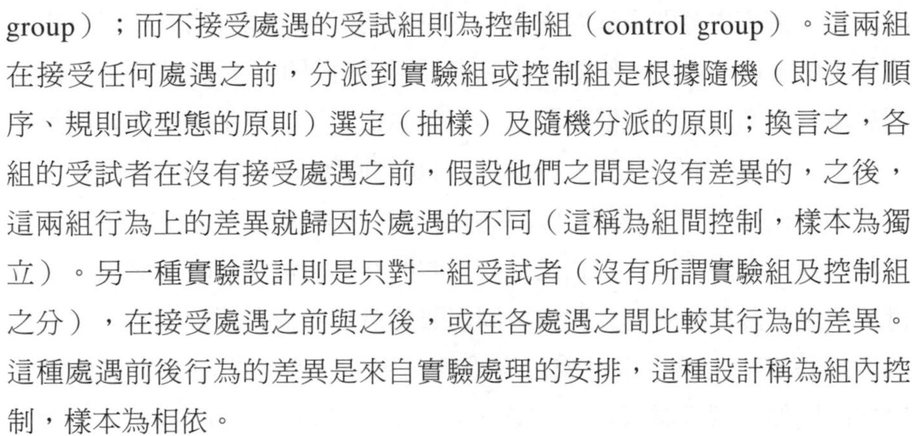

group）；而不接受處遇的受試組則為控制組（control group）。這兩組在接受任何處遇之前，分派到實驗組或控制組是根據隨機（即沒有順序、規則或型態的原則）選定（抽樣）及隨機分派的原則；換言之，各組的受試者在沒有接受處遇之前，假設他們之間是沒有差異的，之後，這兩組行為上的差異就歸因於處遇的不同（這稱為組間控制，樣本為獨立）。另一種實驗設計則是只對一組受試者（沒有所謂實驗組及控制組之分），在接受處遇之前與之後，或在各處遇之間比較其行為的差異。這種處遇前後行為的差異是來自實驗處理的安排，這種設計稱為組內控制，樣本為相依。

實驗法的優點是具有解釋變項之間的因果關係，但其限制乃是在於控制的應用；換言之，我們不能確定在實驗室的人為控制情境如何應用到真實世界的自然情境。例如把實驗控制的依附行為（母親是否在場或陌生人是否在場時，孩子的行為反應）應用到家中或教育機構時，孩子的行為可能會有所不同。

人類發展的許多研究是採用準實驗法的方法（quasi-experimental method），也就是說，研究者也是研究他們所感興趣的因果關係的研究或變項，但他們並不實際操控它，例如我們研究我們所抽取的樣本，其本身在抽樣時已包含了不同的家庭型態（例如單親或雙親家庭），或不同的父母教養態度（民主、權威或放任式的教養態度），對兒童、青少年或成人之影響。

### (三)調查與測驗法

**調查法**主要的目的是探索變項其表面意義所隱含的事實，或描述變項在特定群體的分配，例如普查的研究就是以描述為目的。當研究者想瞭解全國兒童的生活狀況而進行調查是一普查的行為，而且是以描述為目的。調查研究是從大量樣本蒐集特定的訊息，其方法可分**問卷調查**、**電話訪談**及**親自訪談**等。例如內政部對全國兒童／少年進行其家庭的訪查，調查內容則是針對成人對待兒童的行為。調查的方法可以用來蒐集有關態度的訊息（例如你認為老師可以對學生進行體罰嗎），或是關於現有生活行為和習慣的訊息（例如你每天可以自由運用的時間是多少），以及關於知覺的訊息（例如父母是如何與你溝通）。

調查的問題可按標準形式準備好，對回答也按事先設定好的一系列類別進行登錄；這種方式是結構型的問卷，通常是以紙筆測驗方式進行。一份設計很好的調查問卷，問題陳述清楚，備有可選擇的答案，這些選擇答案不是模稜兩可或內容重複。另外，調查的問題也可使用開放式的問題，讓受試者自由回答，再經研究者深度（in-depth）的探索（probing），以達到研究者的目的，這種問題及方式是屬於非結構式的問卷。也有結構式的問題加上非結構式的問題合併成為半結構式的問卷。如果研究是讓受試者直接回答調查問題，受試者必須具備讀寫能力，否則要讓研究者讀出調查的問題讓受試者瞭解，以便他們能回答。調查法也可和觀察法合併，是讓研究者直接觀察受試者以得到研究問題的答案。

**測驗法**在形式上與調查法相似。通常測驗被設計來測量某一種特殊的能力或行為特質，如智力、成就能力，是以一組標準化（standardize）的問題來給兒童作答；或以一些作業或工作（task）讓幼兒來操作，從中評定幼兒的特質。

測驗必須是可信和有效的。當對同一受試者的每次測量都能得到幾乎同樣的分數或診斷時，則此測驗是可信的（reliable）。所謂**測驗有信度的意義**是指測量結果的誤差小。測量信度可被區分成兩類：(1)穩定性（可參考再測信度、複本信度、評分者內信度等）；(2)一致性〔可參考郭靜晃與徐蓮蔭譯（1997）：折半信度、KR-20信度、$\alpha$信度、評分者間信度等〕。該測驗若能測得本身所真正要測量的內容時，則此測驗是有效的（valid）。設計測驗的人必須規定什麼是研究者想測量的，他們也必須提供證據，證明測驗確實測量了此一建構（Messick, 1989）。效度種類很多，主要目的是找出其測量的適當性。〔請參考相關的效度內容，如內容效度、邏輯效度、效標關聯效度、建構效度等（郭靜晃、徐蓮蔭譯，1997）〕

## (四)個案研究

**個案研究**是對個人、家庭或社會群體做更深入的描述。其目的在描述特定的人或群體的行為，通常用於描述個體經歷或考察與理論預見不一致的現象。目前日漸趨之若鶩的質化研究也常常應用此種研究設計。

個案研究可以各式各樣的訊息來源作為依據，包括訪談、治療過程的對話、長期觀察、工作紀錄、信件、日記、回憶錄、歷史文獻等。發展研究也常使用個案研究，如心理分析學派大師Sigmund Freud曾用此方法澄清某些精神障礙疾病的起因。其女兒Anna Freud描述一群孤兒（社會群體）的依附發展，該研究描述在第二次世界大戰期間生活在集中營裡的一群孤兒彼此的依附，以及日後重返正常社會環境中，相互維持情感的策略。此外，Jean Piaget也運用來對其女兒長期觀察並透過訪談技巧，建立兒童的認知結構概念。

個案研究被批評為不太科學。因為個體不能代表大規模群體，而從單一個案要去概論（generalize）其他個體或群體時，必須更加小心謹慎。另外，個案研究也被批評缺乏可靠性，因為不同的研究者對同一受試者進行研究，也可能因事件或對事件的詮釋不同而造成相異的觀點。符合科學觀察標準的個案研究必須有明確的研究目的和蒐集資料的系統方法，同時有真實的紀錄及令人信服的個案資料，才能建構人類發展的理論和實務。

## (五)訪談法

**訪談法**可以和上述的研究方法共同使用，其主要是以與個案面對面的談話作為依據。這個方法適用於個案研究，也適用於群體推論的研究。同時，訪談法可以是結構式或開放式的口頭調查。應用到兒童保育的研究時，研究者可將想得到的資料（基於研究目的）與父母、保育兒在兒童家中或保育機構中面對面的溝通，以達到瞭解幼兒行為或進行幼兒行為矯治工作。

一個人的回答極易受訪談者的影響。訪談者可利用微笑、點頭、皺眉或看別處，故意或無意地表示贊成或不贊成，以在建立親密關係和影響回答之間保持一微妙的界限。

這五種研究人類發展常用的方法及其優缺點，概要地列如**表1-4**。

**表1-4　人類發展研究常用的五種方法的優缺點**

| 方法 | 定義 | 優點 | 缺點 |
|---|---|---|---|
| 觀察法 | 行為的系統描述。 | 記載不斷發展中的行為；獲得自然發生、沒有實驗干預的材料。 | 耗費時間，故需要仔細訓練觀察者；觀察者會干擾正常發生的事物。 |
| 實驗法 | 將其他因素保持恆定，通常改變一些條件而控制其他條件以分析其中的因果關係。 | 可檢驗因果關係假設，可控制和分離特殊變量。 | 實驗室的結果不一定適合其他環境；通常只注意單向因果關係模式。 |
| 調查與測驗法 | 對大群體問一些標準化問題。 | 可從大樣本中蒐集資料；不大要求訓練；使用非常靈活方便。 | 修辭和呈現問題的方式會影響作答；回答可能與行為無密切關係；測驗可能不適於學校或臨床環境。 |
| 個案研究法 | 對個人家庭或群體的深入描述。 | 注重個人經驗的複雜性和獨特性。 | 缺乏普遍性；結果可能帶有調查者的偏見，難以重複。 |
| 訪談法 | 面對面的交談，每個人都可充分闡明他（她）的觀點。 | 提供複雜的第一手資料。 | 易受調查者成見的影響。 |

資料來源：郭靜晃、吳幸玲譯（1993）。

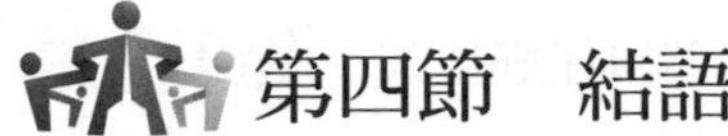

## 第四節　結語

人類行為與社會環境是社會工作教育知能的一門重要基礎學科，評估人類行為需要多元分析架構，用以整合人類生命歷程中有關生物、心理及社會層面的知識與理論，以說明這些要素如何整合互動，進而影響人類行為及其社會功能。

社會工作扮演使能者、充權者、資源整合組織者、倡導者、教育者、協調者等之角色，至少發揮三種主要功能：

1.幫助人們解決困難及有效地因應困境。

2.有效地與公私部門及機構合作，應用資源來幫助人群。

3.利用助人專業，幫助人們使用可近之資源來解決他們的問題。

社會工作者要使用專業的知能，恪遵倫理守則，瞭解案主之個別性，去除社會預期（social desirability），充權案主，依循生態及一般系統理論，才能讓案主有能力掌握個別之優勢（strengths），進而解決問題。

多元層面之行為評估不僅幫助社會工作者瞭解人類行為，同時也整合人在情境中。利用充權原則，人在情境中（PIE）、個人與環境間的交流（TIE）的模式，瞭解人在不同發展階段的發展任務，以提供多層面之介入處遇問題的策略，以達到案主之自主及行為功效，此外，要能對社會資源具敏銳力，運用案主之社會功能來幫助案主改善或解決問題。

人類行為之研究橫跨不同之學科，諸如生物學、醫學、社會學、心理學、諮商輔導、社會工作等，近百年來已累積不少研究成果，內容相當豐富及精彩，這些成果要歸功於科學系統化的使用和方法論的應用。換言之，所有的知識結果皆來自於科學系統化的觀察、實驗、調查等研究策略，人類行為的差異性更是不斷在理論所衍生之假設的驗證及研究對話下所產生，而非來自主觀的論述或意識型態等毫無根據之臆測結果。科學之探究有別於哲學，瞭解人類行為必須仔細慎思、檢視，且運用各種不同之方法論，利用觀察、訪談、實驗來診斷受試者，必要時更須利用精確（有信效度）之衡量工具，以作為問題行為之正確診斷，再透過客觀、有系統的資料蒐集及分析以呈現研究成果。

# 參考書目

## 一、中文部分

張欣戊等（2001）。《發展心理學》（第三版）。臺北：國立空中大學。

郭靜晃、吳幸玲譯（1993）。《發展心理學—心理社會理論與實務》。臺北：揚智文化。

郭靜晃、徐蓮蔭譯（1997）。《家庭研究方法》。臺北：揚智文化。

維基百科。心靈捕手，https://zh.wikipedia.org/wiki/%E5%BF%83%E7%81%B5%E6%8D%95%E6%89%8B。

## 二、英文部分

Allen-Meares, P. (1995). *Social Work with Children and Adolescents*. New York: Longman Publishers.

Ashford, J., LeCroy, C., & Lortie, K. L. (2001). *Human Behavior in the Social Environment: A Multidimensional Perspective* (2nd ed.). New York: Wadsworth, a division of Thomas Learning, Inc.

Baer, B. L. & Federico, R. C. (1978). *Educating the Baccalaureate Social Worker*. Cambridge, Mass: Balinger.

Baer. B. L. (1979). Developing a new curriculum for social work education. In F. Clark & M. Arkawa (Eds.). *The Pursuit of Competence in Social Work* (pp. 96-109). San Francisco, CA: Jossey-Bass.

Bandura, A. (1982). Self-efficacy mechanism in human agency. *American Psychologist, 37*, 122-147.

Brill, N. (1995). *Working with People* (5th ed.). White Plains, NY: Longman Publishing Group.

Derman-Sparks, L. (1989). *Anti-Bias Curriculum: Tools for Empowering Young Children*. Washington DC: National Association for the Education of Young Children.

Erikson, E. H. (1963). *Childhood and Society* (2nd ed.). New York: Norton.

Goethals, G. R. & Frost, M. (1978). Value change and recall of earlier values. Bulletin of

*Psychonomic Society, 11*, 73-74.

Havighurst, R. J. (1972). *Developmental Tasks and Education* (3rd ed.). New York: David McKay.

Hyun, E. & Marshall, D. (1997). Theory of multiple/multiethnic perspective-taking ability for teacher's developmentally and culturally appropriate Practice (DCAP). *Journal of Research in Childhood Education, 11(2)*, 188-198.

Kagel, J. & Cowger, C. (1984). Blaming the client: Implicit agenda in practice research? *Social Work, 29(4)*, 347-351.

Kirst-Ashman K. K. & Hull, G. H. (Jr.) (2009). *Understanding Generalist Practice* (5th ed.). New York: Brooks/Cole Cengage Learning.

Loewenber, F. M. (1977). *Fundamentals of Social Intervention*. New York: Columbia Press.

Mather, J. H. & Lager, P. B. (2000). *Child Welfare: A Unifying Model of Practice*. CA: Brooks/Cole Thomson Learning.

Messick, S. (1989). Meaning and values in test validation: The Science and ethics of assessment. *Educational Research, 18*, 5-11.

Monkman, M. & Allen-Meares, P. (1995). The TIE framework: A conceptual map for social work assessment. *Arete, 10*, 41-49.

Saleebey, D. (1992). *The Strengths Perspective in Social Work Practice*. New York: Addison-Wesley.

Schaie, K. W. (1965). A general model for the study of developmental problems. *Psychological Bulletin, 64*, 92-107.

Shulman, L. (1981). *Identifying, Measuring, and Teaching Helping Skills*. New Work: Council on Social Work Education.

Siporin, M. (1975). *Introduction to Social Work Practice*. New York: Macmillan.

Stuart, R. B. (1970). *Trick or Treatment*. Champaign, IL: Research Press.

Weick, A. (1986). The philosophical context of a health model of social work. *Social Casework, Nov*. Families International, Inc.

Weick, A. (1992). Building a strengths perspective for social work. In D. Saleebey (Eds.). *The Strengths Perspective in Social Work Practice* (pp. 18-26). New York: Longman.

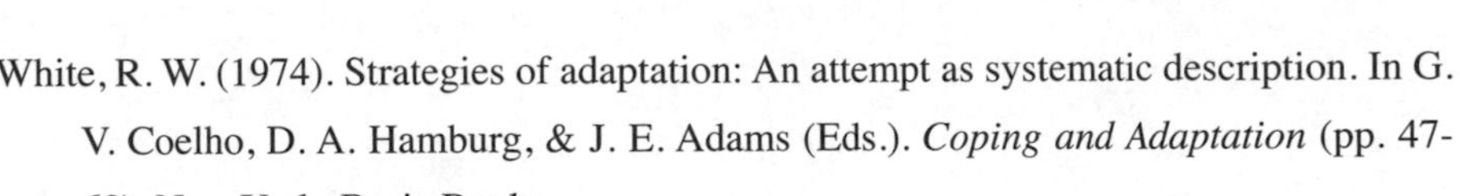

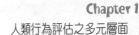

White, R. W. (1974). Strategies of adaptation: An attempt as systematic description. In G. V. Coelho, D. A. Hamburg, & J. E. Adams (Eds.). *Coping and Adaptation* (pp. 47-68). New York: Basic Books.

Zastrow, C. (1982). *Introduction to Social Welfare Institutions: Social Problems, Services, and Current Issues*. Homewood, IL: Dorsey Press.

Zastrow, C. H. & Kirst-Ashman, K. K. (2012). *Understanding Human Behavior and the Social Environment* (9th ed.). New York: Brooks/Cole Cengage Learning.

Chapter

2

# 人生全程發展

- 何謂人生全程發展
- 人生全程發展之理論
- 人生全程發展之生命期待
- 結語

人生全程發展主要在研究人類從受精卵形成到死亡的整個生命歷程（life course）中，心理與行為的發生與改變。因對象的不同，又可分為兒童階段、青少年階段、成人階段及老人階段。人生全程發展最初的研究對象僅侷限於學齡兒童，之後才往前推移至幼兒，再擴展至新生兒及胎兒；在第二次世界大戰之後，才開始研究青少年與擴大到成人。

近年來對於整體的兒童發展提供一全方位（holistic perspective）的探討，也是探討個體心理研究來自三個源頭，即生物性、心理性及社會性，也就是生物—心理—社會（bio-psycho-social model）的互動模式，來提供個體心理與行為之成因探討，有別於過去強調遺傳vs.環境之爭議。本章主要描述人生全程發展之要題及理論，共分為三節：何謂人生全程發展、人生全程發展之理論及人生全程發展之生命期待。

## 第一節　何謂人生全程發展

**人生全程發展**（lifespan development）主要在研究個體行為因時間推移而產生成長變化的歷程，更是對人類行為的詮釋。在探索千變萬化的人類行為之前，應去瞭解「發展」這個名詞。發展的基本概念是行為改變（behavior change），但並非所有的行為改變都具有發展性，諸如中樂透或車禍，對人類而言，這是一種意外事件，更是一種周遭環境的改變而影響過去的固定生活模式（life pattern）。

每個人都帶著個人獨特的遺傳結構來到這個世界，並隨之在特定的社會文化與歷史背景展露（upholding）個人的特質，而形成個體的敘事（narrative）及生活風格（life style）。就如同著名的哲學家Loren Eiseley所主張：「人類行為是於歷史的特定時間內與他人傳說之互動中逐漸模塑成形的。它受個體之生理、心理及所受環境之社會結構和文化之相互作用，逐漸形成其人生歷程。」從社會學的觀點來看，人生歷程是穿越時間而進展（Clausen, 1986）；也就是說，隨著時間的推移而產生個體行為的改變。因此，個體除了生物性的成長改變，也必須隨著社會變遷而改變，以迎合更穩定的社會結構、規範和角色。生命只有兩種選擇，改變或保持現狀。誠如二千五百年前的希臘哲人Heraclitus所言：「世界無永恆之物，除了改變。」

從心理社會的觀點（psychosocial perspective）來看，人生歷程指的是工作以及家庭生活階段順序之排列的概念。這個概念可用於個體生活史的內容，因為個人生活史體現於社會和歷史的時間概念之中（Atchley, 1975; Elder, 1975）。每個人的生活過程皆可喻為是一種人生的適應模式，是每個人對於在特定時間階段所體驗到的文化期望，也是所衍生的人生發展任務、資源及所遭受障礙的一種適應。

## 一、人生歷程與發展之意涵

Atchley（1975）提出一種在職業和家庭生活歷程中，與年齡聯繫在一起所產生變化的觀點（見**圖2-1**）。在**圖2-1**，我們可以看到生命歷程中工作與家庭生活之間的可能結合形式。例如，兒童最主要受其原生家庭所影響，其主要工作任務是上學，達成社會規範及期待，為日後成人工作生涯做準備，同時也深受家中成員及環境與角色期待所影響。

生命過程模式受歷史時代的影響。生活於一九〇〇至一九七五年的人，其生命過程可能就不同於生活在一九二五至二〇〇〇年的人。人們可能在不同的人生階段，面對不同的機遇、期望和挑戰而經歷同樣的歷史年代。職業機遇、教育條件和同族群人數的差異為影響生活經歷模式的三個族群因素（Elder, 1981）。最近，日本學者將一九五五年之前出生者歸之為舊人類，在一九五五年之後出生者稱之為新人類。而這些新人類在一九六五年之後出生者稱之為X世代（X generation），一九七五年之後出生者為Y世代（Y generation），及一九八五年之後出生者謂之

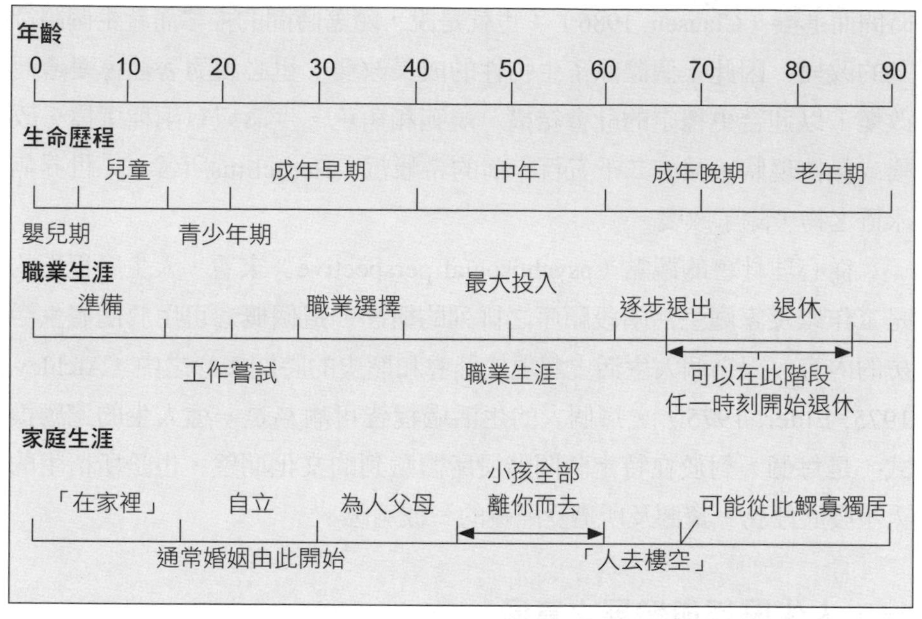


**圖2-1　年齡、生命歷程、職業生涯和家庭生涯之間的關係**

資料來源：改編自Atchley, R. C. (1975).

為Z世代（Z generation）。這些世代歷經了社會變遷、教育模式及不同境遇，也衍生了不同價值觀，甚至形成了特定的次文化（subculture）。換言之，處於不同世代的父母，因受社會變動因素之影響，而有不同之機遇及別人對其角色的期望，而產生此世代的個別經驗及知覺。應用於兒童福利（尤其是托育服務），此世代之父母對於養育子女的觀念及需求也會異於不同世代之父母，加上父母因需求之滿足或個人境遇之變化（例如離婚家庭或外籍配偶家庭），而產生對子女管教與保育之差異，進而對子女發展產生不同之影響。

人的全人發展的起點是從個體受孕開始，一直到終老死亡為止。發展改變（change）的過程是有順序的、前後連貫的、漸進的及緩慢的，其內容包含有生理和心理的改變，此種改變與遺傳、環境、學習和成熟度相關。而人類行為是由內在與外在因素之總和塑造而成，藉著社會規範所給予個人的方向與指引，有些人類行為是可預期的且規律的。例如依時間前後排序的年齡，時常會隨著地位和角色轉換而產生改變；相對的，規範也在「適當的」時間中展開上托兒所、學才藝、上學、約會、開車、允許喝酒、結婚、工作或退休。當在這些特殊生活事件中存在相當的變異性時，個人將「社會時鐘」（social clock）內化，並時常依照生命歷程的進行來測量他們的發展進程。在這個發展歷程裡，某些父母會開始擔心他們的子女是否有問題，例如他們二歲的小孩尚未開始說話，或是近三十歲的已成年子女並未表現出職業發展方向，或近三十五歲的女兒，結婚了卻尚未生育子女等等行為。這些問題是與「在某段時間之內」有關，會因此受內在情緒強度所掌握，意即社會規範的影響是與特定生活事件所發生的時間有關。

社會規範界定社會規則，而社會規則界定個體之社會角色。若社會角色遭受破壞，則可能產生社會排斥。傳統的社會規範「女子無才便是德」，女性被期待在她們青少年晚期或二十歲初結婚，婚後相夫教子並操持家務，而選擇婚姻及家庭之外的事業者，常被視為「女強人」，並且需蒙受社會的懷疑眼光，有時還會視為「老處女」，或「嫁不出去的老女人」。父母們的育兒觀往往是「望子成龍，望女成鳳」，孩子在小時候被期望學習各種智能及才藝，甚至要成為超級兒童（super kids）。

人生全程發展常令人著迷，有著個別性的多樣色彩，相對地，也是乏人問津的領域。想去理解它，就必須弄清楚在發展的各個階段上，人們是如何將他們的觀念與經歷統合，以期讓他們的生命具有意義，而這個生命歷程就如每個人皆有其生活敘事，各有各的特色。由人類發展的含義來看，它包括四個重要觀念：

1.從受孕到老年，生命的每一時期各個層面都在成長。
2.在發展的連續變化時程，個體的生活表現出連續性和變化性；要瞭解人類發展必須要瞭解何種因素導致連續性和變化性的過程。
3.發展的範疇包含身心各方面的功能，例如身體、社會、情緒和認知能力的發展，以及他們相互的關係。我們要瞭解人類，必須要瞭解整體的各個層面發展，因為個人是以整體方式來生存。

4.人的任何一種行為必須在其相對的環境和人際關係的脈絡中予以分析，因為人的行為是與其所處的脈絡情境有關；也就是說，人的行為是從其社會脈絡情境中呈現（human behavior nested in the social environment），故一種特定的行為模式或改變的含義，必須根據它所發生的物理及社會環境加以解釋。

持平而論，個人的人生歷程是本身的資源、文化與次文化的期待，社會資源和社會暨個人歷史事件的綜合體，深受年齡階段、歷史階段和非規範事件所影響（見**圖2-2**），茲分述如下：

## (一)年齡階段的影響

人類行為受年齡階段的影響（age-graded influences），如出生、青春期，以及特定的年齡階段，如學業、結婚生子、退休。發展心理學家S. Freud的心理分析論、E. Erikson的心理社會論、J. Piaget的認知發展論及L.

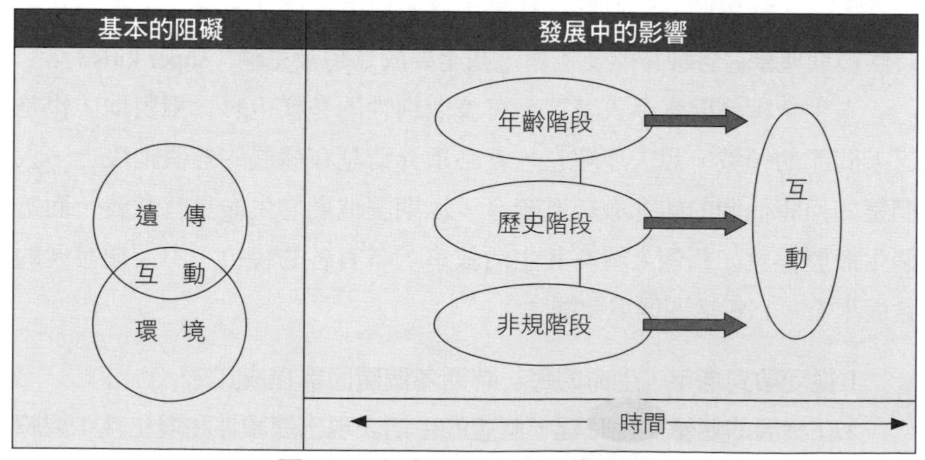


**圖2-2　人生歷程中之影響因素**

資料來源：陳怡潔譯（1998）。

Kohlberg的道德發展論，皆指明人類行為根植於生命歷程中各年齡階段的行為改變（下節會有詳細介紹）。

人類行為會因個體的成熟機能而表現出不同的行為結構，一旦這些行為事件上加上了文化期待的規範性和預期性，便會產生預期的社會化行為（Hagestad & Neugarten, 1985）。預期的社會化過程規範個人在文化中所假定的扮演角色行為。例如，在某些文化，要求青少年獨立自主，安排家務或其他雜務給子女，並視此種獨立及幫忙家務是為日後職業生涯之價值及工作取向做準備。

年齡階段之影響是由文化性與歷史性所定義，例如在二十世紀初期，童工在貧窮與中等階級的家庭中是必要的人力資源；但至二十世紀初通過童工法和補習教育，兒童被期望接受教育並為日後提升經濟生活做準備。

### (二)歷史階段的影響

歷史階段的影響（history-graded influences）意指由歷史事件帶來的各項社會變遷，例如人口統計學上的更動、能力技巧的改變和就業率；與出生年代和分享歷史背景經驗的人稱為「族群」（cohort），如前面所述的舊人類和新人類的X、Y、Z世代。族群的概念係在解釋人生歷程中不同時間點上所受之歷史階段影響，它會受歷史階段或同儕的相互影響，形成一種特殊的行為模式。例如，最近臺灣的經濟不景氣即是一歷史事件，此事對失業的青壯年及其家庭的生活造成衝擊。幾十萬人無法找到工作且承受著經濟不景氣及通貨膨脹的痛苦。結果，造成他們在工作、節約和經濟消費行為的信念改變。工作不再是事求人、唾手可得的，因此，經濟上的節約變得相當重要。對那些原本就是貧窮的人而言，他們會經歷到「比原本更困苦」的沮喪；而對那些富有的人而言，這只是一段困苦的時間，並非原本就必須要承受的災難，或許暫時咬緊牙關，忍耐一陣就會否極泰來。

### (三)非規範性的影響

非規範性的影響（non-normative influences）係指在行為上的各種事件是無法預測及始料未及的事件，例如天災（火災、地震、風災、水災、SARS）或失業，突然喪偶或罹患疾病。這些事件與歷史上的推移關聯甚少，而且時常比預期中的生命事件具有更大的壓力及影響。

## 二、人類發展的意義、變化與原則

### (一)發展的意義

發展（development）的意義牽連甚廣，要如何界定端視學者以何種角度切入。Gesell（1952）認為，發展是一種有順序的、以前後連貫方式做漸進的改變。Hurlock（1968）認為，發展是一個過程，在這個過程中，內在的生理狀況發生改變，心理狀況也因受到刺激而產生共鳴，使個體能夠應付未來新環境的刺激。Anderson（1960）亦強調，發展不僅是個體大小或比例的改變，也不只是身高的增加或能力的增強，發展是統合個體許多構造與功能的複雜過程。朱智賢（1989）認為，發展係指一種持續的系列變化，尤指有機體在整個生命期的持續變化，這種變化既可能導因於遺傳因素，也可侷限於出生到青春期這段時間。張春興（1991）將發展分為廣義與狹義，就廣義而言，係指出生到死亡的這段期間，在個體遺傳的限度內，其身心狀況因年齡與學得經驗的增加所產生的順序性改變的歷程；至於狹義的定義其範圍則縮短至由出生到青年期（或到成年期）的一段時間。在以上兩個界說中，雖然均以「自出生始」作為研究個體發展的開始，事實上，目前多從個體「生命始（受孕）」研究發展，黃志成（1999）在其所著《幼兒保育概論》一書中，即將發展的意義界定如下：係指個體自有生命開始，生理（如身高、體重、大腦、身體內部器官等）與心理上（如語言、行為、人格、情緒等）的改變，其改變的過程是連續的、緩慢的，改變的方向由簡單到複雜、由分化到統整，改變的條件則受成熟與學習及或兩者交互作用之影響。

綜觀上述各家之言，發展之意義可歸納出下列幾點：

1.發展的起點應自個體受孕始；發展的終點就廣義而言，應至死亡為止，就狹義而言，則約到青年期為止。
2.發展為個體的改變，改變的過程是有順序的、前後連貫的、漸進的、持續的。
3.發展的內容應包含生理和心理的改變。
4.發展的改變與遺傳、環境、學習、成熟有關。
5.發展不單是量的變化，也是質的變化。
6.發展的方向是由簡單到複雜，由分化到統整。

## (二)發展上的變化

兒童發展上的改變，包括生理、心理的兩大類，就其改變的內容，Hurlock（1978）曾提出在發展上變化的類型（type of change）如下：

1.大小的改變：在兒童期，無論是身高、體重、頭圍、胸圍，以至於內部器官，都一直不斷的在增長中，以體重為例，剛出生的嬰兒約三．二公斤，至四個月大時，再成長一倍，至週歲時，其體重再增一倍，約近十公斤。
2.比例的改變：兒童不是成人的縮影，在心理、生理上皆非。以頭部和身長的比例而言，在胚胎期，頭與身長的比例約為1：2，出生時約為1：4，而長大成人後約1：7（或1：8）。
3.舊特徵的消失：在兒童期的發展過程中，有些身心特徵會逐漸消失。在生理上，如出生前胎毛的掉落；在嬰兒期，許多反射動作自然消失；在幼兒後期，乳齒的脫落等皆是；在心理上，如自我中心語言逐漸減少，轉向較多的社會化語言；對父母的依賴慢慢減少，轉向同儕。

4.新特徵的獲得：兒童身心之若干新的特徵，是經由成熟、學習和經驗獲得的。在生理上，如六歲左右，恆齒的長出；在兒童後期，青春期的到來，男女兩性在主性徵及次性徵的變化；在心理上，例如在語言的使用方面，詞類會愈來愈多，而認知層次愈高，興趣愈廣泛等等皆屬之。

## (三)發展的一般原則

兒童發展，雖有個別差異，但大致仍遵循一些普遍的原則，有助吾人對兒童的瞭解，說明如下：

### ■早期的發展比晚期重要

人類的發展，以愈早期愈重要，若在早期發展得好，則對日後有好的影響，反之則不然。例如在胚胎期可能因一點點藥物的傷害，而造成終身的殘障；Erikson（1963）也認為，在嬰兒期如果沒有得到好的照顧，以後可能發展出對人的不信任感；Sigmund Freud為精神分析學派的心理學者，此學派的理論重點也主張人類行為均受到早期經驗的影響，可見早期發展的重要性。

### ■發展依賴成熟與學習

兒童發展依賴成熟，成熟為學習的起點，生理心理學派即持此一觀點，例如六、七個月的嬰兒，吾人無法教他學習走路，因為還未成熟到學習走路的準備狀態（readiness），但到了十一、十二個月時，因為生理上的成熟，嬰兒有了學習走路的動機，因此，嬰兒會走路的行為，端賴成熟與學習。

### ■發展有其關鍵期

所謂**關鍵期**（critical period）係指兒童在發展過程中，有一個特殊時期，其成熟程度最適宜學習某種行為；若在此期未給予適當的教育或刺激，則將錯過學習的機會，過了此期，對日後的學習效果將大為減少。例如語言的學習其關鍵期應在幼兒期，此期學習速度較快，效果也好，過了此期再學習其效果較差，許多人到了青少年期，甚至成年期開始學習第二種語言或外語，常發現發音不正確的現象即是一例。一般所謂學習的關鍵期是針對較低等層次的動物行為，例如鴨子看移動物體而跟著它，至於人類，則對本能成熟之發音及爬行較能解釋，對於學習高等層次之思考行為則較無法用學習的關鍵期來做解釋。

### ■發展的模式是相似的

兒童發展的模式是相似的，例如嬰幼兒的動作發展順序為翻滾、爬、站、走、跑，次序不會顛倒。也因為如此，吾人在教養兒童時，掌握了發展的預測性，依循關鍵期的概念，更能得心應手。

### ■發展歷程中有階段現象

有些學者認為，人的發展是一個階段接著一個階段發展，當一個兒童由一個階段邁向更高的階段時，即會有定性的變化（qualitative change）。當兒童的認知發展由一個階段邁向一個更高的階段，表示他們的思維方式有顯著的定性變化（馬慶強，1996）。

### ■發展中有個別差異

兒童發展雖有其相似的模式，但因承受了不同的遺傳基因，以及後天不同的家庭環境、托育環境、學校環境、社區環境等因素，故在發展上無論是生理特質、心理特質，仍會有個別差異。此種差異並未違反「發展模式相似性」的原則，因為所謂的差異是指發展有起始時間的不同，發展過程中，環境的不同會造成個體發展上的差異。

### ■發展的速率有所不同

兒童發展並非循固定的發展速率，各身心特質的進程在某些時候較快，在某些時候則較慢。例如在幼兒期時，淋巴系統、神經系統是快速成長，而生殖系統則進展緩慢，直到進入青春期才快速發展。

**■發展具有相關性**

兒童身心發展，相輔相成，具有相關性。生理發展良好，可能帶動好的心理、社會發展；反之，有些生理障礙的兒童，如視覺障礙、聽覺障礙、肢體障礙、身體病弱的兒童，其心理、社會發展常受到某些程度的影響。

## 第二節　人生全程發展之理論

當我們檢驗人類發展時，重要的是能夠從發展模式的一般性看法轉入對特殊變化過程的解釋。心理社會理論為我們探究人類發展提供了概念保護傘，但是我們也需要其他理論在不同的分析層次上來解釋行為。如果我們要說明一生中的穩定性和可變性，我們就需要有理論構想，來幫助說明全面演化的變化、社會和文化的變化，以及個體的變化；我們也需要有種種概念，解釋生活經驗、成熟因素，以及一個人的經驗結構對生理、認知、社會、情緒和自我發展模式之作用。本節將介紹數種影響個體行為改變理論之基本概念：成熟論、心理分析論、認知理論、行為理論、生態環境論和結構功能論等等。

理論乃是指針對觀察到種種現象與事實（facts），以及其彼此之間的關係所建構出之一套有系統的原理原則。理論是整合與詮釋資料的一種架構，主要的功能是用於探究兒童的成長與行為，對於所觀察到的行為提出一般性的原則並加以詮釋，它指出了個體在遺傳的結構上和環境的條件之下，哪些因素會影響個體發展和行為改變，以及這些要素如何產生關聯。

## 一、成熟理論

**成熟理論**（maturationist theory）主張人類之發展過程主要是由遺傳所決定。人類之行為主要受內在機制控制，以有系統之方式在不受環境影響的情況下，指導著發展的進行，進而影響個體組織的改變。

在遺傳上，個體在成熟的時間產生行為逐漸外露（upholding）的過程。成熟理論學派認為，當一些行為尚未自然出現時，即予以刻意誘導是不必要的，甚至造成揠苗助長。被強迫性地要求達到超過其成熟現狀發展的個體，他們的發展不僅效率低，而且需經歷低自我與低自我價值，但個體的發展情況若不符合期望中的成熟程度，則產生低學習動機，致需要予以協助與輔導。

被視為發展心理學之父的George Stanley Hall，其觀點影響了人類發展與教育學之領域，他的學生Arnold Gesell更延續Hall的論點，將其論點以現代的科學研究加以運用。

### (一)G. Stanley Hall（1844-1924）

G. Stanley Hall在哈佛大學跟隨心理學家William James做研究，取得博士學位後又轉往德國，跟隨實驗心理學派Wilhelm Wundt（亦是心理學之父）做研究，回到美國後，便將實驗心理學之知識應用於兒童發展的研究，並且推展至兒童保育之應用。

Hall的研究發展雖然不符合科學系統研究之嚴謹要求，其論點反映發展乃奠基於遺傳，認為兒童行為主要是受其基因組合之影響。Hall的研究是招募一群對兒童有興趣的人來進行實地觀察（field observation），大量蒐集有關兒童的資料，企圖顯示不同階段兒童的發展特質。

Hall的研究工作反映出C. Darwin進化論的論點，他深信人類每一個體所經歷的發展過程類似於個體發展的順序，即是「個體重複種族演化的過程」（ontology recapitulates phylogeny）。兒童行為從進化的原始層面脫離出來，透過成熟，帶來兒童的行為及自然的活動。

## (二)Arnold Gesell（1890-1961）

Arnold Gesell以更有系統的方式延續Hall的研究，他待在耶魯大學兒童臨床中心（Yale University Clinic for Child Development）長達近四十年的歲月，研究兒童的發展。藉由觀察並測量兒童各種不同領域：生理、運動、語言、智力、人格、社會等之發展，Gesell詳細的描述了從出生至十歲兒童發展的特徵，並建立發展常模。

Gesell的發展理論強調「成熟」在兒童發展的重要性，他與G. S. Hall不同之處在於他不支持發展的進化論，但卻相信兒童發展取決於遺傳，並認為人類發展之能力及速率因人而異，故在兒童保育方面，應尊重每個人與生俱來的個人特質。環境對改變兒童行為僅扮演次要的角色，而取決於人類內在具有的本質，故應保留配合兒童發展的模式，教育上更要配合兒童發展的基調，壓迫與限制只會造成兒童的負面影響（Thomas, 1992）。

成熟理論多年來在兒童發展領域深深影響著兒童托育。成熟學派之哲學觀與Rousseau之浪漫主義相符，支持「以兒童為本位」的教育觀點。因為後天環境對於個體的發展影響不大，企圖擴展超越兒童之天賦能力，只會增加兒童的挫折與傷害，甚至揠苗助長。配合兒童目前的能力提供學習經驗，較符合兒童發展與人性（本）之教育理念，同時亦是美國「幼兒教育協會」（National Association of Education for Young Children, NAEYC）所倡導的「適齡發展實務」（developmentally appropriate practice, DAP）的重要依據。基於這個觀點，兒童保育之專業人員被要求本於兒童的「需求與興趣」來設計教學計畫，課程配合兒童發展，以遊戲為主要的教學設計原則。

此論點同時也導引出學習準備度（readiness）的概念。假使兒童被評定為尚無能力學習某些事，則教師必須等待兒童進一步成熟，這種準備度之觀點在閱讀教學的領域尤為明顯。成熟學派對於幼兒早年學習所持有之取向是依賴個體之成熟機能，不同於往年教育學者所採用之介入論者（interventionist）的取向。後者針對失能兒童（disabled children）或處於危機邊緣之兒童（children at risk）所設計，主要是依據行為主義之觀點，利用特殊介入模式來協助兒童符合學習的期望。

## 二、行為理論

**行為理論**（behaviorism theory）影響心理學的理論發展已超過一世紀之久，行為理論基本上是一種學習理論，同時也一直被當作是一種發展理論，認為經驗是行為變化的機轉（mechanism）。它與成熟學派持不同看法，認為除了生理上的成熟之外，個體的發展絕大部分是受外在環境的影響。人類之所以具有巨大的適應環境變化的能力，其原因就在於他們做好了學習的充分準備，學習理論之論點有四，茲分述如下：

### (一)古典制約

古典制約（classical conditioning）的原則，由Ivan Pavlov（1927/1960）所創立，有時又稱**巴卜洛夫制約**。Pavlov的古典制約原則探究了反應是由一種刺激轉移到另一種刺激的控制方法，他運用唾液之反射作用作為反應系統。

古典制約模型由**圖2-3**可見，在制約之前，鈴聲是一中性刺激（neutral stimulus, NS），它僅能誘發一個好奇或注意而已，並不會產生任何制約化之行為反應。食物的呈現和食物的氣味自動地誘發唾液分泌（是一反射作用），即非制約反應（unconditioned response, UR）（流口水）的非制約刺激（unconditioned stimulus, US）（食物）。在制約試驗期間，鈴聲之後立即呈現食物。當狗在看見食物之前已對鈴聲產生制約而分泌唾液，我們則說狗已被制約化。於是，鈴聲便開始控制唾液分泌

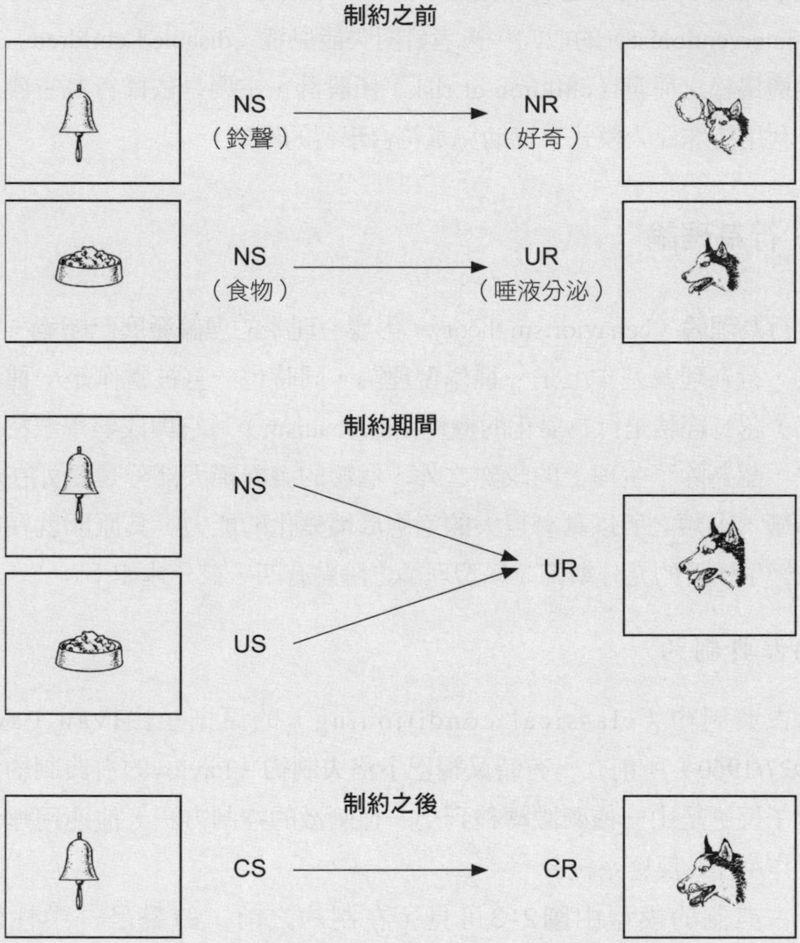

制約之前

NS（鈴聲） → NR（好奇）

NS（食物） → UR（唾液分泌）

制約期間

NS → UR

US → UR

制約之後

CS → CR

NS＝中性刺激　US＝非制約刺激　CS＝制約刺激
NR＝中性反應　UR＝非制約反應　CR＝制約反應

在制約之前，鈴聲是一個僅能引起好奇而別無其他反應的中性刺激。
隨著鈴聲與食物的多次配對，鈴聲就變成一個能引起制約性唾液分泌反應的制約刺激。

**圖2-3　古典制約**

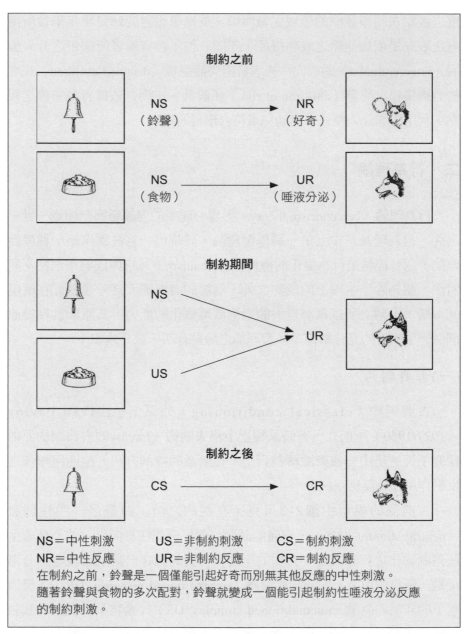

資料來源：郭靜晃、吳幸玲譯（1993）。

反應。僅在鈴聲響時才出現的唾液分泌反應稱作制約反應（conditioned response, CR）。此一原則先對動物實驗，再由John B. Watson（1878-1959）應用到Albert的小男孩身上，將新的刺激與原先的刺激連結在一起，發現對新刺激所產生的反應方式，相類似於其對原先刺激所做出的反應。

古典制約可以說明人一生中出現的大量的聯想學習。當一個特殊信號與某個表象、情緒反應或物體相互匹配之後，該信號便獲得了新的意義。在嬰兒期和幼兒期，隨著兒童依附的發展，各種正性和負性的情緒反應便與人物和環境建立了制約作用，對於特定目標的恐懼也可能成為古典制約的作用，許多人可能進而聯想回憶出一次恐怖經驗，如被蛇咬、溺水、挨打等。這個恐懼反應可能與特定目標相連結，造成人們會逃避該特定目標，形如一朝被蛇咬，十年怕草繩。

### (二)操作制約

Edward L. Thorndike（1874-1949）採用科學方法來研究學習，又稱為**操作制約**（operant conditioning）學習。Thorndike嘗試連結刺激與反應的過程來解釋學習，強調學習中重複的作用和行為的結果。他利用貓逃出迷籠的行為，觀察到貓是利用嘗試錯誤（trial and error）的方式，在學習過程中貓的盲目活動愈來愈少，行為愈來愈接近正確解決之方法。Thorndike發展出一組定律來說明制約過程，其中最主要的為效果率（law of effect），說明假如一個刺激所引起的反應是愉快、滿足的結果，這個反應將會被強化；反之，這個反應會被削弱。另一定律為練習率（law of exercise），主張個體經歷刺激與反應鍵之連結次數愈頻繁，連結將會愈持久。第三個定律為準備率（law of readiness）：當個體的神經系統對於行動愈易產生反應，則學習將愈有效果。

Thorndike的效果率實為增強概念及操作制約概念之先驅，亦是B. F. Skinner的行為主義取向之基礎。Skinner對學習心理學與發展理論的貢獻，在於其巧妙地將學習理論應用到教育、個人適應及社會問題上。Skinner相信欲瞭解學習，必須直接觀察兒童在環境改變的因素下所產生的行為改變。他認為兒童表現出來的大部分行為，都是透過工具制約學習歷程所建立的；換言之，行為的建立端賴於行為的後果是增強或處罰而定，是受制於環境中的刺激因素。**增強與處罰**正是行為建立或解除的關鍵，增強被用於建立好的行為塑造（shaping good behavior），而處罰被用於移除不好的行為連結（removal of bad behavior）。

增強物（reinforcement）有兩種：正增強、負增強。對兒童而言，食物、微笑、讚美、擁抱可令其產生愉悅的心情，當它們出現時，正向的行為反應連續增加，稱之為正增強物。反之，負增強物，如電擊、剝奪兒童心愛的玩物等，當它們被解除時，其正向行為反應便增加。另一個觀點是處罰，是個體透過某種嫌惡事件來抑制某種行為的出現。（有關正增強、消弱、負增強及處罰之區別請參考**表2-1**。）

## (三)社會學習

**社會學習論**（social learning theory）認為，學習是由觀察和模仿別人（楷模）的行為而來（Bandura & Walters, 1963），尤其在幼兒期的階段，模仿（imitation）是其解決心理社會危機的核心；此外，青少年也深受同儕及媒體文化所影響，漸漸將其觀察的行為深入其價值系統，進而學習其行為，這也就是兒童在生活周遭中，透過觀察和模仿他人

**表2-1　正增強、負增強和處罰的區別**

| | 愉快的事物 | 嫌惡的事物 |
|---|---|---|
| 增加 | **正增強**<br>小明上課專心給予記點，並給予玩具玩。 | **處罰**<br>小明上課不專心，讓小明罰站。 |
| 剝奪 | **消弱**<br>小明上課不專心，而不讓他玩所喜歡的玩具。 | **負增強**<br>取消小明罰站的禁令，因而增加小明上課的專心度。 |

來習得他們大部分的知識，而成人及社會也會提供兒童生活中的榜樣（model）；換言之，也是一種身教，如此一來兒童便習得了適應家庭和社會的生活方式。

Bandura（1971, 1977, 1986）利用實驗研究方法進行楷模示範對兒童學習之影響，結果表現兒童喜歡模仿攻擊、利他、助人和吝嗇的榜樣，這些研究也支持了Bandura的論點：學習本身不必透過增強作用而習得。社會學習的概念強調榜樣的作用，也就是身教的影響，榜樣可以是父母、兄弟姊妹、老師、媒體人物（卡通）、運動明星，甚至是政治人物。當然，學習過程也不只是觀察模仿這般簡單而已，一個人必須先有動機，並注意到模仿行為，然後個體對行為模式有所記憶，儲存他所觀察到的動作訊息，之後再將動作基模（訊息）轉換成具體的模仿行為而表現出來（郭靜晃等，2001）。換言之，行為動作之模仿學習是透過**注意（attention）→取得訊息的記憶（retention）→行為產出（reproduction）→增強（reinforcement）的四種過程**。

### (四)認知行為主義

過去的行為主義以操作與古典制約強調環境事件和個體反應之間的連結關係，卻忽略個體對事件的動機、期望等的認知能力。Edward Tolman（1948）提出個體之認知地圖（cognitive map），作為刺激與反應連結中的學習中介反應概念，此概念解釋個體在學習環境中的內部心理表徵。Walter Mischel（1978）認為，要解釋一個人的內部心理活動，至少要考量六種認知因素：（見**圖2-4**）

1.認知能力（cognitive competency）：由知識、技巧和能力所組成。
2.自我編碼（self-encoding）：為對自我訊息的評價和概念化。
3.期望（expectancy）：是一個人的操作能力、行為結果和對環境事件的意義和預期。

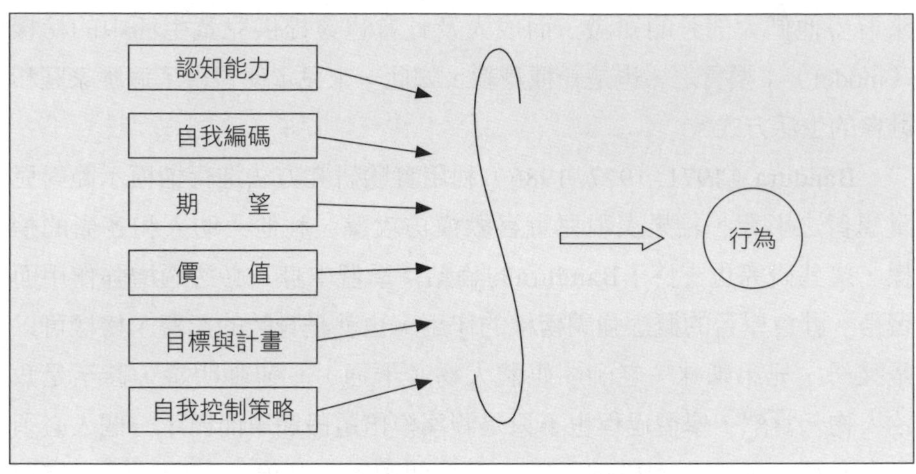


**圖2-4　影響行為的六個認知向度**

4.價值（value）：為人賦予環境中行為結果的相對重要性。

5.目標和計畫（goal and plan）：為個人的行為標準和達到標準的策略。

6.自我控制策略（self-control strategy）：個體調節自我行為的技術。

上述這四種學習理論都對洞察人類行為有所貢獻（見**表2-2**），也說明人類行為習得的過程。古典制約能夠說明信號與刺激之間形成的廣泛的聯想脈絡、對環境持久的情緒反應，以及與反射類型相聯繫的學習的組織。操作制約強調以行為結果為基礎的行為模式的習得。社會學習理論則增加了重要的模仿成分，人們可以透過觀察他人學習新的行為。最後，認知行為主義認為，一組複雜的期望、目標和價值可以看作是行為，它們能夠影響操作。訊息或技能在被習得之時並不能在行為上表現出來，除非關於自我和環境的期望允許它們表現。這種觀點強調了個人指導新的學習方向的能力。

表2-2　四種學習過程

| 古典制約 | 操作制約 | 社會學習 | 認知行為主義 |
|---|---|---|---|
| 當兩個事件在非常接近的時間內一起出現時，它們就習得了相同的意義並產生相同的反應。 | 隨意控制的反應既可以加強，也可以消除，這取決於和它們相聯繫的結果。 | 新的反應可以透過對榜樣的觀察和模仿而習得。 | 除了新的反應以外，學習者還習得了關於情境的心理表徵，它包括對獎賞和懲罰的期望、適當的反應類型的期望，以及反應出現的自然和社會環境的期望。 |

## 三、心理動力論

心理動力論（psychodynamic theory）如同認知論學者，Piaget、Kohlberg對兒童發展及兒童教育領域有廣泛影響，他們皆認為兒童隨年齡成長，機體成熟有其不同階段的發展特徵及任務（見**表2-3**），如同認識發生論（epigenetic）般，個體要達到機體成熟，其學習才能事半功倍。

### (一)心理分析論

Sigmund Freud（1856/1939）的心理分析理論集中於個人之情緒與社會生活的人格發展，創立了「性心理發展」。雖然該理論大部分已被修正、駁倒或扼殺，但許多Freud的最初假設仍存留於現代之人格理論中。Freud集中研究性慾和攻擊驅力對個體心理活動之影響，他認為強而有力的潛意識生物性驅力（drive）促成了人的行為（尤其是性與攻擊驅力）。Freud的第一個假定是人有兩種基本的心理動機：性慾和攻擊。他認為人的行為都源自個體之性慾和攻擊衝動的表現；第二個假定是人具有一種叫作潛意識（unconscious）的精神領域，無法被察覺到，且是強大的，為個體原始的動機儲存庫。

Freud認為，無意識動機和有意識的動機會同時激發行為，並將此種假定應用到個人之心理治療，而個人之精神問題源自於童年（尤其前五年），它影響著個人行為和情緒的潛意識衝突。Freud認為，個人之意識和潛意識活動所需要的心理能量稱為**原慾**（libido），其集中於性慾或攻擊衝動的滿足，個體基本上的行為是追求快樂、避免失敗與痛苦，故心理能量激發個體兩種行為本能：生的本能（Eros）及死的本能（Thanato）。隨著個體生理的成熟，性本能透過身體上不同的區域來獲得滿足，他稱之為個體之**性心理發展階段**（stage of psychosexual development）（見**表2-3**）。Sigmund Freud發展獨特的心理治療模式，他稱之為「**精神分析**」（psychoanalysis），讓患者主述其過去的歷史與目前的狀況，利用**夢的解析**（dream interpretation）及**自由聯想**（free association）等技術，協助患者面對其潛意識的害怕與矛盾。Freud的心理分析論廣泛影響了心理學家、精神病醫師與精神分析師的思想，甚至影響了日後的遊戲療法。

此外，Freud將人的人格結構分為三種成分：

1.本我（id）：是本能和衝動的源泉，也是心理能量的主要來源，更是與生俱來的。本我依據唯樂原則（pleasure principle）表現其生物性之基本需要，此種思維稱作「**原始過程思維**」（primary process thought），其特點是不關心現實的制約。
2.自我（ego）：自我是個人同環境有關的所有心理機能，包括知覺、學習、記憶、判斷、自我察覺和語言技能，負責協調本我與超我之間的衝突。自我對來自環境的要求做出反應，並幫助個人在環境中有效地發揮作用。自我依據現實原則（reality principle）來操作個體與環境互動及協調個人生物性之需求，在自我中，原始過程思維（即本我）要配合現實環境之要求，以更現實的取向來滿足個人的本我衝動，而這個思維為「次級過程思維」（secondary process thought）。**次級過程思維**即是我們在與人談論中所用的一般邏輯、序列思維，必須要透過現實來體驗。

表2-3　各理論的發展階段對照表

| 生理年齡及分期 | 性心理階段（S. Freud） | 心理社會階段（E. Erikson） | 認知階段（J. Piaget） | 道德發展階段（L. Kohlberg） |
|---|---|---|---|---|
| 0歲　乳兒期 | 口腔期 | 信任⟷不信任 | 感覺動作期 | |
| 1歲　嬰兒期 | | | | 避免懲罰 |
| 2歲 | 肛門期 | 活潑自動⟷羞愧懷疑 | | 服從權威 |
| 3歲　嬰幼兒期 | | | 前運思期 | |
| 4歲　幼兒期 | 性器期 | 積極主動⟷退縮內疚 | | |
| 5歲 | | | | |
| 6歲 | | | | 現實的個人取向 |
| 7歲　學齡兒童期 | 潛伏期 | 勤奮進取⟷自貶自卑 | | |
| 8歲 | | | 具體運思期 | |
| 9歲 | | | | |
| 10歲 | | | | |
| 11歲 | | | | 和諧人際的取向 |
| 12歲 | | | 形式運思期 | |
| 13歲　青少年前期 | 兩性期 | 自我認同⟷角色混淆 | | |
| 14歲 | | | | |
| 15歲 | | | | |
| 16歲 | | | | |
| 17歲 | | | | 社會體制與制度取向 |
| 青少年後期（18-22歲） | ※ | | ※ | |
| 成年早期（22-34歲） | ※ | 親密⟷孤獨疏離 | ※ | 基本人權和社會契約取向 |
| 成年中期（34-60歲） | ※ | 創生⟷頹廢遲滯 | ※ | |
| 成年晚期（60-70歲） | ※ | | ※ | |
| 老年期（70歲-死亡） | ※ | 自我統合⟷悲觀絕望 | ※ | 普遍正義原則 |

3.超我（superego）：包括個人心中的道德格言—良心（conscience）以及個人成為道德高尚者的潛在自我理想（ego ideal）。超我為個人的觀念，如哪些行為是適當的、可接受的、需要追求的，以及哪些是不適當的、不可接受的，提供一個良好的衡量，它也規定人要成為一個「好」人的志向和目標。兒童則是透過認同（identification）和父母與社會互動，在愛、親情和教養的驅使下，兒童積極模仿他們的重要他人，並將社會準則內化，成為他們日後的價值體系及理想的志向。

## (二)心理社會發展論

出生於德國的心理分析家Eric Erikson，擴展了Sigmund Freud的精神分析論，並修正Freud的性心理發展，而以社會化之概念解釋一般人（不限於病態人格）並擴及生命歷程，發展「**心理社會發展理論**」（psychosocial theory）。Erikson主張，個體一生的發展係透過與社會環境互動所造成，成長是經由一連串的階段進化而成（Erikson, 1968）（見**表2-3**）。在人的一生中，由於個人身心發展特徵與社會文化要求不同，每一階段有其獨特的發展任務與所面臨的轉捩點（即心理危機），雖然這個衝突危機在整個人生中多少會經歷到，但此一時期特別重要，需要透過核心過程（central process），例如幼兒期的模仿或認同，學齡兒童期之教育來化解心理社會發展危機，進而形成轉機，以幫助個體的因應能力，那麼個體行為則能獲得積極性的適應社會環境的變化，以促進個體的成長，更能順利地發展至下一個階段。Erikson之心理社會發展理論強調解決社會之衝突所帶來的心理社會危機，而非如Freud所強調的「性與攻擊的衝突」。因此，個體必須能掌控一連串的社會衝突，方能達到個體成熟（Erikson, 1982），衝突則是由於個體在文化上以及個體在社會所經歷的處境所致。

**心理動力論**強調人際需要與內在需要在人格發展塑造中的重要性。

Freud強調個人的性和攻擊衝動的滿足；Erikson則強調個人與社會互動中的人生發展；前者較著重童年期對成人行為之影響，而後者則強調個人一生中各階段的成長。心理動力論認為，兒童期發展非常重要，同時也體察到如果我們冀望幼兒能成長為一健全的成人，則在幼兒階段便需幫助他們解決發展上的衝突，而且成人與社會應扮演重要的角色，此理論深深影響兒童心理、教育及福利工作實務者。

## 四、認知理論

**認知**（cognition）是經驗的組織和解釋意義的過程，解釋一個聲明或解決一個問題、綜合訊息、批判性分析一個複雜的課題皆是認知活動。認知理論在一九六〇年代之後，除了一致性研究兒童的智力發展建構論點，其他研究也持續地進行，理論不斷修正，進而形成更周延的建構理論。**建構理論**（constructivist theory）主張，個體是由處理經驗中所獲得的資訊，創造出自己的知識，是針對理性主義和經驗主義兩者間對立之處所提出的一種辯證式解決之道。這兩種理論的論點皆在探索個體是如何知悉世界萬物的方法。理性主義者（rationalism）視理性（即心智）為知識的來源，而經驗主義者（empiricalism）視經驗為知識的來源。

建構主義者自一九六〇年代之後才開始影響美國兒童發展和教育領域，其中以Jean Piaget、Lev. S. Vygotsky及Jerome S. Bruner為代表人物，以下茲針對其論點分述如下：

### (一)Jean Piaget

Jean Piaget（1896-1980）乃認知發展建構理論的先驅。他利用個案研究方法，長期觀察其女兒，進而建立「認知發展階段理論」（見**表2-3**）。除此之外，他長期蒐集一些不同年齡層的兒童解決問題、傳達夢境、道德判斷及建構其他心智活動之方法與資訊。Piaget主張，兒童的思考系統是透過一連串階段發展而來，這些發展階段在各種文化中適用於所有的兒童。

Piaget假定，認知根植於嬰兒天生的生物能力（即反射動作），只要在環境提供充分的多樣性和對探索（遊戲）的支持，智力便會系統地逐步發展。在Piaget的發展理論中有下述三個重要的概念：

### ■基模

依Piaget的觀點，兒童是經由發展基模來瞭解世間萬物的意義。**基模**（schema）乃是思考世間萬物之要素的整合方式。對嬰兒而言，基模即行動的模式，在相似的情境當中會重複出現，例如嬰兒具有吸吮（sucking）和抓握（grasping）的基模，隨基模逐漸分化及練習而發展出吸吮奶瓶、奶嘴和乳房的不同方式，或抓握不同物品的動作基模。基模是透過心理調節過程而形成的，它隨著個體成長與環境的各個層面的反覆相互作用而發展，人終其一生皆不斷地產生並改變基模。

### ■適應

**適應**（adaptation）是兒童調整自己以適應環境要求的傾向。Piaget擴充演化論之適應概念，提出：「適應導致邏輯思維能力的改變」（1936/1952: 7-8）。適應是一個兩方面的過程，也是基模的連續性與改變，而此過程是透過同化（assimilation）及順應（accommodation）產生。

**同化**是依據已有基模解釋新經驗，也是個體與外在互動造成過去基模的改變，同化有助於認識的連續性。例如幼兒小明認為留長鬍子的男性都是壞人。當小明遇到一留著長長鬍子的男性時，小明便認為（認知）留鬍子的這位男性是壞人。

適應過程的第二方面是**順應**，這是為說明物體或事件顯露出新的行為或改變原有基模，換言之，也是個體改變原有的基模作為調適新的環

境要求。例如小明如果與那位留著鬍子的男性相處的時間更久些，或與他互動，小明可能發現，這位男性雖留著鬍子，但他很熱情、親切，並且很友善。此後，小明瞭解到並非每個留鬍子的男性都是壞人。

兒童即是透過上述兩個歷程增加其對世界的瞭解，並增進個體認知的成長。在發展歷程中，個體透過相互關聯的同化與順應過程逐漸獲得知識。為了得到新的觀點與知識，個體必須能夠改變其基模，以便區分新奇和熟悉的事物。個體之同化與順應之過程造成適應的歷程，也造成個體的心理平衡的改變。平衡（equilibrium）是在個人與外界之間，以及個人所具有的各個認知元素之間，求取心理平衡的一種傾向。當個體無法以既有的認知結構處理新經驗時，他們會組織新的心理型態，以回復平衡的狀態（郭靜晃等，2001）。

■發展階段

Piaget的興趣在於理解人是如何獲得知識。認識（knowing）是一種積極過程，一種構造意義的手段，而不是瞭解人們知道哪些特定內容。Piaget的研究集中在兒童探索經驗方式之基礎抽象結構，他對兒童如何瞭解問題的答案，比對答案本身更感興趣。基於這個觀點，他不斷觀察兒童如何獲知問題的答案過程，而創立了認知發展的基本階段理論，共分為四個階段：感覺動作期、前運思期、具體運思期和形式運思期。Piaget認為，個體透過此四種認知成熟的基本模式成長，發展個體的邏輯推理能力。因此，他所指述的階段包含著能夠運用於許多認知領域的抽象過程，以及在跨文化條件下，在實際年齡大致相仿的階段中觀察到的抽象思維過程。六〇年代之後，許多研究兒童發展的學者除受Piaget理論之影響，也深入探究其理論，也有些人駁斥Piaget的理論並修正其理論而形成「新皮亞傑學說」（neo-Piagetian theory）。

## (二)Lev Semenovich Vygotsky

Lev. Semenovich Vygotsky（1896-1934）是一位蘇聯心理學家，也是一位建構心理學的理論家，他原先是一位文學教師，非常重視藝術的創造，後來致力於發展心理學和精神病理學的研究。

Vygotsky認為，人同時隨著兩種不同類型的發展——自然發展和文化發展來獲得知識。自然發展（natural development）是個體機體成熟的結果；文化發展（cultural development）則是與個體之語言和推理能力有關。所以，個體之思考模式乃是個體在其成長的文化中，從他所從事的活動所獲得的結果。此外，進階的思考模式（概念思想）必須透過口頭的方式（即語言發展）來傳達給兒童。所以說，語言是決定個體學習思考能力中的基本工具，也就是說，透過語言媒介，兒童所接受正式或非正式的教育，決定了其概念化思考的層次。

Vygotsky提出文化發展的三階段論，其中又可再細分一些次階段（Thomas, 1992）（見**表2-4**）。Vygotsky認為，兒童的發展是透過他們的「**近似發展區**」（zone of proximal development）：孩子的真實發展程度（獨立解決問題的能力）和潛在發展程度（接受成人引導或與能力較強的同儕一起合作所促成的發展）。在這個區域中，兒童從比

**表2-4　Vygotsky的文化發展階段**

| 階段 | 發展內涵 |
|---|---|
| 階段1 | 思考是無組織的堆積。在此階段，兒童是依據隨機的感覺將事物分類（且可能給予任何名稱）。 |
| 階段2 | 利用複合方式思考，兒童不僅依據主觀印象，同時也是依據物體之間的連結，物體可以在兒童心中產生連結。兒童脫離自我中心思考，而轉向客觀性的思考。在複合思考中，物體是透過具體性和真實性來進行思維操作，而非屬於抽象和邏輯的思考。 |
| 階段3 | 兒童可從概念思考，也發展了綜合與分析能力，已具有抽象和邏輯思考能力。 |

資料來源：Thomas, R. M. (1992).

他們更成熟的思考者，如同儕或成人處獲得協助，猶如建築中的鷹架（scaffolding）一般，支持並促使兒童發揮功能及學習新的能力。從Vygotsky的觀點，學習指導著發展，而非先發展再有學習。Vygotsky的理論近年來引起廣大的注意，尤其是那些對Piaget理論有所質疑的兒童發展與教育學者，Vygotsky的理論在語言及讀寫能力之教育應用上已有研究的雛形。

### (三)Jerome Bruner

Jerome Bruner（1915- ）如同Vygotsky一般，對兒童思考與語言相當關心，他提出三個認知過程：

1.行動模式（enactive mode）：為最早的認知階段，個體透過動作與操作來表達訊息。此階段約在零至二歲的嬰兒期，此期的嬰兒透過行動來表達他的世界，例如用手抓取手搖鈴表示他想說、用吸吮物體表示他的飢餓。

2.圖像模式（iconic mode）：此階段約在二至四歲的幼兒期，兒童藉由一些知覺意象來表達一個行為，如用視覺的、聽覺的、觸覺的或動態美學的方式，表達心中的圖像或所目睹的事件。

3.符號模式（symbolic mode）：符號模式發展在五歲之後，由於兒童語言的擴增，可幫助兒童表達經驗，並協助他們操作及轉化這些經驗，進而產生思考與行動，語言成為兒童思考與行動的工具；之後，理解力得以發展。

兒童的認知過程始於行動期，經過了關係期，最後到達符號期，如同個體對事物的理解力般，一開始是透過動手作而達到瞭解，進而藉由視覺獲得瞭解，最後是透過符號性的方式表達個體意念。建構主義對幼兒發展的解釋，影響了日後幼兒保育及兒童福利。Piaget的理論被廣泛地運用在幼兒的科學與數學領域的認知模式之托育，近年來，Vygotsky及

Bruner的理論也影響到幼兒閱讀與語言領域之幼兒保育，尤其是在啟蒙讀寫之課程運作上。

## 五、生態環境論

**生態環境論**（ecological theory）認為，兒童係受周遭的環境系統所影響，此理論被應用到兒童保育及兒童福利。生態環境理論由Urie Bronfenbrenner（1917- ）所倡導，相對於個體之成熟論，他認為人類發展的多重生態環境，是瞭解活生生的、成長中的個體如何與環境產生互動關係，他將環境依兒童與人的空間和社會距離，分為微視、中間、外部、鉅視和年代等系統（見**圖2-5**）。兒童被置於核心，受其個人的原生能力及生物基因所影響，日後並受環境互動中所形成的個人經驗及認知之微視系統（micro system）所影響；而與個體最密切的家庭或重要他人，如照顧者或保母等因與個人互動最直接、頻繁，影響最直接、也最大。

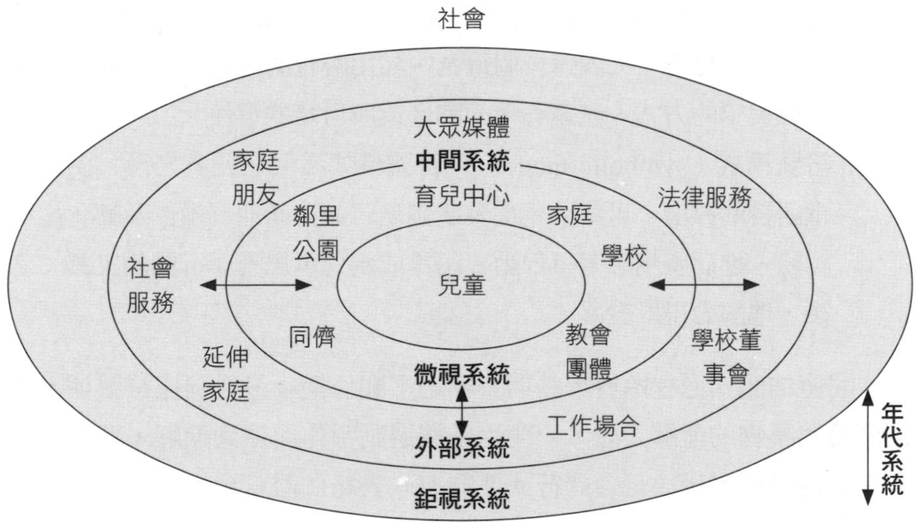


**圖2-5　生態系統理論之系統組合**

資料來源：郭靜晃（2005）。

中間系統（mesosystem）是各微視系統（如家庭、親戚、同儕、托育機構、學校、宗教機構等）之間的互動關係，兒童最早的發展即是透過與這些微視系統所組成之居間系統的接觸，達成社會化，進而瞭解最早的周遭環境。外部系統（ecosystem）是指社會情境直接影響其中間系統的運作，間接影響兒童的發展，例如父母的工作情境、學校的行政體系、政府的運作、社會制度或民間團體等。最後的系統是鉅視系統（macro system），直接受到各個社會文化的意識型態和制度模式所影響，例如社會文化、社會意識型態和價值觀，直接影響外部系統、中間系統及微視系統的運作，再間接影響個體的發展。年代系統（chronological system）是受不同世代在社會變遷下對個體所形成的態度與價值，例如一百年前與當代的愛情觀、養育子女觀、學校體制等皆有很大的差異。

Bronfenbrenner的理論認為，人類發展最重要的本質是透過與環境互動增加個體適應社會之能力。兒童因成熟性不夠，受微視系統影響最大，隨著年齡的成長，微視系統會擴大，個體可從家庭、托育機構、學校、社區或宗教組織，甚至擴大到個人生活圈與同儕接觸，乃至與多媒體接觸之影響。

生態環境論著重個體對於周遭環境的詮釋，以及這些詮釋是如何改變的。所以社會工作者在解釋個體行為時，必須先瞭解個體身處情境中的知覺，才能對個體的行為有所體認。而個體的行為深受環境中任何一個環節（系統）所衝擊，環境中之家庭、學校、社區與文化皆息息相關，是唯一透過正面地影響個體身處的社區及社會的改善，並透過這些環境的支持與協助，才能改善不好的發展因素，促進個體的正向發展。

## 六、結構功能論

**結構功能論**（structure functional theory）承襲了Darwin（1809-1882）生物演化論的觀點，其倡導先鋒為Talcott Parsons（1902-1979），強調社會、文化的體系結構與功能，尤其描述社會制度與社會結構的關係。此派學者將社會比喻為生物有機體，社會各部門如同生物體的各種器官，各司其職，各有各的功能。社會就如同一個體系（system），社會各個部門如同個體的器官必須相互整合、相互關聯，以形成系統或體系，而且體系各部分的總合就是社會體系的總合。

結構功能論的核心觀點是「整合與秩序」，必須達成一個動態的均衡（dynamic equilibrium），社會變遷是一個動態型式，社會從失序達至整合，最後趨於平衡及穩定。而社會變遷是必然的、漸進且是樂觀的，社會制度（透過政策與立法）的形成具有其必要的功能與價值，可以幫助整合失序的社會的必要措施。國家與政府的存在透過「規範體系」（normative system），指導及支配人與社會的行為。至於國家是否發展為福利國家，也就是政府與國家的一套價值取捨，如果採取自由經濟的市場機能，那這個國家必然不會實施全面性的國有化福利制度；共產制度的國家相信社會資源共享，國家便沒有必要實施社會福利制度或措施。

結構功能論如同自由主義的女性主義或自由派的經濟論般，最注重個人的自由，過多的國家制度會發展官僚體系，反而限制或阻礙個人的自由，甚至造成個人對社會的依賴，反而喪失自我充權或社會群體的相互照顧體系及功能，影響社會應有的凝聚力。經濟學同樣也是倡導功能論者，他們認為唯有自由競爭的市場結構才是社會穩定的結構，唯有「市場機能」（market mechanism）才能保障個人的自由，避免人權受到侵害，所以福利制度是一種破壞市場機制的不良制度，其造成的問題會比解決的問題還多。但太重視市場機制最終又會導致貧富差距的加大，造成社會的不正義及不公平，一旦沒有國家制度介入，社會功能又會失序。後工業國家的民主制度，往往帶來政府的政治野心及過度的政府活動（government overload），透過民主的選舉，為了選票而產生過多的選舉的政治承諾，只看眼前的問題，忽略資源運用的有效性，利用遊說（lobby），形成壓力團體政治競爭造成官僚體系擴張，甚至發展社會服務機構，最後依賴政府經費補助。從政治多元論觀點，社會福利的來源不是功能而是權力，權力最後由人或團體主導以形成福利制度，最後形成不公平的社會制度（唐文慧、王宏仁，1993），貧窮及貧富差距就是例子。

## 七、修正的社會主義

修正的社會主義的名稱是由「費邊社」（Fabian Society）的社會團體而來，在1883至1884年，費邊社是由英國倫敦所設立的一個社會主義團體，其宗旨是透過漸進的社會主義，企圖建立一個民主的社會主義國家。其思想不似馬克思主義，主張由革命來共享社會資源，所以費邊的修正社會主義又稱為「修正主義的馬克思主義」（revisionism），或「現實的馬克思主義」（realistic version of Marxism）。

費邊（Fabius，以古羅馬名將費邊作為學社名稱的來源）社的社會主義的核心概念是自由、平等與同胞愛，另外還強調民主參與和人道主義，他們堅信，一個平等的社會才是有正義感的社會，進而能創造一個整合、有次序的社會，如此一來，個體在社會的各種活動，才能有效率及自我實現的機會，應更能發展市場機能。換言之，首先要有互助與和諧的社會，再藉有限的福利政策，以彌補社會的不正義與不公平。

費邊社的社會主義係基於因社會變遷所造成的社會弱勢者增加，如果只靠功利主義、自由放任主義，那麼，社會問題會日趨嚴重。費邊社呼籲社會改革，以改變社會結構因素，國家與政府必然要採取一些手段來改善社會的不公平。唯有透過充權人類的互助，加上國家政府適當的政策介入社會公共生活，以期消弭社會不公平。

費邊社會主義者強調國家要負起責任，應用立法的集體力量來改善人民的困境，人民要發揮互助精神，扶持社會的不幸者與弱者。他們假設社會不公平來自個人的不幸遭遇及私有市場的放任運作所造成的貧富差距過大。費邊社會主義尋求一種「較人道的資本主義」而不是社會主義的革命，其強調運用社會國家的集體力量，適用民主的立法及制度來改善社會的不公平。民主制度可促使民眾的政治參與及改善社會的權力分配，而權力應分散到社會的多數人，而不是掌握在少數人手上。此外，國家政府應透過財務重新分配的經濟和福利措施以改善社會的不公平。

國家與政府的責任是要減低社會的不公平，幫助人民發揮互助與利他精神，政府應用民主制度建立福利制，以彌補自由放任的資本主義所造成的不公平，目的在創造一個穩定、和諧的社會。此種思潮印證於英國的福利國家，如家庭津貼、國家健康、服務、社會保險與社會救助，以及美國的新政（New Deal）的社會安全法案、失業救濟金、貧窮作戰的經濟社會法案等。

## 八、馬克思的社會主義

馬克思主義（Marxism）是德國人Karl Marx（1818-1883）用於批判資本主義所倡導的價值思想。馬克思社會主義的核心觀點是「異化勞動」（alienated labor）與階級鬥爭（class struggle），異化勞動是指人處於資本主義社會，在勞動過程中所產生的一種主觀的、感到無意義的感受。工人迫以勞動生產目的以換取微薄工資，以維持生計，最大的獲利者是資本家，工人工作的目的並不是滿足個體的自我實現或致力於自己所創造的需求，維持生計的勞動生產只會產生個人對社會的疏離感，進而產生與社會的異化。而政府與社會不但沒有幫助廣大的勞工階級，反而藉著社會制度的干預，保障了資本家的獲利能力，甚至有特殊的政策偏好。

階級鬥爭是社會變遷與動力的必然結果，馬克思理論又被稱為衝突論（conflict theory），當大多數的工人階級在體會其階級困境後，必然會團結起來，用無產階級革命來改變自己的命運。人類的歷史就是一部階級鬥爭史，歷史前進的動力就是階級之間的矛盾與衝突所引起的革命力量。馬克思主義受經濟因素影響，有時又稱為經濟決定論（economic determinism），資本主義社會為因應經濟發展需要，採取分工方式以獲得最大的效率與產能，在此基礎之下，工人失去人性，成為機械的附屬品，變成生產過程的工具。

工人在階級之間常有強烈的剝削關係，工人被剝奪生產工具的支配權，只有付出勞力給控制生產工具的雇主，雇主利用工人勞動所產生的剩餘價值（surplus value），那生產關係便產生剝削（exploitation）。人甫出生時社會階級就被建立了，一旦置身於不利的社會階級就等於處於不利的社會地位，一生的命運就被剝削。馬克思主義認為，改變的方法唯有組織無產階級，透過實際的革命行動來改變社會不公義的制度。

Marx出生的時代尚未有福利思潮，但Marx對於在資本主義體系下追求福利是不苟同的。Marx認為，福利是國家用來攏絡資本家，成為資本家的走狗，迷惑廣大勞工的工具。國家主義過度的擴張形成官僚體系，這體系也是少數有利益的人或團體的組合，國家自主的利益掌握在少數人（團體）的本身利益上，他們為了穩定權力，必然會實施福利措施，但此種措施是否迎合大多數勞工的利益或達成社會公平，Marx則有所質疑。

# 第三節　人生全程發展之生命期待

勾勒一個人的未來端賴於他期望要活多久。當然，我們可以大概推估，吾人生命可能因災難事件、意外或生病而結束，但是，概算一個人可以活多久，是根基於一個人平均的生命期待（life expectancy）。美國過去的九個時段中，平均每個人的生命歷程的期待是不同的，**表2-5**所列的平均存活率便清楚的呈現出不同年齡層他們可以預期的平均壽命。

生命表為測定一國國民生命力強弱之重要指標，可以瞭解該國國民的健康水準及其生命消長情況。**表2-6**所列的「平均餘命」函數可以用來說明各年齡人口預期生存之壽年。

此外，就我國第十次（民國九十八至一〇〇年）國民生命表零歲平均餘命男性為七十五・九六歲，女性為八十二・四七歲。（見**表2-7**）。臺灣生命餘命與美國二〇一一年之七十六・三〇歲最為接近，女性與德

**表2-5　從1990至2000在不同年齡層平均存活率**

| 年代 | 2000 | 1994 | 1989 | 1978 | 1968 | 1954 | 1939-1941 | 1929-1931 | 1900-1902 |
|---|---|---|---|---|---|---|---|---|---|
| 出生 | 77.0 | 75.7 | 75.3 | 73.3 | 70.2 | 69.6 | 63.6 | 59.3 | 49.2 |
| 65歲 | 18.0 | 17.4 | 17.2 | 16.3 | 14.6 | 14.4 | 12.8 | 12.3 | 11.9 |
| 75歲 | 11.4 | 11.0 | 10.9 | 10.4 | 9.1 | 9.0 | 7.6 | 7.3 | 7.1 |
| 85歲 | 8.7 | 8.3 | 8.3 | 8.1 | 6.8 | 6.9 | 5.7 | 5.4 | 5.3 |

資料來源：U. S. Bureau of Census (1984, 1992, 2000, 2003).

**表2-6　民國95年至103年臺灣地區國民平均壽命**

| | 民國95年 | 民國96年 | 民國97年 | 民國98年 | 民國99年 | 民國100年 | 民國101年 | 民國102年 | 民國103年 |
|---|---|---|---|---|---|---|---|---|---|
| 男 | 74.86 | 75.46 | 75.59 | 76.03 | 76.13 | 75.96 | 76.43 | 76.91 | 76.72 |
| 女 | 81.41 | 81.72 | 81.94 | 82.34 | 82.55 | 82.63 | 82.82 | 83.36 | 83.19 |

資料來源：內政部統計處（2016）。

**表2-7　第十次（民國98-100年）國民生命表平均餘命**

| | 全國 | 臺灣地區 | 臺灣省 | 五都 |
|---|---|---|---|---|
| 男性 | 75.96 | 75.97 | 74.80 | 76.76 |
| 女性 | 82.47 | 82.32 | 82.00 | 82.77 |

國二〇〇九至二〇一一年之八十二・七〇歲最接近。整體而言，男性較歐美先進國家低，女性則較美、英略高。

若與亞洲各國相較，日本仍居亞洲之首，為世界上最長壽的國家之一，男、女性較我國多三・〇歲；新加坡男性較我國多三・六歲，女性多一・八歲；南韓男性較我國多一・七歲，女性較我國多二歲；亞洲其他地區則低於我國（內政部統計處，2016）。國人的死亡率之前三位為腫瘤、心臟病及腦血管疾病。

使用這類統計數字推估個人的生命全程，我們可以計算出生命全程的改變。在一九九四年出生，每人平均比在一九九〇年出生時被期待有多二十六・五年的壽命。除此之外，美國社會安全局（The Social Security Administration）所做的生命期待的計畫是相當可靠的，尤其對男女生的預測（見**表2-8**）。整體來看，男生不如女生活得久，不僅美國如此，且世界各地亦是如此。美國男女性在生命期待中之差距從一九八〇年到現在已漸漸減少，至少到二〇一〇年彼此的差距會更小。已有相當證據顯示，社會系統影響到一個人的生物系統，諸如醫藥的進步、相關生活方式的選擇、健康照顧服務的可及性以及成功因應壓力。

根據美國政府的方案推估（見**表2-8**），男女性出生時的生命期待

**表2-8　1980、1990、2000、2005、2010在性別上出生時生命期待計畫**

| 性別 | 1980 | 1990 | 2000 | 2005 | 2010 |
|---|---|---|---|---|---|
| 男性 | 70.0 | 72.1 | 73.0 | 73.5 | 74.1 |
| 女性 | 77.4 | 79.0 | 79.7 | 80.2 | 80.6 |
| 差距 | 7.4 | 6.9 | 6.7 | 6.7 | 6.5 |

資料來源：U. S. Bureau of Census (1991, 1997).

從現在到二〇一〇年是增加的。到底人出生時生命期待是繼續增加，還是已面臨人生生命期待的極限？現呈現兩極化的說法。人類發展學家Bernice Neugarten（1981）辯稱，假如人類在醫藥及營養方面，在未來四十年能像過去六十年來般快速的進展，那麼，屆至二〇二〇年，人類活到一百二十歲高齡是無庸置疑的；而Olshansky等人（1990）卻提及在嬰兒、成人及老年人時的主要相關致命因子已被控制得不錯，也少有進展空間，所以我們只能期待有一更好的健康生活，而不是更長壽。

儘管如此，當一個人期望推估某個人的生命期待，吾人必須考量那個人的居住地區、年齡、教育、種族及性別族群。除此之外，相關研究已證實基因會影響一個人的壽命；如果一個人祖先長壽，那他／她也可能會較長壽；個人的生活型態也與壽命呈現正相關。美國《新聞週刊》（*Newsweek Magazine*）在一九九七年有一篇報導：〈如何活到一百歲〉（How to Live to 100），文中列表推估個人的生命年齡，其是依據個人的年齡、健康、生活型態、家庭及其祖先做研判（Cowley, 1997）（見**表2-9**），除此之外，個人之家庭收入、是否有高血壓、背痛、關節炎、有無吸菸、體重如何及有無酗酒等，皆是影響個人是否長壽之因素。最近相關研究亦指出，均衡飲食、體重過重及有策略服用維生素及礦物質，皆有助於免於細胞老化及損壞（Carper, 1995; Rusting, 1992; Walford, 1990）。

吾人一生的抉擇常被個人預估活多久所影響，例如：A君期望活到八十歲，他覺得四十歲前要保持單身，但往後四十年，他必須與另一半共同生活，所以，一個人的生命期待影響到個人之行為、自我概念、態度及對未來的願景。

## 表2-9　長壽之相關因子

此表給你一個大概生命期待的常模。下列的年齡推估是各年齡層的中數，然後依下列的危險因子來增減〔假如你年齡超過六時，你依右列正負百分比（±%）來調整危險因子分數〕

| 年齡 | 男性 | 女性 | 計分：危險因子參考此表 |
|---|---|---|---|
| 20-59 | 73 | 80 |  |
| 60-69 | 76 | 81 | +/-20% |
| 70-79 | 78 | 82 | +/-50% |
| 80↑ | 加5歲 |  | +/-75% |

|  | 增加生命期待 |  |  | 沒有改變 | 減少生命期待 |  |  |  |
|---|---|---|---|---|---|---|---|---|
| 健康 | 增加三歲 | 增加兩歲 | 增加一歲 |  | 減少一歲 | 減少兩歲 | 減少三歲 | 畫記 |
| 血壓 | 在90/65及120/81 | 沒有心臟病，但低於90/65 | 在121/82及140/90之間 | 130/86 | 在131/87及140/90之間 | 在141/91及150/95之間 | 超過151/96 |  |
| 糖尿病 | — | — | — | 無 | 第二型（成人發病） | — | 第一型（青少年發病） |  |
| 全部膽固醇 | — | — | 少於160 | 160-200 | 201-240 | 241-280 | 280↑ |  |
| HDL膽固醇 | — | — | 高於55 | 45-54 | 40-44 | 低於40 | — |  |
| 我的年齡與同年齡層人相比較，我的健康是 | — | — | 良好 | 不錯 | — | 不好 | 很差 |  |
| 生活型態 | 增加三歲 | 增加兩歲 | 增加一歲 |  | 減少一歲 | 減少兩歲 | 減少三歲 | 畫記 |
| 抽菸 | 無 | 過去抽菸，已超過近五年不抽菸 | 過去抽菸，近一至三年不抽菸 | 過去抽菸近一至三年不抽菸 | 過去抽菸，近一年不抽菸 | 抽菸一天一包以內 | 抽菸一天一包以上 |  |
| 二手菸 | — | — | — | — | 一天一小時 | 一天一至三小時 | 一天三小時以上 |  |
| 運動平均 | 每天九十分鐘運動量，例如走路、游泳，有超過三年以上的習慣 | 每天超過六十分鐘，超過三年習慣 | 每天二十分鐘，超過三年習慣 | 每天十分鐘，超過三年習慣 | 每天五分鐘，超過三年習慣 | 每天少於五分鐘 | 無 |  |
| 飲食脂肪攝取量 | — | 低於20% | 21%-30% | 31%-40% | — | 高於40% | — |  |
| 水果及蔬菜 | — | — | 每天五種及以上 | — | 無 | — | — |  |
| 家庭 | 增加三歲 | 增加兩歲 | 增加一歲 |  | 減少一歲 | 減少兩歲 | 減少三歲 | 畫記 |
| 婚姻狀況 | — | 健康的已婚男性 | 健康的已婚女性 | 單身女性或鰥夫 | 離婚男性或寡婦 | 離婚女性 | 單身男性 |  |
| 過去一年重大壓力事件 | — | — | — | — | 一件 | 兩件 | 三件 |  |
| 平均每月朋友見面次數 | — | 三次 | 兩次 | 一次 | — | 無 | — |  |
| 父母死亡年齡 | — | — | 父母已超過七十五歲 | 一位超過七十五歲 | — | — | 沒有一位超過七十五歲 |  |

你估記的生命期待：____________________

資料來源：*News Week Magazine*, June 30, 1997.

# 第四節　結語

人生全程發展是由現代發展心理學所加以演進，亦是心理學的一支，主要的研究變項是年齡，探討由年齡成長所產生之身心各方面的變化。人生全程發展與發展心理學的主要區別有四：(1)發展是連續的；(2)成熟是相對的；(3)發展存在於脈絡中；(4)發展的影響是雙向的。

本章探討了人生全程發展的定義、內涵、歷史的演進、影響發展的因素、發展的原則與過程，以及人生全程發展常用的理論，如成熟論、心理分析論、認知理論、行為理論和生態環境論、結構功能論等等。

人生全程之人口統計資訊刺激一個人推估個人之生命期待。在美國，這世紀以來，個人平均生命期待增加百分之五十以上，此種劇烈改變影響吾人前瞻未來。我們需要持續不斷鑽研人類發展，因為我們不能滿足於從過去歷史的數據來推估我們的下一代。

# 參考書目

## 一、中文部分

內政部統計處（2013）。「我國生命表」，http://www.moi.gov.tw/stat/life.aspx。

內政部統計處（2016）。「國民生命表」，http://sowf.moi.gov.tw/stat/life/T06-complete.html。

朱智賢（1989）。《心理學大辭典》。北京：北京師範大學。

唐文慧、王宏仁（1993）。《社會福利理論》。臺北：巨流圖書公司。

馬慶強（1996）。〈發展心理學〉。收錄在高尚仁主編之《心理學新論》。臺北：揚智文化。

張春興（1991）。《張氏心理學辭典》。臺北：東華書局。

郭靜晃（2005）。《兒童發展與保育》。臺北：威仕曼文化。

郭靜晃、吳幸玲譯（1993）。《發展心理學——心理社會理論與實務》。臺北：揚智文化。

郭靜晃、黃志成、陳淑琦、陳銀螢（2001）。《兒童發展與保育》。臺北：國立空中大學。

陳怡潔譯（1998）。《人類行為與社會環境》。臺北：揚智文化。

黃志成（1999）。《幼兒保育概論》。臺北：揚智文化。

## 二、英文部分

Anderson, J. E. (1960). Behavior and personality. In E. Ginsberg (Ed.). *The Nation's Children: Development and Education*. NY: Columbia.

Atchley, R. C. (1975). The life course, age grading, an age-linked demands for decision marking. In N. Datan & L. H. Ginsberg (Eds.). *Lifespan Development Psychology: Normative Life Crises* (p. 264). New York: Academic Press.

Bandura, A. & Walters, R. H. (1963). *Social Learning and Personality Development*. New York: Holt, Rinehart & Winton.

Bandura, A. (1986). *Social Foundations of Thought and Action: A Social Cognitive Theory*. Englewood Cliffs, NJ: Prentice-Hall.

Bandura, A. (1977). *Social Learning Theory*. Englewood Cliffs, NJ: Prentice-Hall.

Bandura, A. (Ed.) (1971). *Psychological Modeling*. Chicago IL: Aldine-Atherton.

Carper, J. (1995). *Stop Aging Now: The Ultimate Plan for Staying Young and Reversing the Aging Process*. New York: Harper Collins Publishers.

Clausen, J. (1986). *The Life Course: A Sociological Perspective*. Englewood Cliffs, NJ: Prentice- Hall.

Cowley, G. (1997, June 30). How to live to 100. *Newsweek*, 56-67.

Elder, G. H. (1975). Age differentiation and life course. *Annual Review of Sociology, 1*, 165-190.

Elder, G. H. (1981). Social history and life experience. In D. H. Eichorn, J. A. Clausen, N. Haan, M. P. Honzik, & P. H. Mussen (Eds.). *Present and Past in Middle life* (pp.3-31). New York: Academic Press.

Erikson, E. H. (1963). *Childhood and Society* (2nd ed). New York: Norton.

Erikson, E. H. (1968). *Identity: Youth and Crisis*. New York: Norton.

Erikson, E. H. (1975). *Life History and the Historical Moment*. New York: Norton.

Erikson, E. H. (1982). *The Life Cycle Completed: A Review*. New York: Norton.

Gesell, A. (1952). Developmental pediatrics. Nerv. Child, 9.

Hagestad, G. & Neugarten, B. (1985). Ageing and the life course. In R. Binstock & E. Shanas (Eds.). *Handbook of Aging and the Social Science* (pp. 35-61). New York: Van Nostrand Reinhold.

Hurlock, E. B. (1968). *Developmental Psychology* (3rd ed). NY: McGraw-Hill Inc.

Hurlock, E. B. (1978). *Child Development* (6th ed.). NY: McGraw-Hill Inc.

Mischel, W. (1978). On the interface of cognition and personality: Beyond the person-situation debate. *Psychological Review, 80*, 252-283.

Neugarten, B. L. (1981). Growing old in 2020: How will it be different? *National Forum, 61(3)*, 28-30.

Olshansky, S. J., Carnes, B. A., & Cassel, C. (1990). In search of Methuselah: Estimating the upper limit to human longevity. *Science, 250*, 634-640.

Pavlov, I. P. (1927/1960). Conditional Reflexes. New York: Dover Publications. (the

1960 edition is not an unaltered republication of the 1927 translation by Oxford University Press.)

Piaget, J. (1936/1952). *The Origins of Intelligence in Children*. New York: Hamanities Press.

Rusting, R. L. (1992). Why do we age? *Scientific American, 267*, 130.

Thomas, R. M. (1992). *Comparing Theories of Development* (3rd ed.). Belmont, CA: Wadsworth.

Tolman, E. C. (1948). Cognitive maps in rats and men. *Psychological Review, 55,* 189-208.

U. S. Census Bureau (1984). Statistical abstract of the United States, 1984. Washington, DC: Government Printing Office.

U. S. Census Bureau (1991). Statistical abstract of the United States, 1991. Washington, DC: Government Printing Office.

U. S. Census Bureau (1992). Statistical abstract of the United States, 1992. Washington, DC: Government Printing Office.

U. S. Census Bureau (1997). Statistical abstract of the United States, 1997. Washington, DC: Government Printing Office.

U. S. Census Bureau (2000). Statistical abstract of the United States, 2000. Washington, DC: Government Printing Office.

U. S. Census Bureau (2003). Statistical abstract of the United States, 2003. Washington, DC: Government Printing Office.

Walford, R. L. (1990). The clinical promise of diet restriction. *Geriatrics, 45*, 81-83, 86-87.

Chapter 3

# 胚胎、生產與新生兒

- 生命的啟始
- 胎兒的身心發展
- 影響孕期發展的因子
- 結語

本章將探討受精卵的形成、懷孕、生產及出生至一個月的新生兒三種不同發展階段。本章首先介紹此階段之發展意涵，然後詳述影響發展之生理、心理及社會層面，最後則是社會工作及實務之應用。

本章對即將誕生的新生兒和懷孕期的父母做一剖析。人們常說：「在個體尚未分娩之前，懷孕只是一種想法，要直到懷胎九月，呱呱墮地產生一個新生命，個體孕育及發展才能付諸行動。」對父母而言，生兒育女的決定，諸如母親生育年齡、受孕、生產及養育孩子資訊、夫妻及家庭互動、經濟負擔等因素，皆會影響成不成為父母的選擇。然而，就嬰兒而言，個體從受精那一瞬間即已決定了他（或她）的命運。

當女性知道她的月經遲來，常常會納悶地懷疑自己是否「懷孕」了？懷孕不論是否在計畫內，常常會令人吃驚。即將為人父母者的第一個任務就是接受成為父母的事實，有趣的是，有些即將為人父者會神經質般的一口氣買好嬰兒用品，甚至還會有如母親般的感覺噁心，出現嘔吐、害喜等「丈夫假分娩」（couvade）的有趣現象；而接下來九個月的懷孕期，即將為人父母者便會開始忙裡忙外，當孩子出生後，父母甫才捨棄想像的想法，迎接真實的新生兒。

嬰兒的行為、個性、智能及其他特徵，到底深受哪些因素所影響？遺傳因素決定了個體發展的速度和個體特徵的產生，隨著胎兒的成長，產生了感覺和運動能力。但懷孕期間，母親的心理社會環境對嬰兒健康的發展既提供了資源，也帶來了阻礙。對懷孕及生兒育女的文化態度、母親的營養與情緒緊張、壓力、產科藥物的使用，都會影響嬰兒出生的發展。這種「先天－後天問題」以及「遺傳vs.環境孰重孰輕」之爭辯，曾是哲學家爭論不休的問題（參閱**專欄3-1**），只是現在已成為科學研究之最基本問題。

## 【專欄3-1】遺傳vs.環境孰重孰輕

影響兒童發展之因素不外乎有基因遺傳、個體成熟、外在環境之刺激與增強、關鍵期等因素，其中又以遺傳環境之因素最為發展心理學所關心。到底行為是先天（本性）還是後天（教養）所決定的，從過去先天後天二分法（which one）到有多少比率（how much），再到現在是由兩個因素之交互影響（interaction）的觀點（Thomas, 2005）等等，可說是爭論不休。

俗語有云：「龍生龍，鳳生鳳，老鼠的兒子會打洞」、「牛牽到北京還是牛」、「狗改不了吃屎」等，這些論點都較持受先天所影響的觀點。或許人性本善，但孟母要三遷，就是為了要避免孟子受到不好環境的影響。上述這些論點其實都是在談先天vs.後天的問題。

「先天」最根本的物質就是基因，而基因之展現與環境不可分，兩者缺一，都不可能形成一個個體（張欣戊等，2001）。遺傳學最被探討的是如何透過基因對後代之個體特質，如生理特徵、動作、智力與語言之發展速率、順序及個體基因之異常遺傳，做出影響。發展有其順序，例如七坐八爬，剛出生的嬰孩有哭、吃、喝、動、睡等本能行為，這些行為是固定的行為組型，有其一定順序，且不經後天訓練習得。雖然這些行為可能會出現速率快慢的區別，但是他的發展是依循一定順序。

遺傳最常被人提及的是「基因」，其基本單位為「去氧核醣核酸」（DNA），決定了發展的生物基礎。透過DNA的複製過程，傳遞相同的遺傳訊息，並組成細胞，形成器官，連結為系統，進而影響人類行為。最後一個是染色體異常，也就是在遺傳上染色體數目之異常、構造之異常或位置之異常的情形等等，如蒙古症等。蒙古症又稱唐氏症（Down's Syndrome），當人體內第二十一對染色體多了一條，形成四十七條染色體（正常為四十六條），即為蒙古症，此症的症狀之特徵是頭大、身材矮小、智力發展遲緩。

環境之因素包括出生前母親之子宮環境、孕育過程母親之用藥情形、母體有否受到感染（如德國麻疹、AIDS、梅毒等），或母親懷孕是否獲得支持，出生後之家庭、社會環境（如社會與文化、社會經濟水準、子女照顧等）等均含括在內。此外尚有語言的發展，雖然語言的發展受先天成熟及關鍵期所影響，但幼兒必須經過相當的一段時間，經過社會化及大人不斷指導與更正，才能說出大人聽得懂的話及其第一國語言（native language），故說話能力被認為是後天影響。

這種「本能學習」的二分法，自然會引起許多爭辯。例如，我國早期的心理學家郭登遠博士養了一些狗，自出生後一直餵牠素食，這些狗自然不接受肉食；另外，郭博士也養了一些「了哥」的鳥，從小被當作雞來飼養，長大後，即使用鞭炮嚇牠們，這些鳥也大都不會飛，只有一些「了哥」在掙扎後，飛上天。這些行為引起本能派及學習派之爭辯。例如「了哥」之例子，本能派認為「了哥」畢竟是鳥，最後還是會飛；至於狗的例子，學習派的人認為，雖然狗天生好吃肉，但因環境使然，使得狗改變牠的本性。

發展心理學就是在實驗、探究與觀察中，不斷尋找證據來支持自己的觀點，到底本能重要，還是環境重要，哪一個為最主要之因素，到二十世紀初，電子計算機的發達，已促進統計分析技術的進步，爭辯就成了到底占了多少比率之爭辯，例如個人情緒、氣質之發展是先天影響或後天影響，亦或是各占一半，或三比七、八比二之比率呢？

生物科學的發展，促使探討生物觀點的心理學家思考到底是基因重要，還是環境重要？基因為個體遺傳物質的基本單位，透過複製過程來形成細胞，而「影響基因之物質與物理條件」就是環境。人體具有基因，但更需要有環境來支持，以產生不同之結果，從生物之觀點，也就是一個人之適存論點：一個個體之適存有賴於環境與遺傳之交互影響；所以，爭論到底是基因重要，還是環境重要，我認為其實大可不必。

# 第一節　生命的啟始

每一個人都是獨一無二的。奇妙的是，我們皆有著絕大部分相同之處，例如染色體（chromosome）；而決定器官系統的構造與功能，亦是由相同的生化物質所構成。這些生化物質透過受精作用（fertilization），使兩個配子（精子與卵子）結合，產生了合子胚胎，兩者的DNA結合造成生化物質的變換。

## 一、受精

一次正常的受精（ejaculation），男生平均可射出三至五西西精液，每西西的精液約含五千萬至一億五千萬個精子，這些精子有80%至90%為正常型態，但可能只有少數精子可真正到達受精處，而只有一個精子可以完成受孕（蔡欣玲等，2004）。每一個微小的精子都由一個突出的頭和尾構成，整個精子游過子宮頸，進入子宮，接著再進入輸卵管內。精子以每八分鐘一英寸的速度游動，至少要花半個小時，約游三哩才能接觸到卵子。受精作用通常要花上六個小時，而精子在子宮裡大約能存活五天。

女生的卵子大約成長在月經中期，女性卵巢裡充滿液體的液囊內會產生成熟的卵子，在排卵期，液囊破裂，成熟的卵子進入輸卵管內開始其子宮之旅。月經週期的絕大多數時間裡，子宮頸口上由黏液形成的堵塞物相當黏稠，不易穿透。在月經中期（離下次月經來前十四天），當卵細胞即將被釋放出來時，黏液變稀，使多數的精子能通過子宮頸，游向輸卵管下方三分之一左右的位置，與卵子受精，而最易受精的時間是在排卵後八至十二小時之間（Hyde & DeLamater, 2008）。

男性在其一生中能產生成千上萬億個精子，至於女性，每個月只能釋放一個卵細胞或卵子，一生大約只釋放四百五十至五百個卵子。受精卵經過二十四至三十六個小時之後即開始進行有絲分裂，受精卵須耗費三天時間游至輸卵管下方，進入子宮。當受精卵抵達子宮時，已經完全發育成一個約有一百五十個卵細胞，為充滿液體的球體。這些卵細胞內層發育成胚胎，外層形成絨毛膜，使受精卵外表毛茸茸的。這些絨毛膜附在子宮壁，提供早期的養分。受精卵的移植過程，稱之為**胚胎期**，時約二星期。移植後，受精卵（胚胎）開胎釋出絨毛膜激素（HCG），以維持受孕狀態，懷孕後約六至八天可於母體血液中檢測出HCF（目前在超商或藥局即有賣檢測劑），這也是懷孕初期驗孕的依據。家用驗孕試劑雖有極高的準確度，但也有錯誤的時候，例如偽陰性反應（有懷孕但卻呈現未受孕），及偽陽性反應（未懷孕但卻呈現懷孕）。

精卵結合達成受精，其結果是：(1)刺激次級的卵母細胞完成第二次減數分裂；(2)回復配子結合裡的染色體（四十六個），成為雙套（2×23）；(3)藉由父母的染色體混合造成人類種系的變化；(4)決定胚胎染色體的性別；(5)造成卵母細胞新陳代謝的活化，並啟動了合子（受精卵）的細胞分裂（戴步雲譯，2001）。如果卵子在其成熟後的頭二十四小時內沒有受精，便開始解體，並與子宮內脫落物（黏膜）一起在下次經期時排出體外。

## 二、遺傳與發展

遺傳訊息提供發展的一套綱領，決定了個人之自然本性，同時也對發展設定了嚴格限制。每一個人具有遺傳之潛在特質，但仍受環境之品質、人與環境之相互協調所影響，造成相當廣泛的個別差異。遺傳特徵涉及兩種類型：(1)成為人類成員之全部遺傳訊息，諸如身體形狀、結構及活動方式；(2)透過特定之基因庫（gene pool）所傳遞之特徵，諸如膚色、血型、身高特徵。人體細胞核內都有四十六個染色體

（chromosomes），內含長鏈的**去氧核醣核酸**（deoxyribonucleic acid, DNA），是最小的遺傳訊息。DNA由Waston和Crick於一九五三年率先發現，這種分子是雙股螺旋結構（見**圖3-1**）。這種DNA分子看起來很像扭成螺旋狀的鏈梯。這一遺傳鏈梯的兩邊由脫氧核醣（deoxyribose）和磷酸鹽（phosphate）單元交替而成。鏈梯的橫檔（又稱台階）是由成對的核苷酸鹼基所組成，分別為腺嘌呤（adenine, A）、胸腺嘧啶（thymine, T）、鳥嘌呤（guanine, G）和胞嘧啶（cytosine, C），而且是A-T配對及G-C配對之組合。

DNA分子由A-T、G-C配對組成，可以成為長鏈，稱為**染色體**。人體細胞內有四十六個（二十三對）染色體，大約有三十億對核苷酸鹼基，這些成對之特殊排列組成我們人類之基因密碼（genetic code）。**基因**是DNA鏈的一段，具有遺傳、訊息之基本要素，它編碼了一種遺傳特徵，並在染色體上占據著一個特定的位置。人體細胞內四十六個染色體，大約有三萬個基因排列在一起。據估計，人類大約有十萬個有用的基因，自一九九〇年代以來，人類基因體計畫（Human Gerome Program）即由多個國家政府和科學家聯合繪製核苷酸鹼基（AGCT）之順序圖譜，並找

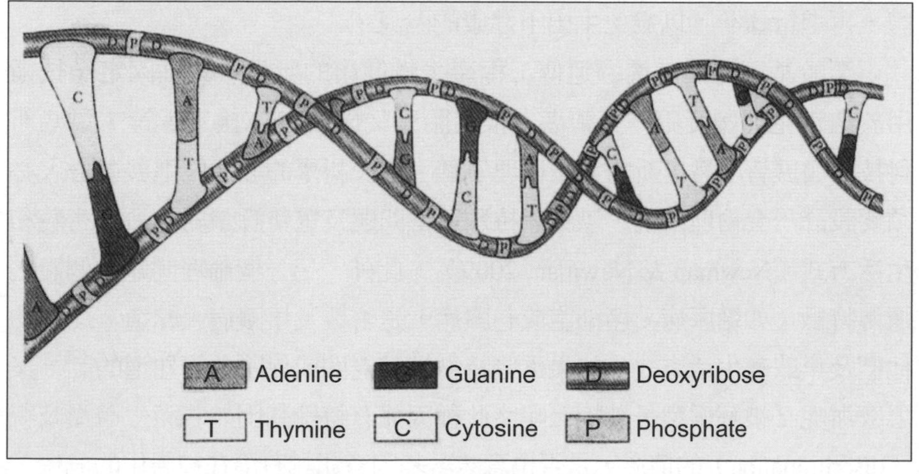


**圖3-1　一小段DNA分子**

出每個基因在人類基因體中之位置。直到二〇〇〇年六月二十六日，美國總統Bill Clinton宣布科學家已繪製了三十億個核苷酸鹼基之人類基因體之草圖（魏弘貞譯，2008）。

如吾人所知，遺傳基因的病變往往影響著人類的發展，例如病變可能造成生產缺陷。此種**染色體異常**（chromosomal abnormalities）可能由父母傳給孩子，如唐氏症（Down's syndrome）：又稱蒙古症（mongolism）；脊柱裂（spina bifida）：天生脊椎骨彎曲；血友病（hemophilia or bleeder's disease）：由性染色體相關基因突變，造成患者血流不止；鐮刀形細胞貧血症（sickle-cell anemia）：由於紅血球畸形，減少了氧氣攜帶量，造成黃疸、腎、肺、腸和腦損傷，亦是由其他染色體之基因異常所造成。

隨著人類基因計畫完成，有關遺傳疾病之基因標記的形成資訊將會幫助或挽救無以數計之生命，此種干預（intervention）及影響個體遺傳之命運，可透過遺傳諮詢（genetic counseling）加以改善。透過此種干預，案主或夫婦（有遺傳史）可經過基因檢測，幫助夫婦決定是否繼續懷孕生子，或在第一時間內阻止疾病的進一步發展。現在已有許多夫婦利用替代生殖方法，如活體受精、試管嬰兒，選擇帶有優勢的性染色體，再進行懷孕，以避免生出不健康的胎兒。

至於**基因轉換**，透過遺傳工程產生較健康的新生命；**基因定像技術**用於鑑別犯罪嫌疑犯、受害者、推定胎兒父母之DNA檢定等等，這些新科技的發展皆引發了新的道德倫理爭議。對於科學的發達與進展，吾人必須要設計一套倫理系統，以處理特殊遺傳問題及重新解讀對生命的意義和生活方式（Newman & Newman, 2009）。此外，另一個倫理問題是個體之遺傳特徵（如糖尿病、癌細胞或心臟病）是否要及早讓病人知道，以幫助他們及早改變生活方式。如果這些特徵被其老闆或保險公司知道的話，又怎麼辦呢？被解僱還是被拒保呢？此種因擁有特殊基因如若產生遭受歧視（discrimination）的情形，是否也意味著基因資訊具有潛在被誤用的危機。

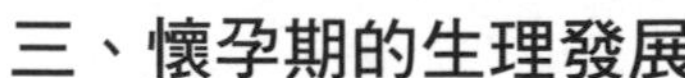

## 三、懷孕期的生理發展

胚胎在八週之後逐漸具備人形，大約已完成人體的90%，已具備人體的主要基本構造，包括臉、手臂、手、腿和腳。在八週之後，胚胎已形成胎兒。在胚胎九個月的懷孕期又可劃分為三個三月期（trimester）。每一個三月期都為發育中胎兒的身形及其支持（維持）系統帶來變化（Meredith, 1975; Moore, 1988; Newman & Newman, 2009；郭靜晃，2005）。主要的發展總結在**表3-1**。女性在此三月期也經歷了許多變化，在第一個三月期中，許多婦女不知道她已懷孕，但在第三個三月期，不僅孕婦自己，連身旁的人也都已經知道了。

依據胎兒器官發展的特徵，產前期又可分三個階段（如**表3-2**）：胚種期、胚胎期、胎兒期。茲分述於後：

**表3-1　三個三月期胎兒生長的主要發展**

| 第一個三月期 | 第二個三月期 | 第三個三月期 |
|---|---|---|
| 受精<br>胎盤的生成<br>羊膜的生長<br>身體各部分顯現出來<br>性器官分化<br>形成最初的中樞神經系統<br>開始運動<br>抓握反射<br>巴賓斯基反射<br>心跳<br>3個月大小：3英寸，約0.4磅 | 吸吮與吞嚥<br>偏愛甜食<br>指、趾皮膚起皺<br>頭、眼瞼、背、臂、腿上生毛<br>對觸、味、光敏感<br>吸吮拇指<br>6個月大小：10英寸，約2磅 | 神經系統成熟<br>吸吮與吞嚥相協調<br>具備調節體溫的機能<br>消化與吸收更為有效率<br>至第9個月末胎盤逐漸退化<br>9個月大小：20英寸，約7-7.5磅 |

資料來源：引自郭靜晃（2005）。

表3-2　產前期三階段及其發展概況

| 產前期三階段 | | 受孕週數 | 平均身長 | 平均體重 | 胎兒生理特徵 |
|---|---|---|---|---|---|
| 胚種期 | | 1至2週 | | | 1.受精卵分裂增殖，形成囊胚。<br>2.囊胚在子宮內膜著床。 |
| 胚胎期 | | 3至8週 | 0.4至4公分 | 1至4克 | 1.胎盤與臍帶形成。<br>2.器官發展的關鍵期，易受藥物、輻射線及感染的影響。 |
| 胎兒期 | 3至4個月 | 9至16週 | 4至16公分 | 4至160克 | 1.第3個月開始有吸吮、握拳、踢等反射動作。<br>2.第4個月母親開始感覺胎動。 |
| | 5至7個月 | 17至28週 | 16至35公分 | 160至1,350克 | 1.第5個月開胎形成胎脂保護皮膚，毛髮開始生長。<br>2.第6個月眼睛開始張開。<br>3.受孕滿26週開始有生存能力。 |
| | 8至10個月 | 29週至出生 | 35至50公分 | 1,350至3,200克 | 1.離開母體可以存活。<br>2.多數胎兒維持頭下腳上的姿勢，準備出生。 |

資料來源：引自游淑芬等（2004）。

## (一)胚種期

**胚種期**（germinal period），又稱為結合子時期（zygote stage），係指從受精開始到十四天內，也就是到著床完成，受精卵穩固地植入子宮內膜為止。

在胚種期這段時間，受精卵開始產生倍數分裂，內部發展迅速，特徵是快速的細胞複製與分化，以及胚胎膜及胚層之建立。但因尚未有固定附著的位置，而只能藉由卵黃供給營養，重量與體積變化不大。胚種期最為危險，為胚胎分裂並快速發展成組織的時期，且此期對有毒物質最為敏感。

著床後，受精卵便開胎吸收母體血液中的營養，體積與重量急速成長，細胞也迅速進行分化，此時的受精卵稱之為「胚胎」。

## (二)胚胎期

**胚胎期**（embryonic period）開始於受精後第三週起至滿八週為止。這是組織分化成基礎器官，及外在主要特徵發展的重要時期。這個時期已形成人形，體內器官愈來愈複雜。

此時期又可稱為細胞分化期或器官形成期。在這六週中，細胞的分化情形非常迅速，身體內的主要器官都在這個時期發展形成（游淑芬等，2004）。

### ■三胚層的分化

在第三週，囊胚的內層細胞開始分化為三種不同的胚層，上層為外胚層（ectoderm），中間為中胚層（mesoderm），而下層稱為內胚層（endoderm）。每一胚層再進一步進行分化，形成不同的細胞，構成各種組織器官。

### ■器官的形成

隨著三胚層的迅速分化，各器官逐漸成形。胚胎發展的順序是由頭到尾、由中心到邊緣的方向進行（蔡欣玲等，2004）：

1. 第三週：中樞神經系統已開始分化，逐漸形成腦和脊髓的基礎。在背部中線處形成神經溝，在神經溝關閉處形成神經管道。腎臟開始形成，甲狀腺組織出現，肝臟逐漸開始行使功能，最早發育完成的器官是心臟，在第三週時胚胎體腔外側已形成一管狀心臟。
2. 第四至五週：神經管前端關閉形成腦部，尾端關閉形成脊髓，四肢雛形出現，眼睛、手、腳開始分化，消化道、肝臟也逐漸形成，第二十八天時，管狀心臟開始跳動，超音波檢查可以看見胎兒心跳。
3. 第六週：骨頭基質出現，原始骨架形成，肌肉開始發育，心臟大部分特徵在此時均已呈現。肝臟開始製造紅血球。
4. 第七週：胚胎頭部呈圓形，幾乎可以直立。視神經形成、眼瞼出現、晶狀體加厚。消化道及生殖泌尿道產生巨大變化，膀胱和尿道自直腸分離出。從此時起，所有基本內外結構已呈現。

5.第八週：面部特徵持續發展，唇的融合完成，外耳、中耳及內耳的結構已形成。指頭形成，大塊肌肉開始收縮，心臟發育已完成，肛門膜有了開口。外生殖器已出現，但外觀無法區分。

受精後的頭三個星期主要用於完善支持性構造，它們具有保護胎兒的作用。一個**羊膜囊**（amniotic sac）包裹著胚胎，其間充滿了透明的水樣液體。這種液體的作用就像個軟墊，能緩衝對胚胎的震動，並能使胚胎在其間移動和改變姿勢。

**胎盤**（placenta）是一種每次懷孕都會重新生成並在分娩時隨即排出的器官。胚胎生長所必需的營養是藉由胎盤傳送來的；胚胎的排出物也經由胎盤進入母親的血液。因此，胎盤宛如一個交換站，在這裡，來自母體的、為胚胎生長所需要的物質被合成，而對胚胎發育有害的外來物則被摒棄在外。胎盤允許母親的血液與嬰兒的血液充分交融，以便來自母親血液的氧氣和營養能進入胎兒組織，而來自胎兒組織的廢物又能被排出。

**在第三週和第四週**，胚胎的細胞迅速分化。它們形成特殊的結構，這些結構使它們在體內執行獨特的機能。相似的細胞組合在一起構成組織，這些組織又逐漸聯合，呈現出軀體的器官。在組織和器官形成過程中，能使其造成畸形的因子叫作致畸胎物（teratogen）。**致畸胎物**有相當多樣的形式——病毒、孕婦攝取的藥物、酒精及其他毒品、環境毒素等。在第一個三月期裡，尤其是三至九週裡，胚胎對這些致畸胎物的破壞性影響特別敏感（見**圖3-2**）。

胚胎中第一個重大變化包括形成一個形如長柱狀的體型以及形成腦和心臟的先驅構造。中樞神經系統在孕期的很早階段便已開始發育，並在兒童期和青少年期一直持續發展。神經管是中樞神經系統的最初結構基礎，它在懷孕後第三週開始成形。到第五週時，這一神經管分化為五

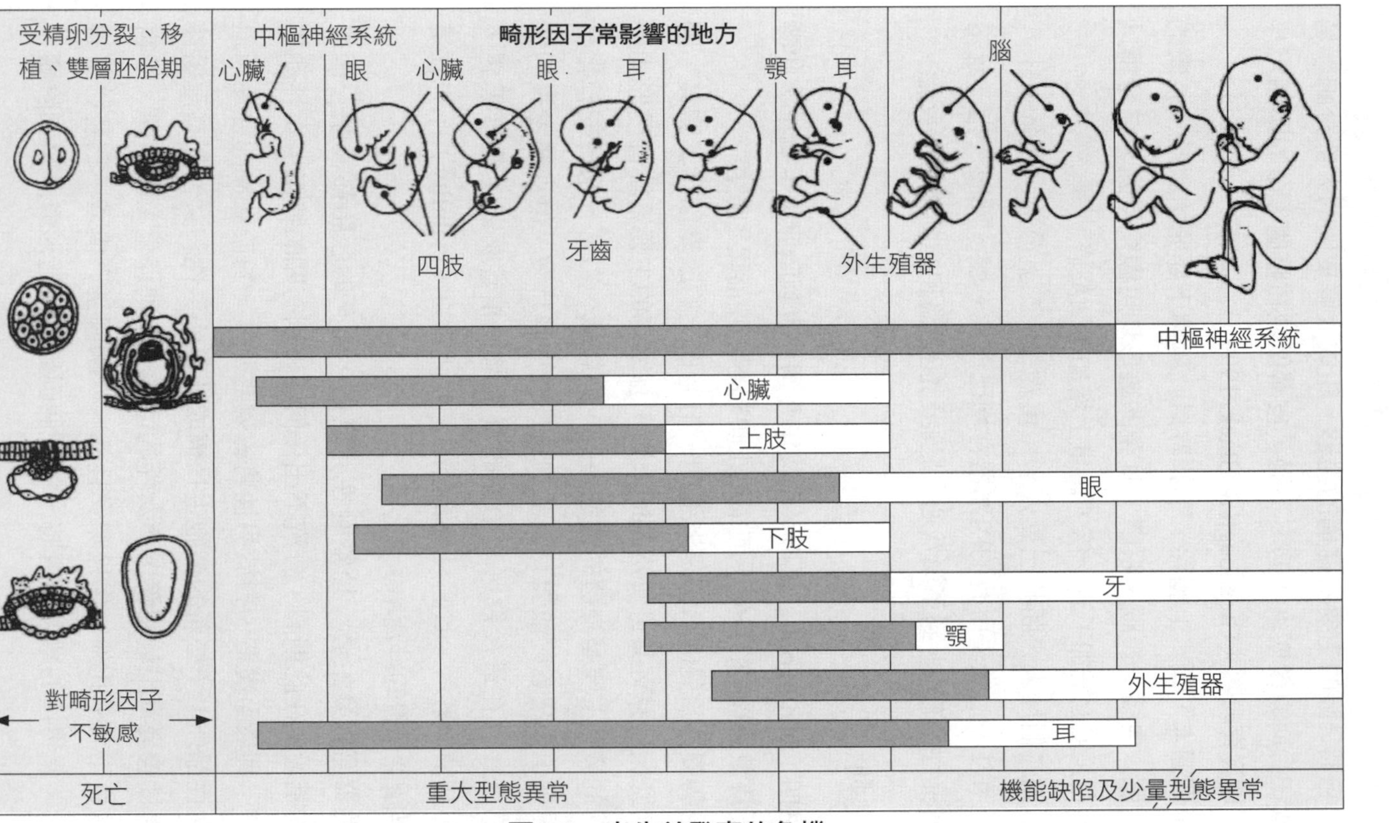


**圖3-2　出生前發育的危機**

在發育的頭兩週胚胎並不易受畸形因子的影響，在這些前分化階段，一種物質或許會損壞所有或大部分胚胎細胞，導致胚胎死亡，否則就是只損壞少數細胞，使得胚胎仍能完全恢復而沒有發育的缺陷。黑條框為畸形因子的高敏感期；白條框表示對畸形因子不敏感的階段。有些心理遲鈍可能導源於胚胎／胎兒暴露於某些畸形因子之下，如在八至十六週受到高強度的放射線照射。

資料來源：Moore, K. L. (1988); 郭靜晃（2005）。

個隆起，它們是腦的主要次結構的雛形。組成大腦皮層的大部分神經是在第二個三月期的後期生成的。不過，皮層區域在整個生命的頭四年裡都在不停地發育成熟（Greenough & Black, 1999）。

**在第四週末**，頭、上軀幹、下軀幹以及軀體下部開始顯形。肢體的萌芽，前腦、中腦、後腦、眼睛、耳朵的雛形均可觀察得到。自受精以來，胚胎在長度上增加了五十倍，體重上增加了四萬倍。

到了**第二個月末**，胚胎已具人形，重約二．二五公克，長約二十八公釐（一英寸）。幾乎所有的內部器官均已形成，臉、四肢、指、趾這些外部相貌也已確立。到了**第八週**，胚胎已能對溫和的刺激有所反應。

### (三)胎兒期

**胎兒期**（fetal period）係指受精後第九週一直到胎兒出生為止，此時期的主要特徵是器官的長大，使構造上更精細、功能更加完善。

胚胎轉變為胎兒的過程是漸進的，但名稱上的改變卻有其意義，因為意味著胚胎已發育為可資辨認的人類，且所有的主要系統皆已形成。在胎兒期的發育主要是身體的快速生長，與組織、器官、系統的分化有關，胎兒期值得注意的改變為頭部的生長較身體為慢，但身體生長的速率卻非常快，且在最後幾週，胎兒的重量增加相當明顯（戴步雲譯，2001）。在懷孕第六、七個月最要緊的是存活能力（viability），也就是胎兒提早離開母體的存活率。

在性器官上發生著一種戲劇性的變化。所有的胚胎都經歷一個雌雄同體的階段，在此期間，分辨不出任何與性別有關的特徵。女性和男性都帶有一種表面構造，對於男性將會變為睪丸，對於女性則會逐漸退化。在女性部分，一些新的細胞生長構成卵巢。男性和女性都有兩組性導管，男性會發育出輸精管，而女性的這些導管則退化，輸卵管、子宮和陰道發育出來。此外，男性和女性都有一個圓錐形構造，它是膀胱導管的出口。當男性的睪丸發育時，這一個圓錐形構造形成陰莖和陰囊。

而對於女性，這一構造則形成陰蒂，被陰唇的外陰隆起所環繞。男性生殖器分化需要有**睪固酮**（testosterone）激素的釋放。如果睪固酮出於某種原因不能生成，胎兒就會發育出女性的生殖系統結構，雖然其性染色體是男性（Stechler & Halton, 1982）。

**三個月大的胎兒**會自發地活動，並已有了抓握反射和巴賓斯基反射。**巴賓斯基反射**是指，當輕觸腳底時，腳趾會伸開呈扇形伸展。當用一個能增強信號的聽診器（doppler）聽母親腹部時，醫生及期待中的雙親都能聽到透過子宮壁傳過來的胎兒心跳。如果我們是那期待中的父母，聽到一個生命的這些最初微弱的心跳仍是那麼神奇而遙遠，我們會難以置信地顫抖！

在第二個三月期中，一般的胎兒要長到約十英寸，體重增加到約兩磅重。真正的胎血循環要至第十一週才建立起來，而心臟的自主神經控制則在妊娠的最後三個月才發展成熟。從第五個月開始一直到孕期最後，胎兒會繼續以大約每十天一英寸的速度生長。胚胎會上升進入母親的腹腔，並繼續發育，直至第九個月末，到達母親的肋骨和橫膈膜間。在這個三月期裡，隨著母親觀察自己身體輪廓的變化並體驗胎兒的胎動（quickening），成長的生命對孕婦來說愈益明顯。胎兒的活動最早被體驗為輕輕地拱動或扭動；此後，可以鑑別出這個不安分的小居民的腳、肘和拳。

**在第四個月**裡，胎兒開始吸吮和吞嚥。只要他一張開嘴，羊水便會流入並在其體內循環。羊水提供了除胎盤吸收之外的另一部分營養。四個月大的胎兒已表現出對甜味的偏愛：如果把糖注入羊水，胎兒會很快地吞嚥羊水。

**在第五個月**，皮膚開胎變厚，一層乳酪狀的來自代謝過程的細胞和油脂，即**胎兒皮脂**（vernix caseosa）所組成的外衣覆蓋在皮膚上。指、趾上皮膚皺褶的樣式標誌著胎兒作為個體的獨立存在性。頭部、眼瞼、背、胳臂和腿部都長出了毛髮。

到了**第六個月末**，胎兒已能很好地發展出感覺接受器。胎兒對觸動很敏感，並會以肌肉的運動對其做出反應。在第六個月裡，胎兒會以向外伸吐舌頭的方式對苦味做出反應。在第六個月中，鼻孔被皮膚細胞堵住。當這些細胞消散後，鼻中充滿了羊水；因此，在出生以前胎兒恐怕不會有嗅覺。

外耳道中也充滿了羊水，在八或九個月以前，胎兒不會對聲音有所反應。然而，在第六個月，內耳中的半規管（semicircular canal）對刺激很敏感。連結視網膜與腦的神經纖維也在第六個月發展起來，所以胎兒一生下來便能對光做出反應。

到**第二十四週**時，胎兒的器官功能已能在子宮環境運轉得很好。他吞嚥、消化、排泄、運動、吸吮拇指、休息、生長。然而，若將他移出這一環境，他幾乎沒有生存的可能。在第三週便已開始發育的神經系統，還沒有發展到足以將必須同時運轉以確保生存的各個系統協調起來。不過，到了第三十週，胎兒在子宮外生存則幾乎是有把握的（Usher, 1987）。

**在最後一個三月期**裡，胎兒一般會從十英寸長到二十英寸，體重從兩磅增加到七磅或七磅半。這種身長和體重上的增加和中樞神經系統的成熟是相對的。有關胎兒對母親語言的反應的研究發現，胎兒在第三個三月期裡經驗到了母親語言的聲音，並逐漸熟悉她的聲音（De Casper & Spence, 1986; Spence & De Casper, 1987）。

一個足月產的胎兒比一個二十八週大的早產兒所具有的優點有：(1)開始並有維持正常呼吸的能力；(2)強而有力的吸吮反應；(3)協調較好的吞嚥活動；(4)強而有力的腸壁蠕動，因而吸收營養和廢物排泄都更有效率；(5)體溫的平衡控制更為完善。

足月產胎兒吸收母體飲食中的礦物質以利牙釉的形成。隨著胎盤在孕期最後一個月中開始退化，在母親血液中形成的抵禦各種疾病的抗體進入胎兒的血液循環系統。它們為胎兒在生命的最初幾個月裡提供了對許多疾病的免疫能力。

子宮並不能作為胎兒永恆的家園。有一些因素使胎兒與子宮的關係結束成為必然。首先，隨著胎盤的退化，在母親和胎兒血液中形成的抗體可能會破壞彼此雙方的血液。其次，由於胎盤的生長不會超過兩磅太多，那麼，隨著胎兒的逐漸成長發育，胎兒自胎盤已無法獲得維持生命足夠的營養。第三，胎兒的頭不能長得大過於骨盤的開口，否則在分娩過程中會危及大腦。即使有柔軟的連接膜使顱骨的各部分能部分疊合，頭的大小也仍然是限制胎兒生長的一個因素。

我們尚不知道有哪些確切的因素標誌著子宮收縮和分娩過程的開始。從懷孕到分娩的大致時間是三十八週。然而，在孕期的長短和足月嬰兒的大小上，仍然有很大的差異。

## 四、分娩過程

懷孕九月，瓜熟蒂落，最後就是**分娩**（labor）**過程**。一般是來自子宮肌肉的不隨意收縮（又稱為分娩過程開始），或者來自羊水破裂或出血（落紅），是新生兒即將出世之徵兆。第一次分娩的婦女（初產婦），分娩過程平均大約十四小時；曾分娩生育過的婦女（經產婦），其分娩過程平均為八小時。生產是指子宮內依附存在為獨立有機生命之間的過渡階段，在約一天的時間內，胎兒從依附在母親溫暖、流動、庇護的子宮環境內，被迫到只能依靠自己的維生系統，生產可說是兩個生命階段的橋梁（周念縈譯，2004）。

子宮收縮具有兩種重要功能：消退和擴張。**消退**（effacement）是子宮頸的縮短；**擴張**（dilation）是子宮頸逐漸擴大，由僅僅幾公釐開口擴大至十公分，以便讓嬰兒通過。消退和擴張是自然產生的，一旦子宮頸完全張開，產婦便能透過向子宮腹壁施壓，以幫助引產，此外，嬰兒自身也在分娩過程中透過蠕動、轉頭、反推產道以幫助生產的作用。

醫學界將分娩過程分為三個階段：擴張期、娩出期及胎盤期。第一產程以子宮收縮為起始，直到子宮頸完全擴張為結束，一般平均時間約為六至十四小時，對初產婦會更長；第二產程是向外排除胎兒，直到胎兒順利通過產道產出，一般平均時間約為三十分鐘至二小時；第三產程為胎盤娩出，即胎盤和羊膜等構造通過產道排出的過程，平均時間不到一小時。

分娩過程會造成產婦很大的變化，在心理調適方面，可分為五個階段：(1)分娩臨近的早期跡象；(2)強有力且有規律的子宮收縮（顯示分娩開始，需要找助產士或進醫院）；(3)過渡時期，此時收縮激烈而且收縮之間的間歇變短，產婦有最大的不適；(4)分娩過程，孕婦能主動地參與孩子的分娩（要進產房生產）；(5)產後階段，包括與新生兒的初步接觸、休息、返家（見**表3-3**）。通常第一胎的生產時間平均約為九十分鐘，第二胎之後則為三十至四十五分鐘。

絕大多數的生產過程是順利平安產出一個健康的胎兒，但有時也會發生分娩併發症（birthing complications），尤其是未開發的貧窮國家，大約有三分之一的胎兒可能有分娩併發症（或因貧窮造成胎兒不健康），例如胎位不正（malpresentation）或胎兒窘迫（fetal distress）。胎位不正是有關胎兒位置並不是最佳狀況（頭朝下），大約有4%的胎兒在子宮內的位置異常，如臀位（breech position）朝下或橫位（transverse position）指的是側面朝下，這兩個位置都會導致生產過程中發生危險。胎兒窘迫之症狀如胎兒突然缺氧、心率或呼吸發生變化，皆顯示胎兒處於危險情境或不健康。胎兒缺氧症（anoxia）如果時間過長，就會發生永久性的腦損傷，其原因可能是胎盤退化或提前脫離、母親疲憊或分娩過程中換氣過度或臍帶繞頸，出生缺氧可能產生不同程度的腦性麻痺，症狀是肌肉不協調、語言障礙或知覺認知障礙（Santrock, 2008）。此種症狀如能早點辨認，就可採取剖腹生產（cesarean section）。

生產過程為了減輕疼痛，可以使用脊椎麻醉，也可使產婦放鬆，將

**表3-3　五個分娩心理階段之主要事件**

| 階段一：分娩即將臨近的早期症候 |
| --- |
| 1.負荷感減輕（約在分娩前10至14天）。嬰兒的頭進入骨盆區域。<br>2.堵住子宮頸的填塞物消失。<br>3.羊水流山。<br>4.假分娩——不規則的子宮收縮。 |
| **階段二：分娩開始** |
| 1.由家庭轉入醫院或生育中心。<br>2.強有力的、有規則的、間隔3至5分鐘的子宮收縮。 |
| **階段三：過渡期** |
| 1.加速分娩，子宮收縮的持續時間增加到90秒鐘，間隔約為2或3分鐘。<br>2.有某種迷惑、不能辨別方向、高度覺醒或失去控制的感覺。 |
| **階段四：分娩** |
| 1.嬰兒的頭下壓至產道底部。<br>2.母親體驗著一個強烈的反射性願望：排擠嬰兒，將其排出體外。<br>3.通常母親會從產科病房轉入高度消毒的產房。 |
| **階段五：產後期** |
| 1.母親與嬰兒進行最初的接觸。<br>2.胎盤被排出。<br>3.激素系統迅速變化，刺激分泌乳汁，收縮子宮。<br>4.母親和嬰兒進行早期學習活動；嬰兒試圖獲得護理、母親探究嬰兒，開始解釋他（她）的需要。<br>5.返回家中，將嬰兒帶入家庭環境之中。 |

資料來源：郭靜晃（2005）。

有助於分娩過程的進行。目前有些醫院產婦分娩使用麻醉藥物之比例相當高（有八成以上），但是產婦所接受的任何藥物皆會經由胎盤，改變胎兒在子宮的環境，而這些是否會造成胎兒有長期之副作用，目前尚無明確的證據，因此在生產時使用麻醉藥物應仔細評估。

自然產（natural childbirth）反對剖腹產（除非必要），強調對於夫婦的教育，尤其是母親，目的在於讓母親盡最大可能瞭解生產過程，讓恐懼降至最小，同時重視放鬆技巧，教導正確呼吸方式以幫助生產，如拉梅茲呼吸法，它是美國目前最普遍的使用方法。

## 五、新生兒

新生兒（neonatal stage）係指個體從出生到出生後二十八天（蔡欣玲等，2004）。新生兒歷經陣痛生產的過程，從適合生存的子宮環境到驟然改變的外在環境，兩者之間幾乎是天壤之別。在出生前，無論營養的供給或是廢物的排除，都是由母體直接或間接負責；而出生後則一切要靠自己。在母體子宮內，生活於羊水中，空氣有限，溫度恆定，光線黑暗，外在刺激少；然而出生後，外在溫度轉化變大，且環境中的噪音及人為刺激增多（見**表3-4**）。

### (一)不同週別的新生兒

新生兒依出生週別的不同可分為足月兒、早產兒及過熟兒。

**足月生產的嬰兒**是指妊娠週數介於三十八至四十二週的新生兒。而**早產兒**（prematurity）係指妊娠週數少於三十七週，或出生體重低於二千五百公克的新生兒。早產兒常有呼吸系統、心臟血管系統及體溫調

**表3-4　出生前後新生兒生活環境的比較**

| | 出生前 | 出生後 |
|---|---|---|
| 環境 | 羊水。 | 空氣。 |
| 溫度 | 羊水溫度恆定。 | 氣溫變化較大。 |
| 光線 | 黑暗。 | 室內及室外的光線。 |
| 空間 | 僅限子宮，空間有限。 | 外在世界無限寬廣。 |
| 外在刺激 | 較少。 | 環境噪音及人為刺激較多。 |
| 營養供應 | 由母血供應，經胎盤到臍帶而至胎兒體內。 | 依賴奶水等食物，再經由消化系統吸收。 |
| 氧氣供給 | 由母血供應，經胎盤到臍帶而至胎兒體內。 | 靠自己的呼吸系統吸入空氣，經由肺部送至血管。 |
| 廢物排泄 | 經由胎盤排到母血，再由母體的腎臟及肺臟排除。 | 由自己的腎臟、腸道、肺臟及皮膚排除。 |

資料來源：游淑芬等（2004）。

節的問題，臺灣在一九八七至一九九六年間的發生率為7.65%，週產期死亡率為10.52%，其中在二十至三十二週的週產期死亡率高達27.4%，高居臺灣地區零歲幼兒十大死因之第一位（行政院衛生署，2003）。

出生時體重過低的相關因素包括：低社會經濟階層、營養狀況差、沒有產前檢查、懷多胞胎、從前有過早產、孕婦抽菸、母親年齡過輕、第一次懷孕、懷孕間隔太密、生殖系統異常（如子宮內中隔）、感染（尤其是泌尿道感染）、產科合併症（如早期破水或胎盤早期剝離）、多次懷孕、提早催生、選擇性剖腹產（郭靜晃等，1998）。

**過熟兒**（postmature baby）係指妊娠週數超過四十二週才出生的新生兒，其皮膚特徵常見為：皮膚被胎便染色、乾燥、脫皮、腳掌紋深、無胎毛等。過熟兒因胎盤的功能老化，導致供給胎兒的營養不足，有時會有胎死腹中的情形發生。因此，一般產科醫生會在妊娠週數超過四十週時，依情況建議產婦適時進行催生引產，以防止妊娠延長。

## (二)新生兒的評估

所有新生兒出生後必須經過評估，以下介紹二種常見的評估。

### ■亞培格評分法

**亞培格評分量表**係針對剛出生的新生兒做立即性的粗略評量，其評分的作法是：當新生兒出生後一分鐘與五分鐘，醫護人員為判定新生兒的健康狀況，一般都利用一九五三年Virginia Apgar醫師所發展出來的亞培格量表（Apgar Score）新生兒計分系統，來評估新生兒對子宮外的生活適應（王瑋等譯，1991）。主要的評估項目有：心搏速率、呼吸能力、肌肉張力、反應興奮性與皮膚顏色等五個項目，評分方法見**表3-5**。

出生後第一分鐘的得分，是評估新生兒的生存機率，而出生後五分鐘的評分結果，可作為新生兒死亡性的指標及神經功能是否有異常。依據亞培格量表的五項檢查項目，每一項給予〇至二分的計分評定，五項加起來總分為〇至十分，分為0、1、2，總分十分，八分以上表示健康，三分以下表示非常羸弱。

表3-5　亞培格量表

| 症狀＼得分 | 0分 | 1分 | 2分 |
|---|---|---|---|
| 脈搏－心跳速率 | 無（無法憑感覺） | 每分鐘少於一百次 | 每分鐘多於一百次 |
| 呼吸－呼吸速度 | 無 | 不規則、慢 | 好，哭聲規則 |
| 活動－肌肉張力 | 軟弱、無力 | 虛弱不活動 | 強壯而活動的 |
| 外觀－膚色 | 發青或蒼白或淡灰 | 身體淡紅、四肢發青 | 全身呈淡紅色 |
| 臉相－反射興奮力 | 無反應 | 皺眉 | 咳嗽、打噴嚏、哭、拉扭 |

資料來源：郭靜晃（1998）。

■新生兒篩檢

新生兒的先天性代謝異常疾病，其發生原因是由於體內缺乏某種酵素（酶）而導致代謝異常，使得體內囤積過多有害物質，導致新物質形成，造成身體機能障礙，嚴重者可能造成心智障礙，甚至危及生命。因此，藉著篩檢來達到代謝疾病的及早發現，給予適當治療及預防，將日後造成疾病的後遺症降至最低。

**新生兒篩檢**主要是以「先天性代謝異常疾病」為對象，目前較常見的篩檢疾病有苯酮尿症（phenylketonuria, PKU）、高胱胺酸尿症楓漿尿病、半乳糖血症、葡萄糖-6-磷酸鹽去氫酶缺乏症（G-6-PD缺乏症）、先天性甲狀腺代謝低能症（CHT）、先天性腎上腺增生症、生物素酶缺乏症、裘馨氏肌肉萎縮症、鐮刀型細胞貧血症、囊性纖維化症等。其中，以葡萄酸-6-磷酸鹽去氧酶缺乏症發生頻率最高（見**表3-6**）。

表3-6　2001年臺灣地區新生兒篩檢項目及其發生率

| 病名 | 發生率 |
|---|---|
| 1.半乳糖血症（GAL） | 1：164,882 |
| 2.苯酮尿症（PKU） | 1：41,654 |
| 3.先天性甲狀腺代謝低能症（CHT） | 1：2,030 |
| 4.G-6-PD缺乏症 | 1：63 |
| 5.高胱胺酸尿症 | 1：127,650 |
| 6.先天性腎上腺增生症 | 1：15,000 |

資料來源：行政院衛生署國民健康局（2002）。

# 第二節　胎兒的身心發展

懷孕與生產通常融合著驚喜與訝異的心境，也如同個人成長一般，包括個人及社會之層面因素皆會影響個人的成長。孕育生命的歷程，同時充滿壓力，胎兒的壓力也會受母親所影響，個體必須不斷努力突破，調整適應。無論有無生產經驗的孕婦，總會擔心胎兒的健康，此外，孕婦的心理（如懷孕症候群或憂鬱）除了受個體周邊環境的社會層面所影響，也會連帶影響到胎兒，因為母親的賀爾蒙變化會經由胎盤臍帶傳給胎兒，因此社會工作者必須面對形形色色的案主，除了本身要有生物性基礎之知識，也要能提供相關之資訊（例如遺傳、諮詢之來源）及提供情緒支持及相關處遇的必要。

## 一、動作與神經發展

目前已有許多研究提出胎兒會對不同刺激產生不同反應之證據，例如在羊膜穿刺的手術過程中，胎兒對針頭會有避開的動作及壓低吸呼和心跳不規則；胎兒對光線也會有心跳加速之反應；對羊水之氣味也會有吞嚥羊水之動作等。

出生後，嬰兒透過反射（reflexes）等自主運動來對外界環境之刺激誘發動作反應。反射會隨著月齡的增加及神經系統之成熟而逐漸消失，取而代之會以較有目的、方向、可隨意且具協調性之動作來取代（王瑋等譯，1991）。早期這些反射動作亦是評估新生兒健康與發展的重要指標（例如亞培格量表）：（見**表3-7**）

1.促進適應生存的反射：為新生兒生存提供一些適應機能之反射。
2.與相關能力相聯繫的反射：適合於進化過程中與遺傳關係有關之物種的生存反射。

表3-7　嬰兒的一些反射動作

| 反射 | 誘發刺激 | 反應 |
|---|---|---|
| 促進適應生存的反射 | | |
| 吸吮反射 | 嘴唇或舌頭上的壓力 | 由嘴唇或舌頭運動產生的吸吮 |
| 瞳孔反射 | 微弱或明亮的光線 | 瞳孔的擴張與收縮 |
| 尋覓反射 | 輕輕觸摸面頰 | 頭部向觸摸方向轉動 |
| 驚嚇反射 | 大聲的噪音 | 類似於摩洛反射，肘部彎曲且手指緊握 |
| 游泳反射 | 新生兒俯伏於水中 | 手臂和腿的運動 |
| 與相關物種的能力相聯繫的反射 | | |
| 爬行反射 | 腳蹬地面 | 手臂和腿牽拉，頭部抬起，腿不由自主地彎曲 |
| 屈肌反射 | 腳底上的壓力 | 腿不由自主地彎曲 |
| 抓握反射 | 手指或手掌上的壓力 | 手指緊握 |
| 摩洛反射 | 嬰兒仰臥，頭部抬起→快速放下 | 手臂伸展，頭向下落，手指張開，手臂在胸前交叉 |
| 彈跳反射 | 嬰兒直立並微微前傾 | 手臂前伸且腿向上縮 |
| 踏步反射 | 嬰兒由腋下被舉起，脫離平坦的地面 | 規律性的踏步運動 |
| 腹壁反射 | 觸覺刺激 | 腹部肌肉不自覺地收縮 |
| 機能不詳的反射 | | |
| 跟腱反射 | 敲擊跟腱 | 肌肉收縮且腳向下彎曲 |
| 巴賓斯基反射 | 輕柔地敲擊腳底 | 腳趾散張並伸展 |
| 僵直性頸反射 | 嬰兒仰臥，頭轉向一邊 | 與頭部面對方向一致的一側手臂和腿伸展，而另一側手臂和腿則彎曲 |

資料來源：郭靜晃、吳幸玲譯（1994）。

3.機能不詳的反射：幫助發展較複雜的行為模式，以適應未來生活之機能。

出生後，嬰兒漸漸發展自主並有目的性的動作行為，這需要幾個月的時間，透過出生即有的反射動作，非自主的運動，以及後來的自主運動逐漸增強他們的肌肉，並刺激大腦和神經系統的發展。嬰兒的粗動作發展是依據「由頭到尾的原則」（cephalocaudal pattern）、「從頭到腳的模式」（head-to-toe pattern），及「從簡單到複雜的模式」（simple to complete pattern）（Frankenburg et al., 1992）。個體的動作發展的差異會受個體基因、神經發展速度，以及練習機會之多寡所影響。社會工作者應善用不同標準的測驗來檢測孩子的動作技巧，並須對兒童發展之知識要有相當程度的瞭解，並結合與孩子一起工作的不同專業（例如醫生、物理治療師），以提供家長對兒童動作發展之資訊。

出生後，大腦與神經系統的發展，引發個體之思想、情感和行為的連結。**大腦**是皮層的灰色物質（cerebral cortex）所構成，主要分成四個主葉：額葉、顳葉、頂葉和枕蓋。大腦皮層形成許多腦回，可以使大量的表面積裝進有限的頭骨空間內，主要是充滿灰色物質（約八分之一吋薄），因此，表面積之最大化（容量）對大腦功能的增加就很重要了。此外，**小腦**（cerebellum）在大腦後面，控制姿勢、身體方向的複雜肌肉動作；**脊髓**（spinal cord）是身體的資訊網絡，可以讓大量的資訊在身體和大腦之間進行轉換。在脊髓頂端是腦幹（brain stem），控制非自主神經及功能，如呼吸及心跳，對大腦的功能則主要在調節一般的警戒水準（alert level）。

神經系統的聯繫皆由專門的細胞所控制，稱為神經元（neurons），主要透過神經脈衝（neural impulses），又稱電子脈衝，將神經元傳遞至另一個神經元的神經傳導物質（neurotrasmitters）。神經元有三部分：(1)樹突（dendrites），是一種樹狀的結構，接收從其他神經元所傳導的資訊及生物化學物質；(2)細胞體（cell body），包括細胞核，控制神經元的功能；(3)軸突（axon），是一條長纖維，傳送電子脈衝，將資訊傳至細胞。成熟的軸突是由髓鞘（myelin sheath）覆蓋，是一種脂肪物質，將軸突隔離，並加快軸突電子傳送速度。突觸（synapses）是一個神經元的終端鈕（terminal button）（是軸突的底端）與下一個神經元樹突之間的開放空間，神經傳遞透過突觸傳到樹突，以作為神經元之相互聯繫。

神經元形成後，其成熟主要有兩種重要方式，突觸形成和髓鞘化，前者形成大量的神經元，以供更多的傳導；後者則加快傳導速度。然而隨著個體的成長，大腦重量不會因突觸形成和髓鞘化過程而增加，實際上大腦容量是縮小（shrink）。突觸的形成是由基因決定，大約在二歲時已有大量突觸，經兒童期及青少年期大量的突觸修剪（synaptic pruning），將沒有用途的突觸修剪掉，剩下有用的突觸，此過程會造成許多神經元死亡。個體成長過程中，突觸大量形成，周圍環境之刺激和神經活動，大腦會有計畫地決定哪些神經元會存活，就好像基因提供了大量的神經元和突觸，但大腦會有計畫地透過經驗來形塑這些神經物質，去除多餘的材料，而形成最終的形式。因此，應用於個體發展，父母及看護人應多提供刺激性之環境來促進孩子之神經網絡的形成，幼兒早期是大腦神經發展的可塑期（plastic period），之後則依個體之經驗來決定哪些是不普遍之經驗而逐漸修剪成個體發展之特殊經驗。

## 二、知覺發展

早在一九五一年，Robert Fantz就以視覺偏好法（preferential-looking technique）研究幼兒知覺，結果發現，新生兒較喜歡看同心圓或白紙上畫的人臉，而不是單一顏色的色點（Fantz, 1963）。之後，研究者採用Fantz的視覺偏好及其他類似的技術，也發現新生兒有下列的視覺偏好（Bjorklund, 1989）：

1.會移動的物體。
2.外部輪廓和邊緣。
3.強烈的顏色對比（如黑白或紅白）。
4.帶有細節或複雜性的圖形。
5.對稱的圖形。
6.波浪狀圖形。
7.與人臉相似的圖形。

之後，研究新生兒知覺採用習慣性—去習慣性技術（habituationdishabituation technique），也就是說，嬰兒會對重複刺激物有減少回應的傾向，即為習慣性，而取代增加對新刺激物的凝視時間，是謂去習慣性。而去習慣性的程度反應與其日後兒童期的智力具有正向關聯。

新生兒的視力有些受限制，估計為20/150至20/600，一般到六個月大的時候能達到標準視力20/20。對於新生兒如何辨別不同顏色，尚未有明確的結論。研究發現，新生兒較喜歡綠色、黃色或紅色，而非灰色（Adams, Maurer, & Davis, 1986）。但其他研究指出，新生兒可以分辨紅白色之不同，但不能分辨藍色、綠色、黃色和白色（Adams, Courage, & Mercer, 1994）。新生兒的感光色素（photopigments）在出生三個月即出現，到了六個月，其視力及顏色色覺能力便相當成熟了。

此外，在視覺懸崖（vision cliff）的實驗中也證實了新生兒可以知覺到深度，他們對深度感到興趣，而非害怕，到了三、四個月，嬰兒即可以用雙眼視差來判斷深度，此種能力可說是新生兒與生俱有的，而非後天的學習或經驗所起的作用。

## 三、聽覺

嬰兒在出生前聽覺系統就有功能，且在子宮內便可辨別聲音。正如嬰兒對臉型熟悉之敏感特徵般，新生兒也較喜歡熟悉如母親的聲音，而非其他不熟悉女性的聲音（De Casper & Fifer, 1980），但對父親或其他不熟悉男性的聲音，則沒有什麼偏好（De Casper & Prescott, 1984）；二個月大的嬰兒喜歡有升降音調的兒語（child-directed speech, CDS）（Sullivan & Horowitz, 1983）；四個月大的嬰兒喜歡人的聲音，而不喜歡沉默或噪音（Colombo & Bundy, 1981）。

在對年幼嬰兒的聽覺能力之研究，可得到下列結論：(1)聽覺系統在出生後即有作用，能改變胎兒的心律及腦波；(2)出生後數個月，嬰兒能夠分辨較多類型的聲音，如嘎嘎聲、人聲、歌聲和周圍的其他聲音，但不能分辨竊竊私語及耳語；(3)嬰兒較成年人對高頻的聲音敏感（如二萬赫茲），在六歲時才會下降如成人般；(4)嬰兒會以身體的轉動（如頭及眼睛）朝向音源方向（Aslin, 1987）。

## 四、嗅覺與味覺

即便是胎兒，他們也會對母親羊水的味道有反應。孩子出生後，吾人可從新生兒的臉部表情中，看出他們對氣味有所反應。新生兒對香蕉和奶油的香味會呈現高興的臉部表情，對魚腥味會有所抵制（如電影《香水》的男主角出生時對母親的魚腥臭味屏息般），而對壞雞蛋則完全厭惡（Bornstein & Arterberry, 1999）。此外，Cernoch及Porter（1985）的研究發現，即使是二個月大的母乳餵養之嬰兒，也能對母親之氣味有所辨識。出生後，嬰兒對味覺會有所偏好，對甜的氣味，新生兒會微笑並做出吸吮動作；對酸的味道，會癟嘴、皺鼻；對苦的味道會吐舌、做鬼臉，顯示出拒絕的情緒；對鹹味則較晚出現，約在四個月後（Beauchamp, Cowart, Mennella, & Marsh, 1994）。

## 五、知覺統合

從上述有關對嬰兒的實驗中，我們瞭解新生兒可以定位追蹤物體，知覺不同形狀、顏色、聲音、味道、氣味、分辨母親的聲音。之後，隨著大腦和神經系統的發展，個體的知覺會變得更精細。但是透過結合或整體的感官知覺的輸入而形成個人的認知來體驗世界，此種能力為**知覺統合**（intermodal perception）。

到底知覺統合是與生俱有的，抑或是經過後天經驗建構的呢？Meltzoff和Borton（1979）曾用不同的奶嘴做測試（一個是光滑的，另一個是有小節的奶嘴），一個月大的嬰兒會花較長的時間並配合嘴中的奶嘴形狀，產生不同的吸吮動作。另外，Spelke（1979）以影片中的動物小毛驢和小袋鼠，播放其跳躍動作，之後再利用快速和快速播放「砰砰」或「咣咣」的聲音，結果發現，四個月大的嬰兒會盯著聲音與速度相匹配的影片較長的時間，這些研究顯示，嬰兒對有關事件即使沒有經驗，也會做出知覺的聯繫。五個月大時，嬰兒能把聲音中表達的情感和人臉上的表情匹配起來。

## 六、新生兒的心理評估

Peter Wolff（1966）指出，新生兒有七種喚醒狀態（見**表3-8**），每一種皆具有獨特的呼吸、肌肉緊張度、運動活動量及警覺性模式。在這些狀態中，我們可以看到最早的情緒反應，如痛苦（哭泣）、興趣（警覺性活動停止）及興奮（警覺性活動）間的最早分化。之後，個體的情緒便會日益分化。

情緒的分化也遵循著有規則的模式，如**表3-9**所描述的三個情緒向度

**表3-8　新生兒的喚醒狀態**

| | |
|---|---|
| 正常睡眠（RS） | 完全休息；肌肉緊張度低；低活動量；眼瞼安穩緊合，靜止不動；均勻的、有規律的呼吸，約每分鐘36次。 |
| 不規則睡眠（IS） | 較大的肌肉緊張度；柔和的動作活動；頻繁的面部怪相和微笑；偶爾有快速眼動；不規則的呼吸，每分鐘約48次。 |
| 間發性睡眠（PS） | 間發於RS和IS之間；迅速而較淺的呼吸與較深而緩慢的呼吸交替出現。 |
| 昏睡（D） | 比RS活動多，但少於IS或PS；眼睛張開又閉上；當張開時，眼睛顯得遲鈍、呆滯，可能向上翻轉；呼吸總在變化，但頻率比RS期高。 |
| 警覺的不動期（AI） | 稍有活動；面部放鬆；眼睛睜開且「很有神」；呼吸長，但比RS期快。 |
| 覺醒活動期（WA） | 頻繁的、無規則的動作活動；發聲；活動時皮膚泛紅；呼吸不規則。 |
| 哭叫（C） | 強烈的、不規則的動作活動；面部怪相；皮膚漲紅；眼睛睜開或部分合上；哭叫。 |

資料來源：改編自Wolff, P. H. (1966).

表3-9　一些基本情緒的個體發展

| 月份 | 愉快－高興 | 擔憂－恐懼 | 氣惱－憤怒 |
|---|---|---|---|
| 0-3 | 自發微笑；轉向 | 驚嚇／痛；強制性注意 | 擋住臉、身體束縛、極度不適引起的痛苦 |
| 3 | 愉快 | | 氣惱（沮喪） |
| 4-5 | 欣喜；主動的笑 | 擔憂 | |
| 7 | 高興 | | 憤怒 |
| 9 | | 恐懼（陌生人厭惡） | |
| 12 | 大喜 | 焦慮；即時的恐懼 | 憤怒心境，惱怒 |
| 18 | 對自己的正性評價 | 害羞 | 挑戰 |
| 24 | 喜歡 | | 有意傷害 |
| 36 | 驕傲，愛 | | 內疚 |

資料來源：Sroufe, L. A. (1979).

註：這裡標記的年齡，既不是一種情緒明確地產生的最初時間，也不是最常發生的時間，而是文獻記載所表明的此種反應已很常見的時間。

之年齡相關變化，這三個向度是：愉快－高興、小心－恐懼及氣惱－憤怒。這些情緒反應透過生理不適、喚醒、疼痛，以及中樞神經系統不斷變化之緊張度而引起。這些情緒的表達靠臉部表情、哭與笑過程傳輸到照顧者。之後，也由於照顧者的回應，嬰兒再發展出一些策略來因應其強烈的情緒。此種情緒調節是出生嬰兒最重要的發展，而照顧者對情緒調節之作法也會因文化而異，例如歐美文化之父母會立即回應孩子之痛苦情緒，而日本文化會避免孩子接觸憤怒場合，並避免孩子遭受挫折。

新生兒大部分的時間皆處於七種喚醒狀態之一，雖然大部分的時間皆處於睡眠狀態，一天也有十分之一的時間處於安靜的警戒狀態，豎起耳朵，張大眼睛四處張望。新生兒也具有數種基本反應及求生本能（又稱為反射動作）。在新生兒的健康評估中，大部分會採用「**布列茲敦新生兒評估量表**」（Brazelton Neonatal Assessment Scale, BNAS），可供評量新生兒的肌肉健康狀況、反射動作、對刺激的反應與控制能力（見**表3-10**）。整個評估測驗包括三十七個行為項目、十八個新生兒的本能反

表3-10　布列茲敦新生兒評估量表

| 評估項目 | 實例 | 得分 |
|---|---|---|
| 神經學項目 | | |
| 誘導反射本能及基本動作 | 足底抓握<br>手部抓握<br>足踝痙攣<br>巴賓斯基 | 雙腿及雙手被動性反射動作不協調處及缺乏反應的部分依反應度之弱、中、強評分，滿分三分。 |
| | 站立<br>自主性行走<br>爬行<br>摩洛<br>Rooting<br>吸吮 | |
| 行為項目 | | |
| 觀察或誘導所得之特殊行為 | 注意並追逐物體<br>對聽覺刺激的反應<br>對人物的反應<br>對聲音的反應<br>對人的臉部及聲音的反應觀察 | 滿分為九分。一位三天大的正常嬰兒之得分應有五分以上。 |
| 一般性行為 | 警戒程度<br>肌肉成熟度<br>摟抱<br>外來的安撫<br>興奮頂點<br>觀察或誘導所得之特殊行為<br>易怒性<br>受驚度<br>自我平靜的活動<br>手對腳的熟練度<br>微笑次數 | |

應項目。BNAS評估測量並不昂貴，父母親也樂於參與，有些醫院甚至列入衛教項目。這項評估可以幫助高風險性嬰兒之母親對孩子表現出熱絡的回應，及增加母親建立照顧嬰兒的能力與信心，增進親子互動之效

果。布列茲敦新生兒評估量表的評估範圍遍及嬰兒的中樞神經系統與行為反應。分數極低顯示腦部損傷或部分腦部出了狀況，有時假以時日可以治癒（Santrock, 2008）。

先天缺陷（birth defects）係指出生時任何類型的缺陷或不正常，先天缺陷易發生於小產（miscarriage）時，小產也意味著對於新生兒的身體更應避免更嚴重的損傷，或應避免在不正常的情境下出生。某些新生兒的先天缺陷很可能極為嚴重，可惜的是，有些缺陷的發生頻率往往極高。

對新生兒來說，低出生體重（low birth weight）（可能是早產，但更嚴重的是足月生的低體重）是指比五磅八盎司（約二千五百公克）或更低，若是三磅五盎司（約一千五百公克）以下，就是極低體重，其成因可能是出生缺陷、早產、孕婦行為與經驗（例如吸毒或喝酒）。低出生體重與早產使嬰兒面臨一連串高風險狀況的問題，雖然這些症狀不會致死或造成永久性傷害，但體重愈低，愈有可能發展遲緩或失能，例如面臨呼吸窘困、腦出血、心臟功能受損、腸道問題及視力喪失，甚至有些在學齡期可能會經歷學習障礙（learning disable）、注意力不足過動症（ADHD），或呼吸問題，如氣喘等（Santrock, 2008: 126）。

面對低體重嬰兒的家庭，社會工作者的角色要充權孕婦養育健康嬰兒，居中協助取得所需資源，特別是貧窮家庭，尤其是幫助低收入婦女取得營養及孕期照護資源；此外，社會工作者更要倡導婦女、兒童福利及權利，發展基金資源及提供完善的福利服務，諸如立即性醫療、教育諮詢及團體諮商，及居家照顧服務及現場的遊戲刺激與療育鑑定和諮詢。

# 第三節　影響孕期發展的因子

孕期的發展和模式直接取決於遺傳訊息，然而我們也不能忽視孕婦所處的心理社會環境。也就是說，有部分的胚胎可能受到遺傳的因素，而造成發展上的缺陷；也有些胎兒雖然並未受到先天遺傳的限制，但卻因後天環境的因素，對胎兒造成發展上的影響（見**圖3-3**）。一個婦女對懷孕和生育的態度、生活方式、孕期中具有的應變能力、文化對行為之要求等，皆會影響到孕婦的幸福感。同樣的因素也會影響到胎兒的健康與成長。Bradley、Corwyn和Whiteside-Mansell（1996）研究顯示，激勵與支持是家庭最重要的必要條件，新生兒需要與他們說話、回應的父母（照顧者）、穩固安全的家，還要有足夠刺激官能的遊戲和玩具。影響胎兒發展的因素如下：

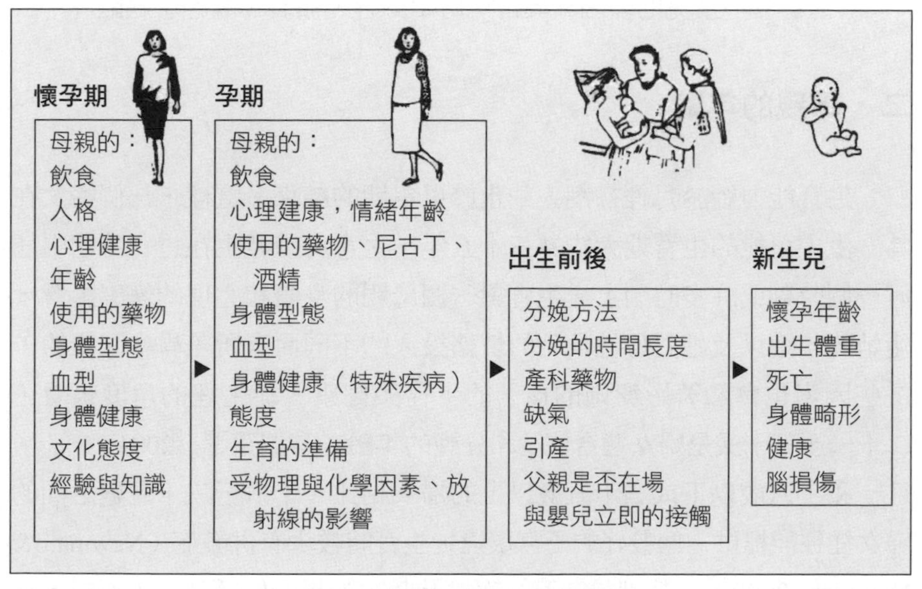


**圖3-3　影響孕期發展的因素**

資料來源：Clarke-Stewart, A. & Koch, J. B. (1983).

## 一、遺傳因素

從受孕的剎那開始，與生俱來的基因就影響著胎兒的發展。由於父母親的染色體也都是來自於雙親，代代相傳，因此，家族中如有染色體異常的病史，就有可能造成胎兒出現先天性缺陷。人類的遺傳疾病可分成三大類（蔡欣玲等，2004）：

1.染色體異常：例如染色體不分離造成的第二十一、十三及十八對染色體的三染色體症（trisomy），及47XXY（克萊思費爾特症候群）、47XXX等性染色體方面之異常。
2.單一基因異常：人類之遺傳特質由基因控制，基因的遺傳及表現方式由Mendel發現。常見的單一基因異常疾病有海洋性貧血、色盲、鐮刀形細胞貧血症、G-6-PD缺乏症等。
3.多因素異常：是由數個基因的作用產生，有時可能是受了環境因素之影響。常見的多因素異常疾病如兔唇、顎裂、神經管缺陷等。

## 二、母親的年齡

生育能力始於月經初潮，截止於更年期的結束。這樣，一個婦女在其一生中可能的生育期大約為三十五年。生育可以發生在這一時期中任何一個時刻或許多時刻上。生育對一個母親的身體和心理的健康影響，隨她的年齡以及她對母性角色的情緒投入的不同而有所差異。同樣的，這些因素也會顯著影響她的孩子的生存與健康。從生理的角度來看，二十一至三十歲是婦女適合懷孕和分娩的年齡（游淑芬等，2004）。

和十六歲以下或三十五歲以上的婦女相比，十六至三十五歲之間的婦女往往能提供一個較好的子宮環境，生育時較少有併發症（Newman & Newman, 2009）。特別是在第一次懷孕時，如果孕婦超過三十五歲，往往會有較長的產程，分娩時容易引起胎兒或是母親死亡。而生下早產兒概率最高的兩個年齡層便是三十五歲以上和十六歲以下的婦女（Schuster, 1986）。

十幾歲母親的早產兒比較大年齡母親的早產兒更容易罹患精神缺陷症，從而影響他們的適應能力。而且，小於十六歲以下的母親往往得到的孕期照顧很少，她們在生理上也並不成熟，結果是，青少年母親往往更容易在孕期中罹患併發症，從而危及她們的嬰兒及其自身。有證據顯示，良好的醫療照顧及護理、營養、社會支持，能改善十六歲以上的青少年母親的生育經歷。而那些低於十六歲的少女身體的不成熟，把自身和嬰兒推向了極大的危險之中（Quilligan, 1983; Roosa, 1984），往往造成早產或死胎（Santrock, 2008）。

年齡超過四十歲的母親的嬰兒，可能面臨的一個主要危險是唐氏症候群，四十歲生育唐氏症寶寶的機率是1%，到五十歲的機率是10%，其原因可能是精子或卵子的退化（Moore, 1988; Newman & Newman, 2009）。一個婦女的卵細胞最初是以一種不成熟的形式存在。她活得愈長，這些細胞就會變得愈老。根據假設，高齡婦女生育出唐氏症候群的高發生率，部分原因是由於卵細胞的退化。三十五歲以後，婦女生育孩子的危險變得愈來愈大。許多人都接受羊水化驗檢查。這使她們能夠提早確定是否有嚴重的胎兒缺陷（Williams, 1987）。另一方面，年輕人似乎並未意識到過於年輕的女孩懷孕生子所產生的危險。一九八三年，美國約有十八萬三千個嬰兒是由十七歲及十七歲以下的母親所生。光合法流產就有十八萬多是實施於十七歲及十七歲以下的母親，約占了所有人工流產中的11%（Ventura, Taffel, & Mosher, 1988）。

從上述可知，年齡會影響生育品質，為了提倡優生保健觀念，一九五八年世界婦產科聯盟會議決定，將三十五歲以上的產婦稱為高齡產婦。不過，我國中央健保局則以年滿三十四歲以上為高齡產婦，建議施行羊膜穿刺術，以便及早發現胎兒有無唐氏症或其他染色體異常。

唐氏症候群是一種染色體異常的疾病，通常會有中重度的智力障礙，智商大部分在三十至六十之間（正常人約一百），也可能伴隨許多合併症，如先天性心臟病、免疫缺陷等，因此終其一生均需要家人及社會的照顧，造成極大的精神及經濟上的負擔。據統計，唐氏症兒發生率為0.18%，以臺灣每年三十二萬新生兒計算，約有四百位唐氏症兒。唐氏症（於第四章另有詳細的說明）在世界各地不分種族均會發生，其染色體變化有下列三種型態：

1.三染色體二十一對：約占唐氏症者的95%，產生的原因是精子或卵子形成時，第二十一條染色體發生無分離現象，因此受精後第二十一號染色體有三條，此型態的發生與母親年齡有關，而父母的染色體大都正常。
2.轉位型：約占唐氏症者的4%，是因父親或母親的第二十一號染色體轉位到其他染色體上，受精後產生了多出一條第二十一號染色體的變化，因此患有此症的父母須接受染色體檢查。本症的再發率很高，因此每一胎都要接受遺傳診斷。
3.鑲嵌型：約占唐氏症的1%，此型的身體細胞中部分含三染色體二十一的異常細胞，部分則為正常細胞，這是因為受精卵在有絲分裂時的缺陷所造成。此型個案的症狀通常較輕，智商也常達六十以上，罹患先天性心臟病的機會也較少。

唐氏症的特徵如下：

1.外觀：唐氏症兒長相有許多共同特徵，在出生時常可從外觀加以辨認，大部分的小孩顏面扁平，眼睛小而向外斜上，眼瞼的內眥部分常有半月型之眥皮，鼻梁較塌，舌頭常外吐，耳殼易下摺而位於眼瞼線之下，上顎較窄而且高拱，舌頭上常有裂開之溝痕，脖子較短，後頸部的皮層較厚，四肢較短，手掌寬短，第五小指短而向內彎，有時只有兩個指節，斷掌，腳部大拇指與二拇指之間的間距增寬，第二、三趾相連，眼虹彩部可能有布氏小點，以及特殊之手腳

掌紋，唐氏症小孩可能同時有以上多項表徵。

2.生長發育：唐氏症的小孩出生時肌肉張力較差，嚴重者無力吸奶，隨著年齡增加可以發現發育上明顯落後於正常小孩。

3.智力：唐氏症患者最主要的問題還是在於智力方面。一般而言，唐氏症患者有中重度智能不足，隨著年齡成長，智商更有相對下降的趨勢。由於小孩的心理、運動和社交能力會持續成長，唐氏症兒的智力要到十五歲左右才會穩定下來。

4.其他問題：唐氏症還常伴隨著一些重大的先天性畸形，如心臟病、腸胃道畸形，得到血癌的機率也高出一般小孩十至十八倍。此外，胸腺內的淋巴組織比正常人少，淋巴球對外來抗原刺激的增殖反應也變差，因此可能造成其免疫力降低，使其較容易感染疾病。通常四分之一的病人在一歲前、二分之一病人在三歲以前，會死於心臟衰竭或呼吸道感染。年紀漸長常有甲狀腺機能異常（多為低下），男性唐氏症其性腺機能大都低下，不能生育；女生則可以生育，子女有一半機會是唐氏症。

為避免生出唐氏症兒造成社會與家庭的負擔，孕婦應於產前接受篩檢，年齡小於三十四歲的孕婦，可先做唐氏症母血篩檢，檢測母血中甲型胎兒蛋白（AFP）及絨毛性腺激素（HCG）的值，再將檢測值以電腦換算成唐氏兒的機率。年齡滿三十四歲以上的高齡產婦，則建議在妊娠十六至十八週時要做羊膜穿刺術，及早診斷有無唐氏症或其他染色體異常。

## 三、母親的營養

孕婦體重太輕或過重都會危及胎兒，因為營養不良造成體重增加太少，會讓胎兒出生體重太輕或有較高嬰兒死亡率（Newman & Newman, 2009）。母體的健康是胎兒健康的基礎，孕婦的營養狀況對胎兒的發展相當重要，營養不佳的母親，生下的嬰兒往往體重過輕、智能發展障礙、對疾病的抵抗力較差。而胎兒期的營養供給主要來自母親的攝食，唯有攝取均衡飲食，使體重保持在正常範圍內，才能有健康的母親及健康的胎兒。整個懷孕過程，體重增加宜為二十五到三十五磅（約十一至十六公斤）左右（見**表3-11**），每天額外需要三百至五百卡路里以供應胎兒養分，營養不良會導致子宮發育不良，嬰兒出生時的體重也會不足。缺乏某些維生素或礦物質也不行，尤其是葉酸，缺乏葉酸與神經方面的缺陷有密切關聯。嚴重的營養失調會增加胎兒先天性缺陷及死亡的可能性。懷孕期的最後三個月是胎兒增加體重及腦細胞發育的時期，因此蛋白質的攝取最為重要。孕婦的飲食，不僅重量，也要重質，特別是足夠的蛋白質、鐵、鈣、葉酸以及其他維生素（Hyde & Delamater, 2008）。

**表3-11　孕期體重增加表**

| 懷孕期 | 增加體重 |
|---|---|
| 1至4個月 | 1至2公斤 |
| 5至7個月 | 5至6公斤 |
| 8個月至生產 | 4至5公斤 |

為了確保低收入婦女得以在妊娠期間獲取適當的營養，美國政府策劃了「婦幼兒童補品計畫」（Supplementary Food Program for Woman and Infant Care, WIC）。該單位發放兌換券給孕婦及五歲以下孩童的母親，供其兌換高蛋白質及添加鐵質的食品。他們同時也舉辦營養教育講座，提供營養諮詢服務。

孕婦需要豐富且均衡的營養，在懷孕期間，熱量、蛋白質、維生素及礦物質的需求量都增加。通常將整個孕期分為前、中、後三期，各期所需的熱量及營養素不盡相同，分述如下（見**表3-12**）：

### (一)懷孕前期（一至三個月）

懷孕初期的前三個月是胎兒發育的重要階段，胎兒的五官、心臟及

神經系統此時開始形成。在懷孕初期幾乎不需要增加任何熱量，因此均衡的飲食，足量的補充蛋白質、礦物質及維生素對胎兒的健康成長發育已足夠。

雖然孕婦此時需要補充適量的營養素，不過此時應多加注意鋅、鐵質、葉酸及維生素A的攝取，除了可以幫助孕婦預防貧血，也對胎兒神經系統的發育有幫助。提供孕婦足量的鋅，可以避免懷孕期因缺乏鋅所產生的倦怠及早產情況。

### (二)懷孕中期（四至六個月）

懷孕期的第二期是胎兒發育成長的重要階段，此時胎兒的器官持續發展形成，心臟血液循環開始及臉部特徵明顯，胎兒在此階段體重會快速增加。

此期每日約須增加三百大卡的熱量，也應提供孕婦足量的鐵質，可以幫助孕婦預防常見的懷孕期貧血現象，足量的補充維生素B群可幫助母體及胎兒紅血球的形成。並應補充母體足量的鈣質以幫助胎兒骨質發育，並且可避免孕婦腿部痙攣的發生。礦物質如鋅、鉬、碘、錳等的補充，可以幫助胎兒的骨骼、神經系統及腺體的發育。

### (三)懷孕後期（七至九個月）

此時期胎兒的體重迅速上升、胎動頻繁，亦是胎兒各部位（特別是腦部）發育的重要時期。懷孕最後兩個月的維生素及礦物質缺乏，對胎兒腦部的發育影響極大，須特別注意補充足量的營養素，此期每日約須增加三百大卡的熱量攝取。

此期孕婦除應攝取足量的鈣質供胎兒的成長所需，並應注意礦物質及維生素的足量補充，如鐵質、銅、鋅及維生素$B_6$、$B_{12}$，以提供母體及胎兒產生充足的血紅素，幫助胎兒健康發育（見**表3-12**）。

**表3-12　懷孕期各項營養素的重要性**

| 營養素 | 重要性 | 來源 |
| --- | --- | --- |
| 維生素A<br>β-胡蘿蔔素 | 促進細胞生長及參與視網膜的光化學反應。 | 含維生素A豐富的食物，如魚肝油、肝臟、深綠色或深黃色蔬菜和水果，其次為奶、蛋類。 |
| 維生素$B_2$ | 為懷孕期母體及胎兒組織形成所需。 | 牛奶、肉類、內臟類、蛋及酵母含維生素$B_2$。 |
| 維生素$B_6$ | 幫助母體蛋白質新陳代謝，促進紅血球的形成。 | 食物來源為全穀類、豬肉、雞肉及魚肉等。 |
| 維生素$B_{12}$ | 與細胞分裂及蛋白質製造相關，素食母親所哺餵的嬰兒容易缺乏。 | 動物性食物如肝臟、腎臟、肉及奶製品含豐富維生素$B_{12}$。 |
| 維生素C | 維生素C在胎兒的免疫系統發育上扮演非常重要的角色，並且可幫助鐵質的吸收。由於維生素C無法在母體內儲存，所以每天維生素C的補充變得非常需要。 | 水果含豐富的維生素C，如芭樂、奇異果、鳳梨、柳丁、檸檬、柚子及文旦。 |
| 維生素D | 幫助有效利用鈣質與磷質以生成健全的骨骼與牙齒。 | 魚肝油、蛋黃及肝臟含豐富的維生素D。 |
| 維生素E | 懷孕期維生素E需求會增加以確保胚胎之適當生長。但母體須額外補充以彌補製造母乳時所損失之維生素E。 | 植物性油、小麥胚芽油、米糠油等含豐富的維生素E。 |
| 生物素 | 幫助把食物轉變成能量以及能夠有效利用蛋白質。 | 食物來源有肝、腎、酵母及全穀類。 |
| 葉酸 | 於預備懷孕前三個月開始至懷孕中期須注意補充。葉酸屬於維生素B群之一，平時難從飲食中攝取足夠，孕婦葉酸的攝取量不足時，新生兒容易發生神經管的缺陷。 | 葉酸的主要來源為綠色蔬菜的綠葉中，如菠菜最多，其次如肝、腎、花椰菜、酵母。 |
| 菸鹼酸 | 懷孕期母體能量需求增加，導致菸鹼酸之需求增加。 | 全穀類製品、綠葉蔬菜、牛奶、肉類、內臟類、蛋及酵母含豐富菸鹼酸。 |
| 泛酸 | 幫助將脂肪、醣類以及蛋白質轉變成能量。 | 含豐富泛酸的食物有肝臟、腎臟、酵母、麥胚、豆胚及豆類。 |

（續）表3-12　懷孕期各項營養素的重要性

| 營養素 | 重要性 | 來源 |
|---|---|---|
| 鈣質 | 鈣質幫助骨骼的發育、鎂的吸收及血液的凝結。及早開始儲存身體足量的鈣質是非常必要的，以供給懷孕時期所需。 | 如牛奶，但勿與甘藍及菠菜同食，會降低鈣的吸收。 |
| 鉻 | 醣類利用所必需。 | 含鉻豐富的食物有甲殼類、雞肉、玉米油及啤酒酵母。 |
| 銅 | 幫助母體血色素的形成，幫助減少孕婦產生貧血現象。 | 含銅的食物有肝臟、瘦肉及硬殼果類等。 |
| 鐵質 | 幫助形成血紅素所必需的元素，而足量血紅素可幫助攜帶氧氣供給胎兒所需。 | 主要來源有牛肉、豬肉、內臟等，而蛋黃、醋、菠菜會干擾鐵質的吸收，勿同食。 |
| 碘 | 幫助母體及胎兒的甲狀腺功能運作正常。 | 主要來源為海產類及海藻類。 |
| 鎂 | 為蛋白質新陳代謝及組織成長之所需。 | 如五穀類、瘦肉、奶類及綠葉蔬菜含鎂。 |
| 錳 | 為懷孕初期胎兒骨骼發育、關節生長及聽力發育所必需，錳的缺乏會導致胎兒生長遲緩，骨骼發育異常及內耳畸形。 | 如藍莓、萵苣、鳳梨等食物含錳。 |
| 鉬 | 為胎兒神經發育的重要元素。 | 含鉬豐富的食物有牛奶、穀類及肝臟。 |
| 鋅 | 懷孕時期胎兒鋅的缺乏，會導致胎兒畸形、發育遲緩、損害生殖功能及發展，並影響骨骼。 | 海產、內臟類及肉類為含鋅豐富的食品。 |

綜合而言，母親的營養情形會影響胎兒的生長發育及智能發展，在懷孕期間必須攝取均衡且適當、適量的營養，若攝取不均衡、過多或過少，均會對胎兒的發展造成極大的影響。

## 四、母親服用的藥物

懷孕婦女使用的藥物種類範圍是相當大的。如鐵、利尿劑、抗生素、賀爾蒙、鎮靜劑、食物抑制劑，以及其他藥物，或由醫生開具處方，或由孕婦隨意自服。此外，當婦女隨意服用酒精、尼古丁、咖啡因、大麻、古柯鹼及其他麻醉藥，也會影響胎兒的環境（Chasnoff, 1988）。特定藥物對胎兒生長作用的研究發現，孕婦所攝取的許多藥物，在胎盤上會產生變化並被傳遞給胎兒，特別是在懷孕第一期，胎兒特別脆弱。

服用尼古丁，尤其是海洛因和古柯鹼，以及美沙酮（methadone，一種用於治療海洛因毒癮的藥物），都會增加出生缺陷、體重過低、高死亡率等危險（Dinges, Davis, & Glass, 1980; Zuckerman et al., 1989）。在生命的第一週裡，受到鴉片、古柯鹼、美沙酮作用的嬰兒，會表現出極度的焦躁不安，預示著神經錯亂高頻哭叫、發燒、睡眠不寧、進食困難、肌肉痙攣和震顫（Hans, 1987）。這些嬰兒有很高的**嬰兒猝死症候群**（sudden infant death syndrome, SIDS）的危險。研究發現，孕期中受吸毒影響的兒童表現出精細動作協調上的困難，他們很難集中和維持注意力，並很可能因此而導致學校中的適應問題。當然，這些藥物在孕期中對神經系統的直接影響，與出生後由吸毒的母親扶養的影響，或是與母親也置身其中發展的社會、教育環境與養育的影響，是很難分開的。

其他藥物是作為孕期中醫療手段的一部分而施予孕婦的。一九六〇年代中，使用沙利竇邁（thalidomide，一種鎮靜劑）用於治療早晨嘔吐的悲劇性後果，使我們警惕到某些化學藥物對胎兒的潛在危害，尤其是在胎兒第一個三月期的分化、發育時期。在懷孕後第二十一至三十六天中服用沙利竇邁會導致胎兒四肢嚴重畸形。許多處方藥也被發現會導致胎兒畸形，例如長期使用抗生素對胎兒的傷害，如四環素（tetracycline）導致胎兒牙齒及骨骼畸形（Santrock, 2008）、鏈黴素（streptomycin）導致

失聰（Hyde & Delamater, 2008）。

有些藥物是用來維持妊娠的。在一個案例中，對一組在孕期中服用過雌激素（estrogen）和黃體素（progesterone）的母親的孩子在六歲和十六歲時進行研究。在兩個年齡上，這些孩子和那些在孕期中沒有服用過這些激素的母親的孩子相比，都表現出較低的攻擊性和運動能力（Yalom, Green, & Fisk, 1973）。在另一個案例中，一百多名婦女接受了潑尼松（prednisone）治療，這種藥首先是用來治療不孕症，而後是可以維持妊娠。她們生下的嬰兒體重明顯低於那些控制組（不服用藥物）婦女的嬰兒（Reinisch & Karow, 1977）。

經過不斷的研發，美國食品藥物管理局（FDA）將懷孕用藥安全級數分為A、B、C、D、X五級，各級所代表的意義如下（見**表3-13**）：

**表3-13　懷孕用藥安全級數**

| 級別 | 代表的意義 | 說明 |
|---|---|---|
| A級 | 已證實對胎兒無危險性。 | 依據控制良好的臨床研究顯示，此藥對孕婦及胎兒都沒有危險性。 |
| B級 | 目前尚未證實對胎兒有危險性。 | 1.動物實驗不能證明對胎兒有危險性，但對孕婦尚未充分研究。<br>2.動物實驗雖然有不良作用，但對孕婦及胎兒無法證明有危險性。 |
| C級 | 對胎兒的安全性尚未確立。 | 1.動物實驗顯示對胎兒有不良作用，但對孕婦尚未有充分的研究。<br>2.動物及孕婦均無充分的研究資料，其安全性未知。 |
| D級 | 對胎兒有明確的危險性。 | 對胎兒的危險性已有確實的證據，但在疾病已危及生命或無法以其他較安全的藥物有效控制嚴重病情時，仍可考慮使用。 |
| X級 | 已證實會導致畸形，孕婦禁用。 | 無論動物或人體研究均證實會造成胎兒異常，此藥對孕婦為禁忌，任何情況均不建議使用。 |

資料來源：游淑芬等（2004）。

1. A級和B級藥品：孕婦可以服用。
2. C級藥物：須由醫師權衡利弊情形，酌情考量下才可使用。
3. D級藥物：盡量避免使用，除非不用此藥會危及孕婦生命方可使用。
4. X級藥物：研究已證實為致畸胎物（teratogens），嚴格禁止孕婦使用。

所謂**致畸胎物**，係指會導致胎兒產生畸形或功能異常的物質及因素，包括藥物、輻射線、感染及酒精等。每一種致畸胎物有其特定侵犯器官，同一種致畸物在不同妊娠時期所造成的影響也不一樣，多數有害藥物在懷孕前期的傷害性最嚴重，尤其是受孕後第三至八週（胚胎期），此時胎兒正值各項器官發展的關鍵期，**表3-14**及**表3-15**列出已知的致畸胎物的物質與藥物。

**表3-14　影響產前期發育的藥物**

| 藥物 | 產生的影響 |
|---|---|
| 酒精 | 產前／產後成長遲滯，發育遲緩，臉部畸形，畸形小孩，心臟缺陷，過動行為問題。 |
| 安非他命（苯丙胺） | 早產或死產，新生兒易怒不安，新生兒哺乳情況不良。 |
| 抗生素 | 喪失聽力。 |
| 鏈黴素、四環黴素 | 早產，污齒，短手短腿，手蹼，骨骼成長有限。 |
| 阿司匹靈 | 造成母親或嬰兒有出血方面的問題。 |
| 大侖丁（苯妥英，治癲癇藥） | 頭部及臉部異常，心臟缺陷，顎裂，心智發育遲緩。 |
| 巴比妥酸鹽 | 胎兒會產生戒毒過程所出現的症狀，包括盜汗、嘔吐、情緒激動，同樣能引發神經學方面的問題。 |
| 幻覺劑 | 可能造成慢性傷害，流產，行為異常。 |
| 鋰 | 心臟缺陷，嗜睡。 |
| 古柯鹼 | 出生體重不足，畸形小頭，SIDS，早產，IGUR，流產。 |
| 海洛因 | 血毒症，IGUR，流產，早產，出生體重不足，死產，SIDS，新生兒出現戒毒症狀，例如焦躁不安、嘔吐、顫抖。 |
| 賀爾蒙、DES | 生殖系統異常，生殖系統癌。 |

### （續）表3-14　影響產前期發育的藥物

| 藥物 | 產生的影響 |
|---|---|
| 雌激素 | 男性女性化。 |
| 雄激素 | 女性男性化。 |
| 鎮定劑、Valium | 手蹼，呼吸困難，肌肉狀態差，嗜睡。 |
| 菸草 | IGUR，早產，死產，出生體重不足，SIDS，過動，學習障礙。 |
| 維生素A | 手蹼，心臟缺陷。 |
| Accutane（粉刺藥） | 畸形小頭，眼盲，心臟缺陷，嬰兒死亡。 |
| 咖啡因 | 出生體重不足，IGUR，早產。 |
| 抗組織胺藥 | 畸形，嬰兒死亡。 |
| 皮質類固醇 | 畸形，手蹼，IGUR。 |

### 表3-15　已知或懷疑的致畸胎物

| 化學物質及藥物 | | |
|---|---|---|
| Alcohol | Coumarins | Methimazole |
| Aminopterin | Cyclophosphamide | Methotrexate |
| Androgenic hormone | Danazol | Organic mercury |
| Angiotensin-converting enzyme（ACE） inhibitors | Diethylstilbestrol （DES） | Penicillamine |
| | Etretinate | Penytoin |
| Busulfan | Goitrogens （antithyroids） | Tetracycline |
| Carbamazepine | Isotretinoin | Thalidomide |
| Chlorbiphenyls | Lithium | Trimethadione |
| | | Valproic acid |

| 感染 | |
|---|---|
| 巨細胞病毒（Cytomegalo virus）<br>德國麻疹病毒（Rubella virus）<br>梅毒（Syphilis） | 弓漿體病原蟲（Toxoplasmosis）<br>委內瑞拉馬腦脊髓炎病毒（Venezuelan equine virus） |

| 母體疾病 | |
|---|---|
| 酒精成癮（Alcoholism）<br>結締組織疾病（Connective tissue diseases）<br>多尿症（Diabetes） | 地方性呆小症（Endemic cretinism）<br>體溫過高（Hyperthermia）<br>男性化腫瘤（Virilizing tumors） |

（續）表3-15　已知或懷疑的致畸胎物

| 輻射 | |
|---|---|
| 原子武器（Atomic weapons）<br>放射性碘（Radioactive iodine） | 放射線治療（Radiotherapy） |

資料來源：陳彰惠等（2001）。

## 五、輻射線

懷孕期若接受到大量的輻射線照射，可能會造成胎兒中樞神經系統的傷害、先天畸形、智能不足等問題。一般最常遇到的情況是在不知已懷孕的情形下，接受了診斷用的X光攝影檢查。事實上，一般X光的輻射劑量都非常低（見**表3-16**），只是這些情形往往造成父母親及醫護人員相當大的困擾。為了避免這些困擾，針對沒有避孕的婦女可採用「十天定律」，也就是除非緊急性的X光檢查，一般性的X光檢查，可安排在月經開始的第一天至第十天的安全期期間。

表3-16　X光檢查各部位之接受劑量　　單位：毫拉德（mrad）

| 檢查部位 | 男性 | 女性 |
|---|---|---|
| 頭部 | ＜1 | ＜1 |
| 胸部 | ＜1 | ＜1 |
| 胃部 | 2 | 40 |
| 腰椎 | 175 | 400 |
| 腹部 | 100 | 200 |
| 骨盆 | 300 | 150 |
| 腎盂（IUP） | 150 | 300 |
| 下肢 | ＜1 | ＜1 |

## 六、母親的疾病或感染

### (一)糖尿病

糖尿病使母親的血糖濃度升高，很多患者注射胰島素（insulin）來降低血糖，高血糖及胰島素會增加流產的機會，同時胎兒可能體重過重，身體與神經方面可能出現問題或死產（蘇建文等，1998）。研究顯示，糖尿病孕婦產下的嬰兒注意力較弱，較不警覺，眼球移動速度較慢，且在注意人臉時有點問題，當他們被置於坐姿時，似乎無法正常控制頭部，會顫抖，皮膚顏色很快轉變成紅棕色，較難照顧（Yogman, Cole, Als, & Lester, 1982）。

### (二)Rh因子不合

人類紅血球細胞表面的結構不同，有所區別，一種是以血型區辨，如A、B、O及AB型；另一是血液細胞Rh因子。**Rh因子**是指母親與小孩血液中有不相容的因子，在某些情況下會導致胎兒或新生兒產生嚴重且致命性的貧血或黃疸，稱為**核紅血球症**（erythroblastosis）。全球人口中，約有85%的人有這種蛋白質，當一胎兒血液內含有Rh蛋白質，但母親並沒有Rh因子時，Rh不相容情況便產生，若胎兒含有Rh因子的血液流入母體內（或許在生產時），母親的身體系統會形成抗體來對抗Rh因子，問題並不會在此時產生，而會在下一次懷孕時產生影響。一旦懷孕胎兒的紅血球便會受此種抗體影響，胎兒可能會患黃疸、早產、死亡或腦受傷。若要生存下去，在出生後要立刻換血，甚至在出生前就換血。此種問題常發生在懷孕後期，如果不加以換血，可能會使胎兒產生認知障礙及貧血或死亡。

若是Rh陰性的母親在第一個寶寶出生後，七十二小時內馬上施予抗Rh抗體（Rhogam），即可預防新生兒溶血症。若是Rh陰性的母親在先前幾次懷孕時，已對Rh陽性血液致敏而未施以Rhogam治療，則其胎兒可進行子宮內換血（周念縈譯，2004）。

### (三)德國麻疹

**德國麻疹**（rubella, German measles）病毒是很強的致畸胎物，如果母親在懷孕初期感染德國麻疹，可能會侵害胎兒的眼部、耳朵，並導致腦部損害及罹患心臟疾病等，形成身體或智能障礙。愈早期感染影響愈嚴重，前三個月感染的畸形率高達25%，至第四個月則降為6%至8%。因此，育齡婦女宜在婚前或計畫懷孕之前，先進行抽血檢查，看有無德國麻疹抗體，若發現血液中無抗體，即應注射德國麻疹疫苗，須注意接種疫苗三個月內宜避免懷孕，而且不能在懷孕期間接種。

### (四)性傳染病

性傳染病也會在生產時或產後從母體傳染給子宮裡的新生兒，所以孕婦需接受披衣菌（gonorrhea）、B型肝炎（hepatitis, B）、愛滋病毒（HIV）、梅毒（syphilis）等檢測。

## 七、母親的嗜好

### (一)吸菸

香菸中的尼古丁和一氧化碳對胎兒有不良影響，孕期中吸菸婦女的胎兒出生體重要比不吸菸婦女的胎兒來得輕。吸菸會導致早產、胎兒死亡、流產、出生體重不足，以及其他懷孕期和生產期的併發症和嬰兒猝死症。通常嬰兒在出生一週時即開始有反應，頭部也顯得較小，也可能造成日後認知和學習能力之問題。

### (二)飲酒過度

飲酒過度容易造成孩子先天之缺陷，長相怪異（funny looking kid,

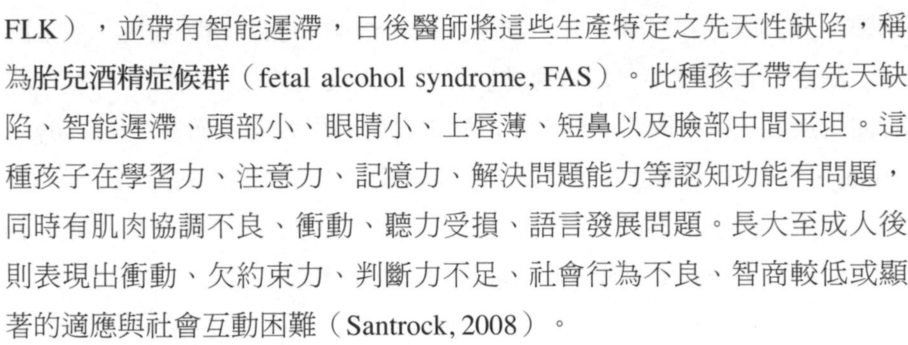

FLK），並帶有智能遲滯，日後醫師將這些生產特定之先天性缺陷，稱為**胎兒酒精症候群**（fetal alcohol syndrome, FAS）。此種孩子帶有先天缺陷、智能遲滯、頭部小、眼睛小、上唇薄、短鼻以及臉部中間平坦。這種孩子在學習力、注意力、記憶力、解決問題能力等認知功能有問題，同時有肌肉協調不良、衝動、聽力受損、語言發展問題。長大至成人後則表現出衝動、欠約束力、判斷力不足、社會行為不良、智商較低或顯著的適應與社會互動困難（Santrock, 2008）。

### (三)異食癖

某些文化或地區懷孕婦女之營養問題是異食癖（Pica），係指懷孕期間食用一些非飲食性的物質，如顏料、澱粉、灰塵、泥土、冰塊等。在美國非裔孕婦約有8%有攝取非食物性質的狀況，尤其是冰塊或冰箱的結霜（pagophagia），結果造成貧血之症狀，Pica情形常發生在物質較缺乏的地區。食用非食物性物質之主要理由是舒緩壓力或文化現象，但結果可能會影響胎兒正常的成長與發育。

### (四)母親的情緒與壓力

婦女對懷孕不僅有身體反應，也會有情緒之心理反應，尤其是對懷孕有憂鬱症或懷孕症候群，這種情緒反應會透過胎盤影響到胎兒，尤其是體內分泌的可體松（cortisone），造成胎兒血液氧量減少，終致產生流產、早產或體重不足之現象。

整個懷孕過程原本就是充滿壓力與矛盾的情緒，獲得適當的支持（尤其是家人）就顯得格外重要。

## 八、貧窮

貧窮是影響胎兒生存的心理與社會因素，貧困與低劣的護理照護相聯繫，尤其是過早（青少年）懷孕及多次懷孕，加上藥物濫用、生活壓力及缺乏體檢與疫苗，均會導致胎兒營養不良、傳染病高發率、糖尿和心血管疾病，這些因素又與出生之體重過低有很大的關聯性（Cassady & Strange, 1987）。而這些亦是兒童福利組織和政府應關注的對象之一，提供資源幫助照顧、教育、扶持那些因貧窮導致智能、身體和情緒能力較差之兒童，更是社會責任、社會關懷與公正的考驗。

### 九、文化

文化對於生育的特殊性態度（例如分娩方式、異食癖等）、生兒育女的抉擇（如一胎化或墮胎）、孕期中的社會經歷與支持，皆會影響雙親的態度與行為。生育時所發生的種種事件，影響著母親對其自身及其承擔母親角色之能力。在表達對孕婦的關心與支持，以及充權（empower）母親的能力與對事態之控制方面，來自社會（家庭成員、朋友或健康醫護專家）的努力及實質支持，皆有助於婦女對自身及成為母親角色的積極作用。

## 第四節　結語

胎兒是在一個心理社會環境中發展，除了遺傳因素作用於個體特徵之形成，懷胎九個月的發育涉及個體器官之迅速分化和生存機能的逐漸整合，尤其是感覺器官的成熟與整合皆會影響日後的生長與發育。

出生過程的五個階段，亦是胎兒脫離母親的維生系統而逐漸調整成自我生存之適應，同時透過個體之早期信號來與父母（照顧者）做一呼應。

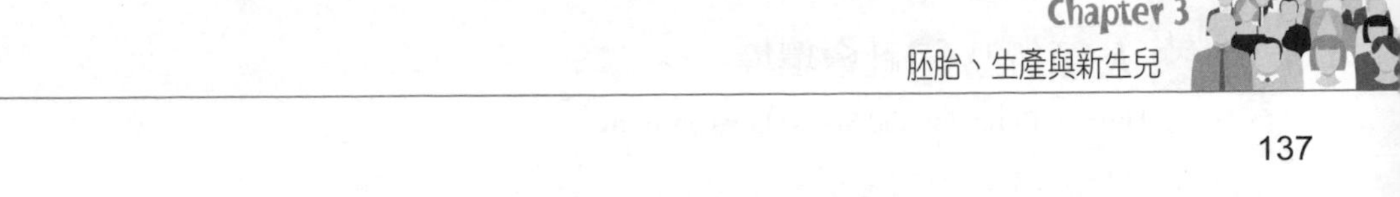

母親與胎兒是共生依存的，懷孕影響了婦女的社會地位和社會角色，同時亦影響人們對待她的方式及可能獲得的資源。懷孕也影響了婦女的身體健康和情緒狀態，母親對懷孕的態度、行為與能力，對於尚未出生之孩子建立的依附，也將決定孩子出生後的養護品質。

母親的性格、生活方式、物質和文化環境都攸關胎兒的發育，尤其是一些環境或本身的特徵也對胎兒有所影響。

近年來，科技的發達也使得生產方式產生很大的改革，無痛分娩或墮胎也產生了公共政策之辯論。產前檢查，如基因檢查、性別檢查或例行產檢（超音波、羊膜穿刺、絨毛膜取樣、母親血液檢查、胚胎鏡等），對於一般婦女及胎兒之健康，尤其在預防先天性疾病方面有很大的幫助，但是對於強制產檢及墮胎就產生道德性及合法性之爭議。到底社會是否有權對孕婦進行強制藥物檢驗？或對吸毒之父母或高風險之父母進行強制墮胎之裁定呢？社會工作者應秉持社會關懷，倡導社會正義，提供孕婦及有需要援助之家庭必要之支持，同時也應倡導發展性及預防性之家庭政策，以提供弱勢家庭必要的支持及介入方案。

# 參考書目

## 一、中文部分

王瑋等譯（1991）。《人類發展學》。臺北：華杏。

行政院衛生署（2003）。衛生指標。衛生統計資訊網，http://www.doh.gov.tw/statistic/統計年報/st2_91_2.htm

行政院衛生署國民健康局（2002）。《新生兒篩檢之篩檢率及發生率》。臺北：行政院衛生署國民健康局。

周念縈譯（2004）。《人類發展學》（第七版）。臺北：巨流圖書。

張欣戊等（2001）。《發展心理學》（第三版）。臺北：國立空中大學。

郭靜晃（2005）。《兒童發展與保育》。臺北：揚智文化。

郭靜晃、吳幸玲譯（1994）。《發展心理學——心理社會發展理論與實務》。臺北：揚智文化。

郭靜晃等（1998）。《兒童發展與保育》。臺北：國立空中大學。

陳彰惠等（2001）。《產科護理學》（第二版）。臺北：偉華。

游淑芬、李德芬、陳姣伶、龔如菲（2004）。《當代人類發展學》。臺北：偉華。

蔡欣玲等（2004）。《當代人類發展學》（第二版）。臺北：偉華。

戴步雲譯（2001）。《人類胚胎學》（Moore著）。臺北：合記。

魏弘貞譯（2008）。〈基因與遺傳〉。輯於郭靜晃（總校閱）之《兒童發展》。臺北：華杏。

蘇建文等（1998）。《發展心理學》。臺北：心理出版社。

## 二、英文部分

Adams, R. J., Courage, M. L., & Mercer, M. E. (1994). Systematic measurement of human neonatal color vision. *Vision Research, 34*, 1691-1701.

Adams, R. J., Maurer, D., & Davis, M. (1986). Newborn's discrimination of chromatic from achromatic stimuli. *Journal of Experimental Child Psychology, 41*, 267-281.

Aslin, R. N. (1987). Visual and auditory development in infancy. In J. D. Osofsky (Ed.). *Handbook of Infant Development* (2nd ed., pp. 5-97). New York: Wiley.

Beauchamp, G. K., Cowart, B. J., Mennella, J. A., & Marsh, R. R. (1994). Infant salt taste: Developmental, methodological and contextual factors. *Development Psychobiology, 27,* 353-365.

Bjorklund, D. F. (1989). *Children's Thinking: Developmental Functions and Individual Difference* (2nd ed.). Pacific Grove, CA: Brooks / Cole.

Bornstein, M. H. & Arterberry, M. E. (1999). Perceptual development. In M. H. Bornstein & M. E. Lamb (Eds.). *Developmental Psychology: An Advanced Textbook* (4th ed.). Mahwah, NJ: Elbaum.

Bradley, R. H., Corwyn, R. F., & Whiteside-Mansell, L. (1996). Life at home: Same time, different place. *Early Development and Parenting, 5*, 251-269.

Cassady, G. & Strange, M. (1987). The small-for-gestational-age (SGA) infant. In G. B. Avery (Ed.). *Neonatology: Pathophysiology and Management of the Newborn*. Philadelphia: Lippincott.

Cernoch, J. M. & Porter, R. H. (1985). Recognition of maternal auxiliary orders by infants. *Child Development, 56*, 1593-1598.

Chasnoff, I. J. (1988). *Drugs, Alcohol, Pregnancy, and Parenting*. Hingham, Mass: Kluwer.

Clarke-Stewart, A. & Koch, J. B. (1983). *Children: Development Through Adolescence*. New York: Wiley & Sons.

Colombo, J. & Bundy, R. S. (1981). A method for measurement of infant auditory selectivity. *Infant Behavior & Development, 4,* 219-233.

De Casper, A. J. & Fifer, W. P. (1980). Of human bonding: Newborns prefer their mother's voice. *Science, 28,* 1174-1176.

De Casper, A. J. & Prescott, P. (1984). Human newborns' perception of male voices: Preference, discrimination, and reinforcing value. *Developmental Psychobiology, 17,* 481-491.

De Casper, A. J. & Spence, M. J. (1986). Prenatal maternal speech influences newborns' perception of speech sounds. *Infant Behavior and Development, 9,* 133-150.

Dinges, D. F., Davis, M. M., & Glass, P. (1980). Fetal exposure to narcotics: Neonatal sleep as a measure of nervous system disturbance. *Science, 209,* 619-621.

Fantz, R. L. (1963). Pattern vision in newborn infants. *Science, 140,* 296-297.

Frankenbury, W. K., Dodds, J., Archer, P., Breasnick, B., Maschka, P., Edelman, N., & Shapiro, H. (1992). Denver II: Training manual. Denver, CO: Denver Developmental Materials.

Greenough, W. T. & Black, J. E. (1999). Experience, neural plasticity and psychological development. In N. A. Fox, L. A. Leavitt, & J. G. Warhol (Eds.). *The Role of Early Experience in Infant Development*. Johnson & Johnson Pediatric Institute.

Hans, S. L. (1987). Maternal drug addiction and young children. *Division of Child, Youth, and Family Services Newsletter, 10,* 5, 15.

Hyde, J. S. & DeLamater, J. D. (2008). *Understanding Human Sexuality*. Boston: McGraw-Hill Higher Education.

Meltzoff, A. N. & Borton, R. W. (1979). Intermodal matching by human neonates. *Nature, 282,* 403-404.

Meredith, H. V. (1975). Somatic changes during human prenatal life. *Child Development, 46,* 603-610.

Moore, K. L. (1988). *The Development Human: Clinically Oriented Embryology* (4th ed.). Philadelphia, PA: W. B. Saunders.

Moore, M. L. (1981). *The Newborn and the Nurse* (2nd ed.). Philadelphia, PA: Sauders.

Newman, B. & Newman, P. (2009). *Development Through Life: A Psychosocial Approach* (10th ed). Belmont, CA: Thomas Wadsworth.

Quilligan, E. J. (1983). Pregancy, birth, and the infant. NIH publication no.82-2304. U. S. Department of Health and Human Service. Washington D. C.: U. S. Government Printing Office.

Reinisch, J. M. & Karow, W. G. (1977). Prenatal explosure to synthetic progestins and estrogens: Effects on human development. *Archives of Sexual Behavior, 6,* 257-288.

Roosa, M. W. (1984). Maternal age, social class, and the obstetric performance of teenagers. *Journal of Youth and Adolescence, 13,* 365-374.

Santrock, J. W. (2008). *Life-span Development* (12th ed.). New York: McGraw-Hill.

Schuster, C. S. (1986). Intrauterine development. In C. S. Schuster & S. S. Ashburn (Eds.). *The Process of Human Development*. Boston: Little, Brown.

Spelke, E. S. (1979). Perceiving bimodally specified events in infancy. *Developmental Psychology, 15,* 626-636.

Spence, M. J. & De Casper, A. J. (1987). Prenatal experience with low-frequency maternal-voice sounds influence neonatal perception of maternal voice samples. *Infant Behavior and Development, 10,* 133-142.

Sroufe, L. A. (1979). Socioemotional development. In J. D. Osofsky (Ed.). *Handbook of Infant Development*. New York: Wiley.

Stechler, G. & Halton, A. (1982). Prenatal influences on human development. In B. B. Wolman (Ed.). *Handbook of Development Psychology* (pp. 175-189). Englewood Cliffs, NJ: Prentice-Hall.

Sullivan, J. & Horowitz, F. D. (1983). The effects of intonation on infant attention: The role of rising intonation contour. *Journal of Child Language, 10,* 521-534.

Thomas, R. M. (2005). *Comparing Theories of Development* (6th ed.). Belmont, CA: Wadsworth.

Usher, R. (1987). Extreme prematurity. In G. B. Avery (Ed.). *Neonatology: Pathophysiology and Management of the Newborn* (3rd ed., pp. 264-298). Philadelphia, PA: Lippincott.

Ventura, S. J., Taffel, S. M., & Mosher, W. D. (1988). Estimates of pregnancies and pregnancy rates for the United States, 1976-85. *American Journal of Public Health, 78,* 506-511.

Williams, J. H. (1987). *Psychology of Women: Behavior in A Biosocial Context* (2nd ed.). New York: Norton.

Wolff, P. H. (1966). Causes, controls, and organization of behavior in the neonate. *Psychological Issues, 5,* (1, whole no.17).

Yalom, I. D., Green, R., & Fisk, N. (1973). Prenatal exposure to female hormones. *Archives of General Psychiatry, 28,* 554-561.

Yogman, M. W., Cole, P., Als, H., & Lester, B. M. (1982). Behavior of newborns of diabetic mothers. *Infant Behavior and Development, 5,* 331-340.

Zuckerman, B. et al. (1989). Effects of maternal marijuana and cocaine use on fetal growth. *New England Journal of Medicine, 320,* 762-768.

Chapter

4

# 嬰幼兒期

- 嬰幼兒的生心理發展
- 嬰幼兒常見的生心理發展疾患與處遇
- 影響嬰幼兒社會化的因子
- 結語

嬰兒期是一個迅速發展的時期，也是人生發展階段中最為快速的時期，五個月大的嬰兒約為出生的二倍，一歲時約為出生的三倍（十公斤左右）。此種快速的成長會在第二年緩慢下來，接下來到四歲時，發展的改變會更為緩慢。兩歲時，運動、語言、知覺概念之形成已具備相當基礎，整體行為也隨著各層面之分化加以統整，滿足生存之需求。

過去，嬰兒死亡率很高，現今因科技與醫療的發達，除了未發展或落後國家因資源不足，嬰兒的存活率已大幅提高。隨著科學研究的進步，過去對嬰兒的認識不足，所存留下來的文獻記載了由遺傳訊息所影響之知覺、認知、情緒及社會能力的大量資訊，也發現後天照顧之因素，對嬰兒個體成長與發展的影響作用。

近年來隨著社會變遷所造成的家庭結構改變，衍生了兒童照顧的新議題，諸如托育、兒虐、親職教育、經濟扶助、親職假等相關議題。此外，縱貫研究及泛文化研究也揭示了兒童早期環境對日後人格及行為之發展結果，諸如父母教養、文化觀念、貧困及社會支持皆是影響嬰幼兒發展及復原力的重要因素。

從心理社會觀點來看，嬰幼兒期是發展信任與創造進取的階段，他們必須從依賴照顧者，逐漸發展自主、自立及主動積極探索外在環境，這些皆需要有妥善及安全的養護，進而產生安全感，並發展對人的依附及信任。反之被忽略、虐待、拋棄或者受到不穩定的養護，因而造成人格疏離，對外界不信任，甚至有疑心或恐懼，終至造成個體之認知或社會情緒發展之困頓或停滯。此外，個體從與他人相處中逐漸獲得自我觀念，與他人之依附及穩定情緒更是影響其日後發展。本章將針對出生後之嬰幼兒（約一個月至四歲）之生理、心理（認知、語言、自我）及社會發展層面做深入探討。

# 第一節　嬰幼兒的生心理發展

## 一、嬰幼兒的生理發展

嬰兒是人生中發展最為快速的一個階段，出生時約為三千至三千五百公克，五個月大時約為出生時的兩倍；一歲的體重增為出生時的三倍。這種快速的成長會在第二年中逐漸趨緩，第二年大約增加二至三公斤。身高方面，出生約為五十公分，第一年約增加二十五至三十公分，第二年增加十至十五公分，第三年則增加八至十二公分。活動量方面，出生時從反射動作及不活躍發展至自主活動及轉變為忙碌好動。

幼兒的大腦在滿週歲時，成長約為成人的一半，腦細胞也急速成長，尤其是神經元的髓鞘化（myelinization）。髓鞘是用來支撐神經，令軸突與外界隔離，具有絕緣作用，可幫助神經衝動的傳導更為快速有效，快三倍以上。髓鞘化自大腦開始，沿脊椎到全身。嬰兒的動作發展是由頭到腳（head to toe），由軀幹到四肢（或由中央到邊緣，proximal to distal）及一般到特殊（general to specific），例如嬰兒的動作發展始於頭部，依次表現頸部、上半身、腰部，終於腿部。所以嬰兒的肢體活動順序是：**抬頭（約四個月）→翻身（五至六個月）→坐起（約七個月）→從背或腹部翻身而坐起，爬行（約八個月）→攀附物體站起（約九個月）→獨立站起（約十個月）→行走（約一歲）**。

處於不同的文化會有個別差異，但發展順序是固定的，這是由基因來決定，按固定順序進展，這也是成熟理論的最佳佐證。隨著個體成熟逐漸形成神經元的另一個成熟是突觸（synaptogenesis）。隨著成熟，樹突與軸突成長得更長，長出更多分枝，形成大量與鄰近神經元間的突觸，在嬰兒期，已有成千上萬個突觸可以在軸突與樹突靠近時，隨機形成並傳導化學物質及神經作用（Huttenlocher, 1999）。頂葉與額葉在十五歲時才能完成髓鞘化（Kolb & Fantie, 1989），在額葉未完成髓鞘化之前，兒童與青少年在計劃、組織資訊及解決複雜問題方面很不成熟。

雖然大腦重量會隨著突觸形成和髓鞘化的過程急遽增加，但兒童的大腦實際上在其它方面是萎縮（shrink）。突觸的形成過程大多由基因決定，可以使兒童到二歲有大量的突觸。從兒童早期到青少年階段，大量突觸修剪（synaptic pruning）會使頭腦失去很多突觸。突觸係由環境輸入所激發且保持大腦的活動，但未使用的突觸就會喪失或被修剪。在兒童期每秒會喪失多達十萬個突觸，二歲時的突觸有40%在成年期喪失（Kolb, 1999），此種過程稱為**計畫性細胞死亡**（programmed cell death）。突觸形成，周圍環境輸入和神經活動會決定哪些神經元會存活下來，如同基因提供了大量的神經元和突觸，直到最終的形成：經驗預期和經驗決定。

在經驗預期發展（experience-expectant development）類型中，大腦發展成去「期望」某些人類共有的基本經驗，例如依附關愛自己的人、識別人臉、手眼協調和語言溝通。發展的早期形成過多的突觸，然後在童年時期漸漸減少，基因控制了突觸的增生，而經驗決定哪些突觸會持續。

經驗決定發展（experience-dependent development）則處理不普遍的經驗，例如特定語言辭彙、特定文化行為以及特定運動技能。大腦本身不會「期望」這些特殊行為。由於經驗的刺激，形成特定新的突觸以及行程編碼（encode）或肌肉記憶（muscle memory）。經驗決定發展，可以讓我們有終生學習的潛力，以及保持個人技能、事實和知識潛力。

嬰幼兒應如何學習？是天生還是後天的？很明顯地，接觸刺激性的環境，對年輕的大腦中形成高級的神經網絡很重要。沒有受到合適刺激的孩子會喪失「經驗預期發展」中突觸修剪的好處，而且也會喪失「經驗決定發展」中獲得新突觸的機會。然而嬰幼兒需要何種刺激，才能創造合適的「豐富」環境？提高學習或大量刺激真的對嬰幼兒的認知及學習有效嗎？答案是嬰幼兒每天的生活環境中，玩具和圖書的多變環境及視覺多樣化、聲音及語言的刺激、符合孩子動作能力的刺激，才是豐富化的環境影響（effects of enriched environment）。豐富及有意義的方法，自然與人和環境互動的機會，為發展中的大腦提供大量輸入，並刺激其發展，以啟發孩子的智慧。一昧要孩子記憶與背頌只會揠苗助長，所以豐富化環境的早期介入可以作為社會政策以豐富嬰幼兒環境，刺激幼兒的大腦發展。然而此種介入並不是指高層次的認知思考，而是透過語言及知覺動作的刺激來激發大腦的突觸。

發展的經驗預期階段是在生命的早期為發展提供一定的神經可塑性，可塑性（plasticity）是在突觸完成且已被修剪，並被限定於執行特定功能前，使大腦保持靈活或柔韌的傾向（Huttenlocher, 2002）。嬰幼兒在二歲之前的可塑性最大，在這一時期，新的突觸增加而且尚未被修剪，之後一直到青春期，可塑性逐漸減少，隨著可塑性的減少，「敏感期」（sensitive period）或「機會之窗」（windows of opportunity）也開始關閉。因此，學習第二種語言還是在青春期之前最好，因為青春期過後，神經迴路通常不靈活，且一旦因事故、病變致大腦損傷時將是永久性的。

嬰兒的腦部在頭骨縫合後，囟門於六至八週閉合，前囟門於十二至十八個月閉合。頭圍的增長代表神經系統的成長與分化，一歲時的嬰兒大腦約為出生時的兩倍半，滿兩歲時已發展為成年的五分之四，到了青春期已接近成人的大小容量。

在評估嬰兒成長的問題時，除了新生兒所用的亞培格量表及布列茲敦新生兒評估量表外，正確評估嬰兒是否有發展問題的常用方式，是與同年齡一般嬰兒發展常模水準的衡量與比較，如果一個孩子不具有與他同年齡90%的兒童所具備的能力，那可能就要做更進一步的發展評估，或懷疑這名嬰兒可能有發展遲緩的問題（張宏哲、林哲立編譯，2007；Frankenburg et al., 1992）（見**表4-1**）。發展遲緩因素大體是由遺傳及環

表4-1　正常肢體活動年齡

| 技能 | 年齡（月） | |
| --- | --- | --- |
| | 50%嬰兒已有的能力 | 90%嬰兒已有的能力 |
| 躺著時將頭抬高90度 | 2.2 | 3.2 |
| 翻身 | 2.8 | 4.7 |
| 靠著坐 | 2.9 | 4.2 |
| 不靠支撐而坐 | 5.5 | 7.8 |
| 扶東西站立 | 5.8 | 10.0 |
| 獨自站立片刻 | 9.2 | 12.7 |
| 獨自站立 | 9.8 | 13.0 |
| 行走良好 | 12.1 | 14.3 |
| 上樓梯 | 17.0 | 22.0 |
| 踢球 | 20.2 | 24.0 |

資料來源：Frankenburg et al. (1992). 引自張宏哲、林哲立編譯（2007）。

境兩大因素所致，其因子又達數以千計，最嚴重的遺傳因素有唐氏症、X染色體易脆症（Fragile-X Syndrome）、酒精及藥物、生產時缺氧、營養不良、缺乏刺激、暴露過多的鉛及有毒物質，或長期受父母虐待及疏忽者等。

## 二、嬰幼兒的心理發展

**嬰幼兒期**又稱為**學步幼兒期**（toddlerhood），最大特徵是好活動，充滿精力，不斷地說話、幻想、好奇及心裡總是盤算著事情。嬰幼兒的心理動機似乎是一種自我肯定，追求自主性（autonomy）及掌握控制（mastery）的需要，此時也意識著自己的獨特個體性，並於內在產生驅力（drive）促使個體行動。此外，新的活動和認知也可使個體獲得許多新的能力，進而控制環境中的要求，並接受廣泛的探索與遊戲的挑戰，也促使個體透過活動的成就與控制產生愉悅和自豪的情緒。本節將分別敘述嬰幼兒期的認知、語言、遊戲、社會與情緒等發展。

## (一)嬰幼兒的認知發展

嬰幼兒期正處於Piaget認知發展論的前運思期（preoperational stage），主要的思考特徵是以「自我中心」（egocentrism）來推測周遭的事物，任何思考均從個人的角度出發，著重眼見物體的一面，難以從別人的角度來思考；換言之，尚未發展從不同（他人）角度思考的觀點取替（perspective taking）能力；另一方面，此時期幼兒思想常不合邏輯，而且也常以圖像來作為個體的思考方式，這也是J. B. Bruner認知發展論的**圖像表徵期**（iconic representation stage）的特徵。

在前運思期的兒童會使用大量的**心理表徵**（mental symbols），尤其表現在語言、遊戲及藝術作品上，並開始運用直覺思考（視為最初的邏輯思考），建基個體的直覺經驗，此時尚未發展邏輯程序的可逆思考，僅誇張的使用個人直覺，常應用於語言、美勞或遊戲上。例如，在此時期的嬰幼兒如跟一位二歲嬰兒說話，對話內容會使用簡單（短）的語言，並侷限於眼前所見到的東西或物件；但如果跟四、五歲的幼兒說話，他（她）會使用較多的語言，彷彿與成人在對話一般。在美勞創作中，嬰幼兒會用一些線條塗鴉來代表一些情境，雖然在成人眼中這是一張四不像的圖畫，但卻充滿想像力，嬰幼兒會應用很多的心理表徵表現在畫作上，例如：紅色線代表紅太陽；火車有臉則代表了擬人物，像人一樣會動；在遊戲中，嬰幼兒會使用物品（object）來代表另一個物件的表徵性遊戲，例如用香蕉來代替電話，也會使用一些幻想的遊戲；最重要的是，他們會用一些語言與動作來虛擬情境，且是根據個人經驗而非理性思考方式（看起來像是怎樣）的直覺思考，而直覺性邏輯導向自我中心、萬物有靈（animism）和人為控制（artificialism）的想法，並且無法使用較客觀的邏輯思考。

## (二)嬰幼兒的語言發展

嬰幼兒是一個精力充沛的說話者，並已有超過五千字詞（Anglin, 1993）的溝通能力（communication competence）。如希望嬰幼兒能善用語言，必須掌握全語言（whole language）發展（Hymes, 1972），例如掌握聲音系統（語音學）、意義系統（語義學）、字詞結構的規則（語型學），形成語句的規則（語句）以產生並理解溝通交流時對社會環境的適應（語用學）。「語言」通常是為了表達意念，而意念又源自於個人之認知系統，意念透過語言（包含語意、語句、語法的認識），才能產生與語言有關的外顯行為（見**圖4-1**）。張欣戊（2001）指出，語言只是許多與語言相關行為之一種，其他則又包含手語、文字等。

意念→ 語法、語意→表面結構→ 外顯行為（如說話、書寫、手語及其他）

**圖4-1　語言的意義**

資料來源：張欣戊（2001）。

嬰幼兒語言發展在二歲之前是各自獨立發展，但自二歲之後兩者開始有了交集，在這之前，嬰兒發音和牙牙學語（babbling）皆為非思考模式的言語表達（此也是感覺動作期的行為模式）；之後，嬰幼兒期幼兒可利用交流來理解某些個別語彙以作為接受語言之前語言溝通。隨著成長和時間推移，幼兒開始學會命名物體的語言，透過不斷的重複練習以產生有意義的字詞，並從手勢、動作、聲調與情緒的單字詞〔或稱為全片語（holophrase）〕到雙字詞〔或稱為電報語言（telegraphic speech）〕，再到有語言轉換的複雜語句。嬰兒在十八個月左右迅速獲得大量的新字詞，之後呈現直線式快速成長，到二歲時大約已有三百至五百個字彙數，而在近四歲時已有一萬多個新字詞的語彙能力。

大約在二歲半至五歲之間，幼兒學習轉換文法（transformational

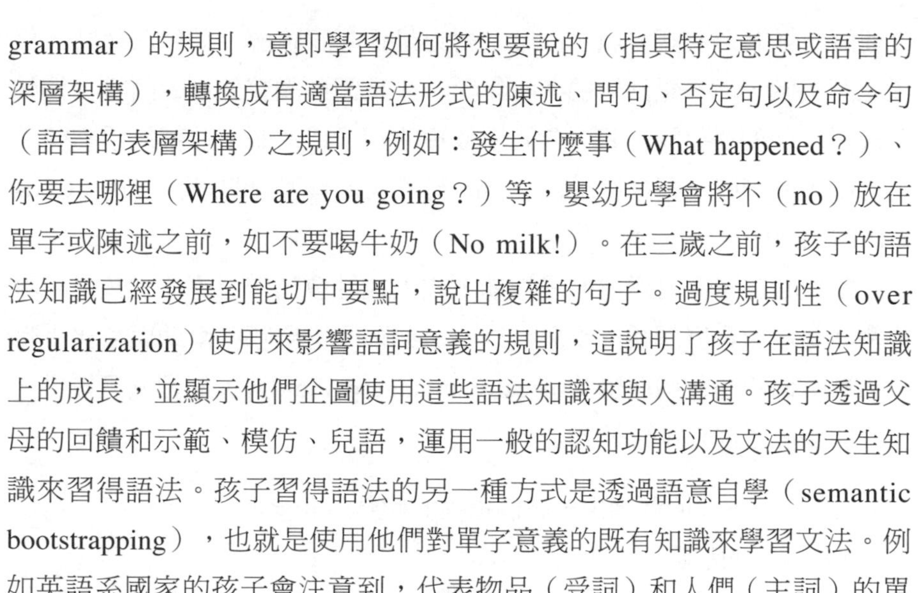

grammar）的規則，意即學習如何將想要說的（指具特定意思或語言的深層架構），轉換成有適當語法形式的陳述、問句、否定句以及命令句（語言的表層架構）之規則，例如：發生什麼事（What happened？）、你要去哪裡（Where are you going？）等，嬰幼兒學會將不（no）放在單字或陳述之前，如不要喝牛奶（No milk!）。在三歲之前，孩子的語法知識已經發展到能切中要點，說出複雜的句子。過度規則性（over regularization）使用來影響語詞意義的規則，這說明了孩子在語法知識上的成長，並顯示他們企圖使用這些語法知識來與人溝通。孩子透過父母的回饋和示範、模仿、兒語，運用一般的認知功能以及文法的天生知識來習得語法。孩子習得語法的另一種方式是透過語意自學（semantic bootstrapping），也就是使用他們對單字意義的既有知識來學習文法。例如英語系國家的孩子會注意到，代表物品（受詞）和人們（主詞）的單字傾向出現在句子中特定的位置，例如放在動詞之前。他們將這個知識視為可接受的文法，進而應用此規則產生複雜的句子。

在兒童早期階段（五歲之前），孩子開始**習得語用**（pragmatics），也就是使用語言與他人溝通是透過會話和參照溝通的社交原則。會話的社交原則（social rules of discourse）是說話者在談話過程中需遵守的慣例，例如輪流說話（turn taking），大約在五歲時，孩子們即可習得**明顯答案規則**（answer-obviousness rule）。這一規則說明了，假如一個問題的答案已由上下文和說話者處明顯得知，那麼，傾聽者應理解這個問題是一個請求（甚至是一個要求），而不是問題。然而，社交規則存在有很大的文化差異，所以「明顯答案規則」取決於特定的文化。例如美國白人經常使用問題需求語句，像是「你在沙發上跳應該嗎？」，而美國黑人在家中學習的卻是要盡量搶先發言，以爭取聽眾的注意力，而非「輪流發話」。（Cook & Cook, 2005）

參照性溝通（referential communication）包含使用語言傳達聽者所能理解的訊息。孩子們必須能為願意傾聽者調整訊息，察覺傾聽者是否已經理解，並且再次調整訊息以確定對方是否真正瞭解。幼兒四歲時，已經能開始敏感地察覺到傾聽者的年齡，並且因此調整他們的語言，例如四歲對二歲的嬰兒談話時，會使用較短的句子或片語，並輔以手勢；然而對成人交談時，則會使用較複雜的句子或更有禮貌的談話方式（Cook & Cook, 2005）。

幼兒是兒童語言發展的爆炸期，成人或社會工作者應注意孩子有哪些徵兆是語言發展遲緩的現象，以及這些孩子需要哪些幫助與可接受哪些治療？**口說語言病理學**（speech-language pathology）的領域可提供一些協助孩子語言發展的策略：

1.在孩子想要的談話中，做個積極的傾聽者和參與者。
2.提供好的示範。
3.彼此交談，討論孩子生活裡的事件。
4.提供支持性的氣氛與環境。
5.讀、讀、讀給孩子聽。
6.準備可用的書寫溝通工具。
7.玩與聲音和文字有關的遊戲。
8.如果孩子出現「流暢障礙」（dysfluencies），即表示孩子有語言困難的時候。

Eric Lenneberg（1967）敘述幼兒在四歲前語言發展的里程碑（見**表4-2**）。在生命中的第一年，嬰兒對口語較為敏感，常以遊戲方式伴隨發音作為感覺刺激的來源，逐漸地，他們可發展出模仿的口語發音；第二年，嬰兒開始理解字詞和片語，並擴展單字詞語彙，進而形成雙字詞片語；第三年，幼兒可以明確地使用語言交流，對口語的理解已接近完成；四歲時，幼兒雖然已奠定了語言的基礎，但不能瞭解語言的相對意義，但具有個人的獨特性。

**表4-2　語言發展的進程**

| 實足年齡 | 發音與語言 |
|---|---|
| 12週 | 哭聲比8週時明顯減少；當對他講話或點頭時，會發出微笑，隨後是吱吱咯咯聲，通常稱之為嘟嘟囔囔，亦即類似於母音的有高音變化的發音；嘟囔將持續15至20秒鐘。 |
| 16週 | 更明確地對人的聲音做出反應；轉頭；眼睛似在尋找說話者，偶爾發出咯咯笑聲。 |
| 20週 | 類似於母音的嘟囔聲開始間雜有更多的子音；所有的發音與環境中成人語言的聲音很不相同。 |
| 6個月 | 嘟囔轉變為類似於單音節字的牙牙學語；無論母音還是子音都沒有很固定的重複性；大多數常見的發音聽起來像是ma、mu、da或di。 |
| 8個月 | 重複發音（或更連續的重複發音）變得頻繁起來；聲調模式變得較分明；發音能夠體現強調或情緒。 |
| 10個月 | 發音中出現聲音遊戲，諸如發出咯咯聲或吹泡泡；彷彿想模仿聲音，但從未非常成功地模仿過；開始透過有所區別的適應對所聽到的字詞做出區分。 |
| 12個月 | 相同的聲音序列以相對較高的發生頻率重複出現，字詞開始出現（媽媽或爸爸）；明確表現出對某些字詞以及簡單命令（「指指你的眼睛」）的理解。 |
| 18個月 | 具有一定的詞彙量，多於三個，少於五十個；仍有大量的牙牙學語，但此時是具有複雜聲調模式的多音節；無交流信息的意圖，不被理解時也無挫折感；詞彙中可能包括「謝謝你」、「來這裡」等內容，但將任一詞句組合成自發性雙語項目的片語能力仍很貧乏；理解能力在迅速發展。 |
| 24個月 | 詞彙量多於五十個（部分兒童似乎能命名環境中的任何東西）；自發地將詞彙組合成雙項片語；所有的片語似乎都是由他自己創造的；溝通的行為以及對語言的興趣在明顯上升。 |
| 30個月 | 詞彙量以最快的速度在增加，每天都有許多新詞，沒有了牙牙學語；話語具有了溝通意圖；如果不為成人所理解則感到挫折；話語至少包括兩個字詞，有許多包括三個甚至五個字詞；句子和短語具有兒童語法的特徵，亦即它們很少是成人話語的逐字重複；可理解性仍然不太好，儘管在不同兒童之間存在很大的差異；有的兒童似乎能理解所有對他們所說的話。 |
| 3歲 | 大約一千個字詞的詞彙量；大約80%的話是可理解的，甚至是對陌生人；話語的語法複雜性大致相同於成人的口語語言，雖然仍有錯誤發生。 |
| 4歲 | 語言已很好地發展起來；與成人標準的不同往往發生在風格上而不是語法上。 |

資料來源：Lenneberg, E. H. (1967).

### (三)嬰幼兒的遊戲發展

嬰幼兒正處於Jean Piaget所描述的前運思期或前運算思維階段，這是一個過渡時期，透過從嬰兒期已獲得發展起來的基模（schema），已形成內部心理表徵，這個階段最重要的是**使用符號**（semiotic）**思維的能力**（Miller-Jones, 1989）。此外，嬰幼兒已可使用五種表徵性技能——**延宕模仿、心理表象、表徵性繪畫、表徵遊戲**和**語言**，以幫助他們不用透過實際操作物體，而在心裡（內心）即可發展概念。

在玩**表徵遊戲**（symbolic play）時，孩子會展現物體轉換的能力，用一個物體代表另一實體，也會用寫作或是語言表示遊戲情境。一歲半幼兒很少玩表徵遊戲，發展到二歲時，他們可以用不像實體的東西來作為表徵，像是用吸管代替香煙；到了五歲，他們甚至可以用任何東西代替香煙，這些發展現象顯示，二歲以上的嬰幼兒已具有物體轉換能力。

幼兒在獲得語言之後，可學會將自己的思想轉換到可共享的信號和規則的系統中。幻想遊戲是此時期幼兒遊戲的主要特徵，他們利用自己構想的心理表象來指導自己的遊戲，利用簡單重複的動作來表徵其所幻想的情境與角色，表達他們的情感與想法。玩幻想遊戲時，孩子會把玩具視為道具，若再加上同伴，可說是具主題的幻想遊戲（也可稱為社會戲劇遊戲），這些現象展現了孩子不同心理表徵使用的程度。

學步期幼兒在幻想遊戲時，沿著四個向度擴展他們的思維及增加社會發展：（Lucariello, 1987）

1.隨著兒童整合系列動作，使個人動作能力成熟。
2.兒童的思考重心轉向涉及他人的幻想和多重角色的創造。
3.遊戲使用替代性物件，並創造出複雜的角色與情境。
4.遊戲變得愈來愈有組織及計畫，並參與團體性演出，也出現了遊戲領袖。

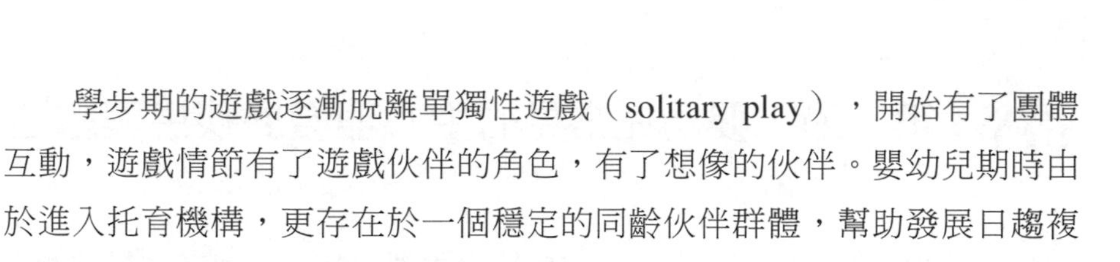

學步期的遊戲逐漸脫離單獨性遊戲（solitary play），開始有了團體互動，遊戲情節有了遊戲伙伴的角色，有了想像的伙伴。嬰幼兒期時由於進入托育機構，更存在於一個穩定的同齡伙伴群體，幫助發展日趨複雜與協調的遊戲，加上依賴模仿和非語言訊號，幫助他們發展日益複雜的幻想遊戲及社會遊戲，而最複雜的表徵遊戲是來自於內心所創造想像的玩伴，這個玩伴可以幫助分享秘密，或是具有替代玩伴的功能。

### (四)嬰幼兒的社會情緒發展

一般說來，嬰幼兒已擁有一些社會技巧，尤其是與同伴玩遊戲時，他們也被期望能有一些複雜的社會訊息交換。幼兒必須學會以同儕團體可接受的行為來履行其意志，以達到其個人之目標（又稱為社會能力）。社會能力（social competence）需要幼兒參與同儕之正向互動，以發展日益孕育的友誼。在這期間，幼兒從第一個社會化（親子關係）漸漸融入第二個社會化（師生關係）與第三個社會化（同儕關係），於是，家庭與教育機構及鄰里社區成為了幼兒社會化的中間系統（mezzo system）。

嬰幼兒漸漸脫離對照顧者的依賴，玩物（play materials）成為嬰幼兒在社會遊戲中的主要因素之一（Muller & Lucas, 1975）。**玩物**又稱為**社會奶油**（social butter），可用來助長或潤滑同儕間的社會互動。

**嬰兒的情緒發展**是透過簡單到複雜的分化過程。除了出生後個人與生俱來的特質外，個體也隨著與環境及人際互動之影響而逐漸形成個人之獨特情緒。Campos、Caplovitz、Lamb、Goldsmith及Stenberg（1983）就以「新組織取向」（new organizational approach）來說明嬰幼兒之情緒發展，具有認知判斷、社會行為、反映個體身體健康及自我發展之特性。這時期嬰幼兒的情緒能力大抵具有：(1)複雜情緒的萌發；(2)自我調節情緒的能力；(3)習得情緒表達之原則；(4)同理心。

## 第二節　嬰幼兒常見的生心理發展疾患與處遇

在美國，每五位孩子即有一位會罹患生理疾病，或有其他嚴重的發展、情緒或行為方面的問題（Mash & Wolfe, 1999）。在這些個案身上除了要瞭解所發生的比率（盛行率）（prevalence rate）之外，尚必須瞭解這些個案皆有超過一種問題的症狀，又稱為合併症（comorbidity）；此外，同樣重要地，這些個案也可能有數種不同的原因導致這些問題的發生。今日，許多專家皆從發展心理病理學觀點（developmental psychopathology perspective）來診斷兒童的問題，此種觀點更合乎人在情境中（persons nested in the situation）的人行處遇模式，強調影響正常或異常發展之不同因子，包括遺傳基因、兒童與家庭互動、教育品質、同儕及許多學校或文化環境之相互作用而來。例如具有憂鬱遺傳特質的小孩可能發展成為重度憂鬱症，或有少許憂鬱症狀，當然，也有可能一點也沒有發病徵候，而有無發病症狀的情形則完全依賴兒童與環境之相互作用而定。

隨著大腦掃描和測量大腦活動技術的發展，以及隨著科學研究對基因技術和細胞行為的瞭解，大腦的研究也有大躍進的進展。Nelson等人（2000）指出，新生嬰兒血液中有四種高含量的大腦蛋白質，可顯示出日後的自閉症或智力障礙。因為這些蛋白質管理大腦內神經元之間的資訊和相互聯繫，其異常含量可能導致大腦構造的異常。如果這是致病原因，那早期的藥物治療或其他措施將可以糾正這些不平衡的狀態，並阻止日常異常現象的產生，甚至於可為新生兒或嬰兒找出日後發展遲緩或罹患自閉症的指標。

以下介紹幾種嬰幼兒常見的生心理症狀：

## 一、唐氏症

### (一)唐氏症的徵候與特徵

**唐氏症**是最常見的染色體異常症，發生率大約八百分之一，亦即每八百名新生兒就有一名唐氏症兒，約80%是由於母親卵子的第二十一號染色體發生的「**染色體不分離現象**」所造成。唐氏症症候群舊稱蒙古症，正常的人體細胞含有二十三對染色體，唐氏症症候群的人多出一個二十一號染色體。大部分罹患唐氏症症候群的人，長相如同出自同一家族，其生長發育、併發之疾病、智力和壽命均有很多相似之處，由於此病是最早被發現的染色體異常，發生率又高，因此也是被研究得最透徹的一種染色體疾病。常見的發展特徵如下：

1.外觀極易辨識：唐氏症的小孩出生時即可由外觀加以辨認，值得注意的是唐氏症的小孩可能同時有多項表徵，但是沒有一項單項的表徵一定100%的出現在每一位唐氏症小孩的身上。一般人觀念裡認為，斷掌一定會出現在每一位唐氏症小孩的身上。然而國內外的統計顯示，只有53%至62%的唐氏症患者有斷掌，因此單憑掌紋，並不能判定為唐氏症，正確的診斷還是要靠染色體檢查。

2.患者的生長較為遲緩：出生時唐氏症小孩平均體型比較小。以後骨骼的發育也較正常小孩遲緩。年齡增長後會發現身高逐漸落後在正常小孩之後。這種身材的短小以下肢特別明顯，上身長度和正常人差距較少。

3.智能不足：唐氏症者最主要的問題是智能障礙。一般而言，唐氏症患者屬於中度智能不足，隨著年齡成長，智商有相對下降的趨勢；而實際上，不管是小孩的心理，還是生理都還在持續成長。這種成長要到十歲以後才會趨緩下來。有些唐氏症兒童在十歲以後還有近五年期間的成長期，到十五歲以後才到達所謂的高原期；也就是說，唐氏症兒童要到十五歲以後，智力才比較穩定。

4.肌肉張力低：唐氏症的小孩出生時的肌肉張力較低，除此之外，看不出有神經學上的缺陷，但是隨著年齡的成長，可以發現在發育上明顯的逐漸落後於同齡的小孩。出生時之低肌肉張力會影響到小孩的吸吮力，也會影響到母子的互動關係。有研究指出，出生時的肌肉張力和唐氏症患者日後身心發育有關，肌肉張力愈差者，日後智力和運動能力的發展也較差。

5.男性患者無法生育：除了鑲嵌型染色體的唐氏症患者外，一般的男性唐氏症患者由於不能產生精子，因此不能生育。唐氏症患者的睪丸和陰莖大小和正常人無異，而且也會有性慾。而唐氏症的女性患者，則會有正常之月經而且能生育。第二十一號染色體三體症的女性患者中，生出三染色體唐氏症的子女機會略小於50%。

6.壽命較正常人短：唐氏症者如果早期不因先天性疾病死亡，其壽命可活至五十至六十歲，比正常人約略少十至二十歲。

## (二)唐氏症常見的疾病問題

唐氏症是遺傳因子所導致的典型疾病，大約有2%的盛行率，其最主要的死亡原因有肺炎（23%至41%）、先天性心臟病（30%至35%）、其他傳染病（2%至15%）、惡性腫瘤（2%至9%），以及老化或腦部血管疾病（0至9%）。常見的疾病問題有：

1.先天性心臟病：寶寶出生後一旦確診為唐氏症，則應由小兒心臟專科醫師給予檢查，通常超音波、心電圖是必要的檢查項目之一。國內的研究報告發現，唐氏症兒大概30%至40%有先天性心臟病，其中最常見的是心房和心室中隔缺損。

2.先天性胃腸道畸形：大概20%的唐氏症兒會有先天性胃腸道畸形，包括支氣管食道瘻管、先天性幽門狹窄、十二指腸發育不全、環狀胰臟、巨大結腸症及無肛症等。

3.視力的缺陷：唐氏症兒比較容易有眼睛方面的缺陷，包括眼瞼腺容易發炎、斜視、眼球震顫，以及遠視、近視等屈光的問題，基本上唐氏症兒應當請小兒科專家詳加檢查。智障的小孩如果再有視力方面的缺陷，會加重其智障的程度，阻礙其學習進度，進而影響其生活品質。

4.聽力的缺陷：研究發現，高達80%的唐氏症者會有聽力的缺陷，這些缺陷是由於咽頭的結構異常、歐氏管（耳咽管）的作用不正常、中耳的感染、中耳液體的囤積，這些聽力的缺陷會影響到他們的心智發展，故及早發現聽力的缺損並加以矯正是非常重要的。即使是一個小小的聽力缺損，都會導致語言以及其他人際關係發展遲緩。

5.甲狀腺功能失常：唐氏症兒大概有10%至20%的機會有甲狀腺異常的現象，如果未被診斷出，則其智能或中樞神經系統的功能均會受到影響，因此在臨床醫護人員的判斷下，必要時應當做甲狀腺功能的檢查，如發現有甲狀腺功能低下時，應當給予治療，使其甲狀腺的功能能夠再正常運轉，以免影響到學習能力。

6.骨骼異常：唐氏症兒常有髕骨的脫臼、髖骨的脫臼或發育不全，與腳骨頭的問題及脊椎骨第一頸椎和第二頸椎不平衡性等異常現象，特別是第一頸椎和第二頸椎的不穩定應當早發現早治療，由於語言表達能力遲緩，醫護人員須給予神經學及放射線的檢查。唐氏症兒如有運動神經不穩定或是姿勢不正確，則須懷疑是不是有神經學上的問題，因骨頭的異常、第一頸椎和第二頸椎的不穩定有可能造成脊椎的損傷。

7.睡眠時會發生呼吸暫時停止現象：有一些唐氏症的病人在睡眠時會有週期性的呼吸停止現象，如發生次數太多，容易造成即發性腦部缺氧的現象，進而造成肺動脈高血壓症引致心肺功能失常。發生的原因是因唐氏症兒上呼吸道比較狹窄而且臉部中央的骨頭較小所造成，唐氏症兒如果變得肥胖，其增加的淋巴組織和黏膜下的脂肪會加重呼吸停止的現象。當唐氏症兒有這種現象時應檢查扁桃腺，如果發現扁桃腺過度肥大，應立即實施扁桃腺摘除手術的治療，以減少呼吸停止現象的發生。

8.其他：唐氏症兒童注意力不易集中，有時會有易衝動和睡眠困難的現象，因此需要家長額外的照顧及更多的注意。他們有時顯得過分好動，有時顯得十分固執，在學校或家裡會因不服從而與團體間有距離。一些研究發現，唐氏症者常會有精神方面的問題，如有破壞性的行為、焦慮或重複性的動作等。

唐氏症兒童中有先天性心臟病者通常長得比較慢，體重的增加也比較遲緩，應在他們嬰幼兒時期應給予較多的熱量及平衡的飲食。年紀稍大後，須預防肥胖，唐氏症兒常變得較為肥胖的原因，多來自於飲食方面不懂自我節制。

### (三)對唐氏症兒的心理調適與家庭處遇

唐氏症兒在嬰兒期已出現嚴重的感官和運動功能遲緩，當到了四歲後，他們可能只有一歲的能力（Mash & Wolfe, 1999）。這些孩子需要接受相當多的訓練，學習執行自我照顧活動，諸如吃飯、穿衣及如廁。他們終身需要被照顧，嚴重者可能還需要機構安置照顧服務。照顧這些孩子可能耗盡父母大部分心力，相對上父母也可能產生很大的心理壓力。

害怕失敗是一般準父母均有的正常心理，一旦成了事實之後，通常前幾天會有焦慮、不相信和絕望的情緒反應，接著會有強烈的罪惡感和哀傷反應。母親常見的心理反應依序有罪惡感、否認、自卑、質疑自己的宗教信仰、羞恥感、迷惑不安、想死的念頭、憤怒、責怪他人、孤寂、不再有愛、讓孩子死吧、無助等十三種。而最重要的時段是剛獲知壞消息時到出生約三週時。

Pattison（1978）也指出，唐氏症兒的家庭往往面臨極大的壓力，他們就如同家有智障兒的父母般，必然會經歷一些哀傷和調適反應，這些反應分為五個階段：

1.震驚。
2.否認。
3.悲傷、生氣和焦慮。
4.適應。
5.接受。

父母的調適是漸進的，特別是唐氏症孩子較脆弱，他們擔心自己會傷害到孩子。有些父母相信他們和孩子的依附關係，是從第一次在醫院接觸唐氏症寶寶的那一刻開始。而大部分的父母描述當他們第一次看到唐氏症寶寶的時候，比他們想像中的情形要好很多。

研究發現，母親常是父母親中負擔較大的一位，也較易出現自責、沮喪、疲累、情緒不穩定等負面情緒。同時，母親出現的慢性哀傷及調適反應也比父親為多，隨著孩子年齡的增加，慢性哀傷的頻率應會減少。社會工作者面臨有唐氏症兒童的家庭可做的社工處遇有：

1.父母親對於唐寶寶應有的教養態度：唐寶寶和一般的兒童一樣，需要透過各種不同的經驗來學習，家長應把握孩子從經驗中探索學習的機會，不要寵溺孩子或給予特權，若家長基於憐惜孩子而給予特別待遇，不但會剝奪孩子學習的機會，甚至會養成孩子不負責任的態度，父母親應該在孩子能理解的範圍內提供良好的示範，並多用鼓勵的方式建立孩子的學習動機。
2.唐氏症寶寶疾病的處遇：
(1)先天性心臟病的唐氏症兒：這些先天性心臟病的唐氏症兒在嬰幼兒期被確定診斷後，應給予治療，以避免發生肺動脈高血壓症、心臟衰竭及影響生長；如果給予適當的內科或外科治療，則唐氏症兒的生活品質會有很明顯的改善。
(2)先天性胃腸道畸形：先天性胃腸道畸形都必須立即予以外科治

療，以便能夠充分供給營養、水及其他的電解質。

(3)預防肥胖：唐氏症寶寶的家長及醫護人員應當注意唐氏兒的飲食，避免高熱量、高卡路里的食物以及讓兒童做有規律的運動，以避免肥胖症的發生。

(4)其他：如果出現這些行為或者是心智上的問題時，應及早請教專家，給予適當的諮詢治療。

3.幫助父母改善唐氏症兒童的生活品質（Mash & Wolfe, 1999）：

(1)鼓勵唐氏症兒童探索環境，以獲得資訊和學習。

(2)加強唐氏症兒童對基本技巧的學習，如分類、整理和比較物件。

(3)增強唐氏症兒童的發展之進步和成就。

(4)幫助唐氏症兒童練習舊技巧和擴展新技巧。

(5)保護唐氏症兒童避免被非議、嘲弄和處罰的傷害。

(6)提供豐富及有回應的語文環境。

## 二、自閉症

自閉症（autism）是一種在社會互動與溝通方面有缺陷的嚴重發展障礙，發生的比率約為十萬分之四十至五十，男生是女生的四倍。自閉症與遺傳有很大的關聯，同卵雙胞胎比異卵雙胞胎的比例更高（Bailey et al., 1995; Newsom, 1998）。此種症狀是由Leo Kanner在一九四三年首次命名為「自我封閉的情感交流障礙」，又稱為卡納氏自閉症（Kanner's autism）和「廣泛性發展障礙」（pervasive developmental disorder）。

### (一)自閉症的特徵與病因

自閉症兒童是在多種基本心理功能的發展上發生障礙，例如人際關係、注意力、感覺處理、知覺動作、語言等方面。一般自閉症的成因是腦傷引起的症狀，通常在幼兒二歲半以前就可以被發現。自閉症患者不同於一般兒童，從小便表現出語言理解和表達的困難、無法分辨熟悉的人和陌生人、難與身旁的人建立情感、忽略或執著於某些刺激、對各種感官刺激的異常反應及一成不變、難以變更的固定玩法與行為模式等。自閉症的特徵會隨著年齡、智商及嚴重程度而不同，但通常會有如下的行為特徵：

1. 人際關係的障礙：從幼兒時期起，便可能表現出不理人、不看人、對人缺少反應、不怕陌生人、不容易和親人建立親情關係。缺少一般兒童的模仿學習，無法和小朋友一起玩耍。
2. 語言和溝通障礙：約有50%的自閉症兒沒有溝通性的語言，有語言的也常表現出鸚鵡式仿說、答非所問、聲調缺乏變化的特徵。
3. 行為的同一性：特殊固定的衣、食、住、行習慣，玩法單調缺乏變化，如果稍有變化，就不能接受而有抗拒式哭鬧。大部分自閉症患者喜歡重複性動作，像是轉東西，規律感對於自閉症者是很重要的。

### ■ 自閉症的病因

1. 遺傳的因素：20%的自閉症患者中，他的家族可找到有智能不足、語言發展遲滯和類似自閉症的。此外，自閉症男童中約有10%有X染色體脆弱症。男生與女生的比例是4：1。
2. 懷孕期間的病毒感染：婦女懷孕期間可能因德國麻疹或流行性感冒等病毒的感染，使胎兒的腦部發育損傷而導致自閉症。
3. 新陳代謝疾病：如苯酮尿症等先天的新陳代謝障礙，造成腦部細胞的功能失調和障礙，會影響腦部神經訊息傳達的功能，而造成自閉症。
4. 腦傷：生產過程中因早產、難產、新生兒腦傷，以及嬰兒期時因感染腦炎、腦膜炎等疾病，造成腦部傷害等因素。

目前國內沒有自閉症患者的統計資料，不過由中華民國自閉症基金會登記有案的資料，以及參照在其他機構接受教養而基金會沒有登記的個案估計，國內自閉症患者至少在一千人以上。如果將國外的流行病學資料應用到國內，國內的自閉症人口，用嚴格的診斷準則來估計，約有四千人。如果用比較寬鬆的診斷準則估計會超過二萬人。

## (二)自閉症兒童的社會工作者處遇

早期發現，早期療育，可以補足自閉症患者先天學習能力的缺陷，減少其不適應、破壞性行為之出現，並使其潛能得以充分發揮，自閉症如果能及早發現、及早矯治，對其病症的改善愈有幫助。處遇之方法常用**遊戲治療**、**感覺統合療法**、**藝術治療**、**音樂治療**、**應用行為分析法**（applied behavior analysis, ABA）或**TEACCH之結構性教學方法**。

1.處遇的目標：

(1)促進正常發展。

(2)消除不適當行為。

(3)避免及消除固定刻板行為。

2.處遇的原則：

(1)訂立適當的矯治環境和氣氛。

(2)實用生活化的原則。

(3)反覆練習原則。

(4)多樣多變化的原則。

(5)用藥的原則。

3.處遇的內容：

(1)建立學習的習慣。

(2)建立溝通的能力。

(3)增進人際關係。

(4)訓練生活自理能力。

自閉症要早期發現，早期治療，接受適當的診斷及相關身體檢查、治療，對於其不適當行為用行為矯治學習原理發展而來的方法，根據兒童實際年齡及階段發展性需要來安排課程，矯治內容透過適合矯治環境的建立，在專業人員、老師及家人的配合下，協助其學習，使其潛能得以發揮，長大能照顧自己，並適合社會生活。

## 三、注意力不足過動症

**注意力不足過動症**（attention deficit/hyperactivity disorder, ADHD）的孩子，相較於其孩子，他們呈現過度好動，不能維持注意力，以及缺乏衝動控制（Barkley, 1996），他們可能在嬰幼兒期即呈現症狀，而且持續到整個兒童期或青春期。

### (一)ADHD的成因

在ADHD的產生原因方面，目前有各種不同的假設與相關研究，但其根源來自神經及化學性的解釋占了大部分；除此之外，亦有學者提出了包括解剖學、遺傳性、環境性等複雜的相互作用：

1.神經及化學性因素：人的腦中有主管學習、自我抑制、產生動機等的網狀活化系統（reticular activating system, RAS），主管注意力的多巴胺（dopamine）、正腎上腺素等神經傳導的物質即存在於網狀活化系統內。根據專家研究指出，上述的神經傳導物質出現異常或缺乏時，就有可能會誘發ADHD；近年來在ADHD發病的相關研究中，亦持續提出除了多巴胺與正腎上腺素外的神經傳導物質，如色胺酸（serotonin）等亦與ADHD發病有關；由此可知，前述的神經及化學性因素是引發ADHD的重要條件。
2.遺傳性因素：在許多ADHD的基因研究中發現，患有ADHD的兒童家庭中，其父母或是兄弟姊妹中，有高達30%的比例也有注意力不足的問題，唯目前仍未有具體的結論足以顯示ADHD會單純地因某種遺傳性因素所引起，只有「發病因素可能與家人有關」的推論。

3.環境因素：亦有研究報告指出，懷孕時胎兒的狀態亦與注意力不足有關，意即ADHD的罹患率會受到「孕婦在懷孕時期的營養、壓力、感染、藥物服用等眾多因素」的影響而發生，胎兒早產或難產時頭部受損等情況，也可能是ADHD的引發因素，但並不代表這樣的環境因素就絕對會引起ADHD（這項因素過去被許多人認為可能導致ADHD的行為）；又如過度收看電視、鉛中毒、高壓電流地區的輻射暴露、過度暴露在日光燈照射下、頻繁使用電動玩具、過敏等也被認為足以導致ADHD；上述這些並沒有任何的醫學根據；此外，像是維他命攝取缺乏，攝取過多的食物添加物、鹽漬食物、精緻砂糖等飲食失衡會造成過動的說法，也沒有確實的科學驗證。

4.解剖學原因：大部分學者認為，注意力不足為一先天性疾患，可能是神經及化學性原因所造成的現象；研究統計資料顯示，ADHD兒童的腦部基本構造的外觀並無異常，但可以在腦功能方面發現細微的功能障礙。以正常兒童為例，在胎兒期以及出生後的一年間，在腦部持續發展的過程中，會適當的形成與結合神經細胞，但也有可能因孕婦吸菸、飲酒、濫用藥物等各種原因，無法正常形成上述的腦部功能。以平均值而言，ADHD兒童的前額葉（frontal lobe）比正常的兒童小10%。

綜合上述可知，ADHD並不是單純地因為孩子天生的個性或周遭環境所引起的，而是一種需要接受具體診斷及治療的疾病，這是在進一步瞭解、探討ADHD之前應該先建立的正確觀念。

### (二)ADHD的定義

根據學者Barkley（1996）的研究顯示，自一九八〇年起，ADHD患者可依據所呈現的病狀組合歸類為以下數種類型：

1.「過動－衝動型的ADHD」（簡稱HD）：患者的主要症狀為衝動和過動、無注意力不足、活動量特別大、坐立不安、不分場合不時地敲擊指頭、晃腳；在課堂中的表現可能是煩躁不安的、愛插嘴的、不斷地站起來在教室內走動，有時甚至無緣無故捉弄鄰座同學、亂拿別人東西等。
2.「注意力不足的ADHD」（簡稱ADD）：患者的主要症狀有顯著注意力不足，但無衝動或過動症狀，對於外界的刺激保持開放的態度，因此常容易被刺激物分心，精神無法集中；在課堂上的表現為：經常性地神遊太虛、無法專心聽講，此種特徵表現在團體活動或遊戲時最為明顯，有時候甚至連遊戲都無法玩完。
3.「複合型的注意力不足過動症」（簡稱ADHD）：為會出現以上兩種類型的臨床特徵患者，主要症狀除了有HD的大活動量、衝動性強等特徵之外，亦伴隨有ADD無法集中注意力的主要徵狀。

## (三)ADHD的處遇與評估

ADHD診斷中最重要的是與醫師的會談。父母一旦懷疑小孩是否罹患了ADHA時，便需與醫師展開會談，而為了正確分辨兒童是否患有ADHD，醫師必須詳細瞭解有關兒童的一般事項、學校生活、有關父母與家庭環境的內容、父母子女間互動情形等多項資料；此外，兒童的情緒行為問題是否會在不同情境下出現，也是需特別調查與釐清的部分。

醫師為了評估兒童的精神狀態，除了會與父母進行直接會談之外，也會與個案兒童直接會談藉以瞭解其看法，同時藉由行為觀察，評估其是否有注意力和行為問題，並藉此知悉兒童在各個情境的行為問題。

醫師會透過相關的量表及問卷調查進行客觀的行為評估，以完整取得一些無法從會談上得到的資料；其中，最常使用的有**兒童行為檢核表**（Child Behavior Checklist, CBCL和Teacher Report Form, TRF），針對注意力不足過動症狀的評估量表——**柯能氏行為量表短版**（Conner's Parent

Rating Scale-Revised: Short Form, CPRS-R: S和Conner's Teacher Rating Scale-Revised: Short Form, CTRS-R: S）（由家長及老師填寫）以及SNAP-IV量表；這些量表除了可協助診斷，也可用以評估治療效果，因此通常會被當作使用於判定藥物治療效果的簡易評量表。其他尚有兒童的成績單、生活記錄表、習性檢查意見表、聯絡簿或筆記簿、日記、功課、圖畫等，均可作為參考資料。

為了進一步正確地評估，安排各種客觀性的檢測是有其必要性的。與ADHD有密切關係的檢查包括：**智力測驗**（以魏氏智力測驗為主）、**持續表現測驗**（Continuous Performance Test, CPT）、**相似圖形配對**（Matching Familiar Figure Test）、**威斯康辛卡片分類測驗**（Wisconsin Card Sorting Test, WCST）、**史特露**（Stroop Word-Color Association Test）、**活動基準測定法**、**抑制與調節能力檢查**（停止訊號檢查：Stop Signal Test）等，但必須特別說明之事項如下：

1.這些神經心理學的評估多用於研究，並非臨床診斷所必需。
2.這些檢查並非所有的醫院均可提供。
3.某些更進一步的檢查只有在特定研究可以提供。

由於ADHD的原因與症狀非常複雜，有時對於可疑症狀的導因很難瞭解，卻發現另有其他引發原因，或是由多種原因所造成。因此，為了能確實診斷，除專業醫師的問診判斷之外，醫學檢查與評估是必備的：

1.每年須進行包括身體檢查的醫學評估，基本評估項目為視力、聽力等是否有異常，如觀察結果為疑似症狀是血中鉛含量過高，但並非由ADHD所造成時，則應測定血中的含鉛濃度。
2.若懷疑可能有暴露於藥物的可能性，也需要對Phenobarbital、Gabapentin、Theophylline、Albuterol等物質，進行血液中藥物濃度的檢查。
3.若為甲狀腺機能亢進、有甲狀腺疾病的家族史、成長速度緩慢、明

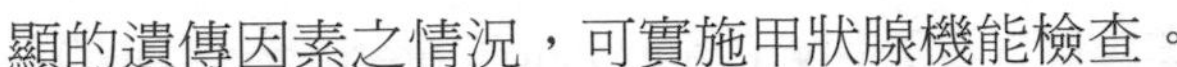

顯的遺傳因素之情況，可實施甲狀腺機能檢查。

4.為了確認是否與癲癇、遺傳性疾病或與其它疾病有關，亦可進行血液檢查、尿液檢查、腦波檢查、頭部影像檢查、事件誘發檢查、染色體檢查與基因檢查等項目。

5.除了常規的學理檢查之外，所有個案都應該接受意識狀態、反射能力、全身知覺、大腦神經、運動神經等的功能檢查。

6.除了生理性因素外，尚應進行心理性因素的檢查：(1)精神狀態檢查：評估個人的個性、氣質、情緒行為特性及精神病理；(2)智能認知狀態檢查：包括判斷力、記憶、抽象思考及左右腦的功能性特性、計畫組織能力與執行能力等；這些評估結果將作為治療的基礎資料，並在治療過程中再度進行評估；此外，亦應透過個人性格、學習能力、注意力檢查與學習類型喜好度等的評估，來測定個人的統合性與特殊才能。

### (四)ADHD的診斷標準與治療

目前國內外最常使用由美國精神醫學會所定的DSM-Ⅳ（Diagnostic and Statistical Manual of Mental Disorder, Fourth Edition）診斷準則，根據該準則可將ADHD症狀分為「注意力不足」及「過動」兩類，此兩種症狀群各包括九項行為特徵（見**表4-3**），每一類型的症狀達到六個或以上，即認定為有此症狀群的問題。若一個兒童具有兩種類型的症狀群即為「合併型」，若僅達到一種症狀群，則可能為「注意力不足型」或「過動—衝動型」。

ADHD兒童到了青少年期的階段，許多過動與衝動性的症狀會減少，但注意力不足症（Attention Deficit Disorder, ADD）的注意力不足現象卻可能依然存在。ADHD的判別除了具有以上注意力不足和過動的症狀表現外，尚必須符合**表4-4**所列要件方可正式診斷為ADHD患者。

ADHD的治療方法有**遊戲治療**、**心理治療**、**家族治療**、**照顧者之會**

表4-3　ADHD的基本診斷（DSM-IV Diagnostic Criteria for ADHD）

| | 注意力不足（Inattentive） | 過動／衝動性（Hyperactive-Impulsive） |
|---|---|---|
| 1 | 無法專注於細節的部分，或在做學校作業或其他的活動時，出現粗心的錯誤。 | 在座位上玩弄手腳或不好好坐著。 |
| 2 | 很難持續專注於工作或遊戲活動。 | 在教室或是其他必須持續坐著的場合，會任意離開座位。 |
| 3 | 狀似沒有在聽他人説話的內容。 | 在不適當的場合，亂跑或爬高、爬低。 |
| 4 | 沒有辦法遵循指示，也無法完成學校作業或家事（並不是由於對立性行為或無法瞭解指示的內容）。 | 很難安靜地玩或參與休閒活動。 |
| 5 | 組織規劃工作及活動有困難。 | 總是一直在動或是像被馬達所驅動。 |
| 6 | 從事需要持續性動腦的工作，例如學校作業或家庭作業時逃避、表示不願意或有困難。 | 話很多。 |
| 7 | 會弄丟作業上或活動所必需的東西，例如學校作業、鉛筆、書、工具或玩具。 | 在問題還沒問完前就急著回答。 |
| 8 | 很容易受到外在刺激影響而分心。 | 在遊戲中或團體活動中，無法排隊或等待輪流。 |
| 9 | 在日常生活中經常忘東忘西。 | 打斷或干擾別人，例如插嘴或打斷別人的遊戲。 |

表4-4　ADHD診斷的標準（須同時符合A、B、C、D、E）

| | |
|---|---|
| A | 在注意力不足的症狀中，出現大於或等於六項，且症狀持續出現至少六個月，導致足以達到適應不良、且造成其發展程度與其應有的水準不相符合者，才稱為「注意力不足」。 |
| | 在過動／衝動症狀中，出現大於或等於六項，且症狀持續出現至少六個月，致足以達到適應不良且造成與其應有的發展程度不相符合，才稱為「過動／衝動」。 |
| B | 在七歲以前即出現某些過動／衝動或注意力不足的症狀。 |
| C | 某些症狀在兩種或更多情境下出現（如學校、工作職場或家裡）。 |
| D | 上列症狀必須有明顯證據造成社交、學習或就業的障礙。 |
| E | 須排除有廣泛性發展障礙、精神分裂症或其他精神異常及情緒障礙（如情緒異常、焦慮、分離情緒異常等）。 |

談和行為治療、行為治療、認知行為治療、藥物治療等，各項方法與治療要點請見**表4-5**：

**表4-5　ADHD的治療方法與要點**

| 名稱 | 治療方法與要點 | 應用 |
|---|---|---|
| 心理治療 | 協助孩子認清自己的問題，並瞭解問題為何發生，種類包括晤談、遊戲、藝術、家族、團體治療。 | 因應疾病影響而產生的身心症狀。 |
| 遊戲治療 | 藉由類似遊戲的方式找出兒童的情緒行為問題，能幫助兒童發現本身的問題，並透過遊戲方式表現出內心的情緒，尋獲適當的行動與對策方式以及發掘適當的改善技術為目的。 | 手腳不協調、肢體運用障礙。 |
| 家族治療 | 1.兒童與父母須共同參與，改善親子間溝通，尋找讓家人共同解決問題的方法。<br>2.為一「輔助療法」。 | 經常運用在飲食障礙的治療，如厭食症、暴食症等容易受到家族相關壓力影響而產生的疾病。 |
| 與照顧者會談及行為治療 | 治療的焦點放在自我思考、自我行為調整能力尚未成熟，或是正在接受認知行為治療的兒童。這項治療的重點為透過家長或老師的介入，由他們來擔任行為治療的實際執行者，以關懷、獎勵及練習等的方法改變兒童的環境與行為。 | 缺乏服從、遵守時間／紀律、整理及規劃等行為規範能力以及在交友方面有困擾的兒童。 |
| 行為治療 | 1.透過意識的操作和改變行為增強的型態（獎賞正面行為與忽視負面行為），建立選擇性的學習行為。如患有焦慮症的幼兒，如果他向父母揮手再見時不哭，就給予特別獎勵；若發生哭泣或乞求父母留在身邊的情形，則採取忽略態度。<br>2.優點：「無須持續服用藥物、若有成效可長期控制症狀」。<br>3.建議：為避免過度刺激兒童，應以和緩的步驟與方式進行。 | 運用於分離焦慮、強迫症之主要療法。 |

（續）表4-5　ADHD的治療方法與要點

<table>
<tr><th>名稱</th><th colspan="2">治療方法與要點</th><th>應用</th></tr>
<tr><td>認知行為治療</td><td colspan="2">1.協助兒童瞭解其負面思考及其破壞力，進而以更正確或具建設性之思考方式，取代負面的思考。<br>2.為一合併改善行為和不健康思考（認知）型態的技巧的療法。<br>3.增強治療對象的正面觀點和行為，忽視負面觀點和行為。</td><td>此療法對憂鬱症或焦慮症患者有顯著的改善效用。</td></tr>
<tr><td>藥物治療</td><td colspan="3">1.在接受小兒精神科專業醫師處方後，有80%以上的ADHD兒童有明顯的好轉。由此可知，專業醫師的詳細評估、正確診斷、用藥治療是對穩定ADHD病症不可或缺的重要力量。<br>2.先從最低劑量開始服用藥物，視患者症狀進行劑量之調整。</td></tr>
<tr><td rowspan="4">藥物治療</td><td rowspan="4">最常用第一線藥劑簡介</td><td>中樞神經興奮劑（CNS Stimulant）；由於中樞神經活化劑作用迅速、改善症狀的效果明顯，被使用為第一線治療用藥；其作用是使掌管注意力集中的腦神經傳導物質，多巴胺與正腎上腺素更加活躍，同時亦具有覺醒大腦的效果。透過神經心理學檢查證實，其療效有提升注意力、改善認知性衝動、增進短期記憶、幫助語言性或非語言性學習功能的效果。</td><td>具過動、衝動性，以及反抗或攻擊性的行為，或具備注意力散漫、短期記憶特徵之患者。</td></tr>
<tr><td>三環抗憂鬱劑（Tricyclic antidepressants, TCA's）：如Amitriptyline、Clomipramine、Imipramine等藥品。</td><td>憂鬱症、懼學症、發作性恐慌、夜尿症、飲食障礙、人格障礙、創傷後壓力障礙症候群，以及注意力不足過動障礙。</td></tr>
<tr><td>血清素再吸收抑制劑（Selective Serotonin Reuptake Inhibitors，SSRI's）：有百憂解（Fluoxetine）、克憂果（Paroxetine）、無鬱寧（Fluvoxamine）、樂復得（Setraline）等代表性藥品。</td><td>安全且有效，為治療兒童常見的藥物，用於治療憂鬱症、選擇性不語症、社交恐懼症、強迫症的首選藥物。</td></tr>
<tr><td>單胺氧化酵素抑制劑（Monoamine oxidase inhibitors, MAOI's）：代表性的藥品為單胺氧化酵素抑制劑之Phenelzine、Tranylcypromine，特徵為作用時間短，副作用有嗜睡、疲勞、減低食慾等。</td><td>可用於伴隨妥瑞氏症候群的ADHD，與用於對其他治療劑具有抵抗性或無法適應的成人病患。</td></tr>
</table>

## 四、發展遲緩兒童

**發展遲緩的定義**是未滿六歲的孩子在生長與成熟的過程中，有發展速率緩慢或是順序異常的現象。更詳細的說，**發展遲緩兒童**係指六歲以前的兒童因各種原因，如腦神經或肌肉神經、生理疾病、心理社會環境因素等等，導致認知發展、生理發展、語言及溝通發展、心理社會發展或生活自理等方面，有發展落後或異常的情形。發展遲緩兒童在動作發展、肌肉張力、動作平衡、感官知覺、溝通表達、認知、社會適應、心理、情緒發展等方面的表現，通常有全面或部分領域成熟速度延緩、順序異常的現象，或是在上述各方面的發展可以預期會有成熟速度延緩、順序異常表現者，均可稱為「發展遲緩兒童」。

我國「兒童福利法施行細則」第十一條的定義為：「發展遲緩之特殊兒童，係指認知發展、生理發展、語言及溝通發展、心理社會發展或生活自理技能等方面有異常或可預期會有發展異常之情形而需要接受早期療育服務之未滿六歲之特殊兒童。」

兒童發展遲緩的現象是機率性的，當嬰兒在出生前、生產過程中或出生以後，神經系統及肌肉骨骼系統受到直接或間接、急性或慢性之病因的損傷時，均有可能導致發展遲緩。遲緩兒的原因大多數是未知的，而在已知的原因中，遺傳和環境因素的影響是最重大的，包括基因染色體異常、先天疾病、環境因子刺激等。加上隨著社會高齡產婦的增加，遲緩兒發生率也有增加的趨勢。因為高齡產婦容易發生高血壓、糖尿病、妊娠毒血等併發症，其所生的胎兒也較容易發生染色體異常、先天性畸形與發展遲緩。

### (一)發展遲緩兒童的福利服務發展

一九八〇年代以前民間的學前殘障兒童之照顧與訓練機構得到教會慈善組織的支持，得以在部分縣市展開少量的服務。當時，國內對於特殊教育的發展也只限於在學齡階段提供特殊班級的協助，對於特殊教育的師資培訓，也只以在職進修的形式補充。一直到一九八〇年代前後，對於發展遲緩兒童的福利服務才有了專業性的發展，由當時國外留學回國的特殊教育專業人員投入學前機構的服務工作，讓身心障礙學前發展中心（如第一發展中心）開始提供專業的特殊教育訓練工作。不僅民間的服務發展超前政府的腳步，少數的醫療院所中也開始有了發展復健醫學及兒童心智科，提供部分的醫療復健服務。家長團體的成立及發展影響了早期療育服務的推動，其透過與國外家長團體的學習過程及親身經驗的分享，看到並感受到學前專業之介入與否對孩子發展的影響之巨，同時也見識到先進國家對於特殊需要兒童的關注是有規劃的。因此，一九九二年智障者家長總會成立之後，便以倡導臺灣應對發展遲緩兒童有更明顯及完整的照顧與協助作為首要的倡導工作重點。

在針對發展遲緩兒童早期療育服務的立法倡導中，家長團體認為，「兒童福利法」正是發展遲緩兒童所需要的法律依據，因此向立法機關展開遊說，讓正在修改中的兒童福利法在一九九三年元月通過修正時，增加了有關發展遲緩兒童的相關條文。也因為這些相關條文正式立法，讓中央與地方縣市政府在發展遲緩兒童之早期療育服務提供了法源依據，有了角色與職責的劃定。同時，對於發展遲緩者的定義、早期療育服務的內涵、服務的提供方式及服務的原則也得到首度的訂定。在此次立法中，規定了縣市政府應提供必要的協助，而針對服務的提供，社政、教育及衛生單位應相互配合提供，並與身心障礙福利服務相銜接。服務的提供方式應結合不同的專業人員，同時考量個別的需要。

對於行政部門來說，發展遲緩兒童之早期療育服務是一項全新的服務概念，而且對於跨專業間的服務究竟該如何來提供，也考驗著不同專業部門及行政單位。因此，內政部與衛生署有鑑於此，於一九九四年開始辦理國外觀摩活動，一九九六年透過日本、香港、美國等不同國家的服務設計與執行的經驗，開始思索在臺灣應該如何提供整合的早期療育服務。由國外的經驗觀摩學習，家長團體陸續倡導：若要地方政府開始辦理早期療育相關服務的推動，中央機關應協助提出服務的規劃，同時為了達到法定的跨專業服務提供，行政單位應先組成跨行政單位的推動小組，開始福利服務制度的整體規劃。

這樣的建議與想法在一九九五年得到當時衛生署石曜堂副署長的回應，召開了第一次跨行政部門的工作討論會，內政部在第二次會議時，便以其為兒童福利法的主要業務職掌機關，繼而負起召集定期跨部會之間討論會的職責，邀請教育部共同陸續展開有關發展遲緩兒童之早期療育相關服務流程的規劃工作。一九九六到一九九九年，可以說是臺灣遲緩兒童早期療育服務快速發展的時期，在這一段時間中，政府與民間都有著相當大的回應。

在政府部門方面，發展遲緩兒童早期療育服務相關工作的推動與執行成為兒童福利服務的另一大主流，相對預算的編列亦隨之增加，而民間組織之間也開始不斷進行相關專業人員的培訓工作與服務的檢視與討論，同時，學術單位也愈見對發展遲緩兒童早期療育相關議題論文的製作與發表。至二〇〇〇年，已有十八個縣市成立通報轉介及個案管理中心、十個縣市開始聯合評估服務、三個縣市獨立或委託民間設立發展遲緩兒童早期療育中心、十五個縣市結合民間單位提供療育安置、十個縣市開辦混合收托或學前融合教育、五個縣市成立巡迴輔導服務，提供托兒所及幼稚園巡迴輔導工作、六個縣市開始提供療育補助費等。在這些已成立早期療育的縣市，各自因為資源豐沛程度之不同，以不同的模式提供服務。

依據內政部所制定的「發展遲緩兒童早期療育服務實施方案」，早期療育服務實施有以下幾個階段：通報→轉介中心→聯合評估→轉介中心→療育服務（見**圖4-2**），分述如下：

1.通報：早期療育服務的核心是「早期發現，早期治療」，經由通報

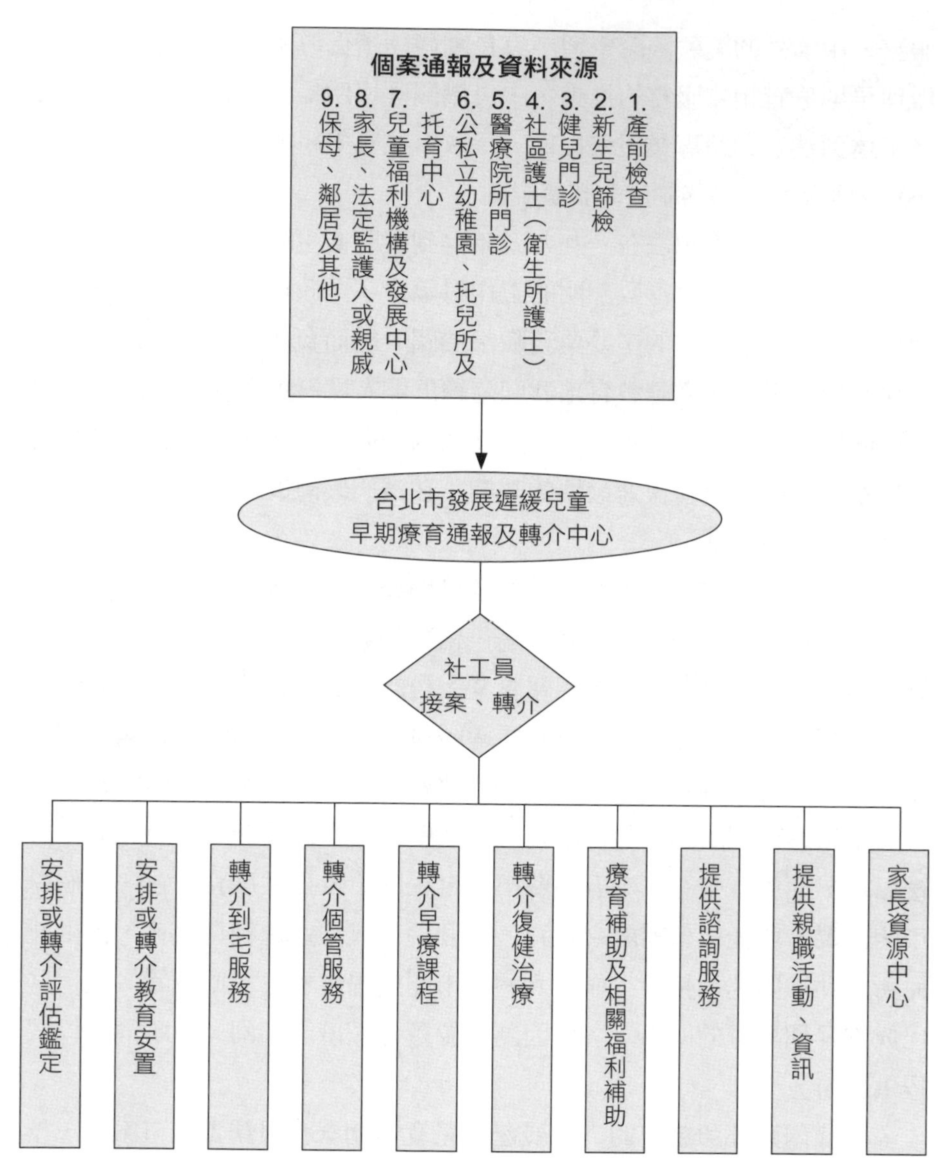


**圖4-2　發展遲緩兒童早期療育通報、轉介、評估之辦理流程**

的社政體系，便能掌握需要早期療育人口的特質與需求，並藉由通報系統建立的個案基本資料，進行之後的轉介服務，也讓發展遲緩兒及其家庭接受比較完整的資源，不會因資源不足耽誤遲緩兒接受早療的時機。**通報為早期療育的關鍵樞紐！**

2.轉介：通報之後，經由轉介中心的社會工作者運用個案管理，針對遲緩兒和其家庭需要，協助轉介至相關單位接受後續的療育服務，讓遲緩兒與其家庭都能夠運用適切的社會資源。

3.聯合評估：遲緩兒在初步篩檢時，若有發現疑似發展遲緩現象，便要轉介至醫院進行診斷工作。目前我國對遲緩兒的聯合評估的科別有小兒精神科、心理治療師、語言治療師、職能治療師等等。

4.療育服務：接受評估，確定發展遲緩事實後，由各縣市政府通報及轉介中心的社會工作者將個案轉到適當的療育服務單位，提供服務的單位有：醫療、特殊教育單位、幼兒教育單位、兒童福利機構等等（見**圖4-3**）。目前進行的療育方式有：

(1)機構式（中心式）：介入或學習地點的學校、醫院或社會福利療育機構。

(2)家庭式：由特教老師或專業團隊到家中提供訓練。

(3)中心、家庭混合式：一部分時間在家接受訓練，一部分則是在中心接受訓練。

### (二)發展遲緩兒童的社會工作處遇

擁有發展遲緩的孩子常是父母心中一輩子的擔憂，面對孩子的特殊身心需求以及教養、醫療和教育等方面的安排，父母常感受到很大的壓力與挫折，甚至否定自己的親職能力。無可否認，孩子在成長的過程中，父母絕對是一個關鍵角色；但是，父母的心理適應也絕對是影響孩子能力進展的一個重要因素。因此，父母在協助有特殊需求的孩子之前，必須先調整好自己的心態，才能以適當的態度、正確的方法來滿足

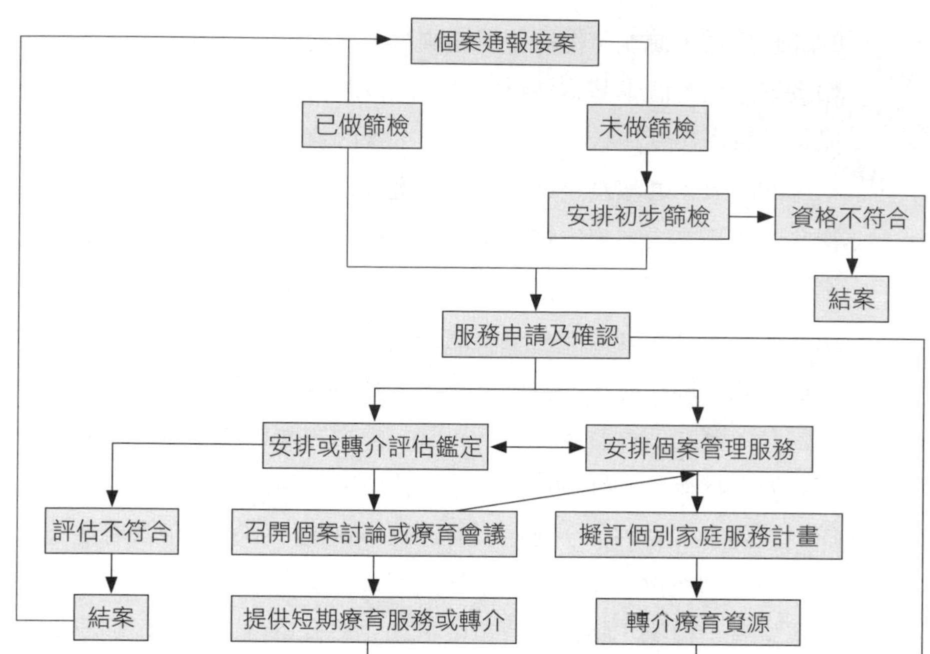


**圖4-3　臺北市早期療育綜合服務中心個案服務流程**

孩子的需要。以下是一些提供社會工作者在進行處遇時給予家庭社會支持之原則：

1.改變「孩子的問題是我造成」的錯誤心態：孩子的問題就像任何疾病一樣，會發生在任何家庭；這不是恥辱，只是不幸！父母不需要自責，也不必感到羞恥。唯有排除這樣的心態，才有勇氣正視孩子的問題。

2.接受並表達自己的各種情緒感受：不要讓自己成為隨時可能爆破的壓力鍋，對於自己的各種情緒感受，不管是憤怒、無助、悲傷、震驚，父母應允許自己出現這些情緒，並且絕對有權利利用自己想要的適當方式來發洩這些內心的真實感受。父母的情緒能獲得紓解，才能有平常心面對每一個挑戰。

3.允許自己有足夠的時間作好心理準備：假如父母覺得自己還沒有辦法面對，那麼就多給自己一點緩衝時間，不要強迫自己去接受。理智和情緒的不一致容易造成矛盾的態度，反而給孩子困惑的感覺。父母應主動積極尋求各種管道，協助自己接受孩子的狀況。

4.善待自己，給予自己喘息的空間和時間：雖然照顧孩子是一個沉重的擔子，但是「全年無休」的過度投入反而造成緊張、無效率的結果。父母應該給自己留一些空間與時間，不必心存愧疚，不需焦慮，要知道「休息是為了走更遠的路」。

5.父母應有「同舟共濟」的精神：父母能夠站在同一條線，絕對是幫助孩子的最佳條件。面對孩子的問題所帶來的衝擊，夫妻二人必須互相體諒、彼此支持，共同思考家庭必須作的調整。要知道，若因孩子的特殊需要而破壞了婚姻、甚至整個家庭，那麼每個人都成了輸家，而最大的輸家就是家中最需要幫忙的孩子。

6.積極與專業人員合作並配合指導：專業人員能協助父母對孩子的問題有正確的認識，使父母不再徬徨、困惑；並能給父母具體的建議及適當的處理方向，使父母清楚該如何幫助孩子。因此，父母應積極找到可信任的專業人員，充分討論所碰到的各種問題，只要能夠獲得適當的指導，就可更有信心地陪孩子走過這段辛苦的路！

7.與其他家長聯繫，互相打氣：有同樣處境的家長，所經歷的心路歷程和帶孩子的過程中，可能有很多相似的經驗。家長之間的聯繫，除了可以交換和分享彼此的經驗心得，也最能感同身受並瞭解接受彼此的心情，透過彼此的學習與支持，讓家長仍有更大的動力面對未來，而凝聚一起的力量更可為孩子爭取更多的權益與福利。

## 五、情緒依附失敗

嬰幼兒階段逐漸脫離依賴他人，並隨著個體的氣質特性（基本上是由天生的情緒傾向，由活動量、規律性、適應能力、反應閾、趨避性、反應強度、情緒特質、轉移注意力、持久性等九個向度來衡鑑），加上與照顧者的親密關係，逐漸對人產生依附（attachment）及發展對他人的信任感（sense of trust），這也是日後情緒發展好壞的關鍵。過去有關依附的研究常著重於認知活動，並從嬰幼兒實際活動中辨認出情緒本質（Bremmer, 1988）；最近的研究則指出，情緒具有很強的生物成分（例如世界各種文化在不同地方皆發現相似的情緒表情，像是憤怒、悲哀、驚奇等），但之後也會隨環境的展現或暗示產生相似的情緒狀態的情緒感染（emotional contagion），隨著年齡成長，嬰幼兒透過對成人的模仿（modeling with adults）及對情緒的理解（understanding of emotion），學習表達情緒（expression of emotions）。

嬰幼兒期的孩子開始理解情緒的個別本質，他們會傾向著重並且會提出自己的正面情緒多於負面情緒，這顯示出一種正面的情緒偏見（positive emotion bias）（Saarni, Mumme, & Campos, 1998）。例如當孩子在扮演假裝的社會遊戲時，嬰幼兒會嘗試用較正面的情緒，或者當父母們較著重孩子們的愉悅反應，以致年幼的孩子們會屈服於社會壓力，誇大他們的正面情緒，並且否認或將悲傷及消極的情緒減到最小；另一情緒偏見是嬰幼兒會較精確地認出他人的正面情緒，較少能精確地認出負面情緒（Fabes, Eisenberg, Nyman, & Michealieu, 1991）。

有關依附失敗的研究，常著重於因家庭失功能或失依之後而被安置機構收容的幼兒，例如Spitz（1945）研究美國與德國孤兒院院童發現，雖然他們獲得充分的醫療及食物與生理上的照顧，但因缺乏社會互動而導致院童死亡率高，甚至有情緒冷漠、智力和社會發展遲緩現象。Tizard和Rees（1974）對英國孤兒院院童的研究發現，雖然他們有好的生理照顧，但因工作人員流動性高（平均經歷過數十位照顧者），這些幼童的智力發展雖屬正常，但卻有社交及情感上的問題，八歲之後便開始有出軌行為（acting out）。同時Trout（1995）的研究亦發現，當幼童待在院區愈久，因缺乏穩定和持久的關愛，日後易出現發展冷漠、缺乏同理心、有偏差行為、自殘行為之情形。Rutter（1981）研究已有發展過依附但因家庭功能喪失而造成依附失敗的幼童也有相似的結果，只是，來自問題或破碎家庭的兒童有較嚴重的偏差行為。對兒童而言，依附失敗或者從來沒有建立依附關係所產生的問題，比喪失照顧者還來得嚴重。

## 六、自主vs.羞怯和懷疑的衝突

學步兒童從一種有些刻板的、否定的、儀式化和非理性的風格轉變為一種獨立的、精力充沛的和堅持不懈的風格，以發展個體之自主性（Erikson, 1963）。自主性發展有其獨特特徵：具活力和堅持性。自主感的建立不但要求幼童付出努力，還需要父母的耐心與支持，提升幼童之能力感。

有些兒童在學步時期未能獲得控制感。由於在大多數所嘗試的任務上遭遇到失敗，或由於不斷受到父母的批評和阻止，或最有可能由這兩種因素共同作用，有的兒童產生了一種極度的羞怯和自我懷疑感，這是學步期心理社會危機的消極解決（Erikson, 1963）。

羞怯（shame）是一種強烈的情緒，源自於兩種不同類型的經驗（Morrison, 1989）：

1.社會的諷刺和批評：你可以想像你因潑灑了牛奶或丟失了上衣而受到譏諷，由此重新體驗羞怯感。當你感到羞怯的時候，你會覺得自己很藐小、可笑，而且覺得屈辱。有些文化極大地依賴公眾的貶抑作為社會控制的手段，在那樣的文化中成長起來的人對於「保持面子」極為關注，他們最大的恐懼之一，是害怕被公眾指責為具有不道德或不誠實的行為。在有些情況下，這種羞愧會導致自殺。

2.內部的衝突：當兒童形成了對作為一個有教養、正派、有能力的人之含義的理解時，他便建立了一個關於理想的人之心理表象，即自我理想（ego ideal）。當兒童認識到自己的行為不符合自己理想的標準時，便會感到羞愧。即使他們並沒有破壞規則或做什麼淘氣的事，他們仍可能因為自己沒有遵從自己所想像的應該怎樣做的個人理想，而感到羞愧。

羞愧的經驗是極不愉快的。為了避免它，兒童可能躲避各種新活動。這類兒童對自己的能力缺乏自信；他們預料自己做什麼都會失敗，因而新技能的獲得就變得緩慢而艱難，自信感和價值感被持久的懷疑所代替。具有擴散性的懷疑感（doubt）的兒童，只有在高度結構化和熟悉的情境下，才會感到自在，在這種情境下，失敗的危險性降到最低。在自主vs.羞怯和懷疑的衝突中，這是最為消極的一種解決方法。

在正常情況下，所有的兒童在他們的成功經驗中都經歷過一些失敗。即便是最有耐心的父母，偶爾也會因為孩子把事情搞得亂七八糟或打擾他人而羞辱他。這種事例有助於兒童對自己的獨立性和技能做出更現實的評估。已獲得自主性而解決危機的兒童，仍然會對自己是否能成功表示疑問。當他們失敗的時候，他們可能仍然會感到羞愧。但是他們的性情通常是傾向於嘗試大量的活動。羞怯和懷疑的少數兒童，將避免新的活動，並墨守他們已經知道的東西。

據此，照顧者如何照顧及幫助嬰幼兒成長與發展呢？以下有一些引導原則及保育方向供大家參考：

1.提供各種學習機會，讓幼兒練習及掌握控制個體萌發的動作技巧。

2.提供各種語言學習及表達的情境，以促進幼兒語言發展。

3.增加幼兒獨立自主機會，減少羞辱孩子。

4.提供很好的身教，利用境教機會給予孩子觀察及模仿。

5.幫助幼兒覺察情緒的原因並學習表達自己的感覺。

6.提供機會（真實或假扮情境），讓幼兒練習處理及因應情緒。

7.同理心的培養。

8.利用同儕為鷹架，在遊戲中促進幼兒社會能力及社會技巧的發展。

## 第三節　影響嬰幼兒社會化的因子

當個體進入幼兒階段，其社會化之層面也將超越家庭，並擴及至兒童照顧機構、鄰里環境及電視媒體。從Bronfenbrenner之生態學理論及Erikson之心理社會理論來看，個體會隨著年齡之推移與家庭和社會產生互動，進而影響其發展，故嬰幼兒之行為分析與處遇必須要從系統之觀點來加以剖析，其中，社會層面之影響因子將包括家庭、兒童托育機構和媒體環境，茲分述如下：

### 一、家庭

影響兒童發展之家庭因素包括家庭之居家環境、貧窮、營養、遊戲之刺激、父母之管教風格、父母之性情人格、家人互動關係和家庭之型態。

#### (一)家庭居家環境

兩歲大之幼兒是以自我為中心（egocentric），並逐漸能掌握環境，進而發展成不仰賴父母來滿足需求之獨立個體。家庭環境對個人之成長似水一般，能載舟亦能覆舟；也就是說，家庭對個人之成長是助力，亦是阻力。根據統計，造成幼兒生命之最大威脅為事故傷害，也是造成幼兒死亡之最大主因。

幼兒居家環境不安全，照顧者缺乏危機意識，成人的不安全行為（例如大人小孩三貼共騎機車也未戴安全帽），私有活動及遊戲空間不足及不安全的環境等，皆造成幼兒生活於各種戕害生命之危險因子中。此外，每年奪走幼兒生命之腸病毒也是極具威脅的危險因子，從一九九八至二〇〇六年，臺灣共有一、四四六件確定病例，共奪走二百四十四位小朋友的生命（疾病管制局，2008）。

## (二)貧窮與營養不良

貧窮是造成幼兒健康與身體發育問題的主因之一，同時也是造成家庭對孩子的疏忽與虐待事件的導因，這也是兒童福利實務工作者最關心之議題。貧窮的家庭往往生活於不夠寬敞、擁擠、不衛生的居家環境中，此外，貧窮家庭因缺乏食物和醫療資源，更容易造成孩子生長的後天不良。通常貧窮家庭下出生的孩子，其先天不良的問題在孩子出生之前就已存在，因為母親的營養素往往攝取不足，也易出現早產、出生時體重不足的嬰兒，其中猝死症者也較多。

營養不良容易造成生理功能減弱及心理與行為上之障礙。即便是在高度工業化的國家，貧窮的現象仍然存在。嬰幼兒長期生存在營養攝取不足的貧困環境中，易導致嬰幼兒致死或身體及動作發展遲緩；遺憾的是，世界上仍有三分之一以上的嬰幼兒生活於貧困環境之中。

## (三)遊戲之刺激

嬰幼兒隨著生理的成熟，除了動作成熟促成其自主行為，加上與同儕相處互動遊戲而增加社會技巧。遊戲扮演著中介的媒介，促成嬰幼兒專精各種技巧，也讓幼兒透過社會奶油（social butter）來促成其友誼與同伴發展。

## (四)父母的管教風格

**父母教養風格**（parenting styles）已有大量的研究並獲得相當一致的結果與發現。早在一九六〇年代初期，美國加州大學發展心理學家Diana Baumrind所執行的縱貫研究已鑑別出兩個向度：溫暖與控制。**父母的溫暖**（parental warmth）係指父母接納、回應及陪伴孩子的程度。高溫暖的父母具支特性、培育性及關懷性；此外，他們也較常注意及關心孩子的需求，並以子女為中心；反之，低溫暖的父母拒絕兒童，對兒童需求不予回應，且以自己為中心。當父母使用低溫暖、冷淡的風格時，很明顯會損害兒童的發展，例如，孩子會呈現較多的攻擊行為，不受人歡迎，而且學業表現較差（Maccoby & Martin, 1983; Parke & Buriel, 1998）。

另一個向度是**父母的控制**（parental control），係指父母訂定限制，要求遵守規範及維持紀律的程度。Barber（2002）更提出父母的控制又可分為行為控制（behavior control）和心理控制（psychological control），前者是指使用堅定及一致的教養方法來調整孩子的行為；而後者是指運用負面的方法，諸如取消愛或利用罪惡感來控制孩子的行為。如同父母的溫暖向度一般，使用適當的行為控制能減少問題行為的發生，而高度的心理控制會造成孩子日後行為產生問題，例如憂鬱、藥物濫用或犯罪行為等（Barber, 2002; Galambos, Barker, & Almeida, 2003）。

使用高心理控制或低溫暖的父母也可能是**「高風險群」父母**（high-risk group or parents with high risks），這些父母係指具有某些特徵，可能因其本身的問題或環境的不利因素，導致他們無法克盡為人父母的角色，以至於影響子女健康和人格發展。在臺灣依照兒童／少年福利法及少年事件處理法之規定，凡對兒童／少年有直接或間接侵害，或疏於管教導致兒童／少年有觸法事實者，或成為受虐情形，父母應接受八小時以上、五十小時以下之強制性親職教育輔導。

Kumpfer（1991）指出，高風險群父母包括未成年父母、流動勞工、物質上癮的父母、特殊需求兒童的父母或領（收）養父母等。這類家庭可區分為兩種：其一為家庭本身並無問題，卻因經濟、文化、族群、家庭結構等外在因素，讓家庭及兒童／少年間接成為弱勢，比一般家庭更可能面對家庭危機，而須投注更多關懷的**高風險家庭**（families at high risks），例如身心障礙家庭、低收入家庭或外籍配偶家庭等（宋家慧，2001）；另一類家庭則為家庭本身正面臨或已遭遇特殊境遇、緊急事件與傷害侵犯等危機狀況，需要立即介入保護處置之**高挑戰家庭**（families at high challenges），如身心障礙、虐待侵害或偏差犯罪等。

### (五)父母的性情與人格

Straus（1994）與Straus、Sugarman及Giles-Sims（1997）的研究指出，從小就常被打的孩子，日後發展會較有暴力及攻擊行為，較常與兄弟姊妹打架，較可能會犯財產偷竊罪、攻擊罪、較低自尊及道德標準較低等。此外，這些研究亦指出，這些青少年較為憂鬱且有自殺傾向，日後也較有可能（約三倍）會對配偶及孩子使用暴力與濫用性活動。Gershoff（2002）使用八十八個不同的研究作假設分析（meta-analysis），結果亦指出，體罰與兒童的攻擊行為、犯罪行為、反社會行為、父母對子女的身體虐待、親子之間有不良的互動均呈正相關。父母常用體罰方式來管教子女，子女較少發展內化道德價值，日後長大也可能傾向發展出心理困擾，例如低自尊、憂鬱或酗酒，到其長大也較可能有攻擊行為、犯罪行為及家庭暴力。

上述研究與父母管教風格之研究相若，皆是使用相關性研究（橫斷調查方法），雖然統計存在有相關效果，但不能證實彼此的因果關係。此外，父母與孩子之互動是相互作用（bi-directional effect），可能是由於父母之性情、人格造成父母使用嚴格管教，但也可能是由於兒童及青少年較暴力或常有搗蛋行為，所以常被父母體罰；單單使用調查研究方法並不能證實二者之間存有因果關係。Baumrind、Larzelere及Cowan

（2002）指出，孩子之負向影響並不是來自父母的打罵，而是使用在管教子女的性情人格。Simons、Johnson及Conger（1994）進一步指出，當研究者讓控制型父母對子女融入及給予愛及溫暖的管教，此時父母打小孩與孩子的攻擊行為或犯罪行為之相關性即消失。不管研究結果如何，許多國家，如奧地利、克羅埃西亞、塞普勒斯、丹麥、芬蘭、德國、以色列、義大利、拉脫維亞、挪威及瑞典等，皆立法禁止父母體罰孩子（Bitensky, 1998）。

### (六)家庭型態

美國自有人口普查以來，二〇〇〇年是夫妻與其子女共同居住（核心家庭）之比率最低的年代，只有23.5%，而一九九〇年有25.6%，一九六〇年有45%（U. S. Census Bureau, 2000）。相較於美國，臺灣的核心家庭也從一九九八年的59.13%，到二〇〇四年只剩46.69%（行政院主計處，2007）；此外，單親家庭也從一九八八年的5.77%，升至二〇〇四年的7.74%及二〇〇六年的8.63%（約有六十三萬戶）。現代的家庭型態存在有已婚但無小孩家庭，或孩子已長大成人離家；此外，單親家庭及繼親家庭的孩子也大幅增加，還有一些是收養家庭。

在美國，約有60%出生於一九八〇至一九九〇年間的小孩，在人生歷程中有將近五年的時間是生活於父母離異的單親家庭裡，通常戶長是單親媽媽，而且生活於較貧窮的環境。離婚對父母或孩子而言是一種過程，而非一種單一事件，此種過程始於父母分居，直到父母終止合法的婚姻關係。從「離婚—壓力—適應觀點」（divorce-stress-adjustment perspective）來看，離婚過程始於父母與孩子共同面對的壓力事件，然後這些壓力源將增加父母與孩子負向影響之危機（Amato, 2000）。依據此觀點，離婚對兒童之影響端賴各種因子之交互作用（中介事件與過程），例如，親職之效能或父母衝突之程度，皆會影響兒童情緒與行為。兒童個人之特定易受傷因子，例如氣質為難養型或心理問題之基因遺傳（如憂鬱症），皆會造成兒童更難以適應離婚之壓力。保護因子，如有效的因應壓力能力與技巧、社會支持度等，會幫助減緩壓力之衝突，使得生活之轉換較為平順；當然，離婚也有可能帶給孩子好處，有些父母經常吵架，甚至虐待孩子，那麼離婚事件對孩子而言反而是舒緩壓力。Amato（2000）更以「淘汰模式」（selection model）解釋，部分父母因具有一些缺陷，如反社會人格或不擅長父母之管教技巧者，就如同有毒的父母，他們才是造成離婚之主因，以及導致孩子行為產生問題之所在，而不是壓力及離婚過程造成孩子的負面影響。研究指出，一個虐待孩子的父親（或母親）對孩子所造成的負面影響，或父（或母親）因虐待兒童導致另一方尋求解除婚約，該孩童在父母離婚後仍然出現負面影響，如挫敗或攻擊行為，諸如此種影響乃是該孩童在父母離異後卻與施虐者（父親或母親）住在一起的緣故，而不是單獨導因於離婚過程而來。

離婚對兒童而言是一風險因子，尤其在最初的二至四年期間（Emery, 1999; Amato, 2000），然而有些離婚家庭的孩子具有韌性（resilient），他們最終在學術、行為及心理上與未離婚家庭的孩子不相上下。大體說來，離婚家庭的孩子會呈現出較多外在的脫軌行為，例如不遵守規定、攻擊行為、反社會行為及犯罪行為（Emery, 1999; Amato, 2001）、未婚懷孕（McLanahan, 1999）以及身體健康出現問題等的負面影響（Tucker et al., 1997）。

離婚家庭的孩子常覺得有壓力，希望快點長大，脫離家庭獨立，此種情感稱為**「親職化」**（parentification），此種現象是孩子與父母的角色反轉，也就是讓孩子扮演父母的角色與責任，由孩子來照顧父母。親職化可透過工具性（如物質資源）或情感性（如支持與建議）來表現。適度的親職化對孩子有正面發展，但是承擔太多責任反而會造成問題，如憂鬱、焦慮、強迫性行為（Emery, 1999）。

## 二、托育機構

隨著婦女勞動參與率的提升，加上家庭型態中增加比率最快速的單親家庭，有愈來愈多的嬰幼兒被送去托育機構，而托育機構之照顧者儼然已成為兒童社會化的代理人，其角色甚至取代母親角色的重要性。美國早在一九六五年開始，詹森總統展開「向貧窮作戰」（War on Poverty），就提出聯邦政府的「啟蒙計畫」（Head Start Program），是專門為提升三至五歲幼兒學業成就與機會的補償性方案設計。這是一個家庭方案，不僅接受「啟蒙計畫」的兒童需接受健康、社會以及教育方面的服務，父母也必須接受為他們所提供的服務方案，例如親職教育、職業訓練或轉介服務等。（Zigler et al., 1993; Zigler & Styfco, 1993）

在美國「啟蒙計畫」尚未擴充至〇至八歲之前，有一個「初始方案」（Abecedarian Project）是針對美國非裔族群的貧窮家庭所設計，讓這些家庭的嬰兒可以接受高品質托育服務（大約在四、五個月至五歲）（Ramey, Campbell, & Blair, 1998）；另外一個「高瞻幼教方案」（High / Scope Perry Preschool Program）是在密西根州的伊普西蘭蒂市的幼兒介入方案（主要針對非裔貧窮家庭的三至五歲幼兒），此方案是以Piaget教育模式的建構主義教學讓兒童成為學習主宰，主導自己的學習，此外，園所每星期也透過家庭訪問來執行親職教育（Schweinhart & WeiKart, 1998）。上述的托育社會方案採取早期介入照顧方案，配合家庭支持的諮詢、轉介及親職教育，以提供補充性的兒童福利方案，幫助幼兒認知語言、社會情緒和日後學業及社會和健康利益。此外，這些早期介入方案雖然每年要花費將近一萬二千至一萬四千美元的托育成本，成效是日後每位兒童所得的經濟效益是較少接受特殊教育、留級、福利補助及犯罪成本的費用，大約是1：7.16的投資報酬率（Schweinhart & WeiKart, 1998）。

相較於臺灣，根據二〇〇五年兒童局所執行的「台閩地區兒童／少年生活狀況調查」指出，約六成三的學齡前兒童家長反映他們面臨若干照顧或養育的問題，其困難主要包括沒時間陪孩子，不知如何帶小孩或引導孩子學習；此外家長還抱怨當地兒童休閒場地不足、兒童學習活動太少。該研究亦發現，六歲之前的家長「在家由母親帶幼兒」的比率均未超過一半，這也反映出機構式或家庭式的托嬰與育兒服務已經成為現代父母相當重要的親職補充機制（內政部兒童局，2005a）。歷年來，隨著少子化的趨勢，收托人數在二○○三年之後開始減少，更於二○○八年底有高達四百家托育機構停止營業（見**表4-6**）。

為了提升收托品質並導引托育服務朝向專業領域發展，教育部與內政部自二○○一年開始推動「幼托整合」，而為使○至十二歲兒童在教育及照顧功能獲得統整，二○○七年推動「兒童教育暨照顧法」的立法，內政部亦於一九九七年訂頒「兒童福利專業人員資格要點訓練實施

**表4-6　歷年度托育機構概況**

| 年別 | 總計 | | 公立托兒所 | | 私立托兒所 | | 社區托兒所 | | 課後托育中心 | |
|---|---|---|---|---|---|---|---|---|---|---|
| | 所數 | 收托人數 | 所數 | 收托人數 | 所數 | 收托人數 | 所數 | 收托人數 | 所數 | 收托人數 |
| 1995 | 3,288 | 223,353 | 21 | 4,447 | 1,336 | 111,930 | 1,931 | 106,976 | | |
| 1996 | 2,222 | 234,967 | 227 | 81,903 | 1,548 | 122,657 | 447 | 30,407 | | |
| 1997 | 2,304 | 246,418 | 284 | 98,883 | 1,763 | 134,015 | 257 | 13,520 | | |
| 1998 | 2,304 | 241,669 | 288 | 98,369 | 1,892 | 133,883 | 168 | 9,417 | | |
| 1999 | 2,740 | 259,161 | 318 | 98,280 | 2,283 | 152,671 | 139 | 8,210 | | |
| 2000 | 3,343 | 309,639 | 295 | 99,196 | 2,955 | 202,973 | 93 | 7,470 | | |
| 2001 | 3,600 | 318,918 | 297 | 97,838 | 3,216 | 213,850 | 87 | 7,230 | 909 | 36,120 |
| 2002 | 3,897 | 327,125 | 296 | 94,960 | 3,505 | 224,557 | 96 | 7,608 | 1,015 | 40,309 |
| 2003 | 4,082 | 294,528 | 291 | 81,721 | 3,705 | 208,331 | 86 | 4,476 | 1,036 | 35,276 |
| 2004 | 4,257 | 300,257 | 288 | 83,156 | 3,896 | 212,229 | 73 | 4,872 | 1,083 | 30,686 |
| 2005 | 4,307 | 290,218 | 280 | 76,393 | 3,960 | 209,375 | 67 | 4,450 | 1,150 | 29,828 |
| 2006 | 4,213 | 266,229 | 278 | 70,954 | 3,872 | 191,756 | 63 | 3,519 | 1,108 | 31,646 |
| 2007 | 3,870 | 245,471 | 263 | 65,063 | 3,561 | 176,925 | 46 | 3,483 | 1,038 | 30,824 |

資料來源：內政部兒童局網站（2008）。

方案」，為因應二〇〇三年的兒童／少年福利合併立法，更於二〇〇四年訂頒「兒童及少年福利專業人員資格要點訓練實施方案」。這些方案的立法促使一九九八年正式實施保母人員技術士檢定，截至二〇〇七年已有近五萬人取得保母證照。並輔導保母系統推動保母培訓、考照、托育媒合轉介、訪視輔導與在職訓練機制，目前至少有二十四個縣市政府共建立有五十四個保母系統，對於家庭式托育的質與量產生相當程度的提升。

教育部更在經濟不景氣之下，除了教育工作之外，更排除萬難涉入兒童托育工作；推動「月光天使點燈計畫」，優先照顧弱勢家庭晚間七到九點的課後照顧服務。讓國小弱勢家庭在「放學後，父母卻還在工作」的青黃不接時期，卻又花不起錢上安親班、課後輔導班的孩子，有一個空間，可以寫功課、吃晚飯，甚至有人噓寒問暖的關懷，讓孩童可以健康、快樂的成長，培育健全的身心發展，並期許給自己一個美好的未來奠定良好基礎。此方案期待著「多一點課輔，少蓋一所監獄」，給予弱勢家庭孩童一個希望，要「讓孩子將知識帶希望回家」，希望M型化問題嚴重的現代社會裡，窮孩子仍可靠教育翻身。

連帶地，針對家中二歲以下幼兒可獲得每月三千元的保母托兒補助，重點除了在於保母通過訓練並領有證照外，也應該針對現行保母托育的生態環境與問題診斷，藉以設計出多軌式的保母托育系統，特別諸如薪資水準、福利待遇、專業支持、在職訓練、退休規劃等等制度性保障的運作機制。

不過，每年暑假期間都會有家長將小孩送往大賣場以接受免費的看顧服務，至於，根據內政部兒童局（2005b）的調查指出，亦有近十分之一的孩子，因為父母本身無力負擔相關的安親費用，而成為放學時必須四處遊蕩的浮萍兒；或是跟隨父母在工作場所「加班」。顯然，從過去的「鑰匙兒」到當前的「浮萍兒」以及寒暑假期間的「宅童族」，這一路走來的社會變遷趨勢，對於兒童／少年所設計提供的課後安親照顧服

表4-7　申請育嬰假留職停薪一覽表

| 年度別 | 總計 | | | 勞保身分者 | | | 軍保身分者 | | | 公保身分者 | | |
|---|---|---|---|---|---|---|---|---|---|---|---|---|
| | 計 | 男 | 女 | 計 | 男 | 女 | 計 | 男 | 女 | 計 | 男 | 女 |
| 2002 | 3,150 | 148 | 3,002 | 1,219 | 59 | 1,160 | 21 | 3 | 18 | 1,910 | 86 | 1,824 |
| 2003 | 2,607 | 99 | 2,508 | 1,415 | 41 | 1,374 | 34 | 1 | 33 | 1,158 | 57 | 1,101 |
| 2004 | 2,942 | 151 | 2,791 | 1,645 | 59 | 1,586 | 30 | -- | 30 | 1,267 | 92 | 1,175 |
| 2005 | 3,481 | 133 | 3,348 | 1,989 | 50 | 1,939 | 34 | 1 | 33 | 1,458 | 82 | 1,376 |
| 2006 | 4,299 | 172 | 4,127 | 2,798 | 77 | 2,721 | 45 | -- | 45 | 1,456 | 95 | 1,361 |
| 2007 | 5,024 | 204 | 4,820 | 3,314 | 108 | 3,206 | 43 | -- | 43 | 1,667 | 96 | 1,571 |

資料來源：行政院勞工委員會網站（2008）。

務的確有它結構性探究的必要。

準此，相應於學齡前嬰幼兒的托育服務需求而來的政策性思考在於：一則因應於修訂性別工作平等法而來的留職停薪津貼補助（見**表4-7**），癥結所在就不全然在排擠效應、企業負擔、財政能力以及社會成本等等的指標判準上，而是該項的育嬰假津貼措施是否貼近現實世界裡的家庭生活運作，特別是用以達到刺激生育意願和促進男性家事參與等等的修法意圖；連帶地，缺乏諸如保母津貼、臨時托育、喘息服務乃至家庭主婦津貼等等界面更為廣泛的論述思考。

最後，學前的托育服務以及課後的安親服務還是回歸到公共照顧的基本命題上，特別是如何給予所有兒童平等普及的托育安親服務、如何提供父母工作就業的補充性服務、如何促進男女公私領域的平等參與，以及如何創造優質的生活環境等等政策性目標的確立，乃至於進一步談及將學前機構、學校與課後托育融合成為正式教育體系或終身學習的一部分。

## 三、媒體環境

今日世界中不管中外，兒童或成人皆比以前接觸更多的媒體，如電視、電影、影音多媒體、CD、VCD、書本或雜誌，不僅平面媒體如此，電子媒體亦是，尤其一直是媒體寵兒——電玩、電腦及網路（internet）。這些媒體對兒童而言，不僅容易取得，就連父母都主動提供這些媒體，只是，由於不容易被管制，影響之大更是無遠弗屆，對兒童的生心理發展產生相當的影響力。在美國，將近三分之一的七歲以下兒童在臥房中有電視，14%有錄影機和電視遊樂器，年齡更大，使用媒體之比率及頻率更高。基本上，電視還是兒童使用媒體的最愛，而聲音媒體（如MP3、CD及錄音機）是除了嬰幼兒之外，兒童第二使用之媒體。相對地，在所有年齡層，電視遊戲及電腦使用卻少於平面媒體，基本上以十三歲為分水嶺，十三歲之前，看電視、電影及打電玩與年齡呈正相關，之後，花費的時間有下降之趨勢（郭靜晃，2009）。

有關媒體使用的調查，除了發現有年齡上的差異外，還有性別之次團體的差異存在：男生比女生花較多的時間在看電視、打電動，而女生則花較多時間在閱讀、MP3及CD；在內容上，男生偏向動作／冒險、運動及暴力的主題。至於在族群或社經地位次團體方面，則在幼兒的看電視、VCD、CD及打電動有些微的差異，但在使用網路卻沒有差異存在。孩子一旦進入小學，因為學校之政策及方案使得電腦使用變得方便，減少了電腦媒體使用之差異性。加以考量社經地位，這些差異就有了變化，低收入家庭較少有機會及時間使用網路及電腦，但低收入家庭之兒童看較多電視，較少使用平面媒體（U.S. Department of Education, 2001）。

### (一)電視媒體對幼兒的影響

長久以來已有共識：兒童花愈多時間閱讀，愈可能成為一閱讀者（Byrnes, 2001），閱讀之來源包括有書本、童書、小說、雜誌或漫畫，但如果成人指導得當，電影或電視也可刺激兒童閱讀之興趣（如《哈利波特》或《魔戒》）。

電視對幼兒的影響大都著重於認知技巧、攻擊行為以及社會行為方面。

### ■ 電視與認知技巧

電視對認知技巧及學業成就有複雜的影響，一方面是特別為閱讀能力及算術技巧所設計的電視節目對兒童認知技巧有正面的影響，例如在實驗及相關研究設計中已發現，幼兒觀賞電視節目《芝麻街》，對其語彙、色彩知識、算術技巧、字母認識及閱讀有所幫助，尤其對低收入家庭的兒童，效果尤為明顯（Huston & Wright, 1998; Wright, Huston, Scantlin, & Kotler, 2001）。相對地，幼兒只看娛樂型節目，在五歲時有較差之入學準備度，但研究更進一步指出，在二至三歲時看不同型態節目，對兒童日後職業成就有其影響，可能是因為二至三歲時是電視對幼兒影響之「機會之窗」（window of opportunity）（Bickman, Wright, & Huston, 2001: 114）。

幼兒觀察教育節目與否和其高中成績有正向關係，特別對男孩而言，此種關聯更為明顯。Anderson和Bushman（2001）的研究發現，只看娛樂型節目之幼兒日後在高中卻得到較低之成績，尤其在女生更為明顯。此研究結果推論，教育型電視節目與早期幼兒介入方案可能有相似的結果，可使幼兒獲得基本技巧，以幫助其日後上學之成功及養成對學校與學習之正向態度。早期的成功與正向態度鼓勵幼兒的持續力及培養日後追求成功的毅力。需注意的是，這些正面效應在受父母及老師的支持或讚許，並以其他活動補足資訊時，效果更為強大。

### ■ 電視與攻擊行為

Huston等人（1992）的研究估計出美國兒童在小學畢業時，平均從電視上大約已看過超過八千件謀殺案及十萬名角色之暴力行為，這還不包括有線電視或影音VCD。最常看暴力電視的時間是傍晚及星期六早上。Bushman及Huesmann（2001）、Huston及Wright（1998）等學者的後設分析指出，電視暴力對兒童之行為只有中度之負向影響，男女生結果相似，但對兒童的影響則大於成人。

上述影響常是運用調查方法，因而只能作為預測效用，Eron等人在1972年的一項長達二十二年的著名縱貫研究中發現，男生在八歲時看愈多的暴力電視，其在十八歲有愈多的暴力行為，而在三十歲成為暴力犯之可能性也愈高。此種關係似乎有雙向影響效果（bidirectional effect），似乎有愈多攻擊行為之孩子，看愈多電視，而看愈多的暴力電視愈增加兒童的暴力攻擊行為。

此外，實驗性研究（如Bandura, 1977）也發現，看暴力電視會影響兒童的攻擊行為。Bushman及Anderson（2001）更進一步說明，看電視與攻擊行為就如同吸菸與罹患肺癌之關係雷同，誠如吸菸是罹患肺癌的風險因子之一，兒童看暴力電視也可能是影響日後攻擊行為之風險因子之一。

### ■電視的其他影響

誠如電視暴力情節會影響兒童之攻擊行為，同理可證，電視也可鼓勵更多正向或利社會行為。後設分析支持這種說法，研究發現，兒童觀賞利社會行為之節目，如《芝麻街》等正向節目和其所表現之利社會行為，如助人、分享、討論情感、工作堅持、發揮想像力、捐贈、給予寬慰及合作等，有中度至高度相關（Hearold, 1986; Mares & Woodard, 2001）。這些影響對幼兒、來自中上階層家庭的幼兒，尤其是能親子共視之效果更大。可惜的是，這些節目不是付之闕如，就是鳳毛麟角，此類節目與龐大數量之攻擊行為情節充斥的節目相較起來，可說是小巫見大巫。有一項研究更指出，觀賞利社會與攻擊行為混合情節之節目，比看純反社會行為之節目，孩子所受的影響更大（Mares & Woodard, 2001）。

## (二)另類媒體對幼兒的影響

### ■ 電動玩具

電動玩具，如任天堂、Playstation、CD-Rom、X-Box等是中小學生高年級男孩最喜歡的遊戲。這些電玩大都是需要專注力及快速反應的視覺遊戲。短期而言，這些遊戲可增加一些認知動作技巧，如知覺技巧、解釋視覺形象的能力、對視覺目標的反應時間，以及在不同螢幕方位的追蹤策略（Huston & Wright, 1998）。不幸的是，電玩含有的攻擊及暴力情節會使兒童日後產生攻擊行為（Bushman & Anderson, 2001）。

### ■ 電腦遊戲

幼兒雖較少使用電腦，然而有些具有教育性的電玩，可以幫助他們訓練知覺、邏輯及認知策略技巧。這些桌遊並不需要快速的生理反應，有些遊戲軟體可提供幼兒在電腦中使用及練習，教導幼兒閱讀及教學概念，也可能幫助幼兒發展思考技巧、自信及使用電腦之樂趣（Huston & Wright, 1998）。

綜合上述，媒體對兒童發展之影響，大約有三個層面可提供解釋：

1. 觀察學習：媒體作為一個媒介（medium）讓幼兒觀看、模仿或學習行為。不管兒童是觀察別人或透過觀看電視來達到學習，這是一件事實（Bandura, 1977）。兒童經常模仿在他身邊所看見之特定行為，特別是他們主動參與的行為，極度認同媒體所呈現之角色，透過遊戲與練習，逐漸內化這些情境與行為。
2. 認知基模：「**基模**」是個人對物體的瞭解，及在特定情境中可能遭遇的事件順序。兒童經常看到媒體中暴力的意圖、詮釋及行為，那他們可能規律地吸收媒體人物與事件的不真實、刻板化及偏見的呈現，而可能產生不正確的認知基模，甚至發展強調暴力性質的社會互動基模。

3.減敏感化：**減敏感化**（desensitization）是個體需要更多刺激來產生反應的一種麻痺與遲鈍。兒童愈加習慣看見電視中的暴力，他們愈少為暴力所驚嚇，更能吸收它及產生行為習慣。在兒童發生減敏感化之前，媒體的刺激會增加兒童的激起（arousal）水平，那就是此刺激已可激起個體之情緒和生理反應。高度的激起反應在媒體結束後可能持續，接下來影響下次的個體反應則需要更高的刺激。

## 第四節　結語

嬰幼兒期是個體發展自主且開始接受社會化的一個里程時期，除了個體逐漸發展的動作與語言能力之外，開始透過社會化之互動（如家庭、托育機構、媒體）而形成個體的人格及社會能力。俗稱三歲看大，六歲看老，可見這個時期對未來人格及成就發展的重要性。學步期兒童從一個缺乏自我意識之人到自我中心兒童，逐漸地轉變成一個具有自我意識，再從個體成長掌握行動與控制，自我調節到發展獨立意識之個體。

社會化也幫助個體逐漸發展成社會人，成為家庭、社會及文化規範下之個體，而社會化互動歷程及社會支持更是影響個體日後發展及是否有復原力之重要因子。

# 參考書目

## 一、中文部分

內政部兒童局（2005a）。現行兒童福利照顧措施，http://www.moi.gov.tw/stat/index.asp。

內政部兒童局（2005b）。臺閩地區兒童及少年生活狀況調查報告。臺北：內政部兒童局。

內政部兒童局網站(2008)。84-96年度托育機構概況。內政部兒童局全球資訊網，http://www.moi.gov.tw/stat/index.asp。

行政院主計處（2007）。我國家庭型態變遷一覽表，http://www.moi.gov.tw/stat/index.asp。

行政院勞工委員會（2008）。勞動統計櫥窗：「育嬰停職停薪」實施概況，http://www.cla.gov.tw/site/business/476ldcl/4626ea2e/files/0705.doc。

宋家慧（2001）。《危機邊緣少年自我效能團體工作方案之績效評估研究》。臺中：東海大學社會研究所碩士論文。

疾病管制局（2008）。「1998-2006年腸病毒感染病發重症疫情一覽表」。行政院：疾病管制局全球資訊網。

張宏哲、林哲立編譯（2007）。《人類行為與社會環境》（Ashford、Lecroy及Lortie著）。臺北：雙葉。

張欣戊（2001）。〈語言發展〉。輯於張欣戊等著《發展心理學》（修訂三版）。臺北：國立空中大學。

郭靜晃（2009）。〈學校、媒體與文化〉。輯於郭靜晃等著之《兒童發展》（第十三章）。臺北：華都文化。

## 二、英文部分

Amato, P. R. (2000). The consequences of divorce for adults and children. *Journal of Marriage and the Family, 62*, 1269-1287.

Amato, P. R. (2001). Children of divorce in 1990s: An update of the Amato and Keith (1991) meta-analysis. *Journal of Family Psychology, 15*, 355-370.

Anderson, C. A. & Bushman, B. J. (2001). Effects of violent video games on aggressive behavior, aggressive cognition, aggressive affect, psychological arousal and prosocial behavior: A meta-analytic review of the scientific literature. *Psychological Science, 12,* 353-359.

Anglin, J. M. (1993). Vocabulary development: A morphological analysis. *Monographs of the Society for Research in Child Development, 58* (10, Serial No. 238).

Bailey, A., LeCouteur, A., Gottesman, I., Bolton, P., Simonoff, E., Yuzda, E., & Rutter, M. (1995). Autism as a strongly genetic disorder: Evidence from a British twin study. *Psychological Medicine, 25*, 63-77.

Bandura, A. (1977). *Social Learning Theory.* Englewood Cliff, NJ: Prentce-Hall.

Barber, B. K. (2002). *Intrusive Parenting: How Psychological Control Affects Children and Adolescents*. Washington D.C.: American Psychological Association.

Barkley, R. H. (1996). Attention deficit/hyperactivity disorder. In E. J. Mash & R. A. Barkley (Eds.). *Treatment of Childhood Disorders* (pp. 55- 110). New York: Guilford Press.

Baumrind, D., Larzelere, R. E., & Cowan, P. A. (2002). Ordinary physical punishment: Is it harmful? Comment on Gershoff (2002). *Psychological Bulletin, 128*, 580-589.

Bickman, D. S., Wright, J. C., & Huston, A. C. (2001). Attention, comprehension, and the educational influences of television. In D. G. Singer & J. L. Singer (Eds.). *Handbook of Children and the Media* (pp. 101-119). Thousand Oaks, CA: Sage.

Bitensky, S. H. (1998). Spare the rod, embrace our humanity: Toward a new legal regime prohibiting corporal punishment of children. University of Michigan. *Journal of Law Reform, 31*, 353-474, as cited in Gershoff (2002).

Bremmer, J. (1988). *Infancy*. Great Britain: Page Bros.

Bushman, B. J. & Anderson. C. H. (2001). Media violence and the American public: Scientific facts versus media misinformation. *American Psychologist, 56,* 477-489.

Bushman, B. J. & Huesmann, L. R. (2001). Effects of televised violence on aggression. In. D. G. Singer & J. L. Singer (Eds.). *Handbook of Children and the Media* (pp. 223-254). Thousand Oaks, CA: Sage.

Byrnes, J. P. (2001). *Cognitive Development and Learning in Instrumental Contexts* (2nd ed.). Boston: Allyn & Bacon.

Campos, J. J., Caplovitz, K. B., Lamb, M. E., Goldsmith, H. H., & Stenberg, C. (1983). Socioemotional development. In M. M. Haith & J. J. Campos (Eds.). *Handbook of Child Psychology: Vol. 2. Infant and Developmental Psychobiology* (4th ed.) (pp. 783-915). New York: Wiley.

Cook, J. L. & Cook, G. (2005). *Child Development: Principles and Perspectives* (lst ed.). CA: Allyn & Bacon.

Emery, R. E. (1999). *Marriage, Divorce, and Children's Adjustment* (2nd ed.). Thousand Oaks, CA: Sage.

Erikson, E. H. (1963). *Childhood and Society* (2nd ed.). New York: Norton.

Eron, L. D., Huesmann, L. R., Lefkowitz, M. M., & Walder, L. O. (1972). Does television violence cause aggression during early adolescence. *Child Development, 65,* 19-34. San Francisco: Jossey- Bass.

Fabes, R. A., Eisenberg, N., Nyman, M., & Michealieu, Q. (1991). Young children's appraisals of others' spontaneous emotional reactions. *Developmental Psychology, 2,* 858-866.

Frankenburg, W. K., Dodds, J., Archer, P., Bresnick, B., Maschka, P., Edelman, N., & Shapiro, H. (1992). Denver II: Training manual. Denver, Co: Denver Developmental Materials.

Galambos, N. J., Barker, E. T., & Almeida, D. M. (2003). Parents do matter: Trajectories of change in externalizing and internalizing problems in early adolescent. *Child Development, 74*, 578-594.

Gershoff, E. T. (2002). Corporal punishment by parents and associated child behaviors and experiences: A meta-analytic and theoretical review. *Psychological Bulletin, 128*, 539-579.

Hearold, S. (1986). A synthesis of 1043 effects of television on social behavior. In G. Comstock (Ed.). *Public Communication and Behavior* (Vol. 1, pp. 65-133). New York: Academic Press.

Huston, A. C., & Wright, J. C. (1998). Mass media and children's development. In W. Damon, I. E. Sigel, & K. A. Renninger (Eds.). *Handbook of Child Psychology, Child Psychology in Practice (Vol. 4)* (4 ed., pp. 999-1058). New York: Wiley.

Huston, A. C., Donnerstein, E., Fairchild, H., Feshbach, N. D., Kanz, P. A., Murray, J. P.,

Rubinstein, E. A., Wilcox, B. L., & Zuckerman, D. (1992). *Big World, Small Screen: The Role of Television in American Society*. Lincoln: University of Nebraska Press.

Huttenlocher, P. R. (1999). Synaptogenesis in human cerebral cortex and the concept of critical periods. In N. A. Fox, L. A. Leavitt, & J. G. Warhol (Eds.). *The Role of Early Experience in Infant Development* (pp. 15-28). Johnson & Johnson Pediatric Institute.

Huttenlocher, P. R. (2002). *Neural Plasticity: The Effects of Environment on the Development of the Cerebral Cortex*. Cambridge, MA: Harvard University Press.

Hymes, D. (1972). On communicative competence. In J. B. Pride & J. Holmes (Eds.). *Sociolinguistics* (pp. 269-285). Harmondsworth: Penguin.

Kolb, B. & Fantie, B. (1989). Development of the child's brain and behavior. In C. R. Reynolds & E. F. Janzen (Eds.), *Handbook of Clinical Child Neuropsychology* (pp. 17-40). New York: Plenum.

Kolb, B. (1999). Neuroanatomy and development overview. In N. A. Fox, L. A. Leavitt, & J. G. Warhol (Eds.), *The Role of Early Experience in Infant Development* (pp. 5-14). Johnson & Johnson Pediatric Institute.

Kumpfer, K. L. (1991). How to get hard-to reach parents involved in parenting programs. In Office for Substance Abuse Prevention (Ed.). *Parent Training in Prevention* (pp. 87-95). Washington DC: U.S. Government Printing Office.

Lenneberg, E. H. (1967). *Biological Foundation of Language*. New York: Wiley.

Lucariello, J. (1987). Spinning fantasy: Themes, Structure, and the knowledge base. *Child Development, 58*, 434-442.

Maccoby, E. E. & Martin, J. A. (1983). Socialization in the context of the family: Parent-child interaction. In P. H. Mussen (Ed.). *Handbook of Child Psychology* (Vol. 4, pp. 1-101). New York: Wiley.

Mares, M. & Woodard, E. H. (2001). Prosocial effects on children's social interaction. In D. G. Singer & L. Singer (Eds.). *Handbook of Children and the Media* (pp. 183-203). Thousand Oaks, CA: Sage.

Mash, E. J. & Wolfe, D. A. (1999). *Abnormal Child Psychology*. Belmont, CA: Brooks/Cole.

McLanahan, S. S. (1999). Father absence and the welfare of children. In E. M.

Hetherington (Ed.). *Copying With Divorce, Single Parenting, and Remarriage: A Risk and Resiliency Perspective* (pp. 117-145). Mahwah, NJ: Erlbaum.

Miller-Jones, D. (1989). Culture and testing. *American Psychologist, 44*, 360-366.

Morrison, A. P. (1989). *Shame: The Underside of Narcissism*. Hillsdale, NJ: Analytic Press.

Muller, E. & Lucas, T. (1975). A developmental analysis of peer interaction among toddlers. In M. Lewis & L. Rosenblum (Eds.). *Friendship and Peer Interaction*. New York: Wiley.

Nelson, K. B., Grether, J. K., Dambrosia J. M., Croen, L. A., Dickens, B. F., Hansen, R. L., & Philips, T. M. (2000). Neuropeptides and neurotrophins in neonatal blood of children with autism, mental retardation, or cerebral palsy. Abstract published in the proceeding, of the annual meeting of the American Association of Neurology. San Diego, CA.

Newsom, C. (1998). Autistic disorder. In E. J. Mash & R. A. Barkley (Eds.). *Treatment of Childhood Disorder* (2nd ed.) (pp. 416-467). New York: Guilford Press.

Parke, R. D. & Buriel, R. (1998). Socialization in the family: Ethnic and ecological perspectives. In W. Damon & N. Eisenberg (Eds.). *Handbook of Child Psychology* (Vol. 3). *Social, Emotional, and Personality Development* (pp. 463-552). New York: Wiley.

Pattison, E. M. (1978). The living-dying process. In C. A. Garfield (Ed.). *Psychological Care of the Dying Patient* (pp. 145-153). New York: McGraw-Hill.

Ramey, C. T., Campbell, F. A., & Blair, C. (1998). Enhancing the life course for high-risk children: Results from the Abecedarian Project. In J. Crane (Ed.). *Social Programs That Work* (pp. 163-183). New York: Russell Sage Foundation.

Rutter, M. (1981). *Maternal Deprivation Reassessed*. Harmondsworth, Eng: Penguin Books.

Saarni, C., Mumme, D. L., & Campos, J. J. (1998), Emotional development: Action, communication, and understanding. In W. Damon (Ed.). *Handbook of Child Psychology* ( Vol. 3, pp. 237-309). New York: Wiley.

Schweinhart, L. J. & WeiKart, D. P. (1998). High/Scope Perry Preschool program effects at age twenty-seven. In J. Crane (Ed.). *Social Programs That Work* (pp. 148-162).

New York: Russell Sage Foundation.

Simon, R. L., Johnson, C., & Conger, R. D. (1994). Harsh corporal punishment versus quality of parental involvement as an explanation of adolescent maladjustment. *Journal of Marriage and the Family, 56*, 591-607.

Spitz, R (1945). Hospitalism: An inquiry into the genesis of psychiatric conditions in early childhood. *Psychoanalytic Study of the Child, 1*, 53-74.

Straus, M. A. (1994). *Beating the Devil Out of Them: Corporal Punishment in American Families and Its Effects on Children*. New York: Lexington Books.

Straus, M. A., Sugarman, D. B., & Giles-Sims, J. (1997). Spanking by parents and subsequent antisocial behavior of children. *Archives of Pediatric and Adolescent Medicine, 151*, 761-767.

Tizard, B. & Rees, J. (1974). A comparison of the effects of adoption, restoration to the natural mother, and continued institutionalization on the cognitive development of four-year-old children. *Journal of Child Psychology and Psychiatry and Allied Disciplines, 16,* 61-73.

Trout, M. (1995). Infant attachment: Assessment, intervention and developmental impact. Workshop presented by M. Trout, Director of the Infant Parent Institute, Tucson, AZ.

Tucker, J. S., Friedman, H. S., Schwartz, J. E., Critique, M. H., Tomlinson-Keasey, C., Wingard, D. L., & Martin, L. R. (1997). Parental divorce: Effects on individual behavior and longevity. *Journal of Personality and Social Psychology, 73*, 381-391.

U. S. Department of Education (2001). National Center for Education Statistics. Internet Access in U.S. public schools and classrooms. 1994-2000 (NCES 2001-071), by A. Cattagni & E. F. Westat, Washington DC: U.S. Government Printing Office.

U.S. Census Bureau (2000). Profile of general demographic characteristics for the United States: 2000 (Table Dp-1). Washington DC: Government Printing Office.

Wright, J. C., Huston, A. C., Scantlin, R., & Kotler, J. (2001). The Early Window Project: Sesame Street prepares children for school. In S. M. Fisch & R. T. Truglio (Eds.). *"G" Is for Growing: Thirty Years of Research on Children and Sesame Street* (pp. 97-114). Mahwah, NJ: Erlbaum.

Zigler, E. & Styfco, S. J. (1993). *Head Start and Beyond: A National Plan for Extended*

*Childhood Intervention*. New Haven, CT: Yale University Press.

Zigler, E., Styfco, S. J., & Gilman, E. (1993). The national Head Start for disadvantaged preschoolers. In E. Zigler & S. J. Styfco (Eds.). *Head Start and Beyond: A National Plan for Extended Childhood Intervention* (pp. 1-41). New Haven, CT: Yale University Press.

Chapter

5

# 幼兒期

幼兒期大抵是指三至五歲的兒童，是俗稱「三歲看大，六歲看老」的一個階段，亦是決定未來個體發展是否健全的重要時期。此時期的兒童要整合其生理、心理、語言、認知、社會與情緒發展成就，更要準備歷經人生的重要轉捩點——離家到托育機構或上學，進入另一種社會化機構。身體發展逐漸讓此時期的兒童鞏固一些生活技巧，追求自我控制，以爭取獨立自主之需求。此外，兒童經過社會化歷程之洗練，開始與外界之人、事、物互動，透過對事務之參與逐漸獲得個體之認知、社會、情緒與道德及人格之發展，以成為獨立之完整個體（whole child）。

## 第一節　幼兒期的身體與動作發展

三歲以下的幼兒大都是圓圓胖胖的（chubby），到了三歲之後開始變苗條，大體來看，身體的發展來自於身體的成長改變以及動作發展的成熟。兒童早期身體平均增加七．五到十公分（約三至四吋），體重增加一．四至二．三公斤（三至五磅）左右，男生比女生稍微重一點，體型也較大，此種優勢可維持至青春期（Santrock, 1999）。

### 一、生理的成長與發展

幼兒生理成長主要來自於遺傳基因，其它來自於成長期的營養，生理成長則會受社經地位、族群等因素而決定。

#### (一)生理系統之發展

幼兒期除了身體的發育特別明顯之外（較嬰兒期緩慢許多），其次就是腦及中樞神經的成熟。腦的發育主要透過腦細胞纖維分化及髓鞘化進行。四歲兒童腦重量是出生時的三倍，為成人的75%；六歲兒童

腦重量達成人的90%；三歲時脊髓神經完成，不同神經的發展帶來不同活動的準備，四歲時連結小腦及大腦皮質間的纖維髓鞘化（Santrock, 1999）。大腦髓鞘化可以幫助幼兒認知、語言及知覺思考能力的發展。

幼兒期的到來，嬰兒肥（脊椎前屈、腹部凸出的現象）漸漸消失，幼兒身材逐漸長得修長。到了五歲時，肌肉發展占了兒童體重增加的75%。此時期，幼兒心、肺臟長大，也增加了心肺的功能（Lowery, 1978）；加上乳牙的長出，幼兒發展出咀嚼、吞嚥的功能；兩歲之後，腎臟保存水分和濃縮尿液的能力也已達到成人的程度（Valadian & Porter, 1977），大約可積留尿液六至九小時。

一般而言，就身高來說，四歲時身高是出生時的兩倍，而五歲約為出生時的三倍，六歲時兒童的身體比例與其長大成人時的比例相似。而在體重部分，兩歲半的體重約為出生時的四倍，五歲的體重約為出生時的六倍，至六歲時兒童的體重則已增加為一歲體重時的兩倍（陳月枝等，1997）。

計算幼兒的身高可以參考下列公式：

2.5×年齡＋30吋＝身高

## (二)動作發展

### ■粗大動作發展

三至六歲的一般健康兒童，他們的粗大動作發展臻至成熟，一般的跑、跳、攀爬等不成問題，而且也願意超越身體極限，只要照顧者在安全範圍設限，提醒幼兒遵守安全規則及使用安全設備，幼兒粗大動作會有很大的進步空間。一般而言，三歲幼兒可以單腳站立，兩腳交替上下樓梯，自己如廁；四歲時能單腳跳躍；五歲時可以兩腳交替跳繩、平衡地投球；六歲時跳躍、奔跑、飛馳的動作便已可以做得很好。

■精細動作發展

相對於粗大動作發展，精細動作與身體小肌肉發展有關，幼兒各方面的肌肉活動已能運用自如，手的動作技巧及手眼協調能力也會愈來愈好，大約可自行穿脫衣服、進食、握筆塗鴉等；四歲可用剪刀剪圖形、繫鞋帶；六歲可使用刀叉、可畫圖像及自行洗澡。

隨著科技及生活發達，幼兒在早期就可能接觸到建構玩具及操作電（玩），透過遊戲及練習，也使得孩子能有更高機會精熟精細動作。

## 二、生理發展危機

幼兒期早期致命的因素為天生殘疾、癌症、氣喘及心臟病，最近由於健康照顧、醫藥疫苗注射、科技發達以及環境衛生的改善，兒童的死亡率已明顯降低。兒童的動作發展受許多因素影響，其中包括遺傳、成熟因素、環境及學習因素等，這些因素並不是單獨作用，而是形成複雜的作用影響兒童動作發展。

俗稱「三歲看大、六歲看老」，說明幼兒期發展的重要性，尤其是幼兒生理發展，除了早期異狀，透過早期篩檢、早期發現及早期治療的療育保護之外，再者就是靠照顧者的留意，例如除了遺傳性因素外，一般氣喘是由病毒感染，或是因過敏原，例如花粉、苔蘚、二手菸、冷空氣等所導致的病情外，只要能避免過敏原，細心照顧，幼兒的生命威脅就能大大減少。

至於促進動作發展技巧，那就要提升照顧者的保育技巧，以下是幼兒期促進動作發展的保育原則：（郭靜晃，2005）

1.配合發展原則及個別差異：動作技能訓練須配合嬰幼兒的個別差異與成熟程度，如幼兒手部小肌肉功能尚未發育成熟時，切勿要求幼兒握筆寫字。

2.提供幼兒學習的機會：動作技能的學習是以練習為主，重複的練習

可以使動作技能純熟，增加成就感。

3.提供寓教於樂的環境及活動設計：從遊戲中訓練幼兒動作技能之發展；善用周遭環境的資源與空間，配合適當的道具或玩具，創造有利於兒童動作技能發展之環境。

4.提供正確的示範與指導：成人宜遵守安全守則，教導並提供幼兒正確動作技能的示範與指導，以免發生意外事故。

5.家長應有的正確態度：成人指導幼兒動作技能時，須修正以下四點錯誤觀念：

(1)剝奪幼兒的學習機會：如幫忙穿鞋子或衣物，無形中會剝奪了孩子學習的機會，父母宜讓孩子有機會練習，培養幼兒獨立的能力。

(2)過度保護：保護幼兒及避免意外事故是父母和主要照顧者的責任，但若因此而限制或阻止幼兒動作能力的表現，則會阻礙幼兒動作能力的發展，也會影響生存能力的訓練。

(3)抱持著時間到了就會的心態：家長認為只要年齡成熟即具備該能力，忽略了訓練及學習對動作技能的影響。

(4)過度注重智能發展：許多家長都是極力加強幼兒智力之訓練，忽視了動作技能發展的重要性。

6.多給予鼓勵，以耐心取代熱心：在指導動作技能時，父母或主要照顧者要以耐心取代熱心，勿過度干涉，並多給予鼓勵代替責罵，以激發嬰幼兒的自信心和學習動機。

## 第二節　幼兒期的心理發展

Pillari（1998）認為，學齡前的兒童發展任務分類如下：

1.達成控制統合神經和視覺。

2.控制大小便排泄的能力。

3.達成生理的平衡性。

4.提升溝通及瞭解他人表達的能力。

5.達成自我照顧、獨立飲食、穿衣及洗澡的自理能力。

6.分辨性別差異及習得角色認同。

7.學習應對進退、對人對事的簡單概念及行為。

8.發展與父母、手足及同儕之溝通與情感交流。

9.能分辨善惡好壞的價值判斷及發展內在的良知良能。

基本上，幼兒除了身體和動作的成長與發展持續增加之外，其餘的心理發展，諸如認知、語言、社會、情緒、同儕關係也會持續成長，以迎合社會要求；此外，家庭及托育機構也是影響他們成長的重要生態因子。

## 一、幼兒期的認知發展

幼兒除了大腦的腦細胞發展以外，腦細胞的突觸和髓鞘之同步活動也強化大腦的功能。此外，個體隨著知覺及語言的發展，也開始具有心理表徵基模，透過符號運作已能處理思考之問題。解釋幼兒的知能發展主要有訊息處理理論（information-processing theory）及J. Piaget的認知發展論和Vygotsky的社會建構論。

### (一)訊息處理理論

**訊息處理理論**主要是解釋當兒童透過感覺（主要是眼睛和耳朵），從外在環境接收到訊息的瞬間，做出如說話、寫字、玩玩具、接球等反應的過程。這個過程通常被比喻為像電腦一樣的運作，即如資料被鍵入電腦（輸入），經由內部機器處理過後（生產），結果就會被列印在紙上或是顯現在螢幕上（輸出）。我們可以直接看到第一和第三個步驟，

但中間由電腦內部運作的步驟則較難被察覺，除非我們拆開電腦以及分析其內部的功能，否則電腦對我們而言仍然是相當神秘，接下來我們就以理論化的方式去瞭解訊息處理過程的相關內容。

當我們從訊息處理的觀點也同樣看到分析上的問題，人們僅能直接看到小孩外在的輸入刺激（注意到的環境）以及輸出行為（注意到的活動），而沒有去推想這兩個分割過程中間的產生狀況，以及雖然可以在此部分說明兒童藉著內省的方式思考，但多數的證據仍顯示，內省指引是不完全以及有缺失的敘述。不只是未發育完全的兒童在思考過程的解釋不夠充分，連成人的心理運作分析也被認為是不足的，因為思考是一個高度複雜的活動，它的要素不是那麼容易在意識中明顯可見。

今日大家普遍認知的人類訊息處理系統主要由下列四個要素組成：

1.感覺器官：例如眼睛、耳朵、舌頭，以及皮膚等，得以從外在環境接收到感覺。
2.短期記憶或工作記憶：在短時間掌握相當有限的訊息。
3.長期記憶：儲存多數訊息。
4.肌肉系統：類似引擎，激發人們表現出各種活動，如閱讀、表達、跑步，這個系統也包含了功能和每個要素其彼此之間的互動過程。

乍看之下，整個系統似乎就是以此種順序運作：從環境而來的感覺因被理解及解釋而進入短期記憶，之後被儲存在長期記憶，直至動作需要時，它會被提取出來去決定做出及表現何種動作，然而，僅以順序去解釋人類思考和行為方式時，太過於簡單，因此，這些學說也提出由資訊網絡所組成的更完整的模式，以說明不同種類的訊息其通過的瞬間，前後經過的要素有哪些。

**圖5-1**即是以圖解方式顯示出訊息處理系統個別要素中關於：(1)功能；(2)要素的形式；(3)要素的質或量；(4)處理時間；(5)其他成分交互作用的關聯性。

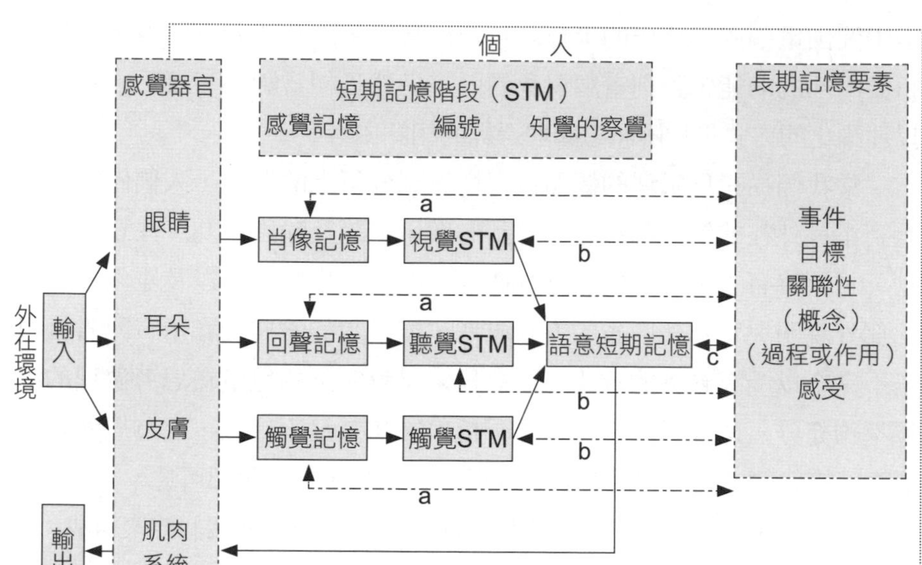


**圖5-1　人類訊息處理系統之古典敘述**

資料來源：Thomas, R. M. (2005).

## ■感覺

個人和環境的交流藉著：

1.如同輸入頻道或是世界之窗口的感覺器官。

2.如同輸出頻道或是能夠在世界上活動的肌肉系統。

每一個感覺器官都相當適合用於接收環境刺激，因此，當感覺器官從環境中接收到資訊時，它們會以高度選擇性的方式去過濾掉其他進入人類處理系統的潛在資訊。現在讓我們考慮知覺過了多年後，到成年時會變成童年經驗。

## ■短期記憶

感覺器官最初收集刺激的過程，在不同理論有不同名稱，有的稱之為**短期記憶**（short-term memory），有的稱為初級記憶、主動記憶，或者

工作記憶，R. L. Klatzky將短期記憶區分為兩種功能：

1.保管：意指在短時間內保留既定的印象。
2.工作記憶：意指進行中的認知活動，例如含有心算及推論性質的符號運算。

短期記憶包含三個階段：

1.感覺記憶（sensory memory）：感覺記憶為感覺器官瞬間保留影像的階段，對於接收範圍內的事物無法進行選擇的一種記憶形式，如眼睛的感覺記憶即是容納所有可接收的光線對於眼睛的刺激，通常這些較屬於前期階段所反映的資訊，是以原始的形式去表示，即肖像記憶是指視覺印象、回聲記憶是指聽覺印象、觸覺記憶是指觸碰的感覺。這些資訊儲存相當短暫，或許從視覺刺激到印象消失其過程不到二分之一秒，聽覺刺激或許可以持續到兩秒。這些刺激印象的短暫記憶發生在感覺記憶和長期記憶之間（見**圖5-1**的a過程）。在訊息處理中，長期記憶是儲存想法或心理認知的位置，它是因人們過去的經驗所形成的，這些想法也是個人的知識基礎，在短期記憶的三個個別階段中，都與長期記憶有所關聯，包含：
   (1)通知部分相關的長期記憶有關訊息接收的來源及連結。
   (2)容許長期記憶可個別通知短期記憶，將其各階段有關的刺激方向過濾之後並傳送至下一階段。
2.編碼（encoding）：短期記憶的第二個階段為編碼，也是訊息處理理論中的主要假設，即假設感覺起初並非被儲存於記憶中；相反的，感覺是因被神經系統操作形成一種密碼，之後才成為一個適當的象徵。在第二個階段中，編碼是指短期記憶直接傳遞到長期記憶的過程（見**圖5-1**的b過程）。
3.語意記憶（semantic memory）：短期記憶的第三個階段為語意記憶，它也是於第二階段中，將三個頻道組合並賦予其意義，以成為長期記憶的要素之一，此階段是有知覺的認知，也是人們如何從自己過去經驗的長期記憶中，去定義訊息所表示的意思（見**圖5-1**的c過程）。

■ **長期記憶**

**長期記憶**（long-term memory）有兩種主要功能：

1.指導整體訊息處理系統的運作。
2.儲存從個人過去經驗所獲取的編碼要素。

短期記憶與長期記憶就如同它們的名稱，短期記憶保留這些要素相當短暫，長期記憶則可較無限制的保留。

## (二)Piaget的認知發展論

幼兒在兩歲之後進入Piaget認知理論的第二階段——**運思前期**（pre-operational stage），也一直要到學齡期才會開始進入第三階段——具體運思期（concrete operational stage）。在運思前期有兩個分期點：(1)概念前期（preconceptual stage），又稱為表徵思考期（symbolic thought stage）；(2)直覺思考期（intuitive thought stage）。在感覺動作期結束之後，幼兒可利用符號來代表物與人，其心理運作過程是主動的，而且也是反映式的。此外，由於幼兒發展**延宕模仿**（deferred imitation），也使得他們看了事物，對它形成心像的心理表徵，稍後，即使他們未能實際看到此事物，也能模仿此物體之行動。此時，兒童可以將幾個物體串聯起來，並以所代表之表徵意義串聯，最能代表此種思考能力的是兒童所玩的**表徵遊戲**（symbolic play）。直覺思考最常出現在四歲之後，兒童能思考更周延、更複雜，且能延伸某種概念的行動，此也意味著幼兒自我中心思考逐漸為其他的社會行為及互動所取代。

Piaget認為，此一階段的幼兒只具備部分邏輯或半邏輯（a partial-logic or semi-logic）思考能力（Flavell, 1977），也具有一些認知功能及特性，茲分述如下：

1.自我中心主義（egocentrism）：兒童常以個人的想法來推測別人的想法，幼兒如果過於自我中心會導致其無法理解另一個人，幼兒深信「別人都跟我一樣，看到我所看到的事物」。

2.集中化（centering）：兒童只能著重事件的某一細節，而無法看到其他部分的重要性，即見樹不見林。此種思考也常讓幼兒在事件中做出不合理的類推。

3.專注靜態（focus on states）：前運思期之幼兒心智只著重物體之靜態情況，即使你操作一個物體，幼兒眼看物體的轉換過程，他還是只能專注在兩個靜態的物體。

4.缺乏可逆性思考（irreversibility）：此種思維使得幼兒無法獲得保留概念，也就是幼兒無法在思維中回溯到其最早的起始點。假如問一位四歲大的孩子（小明），是否有哥哥（大明），他會回答有，名字叫作大明。當再問他那「大明有沒有弟弟？」他會回答：「沒有」。

5.萬物有靈（animism）：幼兒會將任何事物都加上生命的傾向，這可以從幼兒所畫的圖畫，如火車、太陽、車子等皆會擬人化看出。Piaget曾對幼兒問及太陽、風、雨、雲時，幼兒會分不清楚其是否為生命或無生命之物體。

6.人為論（artificialism）：幼兒相信任何事物都是由人所製造，為了瞭解自然的起源，他們開始實驗因果關係，尤其喜歡問人是如何產生的。

7.分類與排序的認知（classification and series）：依Piaget和Inhelder（1969）的觀點，分類係指辨識事物的顏色、形狀或大小特徵，以及分門別類的能力。從兩歲到四歲，幼兒透過遊戲來操作分類，待孩子再成長一些，他們才可用虛擬來分類，並能混合事物加以歸類；但要到學齡期（約中年級）時，他們才能作多層次分類。排序是依據順序將一個或更多的層次安排事物，例如排蒙特梭利教具中的粉紅塔或序列棒可以從尺寸大小排列，或以重量增減排列順序。

8.平行推理思考（transductive reasoning）：幼兒缺乏演繹及歸納的推理能力，而是對一特殊事件推理到另一特殊事件。例如小明認為義大利人吃義大利麵，那麼小明吃義大利麵，則他是義大利人。

### (三)Vygotsky的社會文化脈絡

Vygotsky生於一九三四年，卒於一九六二年，英年早逝，得年三十八歲。Vygotsky是蘇俄的發展心理學者，其論述在一九六〇年之後才漸漸被社會認知論學者加以引述，影響心理學門及教育學門之應用。Vygotsky主張：(1)認知發展於社會文化脈絡中形塑而成；(2)兒童顯著的認知技巧起源於父母、同儕、手足及老師們等良師益友的啟發，也就是他所主張的「**近以發展區**」（the zone of proximal development）。

Vygotsky認為，嬰幼兒與生俱來的基本心理功能，亦受到文化的影響，諸如個人的感覺及記憶，進而幫助日後發展及提升至更精確的高階心理功能。在早期生物性之成熟之後（生物成熟線），兒童受到其特定文化所提供的人文技巧調適之工具，如語言、圖像等，以協助他們開發本身所具有的基本認知潛力。因此，Vygotsky堅信每個人智能的發展在結構脈絡上絕無「普同性」（universal）（Pillari, 1998）。

Vygotsky與Piaget皆認為幼兒是主動及好奇的探險者，不斷地自我學習及尋求新原則以建構知識。Piaget認為幼兒的學習是基於自我建構（self-constructivism），但Vygotsky認為幼兒是自動自發的認知成長與探索，是來自於社會文化脈絡，而認為是社會建構（social/contextual constructivism）。舉例來說，當幼兒來到幼兒園會對玩物的吸引表現出主動及自發性的學習行為。Piaget針對上述行為認為是幼兒主動參與獨立性的自發學習，而Vygotsky則認為幼兒的學習是受環境的吸引，以及在同儕和老師的示範與互動下，達到觀念的內化，進而形成主動的操作。透

過老師安排與同儕合作協同的學習模式，在學習過程中應用近似發展區之社會脈絡，鼓勵幼兒與同儕互相協助、模仿，以達到認知的啟迪。

## 二、幼兒期的語言發展

幼兒期的兒童是個精力充沛的談話者，他們對萬物均感到興趣，而且喜歡討論，永遠有問不完的「為什麼」，一方面是求知心切，另一方面是藉此使談話能持續。此時，幼兒能正確說出動物、身體部分及日常生活事物的名稱，能使用複數及過去式（英文），與瞭解代名詞（你、我、他）的使用，而且能要求別人，也能遵循簡單的命令。

四、五歲的幼兒已有超過一千個字彙量及使用大約四、五個字的句子，而且能使用介系詞及動詞。五、六歲的幼兒使用大約六至八個字的句子，能定義簡單的字詞，知道某些相反詞。雖然他們在日常語言會以過度泛化（overgeneralization）來使用文法，並忽略文法的特例（例如所有複數皆加“s”、過去式加“ed”），但是他們的語言結構已能相當合乎文法。到了六至七歲時，幼兒已能使用合乎文法的複合句，也使得他們的語言變得更複雜及合乎現實社會的語言結構（黃慧真譯，1989）。

隨著幼兒期的發展，幼兒的語言結構及形式也產生變化，伴隨著語言的功能也有所不同。大約幼兒早期（約二、三歲），其語言是屬於「自我中心式」的語言，目的不在乎溝通，除了自娛功能之外，還有重複字語和片語以練習其語文基模。此外，自言自語的另一功能是促進個人願望實現，尤其是超乎個人的能力，例如小明討厭下雨，他會自言自語：「下雨討厭，趕快走開，小明要出去玩。」另一種語言的方式是集合式的獨白（collective monologues）的說話，也就是幼兒會輪流說話，彼此相隔一段距離，各說各話，不知道也不在乎對方在說什麼，或對方是否在聽。

社會語言（social speech）是一種具社會化的語言，幼兒在三歲之後，可考慮他人的需要，並用這種彼此可溝通的語言來維持接觸或與他人建立關係。其實兒童在很早的嬰兒時期即可使用社會化語言來與照顧者溝通，但是他們不知如何因應特殊情況的需要來修正自己的語言（黃慧真譯，1989）。此時幼兒的詞彙已可以被人瞭解了，雖然仍有錯誤產生，但其語法複雜性已大致能合乎成人的口語語言，並能應用口語的理解來與別人溝通。

## 三、幼兒期的道德發展

在學步期，嬰幼兒的注意力集中在行為的界限和標準上。嬰幼兒感到對正確行為要求並不是來自他們自己，而是來自於外部世界。在幼兒期，行為的標準和界限變成了兒童自我概念的一部分。特殊的價值觀是從父母那裡獲得的，但它們會被整合成兒童的世界觀。

早期的道德發展涉及到一個把父母的標準和價值觀據為己有的過程。這個過程稱為**內化**（internalization），它是在幼兒期這幾年中逐漸發生的。例如一個三歲的男孩可能從他用棍棒打狗的過程中獲得很大的快樂。在一次這樣的攻擊中，他的母親訓斥了他，她堅持他應該停止這樣做，並解釋說傷害狗是很殘忍的，假如她的懲罰不是十分嚴厲，那麼可能得一再提醒這個男孩打狗是不允許的。當這個男孩內化了這個標準，他開始體驗到對他自己行為的內部控制。他看見狗靜靜地躺在陽光下，眼睛一亮，開始撿棍棒。就在這時，他的行為被一種緊張感打斷，與之伴隨而來的正是那一想法：打狗是錯誤的。假如這個標準已被成功地內化，這種情緒的緊張以及想法便足以阻止這個男孩打狗了（郭靜晃、吳幸玲譯，1993）。

對學齡兒童來說，在道德發展上的成就包括學習家庭和社會的道德規範，並用它們指導行為。心理學家提出的主要問題是：「內化過程是怎樣發生的？」對此有了各種理論闡述（Windmiller, Lambert, & Turiel,

1980），茲分述如下：

## (一)學習理論

**行為學習理論**提供了對道德行為塑化的解釋，人們可以把道德行為看作是對環境的增強和懲罰的反應（Aronfreed, 1969）；受到獎賞的行為可能被重複。因此，內化可能源於能導致較為舒適、較少不愉快或威脅的環境的行為。而**社會學習理論**認為，幼兒道德學習來自對榜樣的觀察與模仿。幼兒透過觀察與模仿好行為與不好行為之榜樣，學會了社會行為或抑制不當之行為。

## (二)認知發展理論

**認知發展理論**強調兒童關於道德問題的思維之有序發展過程。Piaget認為，個人的道德判斷是由生物性的無律到社會性的他律與自律。Kohlberg進一步擴展Piaget的認知發展，創立了道德思維的三層次及六階段論（見**表5-1**）。

幼兒期的道德發展是在第一層次的前習俗道德中，階段一對公平的判斷是基於行為是否受到鼓勵或懲罰；階段二的道德判斷是基於一種功能論，即行為的後果是否有利於「我及我的家庭」。所以說來，幼兒期的道德發展觀是關注行為後果的功利主義傾向（Kohlberg, 1976）。 兒童對後果的專注凸顯了家庭與學校環境對幼兒道德形成與支持的重要性。幼兒的道德判斷基礎建基於他們必須理解其行為對他人所造成的後果，

**表5-1　道德判斷的階段**

| 層次 | 階段 | 判斷 |
|---|---|---|
| Ⅰ、前習俗層次 | 階段1 | 判斷是基於行為是否受到獎賞或懲罰。 |
| | 階段2 | 判斷是基於行為後果是不是有益於自己或所愛的人。 |
| Ⅱ、習俗層次 | 階段3 | 判斷是基於權威人物是贊成還是反對。 |
| | 階段4 | 判斷是基於行為是符合還是違反了社會法律。 |
| Ⅲ、後習俗層次 | 階段5 | 判斷是基於建立在協同合作基礎上的社會契約。 |
| | 階段6 | 判斷是基於適應於不同時間和不同文化的倫理原則。 |

因此誘導（induction）的管教策略，提供幼兒瞭解他們的行為會對他人造成影響的解釋，也提供幼兒感受道德氣氛及瞭解道德準則的內容。

### (三)心理分析理論

心理分析論認為，道德意識是兒童對父母強烈認同的產物，此理論在道德發展中強調價值的內化，以及在有誘惑的條件下維持衝動控制的因素。心理分析論以良心（視為超我），看作是父母的價值觀和道德標準在兒童身心的內化，並堅信兒童的超我是其內在的性衝動、攻擊衝動，與其父母對待這些衝動在外顯行為方式之間衝突的產物。心理分析論認為，父母愈是嚴格地強制兒童抑制衝動，兒童的超我將會愈強烈。Freud假設男性的超我比女性來得更分化且更具懲罰性，因為男性的衝動比女性來得強烈。

### (四)同理心與角色取替的研究

**同理心**（empathy）的定義為共同感受及知覺到別人的感情（感同身受，將心比心），這也是兒童正向的情緒反應。一個人是否能同理他人，取決於他人所發出訊息的清晰性以及他本人以前的經驗。

Hoffman（1987）對於幼兒能對他人感受痛苦之知覺，分類了四種同理層次（郭靜晃、吳幸玲譯，1993）：

1. 整體的同理（global empathy）：目睹他人的痛苦而體驗並能表現出痛苦。
2. 自我中心的同理（egocentric empathy）：認識他人的痛苦並能對它做出反應，好像是個人的痛苦一般。
3. 對他人情感的同理（empathy for another's feeling）：能對廣泛情感移情，並能預測對他人施以安慰的反應。
4. 對他人生活情況的同理（empathy for another's life condition）：能瞭解他人的生活狀況或境遇，並體驗到同理情感。

同理能力從嬰兒期即已發展，但隨著幼兒對自我及他人的理解，以及能使用語言來描述情緒能力的增加，同理能力也逐漸提升。能辨別別人的情緒並同理他人的幼兒較易於道德教導，同理也使幼兒能努力幫助別人，從而產生促進道德形成的作用；同理還能夠使幼兒在造成他人的情緒狀態後感到後悔，從而具有抑制衝動的功能。

**觀點取替**（perspective taking）係指一個人從他人的立場來看待一種情境的能力。這種要求能認識別人的觀點與自己的觀點的不同，也促進個人自我發展。Robert Selman（1980）透過分析兒童在結構化訪談中的反應，以研究社會性觀點取替的發展過程，並對兒童的自我發展有深入的研究。

許多進退兩難的道德問題皆要求兒童服從於他人，而要解決此種兩難困境，兒童需要將個人願望與他人願望加以區分。Selman（1980）的研究顯示，十歲以下的兒童很少能以這種客觀性來解決人際衝突。

### (五)良心發展的研究

此類研究的發現未能支持Freud的假設。良心發展的研究認為，年幼的女孩比男孩更能抗拒誘惑，而且年幼的女孩出現違反道德的行為有愈來愈少的趨向（Mischel et al., 1989）。針對父母親的態度與幼兒道德行為的相關研究發現，母親的價值觀與孩子的道德行為有高度相關存在，而父親的價值觀與孩子的道德行為卻沒有任何相關（Hoffman, 1970）。然而針對父母的管教方式與兒童道德行為之研究卻發現，權威式的父母傾向用侵犯性懲罰孩子，而使孩子即使在家庭外也不能控制自己的衝動與行為（Anthony, 1970; Chwast, 1972）；父母以溫暖、民主式和抗拒誘惑的管教風格，則較能促成孩子高層次的社會行為及社會責任感（Baumrind, 1975; Hoffman, 1979）。此種觀點的提出與Freud有不同的論述，認為Freud可能低估了兒童對確保父母愛的需要之作用，並解釋父母與孩子之間強烈的情感聯繫是促進積極道德行為最有效的力量。

### (六)父母紀律訓練的研究

**父母的紀律訓練**（discipline）可對兒童產生四種行為影響：(1)幫助兒童停止或抑制禁止行為；(2)指出可接受的行為形式；(3)提供誘導，解釋何種行為是不恰當的；(4)激發兒童對錯誤行為的受害者同理的能力（郭靜晃、吳幸玲譯，1993）。

**紀律訓練**被視為是道德教育的一種機轉，個體藉此開始體驗道德行為與紀律訓練之間的交互影響。而對兒童施行道德教育時，最有效的紀律訓練技巧即是能幫助兒童控制自己的行為，懂得自己的行為會對他人產生影響，以及擴展自己同理情感的技巧。

綜合上述，學齡前的幼兒正處於早期道德規範的發展過程中。對這一課題的六種理論總結在**表5-2**中。每一種方法都凸顯說明了較廣泛、較複雜的現象中的一種基本元素。學習理論指出一種外在的獎賞結構抑制或增強行為；認知理論指出這一道德發展階段的特徵是概念的不成熟性；心理分析理論特別關注對父母的認同與良心發展之間的關係；關於良心發展的研究則對Freud關於超我形成過程的某些看法提出了挑戰；關於同理心和觀點取替的研究顯示，道德行為要求對他人的需要有情緒和認知上的理解。上述這些利社會技能有助於兒童瞭解其他兒童或成人是怎樣感受現實的。透過這種洞察，兒童能改變自己的行為以使之有利於他人。關於父母的紀律訓練的理論與研究指出，當父母努力促進兒童理解自己的行為對他人產生影響時，道德發展便可提高。所以說來，道德行為涉及道德判斷、對獎賞結構的理解、與父母認同及對他人的同理的整合。

## 四、幼兒期的情緒發展

當嬰兒期結束進入幼兒期階段，個體已發展了複雜的情緒反應，例

**表5-2　對道德發展研究的貢獻**

| 概念來源 | 重要的貢獻 | 對道德行為特定的影響 |
| --- | --- | --- |
| 學習理論 | 外在的獎勵和懲罰系統的相關性<br>對榜樣的模仿<br>形成對獎賞結構的期望 | 道德行為<br>道德準則的內化 |
| 認知理論 | 對意圖、規則、公平和權威的認識的概念化發展<br>道德判斷的階段 | 道德判斷<br>對違反道德和社會習俗的區分 |
| 心理分析理論 | 與父母的認同<br>超我的形成 | 父母價值觀的內化<br>內疚體驗 |
| 對良心發展的研究 | 性別差異<br>父母的教育：紀律訓練和溫暖 | 衝動控制<br>價值觀的內化 |
| 對同理和角色取替的研究 | 體驗他人的情感的能力很早就產生了，並隨著年齡而變化<br>對觀點上的差異的認識能力在學齡前和學齡期慢慢出現<br>同伴間的衝突和互動以及具體的角色扮演訓練，均能提高角色取替技巧 | 同理加強了對他人的關心；有助於抑制可能造成痛苦的行為<br>角色取替能夠促進助人和利他主義 |
| 對父母的紀律訓練的研究 | 父母確定道德內容<br>父母指出兒童的行為對他人的影響<br>創造一種獎賞結構<br>強制、愛的取消、慈愛和誘導對兒童的不同影響 | 道德行為<br>道德推理<br>道德價值的內化<br>同理和內疚 |

資料來源：郭靜晃、吳幸玲譯（1993）。

如羞恥、困窘、罪惡感、羨慕及自傲等，這需要一些認知與社會能力的提升才能促進其發展，此種情緒反應不似基本的情緒是與生俱來的。之後，幼兒逐漸從互動中學會一些控制及管理情緒的技巧，例如**情緒的自我控制**（emotional display rules）與**自我調節**（emotional self-regulation）及**情緒表達規則**。此時期最常見的情緒有恐懼、攻擊及利社會行為，分述如下：

### (一)恐懼

二至六歲的幼兒期增加最多的情緒反應是恐懼，或許兒童有過被驚嚇的經驗，例如被關在黑暗的空間、迷路、憂傷、親人死亡等，同時他們也從真實生活、故事（書）和電視上聽到發生在別人身上的可怕事情。此時幼兒可能從真實事件的幻想中，得知許多可怕的事物；女孩表現比男孩多，其中一個原因或許是較依賴父母的孩子較會感到恐懼，而女孩一向被預期較為依賴，或許是由於男孩較不願承認自己的恐懼（Bauer, 1976）；此外，較處於社經劣勢的孩子比情況較富裕的孩子害怕的東西更多，也可能是較貧窮的孩子較缺乏安全感所致，但這種恐懼感會隨著年齡增長而降低（Bauer, 1976; Saarni et al., 2006）。

過去幾十年來孩子的恐懼也深受社會影響，美國兒童過去最害怕的是超自然生物和事物，接著是共產黨，現在則是類似九一一的恐怖攻擊或地震與海嘯，臺灣的兒童則是害怕自然禍害與被綁架（Yudkin, 1984）。這種改變深受媒體（如電視與電影）所影響。

對於這些有恐懼情緒的孩子，雖然隨著時間增長，無力感消失，恐懼感也可能隨之化為烏有。如果未能消除，千萬不要以嘲笑、強迫或以忽視的態度試圖消除孩子的恐懼。幫助孩子克服不合現實恐懼的最佳方法，除了觀察他人或模仿別人無畏的情形之外，得包含孩子的自身行動。當孩子瞭解（找出）自己解決恐懼的辦法，並在成人的幫助下逐漸經歷令他害怕的情境（如系統減敏感法）；除此之外，可以配合主動的制約，輔以言語說明的方式也會有助益。

### (二)攻擊

兩歲之前的嬰兒不會表現真正意圖傷害別人的**攻擊行為**（aggressive behavior），縱使別人粗暴地從他身上搶奪玩具，他所想要的只是玩具，並非想傷害或支配他人。到了幼兒期時，孩子則常常表現打、踢、咬、丟擲玩物等攻擊他人的行為。

兒童早期的攻擊會由身體的行動轉變為口頭的表示，例如對別人採取威脅的姿態，以達到嚇阻或拿到個人所想要的物品。幼兒期的攻擊以爭奪玩物和空間的占有為主，最常出現在社會性遊戲之中，最好鬥的孩子通常也是最善交際的。最能幹的孩子，漸漸在團體裡成為人際優勢者，通常是領袖或能擁有物權及空間使用權，攻擊行為也隨之減少。當孩子以攻擊方式達到目的的次數愈多時，持續攻擊的可能性也就愈高，因為權力的沉醉會促使他持續用此種方式對待別人。

到了六、七歲之後，大多數孩子會減少攻擊行為，或以話語來代替身體上的侵犯，攻擊的根源也從對物體的爭奪轉變為自我的確保，所用的方式是污辱他人。直到他們發展自我概念，或有了更肯定的社會技巧，特別是與別人的言語溝通和合作之後，攻擊行為會大幅減少。 攻擊行為的導火線最可能是因挫折而來，挫折通常來自被懲罰、污辱和恐懼，雖然挫折並不一定導致攻擊性的行為，但是一個受挫折的孩子會比一個滿足的孩子更可能做出攻擊的行為（Bandura, Ross, & Ross, 1961）。

影響幼兒攻擊行為的原因可能來自遺傳（男性賀爾蒙的因素），也可能來自對父母（成人）行為的模仿，父母管教方式、受挫折或攻擊行為得到酬賞，或從實際生活中的電視或電影得到的行為模式。

### (三)利社會行為

兒童有一些慷慨大方、富同情心，並善體別人的需要等行為，心理學者稱為**利社會行為**（prosocial behavior），或稱**利他行為**（altruistic behavior）。Mussen和Eisenberg（1977）進一步解釋為：「想幫助或有利於他人，而且不預期外在酬賞的行動。這種行動通常包含著某些成本，自我犧牲，以及行動者本身所冒的風險。」（黃慧真譯，1989）。

研究性別在利社會行為的發現各有支持，性別未出現一定的結論。有些研究指出，女性較為慷慨、助人、體貼，或許這些研究偏向解釋照顧的行為一向為女性的特質，所以女性較常被鼓勵去幫助別人，也可能女性較少使用身體上的攻擊或處罰，得到較多溫情。

年齡是促成利他行為的重要因素之一，幼兒到了四歲左右開始呈現出顯著的利他行為，到了學齡期此行為會穩定地增加，顯然與其發展出考慮別人立場之觀點取替有很大的關聯。有些研究顯示出這與孩子觀賞的電視節目內容有關，如果兒童被鼓勵較多利社會行為暴露之節目，則孩子可發展出更富同情心、更慷慨、更樂於助人的行為（NJMH, 1982）；反之，如果看更多的卡通（尤其是含暴力情節者），孩子將顯現出較多的攻擊行為。

## 五、幼兒期的社會發展

**友伴關係**的社會發展與其日後人格有關，社會適應則和是否犯罪息息相關。良好的社會發展在消極方面能使個人控制攻擊衝動，抑制自我的意圖；積極方面有可與人共同分享、互助合作，建立自我尊重與自我價值肯定、選擇朋友及尊重他人等行為呈現。

**社會化過程**是使兒童從「自然人」成為「社會人」。兒童的人際關係發展型態是由垂直式的互動關係（例如親子、手足、師生關係）到平行式的互動（友伴關係）。所有互動關係又以友伴關係最能減少兒童的壓力，且能有平等地位的相處。友伴關係可以幫助兒童從依賴父母走向自我獨立的地位，以幫助兒童達成自我認同。至青少年時期，個體在追求獨立、自主的同時，更需要友伴的情緒支持，而成年時期，友誼與性的混合使得個體在友伴關係獲得親密需求，進而發展婚姻關係。因此**友伴是個體社會化過程的催化劑**。

### (一)友伴關係的重要性

兒童的友伴關係是日後人格和社會發展的重要指標，對青少年及成人時期待人處事的態度，與應對進退的社交技能有相當的影響作用（簡茂發，1983；簡茂發、朱經明，1982），甚至影響其日後的犯罪行為（Papalia & Olds, 1981）。

兒童與他人的互動系統包括親子、手足與同儕三種，每一系統都有其單一型態的互動特色，也為其相互的互動關係負起相當重要的地位。隨著年齡的成長，兒童從嬰兒期、嬰幼兒期、幼兒期至學齡兒童期，互動的系統也由與重要的成人互動，轉至與友伴同儕的互動，尤其在幼兒期，藉著遊戲活動開始其同儕社會化。

Corsaro（1981）指出，在孩子結交朋友前，社會情感的聯繫主要來自父母或重要照顧者，而互動的關係是透過社會學習去接受、適應，或被迫式的承認父母與手足間的關係。然而，到幼兒期，幼兒會透過主動探索、參與選擇、與同儕們互動，學習到同儕們的特質，並從中學會如何與人交往。一般人常認為，孩子們在一起時，都在遊戲、玩，較少有思想、情緒或心靈上的溝通；其實，有人際關係困擾的兒童，可能是由於缺乏從遊戲中學到正確的人際交往觀念或人際溝通技巧；也可能因幼兒個人氣質（temperament）較害怕陌生情境（Berberian & Snyder, 1982），而影響兒童與他人建立依附（attachment）關係；或是幼兒缺乏認知上的限制，例如缺乏瞭解他人觀點的能力（觀點取替能力），使得他們不能與他人共同計畫或參與活動（Bowlby, 1980; Marvin & Greenberg, 1982）。Piaget在他早期著作中曾提到，孩子的社會經驗來自於與地位平等的同伴的相處。在遊戲中，爭執或衝突會發生，而這些衝突有助於兒童脫離自我中心期（decentration），體認他人的觀點，進而增加其與同儕相處的壓力（Shaffer, 1979）；也就是說，可將學齡兒童視為是處於壓力狀態（如疲倦、飢餓、家庭紛爭、課業問題等），更加需要關懷的表徵；即便是青少年，他們也可能因獨立及自治能力增加，或因賀爾蒙的改變，使得與父母頻頻發生齟齬，進而疏離，轉而產生對同儕的依附（這是青少年發展的正常現象）。

今日的父母送幼兒去幼兒園，多只注重幼兒學科教育及知識技能學習，一味的要孩子多學些才藝；中、小學教育在聯考壓力下，也只偏重知識技能的學習，只求擠進明星中學或大學的窄門，因此，大多數家長只注重孩子自小到大的學業成績如何，鮮少問及他們的人際關係如何。這種情形，不但對兒童日後的發展有不良影響，也可能會引發諸多的社會問題。

事實上，多位學者的研究指出，兒童只要在早期能與母親發展出安全依附的親密關係，日後社會性可能較好、自我尊重高、與手足關係良好、較獨立、較少發脾氣或有攻擊行為、服從性高、有同理心、較少有行為問題以及有較高的問題解決能力（Cohn, 1990; Frankel & Bates, 1990）。

Parten（1932）從對日本保育學校（nursery schools，僅收托二至五歲的幼兒學校）自然遊戲行為的觀察中發現，隨著年齡的增加，兒童平行遊戲的量減少，而合作遊戲的時間增加。

Hartup（1974）的研究指出，兒童隨著年齡的增加會減少彼此爭吵的次數，而學齡前兒童之爭吵可算是一種友伴間的社會學習；同時亦認為學齡前兒童已可以建立一對一的彼此互動關係。

Shaffer（1979）指出，三至四歲的幼兒已開始減少與父母的接觸，相對地增加與友伴的互動。Hartup（1989）檢視Smith及Connolly的研究後指出，幼兒在二至四歲間，與人談話及互動性的社會遊戲會增加；同時，Hartup（1989）及Furman與Masters（1980）的研究亦分別指出，學前兒童的一對一互動較正向性、相互性及分享性。而Corsaro（1981）也發現，當托兒所中的兒童發現自己是單獨一人時，往往會試著去參與其他同伴的活動。

從上述學者的研究可知，在幼兒社會化過程中，友伴關係的發展的確很重要（Halliman, 1981），透過與友伴的互動、遊戲、分享並學習如何與人交往、溝通、同理，甚至克服對環境畏縮及羞怯，學習主動表達善意，及學會不自私與熱心助人等，這些對幼兒的人格、情緒、認知及未來人際適應，皆具有相當重要的影響作用（見簡茂發，1983；簡茂發、朱經明，1982）。兒童期的友誼是建立在一起活動、遊戲的情境上，而青少年及成年期的友誼則建立在親密關係的感情基礎上，而且是從同性關係發展到男女兩性關係。

## (二)友伴關係的發展

大多數社會與人格發展的理論都十分強調親子互動關係，而較忽略同儕關係的重要性。直到最近才有相關學者開始強調同儕水平關係對兒童發展的影響，幼兒大部分與人相處的平等關係，只能從同儕互動中獲得，而這種同儕關係也幫助兒童從依賴於父母的關係，走向自我獨立的地位。以下即就幼兒友伴關係的發展加以介紹：

### ■嬰兒期與幼兒期

嬰兒開始對其他嬰兒發生興趣大約在六個月左右，此時如果我們將兩個嬰兒放在地板上，他們將會互相注視、觸摸、拉彼此的頭髮，或對對方的行為加以模仿，或相互微笑（Bee, 1992）。將近一歲時，這種行為更趨明顯。雖然，依嬰幼兒的發展，此時期較喜歡玩一些物品，但如果沒有物品可玩時，他們便喜歡與同伴玩。

十四至十八個月之後，幼兒開始發展一些平行遊戲，有時還有協同或合作行為產生。因此，同儕互動關係可以說開始於嬰幼兒期。到了三至四歲，在幼兒園的兒童，尤其需要學習如何與別人在一起玩（Harper & Huie, 1985）。兒童可以發展一些有組織的遊戲，並且也較喜歡與同伴（特別是同性別的友伴）在一起玩。

### ■學齡兒童期

小學階段，兒童較喜歡與同性別的兒童玩在一起，而且不同性別的兒童彼此之間有著不同的地盤，這種行為是具有高度儀式化與刻板化的。試著回想我們在小學階段，曾經因為異性同學在桌上超線而大吵一架。美國學者Barrie Thorne在一九八六年曾觀察小學兒童在遊戲場玩的情形，發現男童常扮著鬼臉以挑釁的口吻說：「你抓不到我，哈哈……」然後便跑開了，隨後便是追逐與女孩的尖叫聲，再來便是一番爭執：「誰超越了地盤，……」一直持續到四、五年級都是這樣，如果男生女生彼此有接觸，便會遭到其他兒童的非議，說是男生愛女生或女生愛男生，羞羞羞。

雖然如此，學齡兒童還是喜歡與同伴玩在一起，尤其是同性別的**幫團**（crowds of cliques）。他們會聚在一起，只是彼此喜歡在一起做些事（玩在一起），活動不外乎一起打球、打電動、讀書、下棋等等；很少是因為彼此享有共同的態度或價值。

## 第三節　影響幼兒期社會發展的因子

隨著個體的生理成熟，幼兒需要成人的身體照顧日益減少，伴隨著社會化層次的擴展，加上個體的成熟，探索、動作、實驗技巧的熟練，社交和情緒及自我表達的成熟也使得幼兒發展出自主能力。當然，隨著個體社交圈的擴展（如兒童照顧系統、同儕等），個體也發現造成他們快樂、生氣、憤怒、挫折、憂慮的新源頭，如家庭、托育環境、同儕、電視媒體等系統，也會造成個體面對主動和罪惡感的心理社會發展危機。

### 一、家庭系統

家庭環境對兒童成長極具重要性，家庭是兒童第一個社會化場所，儘管兒童逐漸成長後會有更多機會與托育照顧、學校或同儕相處，家庭的影響力仍相當重要，且不容忽視。良好的家庭環境提供兒童撫育、支持、教導，幫助兒童發掘自我探索，以及提供安全穩定的成長環境。

## (一)父母的教養風格

家庭中不管是何種結構或文化型態，影響幼兒最大的還是父母的教養風格。在一九六〇年代中期，美國加州大學發展心理學家Diana Baumrind執行一連串的研究（縱貫研究），將父母教養風格區分為二個向度（溫暖與控制）vs.四種教養風格（高溫暖、高控制；低溫暖、高控制；高溫暖、低控制；低溫暖、低控制）（Baumrind, 1973, 1991; Maccoby & Martin, 1983）。**圖5-2**以2×2的方格矩陣呈現出上述的四種父母教養風格類型：

1.權威開明型父母（authoritative parents）：基本上對孩子呈現高度的愛和溫暖，而且對孩子使用堅定、明確的規範與控制。此種父母會陪伴孩子、監督孩子，而且對孩子的行為有清楚的規範、管教和高度的期待。親子關係是有互動、雙向溝通的，父母對孩子的行為會給予支持，並傾聽孩子的言語與需求。此類型父母養育出來的子女有較好的學業表現、較少的敵意行為、較好的社交關係、自尊及

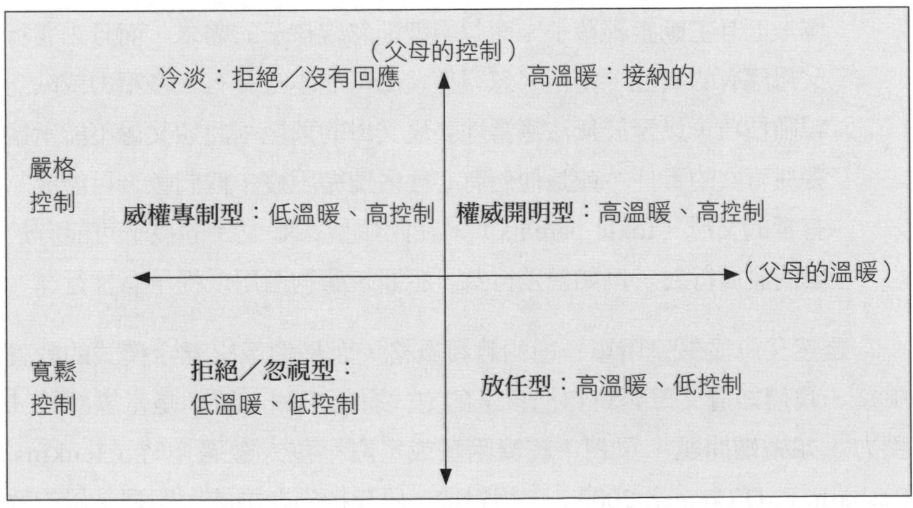


**圖5-2　四種不同類型的教養風格矩陣**

較為獨立、自主。

2.威權專制型父母（authoritarian parents）：此類父母同樣使用堅定、明確的控制，但對孩子較不具關懷和愛，而採取較為拒絕及不回應孩子的方式。此類型父母對孩子的教養傾向較嚴厲和處罰性，並不考量孩子的觀點或需求，要孩子服從指令，不對孩子提出解釋和與孩子溝通或妥協。在此種教養風格下所成長的孩子常覺得受陷於困境、易怒，而且不敢與父母產生衝突，他們可能在學校學業表現較差，對朋友較具敵意與攻擊性，人緣較差，而且較依賴。

3.放任型父母（permissive parents）：給予孩子溫暖與愛，但很少控制孩子的行為，而且較少給予孩子限制或規範。此類型的父母由於較寬容，所以少與孩子產生衝突，極端型的父母是「縱容型父母」（indulgent parents），除了無視孩子的違規行為，甚至還會促使違規行為的發生。此類型父母所養育的孩子較可能衝動、學業表現較差、較少自我肯定、較依賴及少有自信心。

4.拒絕／忽視型父母（rejecting/neglecting parents）：不會對孩子加以設限，也不會對子女的需求有所回應。拒絕型父母對子女非常嚴厲，而且主動拒絕孩子；而忽視型則忽視孩子的需求，而且未履行父母應有的責任。拒絕／忽視型父母可能本身具有太多壓力或缺乏親職技巧，以至於無法適當地表現父母的角色；此類父母不能承擔養兒育女的責任，或是他們有心理／情緒困擾，他們較為可能成為有毒的父母（toxic parents）。在此類型家庭成長的孩子可能有最壞的發展行為，例如偏差行為、犯罪、藥物濫用或提早有性行為。

雖然父母很少只用單一種的教養風格，而是顯示出混合模式的教養風格。我們知道父母對待自己孩子的方式有所不同，特別是當經歷特殊壓力，如婚姻問題、單親、經濟困難或家庭小孩人數過多時（Jenkins, Rasbash, & O'Conner, 2003）。相對地，研究指出在權威開明型父母的教養下，孩子有較好的同儕與社會適應。身為家庭之社會工作者應倡導及

幫助父母成為有品質的父母，以避免孩子受虐或衍生一些行為問題。

父母應如何管教孩子呢？一九九八年美國小兒科學會（American Academy of Pediatrics）及許多親職專家就提供一些建議：

1.管理情境：父母應該要瞭解孩子身處的情境，而且能設身處地，管理孩子周遭的情境，以降低孩子發生出軌行為的誘因。
2.設立清楚的規矩與規範：父母需要清楚指出何事是可以做的，哪些事是不允許的，而且不要一下子就訂定太多的規矩，事情要看孩子的年齡及發展能力來作為規定的指標。
3.獎勵好的行為：不要盡抓小孩的小辮子，而是多注意孩子表現適當及好的行為，適時鼓勵他、提醒他，要增強小孩正向的行為，同時，父母也要給予管教正向的回饋。
4.使用誘導、解釋及講道理：此種方法最能培育小孩自主及高道德行為。溫暖、誘導及講道理的討論，給予父母有機會對孩子表達溫暖及情感，提供示範機會展示正向處理衝突的機會，但父母應要有兒童發展知識，提供孩子適齡發展實務（developmentally age-appropriate practice）。此種方法最能在親子互動中，利用誘導及溝通方法來提升良性的親子互動，以達成雙贏策略。
5.利用「取消特權」或「暫停」的處罰來取代體罰：善用行為修正技術來改正孩子搗蛋行為，「取消特權」或「暫停」是一種處罰，被使用來減少非期望行為出現之頻率，此種管教行動與策略對孩子較溫和也符合適齡發展實務。體罰孩子是不對的方式，剛開始可以減少或遏止孩子的搗蛋行為，但長期之效果會創造另類的問題，如心理困擾或產生更負面的行為。

上述的方法若仍然不能減少孩子的負向行為，且兒童的行為仍持續惡化時，一方面我們還是建議父母仍採取這些行為策略，另一方面須尋找學校諮商人員、心理學家、社會工作者或其他專業人士之資源來提供有用的管教策略或心理輔導。

## (二)家庭結構

無論在臺灣、歐美或日本，二十年來最主流的仍是核心家庭，也就是夫妻與其所生子女共同居住的家庭結構，雖然歷年來總戶數仍有增加，但比率仍舊不高，在美國二〇〇〇年大約只有23.5%，相較於一九九〇年的25.6%反而下滑（U. S. Ceusus Bureau, 2000），而臺灣的核心家庭從一九九四年的54.31%到二〇一四年已降至35.41%，相對地單親家庭的比例從6.99%上升至19.4%（行政院主計處，2013）。社會變遷對家庭結構產生的改變令人驚訝的是，成長最快的是無子女的夫妻小家庭、單身、單親等等，許多夫婦已是無小孩家庭，或孩子長大成人並已離家，單親家庭、隔代教養或繼親家庭之比例大幅增加，還有為數不少的家庭收養孩子。

### ■單親家庭

**社會變遷**（social change）為社會生活的組織與運作中所產生的重要改變與修正，係指社會結構裡的重要改變，這些改變包括社會規範、價值體系、象徵指標、文化產物等方面（黃明月，2003）。當前的臺灣社會已經是處於不斷蛻變狀態，而在人口結構變化、理想與價值的改變、社會病態因素增加所蘊涵的家庭結構的改變衍生出迴然不同於過去的關聯事實，例如離婚率節節攀升，單親婦女人口也逐年增加，而單親婦女常須獨力扶養子女等。在這些社會變遷的重大脈絡下，關心此族群其背後所隱含的福利論述，是政府施政的主要目標之一，也是當前臺灣社會所要面對的社會變遷下的大工程。單親家庭漸增，衍生的教養及經濟問題值得關注。應建議政府盡速制定單親家庭政策及建立全面性女性單親家庭社會福利支援網絡，以照顧此類經濟失利且面臨心理調適、子女教養及社會關係等多元生活適應問題的女性單親家庭。

雖然兒童／少年大多數是生活在雙親的家庭（大約占70%左右），

然而，這些家庭中不全然是原生父（母），有些是生活於繼親家庭、隔代教養或單親家庭中。單親家庭最大可能是父母離婚。專家們皆同意離婚為一種過程，而非一單一事件，這個過程開始於父母分居，直到父母終止合法的婚姻關係。從「**離婚←→壓力←→適應觀點**」（divorce-stress-adjustment perspective）來看，離婚過程起始於父母與孩子共同面對的壓力事件，然後這些壓力源將增加父母與孩子之負向影響之危機（Amato, 2000）。如**圖5-3**所示，依據此觀點，離婚對兒童之影響端賴各種因子及其交互作用（郭靜晃，2008）。中介事件與過程，例如親職教育、經濟來源等，兒童之特定易受傷因子，例如氣質、心理問題，保護因子的存在，例如良好的因應支持、社會支持等，皆會影響或舒緩壓力之衝突。有時候，離婚也會帶來一些正面影響，例如淘汰一些不良因子（selection model），如父母的反社會人格、不善的父母管教技巧而造成家庭暴力。

離婚與孩子之負向影響，有三個中介變項很重要：金錢、父母管教品質、社區支援及連結，尤其是家庭經濟之貧窮因素，除了減少兒童休閒活動、衣食供給及健康照顧之量與質，最可能會限制兒童教育機會或因貧窮所帶來的壓力，衍生了家庭暴力（Amato, 2000）。

離婚對孩子之影響是一複雜的過程，而且對每一個孩子有其特殊之影響，可能是危機，也可能是轉機。但是，孩子還是具有彈性及韌性來克服此種危機，且轉化成良好的適應能力。心理學家或其他處理父母離婚之專家已找出一些父母或其他人可用以減少父母離婚後之負向影響（見**表5-3**）。

### ■未婚家庭

在二○○○年，全美大約有12%的小孩其家庭型態是父母沒有結婚（U.S. Census Bureau, 2000），在沒有婚姻保障下的子女照顧也依族群不同而有很大的差異。在美國，所有未婚生子女中，以非裔族群最多，其次是西裔，其中在未婚生子女與父母離異之子女方面的影響結果相似，

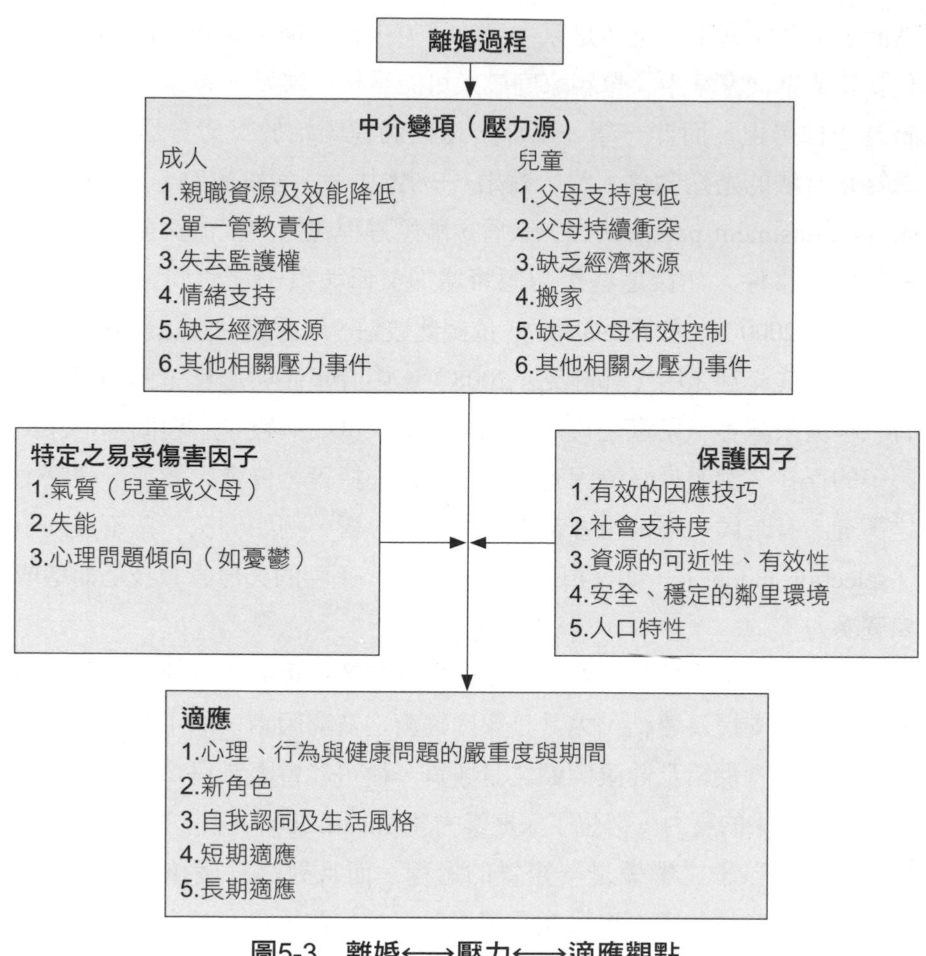


**圖5-3　離婚←→壓力←→適應觀點**

資料來源：Amato, P. R. (2000).

但在中輟比率及青少女未婚懷孕則比率較高（McLanahan, 1999）。臺灣在二〇〇二年臺閩地區單親家庭調查中發現，臺灣十五至十九歲未成年生育率為1.7%，超出日本四倍，為全亞洲之冠。而美國青少年未婚懷孕比率為10%，為全世界之冠。

缺乏財務支持是單親家庭嚴重的問題之一，尤其是女性單親家庭（女性貧窮化及年輕貧窮化），加上缺乏父親的支持，所以對子女有

### 表5-3　成人如何減少離婚家庭對孩子的負向影響之摘要

| |
|---|
| 1.在父母離婚中及離婚後，減少彼此之衝突。<br>當在協商監護權、財務問題或學校時，要將兒童的最佳利益及需求列為最優先考量。不要對孩子說前夫（或妻）之不是，也不要讓孩子當夾心餅乾，且不可要求（或暗示）孩子選一邊站。 |
| 2.不要在同時要求孩子做很多的改變，一個一個慢慢來。<br>如果可能的話，不要讓孩子搬家，儘量少變動。讓孩子可以與他的朋友、老師、學校及社區資源保持連結。若非得做必要的改變，應盡可能採取漸進式。 |
| 3.避免孩子成爲家庭的照顧者。<br>必要時，參加離婚父母成長、支持團體，或找尋朋友、家人尋求情緒及實際支持，以免讓孩子擁有過多的成人角色及負擔。 |
| 4.發展及維持有效的父母管教風格。<br>保持融入孩子的生活及提供親情，但也要確保提供適宜的監督。 |
| 5.尋求幫助與支持。<br>從朋友及家人中獲得支援，必要時尋求專業的婚姻諮商或兒童發展專業人員提供諮商與輔導，以改進父母管教技巧或增進親子關係。 |
| 6.對小孩的行爲及期望要有一致的規則。<br>試著讓孩子同意你對他的期望，在他沒達到時給予合理的要求，以及在孩子的行為與活動上給予規律的監督。理想上，父母間應有相同的規定而且相互支持。 |
| 7.幫助孩子能和父／母保持一致性的接觸。<br>對沒有監護權的父／母，孩子能有定期的探望，但要隨孩子的要求與興趣來調整探望的時程。也可以利用電話、e-mail或信件保持與父／母的聯繫，尤其是住在遠方的父／母。要記得重要的節日，如孩子的生日、年節或特別日子。對孩子的活動，如演奏會、運動會等，至少要偶爾參與。 |
| 8.當孩子表現痛苦或有壓力時，要帶他尋求專業的幫助。<br>在學校尋找專業人員提供各種介入或處置來消弭壓力，或改變兒童對父母離婚的不好想法或信念。孩子如表現出嚴重的問題，如行為偏差或憂鬱時，要尋求專業的心理治療。要教導孩子主動因應之技巧，例如問題解決及尋求支援，以及幫助兒童建立有效因應壓力之技巧。試著在離婚前、離婚時及離婚後均提供有效、正面且具前瞻性的模式。 |
| 9.幫助年紀幼小的兒童發展人際技巧。<br>父母要有健康的人際關係技巧以發展與別人的親密關係，並能提供此種模範來讓孩子模仿學習。輔導專業或治療師應要接受人際關係技巧訓練，並能提供相關訊息與知識給父母。 |
| 10.盡量減少財務窘境。<br>尋求必要的支持或援助，如居住津貼、就業協助或教育訓練補助。 |
| 11.勸合不勸離。<br>可能的話，盡量增強脆弱的婚姻功能，或教育夫妻因應婚姻衝突或危機，以預防離婚。試著解決或減少家庭與其他義務（如工作）間的衝突。 |

資料來源：Amato（2000）。引自郭靜晃（2008）。

較少的父母管教資源，他們也較常搬家，因而與社區之連結也較低。Buchanan等人（1996）的研究指出，未婚爸爸的家庭似乎會伴隨著隔代教養家庭，而且孩子的問題似乎較為嚴重。但如果有財務健全或有較高的教育水準，那麼未婚生子女的負向影響就不那麼大。McLanahan（1999）對未婚家庭的研究指出，除了金錢之外，父親主動與孩子相處及參與孩子成長之父子（女）互動品質，才是影響孩子學業成就及心理健康的重要因素。

**■繼親家庭**

「親愛的，你的小孩和我的小孩在打我們的孩子！」當父母再婚，對孩子有何影響，繼親家庭（starting over; stepfamilies），如同離婚或未婚父母之孩子般，此種影響似乎也是複雜之現象。一般而言，父親是為了繼母而結婚，而繼母常是愛屋及烏，為了自己的孩子或繼父而選擇再婚。當媽媽再婚，家庭的財務情況首見改善，這可能會增加生活品質及教育機會，看似也會為孩子帶來發展上的好處。如果兒童可以與生或繼父（母）維持良好的關係，那麼他們會獲得更多的父母管教資源，對孩子的發展也有正面之效果（Amato, 2000; McLanahan, 1999）。 但是，繼親家庭有其特定的挑戰性，雖然再婚可能增加財務的安全，但也可能損失兒童財務情境，尤其是再婚父親可能要同時負擔新配偶的孩子以及與新配偶所生的孩子，結果是減少對前配偶所生孩子的財務及情緒上的支持（Wallerstein et al., 2001）。再婚家庭需要調整自己的角色，建立新的規則與責任，尤其是繼父鮮少對繼子女提供情緒支持、互動或給予管教與監督；反之，繼父母與繼子女之衝突時有所聞；因此繼親家庭在孩子之行為問題方面與單親家庭相較之下，並沒有占太大的上風，反而有較多的負向影響（Amato, 1994）。

**■收養家庭**

不容置疑地，收養家庭的孩子生活在穩定的類家庭環境中，比在家

外安置的機構安置、長期寄宿或寄養家庭的孩子有較好的心理、教養、社會及情緒支持（Morgan, 1998）。在領養家庭中，有較高的財務支持及較具穩定性、高品質、高動機之父母教養，較多的情緒互動與支持；較清楚的長期父母承諾，也使得領養兒童發展較好的認同感，也能自財務及社區資源獲得好處（郭靜晃，2008）。如果與離婚家庭或單親家庭之兒童相較，領養家庭之兒童的適應功能似乎較好。然而，收養家庭也可能有一些負面結果，因為被收養的孩子常伴隨行為問題、學校適應問題、藥物濫用、學習困難，尤其是當他們在年紀大一點時才被收養，此種問題可能源自早期的負面經驗，尤其是男生比女生有較多困難，這些問題容易在青春期逐漸出現。

## 二、托育系統

孩子由父母以外的人所提供的兒童照顧，稱為非父母照顧（non parental care）。事實上，在不同文化中，就連非母親照顧（non maternal care）都是不正常的情境，例如孩子由阿姨、祖母、其他親戚或女性朋友來照顧，近年來，此種情況多發展由付費之照顧者來負責照顧。

根據兒童局於二〇〇五年所做的「臺閩地區兒童／少年生活狀況調查」顯示，約六成三的學齡前兒童家長反映若干照顧養育問題，其困難主要包括：沒時間陪孩子、不知如何帶小孩或引導孩子學習、當地兒童的休閒場地不夠、當地兒童的學習活動太少。該調查亦發現，無論是零歲至未滿三歲或是三歲至未滿六歲的兒童，「在家由母親帶」的比例均未超過一半，這顯示出機構式或家庭式的托嬰與育兒服務已經成為現代父母相當重要的親職補充機制（內政部兒童局，2005）。從歷年的托育機構數與收托人數的消長可以看出總機構數逐年增加，但隨著少子化的趨勢，收托人數在二〇〇三年之後開始減少，課後托育中心成為雙薪父母不可或缺的選擇。

事實上，從歷年來托育機構數與收托人數的消長情形發現，機構總數雖然逐年增加，但是伴隨著少子女化的發展趨勢，收托人數自二〇〇三年之後便開始呈現遞減現象，雖然托育服務仍是一項「補充而非替代父母親對孩子照顧」的兒童照顧方案，但已然成為現今的一項重要的社會事實（social fact）。另外，由於兒童托育與教育服務的功能重疊與紊亂，加上公立幼稚園與托兒所有限與私立園所素質良窳不齊等問題，教育部與內政部早在二〇〇一年起便開始推動「幼托整合」，後為使零歲至十二歲兒童在教育及照顧功能獲得統整，於二〇〇七年推動「兒童教育暨照顧法」，並於一九九七年訂頒「兒童福利專業人員資格要點訓練實施方案」，於二〇〇四年訂頒「兒童及少年福利專業人員資格要點訓練實施方案」正式確立法源。此外，更於一九九八年實施保母人員技術士技能檢定，截至二〇〇七年已有四萬七千餘人取得保母證照，政府並輔導建立保母系統，推動保母培訓、考照、托育媒合轉介、訪視輔導與在職訓練機制，現已最少有二十四縣市政府建立四十六個以上的保母系統，這對於家庭式托育的質與量，產生相當程度的提升。

內政部並擴大托育補助，針對家中二歲以下幼兒可獲得每月三千元的保母托兒補助，重點除了在於保母通過訓練並領有證照外，也針對現行保母托育的生態環境與問題進行診斷，藉以設計出多軌式的保母托育系統，特別諸如薪資水準、福利待遇、專業支持、在職訓練、退休規劃等制度性保障的運作機制，是否已然隨著有照專業保母的大力推動而同時建制完成尚有待評估。根據內政部兒童局（2005）的調查指出，有近十分之一的孩子，因為父母本身無力負擔相關的安親費用，而成為放學時必須四處遊蕩的浮萍兒；或是跟隨父母在工作場所「加班」。顯然，從過去的「鑰匙兒」到當前的「浮萍兒」，以及寒暑假期間的「宅童族」，這一路走來的社會變遷趨勢，對於兒童／少年所設計提供的課後安親照顧服務，的確有它結構性探究的必要。

準此，相應於學齡前嬰幼兒的托育服務需求而來的政策性思考：一則因應於修訂性別工作平等法而來的留職留薪津貼補助，癥結所在就不全然在排擠效應、企業負擔、財政能力以及社會成本等的指標判準上，而是該項的育嬰假津貼措施是否貼近現實世界裡的家庭生活運作，特別是用以達到刺激生育意願和促進男性家事參與等的修法意圖；連帶地，缺乏諸如保母津貼、臨短托育、喘息服務乃至於家庭主婦津貼等界面更為廣泛的論述思考，點明：在整體性以及連續性皆有待強化的結構性限制底下，育嬰假津貼是否成為加惠於特定族群的某種職業福利。

最後，關於學前的托育服務以及課後的安親服務還是有它回歸到公共照顧的基本命題上，特別是如何給予所有兒童平等普及的托育安親服務、如何提供父母工作就業的補充性服務、如何促進男女公私領域的平等參與，以及如何創造優質的生活環境等政策性目標的確立，乃至於進一步地指涉到關於學前機構、學校與課後托育融合成為正式教育體系或終身學習的一部分。

美國在從一九六五至一九九五年之間，兒童由父母及親戚照顧的比率一直在下降，而由托育中心照顧的比率上升四倍。在非父母之兒童照顧最被擔心的是對兒童依附關係的影響，Lamb（2006）的研究發現，托育中心本身不會影響兒童對父母的依附關係。U. S. National Institute of Child Health and Human Development（NICHD, 1998）亦發現，單單接受兒童保育的經驗本身，不會對兒童依附關係有顯著影響。一旦母親有低度的敏感性或回應性，加上品質不好的兒童托育照顧，則對兒童的依附關係會有影響；當父母對工作熱衷，對兒童托育機構放心，兒童可能會有較安全的依附關係。當然，嬰兒也會對照顧者形成重要依附關係，當照顧者對嬰幼兒有敏感性、回應性、融入性及提供好的品質及穩定性，那麼嬰兒對照顧者也會有正向的依附關係，而且此種照顧者與嬰幼兒的依附關係也不會損及嬰幼兒與父母的依附關係。

**兒童托育的照顧**品質與兒童正向行為有關，諸如與別人合作、高度的社會參與、獨立自主、少焦慮及較高的社會能力（Lamb, 2006; NICHD

Early Child Care Research Network, 2002）。托育環境是兒童第二個社會化的場所（agents of socialization），除提供兒童生理照顧之外，還負責教導孩子常規、社會習俗，以及溝通和認知技巧，也會影響孩子日後對學校的適應。托育環境的照顧品質與其他因素有關，呈現個人的個別差異，例如孩子的氣質會受托育環境的照顧品質影響，也會影響其在機構中與同儕的互動關係（Volling & Feagans, 1995）；NICHD的早期兒童照顧研究即發現，性別、氣質、嬰兒－母親依附關係，以及具回應性的母親對幼兒之影響比照顧環境品質之影響來得大（NICHD Early Child Care Research Network, 2002）。

此外，Lamb（2006）及NICHD（1998, 2002）等的研究發現，幼兒待在托育機構時間太長或及早進入托育機構（尤其在品質不良的托育機構中），日後可能會有較高的行為問題或攻擊行為。以上所述之影響中，以兒童機構照顧品質為重要之中介變項（intervening variable），除了對依附及同儕互動產生影響外，高品質的非父母照顧對兒童認知能力也有所影響，即使來自較弱勢家庭背景的孩子也會有認知改善的效果；相對地，低品質照顧也有可能造成負向的效果（Lamb, 2006; NICHD Early Child Care Research Network, 2002）。

托育照顧品質包括兩個因素：「結構品質」和「過程品質」。**結構品質**（structural quality）係指在兒童照顧機構脈絡中，以客觀環境作為品質標準，例如師生比、機構規模及大小等；**過程品質**（process quality）係指在兒童照顧機構脈絡中，以兒童身處機構內之實際經驗當作品質標準，包括成人和孩子互動，以及促成兒童發展的環境（如玩具）及脈絡情境的關係。不幸的是，過程品質的測量較為困難及相當主觀，所以在托育機構評鑑時，還是會以結構品質作為基本品質的指標。

美國幼兒教育協會（NAEYC）等專業組織為幼兒機構的結構品質及過程品質訂定許多指標，只有符合標準指標的機構才能獲得各州政府之准許立案。這些標準包括師生互動、課程內容、父母融入、人員訓練資格、班級大小、師生比及硬體環境的適當性和安全性。然而，父母尋求托育機構時常不會採用專家所認可的標準，而是考慮自身的方便性（availability）、可近性（accessibility）及費用可負擔性（affordability），而非品質的責信性（accountability）（Scarr, 1998），有關高品質之兒童照顧，請見**表5-4**。

即使在美國，也有86%的幼兒被安排在被評為「普通」或「不好」的不具高品質的托育環境機構；也就是說，僅有14%的拖育機構被評量為高品質之兒童托育機構（Helburn & Howes, 1996）。事實上，高品質的兒童托育機構比低品質的托育機構投資更大，但其收費頂多增加10%，即使如此，並不是所有家長都負擔得起幼兒的托育費用，貧窮家庭只能使用低劣品質或公立（免費）的托育照顧（Helburn & Howes, 1996）。

**表5-4　高品質的兒童照顧指標**

| |
|---|
| 1.一般而言，孩子在托育機構是否舒適、放鬆及快樂？他們是否快樂地參加活動與遊戲？他們玩得高興嗎？ |
| 2.機構內的工作者是否具備兒童發展及幼兒教育的專業訓練？ |
| 3.師生比為何？機構中有多少成人、多少兒童？美國幼兒教育協會（NAEYC）建議每一班要有兩個成人。嬰兒的師生比最好為2：6至2：8，二至三歲最好為2：10至2：14；而四至五歲最好為2：16至2：20。 |
| 4.玩具、教具及教師有否因年齡而異？照顧者會不會衡量兒童的個別差異，如能力、興趣及喜好呢？ |
| 5.照顧者是否強調全人發展？ |
| 6.機構人員有否迎合方案的計畫，以及是否會有效評估方案的執行？ |
| 7.活動安排有否考量戶內及戶外、個人及團體，以及兒童導向及成人導向的活動？ |
| 8.照顧者具有彈性嗎？他（她）是否願意因幼兒的需求與興趣調整日常活動？ |
| 9.是否歡迎父母到校觀察、討論政策及問題，以及提供建議或參與？老師與父母之間是否有開放及誠實的溝通態度？ |
| 10.照顧者是否尊重家庭的文化、背景及傳統？照顧者是否提供兒童的日常活動表？ |

資料來源：National Association for the Education of Young Children (2003).

## 三、媒體系統

現今的兒童比以前接觸更多的媒體：電視、電影、收音機、CD、書本及雜誌是過去媒體的寵兒，如今取而代之的是：VCD等影音多媒體、電玩、電腦遊戲、網路和手機等等多不勝數。只是媒體對兒童的影響很大，有正面及負面的影響。兒童花愈多時間在閱讀上，愈有可能成為一個閱讀者，雖然閱讀之平面媒體與電子媒體皆是提供資訊的來源，但電視仍是幼兒最早接觸到的媒介，不論貧窮與否多接觸可及。在美國，至少有三分之一以上的七歲以下幼兒在臥房中擁有電視，四分之一有錄影機或電視遊樂器，大一點的孩子更為普遍。孩子花在電視的時間量至少是學校所做功課的兩倍（Roberts et al., 1999）。當然，這只是平均數，有些孩子，例如來自低收入家庭或單親家庭的孩子看電視的時間，比做其他事情的時間來得多。Roberts等人（1999）在一跨國的媒體使用的調查研究發現，電視是所有年齡層最普遍使用的媒體，而聲音媒體（如收音機、CD和VCD等）是除了嬰幼兒之外，兒童第二使用之媒體，在幼兒階段，平面媒體（如圖書、漫畫書、雜誌等）高於電視、電玩及電腦的視聽媒體，但對於高一點年齡層之兒童／少年，此種差異便沒有如此明顯了，甚至視聽媒體使用頻率還會更高。

媒體對兒童有何影響？答案是肯定的，但影響有多大，以及有哪些正面及負面的影響呢？如前所述，兒童花愈多時間看平面媒體，尤其是閱讀書籍、文章等，愈有可能成為一個閱讀者（Bymes, 2001）。假如父母及老師能提供孩子適當的指導，電視或電影也可以刺激兒童閱讀的興趣，例如《哈利波特》、《魔戒》、《夏綠地的網》等等。此外，花太多時間在電視上，相對的也會減少兒童花在其他具教育性的活動上。

電視對孩子的影響有正反面的效果，尤其表現在認知和攻擊行為層面，專門為閱讀能力及算術技巧所設計的電視節目，對兒童認知技巧有幫助，例如《芝麻街》，尤其對低收入家庭的兒童的效果更為明顯，以對二至三歲幼兒日後的發展影響最深（Bickman, Wight & Huston, 2001）。

如前述，資料顯示只看娛樂型節目的幼兒有較差的入學準備度，而且對日後在高中成績有負面的影響，尤其是女生更為明顯，而教育型電視節目與早期幼教介入方案有相似的效果，可讓兒童獲得基本技巧，以幫助其日後上學的成功，及得到對學校與學習的正向態度。早期的成功與正向態度鼓勵其持續力及培養日後持續的成功，尤其是父母與老師的支持或共同觀賞，並以其他活動補足資訊時，其效果更為強大，尤其是教育型電視節目。

看非教育性電視節目卻對孩子的學業表現呈現負向的影響，這可能是電視取代孩子更多有意義的活動，例如遊戲，此種發現對女生、社經地位及高IQ的兒童影響最大（Huston & Wright, 1998）。電視因商業價值所伴隨的廣告和暴力情節是巨大的，此外，電視常勾勒出暴力是好的、沒有效果、沒有痛苦，甚至是好玩的，這些情節會影響兒童日後的攻擊行為（Huston & Wright, 1998）。

在一項長達二十二年的縱貫研究中發現，兒童（尤其在八歲）看暴力電視的時間量是十八歲攻擊行為的最佳預測因子，而且也愈可能在三十歲成為暴力犯罪者。此種關係似乎是**雙向影響效果**（bidirectional effect）：有愈多攻擊行為的孩子，看愈多的暴力電視，但暴力電視也會增加孩童的攻擊行為（Eron et al., 1972; Huesmann & Miller, 1994）。若兒童認同較多的電視節目角色，融入更多的幻想遊戲及對話，以及父母較會使用嚴厲的體罰，其影響效果更大（Huesmann et al., 2003）。似乎兒童看暴力電視是其日後呈現攻擊行為的一個危險因子。

此外，電視節目涉及性暗示的內容以及族群的刻板化，還有廣告會影響幼兒對食物的選擇。雖然如此，電視不全然有負向影響，電視的影響力端視其節目內容而定，像是美製《羅伯先生的鄰居》（*Mister Roger's Neighborhood*）、《小小探險家朵拉》（*Dora the Explorer*）、

《芝麻街》（*Sesame Street*），以及公視的《生命脈動》（英製）等電視節目，對少數族群、女性、地球生物介紹等有正向的描繪，這對兒童的信念有正向的影響。

除了電視媒體之外，電動玩具、電玩遊戲也包含一些攻擊和暴力，最近的實驗性研究指出，即使花很少時間在暴力情節的遊戲中，幼兒也會增加攻擊想法及行為；Anderson和Bushman（2001）針對為數三十五篇的後設分析中發現，電視會對兒童攻擊的行為、想法、情感及生理產生反應，雖只有少許但卻有很顯著的影響。而沉迷於電玩（每星期超過三十個小時以上）的兒童，則對其社會發展的影響很大。

電腦遊戲及VCD比電視更具教育性，而且孩童使用更需要知覺、邏輯及認知策略技巧，還需要快速的生理反應，這些遊戲軟體雖可教導幼兒閱讀及數學概念，也可能幫助兒童發展思考技巧、自信及使用電腦的樂趣（Huston & Wright, 1998）。然而年紀較大的兒童（十至十八歲）使用網路的目的在於做功課、娛樂及與朋友交談（如MSN、ICQ、Skype、Line及Facebook等），但高度使用的兒童／少年卻減少了與他人面對面的互動，反而增加寂寞感及憂鬱。

媒體對兒童發展的影響可以從下列四個層面來提供解釋：

1. 觀察學習（observational learning）：從社會學習理論而言，幼兒透過觀看或模仿來達到對行為的增強而獲得學習。不管兒童是由觀察別人或觀看電視來達到學習，這些都是事實（Bandura, 1977）。電視或媒體提供攻擊行為的模仿來源，而且遊戲也讓兒童歷經實際攻擊，加上透過父母、老師、同儕或其他人給予增強，兒童從觀察中可學習到特定策略、一般問題解決能力與態度等。
2. 認知基模（cognitive schemes）：兒童由媒體所獲得的認知基模與由特定觀察所獲得的行為不同（Huston & Wright, 1998），「基模」是個體對物體或概念的瞭解，及在特定情境中可能遭遇的事件順序。幼兒從媒體吸收到的不真實、刻板化及偏見概念，可能鼓勵

幼兒有了不正確的認知基模，這些基模可能導致他們將真實的社會情境解釋為危害性，但事實上可能沒有。

3.去敏感性（desensitization）：當幼童暴露到更多的暴力情節，漸漸地他們需要更多刺激來產生反應，去敏感性讓幼童對暴力情節及行為產生麻痺和遲鈍。去敏感性讓兒童愈加習慣看見電視中的暴力，漸漸地他們為暴力所驚嚇的刺激減少，而接受它成為一種習慣。

4.增加兒童的激發水準（arousal level）：暴力情節的刺激可能會增加兒童生理的激發水準。**激發水準**指的是此刺激已激起個體的情緒及生理反應。

綜合上述，無庸置疑的是，媒體對兒童發展（尤其在認知、攻擊行為等）具有很大的影響力。然而生態系統論的觀點一再提醒我們，媒體只是生態系統中的一環（重要因素）。父母管教、整體文化及兒童個人因素，皆會對兒童的行為產生複雜影響。專業人員應注意「媒體」並不能帶來訊息，而是訊息本身帶來傳播的影響。

## 第四節　結語

「三歲看大、六歲看老」說明這個階段的成長奠基了未來個體發展的重要影響，幼兒期的幼童需要整合其生心理的認知、情緒的發展，成為一個獨立完整的個體。此外，現今的社會變遷也讓幼兒期幼童及早進入第二個社會化——非父母照顧的托育機構，此社會化教導孩子社會習俗、規範以及溝通技巧；此外，媒體除了陪伴幼童生活之外，也提供幼童認知、情感及行為的模仿與基模的形成。家庭、托育環境及媒體所形成的社會化影響，漸漸洗練幼兒的認知、語言、情感及社會行為和人格的發展。

# 參考書目


## 一、中文部分

內政部兒童局（2005）。《臺閩地區兒童及少年生活狀況調查報告》。臺中市：內政部兒童局。

內政部兒童局網站（2008）。《84-95年度托育機構概況》。內政部兒童局全球資訊網。網址：http//：www.moi.gov.tw/stat/index.asp

行政院主計處（2013）。《2012年臺閩地區的生活圖像》。網址：http://www.moi.gov.tw/stat/index.asp

郭靜晃（2005）。《兒童發展與保育》。臺北：威仕曼文化。

郭靜晃（2008）。〈家庭〉。載於張瓊云等著之《兒童發展》（第十二章）。臺北：華都文化。

郭靜晃、吳幸玲譯（1993）。《兒童發展——心理社會理論與實務》。臺北：揚智文化。

陳月枝等（1997）。《兒科護理學》。臺北：國立空中大學。

黃明月（2003）。〈變遷社會中社區婦女領導人在社區參與動機與學習需求之探討〉。中華民國成人教育學會主編之《社會變遷與成人教育》，261-279。

黃慧真譯（1989）。《發展心理學——人類發展》。臺北：桂冠。

簡茂發（1983）。〈國小學童友伴關係的相關因素之分析〉。《教育心理學報》，16，71-88。

簡茂發、朱經明（1982）。〈國中學生的友伴關係及其相關因素之研究〉。《測驗年刊》，29，93-103。

## 二、英文部分

Amato, P. R. (1994). The implications of research findings on children in step families. In A. Booth & J. Dunn (Eds.). *Stepfamilies: Who Benefits? Who Does Not?* (pp. 81-87). Hillsdale, NJ: Erlbaum.

Amato, P. R. (2000). The consequences of divorce for adults amd children. *Journal of Marriage and the Family, 62*, 1269-1287.

Anderson, C. A. & Bushman, B. J. (2001). Effects of violent video games on aggressive behavior, aggressive cognition, aggressive affect, psysiological arousal and prosocial behavior: A meta-analytic review of the scientific literature. *Psychological Science, 12*, 353-359.

Anthony, E. J. (1970). The behavior disorders of children. In P. H. Mussen (Ed.). *Carmichael's Manual of Child Psychology* (3rd ed. Vol. 2). New York: Wiley.

Aronfreed, J. (1969). The concept of internalization. In D. A. Goslin (ed). *Carmichael's Manual of Child Psychology* (3rd ed. Vol. 2). New York: Wiley.

Bandura, A. (1977). *Social Learning Theory*. Englewood Cliffs, NJ: Prentice-Hall.

Bandura, A., Ross, D., & Ross, S. A. (1961). Transmission of aggression through imitation of aggressive models. *Journal of Abnormal and Social Psychology, 63*, 575-582.

Bauer, D. (1976). An exploratory study of developmental change in children's fears. *Journal of Child Psychology and Psychiatry, 17*, 69-74.

Baumrind, D. (1973). The development of instrumental competence through socialization. In A. D. Pick (Ed.). *Minnesota Symposium on Child Psychology* (Vol. 7. pp. 3-46). Minneapolis: University of Minnesota Press.

Baumrind, D. (1975). *Early Socialization and the Discipline Controversy*. Morristown, NJ: Prentice-Hall.

Baumrind, D. (1991). Effective parenting during the early adolescent transition. In P. A. Cowan & M. Hetherington (Eds.). *Family Transitions* (pp. 111-164). Hillsdale, NJ: Erlbaum.

Bee, H. (1992). *The Developing Child* (6th ed.). New York: Harper Collins College Publishers.

Berberian, K. E. & Snyder, S. S. (1982). The relationship of temperament and stranger reaction for younger and older infants. *Merrill-Palmer Quarterly, 28*, 79-94.

Bickman, D. S., Wright, J. C., & Huston, A. C. (2001). Attention, comprehension and the educational influences of television. In D. G. Singer & J. L. Singer (Eds.). *Handbook of Children and the Media* (pp. 101-119). Thousand Oaks, CA: Sage.

Bowlby, J. (1980). *Attachment and Loss, Sadness and Depression* (Vol. 3). New York: Basic Books.

Buchanan, C. M., Maccoby, E. E., & Dornbusch, S. M. (1996). *Adolescents after Divorce*. Cambridge, MA: Harvard University Press.

Bymes, J. P. (2001). *Cognitive Development and Learning in Instrumental Context* (2nd ed.). Boston: Allyn & Bacon.

Chwast, J. (1972). Sociopathic behavior in children. In B. B. Wolman (Ed.). *Manual of Child Psychopathology*. New York: McGraw-Hill.

Cohn, D. A (1990). Child-mother attachment of six-year-old and social competence at school. *Child Development, 61*, 151-162.

Corsaro, W. (1981). Friendship in the nursery school: Social organization in a peer environment. In S. R. Asher & J. M. Gottman (Eds.). *The Development of Children's Friendship*. New York: Cambridge University Press.

Eron, L. D., Huesmann, L. R., Lefkowitz, M. M., & Walder, L. O. (1972). Does television violence case aggression? *American Psychologist, 27*, 253-263.

Flavell, J. H. (1977). *Cognitive Development*. Englewood, Cliffs, NJ: Prentice-Hall.

Frankel, K. A. & Bates, J. E. (1990). Mother-toddler problem solving: Antecedents in attachment, home behavior on temperament. *Child Development, 61*, 810-819.

Furman, W. & Masters, J. (1980). Peer interactions, sociometric status and resistance to young children. *Development Psychology, 16,* 229-236.

Halliman, M. T. (1981). Recent advances in sociometry. In S. R. Asher & J. M. Gottman (Eds.). *The Development of Children's Friendship*. New York: Cambridge University Press.

Harper, L. V. & Huie, K. S. (1985). The effects of prior group experience, age, and familiarity on the quality and organization of preschooler's social relationships. *Child Development, 56*, 704-717.

Hartup, W. W. (1974). Aggression in childhood: Developmental perspectives. *American Psychologist, 29*, 336-341.

Hartup, W. W. (1989). Behavioral manifestations of children's friendships. In T. J. Berndt & G. W. Ladd (Eds.). *Peer Relationships in Child Development*. New York: John Wiley.

Helburn, S. W. & Howes, C. (1996). Child care cost and quality. *The Future of Children, 6,* 62-82.

Hoffman, M L. (1979). Development of moral thought, feeling, and behavior. *American Psychologist, 34*, 958-966.

Hoffman, M. L. (1970). Moral development. In P. H. Mussen(Ed.). *Carmichael's Manual of Child Psychology* (3rd ed. Vol. 2). New York: Wiely.

Hoffman, M. L. (1987). The contribution of empathy to justice and moral thought. In E. Eisenberg & J. Strayer, (Eds.). *Empathy and Its Development* (pp. 47-80). Cambridge: Cambridge University Press.

Huesmann, L. R. & Miller, L. S. (1994). Long-term effects of repeated exposure to media violence in children. In L. R. Huesmann (Ed.). *Aggressive Behavior: Current Perspectives* (pp. 153-186). New York: Plenum.

Huesmann, L. R., Moise-Titus, J., Podolski, C., & Eron, L. D. (2003). Longitudinal relations between children's exposure to TV violence and their aggressive and violent behavior in young childhood: 1977-1992. *Developmental Psychology, 38*, 201-221.

Huston, A. C. & Wright, J. C. (1998). Mass media and children's development. In W. Damon, I. E. Sigel, & K. A. Renninger (Eds.). *Handbook of Child Psychology, Vol. 4: Child Psychology in Practice* (pp. 999-1058). New York: Wiley.

Jenkins, J. M., Rasbash J., & O'Conner, T. G. (2003). The role of the shared family context in differential parenting. *Developmental Psychology, 39*, 99-113.

Kohlberg, L. (1976). Moral stage and moralization: The cognitive-development approach. In T. Lickona (Ed.). *Moral Development and Behavior*. New York: Holt, Rinehart & Winston.

Lamb, M. E. (2006). Nonparental child care: Context, quality, correlates and consequences. In W. Damon, I. E. Sigel, & K. A. Renninger (Eds.). *Handbook of Child Psychology, Vol.4: Child Psychology in Practice* (6th ed. pp. 73-133). New York: Wiley.

Lowery, G. H. (1978). *Growth and Development of Children* (7th ed.). Chicago: Year Book.

Maccoby, E. E. & Martin, J. A. (1983). Socialization in the context of the family: Parent-child interaction. In P. H. Mussen (Ed.). *Handbook of Child Psychology* (vol.4, pp.1-101). New York: Wiley.

Marvin, R. S. & Greenberg, M. T. (1982). Preschoolers' changing conceptions of their mothers: A Social-cognitive study of mother-child attachment. *New Directions for Child Development, 18*, 47-60.

McLanahan, S. S. (1999). Father absence and the welfare of children. In E. M. Hetherington (Ed.). *Coping with Divorce, Single Parenting, and Remarriage: A Risk and Resilency Perspective* (pp. 117-145). Mahwah, NJ: Erlbam.

Mischel, W., Shoda, Y., & Rodriguez, M. C. (1989). Delay of gratification in children. *Science, 244*, 933-938.

Morgan, P. (1998). *Adoption and the Care of Children*. London: IEA Health and Welfare Unit.

Mussen, P. H. & Eisenberg, N. (1977). *Roots of Caring, Sharing, and Helping: The Development of Prosocial Behavior in Children*. San Francisco: Freeman.

National Association for the Education of Young Children (2003). Retrieved Jan, 12, 2003. From www.naeyc.org/accedition/naeyc_accred/info_general_faq3.asp.

National Justice of Mental Health (NJMH) (1982). Plain talk about adolescence. Rockville, MD: U. S. Department of Health and Human Service. U. S. Government Printing Office: 1981 0-33-61.

NICHD Early Child Care Research Network (1998). Early child care and self-control, compliance, and problem brhavior at twenty-four and thirty-six months. *Child Development, 69*, 1145-1170.

NICHD Early Child Care Research Network (2002). Child-care and family predictions of preschool attachment and stability from infancy. *Development Psychology, 37*, 847-862.

Papalia, D. E. & Olds, S. W. (1981). *Human Development* (2nd ed.). New York: McGraw-Hill.

Parten, M. B. (1932). Social participation among preschool children. *Journal of Abnormal and Social Psychology, 27*, 243-269.

Piaget, J. & Inhelder, B. (1969). *The Psychology of the Child*. New York: Basic Books.

Pillari. V. (1998). *Human Behavior in the Social Environment: The Developing Person in A Holistic Context* (2nd ed.). Singapore: Wadsworth, Thomson Learning INC.

Roberts, D. F., Foehr, U. G., Rideat, V. J., & Brodie, M. (1999). *Kids and Media at the*

*New Millennium*. Menlo Park, CA: Kaiser Family Foundation.

Saarni, C., Mumme, D. L., & Campos, J. J. (2006). Emotional development: Action, communication and understanding. In W. Damon (Series Ed.). & N. Eisenberg (Vol. Ed.). *Handbook of Child Psychology, Vol.3: Social, Emotional, and Personality Development* (6th ed. pp. 237-309). New York: Wiley.

Santrock, J. W. (1999). *Life-span Development* (7th ed.). St. Louis: McGraw-Hill.

Scarr, S (1998). American child care today. *American Psychologist, 53*, 95-108.

Selman, R. (1980). *The Growth of Interpersonal Understanding: Development and Clinical Analysis*. New York: Academic Press.

Shaffer, D. R. (Eds.) (1979). *Social and Personality Development*. CA: Brooks & Cole.

Thomas, R. M. (2005). *Comparing Theories of Child Development* (6th ed.). Belmont, CA: Thomas Wadsworth.

U. S. Census Bureau (2000). Profile of general demographic characteristics for the United States: 2000 (Table pp-1). Washington DC: Government Printing Office.

Valadian, I. & Porter, D. (1977). *Physical Growth and Development: From Conception to Maturity*. Boston: Little Brown.

Volling, B. L. & Feagans, L. V. (1995). Infant day care and children's social competence. *Infant Behavior and Development, 18*, 177-188.

Wallerstein, J. S., Lewis, J. M., & Blakeslee, S. (2001). *The Unexpected Legacy of Divorce: A 25 Year Landmark Study*. New York: Hyperion.

Windmiller, M., Lambert, N., & Turiel, E. (1980). *Moral Development and Socialization*. Boston: Allyn & Bacon.

Yudkin, M. (1984). When kids think the unthinkable. *Psychology Today, 18(4)*, 18-25.

Chapter

6

# 學齡兒童期

- 學齡兒童期的生心理發展
- 學齡兒童期的生心理發展疾患
- 影響學齡兒童期社會發展的因子與社會處遇
- 結語

**學齡兒童期**（middle childhood），又稱**學齡期兒童**（schoolers），是介於六至十二歲之間的兒童，絕大多數此時期的兒童皆在上學。學齡期兒童身體發展特徵是「緩慢而穩定」（slow and steady）的進行，細胞發展特徵是增長肥大（hypertrophic），代替前幾期發展的細胞增生（hyperplastic）。在身高與體重方面，每年約成長一・四至二・二公斤及四至六公分，腦容量已接近成人，骨骼的成長與心肺功能大幅增長，也促成學齡兒童的肌能及體適能的增加。

兒童期的認知能力已進入Piaget的**具體操作期**，已發展一些邏輯概念及相對應的語言發展。遊戲和比賽（games）是兒童最普遍的活動，兒童透過遊戲獲得運動技巧、讀、寫、算等邏輯推理和問題解決能力，最重要的是，遊戲也是兒童建立複雜人際關係的媒介，他們從中控制、訂定遊戲規則，以瞭解互動及互惠的遊戲公平性，並創造屬於他們的兒童世界，Piaget將兒童遊戲比喻為「最可佩的社會機構」（the most admirable social institutions）。

兒童期讓兒童脫離第一個社會化（家庭或托育機構），開始進入正式學校（第二社會化機構），兒童真正置身於一個比家庭更大的、更具衝擊性的社會化機構，隨著同儕之間互惠的互動，漸漸發展**角色取替**（role-taking or perspective-taking）能力，而使他們脫離自我中心主義（ego-centrism），友誼與受同儕歡迎的同儕關係是此時期的發展任務，加上個體的動作認知及社會能力的勝任感會讓他們更加勤奮，否則他們便形成機體自卑。

總結來說，學齡期兒童應發展及應付未來生活有關的技能，以及適用於社會交往的技能，教育遂成為此時期兒童必需的適應能力。學齡期兒童所擁有的一些技能，影響個體自我評價和情緒發展。此外，學齡期兒童又是瀕臨青春期，而青春期發展的兩大特徵：身體發育和性的分化也是很顯著的，他們也可能有體重過重、齲齒、視力不良等健康及照護的問題。本章將針對學齡期兒童的生理、心理及社會發展做一剖析。

# 第一節　學齡兒童期的生心理發展

**穩定成長**（growing steadily）最能形容學齡兒童的發展，這也是Sigmund Freud所稱的**潛伏期**（latent stage）。此階段的身體及動作發展比起嬰兒期的最快速成長以及青春期的發育激進（growth spurt）要趨緩得多；學齡期的智力發展似乎也朝向一種放鬆及平均的步調進行；情緒上除了一些健康與安全的困擾外，基本上學齡兒童是快樂的、充滿活力及鮮少有壓力的；社會發展因擴展其社會化，加上同儕互動也加增個體社會能力，使得他們開始發展**同儕文化**（culture of childhood）。本節就學齡兒童的生心理發展作一探討。

## 一、學齡兒童期的認知發展

學齡兒童鈅的認知發展，主要在於學習瞭解自己及他們自身的處境，Jean Piaget將學齡兒童期納入**具體運思期**（concrete operation stage），在此時期，兒童可使用語言、記憶和一些因應策略來增加他們記憶的能力，加上快速的語言擴展和廣度的運用，也使他們對符號運用自如，以促使他們心智活動的運思。由於兒童未能轉換當下的時空情境，所以他們對遙遠的未來、自我以外的認知，以及理解虛擬假設的抽象空間的思考是有限的，所以基本上，他們是自我中心的，未具演繹及歸納的能力。

Piaget和Inhelder（1969）提出，兒童在六至七歲之後發展了一套新的思維方式，稱為**具體運思思維**（concrete operational thought）。Piaget認為，具體運思思維最大的突破是思維建立在心理操作上，而不是建立在行動操作上，而心理操作更是在物體關係中進行轉換的內部心理表徵（inner mental representative）。具體運思期的兒童能說出操作之順序動作，並能從內心中說出此種物理關係（引自張欣戊等，1994：161）：

1.心理運思是來自早期的知覺動作能力，而動作的基模是心理運思的基礎。

2.心理運思具有完全的可逆性。動作的可逆性（如把物件O從A點移至A′，再由A′點移回A點）受外界環境或物性所限制，不可能達到百分之百的完美性。但心理或思考上，可以透過想像達到百分之百的可逆。

3.運思是內化的動作（action），所有的運思皆是在內心中進行，因此運思就是思考。

在具體運思期，兒童逐漸獲得了許多抽象的技能，最顯著的技能有：(1)保留概念；(2)分類技能；(3)組合技能；(4)後設認知（Newman & Newman, 1999; 郭靜晃，2005b）。每一類技能都包含一組相互聯繫的操作，這些技能也使兒童與客觀世界的邏輯和順序保持一致，而且這些技能也允許兒童體驗外部事件的可預期性。

## (一)保留概念

**保留概念**（conservation）是指物體在某些轉變下，不會神奇性地增加或減少（張欣戊等，1994）。保留概念可適用於各種向度，包括質量（conservation of substance）、重量（conservation of weight）、數量（conservation of number）、長度（conservation of length）、面積（conservation of area）、體積（conservation of displacement volume）等。且保留概念的兒童對於變換物外形能保有知識線索。Piaget用了三個概念使兒童得以確定在任何一個物理向度上的均等都沒有改變（見**圖6-1**）。首先，兒童會解釋說，橢圓餅與球的黏土一樣多，黏土沒有增加也沒有減少，這是同一性（identity）；第二，兒童會指出球可以做成橢圓餅，也可以再變成球，這是可逆性（reversibility）；第三，兒童會注意到，雖然橢圓餅的周長大但球比較厚，這是互補性（reciprocity）的概念。保留概念能力似乎有一個發展序列，通常先有數量，然後是長度、質量、面積、重量，最後是體積數量（郭靜晃、吳幸玲譯，1993）。（各種保留概念與年齡發展的關係可見**圖6-2**。）

Piaget認為孩子達成保留概念必須經過下列三個步驟：(1)建立相等；(2)將兩物中之一物變形，中間過程不增減物質；(3)詢問兒童「這兩個物體是否仍相等」或「哪一個多（或重）」。**圖6-3**即是Piaget詢問兒童保留概念的過程。

有一些研究指出，訓練學齡前幼兒會保留概念是可能的（Brainerd,

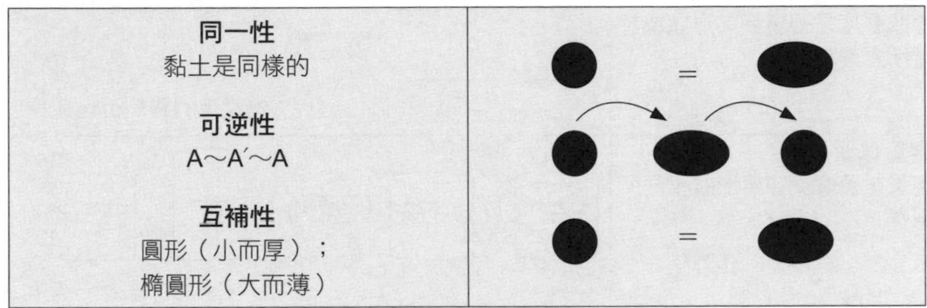


**圖6-1　保留概念的三個概念**

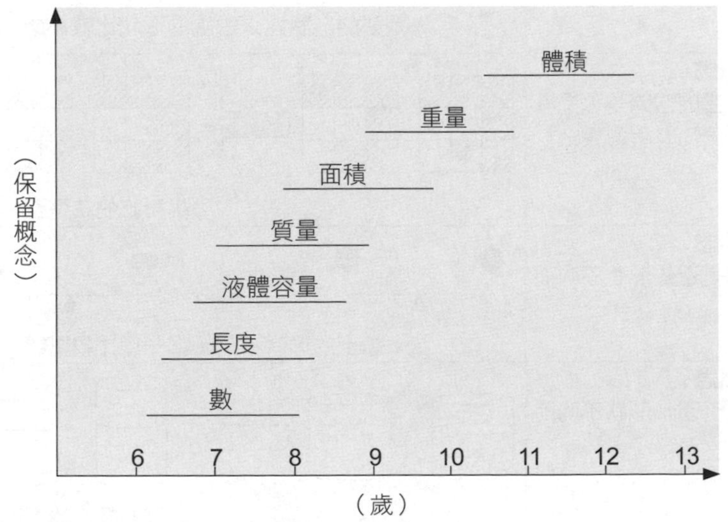


**圖6-2　發展各種保留概念的平均年齡**

| 保留前 | 轉移中 | | 具保留概念 |
|---|---|---|---|
| 兒童只集中一個向度，如杯子高比杯子低具有更多水 | 兒童呈現有時有但有時沒有保留概念 | | 兒童可以任由容器之變換而認爲這兩只杯子容量仍是相等的 |
| 保留概念種類 | 建立相等 | 移轉或再處理 | 保留概念與否之問題為修訂 |
| **數量保留概念**<br>數不會因分派之不同而有所影響？ | 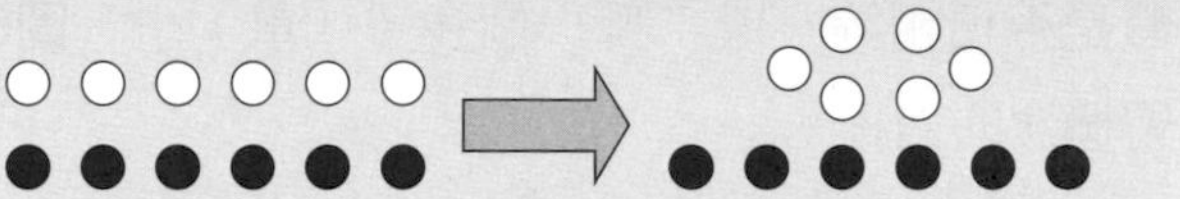 白色與黑色的彈珠一樣多嗎？ | | |
| **長度保留概念**<br>線的長度是否會受其形狀或設置所影響？ | 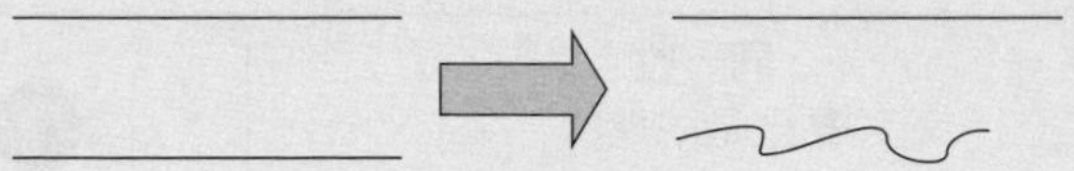 螞蟻走的路是否一樣長？ | | |
| **容量保留概念**<br>容量是否會受容器形狀不同所影響？ |  杯子的水是否一樣多？ | | |
| **質量保留概念**<br>質量是否會受其形狀所影響？ | 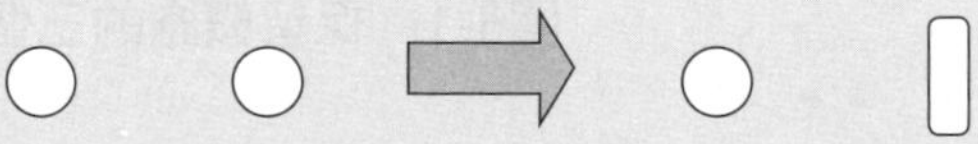 是餅的形狀還是香腸的形狀比較多或一樣多？ | | |
| **面積保留概念**<br>一雙向度物體的空間是否受其形狀擺設不同而有所影響？ |  牛所吃的草是否一樣多？ | | |
| **重量保留概念**<br>黏土的重量是否依形狀不同而有所影響？ | 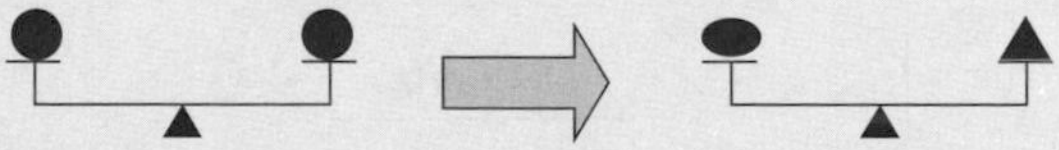 黏土的形狀不同，哪一個比較重或一樣重？ | | |
| **體積保留概念**<br>水的體積是否因其形狀不同而有所影響？ | 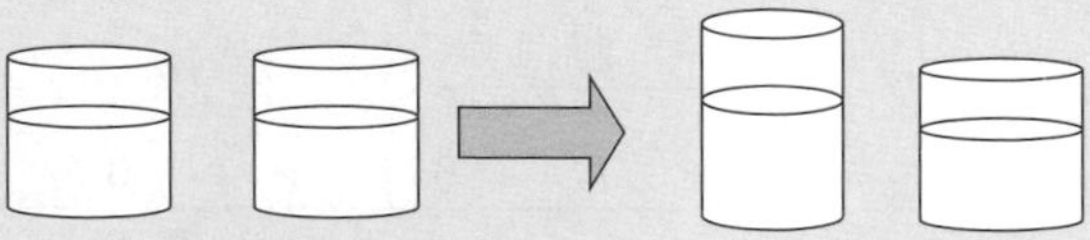 哪一杯水的高度較高？ | | |

圖6-3　Piaget的保留概念測試

1977），這些訓練研究有理論及實務之意義。例如訓練研究指出，對四歲幼兒教導同一性和可逆性使獲得保留概念是可能的。而且，保留概念還能從訓練中涉及到轉移（transition）或再處理（rearrange）到其他物質的向度上（May & Norton, 1981）。如此說來，學齡前兒童能夠整合與應用比教育學家曾設想的還要抽象的概念。研究幼兒發展的學者也發現，經過探索、實驗以及描述物質轉換的系統程序，人們可以指導幼兒以一種系統的、抽象的方式形成自然界的概念。然而，現在的認知研究較強調援引Vygotsky的社會建構理論；換言之，幼兒會從社會脈絡情境中（鷹架）去獲得邏輯與表徵概念以及社會意義。

Piaget警告了這種訓練的危險性：「每當一個人過早地教兒童某些東西時，他就會發現，這種作法阻礙了兒童親自去發現它的機會，也阻礙了兒童對這些東西的完全理解。」（Piaget, 1983: 113）因此，應使幼兒能開放的探索及主動理解問題。保留概念在物體操作上並不具通論性，例如兒童對不熟悉的物品（例如籌碼）不具有數量的保留，但會改用他所熟悉的物品（例如M&M'S巧克力），他會變成有數的保留概念（Perret-Clermont et al., 1991）。

### (二)分類技能

**分類**（classification）**技能**的一個成分是依物體具有的向度對其進行分組的能力。另一個成分是建立子群（subgroup）的等級順序，以便有一新的分類能包括先前的所有子群的能力，這是所謂**層級分類**（class inclusion）**能力**。尚未進入具體運思的幼兒，傾向於只注意一個向度，例如速度、顏色、形式，而較少注意雙重向度，如小的白花、跑得快且動作輕巧無聲等。具體運思的兒童可以利用嘗試錯誤的方法，直到他們發現自己錯誤並重新調整解決問題策略。

一般說來，學齡前幼兒缺乏層級分類的認識，如果你拿了七個紅色三角形及五個白色三角形，問他紅色三角形多還是三角形多，他常會回答紅色三角形多。他似乎注意到（看到）而且比較紅色三角形與白色三角形，而非比較紅色三角形（看到）及三角形（抽象層次）的多少（Chapman & McBride, 1992）。

自學齡期開始，兒童分類的知識及其相關資訊會迅速發展。此外，他們有更廣闊的分類能力幫助他們整合新的觀察。分類技能的價值不純粹在分類物品或經驗至子群的等級順序，而是幫助他們從已知的分類，推論至相同的屬性、等級順序的分類，以及不同屬性的分類能力（Kalish & Gelman, 1992; Lopez et al., 1992）。

在層級分類的研究中，McCabe等人（1982）發現，三及四歲幼兒不能重複問題，而且顯然沒有分類的任何規則，但他們卻比五至六歲的幼兒更有可能做出正確的回答。七至八歲的兒童則比四至六、或五至六歲的兒童回答得好。五至六歲的幼兒回答很快且自信滿滿，但常常出錯，他們似乎不能抑制更明顯的比較形式，以便幫助他們考慮實際的問題。

### (三)組合技能

具體運思的第三個特徵是**組合技能**（combinational skill）的發展。在兒童有了數量保留概念之後，他們便瞭解物質不滅定律，而且知道物體數量不會因集中或分散而改變。在具體運思階段，兒童皆已學會加法、減法、乘法及除法。無論涉及什麼特殊的物體或數量，兒童都會應用同樣的運算。因此，Piaget曾斷言，學校教育始於六歲並在此時教兒童算術的基本技能並非巧合，兒童在這個時期已有了智力準備。

總體而言，無論是保留概念、層級分類或組合技能，都是具體運思能力的表現。隨著兒童具體運思智力的發展，兒童頓悟了自然界的規則和控制物體間關係的原則。

綜合上述，**表6-1**總結了具體運算思維的成分：

**表6-1　具體運算思維的成分**

| 成分 | 新的能力 |
|---|---|
| 保留概念 | 覺察同一性的能力。<br>覺察可逆性的能力。在互補中同時操縱兩個向度的能力。 |
| 分類技能 | 根據一些共同的向度對物體進行分組的能力。<br>建立子群的等級順序的能力。 |
| 組合技能 | 運用加法、減法、乘法和除法處理數字的能力。 |

資料來源：郭靜晃、吳幸玲譯（1993）。

## (四)後設認知

Piaget在做有關具體運思的研究時曾提出：「兒童是如何知道他們所知道的事情？」、「兒童是如何解釋其解答？」這些問題其實已為後設認知提出了研究方向。**後設認知**（meta cognition）指的是我們用以評價和監控知識的一套過程和策略。這也是訊息處理（information processing）的研究者一直很關心的，到底兒童如何知道他們所瞭解的事，也就是說，一個人思考過程的知識。例如我們給一大堆事物要兒童記憶，然後要求他之後要告訴我們他是如何記得的。這些技巧又可稱為執行過程（executive processes），而且其中包含計畫與組織（Bee, 1992）。此種「**認知的感覺**」的基本要素是瞭解一個人的信念來源。例如當我們被告知某事物時，我們可以觀察它、觸摸它及感受它，而此三種訊息整合可以成為個人的信念，或者我們可以察覺我們所看到、所感受到的與別人所言有所差異。一直到四至五歲時，我們才能瞭解此三種訊息來源是如何成為我們的個人經驗（O'Neil & Gopnik, 1991）。

後設認知伴隨著問題解決的「認知的感覺」（feeling of knowing），還包含區別出哪些是我們確信的答案與哪些是我們疑問的答案的能力（Butterfield, Nelson, & Peck, 1988）。Carr等人（1989）指出，後設認知包含審查探討問題的各種策略，以便選出一個最有可能導出解決方法的策略能力，它也含括監控一個人理解剛讀過材料的能力，以及選擇增加理解策略的能力（Cross & Paris, 1988）。

這些技巧可隨年齡增長而增加，並且與其他認知能力並行發展。隨著兒童在探討問題中注意更多變項能力的發展，他們同時也增強對認知的「執行」準備能力。如果兒童發覺有不確定性，並採用策略去減少這些不確定性，他們便可學會增強其組織與回憶訊息能力的學習方法，而成為更老練的學習者（skillful learner）。

## 二、學齡兒童期的語言發展

學齡兒童期另一顯著發展就是能使用更精確的語言結構，具**溝通能力**與**後設溝通**（meta communication）**能力**。

一個正常的兒童，在五歲左右已能掌握母語（native language）的基本語法及語意的規則。此外，他對會話的實用技巧（pragmatic skills）也有相當的瞭解。但臺灣社會中，父母、坊間才藝班，甚至是媒體常常會催促幼兒要及早學習第二種語言，最近的研究則指出，幼童學英語，學得早不如學得巧（最需要的是家庭環境的配合）。中國孩子小時候學習英語時，雖然單字識得多，也看得懂英文文章，文法也可以掌握，但就是發音不準，有時看看外國人學中文也是怪腔一大堆，可見語言學習是一個複雜又不易掌握的知識系統（張欣戊，2001）。

雖然語言學習開始於嬰兒期，萌芽於幼兒期，至學齡兒童期則是展現更多的實用技巧，及學習更精奧的文法結構。縱使六歲兒童能說出熟練的母語，甚至第一外國語文，可使用完整的句子及符合複雜的文法，並懂得上千至萬的字彙，但對於完全把握語義（semantic meaning）之精密，仍有一段距離，有時他們也還不瞭解語言的幽默。語言的功能不僅在於瞭解符號、溝通，有時也兼具社會化功能，直至下一階段青少年期，語言仍發揮相當大的功能，而此功能會受到語言知識、認知能力和社會能力所影響。

一般剛進入兒童期的孩子仍對文法規則不熟悉，一直到九歲或之後才開始發展出對語句構成的複雜瞭解（Chomsky, 1970）。Chomsky（1970）曾測試四十名五至十歲的孩子對各種語義結構的理解，結果發現能理解和不能理解的孩子在年齡上呈現很大的差異。

在語言知識方面，學齡兒童逐漸增加首語重複的修辭（anaphora）應用（Tyler, 1983），以及使用「是……不是」的對照句型來加強對方注意新資訊（吳敏而，1991）。此外，由於認知的成熟，推理能力的發展有助於兒童理解對方語言談話中的含義，以及幫助他們處理多項訊息的能力，對兒童歸納和掌握對方談話重點及大意有幫助，但在運用諷刺、說謊（出於善意）及說謊技巧上，則需要多年社會經驗的累積，是發展較慢的語言功用（Menyuk, 1988）。

與人溝通上的順利不是端賴語言能力，而是需要對口語訊息能力的理解，一般低年級的學齡兒童在溝通上仍有一些問題存在，但此種能力會隨著年齡增長而改善。年齡較大的孩子對語言的理解和自我監督較好，他們較會注意到言語指示內容是否充分，不瞭解時有停頓及困惑的表達，他們較明白自己不瞭解之處，並視此為溝通不明的結果（Flavell et al., 1981）。

此種訊息對成人（尤其是兒童的父母或保育者）更具有重要的含義。一旦成人發現兒童對自己所聽、所看、所閱讀的內容的瞭解並不多，而且也不會表達或意識到自己的不瞭解（或許他們已習慣對外界的不瞭解），而視為理所當然之事時，兒童大都會以點頭回應，並遵循不清楚的指示，他們通常不會呈現困惑也不大會發問，成人應留意此種現象，不能視孩子的理解為理所當然，成人應幫助孩子表達、分析其是否真正明白以及能自我肯定地與成人溝通。

**後設溝通**是兒童用來組織或建構整個互動（或遊戲）的溝通。此種能力約在幼兒期四至六歲中開始發展，為幼兒玩社會戲劇遊戲中應具備的必要能力。Garvey（1974）的觀察研究發現，幼兒在參加團體主題遊戲時會使用兩種口語交換：假裝溝通及後設溝通，以配合其角色及與同伴在玩此共同主題的語言。前者是在兒童所設立的遊戲架構中進行，後者則發生在兒童暫時打破遊戲架構而對遊戲本身做解釋時。後設溝通被用於解決關於角色、規則、物體的假裝身分和故事內容等的衝突，換言之，即是在戲劇化過程中所發生的衝突。Rubin（1980）認為，這些衝突對社會發展有其正向的影響。

此類能力也隨著幼兒進入兒童期迅速的發展，隨著個人的角色取替能力的增加及自我概念的發展，兒童也會增加對整個溝通情節及溝通中所扮演的角色的理解，而這些能力皆能增加學齡兒童期的後設溝通能力。

學齡兒童期是語言能力更加精熟的時期，文法愈來愈正確，文法規則也愈用愈複雜，此時期兒童會脫離單一結構的回答語句，例如「是」、「不是」、「要」、「為什麼」等語句，而開始會用較開放式的回答，甚至瞭解一個字辭可能有多層意義，並瞭解字詞的抽象意涵，也就是「形而上的語言覺知能力」（meta linguistic awareness），此種能力的發展也會幫助兒童能夠欣賞幽默和笑話，也開始使用隱喻（metaphor）的能力。

兒童語言發展會與智力及心理健康有密切關係，語言是取得他人資訊之門，亦是要求他人之工具，更是他人藉以瞭解兒童的媒介。Piaget的研究也導出下列的結論：兒童先發展出許多邏輯概念，然後再發展與這些概念相對應的語言來加以指述（Lefrancois, 1995）。最近的研究（如Beal, 1987）發現，溝通的障礙可能來自傾聽者沒有察覺到的模糊訊息（uninformative messages），或是傾聽者察覺到但卻沒有進一步加以澄清的訊息。學齡兒童開始發展要求對方澄清的能力，所以他們的溝通能力會如年幼時（例如學齡前幼兒）來得好。因此，增進兒童溝通能力的方式是教導他們傾聽，必要時要求對方澄清模糊的訊息。

溝通的另一個重要要素是**口語控制**（verbal control），此理論是由俄國心理學家Luria等人發展出來（Luria, 1961; Vygotsky, 1962），他們認為口語發展會影響行為的控制，認為口語發展需要經歷三個階段：

1.他人外顯（other-external）：即兒童的行為經由他人的言語控制。
2.自我外顯（self-external）：即兒童以自己發出的外顯口語控制自己的行為。
3.自我內在（self-internal）：即兒童以內隱的自言口語控制自己的行為。

這個理論後來由其他語言治療專家發展出了**自我引導**（self-instruction training），用來作為教導兒童失控和衝動行為的治療方式。

如果孩子發展異常應要如何因應？父母親在何種情況下應該擔心孩子語言發展有問題？有哪些徵兆表示是一般發展遲緩還是語言障礙，又要為他們尋求何種協助呢？口語語言病理學家（speech-language pathology）的領域可提供上述問題的答覆與指導。如Bernstein和Tiegerman-Farber（2002）就提出一些協助給一些對此問題感到焦慮的父母：

1.在孩子想要的談話中，做一個積極的傾聽者和參與者。
2.提供好的語言示範。
3.交談、交談、再交談。與孩子談論他們的生活事件。
4.提供支持性的氣氛。
5.閱讀、閱讀、還是閱讀。多支持孩子閱讀。
6.準備可使用的書寫、溝通工具。
7.玩與聲音和文字有關的遊戲。
8.對孩子的溝通困難與障礙要有耐心，多讓孩子嘗試著說話。

通常父母親會是最早發現或懷疑孩子可能在語言學習上有遲緩問題的人，這些孩子並不會發出許多像是牙牙學語，或者未能製造出好玩的聲音；當父母與孩子交談、互動或遊戲時，他們**通常是缺乏回應或者沒有眼神交會**。如果父母、照顧者或社會工作者遇到這些類型的問題時，應尋求口語病理學家的協助，與專業人士合作，判斷孩子是否有語言發展遲緩的問題，以及瞭解影響發展遲緩的原因，同時也評估孩子可能需要介入策略或學習的技能。及早發現、及早診斷、及早治療，療育成功的機會才能有更高。

若孩子在五歲之前發現有語言問題，之後也會是閱讀和寫作問題（學習困難）之高風險群。當學習閱讀，孩子必須積極考量語言系統的全部組成因素，這對學習口說語言系統有障礙的兒童是有其困難性的，父母應監控並鼓勵孩子的讀寫技巧，並且與孩子的教師或專業人士合作，提供孩子所有可能的協助。有些孩子，例如聽力喪失、智能障礙、自閉症、注意力不足過動症等，通常會伴隨有語言問題，其中有些是遺傳的隱藏因素。對於聽障的兒童，手語也是一種溝通系統，手語如口語般也有兒語階段、電報語言，以及更複雜的方式與內容；手語也如口語般有陳述句或問句等結構，同樣也能成為嬉戲唱謠工具，這些皆有待個體的後天學習，以發展為聽障者的溝通媒介。

## 三、學齡兒童期的道德發展

兒童從出生的無律階段（stage of anomy），到幼兒及學齡兒童期的他律階段，及到青少年期後的自律階段，個體的道德行為深受情緒、認知及行為現象中的互動所影響。歷史上已有許多學派，例如心理分析學派、行為學派、社會學習學派、認知建構學派，除此之外，哲學家、社會學家以及人類學家也從不同定論及角度談及有關人類道德發展表現。到目前為止，唯有Kohlberg援引Piaget的理論，並從「道德判斷」發展歷程建立理論，且從此理論援引出相當多的實徵研究，已在學術上占有一席之地。

Piaget及Kohlberg皆相信兒童除非到達某種認知成熟層次，並排除唯我式思考，否則無法做道德判斷，Kohlberg並依此想法，發展出一套理論，解釋兒童的道德發展歷程。Kohlberg是猶太人，一九二七年生於美國，一九八七年逝世，享年六十歲，由於親身經歷二次大戰浩劫，面對猶太人被屠殺，其身心面對一些兩難問題，為了能夠解決這些問題，他進入芝加哥大學心理系，一九五八年畢業，獲得博士學位，一生致力道德判斷歷程的研究。

Kohlberg認為，個人身處於不同道德判斷發展階段，反映個人理解社會事實（social facts）和選擇道德價值的社會觀點（social perspective），他以對社會習俗尊重、瞭解的程度，或個人與社會成規發生關聯時可能採取的三種觀點，將個體的道德判斷發展歷程劃分為：**道德習俗前期**（preconventional level，階段一、二）、**道德習俗期**（conventional level，階段三、四）與**後道德習俗期**（postconventional level，階段五、六）等三個發展層次，並分述如下（引自程小危，2001）：

## (一)道德習俗前期

道德習俗前期大都為學齡前及學齡中低年級的兒童，但也有一些青少年或成年人仍持有此時期的道德推理的層次，他們尚未瞭解及尊重社會的規範與期望。此時期的道德推理層次又可分為兩個階段：

### ■階段一：避免懲罰與服從權威取向

由於此階段的兒童仍具有自我中心（ego centric）的社會觀點，他們的自我尚未分化，也分不清楚權威的觀點與自己的優點有何不同，其道德判斷是基於後果會導致懲罰及違反規定就是錯的；相對的，凡是後果能獲得獎賞便是對的。

### ■階段二：現實的個人取向

此階段的兒童瞭解每個人皆可追求自身利益，而且會彼此衝突。對與錯並非絕對，而是依不同的情況及當事人的觀點而定，此階段的道德判斷的原則，便是使自己達到最大的滿足並將傷害減至最少。

## (二)道德習俗期

道德習俗期主要發生在學齡階段（尤其是中高年級），進入國中、高中後繼續發展，且大部分成人仍停留在此時期的層次，道德判斷及推理依循社會習俗及成規，自我也與社會成規認同，並能從一個社會或團體成員的觀點來解決兩難的問題。

### ■階段三：和諧人際的取向

到了此階段，個體可以同時考慮自我及他人的觀點，並加以協調；換言之，即是以第三者的觀點看待人際間的互動。此階段中的個體最看重彼此的信任、情義與相互關懷的人際互動，希望成為別人心目中的好人，也要求自己不違背重要他人的期望。

### ■階段四：社會體制和制度取向

此階段個體的道德推理不似上一階段是從個人與個人的相對關係為著眼點，而是站在整個社會，以運作體系的立場來考慮道德的兩難情境。最重要的是，社會中每個人要維持並遵守整個社會的秩序、法律規定，所以每個人皆要奉公守法，善盡職責，貢獻社會。

程小危（2001）認為，此一階段的人不一定會把社會的法律奉為最高價值，個體可能站在社會主義的立場否定資本主義社會中的法律，或認為唯有宗教的律令才是神聖不可侵犯的。若他們的推理不能跳脫情感認同、團體壓力及習慣性信念而從事道德問題的思考，反而皆是從一套固定的法律或信念為推理的出發點，就都屬於此階段的特徵。

## (三)後道德習俗期

在此階段中的人占較少數，大都在一般大學生或成人中。這一層次的人瞭解社會的習俗成規，且能以一種超越所認同社會團體的觀點來看待該團體的社會成規。個體一方面尋求、服膺普遍性的倫理原則，另一方面因瞭解成規會因不同的文化團體有別，不同的人有不同的立場和觀點。因此，對於尚未有定論的問題，可以透過辯論和協談程序來達成約定及契約，而讓問題有了合宜的解決。

**■階段五：基本人權和社會契約取向**

此階段的個體將自己置於尚未隸屬或認同特定文化團體的立場，而將道德推理訴求於理性的判斷，每個人要服膺公正社會不可缺的基本價值與權利。因此，社會契約（social contract）遂成為該階段的一個重要概念，而且要有普遍性的原則，以維繫整個社會有效運作及維護全體成員利益及社會福祉。

**■階段六：普遍主義原則**

階段六是構成Kohlberg所提出的道德判斷發展的最高位階，這是道德哲學家所稱的「道德原則」。然而，從Kohlberg的實徵研究卻發現，社會持有第六階段的「道德觀點」之人甚少，此階段目前應被認為是實徵上不確定的階段。此階段的道德哲學是要有「正義原則」（justice principles），與功利主義（utilitarianism）是大不相同的。

道德的判斷與推理和認同成熟度有關，大約發軔於學齡前的幼兒期或學齡期的低年級學童階段。隨著時間推移，兒童的認知成熟，加上與其他成人或同儕的互動增加，提昇了個人的自我概念，想法上也較少使用自我中心思考；此外，他們的社會化經驗擴增，增加他們與各類觀念接觸，產生與過去所教及所學到的經驗大異其趣；漸漸地，兒童發展並沒有所謂不可變異、放諸四海皆準而絕對的道德標準，他們可依自己判斷是非的模式，決定自己所依循的法則，建立個人的自我道德標準。

學齡兒童期的道德判斷推理除了與年齡成熟度有關外，也與個人的性別智力、父母的管教態度、社經地位、個人的觀點取替能力、同理心及文化差異等因素有關。在成人的實務上可運用價值澄清法（value clarification），透過教導兒童分析自己的口語和實際生活所採行的價值觀的技能，協調兒童的道德想法與道德行為，幫助兒童提升道德判斷能力。

Simon及Olds（1976）利用七個步驟教導孩子做道德判斷：(1)由各種不同選擇中挑出一種想法與作法；(2)考慮自己所選擇的後果；(3)不考慮他人所言，自己選擇作法；(4)對自己的選擇感到滿意；(5)願意公開自己的價值；(6)將想法化為行動；(7)一再練習及執行自我價值行事，一直到成為自己內心的想法及生活型態。此種教導孩子如何做道德判斷的策略，利用不具威脅性的練習來教導兒童如何形成個體的自我價值觀。

研究指出，**罪惡感**可以驅動道德行為，但較正面的情緒，如依附感、同情心和同理心也很重要（這可以從教育中教導及發展）。Hoffman（2001）提出，**同理心**是一種生物性的傾向，歷經四個發展階段：(1)通用的同理心（global empathy）：大約在零至一歲；(2)自我中心的同理心（egocentric empathy）：大約在一至三歲；(3)對他人感受的同理心（empathy for another's feeling）：大約在學齡前至學齡兒童期；(4)對他人生活狀況的同理心（empathy for another's life conditions）：大約在兒童晚期至青少年或成年期。環境型態（如家庭、學校或社會環境）和增強的方式也會影響同理心的發展，例如引導式的親職教養會促進高程度的同理心發展。社會學習理論學者提出孩童學習利社會行為和攻擊行為，皆是透過增強、處罰和模仿等方式，而文化與家庭的常規會對這些行為有所影響，社會工作者宜注意孩子成長的環境以及身教的影響，尤其是高壓式的家庭環境，若再加上高風險因素，可能會增加一些男孩持續反社會行為的風險。

## 四、學齡兒童期的情緒發展

根據Robert White（1960）的能力模式（competence model），學齡兒童不再似幼兒期滿足於虛構、幻想的遊戲境界，他們希望能像成人般運籌帷幄，也希望與成人打交道，能做出成人認為重要的事物，Sullivan（1953）稱這是兒童的現實社會，而Erikson（1968）則稱之為兒童的客觀世界。

根據Erikson的心理社會理論，學齡兒童期最重要的發展任務是**勤奮vs.自卑**。自慚形穢的感覺來自兒童的自我成長與社會環境。個體不能勝任社會所要求，造成他們不能發展勝任感，進而使機體自卑；兒童因個人的性向、嗜好及特殊才能的差異性，他們多少會在某些方面（例如語文、數理、社會、常識、科學等學科）的技術學習感到力不從心，而造成個體產生負向的自卑感。如果能截其長補其短，適度平衡成功與失敗，皆可以減少其力有未逮及心理社會的危機和焦慮感。因此，技能學習，如閱讀、數學、自然科學、寫作、電腦、運動、機械、音樂、舞蹈、戲劇、藝術、烹飪、縫紉、工藝等，也會在此時期中慢慢學習，習得技能及精熟。對個體的自尊發展，如自動功效的正向自我評價有相當影響。

此外，周邊之社會環境也不時釋放出不同成就的獎罰訊息與賞罰規則，帶給他們發展正負向的情緒感受。例如兒童在學校因缺乏運動技巧而被同儕排斥，或老師不小心的嘲笑，忽略兒童的感受而引發他們的自卑感，這種因失敗內疚的心理通常會伴隨有兒童退縮的社會行為。

學齡兒童期的情緒發展較之嬰兒期及幼兒期的發展要來得複雜許多。學齡兒童除了要奮力學習及瞭解個人與他人錯綜複雜的情緒外，甚至要忍受別人不贊許的負向情緒（例如生氣及恐懼）。年齡漸長，他們將更瞭解自己及他人的感受，甚至更能調節在社會情境中的自我情緒表達，及回應別人不順利或苦惱的情緒反應（Saarni, Mumme, & Campos,

1998）。

瞭解自我情緒幫助學齡兒童在社會情境中，引導其個人行為及表達個人情感（Laible & Thompson, 1998）。此種能力也將促使他們控制自我情感及敏感他人的情感反應（Garner & Power, 1996）。

誠如之前所提及，幼兒約在獲得自我察覺意識及接受社會規範之後的三歲左右，開始瞭解自我，並發展罪惡感、羞恥及自尊的情緒反應，例如一旦違反社會規範，個體可能會產生羞恥及罪惡感；反之，獲得社會贊許則得到自尊。Harter（1996）利用故事敘事的訪問調查研究發現，幼兒從四歲起對自我的受挫負向情緒反應的瞭解顯現五個層次（階段）的發展（見**表6-2**）：

**表6-2　兒童對自我受挫負向情緒的發展層次**

| 階段 | 大約年齡 | 兒童瞭解什麼 | 兒童可能如何表示 |
|---|---|---|---|
| 0階段 | 3至6歲 | 兒童不瞭解任何兩種情緒可能同時存在。他們甚至也不能承認兩種情緒是同時存在（例如悲傷與生氣）。 | 小明說：因為一個人只有一顆心，所以不能同時有兩種情緒反應。 |
| 1階段 | 6至7歲 | 兒童正發展正向與負向的不同情緒反應。他們可能同時存在這兩種情緒，但是只能產生同時是正或負向。 | 小華說：假如我媽打我，那我會很生氣及悲傷。 |
| 2階段 | 7至8歲 | 兒童瞭解個體可以同時有兩種衝突情緒反應。但是，他們不能承認同時擁有兩種矛盾的情緒反應。 | 小萱說：我要去日本玩，還有過年可以看到祖父母，好高興哦！我不會感到害怕；我不能同時又害怕、又高興的，因為我只有一個人啊！ |
| 3階段 | 8至10歲 | 兒童可能整合不同正負向的情緒。他們瞭解個人可以同時有正負向的情緒，只是要針對不同的目標（情境）。 | 小莉對小弟的霸道感到生氣（因為他頑皮，所以她打他），但是對父親沒有打她，感到高興。她不能對他人同時擁有正負向的情感。 |
| 4階段 | 11歲及之後 | 兒童能對相同情境指述正負向的情感。 | 小威說：轉學讓我感到高興，但同時我也有點害怕。 |

資料來源：Harter, S. (1998).

1.階段一：兒童不瞭解兩種不同的情緒反應可以同時存在。

2.階段二：兒童正在發展正向與負向的不同情緒反應。

3.階段三：兒童瞭解到個體可以同時存在有兩種衝突的情緒反應。

4.階段四：兒童能整合不同的正負向情緒。

5.階段五：兒童對相同情境的正負向情感能加以指述。

學齡兒童期的情緒發展正如心理分析大師S. Freud所說，是介於紛擾的伊底帕斯戀父（母）情結（Oedipus Complex）與狂飆的青少年期之間的潛伏期。兒童在此時期的情緒是平穩且一致性的。也就是說，學齡期兒童的情緒發展是穩定且無重大衝突的。然而，兒童在此時期的心理發展有了重大的變化，如認知發展以及道德推理能力的增加，加上社會化的影響，使得兒童透過人際交往而建立社會行為的歷程產生變化。在兒童時期，兒童變得更能理解他人的觀點，從脫離父母中學習獨立自主，與同儕交往密切，也因而發展本身的性格，如此一來，個體也掌握自己的情緒、技能及認同。雖然大多數兒童均為身心健康、快樂及充滿活力，但有些卻有情緒方面的困擾或失調，有時是由於壓力所引起，有時則是由於生理的不良作用所產生。

**情緒**（emotion）是心理行為的重要層面之一，與**認知**、**行動傾向**（action tendency）成為行為的三個層面。認知、情緒或行動傾向皆是個體對客觀事物的一種反映，所不同的是，情緒是對客觀事物與個人需要之間關係的反映。如兒童應是快快樂樂、活活潑潑的，但此時兒童也會悶悶不樂，顯得有些焦慮、憤怒、暴躁。到底兒童的不良情緒是如何發展的，而學齡兒童期又有哪些情緒困擾呢？這些都是本章所要探討的（參見第二節）。

## 五、學齡兒童期的性發展

隨著年齡增長，學齡期兒童大部分的發展目標都呈現了較穩定的情況，例如逐漸由性別角色的發展中反映自我概念及對自我能力的評價。這些發展對學齡晚期及少年早期的孩童來說極為重要，因為這時期在性別角色的發展影響了其日後在兩性關係互動時的發展與行為。

首先，我將先探討孩童**心理上的性別**（gender），並針對性別角色發展、性別特質等做一討論。其次，再探究**生物學上的性**（sex），以發展的角度來瞭解學齡兒童期在性發展上的變化。

## (一)性別角色發展

我們一般所稱的「性別」包括了兩個部分：一是性別特徵；另一則是性。在探討學齡兒童性別角色發展之前，我們可先經由性別定義來瞭解個體性別的意義。性別與性，是分別由社會建構和生物學觀點來討論性別，並藉由此觀點來看性別認同、性別角色和發展。

### ■性別的定義

**性別**，又稱**性徵**（sex），即我們常稱呼的男性特徵（maleness）與女性特徵（femaleness）的形成原因，有些人認為是來自生物學的原因，例如染色體X或Y，由此來看是一種由性來區別的觀念；有人則認為性別是社會所建構而成的，亦即每一個社會、文化均會對男性與女性這兩個名詞加以創造出屬於該社會、文化的意義，例如在中國社會中的「男主外女主內」、「男兒有淚不輕彈」等，都是基於性別所產生的角色期待。

性與性別之間有什麼差異呢？在日常使用上，這兩個字多半是可以互換的，然而在許多重要的特質上，兩者仍然是相當不同的。性是生物學上的語彙，一個人是男性或者是女性，是受到其性器官及基因所決定的。相對來看，性別則是心理學上和文化上的語彙，是每個人對於自己或他所具有的、顯露的男性化與女性化特質的一種主觀感受（可視為性別認同），同時也可說明社會對男性行為及女性行為的一種評價（可視為性別角色）；個體的行為表現與社會上對男性化和女性化定義的相關程度，則稱為**性別角色認同**（gender role identity）或是**性別類型**（sex typing）（Basow, 1992）。例如一位中年男性每天出門前一定花半小時清理鬍渣及整理髮型，換上襯衫長褲才出門，只因為他所屬的社會文化中認為，男性應梳理整齊與裝扮得體，才符合一中年上班族群的角色，而且他自己也如此認為，那麼，我們會認為這位男性對於性別角色的認同度是很高的。

想要區分性和性別的不同，必須先知道女孩和男孩在生物層面的差異。通常我們會假定男孩和女孩在外顯行為與性格方面之所以不同，是由於性的不同，例如對一位任教高年級的小學教師來說，當班上一位女孩表示腹痛，老師多半會詢問：「是不是月經來了？」如果前來請假的是一位表示腹痛難耐的男孩，老師多半會問：「是不是吃壞肚子了？」而不會問他：「是不是月經來了？」這是因為面對學齡晚期及少年階段兒童的腹痛難耐行為，我們會先以性（生物學）的差別來作為對該行為的判斷或解析（劉秀娟，1997）。根據Basow（1992）的研究指出，男女兩性在行為及性格上的差異，大都是由社會因素所造成，例如社會化（socialization）、社會酬賞及他人期待等。

研究發現，在一些特定的認知技巧上，社交以及個人特色上有一致的性別差異，有些差異在嬰兒期就很明顯，而有些差異則要到兒童晚期或青少年時期才會逐漸顯現。例如空間技巧和心像旋轉能力（mental rotation）方面，所謂的**心像旋轉能力**是指人的心像能像一個物體一般，從不同角度看人的心像會呈現出不同形象化的能力，這方面一直是男生較優勢（Voyer, Voyer, & Bryden, 1995），至於在拼字整體語言的程度、寫作方面，則是女孩較占優勢（Halpern, 2000），但這些差異在青少年時期會逐漸縮小。

性別差異在年齡較小時即會呈現而且明顯，但有些會隨成長而逐漸減少，社會化和不同經驗是有其關聯的，但生物因素也可能有其重要影響。這些影響可能來自個體經驗所致，是否是他們熟練的事物，或來自於電視、書籍、家庭和文化，這些常會為個人添加一些性別刻板印象，最重要的是，社會工作者要將每一個個體皆視為有價值之個體，充權個體朝向個人興趣和目標，而社會工作者應對個人的興趣和努力持續提供支持。

由上述的說明我們可以理解，事實上我們常用的男性和女性稱謂，是含括了生物學的性及心理的、社會的以及文化的性別層面。由這個角度去思考，我們可以理解，許多個體（包括我們自己）在生命初始受精的一剎那，生物上的性就已經在基因中決定了，而個體要瞭解到自己是男性或女性，以及如何形成性別概念，則必須透過成長、發展及社會化的歷程學習而來。

■ 性別認同與發展

從發展心理學的角度來看，**性別認同**是會隨著兒童認知能力的發展歷程而漸漸達成（Shaffer, 1996）。Newman和Newman（1986）指出，個體**性別概念**的理解與發展可分為四個階段（郭靜晃、吳幸玲譯，1993；劉秀娟，1997）：(1)正確使用性別標誌；(2)理解性別是穩定的；(3)理解性別是恆定的；(4)性別是有生殖器官基礎的。學齡兒童的性別發展與認同正處於階段三與階段四（見**表6-3**），現分述如下：

1.理解性別是恆定的：在這一階段的孩童（約六、七歲）能理解性別是恆定一致的，不會因為個人的穿著、外表和情境的改變而改變。例如豪豪即使穿了裙子、留了長髮，仍然是男生，孩童並不會因為豪豪的改變而認為他變成女生，或是他長大以後可以變成母親，因為孩童在這個階段已開始具有物體恆存性的認知能力，他們已瞭解這些性別標誌的改變，是無法讓男生的豪豪變成女生；同樣地，柔柔玩小汽車或聖戰士（一般被稱為男孩玩的玩具）也不會因此變成男生。

2.性別是有生殖器官基礎的：七歲以上的孩童會知道身體結構上的差

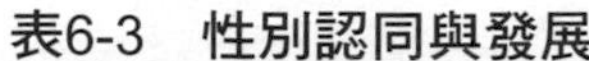

表6-3　性別認同與發展

| 階段 | 年齡 | 性別概念 | Piaget認知發展能力 | 典型範例 |
|---|---|---|---|---|
| 一 | 學步期至2歲左右 | 性別標誌的使用 | **象徵符號的認知（感覺動作期）**<br>已發展原始的符號，物體概念完備（如語言），能界定人、物，並會預期結果。 | 豪豪玩車車是男生；柔柔穿裙子是女生。 |
| 二 | 4歲左右 | 性別是穩定的 | **運思前期**<br>單向思考，並集中在較明顯的外觀上；特定事物之間的推理。 | 豪豪是男生，長大了會變成父親。 |
| 三 | 5至7歲左右 | 性別是恆定的 | **具體運思期**<br>具可逆性及恆存概念。 | 豪豪即使穿了裙子仍然是男生。 |
| 四 | 7歲以上 | 性別具有生殖器基礎 | **具體運思期**<br>具可逆性及恆存概念；具可易（替代）概念。 | 豪豪因為有陰莖，所以他是男生。 |

資料來源：劉秀娟（1997）；Newman, B. & Newman, P. (1986)。

異，所以與異性在性別上有所差別，也知道自己和同性之間的相同處。例如豪豪會知道自己因為有陰莖所以是男生，而柔柔沒有陰莖，但是有子宮和陰道，所以是女生，因為這些生物上（身體結構上）的不同，所以孩童會對性別概念有更深的理解，知道男生與女生除了性別標誌、穩定性和恆定性之外，仍有根本上的生殖器官差異存在。這也會使孩童對生殖器官相同的同性產生性別認同，並且影響與性別有關的行為。

## ■性別刻板印象

由於性別角色是可以透過學習而來，因此有些個體可能會在此學習歷程中，沒有自文化中學習到某些角色，或是部分的角色定義已經改變或重新定義與詮釋。例如單親家庭中的父親或母親角色缺位，都容易影響學齡兒童性別角色的發展；相對的，社會文化對於身為男孩或女孩的性別特質的態度和信念，也同樣對學齡兒童的性格（personality）產生一定程度的影響。

試著將你對男性化和女性化的描述詞語寫下來，如果你和大部分的人一樣立刻有某些想法，那麼看看**表6-4**所列的資料與自己的想法是否相吻合。

**表6-4　臺灣地區大學生認為適合於男性和女性的性格特質**

| 男性項目 | 女性項目 | 男性項目 | 女性項目 |
|---|---|---|---|
| 粗獷的 | 溫暖的 | 膽大的 | 慈善的 |
| 剛強的 | 整潔的 | 好鬥的 | 甜蜜的 |
| 個人主義的 | 敏感的 | 豪放的 | 溫柔的 |
| 偏激的 | 順從的 | 穩健的 | 被動的 |
| 靠自己的 | 純潔的 | 自力更生的 | 端莊的 |
| 隨便的 | 心細的 | 善謀的 | 文雅的 |
| 冒險的 | 伶俐的 | 有雄心的 | 依賴的 |
| 冒失的 | 動人的 | 幹練的 | 純情的 |
| 獨立的 | 富同情心的 | 頑固的 | 輕聲細語的 |
| 武斷的 | 保守的 | 嚴肅的 | 拘謹的 |
| 浮躁的 | 膽小的 | 主動的 | 天真的 |
| 有主見的 | 討人喜歡的 | 行動像領袖的 | 矜持的 |
| 深沉的 | 文靜的 | 粗魯的 | 愛小孩的 |
| 自誇的 | 親切的 | 有領導才能的 | 害羞的 |
| 競爭的 | 愛美的 | 好支配的 | 善感的 |

資料來源：李美枝（1994）。

對大多數的人來說，男性化的特質通常會和能力、工具性、活力等字眼有關。而女性化特質則會和溫柔、善表達、養育性等字眼相結合。這些語彙反映了社會中性別角色的標準（即個體要表現出符合其生物學上性的動機、行為、價值觀等）。而典型的標準包括了男性的工具性（instrumental）角色，強調個體是果斷、獨立、進取、能力及具目標導向的（Shaffer, 1996）。女性的角色標準則為表達性（expressive），認為個體應強調合作性、仁慈的、養育性的，並且對他人的需求敏感（Shaffer, 1996）。從一九六〇年代末到一九七〇年代的研究，的確發現男女兩性存在著不同的性別特質（Basow, 1992），即使是在不同文化的研究中，仍然可以發現男女兩性在這些特質上所表現的差別，如與男性有關的描述詞語有「冒險的」和「強壯的」等，而女孩則為「多愁善感的」和「順從的」等特質的描述。

有關性別特質的描述，反映了個體對於性別角色及其行為的信念與態度，這與社會化歷程中文化及社會期許是密切相關的，然後形成一個固定的、刻板的看法及印象，也就是**性別刻板印象**（gender stereotypes）。這樣的刻板印象，在性別概念形成的初始就已經建立了，例如一個八個月到兩歲左右的幼兒會區分穿裙子的人是女性；學齡期的孩童會因性別不同，而分成「女生國」、「男生國」等次級互動團體，或是指出「她們女生都愛打小報告、愛哭啦」、「我們班上那些男生都愛打球」等說詞。由於性別刻板印象與社會、文化密切相關，所以性別的刻板印象並不是固定不變的，它會隨著文化的變遷而改變，事實上這也是對傳統的刻板印象提出質疑與反省。

傳統上，我們將性別分為男性與女性兩種特質，例如慣常使用的是「一種男性化特質」，而不是「一群男性的特質」，男性化特質與女性化特質兩者是涇渭分明的，但是目前的研究已逐漸發現或使用「一群男性化特質」的觀念，因為其中強調了性別特質必須從跨種族、階級與性取向等多元向度的角度來定義。例如，傳統的男性刻板印象中包含了三個主要成分：地位（功成名就和受人尊重的需求）、堅強（力量及自我信賴）和反女性化（避免從事刻板的女性活動）。此外，傳統的男性被認為在性活動方面是十分活躍積極的，即使是年老男性仍是如此（劉秀娟，1997；簡春安，1997），而女性的存在使男性化的印象更加凸顯。然而，在許多人的生活中，仍有一些男性並不具備如此刻板的性別特質。例如在近來媒體中經常出現「新好男人」、「居家型男人」、「暖男」等角色形象，相信你我都不陌生，在我們日常生活中，的確可以發現一些男性具有非傳統的男性化特質，如溫柔的、敏感的、溫暖的等典型的女性化特質。

這些我們所具有的或難以抗拒的女性化、男性化刻板印象，對於學齡兒童性別角色的發展具有一定的影響，例如我們可能在學校班級中發現班長常是男孩（主導性），而副班長常是女孩（附屬性、輔助性）的現象，這些刻板印象的形成與孩童所屬環境（如班級、級任老師的性別角色刻板程度）有關，在此我們可清楚瞭解性別角色發展及刻板印象對學齡兒童發展、行為及社會化歷程影響的深遠。

### (二)胎兒期的性生理發展

回想一下，你是否曾經探望過新生兒？或是否曾經有懷孕的親友告訴你，她在接受超音波檢查時順便發現胎兒的性別？他們都是如何形容的？你又會如何依據這些話語來形成對嬰兒、胎兒性別的印象？特別是胎兒，你難以對它有任何具體的性別概念（因為你沒看見，也許你可以用猜的，不過那不是科學的方法）。當孕婦告訴你在接受超音波檢查時，發現胎兒「十根手指頭之外多了一根」，你可能會立即想到：「哇，可能是男孩耶！」（當然，也有可能不是陰莖，而是真的多了一根手指頭！）；在看到穿粉紅色衣服的新生兒時，你可能會說：「妹妹好可愛哦！」但當你在小娃娃換尿片時發現他是男孩，你可能會立刻想到：「哎呀！你們怎麼讓他穿粉紅色的衣服？」或「哦！他一定是穿姊姊以前的舊衣服！」如果這些想法和你的經歷或看法很類似，那麼是什麼因素使你對性及性別的判斷做出標準呢？

基本上，對大多數的人來說，性的判定是單純且明顯地取決於外生殖器（例如男生的陰莖），其他的判定標準則包括了內生殖器、激素及染色體。通常這些判斷的指標都是一致的，但也有部分的人並非如此，這些不尋常的情況（即性的異常），會凸顯性別分化的歷程。在先前的

章節中，我們試圖對性與性別的差異做一些瞭解，隨後我們將在本節開始探討個體在性別發展的過程，如生理上的性發展的情況，這些瞭解將有助於我們對學齡兒童兩性關係與發展的認識及探索。

個體在性生理發展上，有一些歷程是我們必須加以理解的，在這個部分，我們將先就染色體的角色及激素的角色，來討論個體在性生理的發展；之後，我們則分別就學齡期女孩及學齡期男孩在生殖器官和發育方面的差別。

### ■染色體的發展作用

在性生理的發展上，染色體是相當重要的，通常是由兩個X染色體塑造一位女性，由一個X和一個Y染色體塑造一位男性，這個最初的性別決定因子在受孕的一瞬間便已經決定，對受精後七個星期內的男女胎兒來說，這是唯一僅有的差異。然後，Y染色體上的一個單獨基因（睪丸決定因子）開始形成了內生殖器的差異（Angier, 1990）。一般來說，如果這個基因確實存在，胎兒的生殖腺（性腺）將會發育為睪丸；假如缺乏這個基因，生殖腺便會發育成卵巢。因此，胎兒基本上具有兩種潛在特質，視基因的條件而發展出男性或女性器官。嚴格來說，除非擁有Y染色體，否則胎兒會發展成擁有女性器官的女性個體，所以最基本的個體性別形式應是女性，因為要形成男性時必須增加某些變化：例如在胎兒期的第一階段，是發展Y染色體的特定基因；到了胎兒的下一個發展階段則是雄性激素。

### ■激素的發展作用

在產前，激素對胎兒的**性別分化**（sexual differentiation）是非常重要的。胚胎發育七週後，內生殖器官（睪丸或卵巢）的發育，會因為Y染色體上睪丸決定因子的存在與否而定，一旦這些器官開始發育，激素便會產生影響，使胎兒發生進一步的性別分化。懷孕三個月內，如果產生二羥基睪丸素酮（一種男性激素），男性外生殖器（輸尿管、陰囊和陰莖）和男性導管（精囊、輸精管和射精管）將會發育，而女性腺管則會逐漸退化。假如沒有二羥基睪丸素酮的分泌，則會發育出女性性器官（小陰唇、大陰唇及陰蒂）和女性導管（子宮、輸卵管和陰道），而男性腺管會逐漸退化。除非有某種東西介入，如上述的睪丸素酮激素，否則個體將會發展成女性的構造。這個發展的關鍵階段是發生在懷孕後第二個月及第三個月之間（參見第3章）。

如果激素的產量或敏銳性減弱，或者在這個關鍵性階段期間將激素注入母體，可能會發展出性異常的嬰兒（郭靜晃、吳幸玲譯，1993；劉秀娟，1997）。因此，假如一個遺傳因子為女性的嬰兒暴露在男性激素中，生理結構將會朝向男性的方向發展，亦即發展出男性外生殖器，此情況會在「**腎上腺性生殖器症候群**」中發生，這是由於腎上腺功能異常造成胎兒雄性激素額外增加所致，另外也會發生在「**黃體素誘發的兩性人**」（progestin-induced hermaphroditism）的案例中。因此，基因對於生殖器官構造一致的發展來說，只是一種傾向而不是絕對的保護。

依照前述的資料來看，男性及女性胎兒在八週後便能根據其分泌的激素來加以區別；但是出生後到八歲左右的孩童，激素的分泌是極少且沒有功能的，換句話說，我們可以認為兩性在此期間是沒有什麼差別的；而到了學齡晚期與青春期，男女兩性的性激素分泌量會突然大增，展開了兩性截然不同的第一、第二性徵等等的學齡期性生理發展。

### (三)學齡期女童的性生理發展

當嬰兒經過分娩的歷程，多半的人才能確知嬰兒的性別是男孩或女孩，因為外生殖器是我們判斷的顯明標準，而女性的外生殖器在胎兒期即已發育（若欲獲得更進一步的資料，請參考一般的發展心理學、生理學之專書，Basow, 1992; Shaffer, 1996；黃德祥，1995）。

#### ■女性的第一性徵

女性的第一性徵是與男性在生理結構上最早、最顯著的差別，如：

1.外生殖器官：外生殖器官是指個體的生殖器官是可以由外觀辨別的部分。對女性而言，包括了大陰唇、小陰唇、陰道前庭、陰蒂、陰道口、陰道、巴氏腺體等。

2.內生殖器官：女性的內生殖器官則是指相對於外生殖器官，從個體身軀外觀看不到而位於腹腔內的生殖器官，包括子宮頸、子宮、輸卵管、卵巢等。

隨著個體的發展，女性大約在八至十歲時，個體就會發展第二性徵，而這種情形在學齡晚期即有部分孩童已經呈現，特別是女孩的發育比男孩早，在十歲左右即有此發育。

### ■女性的第二性徵

女性的第二性徵與生殖雖沒有直接關係，但卻是女性特有的表徵，而且也與女性激素有關。乳房是發育最早的第二性徵。隨著乳房的脂肪量增加、乳頭突起、乳腺增生、乳暈顏色變深且面積變大，而完成乳房發育。需注意的是，乳房的發育亦有個別差異的存在，最明顯的有乳房的發育明顯具有社會期許的壓力，尤其在性別的判定上，社會價值的介入早已超越生理成熟的必然性，例如將乳房視為性吸引力及哺乳養育的表徵。此外，皮脂肪的增加（尤其是臀部），使女性的身體輪廓與男性不同，皮膚也變得光滑，陰毛、腋毛也長了出來，展現了女性在生理上的獨特特質。

除了第二性徵的發展之外，我們也必須注意，女性也會製造雄性激素，男性同樣也會製造雌性激素，因此在判斷性別時（尤其是基於「性」來做判定時），不能因個體所分泌的激素就判別是男性或是女性。

### ■月經週期和雌性激素

月經週期是許多兩性課題研究的焦點，而且受到許多關注。一般來說，這個週期平均約二十八天，其範圍可能會從十五天到四十五天，我們通常把月經來臨的第一天當作週期的開始，從這一天起，雌性激素的分泌會不斷增加，大約在第十二天會達到最高點，在此週期子宮內壁會增厚以接受受精卵。在二十八天的月經週期中，基本上會在第十四天左右從卵巢排出一個卵，經過輸卵管而到達子宮。在這個過程中，假如卵子遇到精子，則極有可能因此而成為受精卵，然後在變厚的子宮內壁著床；假如卵子沒有機會受精，那麼雌性激素的分泌會減少，而黃體素的分泌會增加，在月經（即子宮內壁的剝離）開始前幾天，兩種激素的分泌量都會突然減少，然後又開始另一個新的週期。

### (四)學齡期男童的性生理發展

如前所述，激素的分泌在出生後至八歲左右，是極少且沒有功能的，但到了學齡晚期與青春期，男女兩性的性激素分泌量突然大增，男性通常比女性分泌較多的雄性生殖激素，而且這些**雄性激素**的分泌會變得相當規律且持續；至於女性則通常會比男性分泌更多的**動情激素**與**黃體素**，而且會有持續循環（月經週期）的現象。

#### ■ 男性的第一性徵

1.外生殖器官：男性的外生殖器官可以分為兩大類，一為陰囊和其內器官：陰囊、睪丸、副睪丸、輸精管、精索；二為陰莖，陰莖的構造分為兩大部分，在其背部有兩個海綿體，充血之後能造成勃起，是男性性功能的基本反應。男性外生殖器官的勃起歷程從嬰兒期就可以看到，到青少年時期則最為強烈。此外。睡眠中也會自然勃起是男性相當特別的生理現象。腹面則是尿道，尿道是尿液和精液的出口，陰莖的最前端為龜頭，是性敏感區，覆在陰莖表面的皮膚則稱為包皮。

2.內生殖器官：內生殖器官包括輸精管繞至膀胱後面所形成的貯精囊。貯精囊是生殖道最大的腺體，分泌70%的精液，大部分的成分是果醣。接下去是攝護腺，分泌2%的精液，功能是調節精液的酸

鹼度，射精管道的開口在後尿道之處。精液中還混雜一些如考柏氏腺體分泌的少許潤滑液。

■ 男性的第二性徵

男性的第二性徵多半在十歲左右開始發育，會稍晚於女性。這個時期的激素會使個體產生第二性徵，男性會長出鬍鬚，性器官增大，聲音變低沉，還有喉結、陰毛的生長等等（女性則如前所述，胸部增大及開始有月經）。

綜上所述，學齡期男童與女童在生理方面表現出相對和差異兩種模式；通常，女孩的發育比男孩早兩年，而這種差異在學齡晚期的孩童身上十分明顯。在生理範疇方面，性別差異在與兩性生殖角色有關的層面中是相當明確的，如構造與激素的分泌；而在非生理範疇中，生活期待和運動行為方面的性別差異最為明顯，乃受到生物及社會因素的影響。

## 第二節　學齡兒童期的生心理發展疾患

「**發展**」是指個人在結構、思想、人格或行為上的改變，所以發展為生物性成長，也是環境歷程的函數，因此，發展是屬於認識發生論（epistemology）。發展是漸進的、累積的，例如身體尺寸的增加，以及動作、語言和認知能力的改變。發展的某些層面主要依賴生物性元素（例如成熟與基因），而某些層面又要倚重於環境及文化的因素（例如環境與學習）（楊語芸、張文堯譯，1997；郭靜晃，2005b）。

學齡兒童中期的生理成長與發展特徵趨於緩慢與平穩，剛好介於快速成長的幼兒期與青春期之間，平均每年成長四至六公分、一・五至二公斤，剛開始男生比女生高且重。大約至十歲之後，女生比男生高且重，一直到青春期中期之後，男生才會大幅趕上女生，之後直到成年期皆會如此。在正常情況下，個體會按其生理及心理的發展里程，逐漸在結構、型態、統整性和功能性上漸趨成熟，兒童期腦細胞可臻至100%。學齡期兒童的運動技巧皆已發展，而且對運動很感興趣，舉凡游泳、騎自行車、打球、溜直排輪等，而且隨著年齡成長，他們逐漸會投入更集中精神和毅力的活動，而且對同儕團體性的活動也比較有興趣。如果到了這時期，個體的運動技巧發生延緩或產生問題而無法達到個人生物上或年齡常模上可達到的水準，這可能是個體發展歷程因為疾病、營養不良或不利的社會互動環境抑制了個體潛能發展，致使個體出現生活適應的問題。此時兒童健康照顧人員或社會工作者應能預先或適時地針對兒童發展需求，倡導各種健康政策或設計，提升促進兒童健康發展的醫療照顧或服務方案介入，以使孩童能順利完成階段性的發展任務，以順應個體日後的成長。

由於健康照顧對兒童個人與社會發展具有其重要價值，政府對於兒童健康權的保障並提升其健康照顧需求更有其必要性，而且應扮演積極性角色，主動規劃出兼含兒童身心發展的健康照顧服務輸送體系，以確保兒童身心發展，一方面避免疾病或障礙產生，以免造成發展上的延緩、停滯甚至死亡；另一方面提供照顧與福利，以避免陷入日後因不利發展地位（disadvantaged）而產生孤獨、中輟、犯罪等惡性循環（郭靜晃，2005a、2008b）。

## 一、學齡兒童期常見的生理發展問題

### (一)飲食攝取問題

學齡期兒童已進入學校的團體環境，飲食已不再受到父母的監控，而開始決定自己的飲食行為。有時因為遊戲或其他活動，會倉卒進食；有時因父母未準備早餐而外食；有時因受同儕或媒體廣告而進食過多高脂肪（例如速食）或高醣（飲料）之食物，而引起學童常見的肥胖或齲齒的問題。洪允賢（1989）指出，臺灣將近5%的國小學童有偏食的習慣，近30%有邊看電視邊進食的習慣，而且對食物的知識不足，常有過度或不足營養之現象。**發育激進**（growth spurt）是學齡兒童及青春期快速發展的時期，因此身體所需的必要的熱量、蛋白質、鐵、鈣及各種維生素等均隨著增加，如在此時期有營養攝取的問題，便會對生長發育產生顯著影響（謝明哲等，2003）。

### ■兒童肥胖症

**兒童肥胖**已逐漸成為一種「流行症」，不僅在歐美國家（如美國、英國等）是一大問題，近年來在亞洲的胖小孩的數據也急速攀升，如日本、臺灣、中國大陸。行政院衛生署已將國人肥胖的定義以**身體質量指數**（BMI）作為身高與體重標準值之計數標準（見**表6-5**及**表6-6**），BMI之計算公式如下：

$$\text{體重（公斤）} \div \text{身高}^2\text{（公尺}^2\text{）} = \text{BMI}$$

肥胖除了帶來身體活動的不便，還會讓兒童遭到同儕的嘲笑，最令人擔心的是日後健康問題，如高血壓、糖尿病、心臟病等。造成**肥胖症**（obesity）的原因可能來自遺傳、內分泌失調、飲食及生活習慣等，在現代社會裡，最主要的原因是吃得多、運動太少，及飲食攝取偏向高糖高脂的食物。目前有關兒童肥胖的治療有：飲食治療、運動治療及行為治療。

### ■厭食症

**厭食症**（anorexia nervosa）是一種與肥胖症相反的兒童營養問題，此種症狀大都發生在青春期的少女及模特兒身上，又稱為紙片人。其病徵是厭惡飲食、食慾不振、體重急遽下降，甚至產生無月經等現象；有些人會伴隨嘔吐、便秘的現象。其主要是吃少量食物，但精神激昂、不

表6-5　臺灣地區學齡期男童身高、體重及BMI之標準值

| 年齡 | 7 | 8 | 9 | 10 | 11 | 12 |
|---|---|---|---|---|---|---|
| 身高（公分） | | | | | | |
| 95th | 133.0 | 138.9 | 144.0 | 150.0 | 158.5 | 166.0 |
| 50th | 124.0 | 129.5 | 134.0 | 139.0 | 145.5 | 152.5 |
| 5th | 115.8 | 121.0 | 125.0 | 129.5 | 134.5 | 140.0 |
| 體重（公斤） | | | | | | |
| 95th | 35.0 | 40.4 | 43.1 | 48.6 | 55.0 | 61.2 |
| 50th | 24.9 | 27.6 | 30.0 | 33.0 | 37.6 | 43.0 |
| 5th | 20.0 | 22.0 | 24.0 | 26.0 | 28.9 | 31.7 |
| BMI | | | | | | |
| 95th | 21.2 | 22.0 | 22.5 | 22.9 | 23.5 | 24.2 |
| 50th | 16.1 | 16.5 | 16.8 | 17.1 | 17.7 | 18.3 |
| 5th | 14.0 | 14.2 | 14.4 | 14.6 | 15.0 | 15.4 |

資料來源：摘自陳偉德等（2003）。

表6-6　臺灣地區學齡期女童身高、體重及BMI之標準值

| 年齡 | 7 | 8 | 9 | 10 | 11 | 12 |
|---|---|---|---|---|---|---|
| 身高（公分） | | | | | | |
| 95th | 131.9 | 138.4 | 145.0 | 153.0 | 158.5 | 162.0 |
| 50th | 123.0 | 128.5 | 134.0 | 141.0 | 148.0 | 153.0 |
| 5th | 114.5 | 119.8 | 124.5 | 130.0 | 136.4 | 142.4 |
| 體重（公斤） | | | | | | |
| 95th | 33.0 | 38.0 | 42.5 | 49.0 | 55.0 | 58.4 |
| 50th | 24.0 | 26.8 | 29.6 | 34.0 | 39.7 | 43.7 |
| 5th | 19.0 | 21.0 | 23.1 | 25.9 | 29.2 | 33.0 |
| BMI | | | | | | |
| 95th | 20.3 | 21.0 | 21.6 | 22.3 | 23.1 | 23.9 |
| 50th | 15.8 | 16.1 | 16.5 | 17.1 | 17.9 | 18.6 |
| 5th | 13.7 | 13.9 | 14.1 | 14.4 | 14.9 | 15.4 |

資料來源：摘自陳偉德等（2003）。

知疲倦，故有時也會伴隨極大的精神失調，嚴重的患者要進行精神科的專門治療。

## (二)牙齒保健問題

學齡兒童身體改變的另一特徵是換牙，第一顆恆齒大約在五至六歲開始長出，之後幾年中兒童的乳齒開始掉落，每年大約長出四顆恆齒，臼齒大約在六歲、十二歲及二十歲分三次長出，至於長歪的臼齒，牙醫大都建議拔掉。我國學齡兒童罹患齲齒的比例居高不下，六歲兒童乳齒齲齒平均為五・八八顆，高達88.43%，而十二歲是三・三一顆，為66.5%，治療率為54.3%；此外，青少年的齲齒率更高達80%，且有牙周病的問題（雅虎奇摩新聞，2001）。產生齲齒的原因很多，主要是由於日常生活所吃的食物中碳水化合物附在牙齒上，發酵產生酸，使口腔內的乳酸菌、鏈球菌、葡萄球菌等活動增加，造成「牙菌斑」，直接腐蝕牙齒表面，形成蛀洞。學齡前幼兒的乳牙比學齡兒童的恆牙的蛀牙率來得高，理由是幼兒較有不適當的飲食，不良的牙齒照顧及乳牙的鈣化程度較低，吸收氟的時間較短，牙齒表面硬度較低，抗酸力較弱等原因所致。未來努力改善兒童齲齒率之嚴重情形，只有協助兒童改善口腔衛生：(1)培養兒童口腔清潔習慣；(2)減少甜食攝取、提升口腔衛生認知；(3)加強氟化物之使用；(4)提高學齡兒童口腔診療服務工作。

## (三)視力問題

學齡兒童另一個常見的身體保健的問題是視力，當孩童趨近學齡期，視覺較以前敏銳得多，加上視覺器官系統也愈趨成熟，所以學齡兒童雙眼共同運作的協調能力也就更加成熟，有利於他們的視力有更好的對焦。

然而，學齡兒童依賴視力的活動愈來愈多，例如看書、看漫畫、電視、玩電動、畫圖、玩樂高等，這些需要近距離看物體的動作，加上時間一長，又缺乏休息及調節看遠方的距離，使得兒童習慣於近距離看物體，過度使用而產生疲勞，就很容易造成近視。最容易造成兒童罹患近視的年齡層是五至六歲及九至十歲，約在幼稚園大班和國小三年級兩個時期。一旦孩童發現近視，如果不加改善使用視力之習慣，平均每年約成長一百度左右（郭靜晃，2005b）。

營養不均衡、課業壓力、觀看電視及近距離看物體時間過長等因素，皆可能導致學齡兒童出現視力問題，臺灣學童在國小一年級出現近視比率為12.1%，國小六年級則高達55.4%（行政院衛生署，1995）。視力保健方面，除了加強視力保健教育的宣導，加強視力篩檢工作，改善兒童視力環境之外，平時也要靠大人隨時提醒兒童注意閱讀及看電視時的光線、距離及休息時間的長短是否合宜。

## 二、學齡兒童的事故傷害問題

兒童事故傷害是學齡期兒童最嚴重且最需關切的健康問題，根據衛生署二〇〇三年的統計資料顯示，一至十四歲兒童死因中第一位是事故傷害，占該年齡層總死亡人數的36.41%（行政院衛生署，2004）。兒童的事故傷害以溺死、窒息、異物所致死亡以及機動車交通事故為主因，三分之二發生在九歲之前，以六歲居多。而事故傷害的預防可從三方面著手，教育、環境設計的改良和產品設計的改良，但又以此三種預防方式同時進行最能產生預防的效用。

兒童事故傷害常見的危險因子有下列幾種，但有個別之差異，茲分述如下（郭靜晃，2005b：501）：

1.年齡：不同年齡不僅有不同的事故傷害，相同的事故也會發生在不同年齡的兒童身上，產生不同程度的傷害。
2.性別：與其說男女因心智、身體肌肉張力上發育的不同，不如說是他們在性別、氣質喜好與接觸事物的選擇不同，而導致不同型態的

事故傷害。

3.家庭與社會情況：在不同教育型態的家庭，事故傷害發生的機率也會有所不同，通常愈權威性的家庭，事故發生的比率會偏低；而愈疏於照顧及教育兒童的家庭，例如單親家庭、隔代教養家庭或低收入家庭，其孩童發生事故的比率則偏高。

4.環境：無論家庭或政府，愈能投資教育於孩子身上，其事故傷害的發生率也較低。

## 三、學齡兒童的發展障礙和學習問題

**智力障礙**在兒童早期就很明顯，其會伴隨低平均水準的智力和適應行為缺陷；至於文化與家庭障礙則來自於缺乏教育機會及刺激。大部分的智力障礙其症候是輕微的，極重度的智力障礙可能是基因或其他生物性因子。所伴隨的**溝通障礙**包括語言障礙、語言表達障礙與口吃。學齡兒童常見的**學習障礙**有閱讀、數學及書寫障礙。溝通和學習障礙來自遺傳成因及大腦功能問題。自閉症患者是社會互動與溝通方面的嚴重學習障礙，同時大部分伴隨學習障礙，因為他們缺乏與人互動及自理能力，有些兒童的家長會選擇在家自學，也因為如此更加缺乏治療或回歸主流的融合教育（inclusive education of mainstream）（郭靜晃譯，2008）。

## 四、學齡兒童的心理困擾問題

據估計，美國兒童中約有四百萬兒童有心理健康的問題，而青少年有約10%至20%的人有心理上的困擾（USDHHS, 1999）。但不幸地，只有一半的人可以得到專業的幫助。至於其他未開發的國家之中，相信只有更少數的比例能得到專業的幫助或治療，這意味著有數以百萬計的兒童及青少年需要幫助，但他們卻沒有獲得專業的治療（Offer et al., 1988）。

■ 內外在精神衝突者

**心理困擾**的程度常是以其行為表徵的形式來做判斷。Achenbach和Edelbrock（1981）將心理困擾症區分為兩類：

1.外在型精神衝突者（externalizers）：係指對外在世界展現衝突，例如攻擊行為、犯罪行為或性問題者。
2.內在型精神衝突者（internalizers）：係指展現於內在精神（心理）之衝突，例如憂鬱、焦慮、恐懼症、過胖症及身心症。

外在與內在精神衝突是由於兒童、青少年社會化所造成。例如外在型精神衝突者常導因於有外顯行為問題的父母，而且其父母對子女並不關心，致造成青少年、兒童學習用外顯行為表達其攻擊衝動，對學校或社會（如警察）有反社會問題；而內在型精神衝突者則可能來自穩定的家庭，父母很少有外顯行為問題，對子女很關心，結果這些青少年、兒童反將壓力反應至其內心世界，形成內在的心理衝突。

通常男生較女生出現較多外在型精神衝突，此外低社經地區也有較多外在型精神衝突者。家長或教師在面對學齡期兒童產生發展困擾者時須注意兩種危險信號：

1.勿過度詮釋兒童困擾之象徵：這個作法會不自覺的傷害了兒童自信及創造自我實現的預期（self-actualized prophecy）。
2.勿刻意忘掉或忽略兒童嚴重的心理困擾：這種多一事不如少一事的心態，往往會讓兒童的困擾加劇，致問題失去控制。

為了減少上述的危險，父母或教師應注意：

1.行為問題是否出現在不適當的年齡。
2.行為問題出現的頻率是否太高。
3.此種行為是否需要花費精力（努力）去改變。
4.此行為問題是否對成人或同儕關係產生干擾。

5.此行為問題是否干擾學業。

6.如果此種行為持續，是否會影響兒童日後成人的適應。

孩子的情緒困擾不論是外在型或內在型，最常見的方式是呈現在行為層次，例如過度吸引別人注意、打架、說謊、偷竊、損壞財物、破壞規則等，嚴重者可能誤蹈法網。

當孩子目睹暴力，男孩經常顯示「毆打者」症狀，例如憤怒、侵略、挫折、亢奮行為、不願與人分享及合作、拒絕別人；女孩則較常顯現「受害者」症狀，例如退縮、擔心、悲痛、無助、傷心、退化、無反應，以及未能相信他人。一般說來，男孩可能較會有突然攻擊輔導者或破壞器物的行為，重演目睹暴力的情境；女孩則是有較多退縮反應，較喜歡參與藝術治療。

### ■焦慮與其他行為問題

對立性反抗行為障礙（oppositional defiant disorder, ODD）及品性障礙（conduct disorder, CD）是產生的主要的行為問題。此種行為常伴隨反抗、攻擊及暴力，早期啟動模式（Early start model）的兒童在早期就會顯現此種行為問題，且兒童在日後生活會有更嚴重的社會行為問題。早期啟動模式兒童問題的成因目前尚未清楚，而強制性的家庭互動被公認是其中的一個主要因素。針對父母進行訓練及家庭治療可以舒緩這些問題。

兒童的**焦慮問題**有分離焦慮症、一般焦慮症、特定恐懼症、社交恐懼症、強迫症、恐慌症、創傷壓力症候群，以及急性壓力障礙等。焦慮症是最常未被鑑定出或處遇的兒童症狀，基因影響是最可能的成因，臨床治療傾向合併使用藥物以及心理治療模式（郭靜晃，2008：723。）

Heidi Weipert是一有專家執照的兒童／少年諮商及心理輔導者，也是美國Every Woman's Place風險中心的主任，Weipert表示，具高風險群之少年在庇護中心裡時，常會出現失眠、食慾不振，對他們的家及所有物感到悲傷，但對愛的需求殷切，他們常有焦慮不安且對未來常有不確定感。Weipert建議對這些身處風險中的兒童，第一步是提供他們訊息支持，解釋他們為什麼身處庇護中心裡，並傾聽他們對安置機構有何期待；然後鼓勵他們說出他們的恐懼及所關心的事物；其次，與他們討論他們的恐懼及瞭解在過去經驗中他們是如何因應，以及討論新的解決策略或因應方法；最後，幫助大人瞭解孩子會如何因應，以及持續給予支持，給予他們無條件的愛，並鼓勵孩子修復情緒及幫助他們穩定擾亂不安的心（張瓊云等譯，2008）。

## 第三節　影響學齡兒童期社會發展的因子與社會處遇

依生態學理論的觀點，學齡兒童期除了個體因素之外，亦受到周遭所處環境的影響，尤其是其所賴以維生的家庭更是兒童最重要的庇護場所；此外，依照憲法規定，兒童必須接受義務國民教育，所以，學校亦肩負了兒童學習與認同的關鍵性任務，而社會工作處遇的趨勢就是要充權家庭、提供必要的支持。兒童成長的家庭環境是多樣的，有的是貧窮、有的是富裕、有的是單親家庭、也有的是隔代教養等，一旦家庭失靈時，學校與社區資源網絡便要在第一時間啟動補救措施。因此，本節除針對學齡期兒童的社會發展進行探討外，尚對兒童／少年的福利服務進行概述，例如張紉（1998）便提出，現代兒童／少年由於追求高學歷，求學時間相對拉長，對家長的依賴程度也就愈深（尤其是經濟支持）；因此，有關兒童福利服務應以家庭為主要對象，充權家庭的力量（family strength），提供整體家庭支持或補充性的福利服務，以滿足兒童最佳利益，直接由家庭來主導滿足兒童／少年的需求。除此之外，為因應快速的社會變遷，本節尚對家長與社區參與作一簡略的介紹。

## 一、學齡兒童期的社會發展

學齡兒童的社會發展（如同儕關係）與其日後人格和社會適應息息相關，良好的社會發展，在消極方面不但能使個人控制攻擊衝動、抑制自我的意圖，在積極方面更可與人共同分享，建立自我尊重與肯定自我價值、選擇朋友和尊重他人等。因此，學齡兒童的社會發展對於其日後長大成為青少年或成人時的待人處事態度及應對進退的社交技能均有相當的影響作用（郭靜晃、吳幸玲譯，1993）。

### (一)學齡兒童社會發展的重要性

學齡兒童透過社會化歷程來習得社會所期望的行為，例如上一代用形塑的方式傳遞所期望的行為及人格給予下一代；或透過同儕互動來累積別人對自己的看法；及從別人的意見反映中形成個人對自己的看法。夥伴團體幫助兒童形成態度和價值觀，他們為兒童由父母處得來的價值觀做一過濾，決定何者保留、何者放棄，也由於和不同背景及不同價值觀的兒童相處，兒童更能澄清自己的意見、感受及瞭解自我。同時，同伴也可提供情緒上的安全感。

學齡兒童會選擇年齡、種族、性別、社經地位與個人特質類似的同伴。小學時期的同伴團體為同性別，這是由於團體教導性別應適合的行為與合乎其社會性角色的結果，透過探索與澄清，學齡兒童對於社會性別角色非常在乎同儕及老師的回饋。男女性別不同的孩子會有不同的興趣，如男孩喜愛電動玩具、球類活動，女孩則偏向畫圖、扮家家酒等靜態活動；此外，也由於男女的成熟度不同（一般女孩比男孩成熟），他們平常在一起的玩伴平均約四至六個（Reisman & Schorr, 1978），年齡相差不大（約一、兩歲），因為年齡範圍太廣，彼此體格、興趣、能力不同，會導致玩不起來或容易起衝突。

今日的兒童在生活、行動和想法上與過去的兒童大大不同。現在的家長常抱怨或為之生氣或沮喪，他們的孩子不能和他們過去一樣有快樂的童年，如在田埂上烤地瓜、捉泥鰍，在四合院或巷道上玩；現在的孩子永遠有補不完的習、看不完的電視，加上社會治安敗壞，家居或鄰里安全沒有保障，造成父母親自接送孩子上下學，這是否也意味著孩子需要在陌生的社區長大，並少有機會結交朋友，而且父母必須要工作，時間有限，期望兒童能快速成長。雖然很多人將童年美化為人生中最快樂、最無憂無慮的時期，但實際上每個人在童年時也都體驗過壓力。正常童年的壓力如生病、不能遂自己所願、與兄弟姊妹的互動或妒忌弟妹的出生，或父母的暫時分離；有的人則遭受比較嚴重的事件，如失親或父母離異、受成人的人身侵犯、天災、人禍或貧窮壓力等（黃慧真譯，1989）。據一些研究指出，這些事件都具有影響兒童情緒健全發展的可能。

臺灣在社會變遷下，個人、家庭與社會已然產生轉變，例如家庭功能式微、結構解組，以往依賴家庭教養的孩子已儼然由其他機構所代理，社會及國家更要發展制度來支持家庭。今日的兒童獨生子女較往昔來得多，而且也有相當比例曾處在單親家庭中，在臺灣，至少有近七分之一的孩子是外籍配偶家庭所生，此外，父母也占相當比例是雙生涯家庭，如未成年母親或父母有一些問題，如酗酒、兒童時期受虐、貧窮或意外懷孕等，這些因素會影響其與子女的依附關係，甚至造成孩子受凌虐的可能。Bowlby認為，溫暖、親密、持久的母子關係對兒童未來性格的發展非常重要，最近的研究也支持這個觀點（Cicchetti & Toth, 1998）。

近年來，科技的發展也為兒童生活帶來變化，透過媒體的傳播，無形中也給孩子一些學習與壓力，許多父母覺得子女必須學得更多、更好，以因應未來社會的要求，因此也深受媒體廣告的影響，不斷購買媒體廣告的產品，甚至及早將他們送去魔鬼訓練營，以加強腦力開發，接受特別課程，這種望子成龍、望女成鳳的過度要求，反而揠苗助長。電視、電腦無形中已成為孩子生活的伴侶，它開啟了一扇見聞之窗，但也常占去了孩子與成人、同儕的互動，或占去孩子從事主動遊戲和閱讀的時間。

美國兒童心理學家David Elkind曾描述這一代的孩子是「匆忙的孩子」（the hurried child）以及父母錯誤的教育（miseducation）。David Elkind非常關切這類影響來源，認為這促使孩子成長過速，並使得快樂的童年被壓縮，並讓兒童承受成人的壓力，面臨現實生活的殘忍考驗。今日的兒童必須承受學業壓力，與同儕競爭，滿足父母的情緒需求以及社會新聞的威脅等等。然而，兒童並非小大人，他們仍會有孩子的感覺和想法，而且他們也需要一段童年時光來從事健康的認知與情緒的發展（黃慧真譯，1989）。

根據Hill的壓力ABC－X理論，A指壓力事件，B為個人之能力，如人格特質、能力、社會資源，C指的是個人對壓力的認知結果，X為個人的適應狀況。孩子對壓力事件的反應取決於不同的因素：（參考自Rutter, 1983, 1984）

1. 事件本身：不同的壓力來源對孩子有不同的影響。
2. 兒童的年齡：年齡不同對於事件的解釋也會有所不同。
3. 性別：一般而言，男孩比女孩更容易受到傷害。
4. 孩子的能力：如課業成就與孩子對壓力的反應有關；個人的人格特質，如高自尊及自信的孩子其壓力感受度較小；其他尚有遺傳或氣質等因素。

Rutter（1984）指出，具有彈性的孩子是可以對壓力有所反擊及超越逆境，而這些孩子可以界定出一些保護因素。兒童可藉此減少壓力的影響，這些彈性特質分別是：

1.兒童的人格：有彈性的孩子具有適應能力足以調適變動的環境，能自我肯定、友善、獨立、對他人敏感、擁有高度自尊。
2.兒童的家庭：能提供支持給孩子的家庭，這類孩子較會與父母之間擁有良好的關係，也對人較有信任感及較有自信。
3.學習經驗：兒童除了擁有一些學習技能之外，也有一些解決社會問題的經驗。例如父母及兄姊擁有一些朋友，並與朋友有良好的互動，孩子有機會觀察到父母、兄姊或其他人如何解決問題，並對不良情況做最好的處理模式。兒童利用上述的認知，面對自己的人際困擾，透過挑戰並自行找出解決之道，從而學到處理的經驗。
4.有限的壓力源：俗話云：「屋漏偏逢連夜雨」，有時壓力會連續不斷，研究指出，只有一種壓力事件，孩子比較能克服壓力，但當兩個或兩個以上壓力事件同時存在時，孩子的困擾將多出三倍以上（Rutter, 1979）。
5.多方面的成功經驗：孩子在課業、球類、音樂，或與其他孩子相處的成功經驗，將有助於補償孩子不幸的家庭生活。

綜合上述的研究，我們可以總結正常的童年壓力是多種方式呈現，並影響兒童的健全發展，培養一有彈性及毅力的孩子，不但可助其日後克服逆境，同時可對相似或相同的壓力事件產生免疫能力，並且也可以幫助他成為一有韌性（resilience）的孩子。

**具韌性的兒童**（又稱為**堅毅力**）係指兒童成長在不利條件下而能自我不受影響，朝向正向成長、成功及自我實現，積極發展成果。研究（如Kirby & Fraser, 1997; Katz, 1997）指出，具韌性兒童是個體在風險因素及保護因素相互作用下所造成的結果（見**表6-7**）。**風險因素**（risk factors）可能造成問題兒童的特質或環境，例如貧困就是一種重要的風險因素，因為它與營養不足、有限的醫療服務、家庭壓力及較少教育刺激有關。如果再加上孩子本身是早產兒、脾氣不好或照顧者不穩定，或有

其他風險因素的交互作用，而造成風險鏈，那麼負面因素就有可能導致更不良的結果。

保護因素（protective factors）也列在**表6-7**，指可以阻止或減少帶來負面影響的風險因素的兒童特徵或環境，例如擁有與家長有溫暖的、安全的和具支持性的關係，可保護兒童免於遭受負面的影響。社會工作者要能立刻辨別孩子的保護及風險因素，提昇個體的自尊和內控能力，有助於兒童表現韌性來克服生命中的困境。

**表6-7　韌性兒童的特質——風險因素和保護因素**

| 風險因素 | 保護因素 |
|---|---|
| 貧困 | 足夠及好的資源 |
| 早產 | 健康 |
| 脾氣壞 | 脾氣好 |
| 不安全依附關係 | 安全依附 |
| 不一致、嚴苛的教養風格 | 父母溫暖和支持 |
| 父母婚姻衝突、不和諧 | 家庭和諧 |
| 學校課業表現差 | 學校課業表現好 |
| 同儕排斥與隔離 | 具有人緣 |
| 鄰里具有暴力特徵 | 支持的鄰里 |
| 種族歧視、不公平、缺乏機會（教育與就業） | 沒有歧視與不公平，有許多教育與就業機會 |
| **其他風險因素** | **兒童其他特點** |
| 父母的醫療問題、精神疾病 | 幽默 |
| 父母死亡、離婚 | 聰明 |
| 孩子的殘疾、精神疾病 | 自信 |
| 兒童虐待 | 自尊 |
| | 內控 |
| | 具吸引力 |

資料來源：Kirby, L. D. & Fraser, M. W. (1997); Katz, M. (1997)，引自郭靜晃譯（2008）。

### (二)學齡兒童的社會關係發展

大多數探索兒童社會發展及人格的理論皆強調親子互動及父母管教風格的關係，較少談及有關同儕關係的重要性，但自一九八○年代後期，相關學者也開始強調同儕互動對兒童人格及行為的影響。學齡兒童期接續幼兒的遊戲期——喜歡與同性別的同儕在一起玩，並且能有組織地玩遊戲，且喜好與同伴在一起（Harper & Huie, 1985）。與同伴在一起玩時，也呈現出性別差異——男生較喜歡在戶外玩，而且玩伴較多；女性則較偏好在室內玩，大都為一至二位同性同伴在一起玩。直至小學階段，兒童仍喜歡與同性別的同儕玩在一起，而且不同性別的兒童彼此有著不同的地盤，此種行為具有高度的儀式化及刻板化，這也是**兒童的文化**（childhood culture）。雖然兒童彼此互惠的平行友伴關係，會隨著學齡兒童期的到來及發展，變得愈來愈重要，須注意的是，垂直的親子或師生關係並未消失，相反地，這些關係同時也強烈地提供兒童的安全依附及情緒支持，甚至回答兒童的疑惑及解決他們的問題。

雖然如此，學齡兒童還是喜歡與同伴玩在一起，尤其是同性別的幫團（crowds or cliques）。他們會聚在一起，只是彼此喜歡在一起做些事（玩在一起），活動不外乎一起打球、玩電動、讀書、下棋等等；很少是因為彼此享有共同的態度或價值。

O'Brien及Bierman（1988）曾詢問國小五年級、國中二年級及高中二年級的孩子何謂同伴，以及同伴在一起時一般都做什麼呢？國小五年級認為同伴就是彼此在一起共同做一些事；國中二年級則認為，有共享的態度及相似的外表（儀容）才是同伴的定義；而高中二年級則較重共享的態度（見**圖6-4**）。

Robert Selman曾對三至十五歲之間的受試者做訪問，辨別出友誼發展的五個層次（Selman & Selman, 1979）（見**表6-8**）。他發現，幼兒園小朋友處於階段0及1之間、學齡兒童在階段2、青少年階段大約在階段3。在階段2中的學齡兒童，瞭解自己與同儕的想法是不同的，已有自我

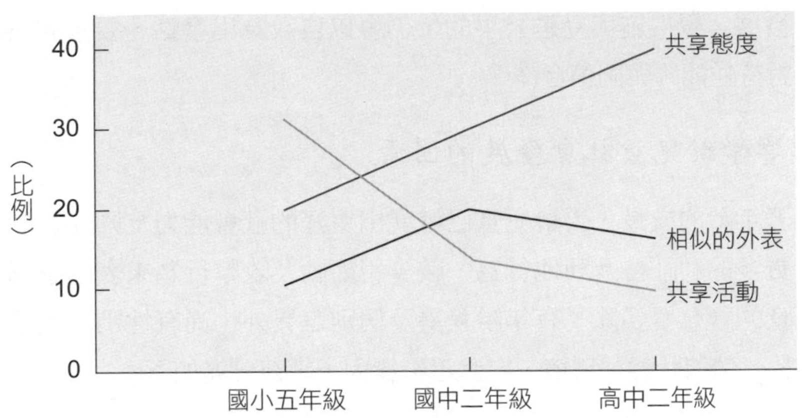


**圖6-4　學齡兒童對同伴的不同定義**

資料來源：O'Brien, S. F. & Bierman, K. L. (1988).

**表6-8　Selman的友誼發展五階段**

| 階段 | 行為描述 | 例子 |
|---|---|---|
| 0階段：<br>暫時性的玩伴（約3至7歲） | 兒童常是自我中心及不能以別人觀點來看事情，此時友誼尚未分化。他們常考量他們的需要；大部分的幼兒認為朋友與他們一樣。 | 1.小明住在我家隔壁。<br>2.小華有金剛怪獸。 |
| 1階段：<br>單向的協助（約4至9歲） | 友誼是單向的，好朋友是要聽別人要他做什麼。 | 小明不再是我的好朋友，因為我要他跟我玩，而他不要跟我玩。而小華是我的好朋友，因為我向他借玩具玩時，他總是答應借我。 |
| 2階段：<br>雙向的公平性的合作（約6至12歲） | 施與受是公平的，但是常限於個人的自我利益而不是雙方的共同利益。 | 小明與我是好朋友，我們常為對方做事情。好朋友只會陪你玩，而不會與別人玩。 |
| 3階段：<br>親密、共同分享的相互關係（約9至15歲） | 在此階段，個體視朋友是其生活中的一部分。朋友之間是互有要求及獨占的。友誼不僅是為他或與他一起做事情，是需要連續、有系統及相互承諾的關係。 | 需要花時間去交朋友，當他發現他會有其他朋友時，感覺是不舒服的。 |
| 4階段：<br>自主相互依賴（12歲以後） | 在這個階段中，兒童為了彼此依賴及自主，相互尊重對方的需求。 | 好朋友是要有其真正的承諾，必須要支持、信任對方。 |

資料來源：Selman, R. L. & Selman, A. P. (1979).

概念的發展，覺得施與受是公平的，仍會以自我為出發點，要求同儕間的公平對待並能夠與同儕合作。

## (三)影響學齡兒童社會發展的因素

隨著年齡的成長，學齡兒童已發展出更好的社會能力及同伴互動，甚至有更多的利社會及利他行為，較少用衝動及攻擊行為來表達意圖。學齡兒童的社會發展除了有年齡差異及個別差異外，尚有性別、人望、父母管教、情緒狀態、環境、友誼等影響因子，茲分述如下：

1. 性別：性別的分化最早發生在三歲左右，到了學齡期，這種分化會更為明顯（Ramsey & Lasquade, 1996）。男生與女生各玩不同的遊戲（Serbin et al., 1994），男生偏好玩狂野嬉鬧（rough-and-tumble）的遊戲，喜好在戶外與較多同伴一起玩；女生則傾向在室內玩較安靜的遊戲（Benenson, 1993）。除了活動外，與同儕分享玩物也呈現同性別在一起玩的趨勢。
2. 人望：一般較有人望（popularity）的兒童善於社交、外表具吸引力、成績好、有運動才能、助人、對人真誠、忠實；而被拒絕的兒童具有身材與情緒上的不成熟、對人不友善、常持批評的態度、退縮、具有負向如焦慮的情緒、對環境不適應等行為表現（Bee, 1992）。
3. 父母管教態度：父母的行為深深影響兒童的社會行為，尤其是幼兒深受父母對其同儕兒童的影響（Masten & Coatsworth, 1998）。較受歡迎的兒童與父母有較正向的關係，而父母也較常用民主威權方式（authoritarian）來管教子女；相較之下，權威式（authoritative）的父母較可能有處罰或威脅孩子的行為，使得孩子模仿及類化此行為模式，並用這個方式來對待同儕。
4. 情緒狀態：情緒狀態與個人氣質及社會能力有關，個體的快樂與悲傷狀態除了會影響個人的心情外，同時也關係著個人與同儕相處的情形，例如Strayer（1980）就發現，快樂的孩子較具有同理心。

5.環境：同儕環境與個體所處環境的氛圍有關，例如玩具的種類及數量多寡會影響幼兒的社會遊戲及行為（Hartup, 1983）。家庭環境，如兄弟姊妹的互動經驗會促進幼兒與同儕的互動反應；但父母的角色卻是減少孩子與同儕互動的機會（Pellegrini, 1984）。Pellegrini（1984）發現，在幼兒園，同儕的出現可促進同儕互動，但成人的出現卻抑制同儕間的社會互動。因此，同儕的相似性及共同的增強是兒童社會行為的決定要素。

6.友誼：朋友對兒童意義非凡，這與個人受歡迎的程度（即人望）是不同的，受歡迎的程度是個人在團體的看法，但友誼卻是兒童與朋友間雙向互動的橋梁。朋友之間會相互結伴並嘗試維持雙向聯繫（Hartup, 1983）（見**表6-8**）。

當兒童年齡漸長，由於語言及認知能力增加，他們較注重同伴之間的人際互動。然而，學齡兒童友誼的建立開始於共同的活動與期望；之後，大約在高年級時，他們發展為注重對規則相似價值的分享，其次才是注重彼此共同的瞭解、自我揭露及分享的興趣（O'Brien & Bierman, 1988）。

## 二、兒童福利的家庭處遇

馮燕（1998）指出，一個高度發展的國家，必須體認到兒童的重要性，不僅因為其為未來的主人翁，更是基於保護弱勢族群的生存，維護社會公平與正義的立場，而予以保護與提供相關福利服務。因此，一個國家的發展可以從兒童人權伸張來論定，積極面可從對兒童提供健康照顧來看，也就是從對兒童生存權和健康權的保障和實施來看，其目的在促進社會健全發展（馮燕，1998；郭靜晃，2005b）。另一方面，從消極面觀之，提供兒童健康照顧可以有效地節省日後醫療及社會成本的支出，避免日後社會資源的浪費和增加社會負擔。

以下將兒童／少年福利服務對象區分為一般與特殊兒童／少年兩大類，其中特殊兒童／少年再區分為兩種，其一為個體本身並無問題，但卻因經濟、文化、種族、家庭結構等外在因素，讓兒童／少年間接成為相對弱勢，而較之一般兒童／少年面對家庭危機，需學校、社區乃至社會工作者投注更多關懷。**高風險（high-risk）兒童／少年**係指兒童／少年因為其個人、學校、家庭、社區環境等因素，或是彼此之互動狀況，致使其未來發展較容易產生負向結果者（宋家慧，2001），如身心障礙家庭、低收入戶與外籍配偶家庭等。另一則為本身正面臨或已遭遇特殊境遇、緊急事件與傷害侵犯等危機狀況，須立即介入保護處置之「**高挑戰（high-challenge）兒童／少年**」，如身心障礙、虐待侵害與偏差犯罪等（見**圖6-5**）。然後每類再擴及個人與家庭兩部分為服務對象。

## (一)學齡兒童期家庭處遇的內容

對於處於青春期的兒童／少年而言，家庭是賴以維生的避風港，卻

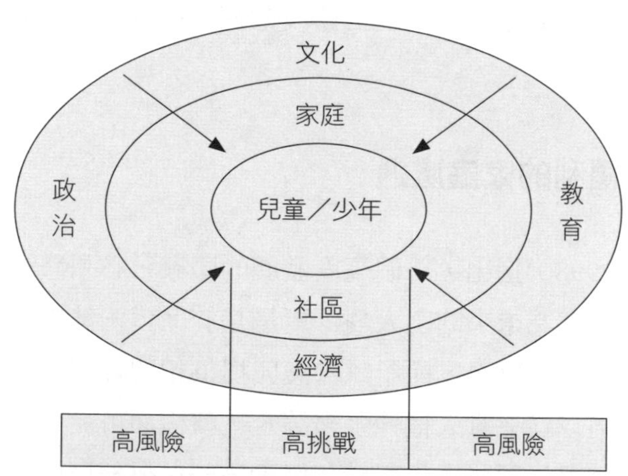


**圖6-5　高風險／挑戰兒童／少年的生態環境系統**

資料來源：郭靜晃（2004）。

也是踏入社會前重要的跳板，學齡兒童期對家庭的依附已不似兒童期般的全然依賴，而是從家庭、學校、社區的居間系統朝向獨立自主的個體發展。因此，本節擬根據生態理論並引用Kadushin及Martin（1988）的概念，從家庭支持、學校服務與兒童／少年充權使能的目的，將兒童福利服務的內容範疇區分為「支持性」、「補充性」及「替代性」三類，主要服務對象包含家庭與兒童／少年本身，其中支持性服務屬於積極福利，補充性與替代性服務則較傾向消極救濟，且每一種服務對象的各種福利類型均含括上一層次的服務項目（見表6-9）（郭靜晃，2005a）。

### ■「支持性」兒童福利服務

目的在增進及強化家庭功能，使原生家庭成為兒童最佳動力來源，並營造友善環境，主動提供積極性福利，滿足兒童身心成長需求，提供技能學習與社區服務的機會，為公民養成做準備。服務內容包括針對一般兒童暨其家庭的休閒娛樂、服務學習、國際交流與親職教育等，年滿十五歲有就業意願兒童的職業訓練與就業輔導亦屬之；此外，針對高風險兒童暨其家庭額外提供的權利保障與無障礙環境等，和針對高挑戰兒童／少年的特殊教育、行為矯治、諮商輔導、未婚懷孕處遇與犯罪人教育輔導等積極性的支持福利。

### ■「補充性」兒童福利服務

目的在彌補弱勢家庭對兒童照顧之不足，提供家庭系統外的福利服務，協助高風險兒童邁向獨立自主之路。此類福利服務對象以家庭扶助為主，內容包括生活津貼、醫療補助、居家照顧與家庭外展服務等。

### ■「替代性」兒童福利服務

「替代性」兒童福利服務主要乃針對高挑戰兒童／少年生存與成長受到威脅時，以公權力介入，提供全部替代家庭照顧功能的保護性福利服務。服務內容包括各項少年保護與安置工作，以及對兒童及少年之父母施行強制性親職教育輔導。

表6-9　兒童福利服務網絡

| 福利服務類型／福利服務內容／福利服務對象 | | 支持性 | 補充性 | 替代性 |
|---|---|---|---|---|
| 一般兒童<br>在學<br>就業 | 暨其家庭 | 一般親職教育<br>休閒育樂<br>教育宣導<br>諮商輔導<br>行為防治<br>服務學習<br>國際交流<br>職業訓練<br>就業輔導 | | |
| 高危機兒童 | 暨其家庭<br>特殊境遇婦女<br>身心障礙家庭<br>原住民<br>低收入戶<br>急難家庭<br>暴力家庭<br>單親家庭<br>外籍家庭 | 特殊親職輔導<br>無障礙環境<br>權利保障 | 生活扶助<br>醫療補助<br>教育補助<br>居家照顧<br>外展服務 | |
| 高挑戰兒童<br>身心障礙<br>重大傷病<br>誘拐失蹤<br>未婚懷孕<br>虐待侵害<br>中輟<br>從事性交易者<br>自傷<br>偏差犯罪 | 暨其家庭 | 特殊教育<br>兩性教育<br>失蹤協尋<br>未婚懷孕處遇<br>犯罪人教育輔導<br>諮商輔導<br>復學輔導<br>行為矯治<br>強制性親職教育輔導 | 輔具補助 | 保護安置<br>寄養家庭<br>收出養<br>中途之家 |

## (二)強制性親職教育的對象

依法令規定，凡對兒童有直接或間接侵害與傷害或疏於管教導致兒童有觸犯犯罪事實者，應接受八小時以上五十小時以下的親職教育輔導，而這些父母也就是所謂**「高風險群」父母**（high-risk group or parents with high risks）。這些父母係指具有某些特徵，可能因其本身的問題或環境的不利因素，導致他們無法克盡為人父母的角色，以至於影響子女的健康和人格發展。因此，親職教育和兒童／少年福利服務的主要工作，即找出（辨識）這類高風險群父母，提供專業的福利服務或支持方案，以預防或減少各類問題的發生與惡化（林家興，1997）。

Kumpfer（1991）指出，屬於高風險群的父母包括：未成年父母、流動勞工、上癮的父母、特殊兒童的父母、領養父母、寄養父母，以及孤兒院的保母等。由於他們的特殊身分和處境，通常不知道、而且也不願意參加親職教育。Forward（1989）更以有毒的父母（toxic parents）來形容高風險群的父母。所謂**有毒的父母**，是指父母在不知不覺中傷害自己的子女（林家興，1997）。這些父母的特徵包括有：

1.無法勝任教養子女的父母：經常只顧自己的問題，把子女當成小大人，反而要求子女來照顧他們。
2.主宰欲強的父母：使用罪惡感來控制子女，甚至過度照顧子女的生活，讓子女沒有自己的生活。
3.酗酒的父母：把大部分時間精力用在否認自己的問題，置子女的生活與成長於不顧。
4.精神虐待者：經常嘲笑、批評、挑剔、諷刺、數落、吼叫、謾罵、侮辱，或打擊子女的自尊心。
5.身體虐待者：動不動就發脾氣、責罵子女、體罰子女、用體罰來控制子女的行為。
6.性虐待者：對子女毛手毛腳，玩弄子女的性器官，和自己的子女亂倫。

Rooney（1992）認為，需要參加「強制性親職教育輔導」的對象常被認定為「**非自願性案主**」。其特徵是「**施虐或不當對待**」子女，所以他們需要被「強制」或「被強迫」來接受專業人員（通常是社會工作者或轉介其他相關專業人員，如諮商、心理或醫療背景）的教育、輔導，甚至是心理諮商治療。而這些當事人則是被迫或有法律約束不得不接受的受助角色，這種專業關係的建立對他們來說是不利的，雖然有時他們仍可選擇離開這種關係，但是通常是需要付出更高的代價。依Rooney（1992）認為，非自願性案主是使用頻率最多的，在助人專業中是社會工作，這與社會工作的專業特色有很大的關聯（引自王行等，2003：3）。國內社會工作學者周月清（1994）認為，從人性的觀點出發，非自願性案主在被迫違反自由意願的情況下所表現出來的抗拒行為，工作者應視為正常的反應；國外學者Carl Hartman（1987）也認為，案主的抗拒行為是一種功能，以緩合個人所遭遇的逆境和刺激。所以，強制性親職教育輔導應強調案主自決，與案主訂定契約，恢復案主自由及現有行為，以優勢（strengthen）及充權增能為處遇原則。

在臺灣，依據中華兒童福利基金會（1994）之各地家庭扶助中心「兒童保護專線」的資料顯示，我國虐待和嚴重疏忽兒童的高風險群父母有四類：**婚姻失調**、**酗酒或吸毒的父母**、**缺乏親職知識與技巧的父母**，以及**兒童有偏差行為的父母**（林家興，1997）。但最近幾年來，由於經濟不景氣造成的貧窮夫妻以及外籍配偶家庭之家庭失功能，如常引起兒童遭受虐待與疏忽的家庭暴力。

隨著社會和家庭結構日益變遷，臺灣家庭面臨更多元的挑戰，加上加入聯合國的兒童權利公約，兒童人權有愈來愈受重視的趨勢，兒童保護成為兒童福利服務首要的工作任務。「兒童福利法」從1973年頒布以來，歷經1993年的修訂，以及2003年合併兒童／少年福利法和2011年修改成「兒童／少年福利暨權益保障法」，社會工作專業自此被賦予**國家親權**（parent of the nation），展現公權力介入家庭隱私的兒童／少年保護事件。

我國兒童／少年保護工作建制已有「兒童及少年受虐待暨被疏忽

危機診斷表」、「兒童及少年受虐待暨被疏忽研判指標簡明表」等安全評估工具，鑑於工具本身在概念定義與應用方式上有不明確或不夠完整之處，實務上兒童／少年保護社會工作者又難以做出重大專業決策。鑑於上述困境，內政部兒童局於2011年開始與「美國犯罪行為研究院」（National Council on Crime and Delinquency, NCCD）附設的「兒童研究中心」（Child Reserch Center, CRC）合作，引進以實證為基礎的評估工具，以結構系統模式作為受虐兒童／少年及其家庭的風險評估。

**兒童／少年保護結構化決策模式**（structured decision-making model, SDM）從通報、調查、開案服務至結案等重要階段均有開發相對應之評估工具，國際間從美國、加拿大、澳洲、新加坡等國被引進運用。我國現已完成第一階段的「**安全評估決策模式**」（safety assessment, SDM-S）的開發工作，提供第一線兒童／少年保護社會工作者評估決定兒童／少年是否能安全留在家中，然而兒童／少年保護工作除了緊急安置的考量，亦須評估未來兒童／少年是否有再受虐的風險，所以兒童／少年保護及結構化**風險評估決策模式**（risk assessment, SDM-R），以量化計分的量表方式，輔助社會工作者評估兒童／少年再受虐風險的考量，並輔以做短期安置的考量，以期減少提供兒童／少年再受虐的風險，或轉化成留置在家中的積極性家庭維繫服務。

綜合上述，高風險群父母常具備下列幾個特徵：

1.父母身心發展不成熟：如未成年父母在支持性不夠，加上自己親職知能不足，容易淪為虐待兒童的高風險群。
2.父母有明顯身心健康之問題：如父母酗酒、吸毒、患有心理疾病等而導致父母角色功能障礙，以及影響家庭功能，此類族群是最容易造成家庭及子女成為問題的高風險群。
3.有特殊需求兒童之父母：例如兒童為身心障礙兒童（如自閉症、過動兒、智能障礙、生理有缺陷、愛滋病），使得父母必須長期面對壓力，挑戰他們的工作、教養等問題，而使得父母功能耗損，長期下來如缺乏喘息或支持，很容易成為虐待兒童或疏忽兒童的高風險群。

4.處境或身分特殊之父母：例如因貧窮所造成的單親家庭、流動型家庭或外籍配偶家庭。父母常因文化或次文化的因素使得家庭面臨生存的困境，造成父母角色缺位或面臨管教子女的困難，進而成為虐待或疏忽兒童的高風險群父母。

上述的兒童家庭處遇，除了提供經濟支持、補充性服務（例如家庭居家照顧服務、托育照顧）之外，最重要的是要充權家庭，提供父母管教之行為改變，尤其是父母的管教效能。父母的不當管教方式一直是影響兒童發展及行為的重要因素，不當的管教，例如威權式管教提供體罰、處罰的威脅，或透過肢體方式及情感撤離來控制兒童的行為，而從社會學習理論之觀點，此種教養一方面提供兒童對父母角色的模仿，另一方面亦增加兒童日後的攻擊行為。此外，愛的撤離對兒童需求未能重視，甚至忽視兒童的人權，讓兒童承受負面結果，造成兒童過度恐懼、焦慮，及減少兒童對情感的表達。

## (三)親職教育處遇

社會工作者除了要瞭解父母不當管教對兒童的不良影響外，最重要的是要倡導有關提供父母支持的政策，以及能設計各種方案，例如提供親職教育課程，帶領親職教育團體，直接協助補充性托育服務等。目前比較常用的有五種親職教育模式分述如下：

### ■父母效能訓練

**父母效能訓練**（parenting effective training, PET）是由人文學派Thomas Gordon所創，主張父母應被教導注重、關心孩子心理上的感受，而不是凡事只看行為結果，視行為給予獎賞，完全不考慮任何的動機與想法。Gordon（1975）認為，父母並不需要運用太多威權，以強勢的方式來影響子女，而只要試著瞭解子女的想法，讓子女瞭解父母的想法、感受，將有助於親子間的互動。PET最早於加州的帕薩迪納，從一個十七個人的父母團體開始，短短二十年成長至二十五萬人的團體，並從美國擴及至全世界。

Gordon的立論源於Carl Rogers的個人中心的諮商理論哲學，在尊重與信任的前提下，相信每個人皆有能力能自我引導，且能過著和諧、無衝突的生活。PET的處遇策略為：

1.將父母與兒童雙方置於雙方皆OK的無衝突情境：一個問題少的環境是一個讓雙方避免過度相互干擾，且能營造氣氛輕鬆及讓個體保持冷靜的環境。
2.運用彈性原則：運用非一致性原則，進行彈性處置。Gordon（1975）認為，大多數父母太過於強調一致性的重要，反而未能視情況為自己留下變通的餘地，造成親子之間的困擾與衝突。
3.確定問題所屬：Gordon（1975）認為，親子間有問題產生時，宜先確認問題所屬。父母與孩子之間的衝突，皆因很多需求未能獲得滿足，需求不滿足，導致情緒的產生，因而形成衝突。Gordon（1970）以行為四角形（見表6-10）來協助父母辨別問題所屬，並配合有效的技巧來解決問題。

### ■父母融入訓練

父母融入訓練（parent-involvement training, PIT）的主旨是鼓勵父

**表6-10　行為四角形——P.E.T. 之管教原則**

<table>
<tr><td>小孩擁有問題</td><td rowspan="2">父母能夠接受</td><td rowspan="2">父母傾聽。</td></tr>
<tr><td>無問題</td></tr>
<tr><td>父母擁有問題</td><td rowspan="2">父母無法接受</td><td rowspan="2">以我的訊息（I-message）傳達個人感受，必要時，使用無傷害的問題解決方法。</td></tr>
<tr><td>無問題</td></tr>
</table>

母參與，尤其與學校教師合作，其理由是父母行為的改變根植於充滿信任、接納與溫暖的人際關係上，被信任的兒童和自我肯定的兒童，行為較容易被改變。PIT教導父母要隨時融入孩子生活，尤其當他們有需要或情緒不佳時。父母不可接受任何藉口，且應避免使用處罰，與孩子一起玩遊戲，提示兒童評估自己的行為等技巧。

### ■父母效能系統訓練

**父母效能系統訓練**（systematic training for effective parenting, STEP）來自阿德勒學派（Alfred Alder, 1870-1937）的影響，Rudolf Dreikurs首先將其運用到親職教育實務上，之後Dinkmeyer 及McKay（1989）運用Dreikurs的想法，進一步設計一套完整的親職教育模式，其主要概念為：

1.瞭解影響子女態度和信念之形成：家庭中許多因素，例如遺傳、家庭氣氛與價值觀、家庭氣氛和父母教養方式，皆是影響孩子行為的重要因素；此外，生活中的重要成人被子女當作角色模範，也是影響孩子的態度和信念的重要因素。

2.兒童不當行為之目的：Adler認為人的行為皆是有目的的，Dreikurs則指出小孩的行為背後有四個目的：**引起注意、爭取權力、報復和自我放棄**。因此，父母需要學習鼓勵和管教策略。除了強調給予兒童許多責任，避免過度保護或不必要之代勞，再者使用自然和合理的邏輯結果，讓兒童能夠有機會經驗自己的行為和抉擇（不論好壞）所帶來的結果。

### ■行為修正

**行為修正**（behavior modification）的重點在教導父母如何將行為學派的原則（例如增強與處罰來模塑行為）應用到教養兒童上。首先要教導父母選擇和定義想要改變的行為，再應用行為增強或處罰方式來增加好的行為或減少不良行為發生的頻率。

■積極親職

Michael Popkin是一位兒童輔導與親職專家，曾留學奧地利與英國，是「積極親職」中心的創辦人兼主任。此課程在一九八九年問世，課程內容主要包括許多困擾青少年父母的管教問題，如性行為、藥物濫用（非常合乎目前臺灣父母的需求）。美國在一九七〇年及一九八〇年面對快速的社會變遷，使得家庭產生一些「不確定感」的影響。而臺灣近十年來，同樣面臨這樣的問題，父母急切地需要一些新的、有用的資訊，來告訴他們如何教養孩子以適應新時代的需求。美國因有這樣的需求，促使許多專業人士開始提供父母親職教育的課程，如諮商人員、社工人員、心理學家、老師、心理顧問等。臺灣親職教育的實行，直至目前仍以校園裡的老師或校方請專家做演講，對父母較為方便，而有較多的參與（雖然常是該來的父母沒有來，全是一些來捧場的父母到場）；另外則有一些民間機構（如基金會或社會福利機構）所辦的一些親職講座或相關活動，這些活動所吸引的，多半是一些對於教養子女的知識較積極的父母，因而就整個社會層面而言，其所發揮的影響力仍然有限（黃倩儀，1998）。

## 三、學齡兒童的學校社會工作處遇

有效能的學校教育，如良好的課室氣氛、課室規模大小、學校結構、老師特性、活動安排等，可以幫助兒童發展認知、社會及情緒技巧與資源。「**專精取向**」（mastery orientation）鼓勵兒童嘗試困難任務以提升能力，但是「**無助取向**」（helplessness orientation）可能減少兒童學習動機，以及導致兒童避免嘗試有挑戰性的工作任務。老師的信念與期望也可能影響兒童的學習動機和成就。正向及具支持性的課室氣氛能幫助兒童獲得自信及學習機會。強調合作的課室團體實務比強調能力的團體實務，更能幫助兒童獲得學業成就及正向利益。強調努力、鼓勵專精的課室環境對兒童的認知、社會及情緒發展有所助益，同時也可幫助兒童獲得自信之最佳的學習。

高品質的教育方案（如入學準備度、幼小銜接、學校間的銜接）如能將學校結構與兒童發展相匹配（stage-environment fit），將對兒童的發展及學業成就有所幫助，此外，對兒童的文化背景和家庭生活的瞭解，也能幫助兒童在學校的適應。

## 四、學齡兒童的社區社會工作處遇

在過去，兒童福利工作實務上常被社會福利機構所使用的服務包括：(1)支持性的服務：如在宅（居家）服務、對有所需要家庭的暫時性補助、現金（實物）補助、家庭諮詢服務、父母管教技巧訓練等；(2)補充性的服務：如喘息服務、托育服務等；(3)替代性服務：如寄養服務、收養服務、住宅、社區及團體照顧處遇等；(4)兒童保護服務。這些服務已有長久的歷史，且其服務及技術也有所改進，並漸漸形成一門社會工作的專業。本節將介紹一些可能只是一種哲學式的想像，並應用不同於過去以殘補處遇為主的預防式或發展導向的觀念，提供未來在兒童福利政策或實務的參考。此類服務是以鉅視觀點來透視兒童及其家庭需求，目前尚未普遍實施，甚至沒有實質的方案內容。這些方案可能只是一種概念，需要更專業的社會工作技巧，尤其是對第一線的社會工作者，當對所需服務的兒童及其家庭進行處遇與規劃服務時，此類服務的真正運用也可能會遭受許多阻礙，尤其是政策或法規的引用。這些創造性的服務，如能在實務執行中獲得一小步的進展，對兒童及其家庭的福利卻能帶來更多的保障。此類兒童福利服務，主要是基於社會工作者的增強處遇服務模式，更基於使兒童及其家人有能，且願意團結在一起共同解決家庭風險的假設前提，此類服務包括：(1)整體性家庭寄養服務；(2)調停方案；(3)戶外營隊方案；(4)互助團體、自助訓練及倡導團體；(5)以家庭為本位的處遇方案；(6)兒童倡導方案；(7)無家可歸的家庭庇護所等，茲分別介紹如下：

## (一)整體性家庭寄養服務

**整體性家庭寄養服務**（holistic family foster care）不同於兒童寄養服務，它是整個家庭都接受另一個家庭的寄養服務，尤其對年輕的單親女性家庭。此種服務基於假設年輕的單親媽媽因為缺乏資源或知識能力來照顧其子女，寄養家庭不但提供單親媽媽及其子女生活的空間，而且還教導照顧子女的技巧，以期最終他們可以獨立生活照顧。寄養家庭的父母要提供如何養兒育女的知識及實際照顧技巧，還要增強單親媽媽如何照顧家庭生活起居。

另外一種整體性家庭寄養服務的概念是擴大為社區寄養服務（foster care community）。加拿大有些社區便是由兒童福利機構所購置，機構會將所購置的區內房產再分售給寄養家庭，建立一社區寄養機制，整個社區會依被寄養的家庭與子女的需求增設社區服務中心，建立起整個服務網絡，這些居住於社區中的寄養家庭自然也會成為共同互助的團體。

## (二)調停方案

大多數人想到調停的名詞或概念時，會想到生意上或法律訴訟的協商，甚至是政黨協商，但是愈來愈多的社會工作者發現，**協商（調停）技巧**對於兒童福利實務也有很大的幫助（這也是社會工作者的個案管理技巧之一）。

Kassebaum及Chandler（1992）指出，在兒童福利情境中的協商技巧，似乎是對兒童虐待個案最實用的解決方式之一。社會工作者與家庭成員發現，在保護的個案中運用協商技巧討論各種因素及因應技巧，將會對兒虐的個案產生較正面的影響效果。

因為協商需要一些技巧，例如傾聽、溝通、問題解決、衝突解決等，這些技巧對青少年的發展助益很大（Godman, 1998），因此，將這個概念運用到兒童／少年福利機構最恰當不過。試想當兒童／少年在機構內想尋求個人的自主與獨立，而機構人員能運用協商技巧給予同理或傾聽兒童及少年的需求，並同時提供一套安全網絡知識，讓兒童及少年從中選擇，既能追求獨立與自主，也能保障個人安全，這也是社會工作者與個案的雙贏局面。在加拿大溫哥華的少年協商方案（Teen Mediation Program），就是採用協商技術教導青少年與父母共同解決問題而聞名（Godman, 1998）。

### (三)戶外營隊方案

**戶外營隊方案**（outdoor camp program），例如夏令營、冬令營、假日營隊或特殊團體之戶外休閒體驗營已在國外及我國社會中執行多年，國內金車基金會、國立體育學院或其他民間團體皆有辦理此類活動。兒童的營隊自五〇年代便開始流行，藉著營隊活動，讓兒童及其家人有共同或獨自的休閒活動。自六〇年代後，兒童的戶外休閒營隊便增加了一些治療的目的，在九〇年代，此種營隊主要是增強兒童自我概念及學習如何與別人有良好的日常互動，美國「向外航行」（Outward Bound）便是此種營隊方案的代表。此種專門為有行為問題（例如中輟、飆車、吸毒等）的青少年所設計的戶外營隊，主要是提供正向的野外求生環境、訓練青少年正向概念及增強技巧，以幫助他們自立、增加求生能力，以及培養如何與別人相處的正向人際關係。此類營隊要有時間限制以及能仔細為兒童及青少年的需求量身打造。

### (四)互助團體、自助訓練及倡導團體

**互助團體**一直被用來當作個人充權增能訓練，以便能關懷別人及自我決策，例如酗酒匿名團體（Alcohol Anonymous, AA）或青少年酗酒匿名團體（Alcohol Anonymous Teens, A-AT）、父母匿名團體（Parents

Anonymous）、單親家庭組織（Single Parent Organization），長期為兒童福利機構所使用，也已對許多家庭產生一些正面影響，臺灣也有類似的團體組織，例如少奶奶俱樂部、一葉蘭、單親協會等組織。此外，還有一些著重於消費者領導發展的倡導團體，例如消基會、兒童福利聯盟、靖娟幼兒安全文教基金會、中華兒童福利基金會（CCF）等，也對社會上一些團體產生影響力，甚至影響社會政策。在美國類似這些團體有男同性戀（gay）、女同性戀（lesbian）、灰豹（gray panthers），以及一些福利權利團體，例如社區兒童行動方案（Community Action Project for Children, CAPC）等（Cooke, 1998）。

CAPC的組織成員，類似我國一些基金會，如CCF，在社區中聚集一些專家、學者及兒童福利實務者，以社區為中心，為兒童倡導福利。這些團體在社區為一些年輕的兒童及少年創立中心，提供一些課輔、休閒、教育、玩具圖書館、支持團體、父母成長團體，以及外展服務業，為兒童及青少年提供一些正常的社會化場所，在臺灣有善牧基金會在萬華設立的青少年中心，該中心的社會工作者採用增強策略，去除過去社會福利機構傳統以問題為取向的處遇的烙印（stigma），利用社區資源幫助個案及其家庭，提升個案及其家庭的復原力、堅毅力（resilience）及自我解決問題的能力。這種團體也是以互助團體的名稱聞名，他們能相互支持，同時為他們的家庭與社區謀取福利。

### (五)以家庭為本位的處遇方案

**以家庭為本位**（family-centered program）和**家庭維存（繫）方案**（family preservation programs），在美國近幾年來已有大力推廣的現象。此種方案主要被設計來防止家庭外寄養安置（out-of-home foster placements）以及採用家庭重建（home builder）的優點，讓兒童待在原生家庭，以及兒童實務工作者以生態觀點仔細評估家庭與社區環境的關係，採用增強及充權增能的策略，在短期提供密集性的服務，通常服務是在案主家中進行。

**密集性的家庭維存服務**（intensive family preservation service, IFPS）的主要目標為：(1)保護兒童；(2)維繫和增強家庭連帶（family bond）關係；(3)穩定危機情況；(4)增強家庭成員的技巧與能力；(5)促使家庭使用各種正式與非正式的輔助資源。IFPS強調的是此時此地（here and now）的現況，其目的不在「治療」家庭，而是增強家庭成員解決風險與問題的能力，以促成家庭重建。

## 五、家長、學校及社區的社會工作處遇

隨著社會工商結構的變化，雙薪家庭增加，父母與孩子在一起活動的親子時間因此減少。另外，網路及其他傳播媒體的發達，也擴大兒童及青少年的視野與學習範圍，使孩子們受到各種不同環境的影響，間接減少了學校的功能。尤其兒童在學校受到管教的時間，每天平均最多也不過三分之一；因此，要改進教育，提高學習成效，改變人民素質，除了學校方面，更需要家庭的合作、父母的參與，以及全體社會的協助才能達成。在美國近一、二十年來的教改運動中，結合家庭、學校、社區的力量來改善教育即為施政重點之一。如在二〇〇〇年教育目標中，即有一項呼籲每所學校必須盡力倡導及建立家庭的合作關係，促進家長對教育的積極參與（U. S. Department of Education, 1997；引自賴佳杏，2004）。此外，一九九六年美國Clinton總統夫人Hillary所著的《全村之力》（*It Takes a Village to Educate a Child*），特別強調家庭和社區參與教育工作的必要性（Clinton, 1996）。在臺灣，則有賴國忠（1998）綜合方崇雄（1998）、林振春（1997）、湯梅英（1997）等人的研究，提出「學校社區化、社區學校化」的伙伴關係理念；王秀雲（1999）強調可利用「參與式的設計」來涵蓋行政、教師、社區、家長和學生多項交互作用的伙伴關係，適時加入校內教職員與家長方面的伙伴關係研究。以

下分述家長、學校、社區的各項參與工作。

### (一)家長的工作參與

有些學者主張，只要家長關心自己子女的教育所採取的行動，就算是家長參與的一種；有的則認為須有特定的活動形式，才稱得上是家長參與；更有研究指出，家長參與學校做決定的行列才算是參與（Goldring & Sullivan, 1996）。參酌國內外文獻與我國家長參與之現況，**家長參與係指任何足以讓家長加入教育過程的活動形式，這種參與包括在學校內發生的，也包括於校外與家中進行的活動**（鄧運林，1998）。

作為良好的教育伙伴，父母能協助的事情包括以下幾項：

1.幫助小孩做好上學的心理建設。
2.關心孩子課業，予以適當輔導。
3.對於學校舉辦的活動積極參與。
4.主動與教師聯繫溝通。
5.隨時向學校提供建議與看法。

### (二)學校的工作參與

為促進教育伙伴關係，學校應負主導責任，可做的具體工作如下：

1.教導父母如何扮演好父母的腳色：可透過親職教育研討會，藉此提供父母一些親職知識與技能，教導如何撫育各年齡及發展階段的兒童。
2.與父母保持密切聯繫：
 (1)可透過召開家長會、親師座談會，說明學校的教育理念、討論學校事宜、談談孩子的狀況，做好雙向溝通及彼此如何合作等。
 (2)教師亦可利用電話或家庭訪問，瞭解學生狀況。

(3)利用家庭聯絡簿來當作家長與父母之間的橋樑，要求學生帶回給父母簽字，以便讓父母瞭解孩子在校的情形。

## (三)社區的工作參與

在社區與學校的關係中，社區若未能獲得學校教育的協助，社區的發展將會有所阻礙，社區需求的滿足與生活品質的提昇將無法有效達成。因此，社區與學校應相互配合，使教育系統與社區人文環境相結合，營造出活潑而有吸引力的學習環境，發揮教育的最大功能。所以，建立教育伙伴關係的基本策略，應是發展自身成為學習型組織，使得社區能結合家長與學校，在平等、互助及互惠的原則下，建立支持、協助及互動的管道，彼此建立雙向性的合作，充分利用社區與學校的資源，促進學校教育與社區的健全發展。

社區機構，包括政府，公、私立機關，有許多教育資源若能積極投入學校教學，對學生的學習將有莫大助益，其具體工作包括：

1.能讓在職父母於上班時間請假參與學校活動。
2.警察單位與家庭及學校合作，維護學生守法及校外安全，並預防學生的不良行為。
3.利用晚間及週末借用學校場所及設備來舉辦文教活動，服務家長及學生。
4.提供托兒場所，舉辦親職教育講座及討論會來幫助員工教育子女。
5.提供資源支援學校辦理教育活動並營造學習機會。
6.提供獎金幫助貧窮學生。
7.提供課後輔導協助學生。
8.提供參觀或暑期實習的機會。

# 第四節　結語

學齡兒童期在過去依Sigmund Freud的性心理理論被稱為是潛伏期，一直被認為是最無問題的一個階段，但隨著Jean Piaget的認知發展理論及Erik Erikson的社會心理理論問世之後，逐漸被發展心理學者所重視，相關研究也後繼問世。雖然兒童進入學齡期階段，發展日漸趨緩，但隨著社會化的進展，兒童也逐漸受到家庭以外的因素，例如學校、媒體及同儕環境所影響。

在社會逐漸進入網路、科技化社會，兒童所賴以生存的家庭環境也日趨改變，例如女性出外工作、貧窮及家庭解組也為兒童帶來生活壓力及生態環境的變化。所以說來，學齡期兒童應發展及因應未來生活有關的技能，以及適用於社會互動的技能，教育遂成為此時期兒童必需的適應能力，以影響個體日後自我評價和情緒發展。

對每一個孩子來說，父母是兒童第一位、也是最重要的啟蒙老師，兒童的言行舉止受到父母的影響很大。舉凡學前教育準備（preschool readiness）以及入學後的持續關懷與輔助（continued support and assistance），都會影響兒童的學習與成長。

隨著兒童年齡的增長，其生活世界也逐漸從父母的懷抱及家庭成員，擴大到周邊及其他社會環境，並逐漸受到同儕朋友以及報章雜誌、電視、網路等大眾傳播媒體的影響。這些大環境中的影響力，在兒童上學之後繼續擴大，成為一股不可忽視的教育動力與資源。許多教育研究都指出，這些動力與資源，若不能與學校教育相配合，將造成許多不良後果（Honig, 1982; Hymes, 1975; Powell, 1989）。

# 參考書目

## 一、中文部分

中華兒童福利基金會（1994）。《年報》。臺中：中華兒童福利基金會。

內政部兒童局（2005）。《臺閩地區兒童及少年生活狀況調查報告》。臺中：內政部兒童局。

方崇雄（1998）。〈科技教育師資培育的伙伴關係〉。《中華工藝教育》，31（5），8-12。

王行、莫藜藜、李憶微（2003）。臺灣地區兒保工作中實施「強制性親職教育輔導執行結果與樣態分析之研究」。臺北：內政部兒童局。

王秀雲（1999）。〈社區時代來臨的校園文化再造〉。《教育資料與研究雙月刊》，30，1-6。

行政院衛生署（1995）。《國民保健手冊》。臺北：行政院衛生署。

行政院衛生署（2004）。中華民國92年臺灣地區死因統計結果摘要。衛生統計資訊網，http://www.doh.gov.tw/statistic/data/死因摘要/92年/92.html

吳敏而（1991）。《發展心理學——語言發展》。臺北：心理出版社。

宋家慧（2001）。《危機邊緣少年自我效能團體工作方案之績效評估》。臺中：東海大學社會工作研究所碩士論文。

李美枝（1994）。〈性別角色與性別差異〉。輯於吳靜吉等著，《心理學》。臺北：國立空中大學。

周月清（1994）。〈從實務工作者的需要探討非自願性案主、非自願性實務工作者與非自願性案主服務策略〉。《福利社會》，42，17-23。

林哲立、邱曉君、顏菲麗譯（2007）。《人類行為與社會環境》第二版（Jos B. Ashford、Craig W. LeCroy及Kathy L. Cortie著）。臺北：雙葉書廊。

林家興（1997）。《親職教育原理與實務》。臺北：心理。

林振春（1997）。〈從社區與學校互動談如何落實學校社區化〉。《教師天地》，86，11-15。

洪允賢（1989）。《兒童營養》。臺北：五南。

張欣戊（2001）。〈語言發展〉。輯於張欣戊等著，《發展心理學》。臺北：國立空中大學。

張欣戊等（1994）。《發展心理學》。臺北：國立空中大學。

張紉（1998）。〈規劃青少年福利需求的另類思考〉。《實踐學報》，29，17-36。

張瓊云、魏弘貞、謝孟岑、黃麗錦、郭靜晃譯（2008）。《兒童發展》。臺北：華都文化。

郭靜晃（2004）。《兒童少年福利與服務》。臺北：揚智文化。

郭靜晃（2005a）。〈青少年福利服務〉。輯於青輔會（編），《青少年政策白皮書》。臺北：青少年輔導委員會。

郭靜晃（2005b）。《兒童發展與保育》。臺北：揚智文化。

郭靜晃（2008a）。《兒童少年與家庭社會工作》。臺北：揚智文化。

郭靜晃（2008b）。《教育部夜光天使點燈專案計畫督訪評估報告》。臺北：教育部社教司委託。

郭靜晃（2008c）。〈不同發展遭遇的兒童〉。輯於張瓊云等譯，《兒童發展》（第十四章）。臺北：華都文化。

郭靜晃譯（2008）。〈不同發展遭遇的兒童〉，輯於郭靜晃（總校閱）《兒童發展》（Joan Littlefield Cook 及Gred Cook著）。臺北：華都文化事業。

郭靜晃、吳幸玲譯（1993）。《兒童發展——心理社會理論與實務》。臺北：揚智文化。

陳偉德等（2003）。〈臺灣地區兒童及青少年成長曲線圖：依健康體適能訂定之標準〉。《中臺灣醫誌》，8（Supplement 2）。

湯梅英（1997）。〈學校社區化——舊觀念？新口號？〉。《教育資料與研究》，19，2-8。

程小危（2001）。〈道德發展〉。輯於張欣戊等著，《發展心理學》。臺北：國立空中大學。

雅虎奇摩新聞（2001）。臺灣兒童齲齒率改善但青少年牙齒變差，http://tw.news.yahoo.com/2001/10/18/leisure/cna/2609403.html。

馮燕（1998）。〈我國中央兒童局的功能與意義〉。《社區發展季刊》，81，29-48。

黃倩儀（1998）。〈親職教育的主要訓練模式〉。輯於張斯寧、高慧芬、黃倩儀及廖信達（編著），《親職教育與實務》。臺北：永大書局。

黃德祥（1995）。《青少年發展與輔導》。臺北：五南。

黃慧真譯（1989）。《發展心理學》（Sally Wendkos Olds、Dianne E. Papalia 著）。臺北：桂冠。

楊語芸、張文堯譯（1997）。《社會環境中的人類行為》。臺北：五南。

葛婷（1993）。〈家園同心——實驗教室親職計畫之介紹〉。《幼教天地》，7。

劉秀娟（1997）。《兩性關係與教育》。臺北：揚智文化。

鄧運林（1998）。《開放教育新論》。高雄：復文。

賴佳杏（2004）。〈家庭、學校、社區三合一的伙伴關係教育〉。《網路社會學通訊期刊》，38。

賴國忠（1998）。〈營造學校與社區雙贏的伙伴關係〉。《北縣教育雙月刊》，24，58-60。

謝明哲等（2003）。《實用營養學》（第二版）。臺北：華杏。

簡春安（1997）。《婚姻與家庭》。臺北：國立空中大學。

## 二、英文部分

Achenbach, T. M. & Edelbrock, C. S. (1981). Behavioral problems and competencies reported by parents of normal and disturbed children aged four through sixteen. *Monographs of the Society for Research in Child Development, 46*, 1.

Angier, N. (1990). Scientists say gene on Y chromosome makes a man a man. *New York Times*, pp. A1, A19.

Basow, S. A. (1992). *Gender Stereotypes and Roles*. CA: Brooks/Cole.

Beal, L. R. (1987). Repairing the message: Children's monitoring and revision skills. *Child Development, 58*, 920-928.

Bee, H. (1992). *The Developing Child* (6th ed.). New York: Harper Collins College Publishers.

Benenson, J. F. (1993). Greater preference among females than males for dyadic interaction in early childhood. *Child Development, 64*, 544-555.

Bernstein, D. & Tiegerman-Farber, E. (2002). *Language and Communication Disorders in Children*. New York: Allyn & Bacon.

Brainerd, C. J. (1977). Cognitive development and concept learning: An interpretive review. *Psychological Bulletin, 84*, 919-939.

Butterfield, E. C., Nelson, T. O., & Peck, V. (1988). Developmental aspects of the feeling of knowledge. *Development Psychology, 24*, 654-663.

Carr, M., Kartyz, B. E., Schueider, W., Turner, L. H., & Borkowski, J. G. (1989). Strategy acquisition and transfer among American and German children: Environmental influences on metacognitive development. *Developmental Psychology, 25*, 765-771.

Chapman, M. & McBride, M. L. (1992). Beyond competence and performance. Children's class inclusion strategies, superordinate's class cues, and verbal justifications. *Developmental Psychology, 28*, 319-327.

Chomsky, C. S. (1970). *The Acquisition of Syntax in Children from Five to Ten*. Cambridge, MA: M.I.T.

Cicchetti, D. & Toth, S. L. (1998). The development of depression in children and adolescents. *American Psychologist, 53*, 221-241.

Clinton, H. (1996)。同村協力教育兒童。《天下雜誌》（11月號），66-73。

Cooke, K. (1998). Working in Child Welfare. Unpublished manuscript, Wilfred Laurier University.

Cross, D. R. & Paris, S. G. (1988). Developmental and instructional analyses of children metacognition and reading comprehension. *Journal of Educational Psychology, 80*, 131-142.

Dinkmeyer, D. & McKay, G. (1989). *Systematic Training for Effective Parenting (STEP)* (3rd ed.; STEP Kit). Circle Pines, MN: American Guidance Service.

Erikson, E. H. (1968). *Identity: Youth and Identity*. New York: Norton.

Flavell, J. H., Speer, J. R., Green, F. L., & August, D. L. (1981). The development of comprehension monitoring and knowledge about communication. *Monograph of the Society for Research in Child Development, 46(5)*, 192.

Forward, S. (1989). *Toxic Parents*. New York: Bantam.

Garner, P. W. & Power, T. G. (1996). Preschoolers' emotional control in the disappointment paradigm and its relation to temperament, emotional knowledge, and family expressiveness. *Child Development, 67*, 1406-1419。

Garvey, C. (1974). Some properties of social play. *Merrill-Palmer, Quarterly, 20*, 163-180.

Godman, R. (1998). Child welfare. Unpublished manuscript. Wilfrid Laurier University.

Goldring, E. B. & Sullivan, A. V. (1996). Beyond the boundaries: Principals, parents, and communities shaping the school environment. Ink. Leithwood et al. (Eds.). *International Handbook of Educational Leadership and Administration* (pp. 195-222). Netherlands: Kluwer Academic Publishers.

Gordon, T. (1970). *Parenting Effective Training*. New York: Wyden.

Gordon, T. (1975). *P. E. T. The Tested New Way to Raise Responsible Children*. New York: A Plume Book.

Halpern, D. F. (2000). *Sex Differences in Cognitive Abilities* (3rd ed.). Hillsdale, NJ: Erlbaum.

Harper, L. V. & Huie, K. S. (1985). The effects of prior group experience, age, and familiarity on the quality and organization of preschooler's social relationships. *Child Development, 56*, 704-717.

Harter, S. (1996). Developmental changes in self-understanding across 5 to 7 shift. In A. J. Sameoff & M. M. Haith (Eds.). *The Five to Seven Year Shift: The Age of Reason and Responsibility* (pp. 207-235). Chicago, IL: Chicago University Press.

Harter, S. (1998). The development of self-representations. In W. Damon (Series Ed.) & N. Eisenberg (Vol. Ed.). *Handbook of Child Psychology, vol. 3: Social, Emotional and Personality Development* (5th ed.) (pp. 553-617). New York: Wiley.

Hartman, C. R. D. (1987). Resistant clients. Confrontation interpretation and alliance. *Social Casework: The Journal of Contemporary Social Work, 6*, 435-466.

Hartup, W. W. (1983). The peer system. In E. M. Hetherington (Eds.). P. H. Mussen (Series Eds.). *Handbook of Child Psychology: Socialization, Personality and Social Development*. New York: Wiley.

Hoffman, M. L. (2001). Toward a comprehensive empathy-based theory of prosocial moral development. In A. C. Bohart & D. J. Stipek (Eds.). *Constructive and Destructive Behavior: Implication for Family, School, & Society* (pp. 61-85). Washington D.C.: American Psychological Association.

Honig, A. S. (1982). Parent involvement in early childhood education. In B. Spodek (Ed.). *Handbook of Research in Early Childhood Education*. New York: Free Press.

Hymes, J. L. (1975). *Effective Home School Relations* (Rev, Ed.). Carmel, CA: Hacienda Press.

Kadushin, A. & Martin, J. A. (1988). *Child Welfare Service* (4th ed.). New York: McMillan.

Kalish, C. W. & Gelman, S. A. (1992). On wooden pillows: Multiple classification and children category-based inductions. *Child Development, 63*, 1536-1557.

Kassebaum, G. & Chandler, D. B. (1992). In the shadow of best interest: Negotiating the facts, interests, and intervention in child abuse cases. *Sociological Practice, 10*, 49-66.

Katz, M. (1997). *On Playing a Poor Hand Well*. New York: Norton.

Kirby, L. D. & Fraser, M. W. (1997). Risk and resilience in childhood. In M. W. Fraser (Ed.). *Risk and Resilience in Childhood: An Ecological Perspective* (pp. 10-33). Washington D.C.: NASW Press.

Kumpfer, K. L. (1991). How to get hard-to-reach parents involved in parenting programs. In *Office for Substance Abuse Prevention* (Ed.). *Parenting Training in Prevention* (pp. 87-95). Washington D.C.: U. S. Government Printing Office.

Laible, D. J. & Thompson, R. A. (1998). Attachment and emotional understanding in preschool children. *Developmental Psychology, 34 (5)*, 1038-1045.

Lefrancois, G. R. (1995). *The Lifespan*. Belmont, CA: Wadsworth.

Lopez, A., Gelman, S. A., Gutheil, G., & Smith, E. (1992). The development of category-based inductions. *Child Development, 63*, 1070-1090.

Luria, A. (1961). *The Role of Speech in the Regulation of Normal and Abnormal Behaviors*. New York: Liveright.

Masten, A. S. & Coatsworth, J. D. (1998). The development of competence in favorable and unfavorable environments: Lessons from research on successful children. *American Psychologist, 53*, 205-220.

May, R. B. & Norton, J. M. (1981). Training-task orders and transfer in conservation. *Child Development, 52*, 904-913.

McCabe, A. E., Siegel, L. S., Spence, I., & Wilkinson, A. (1982). Class-inclusion, reasoning: Patterns of performance from three to eight years. *Child Development, 53*, 780-785.

Menyuk, P. (1988). *Language Development*. Glenview, IL: Scott, Foresman.

Newman, B. & Newman, P. (1986). *Development Through Life: A Psychosocial*

*Approach* (5th ed.) New York: Brooks/Cole Publishing Co.

Newman, B. & Newman, P. (1999). *Development Through Life: A Psychosocial Approach* (6th ed.). New York: Brooks/Cole Publishing Co.

O'Brien, S. F. & Bierman, K. L. (1988). Conceptions and perceived influence of peer group: Interviews with preadolescents and adolescents. *Child Development, 59*, 1360-1365.

Offer, D., Ostrov, E., Howard, K. I., & Atkinson, R. (1988). *The Teenage World: Adolescent's Self-image in Ten Countries*. New York: Plenum Medical Book Company.

O'Neil, D. K. & Gopnik, A. (1991). Young children's ability to identify the sources of their beliefs. *Developmental Psychology, 27*, 390-397.

Pellegrini, A. (1984). The social-cognitive ecology of preschool classrooms. *International Journal of Behavioral Development, 7*, 312-332.

Perret-Clermont, A., Perret, J., & Bell, N. (1991). The social construction of meaning and cognitive activity in elementary school children. In L. B. Resnick, J. M. Levine, & S. D. Teasley (Eds.). *Perspective on Social Shared Cognition* (pp. 41-62). Washington D.C.: American Psychological Association.

Piaget, J. (1983). Piaget theory. In W. Kessen (Ed.). *Handbook of Child Psychology, Vol. 1: History, Theory and Methods* (4th ed.). New York: Wiley.

Piaget, J., & Inhelder, B. (1969). *The Psychology of the Child*. New York: Basic Books.

Powell, D. R. (1989). *Families and Early Childhood Programs*. Washington, D.C.: NYEYC.

Ramsey, P. G. & Lasquade, C. (1996). Preschool children's entry attemps. *Jonrnal of Applied Developmental Psychology, 17*, 135-150.

Reisman, J. M. & Schorr, S. I. (1978). Models of development and theories of development. In L. R. Goulet & P. B. Baltes (Eds.). *Life-span Development Psychology* (pp. 116-149). New York: Academic Press.

Rooney, R. H. (1992). *Strategies for Work with Involuntary Clients*. New York: Columbia University Press.

Rubin, K. H. (1980). Fantasy play: Its role in the development of social skill and social cognition. In K. H. Rubin (Ed.). *Children's Play* (pp. 69-84). San Francisco, CA:

Jossey-Bass.

Rutter, M. (1979). Separation experiences: A new look at old topic. *Pediatrics, 95 (1)*, 147-154.

Rutter, M. (1983). Stress, coping, and development: Some issues and some questions. In N. Garmezy et al. (Eds.). *Stress, Coping, and Development in Children*. New York: McGraw-Hill.

Rutter, M. (1984). Resilient children. *Psychology Today, 18(3)*, 57-65.

Saarni, C., Mumme, D. L., & Campos, J. J. (1998). Emotional development: Action, communication, and understanding. In W. Damon (Series Ed.) & N. Eisenberg (Ed.). *Handbook of Child Psychology, Vol. 3: Social, Emotional, and Personality Development* (5th ed.) (pp. 237-309). New York: Wiley.

Selman, R. L. & Selman, A. P. (1979). Children's ideas about friendship: A new theory. *Psychology Today,* October, 71-114.

Serbin, L. A., Moller, L. G., Gulko, J., Powlishta, K. K., & Colburne, K. A. (1994). The emergence of gender segregation in toddler playgroups. In C. Leaper (Ed.). *Childhood Gender Segregation: Causes and Consequences* (*New Direction for Child Development, 65*, pp. 7-17). San Francisco: Jossey-Bass.

Shaffer, D. R. (1996). *Development Psychology: Childhood and Adolescence* (4th ed.). New York: Brooks/Cole Publishing Co.

Simon, S. B. & Olds, S. W. (1976). *Helping Young Child Learn Right from Wrong: A Guide to Value Clearification*. New York: Simon & Schuster.

Strayer, E. F. (1980). Social ecology of the preschool peer group. In A. Collins (Ed.). *Minnesota Symposium on Child Psychology* (Vol. 13, pp. 165-196). Hillsdale, NJ: Erlbaum.

Sullivan, H. S. (1953). *The Interpersonal Theory of Psychiatry*. New York: Norton.

Tyler, L. (1983). The development of discourse mapping processes: The on-line interpretation of anaphoric expressions. *Cognition, 13*, 309-341.

U. S. Department of Health and Human Services (USDHHS) (1999). Mental health: A report of surgeon general. Rockville, MD: US Department of HHS, Substance Abuse and Mental Health Service Administration, NIH, NIMH.

U. S. Department of Education (1997). *Achieving the Goals: Goal 8 Parental*

*Involvement and Participation*. Washington, D.C.: U. S. Department of Education.

Voyer, D., Voyer, S., & Bryden, M. P. (1995). Magnitude of sex differences in spatial abilities: A meta-analysis and consideration of critical variables. *Psychological Bulletin, 117*, 250-270.

Vygotsky, L. S. (1962). *Thought and Language*. Cambridge: MIT Press.

White, R. W. (1960). Competence and the Psychosexual stages of development. In M. R. Jones (Ed.). *Nebraske Symposium on Motivation* (Vol. 8). Lincoln: University of Nebraska Press.

Wolf, D. A. (1991). Child care use among welfare mothers—A dynamic analysis. *Journal of Family Issues, 12(4)*, 519-536.

Chapter 7

# 青少年期

- 青少年期的生心理發展
- 青少年期的社會發展與青少年問題
- 青少年期問題的社會脈絡評析
- 結語

**青少年期**（adolescence）始於生理，終於文化。通常將青少年時期界定於始於十至十二歲，開始於生理變化之初，女生以第一次初經來臨，男生則是尿液中遺有精子，止於二十一至二十二歲，由文化來界定之，以美國為例，個體在二十一歲時，社會便認定為完全之大人。在這個階段，個體歷經生理變化，性的發展成熟，智力可達到形式運思階段。Erik Erikson的心理社會理論認為，青少年要面臨自我認同，逐漸認識個體的自我並逐漸發展個人的生涯。Newman和Newman（2006）根據Erikson的心理社會理論，將人生生命週期分為十一個週期，即懷孕胚胎期、嬰兒期、嬰幼兒期、幼兒期、學齡兒童期、青少年前期、青少年後期、成年期、中年期、老年前期、老年後期，其中青少年前期是指十二至十八歲，青少年後期為十八至二十四歲，我國的青少年白皮書也是將青少年定義為十二至二十四歲之人（行政院青輔會，2004）。

現代社會的快速變遷帶給青少年正負面影響，前者如現代科技的進步帶給青少年更豐富的機會體驗人生，科技及醫藥進步讓青少年比以往更健康、早熟，教育的機會及體制也提供青少年更多機會學習更多的知識，網際網路使青少年涉獵更多及更快速的知識與人際體驗。相對的，青少年也面臨更多的誘惑及種種社會的文明問題，諸如暴力犯罪、毒品酒癮、性誘惑及不良的媒體文化，這也是吾人常說的，今日的青少年問題為社會集體共同作用之下所產生，而我們沒有問題青少年，只有青少年的問題，誠如Santrock（1990）所言：「青少年所面臨的許多問題並不是他們本身的問題，而是成人社會所造成。」準此，本章有關青少年問題的處遇不著重個體之微視面，而是從生態環境之中間系統（meso system）及鉅視系統（macro system）來充權家庭的策略，規劃各種青少年福利服務方案及政策制定。

由於社會環境變遷快速，使兒童／少年及家庭所處的環境產生巨大質變，連帶產生許多非預期的問題及需求，許多國家以具體行動訴諸社會立法、社會政策與福利服務等解決策略，我國也不例外，例如我國憲法中有關社會安全的條文提及應提供婦女、兒童及少年福利政策（一百五十六條），在一九九四年內政部提出的社會福利政策綱領中，開始提及以家庭為中心的政策意涵，此後的相關發展諸如一九九四年第一次全國社會福利會議，即以「建立以家庭為中心之福利策略」作為政策規劃重點之一，在二〇〇二年第三次全國社會福利會議的結論提到，「尊重多元家庭價值，確立家庭、社會、市場、國家的福利分工，尊重兩性平衡，建構以家庭為中心之福利輸送體系，整合各項措施，促進服務輸送的有效性及普遍性」，強調整合模式的家庭福利服務。至二〇〇四年十月，行政院提出家庭政策，其制訂背景即為因應社會、經濟、人口結構變遷，對家庭造成影響而來（郭登聰，2006）。也就是說，對於社會變遷所帶給兒童及少年的影響，絕非僅單純針對該群體提供福利措施，也應擴及其家庭，提供支持與協助，同時建構以家庭為中心的整合式福利輸送體系。

政策的演變凸顯了家庭對於兒童／少年的重要性，此外，與兒童／少年有著密切關係的家庭、學校、同儕、鄰里社區的微視系統（micro system），乃至包含傳播媒介、教育、經濟等社會制度的外部系統（exo-system），也有其不可忽視的重要性，也隱含著以「家庭」和「社區」結合成關懷性的福利社區，以社區支援家庭而提昇居民生活品質（古允文等，1999）的策略基礎。

## 第一節　青少年期的生心理發展

**青少年**（adolescents）在拉丁文為adolescere，原文的“ad”意指toward，而“alescere”意指to grow up，為其複字，意思為朝向成熟之意。因此，青少年係指個體透過生長臻至成熟，即臺諺所稱的「轉大人」的歷程，唯青春期所帶來的具體成熟特徵為何？這些特徵又帶給個體哪些生心理方面的影響呢？在這個時期，個體生理由腦下垂體先分泌成長激素，使個體在身高及體重方面有了明顯變化；之後，腦下垂體分泌黃體激素等性激素，一方面抑制生長激素，另一方面刺激個體的性成長與成熟。

**青少年期**是介於兒童期與成年期之間的轉捩期（transitional period），大約在第二個十年間，近來青少年階段由於社會文化的變化與要求，已有愈來愈長的趨勢。這時期是人生歷程所有階段中個體發展有明顯改變的第二期（僅次於嬰兒期）。在這個時期，個體面臨相當大的變化，除了要找尋個人的自我認同外，還要適應新環境的任務，尤其要迎合社會期望與規範，因此，有人稱這時期為**壓力與風暴期**（stress and storm period）（Atwater, 1992）。難怪有人說：「年少不輕狂，枉為青少年」、「為賦新詞強說愁」、「青春少年，不識愁滋味」，這些用詞常喻指青少年是一衝突、風暴及叛逆的時期，然而對大多數青少年而言，青少年是一平穩（placid）的時期，是個體朝向健康成長的時期。

成熟是個人生理成長變化的主要因素，其受生物既定的基因、個人健康和社會環境三者之間的相互作用所影響。而個體發展主要來自於激素，例如腦下垂體、腎上腺素、性腺等。**思春期**（puberty）是青少年初期生理成長的階段，除了個體身高及體重的突刺（spurt growth）之外，還包括第一性徵的成熟，如生殖器官的成熟、生殖功能及第二性徵的出現（見**表7-1**及**表7-2**）。今日的青少年的生理發展比過去青少年要來得早，這也是百年趨勢（secular trend）的存在，最可能影響的因素是環境健康、營養及生活水準的提高，例如初經年齡在歐美國家大約以每十年下降四個月的速度在改變。

青少年由於內分泌腺（endocrine glands）產生的賀爾蒙，造成個人的生理變化（見**表7-3**），具體而言是腦下垂體有賴下視丘（hypothalamus）的控制，使生殖系統中的卵巢和睪丸分泌女性激素（estrogen）及男性激素（androgen），使個體的身體與性特徵產生很大

### 表7-1　青少年的第一性徵

| 女性 | 男性 |
|---|---|
| 卵巢 | 睪丸 |
| 輸卵管 | 陰莖 |
| 子宮 | 陰囊 |
| 陰道 | 輸精管 |
| | 前列腺 |

資料來源：郭靜晃（2006）。

### 表7-2　青少年的第二性徵

| 女性 | 男性 |
|---|---|
| 乳房 | 陰毛 |
| 陰毛 | 腋毛 |
| 腋毛 | 鬍毛 |
| 骨盆變寬 | 變音 |
| 變音 | 皮膚變化 |
| 皮膚變化 | 肩膀變寬 |

資料來源：郭靜晃（2006）。

### 表7-3　青春期的生理改變

| 步驟 | 女性 | 兩性 | 男性 |
|---|---|---|---|
| 1 | | 外分泌腺的發育 | |
| 2 | 內部骨盆增大 | 骨盆改變 | 骨骼漸粗且強大 |
| 3 | 卵巢與子宮成熟 | 生殖腺的成熟 | 睪丸與陰囊成熟 |
| 4 | | 胸部變大 | |
| 5 | | 陰毛的出現 | |
| 6 | 陰唇與陰道的成長 | 外生殖器的成長 | 陰莖的成長 |
| 7 | 初經來潮 | 外在青春期特徵 | 夢遺 |
| 8 | | 腋毛的出現 | |
| 9 | 排卵 | | 精子遺在尿液中 |
| 10 | 臀部變寬 | 體型改變及變音 | 肩膀變寬 |

資料來源：Schuster, C. S. & Ashburn, S. S. (1992); 郭靜晃（2006）。

變化。

青春期的性激素（雄性與雌性激素）刺激身體成熟和性成熟。對男孩子而言，男性荷爾蒙使陰莖和睪丸變大，陰毛開始出現，聲音變得低沉，出現第一次遺精，腋毛和鬍鬚開始出現。對女孩而言，女性荷爾蒙使乳房發育，陰毛和腋毛開始出現，臀部變大、初經來潮。生理上的變化女孩發生較早。初經較早來潮的孩子會在青春期後期變得矮肥，對自己身體型態較不滿意，較少自信，更樂意與年紀大的人交往，往往較早開始與異性交往（約會），致犯罪或出軌（acting out）問題的機率升高；男孩早熟則會在運動和社交方面占優勢，也會增加青少年犯罪問題（Cook & Cook, 2005）。

個體的生理變化過程與結果，對個體的心理也會產生影響。其中最重要的兩個因素：(1)自己的身體發展如何影響個體的感覺與行為；(2)個體的身體發展影響別人對你的感覺與看待，而且這兩個因素的相互作用更影響青少年的身心發展（Brooks-Gunn & Ruble, 1983），例如早熟與晚熟。Petersen（1987）的研究指出，對男生而言，通常早熟比晚熟好，早熟可產生高自我、高自信及人際關係較佳，但早熟的女性則有較多學業及行為問題，晚熟因有較長時間讓青少年適應以及模仿其他同儕，所以困擾性較低。此外，身材上的發育也影響個體對自我形象的覺知，這些特徵是隨文化不同而有所差異，而且也深受社經地位、族群的不同而有不同的規範。通常這些規範標準常伴隨在青少年常接觸的大眾媒體與藝術中，造成青少年的通俗文化，如果個體覺得不能迎合大眾所認為的規範標準，就會形成低自尊現象（郭靜晃，2006）。

在性成熟發展方面，如果缺乏正確的資訊與支持，會導致青少年對於初經產生困窘或焦慮，造成青少年對性有不健康的態度。教育部特地為青少年學子設計一本《青春達人》的性教育教材，或透過電視製播相關教育性影片，目的即在傳遞正確的性知識。Adams及Gullotta（1989）亦提出，社會文化中如果有一定的特定儀式，如成年禮（rite of passage），例如電影《阿凡達》透過抓神鳥的成年禮，來幫助青少年認同角色的轉變，幫助青少年正面看待這樣的成長。

除了生理與性成熟之外，青少年的另一重要成長的改變，就是認知的成長。由於認知的成長會伴隨個人的自我認同和道德發展。此外，社會化的過程也逐漸使青少年成為一社會人，友伴關係及同儕互動也幫助個體形成獨特的人格和生活風格（lifestyle）。本節將分別敘述青少年的認知、自我、道德及情緒發展，而與青少年的心理發展亦習習相關的社會發展則另節論述。

## 一、青少年期常見的生理發展問題

雖然大多數青少年皆能健康地度過這段不算短的成長階段，但他們也難免會面對一些威脅到個體健康的情況，其種類分述如下（林哲立等譯，2007）：

### (一)營養攝取及飲食問題

適當飲食、均衡營養及運動對青少年發育是很重要的，青少年因快速發育需要更多食物及營養攝取，平均一天大約需要六千卡路里（Schuster & Ashburn, 1992）。然而青少年通常不吃早餐，喜歡刺激性及高糖飲料及零食。零食雖可以提供所需的熱量，但在水分、蛋白質、鐵與鈣方面則相對攝取不足。

### (二)體重問題

肥胖係指BMI值超高標準，體重問題對青少年來說，對於生理或心理均帶來一些嚴重的問題。生理方面，肥胖會帶來一些疾病，例如高血壓、糖尿病、心臟血管疾病等等；心理方面則帶來與社會心理有關的問題，例如自我形象認知失調及自卑等心理現象，造成社交困難及被同儕嘲笑。

對青少年來說不論體重過重或過輕，均會影響身心發展。另外一類是體重過輕者，如**神經性厭食症**（anorexia nervosa）是個體極度想瘦身、自願忍受挨餓，造成扭曲自我身體意象、太瘦、極度恐懼或停經。厭食症者常拒絕承認自己已經過瘦，縱使很餓，也吃得很少，自覺要達到皮包骨（紙片人），才能帶給自我滿足及成就。在減重過程中，健康會惡化，且每每伴隨憂鬱情緒。與厭食症有關的健康惡化症狀有：心跳變慢、血壓降低、體溫變低、身體水分增加、身體上長細毛、經期不順、新陳代謝變化大（Zastrow & Kirst-Ashman, 2007）。嚴重的厭食症者需要住院治療，患者常伴隨有併發症，例如心臟病、肝病、營養不良、腎臟壞損等，其致死率高達5%至18%（Zastrow & Kirst-Ashman, 2007），而且常有極度憂鬱及自殺的傾向，實不容輕忽。

### (三)暴食症

**暴食症**（bulimia nervosa）係指快速並毫無控制地消耗大量食物，最常用的處遇方法是自我催吐。其他方法是嚴格控制飲食、斷食、劇烈運動、吃減肥藥、濫用利尿劑及瀉藥，美國高中及大學女生中有4.5%及18%患有暴食症。

### (四)經痛

大約有33%的少女有過經痛的經驗（Schuster & Ashburn, 1992）。通常在月經週期前一天，經痛的少女會感受到下腹痙攣與疼痛，有時也會有背痛的感覺，原因可能是平滑肌收縮與子宮肌肉缺氧所致。治療方法可用藥物治療，例如服用口服避孕藥、阿斯匹靈、非固醇類抗炎劑或利用外科手術治療（切除子宮神經）。

### (五)粉刺與青春痘

大約有80%的青少年曾有粉刺及青春痘的困擾，因為青春期性賀爾蒙增加，刺激皮脂腺的脂肪質分泌所影響，通常會影響個體臉部外觀，造成青少年社交上的困擾。

### (六)頭痛

大多數青少年在青春期已有頭痛的經驗，約有29%的男生和32%女生在青春期至少有一次頭痛的經驗（Linet et al., 1989），而大約有5%的男孩和女孩有過偏頭痛的經驗。

### (七)自慰

自慰（masturbation）又稱手淫，係指個人透過操弄性器官以達到高潮而滿足。自慰依社經地位、性別和婚姻地位有所差異，高教育者比低教育者來得高；男生比女生高（Gagnon & Simon, 1969: 47）。男性是透過被同儕自慰或團體自慰而學習到自慰行為；女生則是私自嘗試此種行為。男性較常以多次自慰來達到性滿足，而女性常以性交來當作性歡娛的主要來源。男生在結婚之前約有一千五百次利用自慰達到性高潮，而女生只有二百二十次左右（Rogers, 1985），自慰是透過性器官的專注而達到高潮與性慾的滿足。自慰其實也有健康的功能，例如允許個人自我探索自己的身體與感受、允許性慾的淨化，但是過於沉溺於性幻想而造成停止與同儕互動，將會導致缺乏健康的社會互動而影響個人的社會人際關係（Hettingler, 1970）。

## 二、青少年期的認知發展

從歷史角度來看，除了訊息處理理論對於記憶過程的敘述之外，在青少年的認知發展領域中獨領風騷的，還是Piaget的**認知發展論**，除此之外，Vygotsky的社會建構論，David Elkind的自我中心主義和相關智力理論，尤其是後來R. Sternberg的智力三元論，也對青少年的認知發展有不同的見解和詮釋。

## (一)Piaget的認知發展論

青少年的認知發展是屬於Piaget所提出的認知發展階段中的最後一個階段：**正式（形式）運思期**。這個階段開始於青少年期（約十一至十二歲），此時期的青少年脫離具體運思期，而改以內部操作的形式原則，此時期又可稱為命題操作階段，可以展現符號運作，並脫離具體運作，以進一步發展合乎邏輯的抽象思考，更可以依假設—演繹（hypothetical-deductive）的過程進行運思能力，以發展面對問題時思考其所有的可能性，並提出問題解決的能力。這種能力能讓青少年透過線索或假設，按部就班地尋找最佳方式來解決問題。由此可見，形式操作的特性在於其系統性、抽象性及邏輯性的思維（張欣戊，1995）。

形式運思認知的抽象能力可以從青少年口語解決問題能力充分表現，在具體運思認知時期的兒童解答A＝B，B＝C，推演至A＝C的問題，需要靠具體要素來運作，而形式認知時期的青少年只要利用口語表達，即可解決此類問題。此外，青少年的思考常充滿理想及可能性（idealism and possibilities），並推測理想的可能性，這也可幫助他們的思考更具邏輯性。

## (二)Vygotsky的社會建構論

Piaget對知識形成的見解是自我建構論（self-constructivism），其認為知識是透過自我內在運作，由同化與順應兩機轉與外界刺激互動形成內在平衡。著眼點放在個人內在的自我建構，但他似乎忽視社會與文化因素在認知發展的重要性。相對地，Vygotsky（1978）提出**社會建構論**（social constructivism），認為個人知識的獲得來自兩條線：一是**個體的**

**成熟線**，與Piaget的認識發生論有雷同的看法；另一條是**社會脈絡線**，重視影響認知發展的社會與文化因素。

Vygotsky的學說有二項重點：一是**近似發展區**；另一是**鷹架學習**。

### ■近似發展區

Vygotsky（1978）相信兒童的本能內在能力（由本身的生物因素加上個人經驗因素）可以解決問題的層次，稱為**實際發展區**（zone of actual development）；如果兒童在有支持的情況下可以解決問題，就稱為**近似發展區**（zone of proximal development）。就此觀點，Vygotsky假定學習發生在青少年近似發展區努力的時候，青少年尚未能獨自從事這項要求任務時，可以透過同儕、父母或教師的協助來達成。所以，Piaget認為發展在先，學習在後；而Vygotsky則強調學習引導發展。不過，到底是學習導致發展抑或發展導致學習，就如同「雞生蛋」或「蛋生雞」的兩難。

### ■鷹架學習

鷹架在青少年學習過程中也扮演重要的角色，**鷹架**（scaffolding）指的是學習過程中透過有經驗的同儕和成人給予青少年支持，扮演引導式參與（guided participation）以提供兒童在社會脈絡中建構知識的經驗。當青少年得到能力之後，會自我承擔更多學習職責，此時鷹架支持便會逐漸減少。此理論可用於解釋青少年的體驗學習或社工的外展工作。因此，青少年社會工作者透過青少年身處的家庭、學校、同儕文化或重要他人，瞭解青少年的學習和知識發展是有其必要性。此種文化知識包括語言、共享的信任以及與他人的互動方式，Vygotsky認為，青少年並不是以獨行俠的角色在學習，而是使用了他們文化所提供的思考與行動方式。不可否認地，不當的環境或提供不當的學習機會有可能造成青少年發展的阻力與危機（劉玉玲，2005）。Weithorn和Campbell（1982）提出，小組討論可以促進更高層次的思考活動，使之具有能力考量各種相關因素以作判斷。因此，成人應給予青少年自我做決策的機會，以促進其社會認知能力；必要時，提供一些鷹架及參考意見幫助青少年對社會情境進行分析，並培養其社會技巧的發展以及未來人際之互動。

### (三)David Elkind的自我中心主義

當青少年有了形式運思能力之後，其思考才能像成人的邏輯般，也就是說，可以將自己和別人的「思考」拿來參考，同時也能將自己當作一個分離的個體，由別人的角度來衡量自己的人格、智力及外表，這也是一種內省的表現（劉玉玲，2005）。但是青少年也存著一些不成熟的傾向或脫離現實，或將自己和他人想法概念化，但卻無法分辨他人思考的對象與自己關心的對象可能不同，因而**產生自我中心思考**（egocentric thought），尤其以十五歲之前的青少年更為普遍。

Elkind（1984）認為，青少年具有自我中心思考，有以下的行為特徵（黃慧真譯，1989）：

1.向權威角色挑戰（finding faults with authority figures）：青少年對世界及現實擁有想像與理想，追求完美，當他們發現自己一度崇拜的偶像遠不及自己心目中的理想對象時，他們會挑出偶像所有的缺點，希望將現實與自己的理想拉近。

2.好爭辯（argumentativeness）：青少年急於表現出他們對事件的觀察能力，所以對任何事物會表達自己的看法，有時候會捲入人際中的不睦、不合群。所以，成人應瞭解此種行為特徵，鼓勵青少年參與有關原則的爭辯（例如辯論），而避免涉及人格或人際攻擊，將有助於他們擴展推理能力。

3.自我意識（self-consciousness）：青少年過度的自我意識大部分來自想像的觀眾（imaginary audience），這是指青少年認為自己是焦點，別人都在注意他。例如聽到父母低聲細語交談，他會認為父母正在對他評頭論足。這也可能讓青少年出門很難決定要穿何種衣服，走在路上，認為路人會看他的穿著打扮或注意到他的青春痘。

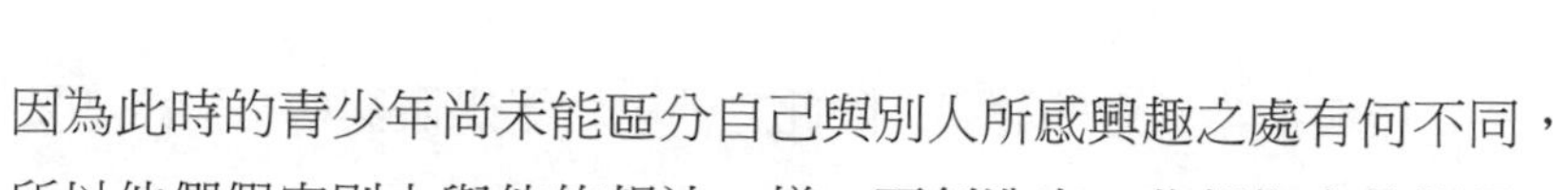

因為此時的青少年尚未能區分自己與別人所感興趣之處有何不同，所以他們假定別人與他的想法一樣，而創造出一些想像中的觀眾。

4.自我中心（self-centeredness）：此種堅信自己是特殊、獨一無二、為世界萬物法則管轄之外的想法，Elkind稱之為個人神話（personal fable），這也解釋青少年早期的一些冒險行為（例如飆車不戴安全帽、性行為不用避孕用品）。這也常常出現在青少年的日記中，在日記中青少年常記錄了他對戀愛、挫折、人生的獨特看法。因此，成人應對其想法加以理解及同理，不要標籤他們為叛逆，或只是「少年維特的煩惱」、「少年不識愁滋味，為賦新詞強說愁」，而應積極幫助他們發展真實的認知，並瞭解誰也無法超越萬事萬物的自然法則。

5.明顯的偽善（apparent hypocrisy）：青少年不明瞭理想與實際、實踐與理想之間的差異，他們一方面為環保議題抗議示威，另一方面又因參與活動而製造許多垃圾及噪音。

當個人以自我認知結構為中心，並且更關注主體本身的觀點而忽略實際應處理的客體（個體所環繞的周遭世界），那麼個體與他人間的觀點便無差異存在，Elkind（1967）稱此種觀點為自我中心主義。青少年自我中心與其社會認知有高度相關，青少年的自我中心思考一直要到十五至十六歲之後，與同儕互動經驗增加，加上認知成熟，才會趨向形象操作，減少用自我中心式的思考，並能做假設性之演繹，衍生思考和考驗。Newman和Newman（1999）提及幫助青少年發展形象思考的途徑有三：

1.幫助青少年在生活中實踐各種角色，以學習角色間的情境、衝突、壓力，幫助其發展因應能力，增加相對思辨驗證的能力。

2.提供各種不同的群體活動，透過與自己成長環境不同之同儕建立關係，而意識到他們與自己的想法及期望有所不同。

3.學校課程要能帶領青少年做假設與演繹推論的思考，以促進形象操作與抽象觀念的發展。除此之外，大眾媒體與傳播網路亦要提供此種功能。

### (四)Sternberg的智力三元論

**智力**（intelligence）從心理學的角度，係指人的認識與實踐能力的程度，包括觀察力、記憶力、思維力、想像力、注意力等因素。智力的高低影響著個體認識客觀事物並運用知識解決實際問題的能力。一般而言，智力與能力、知識有關，青少年的智力具有觀察力敏銳、記憶力驚人、想像力豐富、思維多元性（如具靈活性、邏輯性、獨創性及自我調適性）等特徵。

傳統的智力理論最早於一九二七年由Charles Spearman所提出智力二元論（two-factor theory of intelligence）；Thorndike於一九二七年提出多因素論（multiple factor theory）；十年後，Louis Thurstone提出基本心能論（primary mental abilities）；Guilford於一九五九年提出智力結構論（structure of intellect theory）；Howard Gardner於一九八三提出多元智能論（theory of multiple intelligence）及Sternberg的智力三元論。

耶魯大學的R. Sternberg（1985）提出類似Gardner之多元智能的看法，他提出智力實應包括解決實用問題的能力，將之稱為**智力三元論**，亦即智力是包括情境（context）、經驗（experience）及分項（component）等智能：

1.情境智能：係指個體對周遭環境的適應，及做出合乎情境要求的行為。當然，個體也可以改變情境來適應自己的行為，因此個體是否能做出合乎情境的行為，乃是智力高低的表現，而智能的高低要合乎相對的文化或特殊環境，才有實質意義（張欣戊，1995）。

2.經驗智能：是指個體對陌生的作業的反應能力，及熟悉作業程序的改善能力。此種智能包括兩種成分：一是對新奇的反應（response to novelty），另一是自動化（automatization）。前者是對陌生、不熟悉的事件反應，此種能力最能看出綜合新訊息、推理及執行的能力；後者是對已經熟悉的作業變得自動化，成為一種習慣性動作。

3.分項智能：包括表現、學習及監控的能力要素，也是最能符合傳統智力測驗的能力。表現能力係指利用已有的知識或能力去執行一件事情或解決問題；學習能力是指學習新知識、新技能或新反應的能力，也是一種後設認知的能力。

Sternberg的智力三元論與Gardner的多元智力皆強調以廣泛的智力基礎做分析，強調智力應該反應一個人對實用問題的解決能力，也認為智力應與個人對訊息處理有關，但Sternberg的理論相較於Gardner的理論，較未強調人際關係對智力的影響（張欣戊，1995）。

## 三、青少年期的自我發展

依Erikson的心理社會理論，青少年處於自我認同的危機，也就是人生階段性發展中的一個主要危機。**認同**（identification）的概念源自於Sigmund Freud的心理分析論所提出的假設：一個人的行為經由類化另一個人的人格特質，而形成相似的思想、感覺和行為，這個過程可以說是前者認同後者。

大部分的心理學家將認同視為「社會化」的基本歷程，個體透過環境中「重要他人」的行為模仿，獲得了成人所期望孩童在社會情境中應具的態度和行為。Kagan（1984）依據社會學習理論的增強原則來解釋個體的認同過程。

當代青少年體驗個人不同的目標，尋求高度的自我警醒，追求自主性，嘗試兩性關係，尋求一種適當管道與家庭之外的社會相結合。Erikson（1968）用自我認同（ego identity）來解釋青少年對自我的質疑——我是誰？他認為青少年或成人有著強烈的自我認同感，視自己為個別的、特殊的個體，不論一個人的價值觀、動機、興趣和別人如何相像，他們仍然有別於他人的感受，即是對自我肯定的需求，一種整體的感受。

除此之外，個體還需要有一種心理互惠感受（a sense of psychosocial reciprocity），意指個體認為自己是什麼樣的人，和他認為別人對待他的期望與看法是一致的。此種心理互惠感受將有助於個體發展自我統整並達成認同；反之，任何阻礙青少年發展此種完整的自我認同感，會抑制自我觀念的形成，而形成自我混淆（identity diffusion or confusion）的危機，也就是自我形象的整合失敗。在現實生活中，青少年可能透過偶像崇拜，一方面藉此行為得以抒發、滿足他們在發展上、現實上的需求，另一方面在同儕團體中基於對崇拜偶像的共識或相互比較，而與同儕產生互動、連結，或基於朋友圈、興趣和服裝風格的相似性，迅速形成一些次團體，形成特定的團體次文化，這也是Erikson所認為的青少年先發展團體認同，再達成未來發展個體認同的先導與基礎。

自我認同是個體社會關係的標竿，是隨著年齡增強而漸漸建立，受到社會化歷程的重要他人，如學校、父母、同儕或媒體所影響，當然，文化因素也左右個體的自我認同的形成，進而形成個體日後的生活目標、價值觀和自我形象。每個人都很可能因為生活中重要他人的需求而下定若干決策，只要沒有經過審慎考量，或是個體沒有對該目標有何認同，皆會形成負面形象（Newman & Newman, 2006）。此種喪失主動權的認同（foreclosed identity）及負面的自我形象，形成個體自我認同的危機（crisis），如果沒有一些社會支持來尋求改變，以形成個體的正面個人認同及目標，會導致個體角色擴散（role diffusion），造成焦慮感、冷漠、對人有敵視的態度（Newman & Newman, 2006）。

James Marcia是美國心理學家，一個善用Erikosn自我認同理論的研究者，並將理論加以建構化發展量表，測量個體的自我認同，作為Erikosn的理論實證。Marcia借用了Erikson的兩個元素：危機和承諾，並根據該元素的出現與否，界定出四種不同的認同狀態（見**表7-4**）。Marcia將

**表7-4　認同狀態的效標**

| 對職業和意識型態的立場 | | |
|---|---|---|
| 認同狀態 | 危機 | 承諾 |
| | 考慮可行性的時期 | 採行某種途徑或行動 |
| 認同達成 | 呈現 | 呈現 |
| 喪失主動 | 未呈現 | 呈現 |
| 認同擴散 | 呈現／未呈現 | 未呈現 |
| 延期償付 | 處於危機中 | 呈現但模糊 |

資料來源：改編自Marcia, J. (1980).

危機解釋為「**自知的決策時刻**」，而承諾（commitment）則為「**個人對某行業或某觀念系統所做的投注**」。為評估個人的認定狀態，Marcia（1996）發展出一為時三十分鐘的半結構式晤談（見**表7-5**），並根據個人回答的內容，歸納出以下四種範疇：

1.認同達成（identity achievement）：在人們花許多時間對自己生活中的重要事物做主動思考後（危機時刻），他們做出必要的選擇，表現出強烈的承諾。彈性的力量是他們的特色：他們較深思熟慮，但也不至於畏首畏尾；他們具有幽默感，在壓力之下仍表現良好，能與人形成親密的關係，能接受觀念並維持自己的標準。

2.喪失主動權（foreclosure）：這類人做了承諾，卻未考慮其他可能的選擇（經過危機期），他們接受別人為他們的生活作安排的計畫。女孩跟隨母親成為虔誠的家庭主婦，男孩跟隨父親成為商人或農夫，僵硬的力量是其特色。他們較為快樂、較自我肯定，有時驕矜、自滿，並具有強烈的家庭連結意識，當想法受到威脅時，他們會變得獨斷。

3.認同擴散（identity diffusion）：這類人也許曾經、也許不曾歷經考慮可能性的階段（危機），但在任何一種情況下，他們都未達成一種承諾。他們也許是有意逃避承諾的「花花公子」，或漫無目的的

表7-5　認同狀態的晤談

| 有關職業承諾的問題取樣 |
|---|
| 「如果有更好的機會出現，你想你放棄進入這行的可能性有多大？」<br>四種狀態的典型答案：<br>**認同達成**：「或許吧，但我懷疑。我看不出有什麼『更好的機會』。」<br>**喪失主動**：「不很想，這是我一直想做的事，大夥兒都喜歡，我也是。」<br>**認同擴散**：「那當然，如果有更好的機會，我還是會再做改變。」<br>**延期償付**：「我想我得多瞭解一些才能作答。這得是某些有關的事……」 |
| **有關意識型態承諾的問題取樣** |
| 「你可曾懷疑過你自己的宗教信仰？」<br>典型的回答：<br>**認同達成**：「是的，我甚至想過是否真有神存在。但現在我已經差不多想通了，我的看法是……」<br>**喪失主動**：「沒有，我的家庭在這一方面一向沒什麼異議。」<br>**認同擴散**：「噢，我不知道，我想是吧。每個人多少都會經過這種時期，但我不太在乎這些，我看每種宗教都差不多！」<br>**延期償付**：「是的，我想我目前正開始經歷這種過程。我就是不明白：為什麼有神的存在，世界上還有這麼多的罪惡……」 |

資料來源：Marcia, J. (1966); 摘自黃慧真譯（1989）。

飄蕩者。「飄流」和「缺乏中心」，使他們傾向於膚淺、不快樂，且常感到孤單，因為他們沒有真正的親密關係。

4.延期償付（moratorium）：這類人正處於做決定的過程（處於危機中），似乎正準備做承諾，而且也可能達到認定。在衝突掙扎的階段中，他們傾向多話、矛盾、活潑；他們接近異性的父母、好競爭、焦慮，希望擁有親密關係，並瞭解其中所包含的事物，但卻不一定擁有此種親密關係。

Campbell（1984）以James Marcia所提的四種自我認同狀態，探討不同的自我狀態下個體與父母的心理分離情形，結果如研究者所預期：認同達成者及延期償付者與父母有高程度的衝突對立，而喪失主動權和認同擴散者則有低程度的衝突對立。此研究結果顯示，個體的自我認同與個體獨立自主的心理分離狀態有關，也就是說，個體有好的心理分離，才能有獨立自主的能力，才能有助個體達成自我認同。在青春期，個體需要各種機會學習與父母心理的分離，以增加獨立自主程度，更能有助於個體順利達成個體化，幫助個體的認同發展（吳亞紘，2005）。此外，Hoffman和Weiss（1987）在臨床心理諮詢會談中亦發現，許多求助的個案所遇到的諸多情緒問題，如邊緣性人格、自戀、具自殺傾向等問題，都與心理分離問題有關，也和其自我認同及大學的生活適應有著關聯性存在。

這些認同狀態和不少人格特徵有關，如焦慮、自尊、道德分析，以及對他人的行為型態等等。該規範並非恆久不變，隨著個人的發展會有所改變（Marcia, 1979）。更有研究者（Adams, Abraham & Markstorm, 1987）發現，影響一個人的認同發展與個人的人格及社會認知能力發展有關。

Herbert（1987）以Marcia的四種認同型態為一發展過程，認為健康的認同由孩童時期就開始了，到了青少年前期為尚在尋找中，青少年在其中嘗試各種選擇並試著做決定。到青少年晚期或成人期，健康的個體認同成功；但若不幸的在孩童時期就提早成熟，或到青少年期一直不願意去認真尋找並認為所有事情都沒有意義，而變成認同混淆，就會帶出不健康的發展（見**圖7-1**）。甚至最後可能採取自毀性的適應方法（self-destructive solutions），如在青少年前期以強求方式尋求親密關係，或在成人時以自殺方式來表達自己的絕望。

## 四、青少年期的道德發展

道德行為即是個體對社會規範（social norm）的遵守，其包括兩個層面：一是禁止個體做違反社會規範的行為；另一是要求個體遵守社會規範所倡導及期待的行為。前者為反社會行為，而後者則是利社會行為。

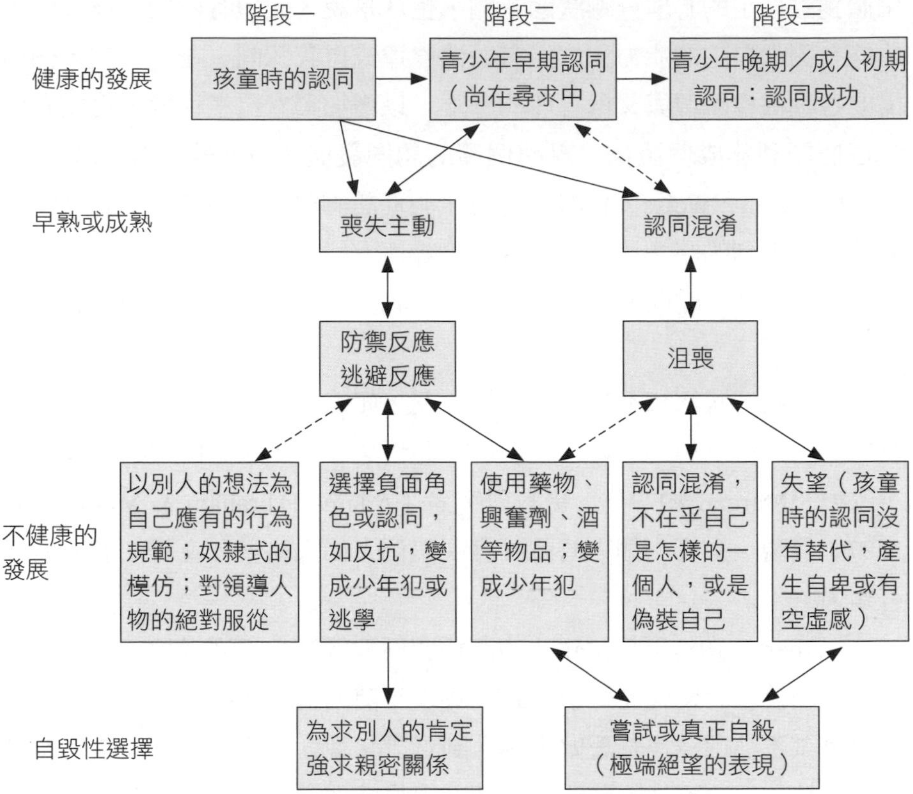

| | 階段一 | 階段二 | 階段三 |
|---|---|---|---|
| 健康的發展 | 孩童時的認同 | 青少年早期認同（尚在尋求中） | 青少年晚期／成人初期認同：認同成功 |
| 早熟或成熟 | 喪失主動 | | 認同混淆 |
| | 防禦反應<br>逃避反應 | | 沮喪 |

| 不健康的發展 | | | | | |
|---|---|---|---|---|---|
| | 以別人的想法為自己應有的行為規範；奴隸式的模仿；對領導人物的絕對服從 | 選擇負面角色或認同，如反抗，變成少年犯或逃學 | 使用藥物、興奮劑、酒等物品；變成少年犯 | 認同混淆，不在乎自己是怎樣的一個人，或是偽裝自己 | 失望（孩童時的認同沒有替代，產生自卑或有空虛感） |

| 自毀性選擇 | 為求別人的肯定強求親密關係 | 嘗試或真正自殺（極端絕望的表現） |
|---|---|---|

**圖7-1　Herbert的認同發展階段**

資料來源：Herbert, M. (1987).

這兩件事皆須透過社會化歷程來達到自我控制與實踐。衡量一個人的道德，不僅要看個體的行為動機，對行為的判斷與認識，更重要的是要看實際行為的性質和意義。道德行為是一個人行為的外在表現，同時也是內在的認知判斷和情感的經驗（郭靜晃，2006）。劉玉玲（2005）指出，青少年由於抽象能力提升，可做演繹及歸納邏輯思考的假設能力，也能比較及對照各層面的差異性，可思考以不同方法解決問題，不再依賴社會可接受的刻板印象或權威人物的看法作為判斷的依據，諸種情形也導致青少年的道德衝突比兒童時期增加不少。

過去幾十年來對道德方面的研究由三種理論所主宰：(1)Freud最先提出的心理分析論取向；(2)Hartshorne及May提出的社會學習論取向；(3)Piaget及Kohlberg提出的認同發展論取向。心理分析論的觀點著重在道德情感上，如罪惡感，Freud認為道德就是超我（superego），經由罪惡、羞恥及自卑等感覺產生對性與攻擊本能的控制。個體必須由剛直且強有力的力量（又稱為超我）所控制，以達成行為及文化規範的內化（internalization）。社會學習論認為道德是一組習得的習慣、態度及價值，個體則是透過社會環境的增強化過程而習得。認知發展論則著重於道德思考及判斷的普同階段（universal stage）的發展（葉光輝譯，1993）。

到目前為止，唯有美國哈佛大學教授Kohlberg（1927-1987）援引Piaget的理論，從「道德判斷」發展歷程建立理論，從理論導出相當多的實徵研究修正及支持其理論論點，在學術上占有一席之地。Kohlberg提出有系統的六階段理論（見**表7-6**）。其理論內涵具有兩項特點：(1)排除傳統上道德思想中的二元對立論（不是有或無的問題，也不是歸類的問題），提出道德是有順序系統的發展；(2)道德判斷不單純是一個是非對錯的問題，而是面對抉擇時，能從多元觀點思考，綜合考量不做價值判斷。

Kohlberg提出含有價值議題的九個兩難問題，其中最經典的是海恩斯的兩難問題（Heinz dilemma）：

> 歐洲有位婦人因罹患一種特殊的癌症而瀕臨死亡。醫生們認為有一種藥或許可以保全她的生命，那是一種放射性的鐳，這是由同鎮的一位藥劑師發現的。這種藥製作起來相當昂貴，而且這位藥劑師要索取十倍的價錢。他花四百美元買鐳元素，但是一份量的藥卻要價四千美元。這位病婦的先生海恩斯到處向認識的人借錢，但他僅借到總數的一半——兩千美元。他告訴藥劑師說他的妻子快要死了，

表7-6　Kohlberg道德判斷的六個序階

| | 序階內容 | | |
|---|---|---|---|
| 層次與序階 | 什麼是對的 | 為何那麼做是對的理由 | 序階的社會觀點 |
| 層次I：成規前期<br>序階1：他律性道德 | 避免違背以懲罰為手段的規則，為服從而服從及避免對個人及財產造成物質性傷害。 | 逃避懲罰、權威的優勢權力。 | 「自我中心觀」：不考慮他人的利益或不認為自己的觀點會和他人不同；不會將兩個觀點相關聯。以物質性結果，而非他人的心理感受來考量行動。對權威的觀點及自己的觀點相混淆。 |
| 序階2：個人主義的，工具的目的及交換 | 只在有助於某人的利益下才遵守規則；以符合個人自己的利益與需求為行動的訴求，同時也希望別人如此做。所謂對的就是公平、平等的交換、交易及協定。 | 必須認同別人也有他們自己的需求下，來達成自己的需求及利益。 | 「具體利己觀」：注意到別人有他自己的利益要追求，這會造成衝突，因此對的標準是相對的（以具體利己為觀點）。 |
| 層次II：成規期<br>序階3：相互的人際期許、關係及順從 | 以親近的人的期許或一般人對自己的角色的期許來生活。做個好孩子或好國民是重要的，這意味著要有好的動機，表現關心他人。這同時表示應維繫相互關係，如信任、忠誠、尊重及感恩。 | 希望成為自己及他人眼中的好孩子或好國民。對別人關心。信仰金律，企圖去維持或支持所謂刻板好行為的規則及權威。 | 「個別相互觀」：注意到共享的感受、協定及期許，相互觀超越個別利益之上。依具體的金律將觀點相關聯，站在別人的立場思考，但仍未考量概化性系統的觀點。 |
| 序階4：社會系統及公道 | 完成個人已承諾的責任。排除與其他既定的責任相衝突，否則法律必須加以維護。所謂對的就是對社會、團體或組織有貢獻。 | 維護組織能整體正常運作，避免因每個人都這樣做而造成體系瓦解，或達成個人被界定的義務的使命（易與序階3對規則及權威的信服相混淆）。 | 「社會系統觀」：站在界定角色及規則的系統的觀點，以系統的立場考量個人的關係。 |

（續）表7-6　Kohlberg道德判斷的六個序階

| | 序階內容 | | |
|---|---|---|---|
| 層次與序階 | 什麼是對的 | 為何那麼做是對的理由 | 序階的社會觀點 |
| 層次III：成規後期或原則的<br>序階5：社會契約或效益及個人權利 | 意識到不同的人有不同的價值體系與意見，而大多數的價值及規則常與自己團體的價值相對應。站在利益的公平性及因為它們是社會契約，這些相對應的規則必須加以維護。然而某些非對應的價值及權益，如生命與自由，則不管大多數人的意見如何，都必須加以維護。 | 對法律的義務感是因為個人所立的社會契約，而遵守法律是為了所有人的幸福及為了保護所有人的權利。契約承諾的情操布滿於家庭、友誼、信任及工作義務之中，關心法律及責任是否建立在最大效益的理性計算下，「為最大多數人的最大利益考量」。 | 「超越社會觀」：個人注意到有比社會依附及契約更重要的價值及權利的理性人的觀點。藉由協定、契約、客觀無私及正當程序的正式機制，整合不同觀點；會同時考量道德的與法律的觀點。認知它們有時會彼此衝突，並發現要將它們整合是困難的。 |
| 序階6：普同的倫理原則 | 依循自己選擇的倫理原則，尤其是那些使得特定法律或社會協定經常有效的原則。當法律違反這些原則時，個人會依據這些普世皆同的正義原則行事。 | 一個理性人應秉持普同道德原則之正當性信念，並且個人願意為它們獻身。 | 「普同道德觀」：站在所有任何理性個體所認識的道德本質的觀點，或視人自身就是目的，並且必須依此對待他們。 |

資料來源：葉光輝譯（1993）。

懇求藥劑師把藥便宜賣給他，或允許他以後再付款。但是這位藥劑師說：「不行，我發現這個藥，我要靠它賺一筆。」海恩斯在絕望之餘，為了他的妻子，闖入藥店，偷取這個藥。

透過相關處罰、所有權、權威、法律、生命、自由、公義、真理等價值議題訪談兒童與青少年，受試者可針對議題做選擇，或是做與不做之行為（Kohlberg稱之為內容）。做完選擇後，受試者要說明他為什麼做這樣的抉擇，這稱之為結構（structure）。以下以海恩斯的兩難問題做一說明：

1.在成規前期（preconventional level）（序階1和2）：行為的是非主要端看行為的後果或執行此後果的人。行為的準則基本上是工具式的相對取向行為（the instrumental-relativist orientation），這是以惡報惡，以善報善的階段，遵行規則是滿足自己或別人的需求。其觀點是一個具體的行動者遵守規則是為了避免麻煩、滿足需求和增加他或她的利益：

(1)在序階1：對一項行動的物理性結果與心理性結果並不能清楚地加以區別，在一個時間點上只能從某一個觀點建構其社會互動，不同的觀點並不能清楚地被認知或統合。

(2)在序階2：一個人理解不同的人有他們自己的觀點，他們自己的需要、利益、意圖等。人們被視為在施與受的基礎上彼此相互關聯，會考慮彼此的反應。

2.在成規期（conventional level）（序階3和4）：習俗、規則、義務和期許被經驗為自己的一部分，自己對個人的及非個人的（社會的）相互義務和期許是認同的，並自願隸屬於它本身。這並不意味著一個人必須認同他的社會，因為這個認同可能隸屬在一個次文化上，例如一個自治團體、宗教團體或家庭：

(1)在序階3：人們本身蘊含在關係中。這種關係具有一種知覺，即情感和期許應該彼此分享而且建立在相互的信賴上。道德的角色取替僅著重在特定的關係，同時重視好人的共同特質，但是忽略制度或社會體系的觀點。

(2)在序階4：人們從一個社會或意識型態體系的觀點來觀看現象，並於其中發現道德行動與道德期許的意義且肯定之。

3.在成規後期（postconventional level）（序階5和6）：個人已能從較特定的社會或人際間的期許、法律和規範中，抽離出自由、平等和團結的共同原則。自我從其他人的期許分化出來。他視本身為隸屬於全人類或對所有成員之義務的超越原則：

(1)在序階5：道德推理反映出理性個體優先於社會的觀點，他是被一個想像的，尤其受法律所具體化的社會契約的社會所約束。內隱和外顯的社會契約建立在信賴、個人自由，以及平等對待所有人的原則上，這些原則應該是社會和人際相互關係的基礎。

(2)在序階6：個人以「道德觀點」表達尊敬人本身就是目的的無私態度。這個尊重應該經由對話和奠基在理想的角色取替的互動上等其他形式來表達。理想的角色取替，會使涉及道德兩難中的人們對訴求與觀點予以同等的考慮。

不同的道德層次和序階的人，在道德兩難中對「什麼是應該做的事」及「為什麼它可能是對的」有不同的概念。在成規前期，道德辯證集中在實用主義的考量、需求和興趣的滿足，對自己和其他人造成具體傷害的避免，以及服從規則和權威人物。

在道德推理的成規期，個人嘗試以共享的規範、成為好人的內化概念、道德或宗教法律，以及制度化的權利和義務來生活。在成規後期或原則的層次，個人已經發展出抽象的道德原則，傾向於重視自由、平等、共有、仁愛和敬重個人尊嚴。這些原則在某些方面上與特定的道德規則不同。原則涵蓋較廣的道德考慮，且站立在較具體概念化的規則之上。原則經常著重正向的價值（生命、自由、人的尊嚴），然而許多道德原則以反向的方式看待（不偷竊、不謀害、不欺騙、不說謊）。原則整合特定的道德規則和角色概念，並且賦予它們一個寬廣的道德意義。

我們對序階的討論在本質上到目前為止僅是理論性的。對序階更具體的感覺可藉**表7-7**中的序階道德類型的陳述來獲得。此表包含回應海恩斯兩難的道德判斷。判斷建議海恩斯為了救他將死的妻子而去偷藥，及判斷勸告他不要偷藥的均列在此表中。

**表7-7　贊同與反對：海恩斯應該偷藥嗎？**

| 序階 | 海恩斯應該偷藥因為 | 海恩斯不應該偷藥因為 |
|---|---|---|
| 序階1 | 他的妻子可能是一個非常重要的人或者非常有錢…… | 如果任何人偷竊，都將被關起來。<br>他偷竊沒有任何人知道；他只是偷它…… |
| 序階1/2 | 如果你讓某些人死去，他們會要你入獄……而偷竊並不會讓你被懲戒太重…… | 偷竊任何不屬於你的東西是不對的…… |
| 序階2 | 假如你的妻子將要死去，你偷竊……藥商會殺掉他……這完全決定於海恩斯多麼強烈地想救他的妻子…… | 最後他可能入獄，而無法籌足款項…… |
| 序階2/3 | 假如他相當絕望的話他會去偷竊…… | 藥商努力工作賺錢，你不應該偷竊他的藥…… |
| 序階3 | 不論他喜歡她與否，她仍是一個有生命的人……藥商是卑劣的，因而應該被搶……海恩斯的孩子將會無人照顧且家庭會破碎…… | 如果他向藥商解釋他將會瞭解……<br>寧願光榮而死也不要活著當個小偷。 |
| 序階3/4 | 只有上帝有權利取人生命……丈夫會覺得有責任要照顧她…… | 如果你信賴上帝，你會將生和死交在祂的手裡……偷藥行為將樹立一個壞榜樣…… |
| 序階4 | 生命比維繫社會更重要……在人類中總有某些特殊的人，或許是一些神聖的事跡…… | 他會侵犯藥商的權利……把法律交到每個人自己的手中，會養成對法律的不尊重。 |
| 序階4/5 | 偷藥可能是引起公眾注意這個不正義事件的好方法……<br>人道的法律要比法律反對偷竊重要…… | |
| 序階5 | 有義務去尊重人的生命，因為它超越藥商的權利……生命的權利是普世皆同且有共通的適用性。 | |

注意：此表已包含在Colby與Kohlberg（1987）所建構的判斷標準中。
資料來源：葉光輝譯（1993）。

判斷的序階結構反映了序階1到序階5（序階6只是在理想情況下被提出的純正本質，代表著正義，真正的道德訪談編碼指南只編到序階5而已），包括轉換的序階，例如1/2、2/3、3/4、4/5等等。這些判斷從序階1對行動的物質性結果的關注——如果你偷竊，你將被關起來；到序階2為了實現個人的願望和興趣的實用性關注——決定於海恩斯多麼強烈地想救他的妻子；到序階3對角色相關德性和感受的關注——寧願光榮的死也不願活著當個小偷；到序階4對社會性定義的權利和義務的關注——他會侵犯了藥商的權利；到序階5建立在階層式價值的道德原則——對人生命的尊重的義務是超越藥商的權利的。

Kohlberg不僅只提出道德推理發展的理論而已，也做實徵研究以驗證其理論。他曾在芝加哥針對五十個勞工階級的男孩（十至十六歲），做了二十年的追蹤研究，並在世界各地做泛文化的比較，結果發現，十歲兒童仍處於成規前期。但到青春期則進入成規期，大約處於序階3，其道德推理判斷反映出一種工具式的互利主義，但有五分之一的青少年可以處於序階4。到了十七至十八歲的年長青少年，會進一步發展出更為廣博的社會正義觀點，進而考量行動及協助維護社會體系。

世俗的道德推理成為青少年道德思考的主要模式，Damon和Hart（1988）研究發現，青少年期的道德發展有著重大突破，青少年開始將道德觀視為自身相當重要的認同部分，為了符合周遭其他人對他的期許，青少年也期盼自己在別人的眼中被視為是具有誠信及關懷的個人，因為他們具有同理心及觀點取替能力，他們也瞭解如果他們漠視他人的需求，也將會為他人所唾棄、喪失尊嚴。當然，其中有少數人（約五分之一）會脫穎而出，完全投入自己的生命力，倡導社會正義，成為族群中的道德領袖。

青少年的思考已擁有相對的價值觀，並發展出一種普同性（universal）的倫理原則導向；每個人的行為透過遵從個別特有的倫理原則，藉由全面性、普遍性及一致性的道德倡導，如正義、禮尚往來，以及人類的平等及尊嚴。

雖然許多研究的結果支持Kohlberg的理論，但他的理論仍在學術界遭受質疑，主要的問題在於道德觀與行為的關聯性，研究品質及性行偏見。也許道德的思考推論並不一定直接影響人的行為，但卻能提供行事的方向與準則。至於對相關研究的品質則多集中在測量方式，Kohlberg的兩難情境的虛擬故事並不能完全反應真實的兩難情境，Rest（1986）建議用不同的方法測量道德發展；Yussen（1977）則讓青少年假設道德兩難情境（多與家庭和同儕有關），這些情境較能反應青少年實際所面對的難題及所做的決定；Gilligan（1985）認為Kohlberg的理論較屬於男性主義的觀點，建基於一個正義觀點（justice perspective），但Gilligan從女性主義的觀點，較立基於關懷的觀點（care perspective）；因此，女性的道德發展比男性來得高，因為女性對人與社會較為關懷，強調人與人之間的互動與溝通。Gilligan認為Kohlberg低估了道德發展背後的關懷考量，她相信道德發展的最高層次應包含對自己及他人道德平等的追尋。

在青少年期階段，多數青少年的道德發展是合乎Kohlberg所提及的階段3：相互的人際期許、關係與順從，青少年個體試圖成為「好人」，以讓他人喜歡自己並自覺滿意，因此，這個階段對成人最大的挑戰，便是面對他們從眾性（conformist）的思考傾向。社會工作者應該要教導青少年獨立思考的價值，並協助他們克服壓力。Lickona（1983）提出六種父母如何幫助青少年減少同儕順從壓力的方法：

1.成為獨立自主的父母，提供好的角色楷模，教導青少年成為有獨立見解的人。
2.幫助青少年自主與獨立。
3.幫助青少年瞭解自己。
4.以適當的角度看待「受歡迎」這件事。
5.挑戰青少年的「集體道德觀」。
6.幫助青少年如何因應同儕給予的壓力。

## 五、青少年期的情緒發展

基於青少年由於形式運思能力的發展，思想和感情能夠進一步從熟悉的具體產生抽象思考。依Piaget（1963）的觀點：「這種感情不附屬於某個特殊的人物或只限於物質現實的聯繫，而是附屬於社會現實或主要精神現實，如關於一個人的國家的、人道主義的、社會理想的以及宗教的情感。」在青少年期，情緒是屬於內部和個人的。因為情緒獨立於外在世界而發生，則情緒更加能自主化了。此外，由於認知能力和意識水準的提高，也使得青少年情緒發展具有延續性、豐富性、差異性、兩極波動性及隱藏性。

Rice（1993）將情緒區分為三類：(1)喜悅狀態（joyous states）：屬於正向的情緒，例如滿意、愛、快樂與歡娛等；(2)抑制狀態（inhibitory states）：屬於負向的情緒，例如憂慮、擔心、苦悶等；(3)敵意狀態（hostitle states）：屬於負向的情緒，如激怒等。這三大類的情緒狀態並非單獨存在於個體的情緒內，這三種情緒有時會並存，如單戀一個人有了愛意，看到他和別人講話，有嫉妒的心，後來得知單戀的對象已愛上別人，愛恨情仇集於一身。所以情緒會以多元面貌呈現在個體的身上。Kostelnik等人於一九八八年更將喜悅（joy）、傷悲（sadness）、憤怒（anger）與恐懼（fear）稱之為**核心情緒**（core emotions），此四大核心情緒並各自形成一個情緒聚類（emotion clusters），例如喜悅的核心情緒所對應的情緒聚類有滿意、快樂、得意等；而憤怒所對應的情緒聚類有生氣、厭惡、挫折等（劉玉玲，2005）。

### (一)正向的情緒發展

I. Kant在論喜劇所生美感時說：「笑在緊張的期待下突然轉化為虛無的感情，就產生美感。」很多情緒發展對人是有益的、有正向積極面的。熱愛、關心及親切恰當的表現，包括愛情、愛好和惻隱心的情緒反應能力，是青少年、成人健康發展的基礎。一個人若能對自己和對他人的愛產生情緒反應，他就能順利達到更大的自我實現。他還能產生更好的與他人聯繫的感情。E. Fromm提醒我們：「潛能得以充分發展的過程，開始於認識和愛護自己，然後關心別人和對別人負責。」

當小朋友積極從事遊戲活動時，我們常常會觀察到這種情緒。當一個人面對著要施展他的機智和技能的情境時，這種情緒就會發生。A. H. Maslow研究自我實現的情緒，Maslow以「高峰經驗」（peak experience）一詞來標誌產生巨大的喜悅和愉快的時刻。Maslow說：「幽默感大部分是人類開玩笑的行為，常出現在人們做了蠢事，或忘記他在世界上的地位，或自我吹噓時。」當然，也有的人會用自己開自己玩笑的形式來展現高度的幽默感。其實自己是情緒的主人，笑看人生或悲情過日子，決定權在於自己，一部戲可以用喜劇表現，也可以是悲劇手法，端看編劇、導演的態度。要拍一部有深度內涵的喜劇並不容易，首先要讓自己笑，才能讓別人笑。

## (二)負面的情緒發展

抑制狀態的情緒又稱之為負面情緒，經驗如果過於強烈，將會傷害青少年身心的發展，輕度的抑制狀態情緒的經驗，有助於青少年適度體驗人生，增強心理上的免疫功能，並有利於應付成年後的人生考驗。消極情緒，如害怕、焦慮、憤怒、罪惡感、悲傷、憂鬱及孤獨等，常使我們痛苦和缺乏效率。茲分述於下：

### ■恐懼的情緒

恐懼感是人類最負向的情緒經驗，如對黑暗、陌生人、動物、颱風等事物產生恐懼，但隨著個體的成熟與認知能力的提升，青少年恐懼的對象與兒童時期並不盡相同，但兒童期的恐懼經驗仍會帶入青少年時期甚至是成人時期。

■擔憂、害怕與焦慮等的情緒

擔憂與焦慮的情緒是指一個焦慮的人意識到危險，卻不知道危險來自何處，也不知道可以採取何種行動。通常擔憂和焦慮是並存的。害怕係針對著壓力情境中一些明確察覺的危險或威脅；而焦慮則是對壓力情境中不能預料或不能確定層面的反應。憂慮可說是現代生活難以避免的副產品。擔憂與焦慮（anxiety）也是普遍的情緒反應，通常是由對情境不如意或有壓力所引發的，擔憂與焦慮也是一種主觀的心理現象（mind image），青少年常擔憂自己的儀表、容貌、穿著、考試成績不佳、意外事故的發生等，而青少年所擔憂的事有些在成人看來是微不足道的。

■敵意的情緒

敵意可視為人格特質的一種，如外控型（external locus of control）的人在敵意評量上得分較多，外控型的人也有較多的憤怒、暴躁、懷疑、口語與間接攻擊表現。較高敵意的人較不合作、較敵對、粗暴、不妥協、不具同情心與冷漠等特質。青少年敵意太高，常容易與人產生衝突，也較不受人歡迎。

■憤怒、攻擊的情緒

憤怒可以導致適切及建設性的行為。因不公平待遇所引起的憤怒，可以建設性地用來促使社會改革；就個人而言，憤怒的表達也有助於他人瞭解自己在行為上冒犯了別人。憤怒常常導致破壞性的攻擊（aggression）。攻擊是指意圖傷害別人的敵意行為。因憤怒而無意中說出傷人的話，這並非攻擊；如果明知這樣說會傷害他，但我們還是說了，這就是攻擊。攻擊很少是一個有效的因應方式，它通常引發欠缺考慮的行為，且往往在事後感到後悔。

■ 罪惡感的情緒

當我們覺得自己做了不對、邪惡及沒有價值的事，或是違反倫理或道德規範的事時，不論是做錯事或是做了不該做的事，都會有罪惡感。人們產生罪惡感的原因是：(1)對與錯的價值觀是學來的；(2)這些學來的價值觀被用來判斷我們的行為；(3)由痛苦的經驗中學得做錯事會導致懲罰的認知。

罪惡感的強度取決於自認所犯錯誤的嚴重性，以及是否能加以補救或彌補而定。罪惡感，常可藉著向自己或別人認錯、誠心悔改，以及接納別人的寬恕來處理。有些人由宗教中獲得懺悔、悔改及寬恕的機會，有些人解決罪惡感是用自己的方式來解決，例如補償。

■ 悲傷、憂鬱及孤獨等的情緒

當朋友或親人去世遠離我們時，我們會感到悲傷，通常整理悲傷的時間有數週到數月，甚至數年，因人而異。憂鬱是一種沮喪、氣餒及不愉快的感覺，它伴隨著缺乏原動力、散漫及某種程度的自貶。也常伴隨著食慾缺乏、睡不安穩及性慾低落，青少年也多有孤獨的困擾。在群眾之中，人們仍可能感到孤獨。獨處與孤獨是有區別的，有人選擇獨處，同時他也知道自己可以選擇結束獨處。孤獨是硬加在我們身上的，而不像獨處，人們不易克服孤獨的感受，成長學習過程有許多時候是要面對孤獨的。因此，輔導他接受孤單的事實，並用來體驗深入瞭解自己，以及發掘自己以往不會注意到的潛力。使人獲得更多的自我接納，也會增加對別人的熱忱及和諧的相處，建立真正有意義、誠摯及持久的關係。

■ 抑鬱的情緒

抑鬱（depression）是一種悲傷、失去希望的感受，一種被現世的要求所擊倒的感覺，體驗到徹底的絕望。抑鬱症的人的症狀包括：擔憂、壓抑、哭泣、沒有食慾、難以入睡、疲倦、對活動失去興趣和樂趣、注意力無法集中。抑鬱可以分為中度的、短時存在的悲傷和沮喪感，以及嚴重的內疚和無價值感。許多研究指出青少年期抑鬱的原因，而就輔導立場而言，瞭解青少年的抑鬱十分重要：

1.抑鬱會伴隨著青少年自殺，雖然它並不全然是自殺的先兆，但抑鬱和自殺的念頭之間存在著某種聯繫。
2.抑鬱與酗酒和吸毒有關。和強烈的抑鬱感做鬥爭的青少年，會轉而用酗酒或其他藥物，如安非他命、古柯鹼、大麻菸、海洛因、搖頭丸等，試圖減輕或逃避這些感受。

抑鬱的青少年可能無法有效地參加學校的課程學習，導致學習成績退步。青少年期抑鬱可能會成為日後成年期嚴重抑鬱症的先導。青少年是人生當中的一個階段，在此階段往往會遭受到喪失、挫折和拒絕。青少年在應付這些生活中的危機方面缺乏經驗，他們可能還沒有發展起策略來解釋或減輕這些伴隨而來的壓力、生活事件的悲傷或沮喪感受，而這些抑鬱可能會被伴隨而來的賀爾蒙所加強。陷於抑鬱情緒中的青少年可能會認為自己是無價值的，這種認識上的扭曲會導致社會退縮或自我毀滅的行為；因此，如何教導青少年的情緒管理和輔導，是關心青少年實務工作的當務之急。

■ 自殺的情緒

低自尊、負向思考、同儕拒絕及孤立和學校適應問題常伴隨青少年憂鬱與自殺。極端憂鬱與遺傳有關，但中輕度憂鬱則與環境因子較有關。錯誤的認知過程、學習行為及生活壓力事件是主要的影響因素。

嘗試自殺的青少年之母親可能是未婚懷孕，以及有憂鬱傾向或其他症狀的青少女；之前即有自殺念頭，或最近有嘗試自殺的朋友，以及低自尊也較有可能。嘗試自殺較可能發生在單親家庭的青少年，其父母教育水準較低，缺乏家庭和朋友支持以及有不良的身心健康問題等等（郭靜晃譯，2008）。

## 第二節　青少年期的社會發展與青少年問題

大多數青少年的心理問題與外顯的行為偏差有關，尤其是男性有較多行為偏差或攻擊行為，而女性則有較多內隱性的情緒抑鬱行為，尤其是憂鬱與自殺行為。Achenbach和Edelbrock（1983）的調查指出，美國有超過25%的十二至十六歲的青少年曾被轉介到精神醫療機構，接受行為偏差或心理的輔導與治療。在臺灣青少年常見的出軌行為大致為校園暴行、不服管教、打架、參加不良組織、恐嚇勒索、逃學、偷竊、逃家及暴虐行為等。

根據臺灣中央警官學校過去所做的調查，以一千五百零七位國（初）中生為調查對象發現，其中有將近一半（49%）的學生，在一年內有與其他同學打過架。至於公開侮辱頂撞師長的則只有7%。另外由一九九三年九月到一九九四年十月這段時期，臺灣地區各級學校所發生的九十六件重大校園傷害事件中，師生嚴重衝突導致教師傷亡者有八件，約占九十六件的8%。大致上說來，師生間的暴力，尤其是學生施暴於老師的事件，大約不超過整體校園暴力的10%。師生間暴力的後果及影響可能遠大於學生間的暴力，因為它不但嚴重破壞校園的氣氛，使傳道、授業的工作難以進行，而且任何一件師生間的嚴重暴力，背後都隱含了廣泛長期的問題。這些問題大致可歸納為校園內人際互動不良的後果（張欣戊，1999）。

依據教育部一九九九年對各級學校校園事件的統計分析，各級學校之每萬人發生率，以國（初）中每萬人五・九五件最高，高中職二・四四件居次，國小一・四三件緊追在後。由此可知，學生暴力事件與行為偏差之發生，以國（初）中階段最為嚴重。此外，教育部統計二〇〇六年的校園事件，暴力事件與行為偏差共有一千八百四十件，較前一年增加82%，死傷人數達八百四十一人，學校不能掉以輕心。

為維護校園治安，臺灣教育部軍訓處表示，除行政院已推出的1410陽光專案外，教育部也提出改善校園治安、友善校園、啟動校園掃黑實施計畫，並請警察常到學校巡邏，少年隊多到學校去輔導學生。教育部最新的各級學校校園事件統計表顯示，二○○六年一整年國小到大專的校園事件多達一萬四千六百三十八件，其中以意外事件排第一，占40%，其次為疾病事件、兒少保護事件，「暴力事件與行為偏差」排名第四。

最值得注意的是，意外及疾病事件都有逐年下降的趨勢，但「暴力事件與行為偏差」卻明顯增加，二○○六年的一千八百四十件比二○○五年的一千零八件大幅增加，且占所有校園事件的比率，也從二○○五年的6.4%，升高到了二○○六年的12.5%。如果將校園入侵、鬥毆、恐嚇等違法事件，及離家出走等校園安全維護事件也加起來，暴力事件數將再升高到三千一百一十六件，不僅占了校園事件的21.2%，也較前一年的14.8%，升高了約六個百分點。此外，二○○六年校園事件全年的死亡人數有九百零九人，受傷人數則多達一萬二千四百二十一人，合計一萬三千三百三十人；其中暴力及行為偏差事件的死亡人數為六人，受傷八百三十五人（薛荷玉，2007/04/20）。

這些外顯的行為偏差問題大抵與青少年的社會與情緒發展有很大的關聯。社會化過程，尤其是同儕對青少年，除了幫助個體從依賴父母走向獨立自主的地位，也可獲得情緒支持及親密需求，同時也可從同儕伙伴的態度、價值觀及行為模式，選擇與己身有關的習俗相從，因而獲得歸屬感或成就感，但可能因此誤入歧途，習得行為偏差；情緒發展亦是影響個體日後社會人格是否具有良好的道德規範的目標，或影響個體是否有物質濫用、憂鬱與自殺、學校適應等問題或精神疾病等（郭靜晃，2006）。

## 一、青少年期的社會發展

Santrock（1990）認為，青少年的**從眾性**（conformity）在青少年發展過程中，是其生活中正常的一部分，因為一個人需要學習在個人自主及行為迎合他人期待中得到一個平衡點，也就是個體要尋求心理分離——個體化（自我與客我的恆常性），它的結果有正面的，也有負面的效果。Blos（1979）指出，當青少年未能脫離嬰兒期的客體時，會出現自我妨害，並有激烈的行為出現，如學習失調、缺乏目標、負向情緒等等，甚至有些青少年會有逃家的行為產生，或與同儕產生負向認同而產生小流氓（punksters）、吸毒者（druggies），或奇裝異服、自喻為流行文化者。

### (一)同儕與青少年發展

Selman對自我分化的研究說明兒童與青少年人際發展的過程，其設計了一系列的社會人際衝突情境，拍成有聲幻燈片，然後要求受試者描述每一位主角人物的動機，以及各主角人物的友誼關係（劉玉玲，2005）：

1.第一個階段，自我中心未分化階段（egocentric undifferentiated stage）：這個階段的年齡約在三至六歲之間，兒童尚無法區別人與我的差異，認為別人與他們具有相同的情感與喜好。兒童比較相信自己對環境的知覺，不認為別人對社會情境的看法會與他有所不同，以自我為中心。

2.第二個階段，主觀觀點階段（subjective perspective-taking stage）：年齡約在五至九歲的兒童開始發現自己與他人有所不同，開始瞭解到自己的想法和看法並不能完全讓他人瞭解，但也不能完全瞭解他人的想法和看法，此時期的孩子常以外在的觀察法去判斷他人的情感，而不對他人的動機做推論或推理。

3.第三個階段，自我深思熟慮階段（self-reflective thinking stage）：年齡約在七至十二歲之間，此時期的孩子會考慮到他人的思想與觀點，表現在自己的行為時，也會顧及別人的反應。開始瞭解到自己內在的衝突，比如說他們會想告訴成人真的想要一支手機，想要電影《星際大戰》中的雷射槍等等，好想擁有某些東西，但又害怕被大人拒絕，所以他們想對大人說的話，經常吞吞吐吐。

4. 第四個階段，相互觀點取替階段（mutual perspective-taking stage）：年齡約在十至十五歲之間，大約是即將或已進入青少年期的階段。在此階段中，青少年對人際情境中做客觀的、第三者的考量，他們瞭解到大人的觀點可以從與其交往中獲知，也可從一些遊戲、活動或行為結果中解釋。

5.第五個階段，深層與社會觀點取替階段（in-depth and social perspective-taking stage）：青少年會將社會共通的規範加入人際關係中，他們依照社會規範，對自己的經驗賦與意義，這時對自我的分化也開始含有潛意識作用，青少年已體會到對自己的情感與需求瞭解並不充分，也不完全瞭解情感與需求對行為的影響，此種情況導致青少年較願意更深層瞭解自己，但卻愈來愈無法與他人建立親密與信任的關係（Selman, 1980）。

青少年的同伴關係大大不同於學齡兒童。此時，異性關係與團體開始發展，對於同儕團體的價值及行為的順從與認同增加；相對地，父母對子女的影響漸漸減弱。青少年對同伴關係的看法不像學齡兒童那般具體，而是較重視彼此之間的共享態度及團體過程的重要性。事實上，Csikszentmihaly和Larson（1984）的研究發現，青少年花較多的時間在談天而不是一起做某些事，尤其今日的學校制度，是集合同年齡層的學生在學校裡以班級的編排方式接受教育，使得青少年有許多時間和同年齡層的同學在一起學習，這種學校式的教育安排，對於青少年的社會化過程，產生很大的影響，求學階段的青少年大部分以同學作為主要的交往對象，也是相互學習行為與認同及提供親密來源的對象，更是組成同儕團體的最大來源（李惠加，1997）。

郭靜晃等（2000）以及內政部兒童局（2006）針對臺閩地區之少年所做的生活狀況調查報告中發現，青少年最常向同儕及朋友學習思想行為，而不是以父母為認同的主要對象。而且朋友與同儕是除了自己之外，最瞭解青少年心事的對象，因而最常和同儕與朋友一起聊天、逛街、打電話及運動（郭靜晃等人，2000）和上MSN、打電動（內政部兒童局，2006），或是上群組LINE、臉書等同儕活動。可見青少年在社會化過程中需要學習有效參與社會所需的知識、技能和態度，以表現出社會所期許的個體，尤其是青少年階段更是延續兒童時期所發展出的利社會行為、攻擊行為、性別角色及人際互動等諸多現象。

隨著思春期生理快速成長與改變，父母、師長與社會期待也都在改變，所以個體在尋求獨立、自主的同時，更需要同儕的情緒支持，對朋友的依賴及相互學習，對青少年的身心發展愈來愈重要，這也促使青少年於社會化過程中產生催化作用。

同儕給予青少年最大的影響是**順從壓力及從眾性**，特別是在國中階段的青少年早期（Berdt, 1979），此種影響要到青少年後期才會漸漸減少，因為青少年期會慢慢發展獨立自主的能力。

青少年的團體除了提供友誼之外（Hartup, 1996; Rubin et al., 1998），最明顯的莫過於親密關係的建立。Parker和Asher（1987）的研究發現，對於青少年來說，友誼至少有六個主要的功能：**陪伴**、**鼓舞**、**心理支持**、**自我支持**、**社會比較**以及**親密情感**。青少年的成長伴隨著個體與同儕脈絡的變化（Grotevant, 1998）。青少年常會組成小團體，並與團體成員互動頻繁及發展出親密關係，Brown（1990）及Rubin等人（1998）將這種團體稱為群體（crowd）。**群體**為一群同類型的個體以聲譽為基礎所形成的集合體，個體可能會／可能不會與團體成員花太多時間在一起，而團體成員的關係乃是鬆散而非緊密的，例如社團組織或球隊，此類團體通常是以追求名望為基礎。青少年小團體的其他重要的次級群體為**朋黨**（cliques），朋黨通常是由三至八人的團體成員緊密聯繫組合而成的團體，成員視彼此為共有或互惠的朋友（Henrich et al., 2000），這些團體成員具有共同普遍的特質和興趣（如運動、課業、音樂等）。另外一類與朋黨不同，而且不易分辨的**幫團**（gangs）則共有犯罪活動，成員間彼此互動頻繁，有增強團體的名稱（如十三太保、竹聯幫、四海幫）、地盤與標誌徽章（如衣服顏色），幫團會反應團體成員的需求，提供社會支持、交流與保護等。幫團在各地均有增加的趨勢，通常介於十五至三十歲之間，各地有其分會，各有領袖及核心人物（Brown, 1990）。

上述幫團的形成和青少年的同儕互動關係有關連性，尤其對一些與同儕互動有困難或面臨生活適應有困難的青少年，因為他們需要獲得認同或與同儕建立關係，因此幫派的產生便不足為奇；幫派的存在提供青少年有受肯定及被接納的極端例子，它一方面提供一些社會及情緒支持，另一方面也提供青少年免受其他幫派或同儕的欺凌（bullying）。

### (二)青少年的異性交往與性行為

在美國，在青少年前期之後的短暫時期，青少年已經開始有了異性交往的約會經驗，女孩較強調浪漫，男孩則較注重肉體上的吸引力（Feiring, 1996）。臺灣的青少年大約在高中階段開始異性交往，但最近發現年齡有下降的趨勢，而且交往時即開始有性行為的時間也在縮短。在美國，青少女普遍喜歡與同年齡的少男約會，但青少年則喜歡與較年輕的女孩談戀愛（Kenrick et al., 1996）。同樣的，美國有性行為的少年也在不斷增加，但對未婚性行為的態度，女生比男生保守，大約為男生的二分之一，可能是因為在兩性關係中，男性較女性主動，女性則是設限的一方。九〇年代，大約有22%的少年和10%的少女在國一就有性經驗，到了高三時，有77%的男生及66%的女生表示有性經驗，而且避孕措施的使用也逐漸增加（大約從30%提高至50%），性行為的年齡大約在十五至二十歲之間（Carnegie Corporation of New York, 1995），而有27%的十五至十七歲及16%的十八至十九歲的青少年，進行性行為時沒有使用避孕措施（U. S. Department of Health and Human Service, 1996）；此外，大約每秒鐘，美國青少年會產下一名嬰兒（Children's Defense Fund, 1995）。

青少年大約在國中階段與同儕關係密切，一方面減少與父母溝通及相處時間，另一方面增加與同儕伙伴相處時間，不過這時期仍以同性別的同儕伙伴居多，結伴成夥歷程，主要是依賴彼此的忠誠度、共同的志趣與年齡差距而定；他們依雙方的親密度和互信依賴程度決定彼此的親疏關係（Berndt, 1979）。女孩比男孩培養親密的友伴關係（尤其與異性）要早得多；少男們透過與朋友共事而相互瞭解，並且常著重就事論事，較缺乏情緒上的表達；隨著年齡的增長，青少年終究會與異性交往。

青少年與異性交往的階段，剛開始會以群眾聯盟策略（crowd strategy），即多個以上異性團夥結合在一起，共同聯合計畫並執行所安排的社交活動，例如一起看電影、烤肉、兜風、逛街或週末派對等。在這些活動中，青少年彼此更進一步認識，與異性互動、約會交往，逐漸進展為雙邊約會（double dating），促進兩性的相聚交流。

青少年通常在十四歲左右開始約會，性行為大約發生在十五至二十歲之間，雙方約會過程會期待男生採取主動。在美國，對青少年施以性虐待和暴力的情形十分普遍，自一九九三年起，青少年的性虐待案約有十五萬名案例，另外可能有三十五萬名個案遭受性侵害（Finkelhor, 1994），其中發生在兒童及青少年身上的分別約有20%的女性，和5%至10%的女性曾被性虐待（Finkelhor, 1994）。由於女性常會有被迫的性行為事件（Carnegie Corporation of New York, 1995），估計約有20%的八至十一年級的青少年女性，以及75%的十四歲女性曾經發生性關係，且是性侵害事件的受害者（Di Mauro, 1995）。

青少年的性行為（sexuality）深受家庭、社會及文化所影響，其發展過程也頗複雜（Chilman, 1989）。青少年性行為與懷孕的情形在美國十分普遍，自然造成的影響也很大。十九世紀末美國青少女墮胎及流產的比率雖然下降，懷孕的比例卻是上升的，在所有工業國家中美國是未婚懷孕比例最高的國家。據估計，美國每年約有五十一萬八千名十九歲以下的女性生育子女，並約有一百二十萬名婦女懷孕，其中有四分之三是意外受孕的（Sugland, Manlove, & Romano, 1997）。根據這個數據計算，美國每年大約每九個少女就有一個是未婚懷孕者（Dryfoos, 1990）。

青少年懷孕的議題是十分複雜的，有一些青少女想要懷孕，但青少年的社會工作者對於這個想法卻持保留心態，並處心積慮預防青少女懷孕（Sugland, Manlove, & Romano, 1997）。相對地，在臺灣，十五至十九歲青少女未婚懷孕生子的比例占亞洲第一位，占出生人口的5%（內政部統計處，2008）。青少女生育率為1.295%，超過日本的0.4%、韓國的0.28%、新加坡的0.8%。最年輕的媽媽只有十二、十三歲。在臺灣，每年有二、三十萬的婦女墮胎，其中有40%是青少女。青少女未婚懷孕並不容易預防，在美國也只有二分之一的青少年會在性行為的過程中採取避孕措施（Kadushin & Martin, 1988），而且他們即使採取避孕措施，通常也是用較不可靠的方式，主要的原因是青少年性教育不具成效，以及青少年持有個人神話（personal fable），覺得懷孕的事不會降臨到他們身上。未婚懷孕、墮胎、生子除了可能直接危害少女的身心健康外，亦將造成社會經濟及社會問題，所花費的社會成本相當可觀，為此，世界各國莫不將青少年的性及生育教育視為重要的健康議題，積極推廣。

在青少年時期，青少年是透過同儕互動引入性興趣和行為。這種對性關係的興趣不斷增加的推動力，來自於社會期望和性成熟。Udry和Billy（1987）設計了一種模式來解釋青少年前期性行為的轉移（見**圖7-2**）。在此一模式中，三個基本向度說明了青少年性活動的開始：動機、社會控制、吸引力。

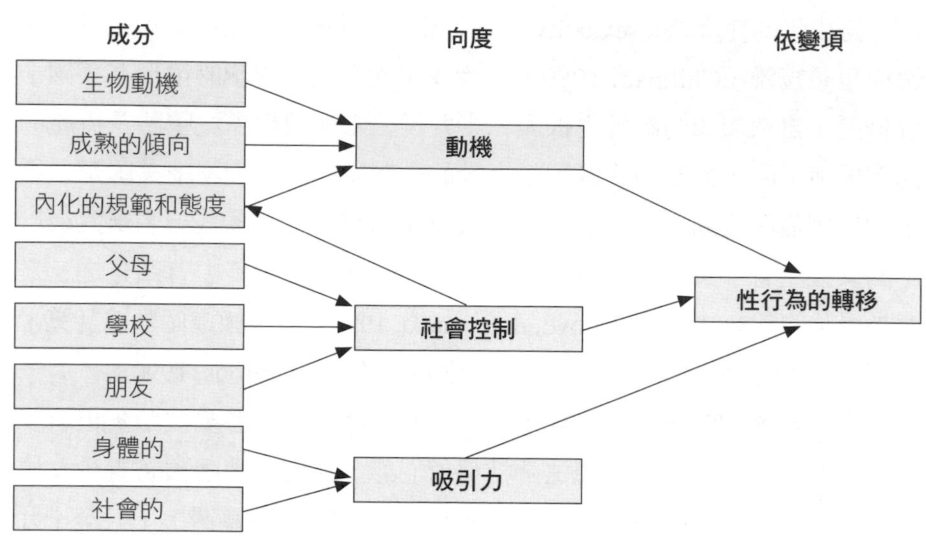


**圖7-2　青少年前期轉入性行為的模式**

資料來源：Udry, J. R. & Billy, J. O. (1987).

**第一個向度「動機」**可由三個生理因素來說明：(1)可由賀爾蒙分泌的層次來說明；(2)可由希望獨立及從事成人的行為的願望來說明；(3)由可以鼓勵或減弱性活動動機的某些內化的規範和態度來說明。**第二個向度「社會控制」**提供了產生性活動的規範化環境。根據這一模式，這些控制是父母的社會化和社會習俗、學校成績與學業抱負、朋友的態度和性經驗的產物。另外，還可以在此加上宗教信仰與價值觀的影響。**第三個向度「吸引力」**影響伴侶的可獲得性。吸引力一部分由思春期所定，另一部分由社會接受性或聲望所定，其他部分則由一個人是否被判斷為漂亮或英俊（外貌）所決定。

在一項評價此一模式的研究中，研究者們發現，對男孩來說，可以由賀爾蒙水平和受異性的歡迎度，有效預測其性行為。轉入性活動的常模在男性中如此明確，因而很難找出能說明此一性行為轉移的因素。對女孩而言，各種不同的社會控制，包括父母、學校成績、朋友的態度和行為，都可以在預測其性活動方面起重要的作用。

許多研究支持這一見解，即賀爾蒙本身並不能代表青少年捲入性活動，特別是女孩；性活動是產生於一種社會情境。父母的價值觀、求學期望、父母的操縱對孩子的社會和學校活動能有適宜的控制能力，還有就是同儕群體的規範，都可以在青少年是否願意在性活動中變得積極主動方面起作用（Brooks-Gunn & Furstenberg, 1989; Newcomer & Udry, 1987）。

對青少年的性行為最明顯的環境影響之一是「宗教參與」。經常參加宗教服務的青少年，把宗教視為自己生活中最重要的部分，對婚前性行為較少有放任的態度。這一發現對天主教徒、新教教徒、猶太教徒中的青少年均同樣適用。那些視自己為原教旨主義的新教教徒或施洗者的青少年，會特別強調這種關係。然而，一個青少年對婚前性行為的態度，尚還有宗教社會化以外的許多因素所塑造。青少年在做出關於參與宗教的獨立決定時，也產生了關於是否接受婚前性行為的想法。因此，對性行為持較為放任態度的青少年，往往很少會參加宗教服務，在宗教參與中也很少找到滿足。

## 二、影響青少年社會化的影響因子

近年來臺灣的青少年問題，從飆車、電動玩具、安非他命、自殺、愛滋病和性病的傳播、酗酒、逃學逃家及宅男女等，大體看來，這些問題似乎僅只侷限在青少年個體的適應問題上，然而，心理學家張春興卻語重心長的指出：「青少年問題種因於家庭，顯現於學校，而惡化於社會。」過去的大型調查研究（如教育部訓委會，1992；內政部兒童局，2006等）常有一致的形象：「青少年的困擾仍以學業最高，其次為自我形象（或缺乏零用錢），而以性問題最低。」只是，青少年仍脫離不了家庭、學校、同儕及社會環境的影響，尤其是邁向獨立個體，獨自脫離

(launching)家庭而成為獨立個體的這一社會化發展過程。故本文將著重於探討影響個體發展的三大層面：家庭、同儕及學校。

## (一)家庭影響

雖然父母與青少年子女常有一些不同的看法，甚至形成兩代之間的代溝，但相關研究(如Offer, Ostrov, & Howard, 1981; Kuo, 1998; 內政部兒童局，2006)發現，多數青少年與其父母的關係良好，也常與父母聊天，並以父母為諮詢對象，感受父母的疼愛及關懷，偶有衝突或意見不合也只是在日常生活小事(例如零用錢、穿著及不整理房間等)(Montemayer, 1983)，許多青少年對於升學或日常生涯發展還是會以父母為首要的諮詢對象。

除此之外，Steinberg(1990)相信親子衝突仍有一些正面功能，如就社會生理觀點，親子衝突提供青少年脫離家庭，進而與異性交往，為建立日後自己的家庭做準備；從心理分析及社會學習觀點，親子衝突能促進青少年個別化(individualization)，達到獨立之目標；從認知發展觀點來看，親子衝突表示兩代之間對家庭規則與事件之看法的不同。所以，親子衝突本身只是一件平常不過的事。

另一影響是親子的依附關係，在青少年早期(約在十二至十五歲)，還常看到青少年黏著父母，而在青少年後期，青少年則想著獨自一人或與同儕在一起。到底青少年與父母的依附關係對青少年的健全發展有關嗎？雖然心理分析學派的觀點認為，青少年宜早點脫離父母，尋求獨立自主，但一些研究(例如Steinberg & Silverberg, 1986; Steinberg, 1990)發現，與父母有安全依附關係的青少年，通常比較獨立，自信較高，發展也比較健全。

此外，Baumrind(1989)所提出的父母管教方式的權力控制(權威式、獨裁式與放任式)、溫暖(溫暖與冷淡)和誘導(induction)皆會影響青少年的自主發展、道德感及自我控制能力。Baumrind亦指出，父母如能對子女適時回應是青少年健全發展的關鍵，對子女不理不睬的父母最容易教出有問題的青少年。Steinberg（1990）認為，父母應多學習權威式，包括監控想改變的目標行為，督導、清楚釐定規章和期望，並應用正增強的溫暖關係，對青少年行為發展最有效用，這同時提供社會工作者充權父母或為父母做親職教育的處遇原則。

然而有些兒童／少年卻遭受到不當對待（maltreatment），例如身體虐待、疏忽、性虐待及心理（情緒）虐待，而心理虐待問題常伴隨著各種虐待一起發生。在一九九九年，美國有近三百萬件兒童虐待通報，兒童保護警察確認了其中的八十萬件。在臺灣一年將近有十萬件兒童／少年虐待通報，而被確認成案的將近有一萬五千件上下。除了心理虐待之外，疏忽是最常見的心理虐待，在所有兒童年齡層中，嬰兒最常被虐待，而女生比男生有更多比例的性虐待。

遭受身體虐待的兒童／少年最可能衍生日後的攻擊性行為，對人有敵意、行為問題、憂鬱、強迫性順從、語言和認知遲緩以及學業表現不佳；遭受疏忽之兒童／少年常有語言遲緩、智力缺陷以及低學術成就；被性虐待之兒童／少年較少對學業表現有影響，但心理憂鬱、自殺傾向以及較早有性行為者，會增加且常有創傷後壓力症候群（PTSD）反應（郭靜晃譯，2008）。

### (二)同儕影響

一般在家庭或電視（影）中常有如此的鏡頭：青少年常抱著電話與同儕聊個沒完，現在則是電腦、手機、Line、推特等等，更是與同儕無所不聊，而且常聊到忘了做功課，這些是時下青少年的寫照。Berdt及Ladd（1989）的研究指出，國小學童與成人互動占25%，年齡漸長，到了青少年，與成人互動占其互動中的10%。從青少年的發展需求來看，青少年與同儕共處是平行的，如為了獲得資訊、學習才能、兩性關係、解決問題能力，最重要的還是情緒的支持與抒發。

不過，同儕也可能有負面影響，尤其是對自我及自信心較薄弱的青少年，尤其在國中階段，同儕壓力及從眾性往往導致不少負面發展（Berdt, 1979）。然而，青少年最完整的友誼關係也是在此時期發展出來，其正面功能有陪伴、鼓舞、心理支持、自我支持、社會比較和親密感（Parker & Gottman, 1989）。

最近有愈來愈多的實務工作者應用社會技巧訓練（social skill training）的模式來教導青少年（缺乏各種因應情況的能力），提供有效解決問題的方法，以預防未來的人際問題。此訓練模式是教導青少年在面對新的問題時，能有效地因應及處理不良情境，以產生好的結果。

### (三)鄰里環境影響

**鄰里**（neighborhood），又稱為社區（中國大陸稱為小區），通常是由一些具相似的重要行為模式的人所組成，例如態度、信念、族群、語言及行為。社區中的支持資源、被讚許的公共／私人行為、所倡導的父母教養風格及所期盼的社會活動等，皆會直接或間接地影響兒童／少年的發展（Furstenberg & Hughes, 1997）。在2001年美國約有近11.7%的家庭居住在貧窮中，尤其是帶有二歲以下兒童的家庭最為貧窮，在非裔及拉丁裔的族群，約有30%的孩子居住在貧窮之中，在這些家庭約有45%只有一位成人有工作，父母皆工作的只有9%（Current Population Survey, 2001）。

美國人口普查局（U. S. Census Bureau）於二〇〇二年將「**貧窮家庭**」定義為：兩人的生活費用低於一萬二千零四十七美元；四人家庭低於一萬八千五百五十六美元。而我國目前尚無明確針對「貧窮線」的定義，而是以「低收入戶」與「中低收入戶」作為「社會救助」的主要對象。一般說來，居住在貧窮地區的孩子，日常生活中會面對著有限的選擇及缺乏資源和壓力情境。兒童年紀愈小及居住在貧窮的地區愈久，其負向影響愈大，面臨風險因子也愈多，例如健康不佳、不當父母管教及

低社會支持，影響日後青少年期的發展也會愈負向。

郭靜晃譯（2008）指出，貧窮社區影響兒童與青少年福利的方面有：

1.生理健康問題：包括早產、低出生體重、生病、受傷、中毒、父母疏忽及虐待。貧窮的孩子獲得足夠的健康照顧較少，接受疫苗比率較低，一旦受到傷害影響更大。
2.低智商、低學業成就：貧窮孩子在背景知識、認知技巧、社會技巧、自我行為與情緒調節等方面的上學準備度較為不足。
3.接受較低品質的托育照顧：貧窮的孩子少有機會接受高品質的托育照顧，通常選擇品質較不夠的幼兒園或學校，因而少有接觸課外活動及豐富化的活動，日後孩子較有機率留級或中輟。
4.父母管教較倚重威權式的教育策略且多管教不當：貧窮家庭的父母少用講理（verbal assertion）、溫暖（warmth）的策略，且管教多不一致，也較不運用以孩子為中心（child center）的管教策略。
5.無家可歸及無自用住宅：在美國六歲以下貧窮家庭的孩子有近36%是無家可歸的，未滿十八歲以下的兒童／少年則將近有26%。無家可歸的孩子比其他貧窮兒童有更嚴重的健康及發展問題。
6.行為問題：貧窮兒童在早期可能呈現社會及情緒問題，有高比率的物質濫用、精神疾病、行為問題、自殺及人格障礙、低自尊及低自信。

鄰里環境因子如果將「在城市」（the inner city）或「在鄉村」（the rural area）加以考量在內，其面臨的問題會有所不同。城市內貧窮，對兒童而言是一特別困難的脈絡情境，尤其是來自少數族群，其本身除了貧窮之外，他們往往還來自於城市內的社區犯罪區域。一般而言，城市內貧窮家庭居住在擁擠、不穩定的地區，所接觸的正向抉擇較少，反而多接觸負向抉擇，如幫派或藥物，尤其是他們往往面對著如何「生存」的問題。他們的父母通常缺乏財務上的支持，面對著失業及不穩定的工作以及缺乏社區支持。城市內貧窮的兒童學業成就低、中輟率高，造成孩子沒有前途或成為世代貧窮。

鄉村的貧窮兒童會面對較有限的人生抉擇、較多的日常口角、較多的負向人生事件及較多的壓力，例如較低的認知技巧、較差的身體健康及低學校準備度和學業成就，日後有較高的中輟率。此外，父母管教較為嚴厲及憂鬱，住在鄉村的貧窮家庭可能遭受隔離，擁有較少的社會服務及健康照顧，甚至遭受到歧視。

對社會工作者而言，為貧窮家庭創造脫貧的社會方案，也就是為兒童／少年及其家庭創造經濟工作機會，例如第一桶金或銜接社區的家庭（community-bridging families），來幫助兒童發現社區內外的優勢（strength）且加以運用，例如建立家庭的支持網絡，限制孩子與社區中具不穩定家庭目標與價值的人互動，以避免孩子暴露在不良環境的脈絡情境中。

### (四)學校影響

有愈來愈多的學者或專業人士質疑目前的學校體制對青少年而言，並不是最有效的一個機構。例如Eccles和Midgley（1989）認為，學校及其所提供的課程並無法對青少年在情感、社會及智能方面的需求提供適當的回應。發展中的國家常以青少年教育納入義務教育，例如我國的十二年國教，美國的十二年義務教育，這也使得青少年延遲進入職場，並從學校學習日常生活所需的技能，使得學校面對社會的功能改變。我國的教育一直強調德、智、體、群、美五育並重，但是學校還是以升學掛帥、教導學生如何應付考試才是最重要的。但對功能的反對者則認為，學校必須要對學生在情感和社會方面的需求有所回應。

其實無論是哪一種課程，學生均要花費很多時間待在學校裡面，臺灣的青少年除了正常上課之外，還要提早到學校早自習，假日（包括寒暑假）還要加強課業輔導以因應日後升學之壓力。然而當青少年進入學校體系，除了應付課業之認知及社會能力的養成，對於日後職業選擇、社會公民的道德和政治價值，以及社會規範的養成更不可偏廢。

高品質的教育方案對兒童有正面及長遠的影響，例如學業成就高的日後有更高的受僱率、較少社會福利需求及較低的犯罪率。有效能的學校教育可以幫助兒童／少年發展認知、社會和情緒技巧與資源。「**專精取向**」（mastery orientation）將成功歸因為個人努力及能力所致，將失敗視為可控制（如努力或策略）或改變（任務困難）的事，他們可發展「能力增加觀點」（increment view of ability）或「提升自我能力」（self-efficacy）的信念。而「**無助取向**」（helpless orientation）將失敗歸因於他們缺乏能力，將成功歸因於外在及無法控制的因子，如運氣。他們擁有能力實體觀點（entity view of ability），認為能力是固定及不可改變，他們避免任何挑戰性的任務。專精取向鼓勵兒童／少年嘗試困難任務以提升能力，但是「無助取向」可能減少學習動機，以及導致兒童／少年鮮少嘗試有挑戰性的工作任務。學校中的老師的信念與期望也有可能會影響兒童／少年學業動機和成就；正向及具支持性的課室氣氛能幫助兒童／少年獲得自信及學習機會；此外，強調合作學習更能提供兒童／少年學習鷹架，以幫助兒童／少年從同儕互動合作中獲取好處。

義務教育有其優勢與劣勢並存。在優勢方面，可增加人民生活素質，減少文盲比率，可讓個人潛能發展，最重要的是每個人無論是貧富、族群、性別、宗教的差異，皆能平等上學。雖然臺灣義務教育是十二年，比起過去，現在有更多的學生完成高中學歷，甚至大學或研究所，也讓人們能找到更好的工作機會，以維持個人的生活水準，但在劣勢方面，義務教育是強迫入學，學校要收每一位學生，而學生有其個別差異，例如資賦優異、失能或身心障礙各不相同，學校是否能迎合每一位學生的需求實值得商榷。

## 三、常見的青少年問題與處遇

當青少年從小學階段進入國中就讀，往往會造成很大的壓力（Carnegie Council on Adolescent Development, 1989），因為兒童進入較大、較複雜及較不具人性化的學習環境，尤其脫離地緣較近的社區環境（國小），連帶地使得過去的支持體系被迫改變，加上青春期的身心變化，更使青少年雪上加霜。

Simmons和Blyth（1987）認為，在小學時期兒童是「勝利者」（top dog），可是進入國中之後，一變而為劣勢者（bottom dog），因為他們最小、最年幼、年級最低、最沒權勢，所感受的壓力自然增加。卡內基青少年發展會議建議，學校應營造下列三個重要學習品質：(1)學校應提供更人性的學習環境，意即較小的互動環境；(2)學校的老師及行政人員與學生的比例（師生比）應縮小；(3)學校應讓學生有傾吐心事及提供指引的師長。此外，該會議亦指出，美國高中像大型購物中心，學生毫無目的地在學校選擇課程，結果美國高中課程普遍粗糙且太表面，以致學生無法從中獲得實質的學習內容。

學校實自成一個社會團體及獨自系統。小學階段，學校中的課室環境是影響整個社會交流與學習的脈絡；國中階段，老師及同儕影響參半，老師代表權威與領導，樹立起課室環境及控制同儕互動；高中階段，個人不僅受課室環境所影響，也受老師及個體參與社團活動所影響。所以，學校儼然已成為一社會組織，個體可選擇適應、參與或挑戰整個學校系統（Minuchin & Shapiro, 1983: 199）。而當學生失去學習興趣時，他們可能中輟或衍生行為問題。在公立學校，學生的管教問題是學校最為頭痛的問題，其次是中輟、非行行為、偏差與犯罪行為、失業、藥物濫用、未婚懷孕等問題。茲分述如下（郭靜晃，2006）：

### (一)中輟學生的問題

中途輟學不僅是教育體系上的問題，也是一個社會問題。青少年中輟不但涉及教育資源的浪費，更進而導致失學、犯罪及國家人口品質的問題。近年來，臺灣中輟學生人數逐年增加，而且這群中輟群體也是少年犯罪的高風險群（教育部，1998；商嘉昌，1994）。

中輟學生常被貼標籤為學業挫敗及瀕臨高風險邊緣的學生，相關研究（如Franklin & Streeter, 1995）發現，中輟與學業挫敗、低成就，及來自不利的社會階層呈現顯著相關。而且也因為中輟青少年問題的複雜度不同，有不同的相關因素，例如：(1)個人因素：如自我概念、學習困難、未婚懷孕等；(2)家庭因素：如社經階層、家庭關係及親子間互動不良等；(3)學校因素：如學校課程缺乏彈性、師生關係不佳等；(4)同儕團體因素：如與同學關係不良、受威脅等；(5)社會因素：如參加不良幫派、受不良媒體誤導等；(6)法令因素：如缺乏完整體系的相關法規、執行力不彰等。

中途輟學已由教育問題演變成多元的社會問題，其中包含了家庭層面、心理層面、社會層面，彼此之間也呈現多種因素交互的影響。Bronfenbrenner（2000）強調，人的發展來自於個體與環境的互動，其互動模式是由小系統、中系統、外系統及大系統的多層環境系統所交互作用形成。將此理論應用於中輟問題發現，中輟學生或因個人的問題，或因家庭系統不平衡，或與學校、同儕的互動過程經驗不良，或受到外在環境的吸引而產生行為問題。Hirschi和Gottfredson（1994）的社會控制理論提出，個人如不受外在法律的控制和環境的陶冶與教養，便自然會傾向於犯罪。因此，個人之所以不犯罪或養成守法的行為，乃是受到外在環境的教養、陶冶和控制的結果。

將上述理論應用於中輟問題上可知，中輟學生與家庭、學校或社會之從屬性愈強，有時甚至會發展出較強的社會連結（social bond），個人若能受環境的陶冶與教養，將不會受外界引誘，可以形成一股拉力，減少中輟學生產生行為偏差或觸犯法網。此外，差別結合理論亦可用來說明中輟學生因物以類聚處於偏差團體中，導致產生的行為偏差的成因。

郭靜晃等（2000）曾針對全國二百四十六名國中中輟學生及高中失學學生進行身心狀況調查，其中發現，這群少年曾逃學者占35.0%、因故輟學者占32.1%、吸食菸酒檳榔者占32.1%、離家出走者占19.1%、玩過賭博性電玩者占17.9%、看過色情刊物光碟與上過色情網站者占15.4%、曾被威脅或敲詐勒索者占13.0%、有過性經驗者占10.2%，可見這群少年有其特殊的生活經驗及生活型態。國中少年或由於結識不良的同儕團體，或由於家庭、學校或社會等環境因素所影響，逐漸內化其次文化經驗，使得中輟學生擁有不同於其他在學同學的特殊生活方式與價值觀，進而形成獨特的生活方式，繼而形成特有的生活型態。所謂的**生活型態**是指個人或群體用以與他人區隔之特徵，而生活型態的研究是要瞭解並找出某一群體的共同特質，進而掌握出群體可能出現的行為。

中途輟學在今日社會中已由教育問題演變成一個多元的社會問題，其中包含家庭層面、心理層面、社會層面等問題。許多相關的研究指出，中輟行為所衍生出來的各項議題，諸如中輟的原因、中輟生的社交互動、中輟之後的行為表現，以及中輟生的輔導策略等等，相關的研究（許文耀，1998；蘇惠慈，1997；洪莉竹，1996；翁慧圓，1996；郭昭佑，1995；張清濱，1992）更明白歸納出造成中途輟學原因的幾個因素：

1.個人因素：如對於課業不感興趣；功課趕不上進度，成績太差；學習困難以致學業低落；自我概念較差、較消極；擔心自己能力不夠，可能留級；覺得到社會上工作比念書更有前途；已找到合適的工作；覺得學歷無用；心智障礙或學習困難；有情緒困擾；意志力薄弱；體弱多病；未婚懷孕。

2.家庭因素：賺錢貼補家用；家庭負擔不起讀書費用；家庭事務太繁忙；父母疏於管教或管教方式不當；居家交通不便利；家庭社經地位低；家庭發生重大變故；家庭關係不正常、親子關係不良。

3.學校因素：教材教法及教學評量未能顧及個別差異；學校要求太大；學校管教方式、獎懲方式不當；課程缺乏彈性、影響學習慾望；學校缺乏活動的場地；缺乏諮商和轉介系統；與教師關係不佳；對學校缺乏動機和興趣；教師態度和教學不良。

4.同儕團體因素：受不良同學影響或引誘；與同學關係不佳；受到欺壓而不敢上學。

5.社會因素：受不良傳播媒體誤導；受不良遊樂場所的引誘；參加不良幫派或組織；社會風氣低迷。

6.法令因素：法令無法強力執行，執行效果不彰，導致中輟情形未見改善。

### ■由生態系統模式談中輟學生的現況與成因

由生態系統模式（ecological system model）的觀點，亦可用來說明生態環境如何影響個體發展。**人在環境中**（persons in environment），因此強調人的發展來自個體與環境的交互作用，包含來自最常接觸的家庭、學校、同儕等環境，乃至大系統，如社會、經濟、文化、教育、價值觀、大眾媒體等，都會直接或間接影響個體發展。此外，**社會控制理論**（social control theory）的觀點則認為，中輟學生脫離主流文化——學校、家庭的依附（attachment）及規範，可能增強其對同儕的次文化所能認同的目標（commitment），進而逐漸接受同儕團體的價值觀與信念；而由**次文化的觀點**來看，中輟生所擁有的特殊文化，包含其價值觀、不同的生活型態、特有的行為模式等等，都與學校在學少年有很大的不同。

### ■由中輟少年的休閒生活型態談中輟的現況與成因

生活型態所包含的範圍相當廣，我們嘗試將焦點置於中輟少年的休閒生活型態進行探討。基於休閒對於青少年來說，無論在生理、心理、社會方面都有很大的益處，尤其對處於狂飆期的青少年，由於他們的身心尚在未臻成熟的階段，對於內在及外在環境相當敏感，休閒生活型態的選擇也會造成影響。根據研究，青少年參與不良的休閒活動與行為偏差有高度的相關（王淑女，1994），這點可以由犯罪次文化的理論加以佐證，此理論強調，犯罪行為受團體與學習歷程所影響（趙雍生，1997）。當然，親近次文化生活型態並非促成犯罪的必要條件，但不可否認，不良的次文化生活型態對於個人有相當的影響，如個人的生活習性、家庭生活、社會生活、性格與態度等都與青少年的犯罪行為息息相關（趙雍生，1997）。由於針對中輟生的生活型態的研究，我國目前尚未涉及，或是僅侷限於量化的研究，本文僅認為瞭解中輟生的休閒生活型態是必要的。

### (二)非行兒童／少年問題

在美國，有關兒童及少年行為偏差及犯罪比例逐年增加。依據Sicklund（1992）的估計，美國一年有八萬二千名青少年是因為身分犯（status offenses，即虞犯）而被警察逮捕，而有一百五十萬名青少年是經由法院審理的青少年犯罪行為。值得注意的是，有關身分犯的例子最常見的是藥物濫用及酗酒等違法行為（Hawkins et al., 1988）。近年來，臺灣也受全球化型態快速變遷的影響，社會及家庭功能亦逐漸走向多元化，許多社會問題，亦逐漸醞釀產生；其中又以正值生心理巨變轉型期的青少年，更容易因為外來環境的壓力或誘惑，而產生不同程度的適應問題，甚至衍生許多令人擔憂的青少年非行或行為偏差，如藥物濫用與吸毒、校園暴力、飆車、性侵害、網路犯罪等青少年偏差問題時有所聞（青輔會，2004）。

臺灣近幾年來，兒童及少年問題日益增加，程度也日趨嚴重。尤其以「少年事件處理法」於一九九七年十月二十九日大幅修正前，兒童／少年遭受虐待、侵犯的案例日益增多；國中生輟學比率也逐年提高（彭駕騂，1989；教育部訓委會，1996）。在兒童／少年諸多行為問題中，以觸法的問題最為嚴重。依據過去的統計資料指出，兒童／少年觸法行為長久以來一直是臺灣社會變遷中特別明顯的社會問題，不僅人民感受如此，實際犯罪狀況統計亦是如此（伊慶春，1994）。臺灣地區各地方法院「少年事件調查報告」亦多發現，兒童與少年觸犯刑罰法律的總人口數呈現倍數上升趨勢（司法院統計處，2002）。另外，王淑女（1994）的調查研究也指出，近四成比例的在學少年曾有一種以上的不良行為，包括打架、賭博、逃學、偷竊、攜械、恐嚇、勒索、從事色情交易（援交）、吸毒、參加幫派等。自少年事件處理法於一九九七年訂頒以來，援引美國的轉向制度（diversion system），採取「除刑不除罪」之刑事政策，將情節輕微的兒童／少年轉介至社會福利機構做社區處遇，造成兒童／少年觸犯刑罰法律的人數逐漸遞減；然而，由於保護處遇及轉介安置輔導成效不彰，加上社會變遷的不良環境因子深入影響兒童／少年，反促使再犯罪的比率逐年升高。

依司法院統計處（2002）的統計資料發現，我國觸法的兒童／少年有下列發展趨勢：

1.整體兒童／少年觸犯刑罰法律的情勢呈穩定減緩。
2.兒童／少年再犯比率持續升高。
3.兒童／少年觸法類型趨於暴力化及多樣化。
4.竊盜案件仍占首位，但已有減少趨勢。
5.毒品案件涉案人數持續穩定增加。
6.妨害性自主案件數持續升高。
7.觸法的女性兒童／少年人數急遽升高。
8.涉案者的年齡朝高年齡層、高教育程度發展。
9.中輟學生犯罪人數持續穩定趨緩。

綜觀臺灣少年犯罪趨勢的轉變，其中造成兒童／少年觸犯刑罰法律人口數減少的趨勢，與少年事件處理法的轉向制度引用有關，而社會環境日趨多元化，社會經濟變化快速，個人價值觀念改變，物質需求增加，家庭、學校的支援系統薄弱，加以少年物權觀念薄弱及缺乏經濟自主能力，致使兒童／少年涉犯竊盜案件的人數居高不下；相對地，兒童／少年涉案也有暴力化及多樣化的傾向。

除此之外，社會風氣開放與多元、自主意識抬頭、性觀念開放，加上色情資訊氾濫，導致少年涉犯妨害性自主案件的人口數增加，以及女性兒童／少年也占有相當高比例的犯罪人口數。近年來，政府推動兒童／少年的輔導，於一九九八年教育部訂頒「中途輟學學生通報及復學輔導方案」，成立跨部會專案督導小組，建構中途學生通報及復學網絡以來，已有效降低中輟學生犯罪機率，減少中輟學生犯罪人數；此外，有鑑於少年犯罪早年常集中於年輕化，司法部頒布的少年事件處理法秉持「以教育代替處罰，以輔導代替管訓」的精神，援引美國社區處遇制度及刑事政策，盡量不使兒童／少年的犯罪人口數有趨向高年齡層及高教育程度。美中不足的是，轉向、保護處遇及轉介安置輔導的美意，因輔導成效不彰，反造成兒童／少年再犯比率持續升高。

### (三)兒童／少年行為偏差與犯罪行為問題

犯罪兒童／少年的行為常違反社會規範，甚至被定義為行為偏差。**行為偏差**（behavior deviation）可從法律、社會及心理等三個層面來加以認定。從法律的層面來說，是指違反法律規定的犯罪行為；由社會及心理學的定義觀之則為違反社會規範、危害社會安寧與秩序，及基於心因性病態因素所導致之不合一般人之行為，稱之為**異常或行為偏差**。

張春興（1986）對行為偏差界定為個體偏差或過失行為，即個體行為具反社會性或破壞性的行為，但未涉及心理疾病；詹火生（1987）則認為，行為偏差即指違背社會或團體所制定的規範行為；謝高橋（1982）認為，行為偏差即是破壞社會規範的行為；許春金（1991）則以統計的常態分布模式來分析行為的偏差性。

綜合上述可知，行為偏差會因不同社會文化而有不同的界定模式，

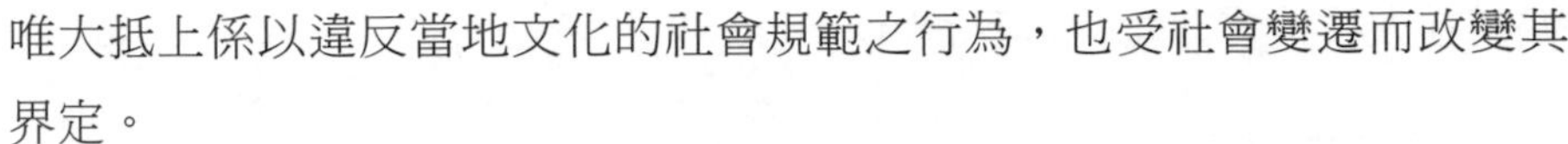

唯大抵上係以違反當地文化的社會規範之行為，也受社會變遷而改變其界定。

為什麼青少年會產生行為偏差呢？研究結果發現，其影響因素不外乎個人、家庭、學校及社會等，且受其交互作用之影響的結果，這呼應了張春興所言的：**青少年的行為偏差，種因於家庭，顯現於學校，惡化於社會**，更呼應了社會工作者對**人在情境理論**所指的生物心理社會（bio-psycho-social）的模式，說明青少年行為偏差的產生因素。除此之外，犯罪學者則援引了**犯罪學理論**的觀念來解釋個體的犯罪行為，茲分述如下（周震歐，1987；謝高橋，1982；李旻陽，1992）：

1.犯罪古典學派：認定自由意志是犯罪的主因，亦即犯罪是自我抉擇的結果，其矯正必須超過因犯罪所獲得的快樂，才能有阻止的效果。

2.犯罪人類學派：認為犯罪是由他事實所決定，否認自由意志學說，較偏重於解剖學上的異同論。

3.犯罪生理學派：強調個人生物性的遺傳、基因及腺體分泌激素所影響。例如，XYY染色體說。

4.犯罪社會學派：強調犯罪行為受社會系統的性質與功能的作用，包括É. Durkheim之秩序迷亂（anomie）說、文學轉移（次文化論）、社會控制論、自我及角色緊張、差異連結（differential association）的學習作用、標籤與衝突理論等論點。

5.犯罪心理學派：強調個人的內在心理因素、社會及學習化的結果，以心理分析論與行為論為重要代表。

綜合上述，青少年犯罪行為的成因為個人的生物性、心理性及與社會互動下的產物，而非僅靠單一因素即可用來解釋青少年的犯罪行為。鍾思嘉（1991）於一九九一年受教育部訓委會委託，針對青少年竊盜行為做個人心理性質的分析，其整理有關國內外文獻發現，青少年的行為偏差在人格特質方面有如下的傾向：

1.自我概念：

(1)較消極與自我貶抑。

(2)和諧度差，較呈現有自我衝突。

(3)「生理自我」、「家庭自我」及「社會自我」的分數較差。

2.人格結構：

(1)有反社會（antisocial）、無社會（asocial）以及精神病態（psychopathic）的人格傾向。

(2)呈現有強迫性人格。

(3)對社會及人群較有疑心，缺乏安全感，有容易緊張、焦慮及憂慮的傾向。

(4)富攻擊性及抗拒權威的傾向。

(5)情緒較不穩定。

(6)自我反省能力差，思考、判斷及抽象理解能力較差。

(7)缺乏自我控制能力。

(8)不具有合作及親和的人格性質。

3.價值觀：

(1)較注重自我中心的價值觀。

(2)缺乏內控，自我規範能力薄弱。

(3)較具自我防衛性態度。

(4)較具目的性價值，較不具服從、合群、親愛等價值。

(5)價值存有衝突判斷，也較不和諧。

4.心理需求：

(1)較不重視省察、謙卑、成就、順從、秩序支配、持久等方面的需求。

(2)較重視自主、表現、攻擊、親和、變異、求助異性戀等方面的需求。

(3)重視物質化的經濟層面需求，較少有精神層面的心理與成就需求。

5.道德認知：

(1)道德發展較一般青少年晚熟，集中於Kohlberg的第三階段——人際關係和諧取向（乖孩子導向）的道德判斷與認知；較傾向工具性取向的道德認知。

(2)智力比一般青少年來得低，也有道德停滯和遲緩的傾向。

綜合上述，犯罪少年的心理具消極、自我貶抑、反社會行為、低自我控制力的人格，而且在道德認知發展上較不成熟，具有個人的工具性價值，較傾向於自主攻擊性的心理需求。

到底青少年為何會產生行為偏差？有多少人在青少年期有過行為偏差？研究顯示，大約超過80%的美國青少年曾有過某種型態的行為偏差，如酗酒、藥物濫用、偷竊、逃學等（Santrock, 1999），而大部分的行為偏差發生在十五至十六歲之間，男性的發生率比女性高，但這幾年來女性有增加的趨勢。

許多行為偏差都與青少年在同儕中所占的地位有關，大部分的行為偏差都是與同儕一起或為同儕而做的，較輕微的行為偏差有時是正常的，因為可能是想獲得同儕接納或作為增強自尊的一種手段。當行為偏差發生在較早期時，這種行為多被視為異常行為（conduct disorder），但如果該行為已觸犯法律的話，則稱為行為偏差（delinquency），而且較不容易被矯正。研究顯示，早期的異常行為往往可以預測後來的偏差犯罪行為，例如一個較具攻擊性的兒童，到了青少年期就比較可能會有行為偏差。值得注意的是，多數的成年犯在青少年都曾觸法，但在青少年時期犯法的少年長大後卻未必會成為犯法的人（Dryfoos, 1990）。

許多研究嘗試去發現影響行為偏差產生的前置因素（Dryfoos, 1990），他們發現，這些青少年多半來自缺乏社會及情感支持的問題家庭，這也讓同儕的影響相對變得更重要，負面的同儕影響可能導致幫派的參與。此外，學業成就低落，欠缺解決問題及社會技巧能力等也是影響因素。Dryfoos（1990）將各個對行為偏差前置因素的研究結果整理如**表7-8**。

**表7-8　與偏差行為相關的前置因素**

| 前置因素 | 與偏差行為之相關 |
| --- | --- |
| **個人背景因素** | |
| 年齡 | ＊＊早期開始 |
| 性別 | ＊＊男性 |
| 種族背景 | 互相衝突與不完整的研究結果 |
| **個人因素** | |
| 對教育的期待 | ＊＊期待較低<br>＊較少參與學校活動 |
| 學業成就 | ＊＊低年級時學業成績低落，語言表達能力較差 |
| 一般行為 | ＊＊逃學，搗亂，偷竊，撒謊 |
| 宗教信仰 | ＊＊較少去教會 |
| 同儕影響 | ＊＊影響大，不避免同儕的影響 |
| 從眾性／叛逆性 | ＊＊特立獨行 |
| 參與其他高風險的行為 | ＊＊早期的上癮行為<br>＊＊較早的性關係 |
| **心理因素** | |
| 先天上的缺憾 | ＊＊過動，焦慮，攻擊行為<br>＊殘障 |
| **家庭因素** | |
| 家庭的組成形式 | ＊資料不一致 |
| 收入 | ＊＊低社經地位 |
| 父母角色 | ＊＊缺乏親密關係，壓抑，虐待，缺乏溝通 |
| 父母的高風險行為 | ＊家人的犯罪行為，暴力，精神疾病，酗酒 |
| **社區因素** | |
| 社區品質 | ＊都市，高犯罪率，高遷移率<br>＊壓抑的環境 |
| 學校品質 | ＊追蹤能力<br>＊學校管理能力不彰 |

＊部分研究顯示此為主要的因素。

＊＊大部分研究顯示此為主要的因素。

資料來源：Dryfoos, J. G. (1990).

根據統計，目前美國約有二萬五千名青少年在州立的矯治機構中，這些少年有93%為男性，40%為非裔，12%為拉丁美洲裔；75%來自未婚或單親家庭，超過50%的少年至少有一名家人被拘留過，而這些被拘留的人中，又有60%曾入獄過。

## (四)失業問題

青少年是社會未來的預備人力與資產，然而，青少年期卻是人生的風暴期與徬徨期。從發展的觀點來看，青少年期除了生理上的變化與成熟之外，心理層面面臨一個最大的關鍵，即自我認同與角色混淆的危機。自我認同的形成有賴於個體探索、試驗各種可能的社會角色，並從其中選擇最適合自己的。如果因太多的選擇，或因限制而無從選起，使角色試驗失敗，就會造成角色固著而封閉自己。從生涯教育的觀點而言，青少年正值生涯探索期，主要的發展任務是在學校、休閒活動及各種工作經驗中，進行自我檢討、角色試探與職業探索。特別是十五至十七歲的生涯試探期，青少年會考慮個人的需要、興趣、能力及機會，做出暫時性的決定，並在想像、討論、課業及工作中加以嘗試，思考可能的職業領域和工作層級（吳芝儀，2000）。由此可見，青少年期除了是身心發展的重要時期之外，也是未來生涯發展的關鍵期。

另一方面，青少年人力大都屬於初次尋職者，但其本身就業能力與條件均未臻成熟，因此容易顯現就業困難、低度就業或是失業的情形。依據行政院主計處（2016）的人力資源調查統計資料顯示，臺灣地區青少年的失業率較平均年齡層總體情況為高。二〇一五年臺灣地區總失業率為3.78%，而十五至二十四歲人口失業率高達3.44%；二〇〇五年總失業率為4.13%，而十五至二十四歲人口失業率則為10.59%（見**表7-9**）。上述的此一事實反映出青少年在職場中相對羸弱的生存困境，對於多是初次踏入職場的尋職者而言，一旦不能順利就業或長期處於失業或低度就業，則其職涯發展必然陷入一惡性循環，結果不僅青少年個人會受到

表7-9　臺灣地區年齡組別失業人數與失業率　　單位：千人、%

| 年別 | 總計 | | 男 | | 女 | | 15-24歲 | | 25-44歲 | | 45-64歲 | |
|---|---|---|---|---|---|---|---|---|---|---|---|---|
| | 人數 | 失業率 | 人數 | 失業率 | 人數 | 失業率 | 人數 | 失業率 | 人數 | 失業率 | 人數 | 失業率 |
| 100 | 491 | 4.39 | 297 | 4.71 | 194 | 3.96 | 109 | 12.47 | 281 | 4.46 | 101 | 2.64 |
| 101 | 481 | 4.24 | 286 | 4.49 | 195 | 3.92 | 113 | 12.66 | 276 | 4.38 | 91 | 2.31 |
| 102 | 478 | 4.18 | 286 | 4.47 | 192 | 3.80 | 119 | 13.17 | 268 | 4.27 | 91 | 2.25 |
| 103 | 457 | 3.96 | 275 | 4.27 | 182 | 3.56 | 112 | 12.63 | 258 | 4.13 | 87 | 2.09 |
| 104 | 440 | 3.78 | 263 | 4.05 | 177 | 3.44 | 109 | 12.05 | 246 | 3.95 | 84 | 1.99 |

資料來源：行政院主計處（2016）。

影響，國家整體的競爭力也會受到不利的影響（成之約，2003）。

## (五)藥物濫用問題

對今日美國的青少年而言，喝酒似乎是一件很平常的事，Johnson、O'Malley和Bachman（1988）的調查即發現，有93%的美國青少年在高中以前就已喝過酒，有56%的青少年在國中已喝過酒。在派對上狂歡喝酒（通常指連續喝至少五瓶以上）已是司空見慣（Schulenberg et al., 1996）。臺灣喝酒的盛行率在一九九九年約為15.2%，而用藥的盛行率約為1.0%（周碧瑟，1999）。用藥的順位依序為安非他命、強力膠、快樂丸（搖頭丸）。在美國，Van Biema（1995）的研究發現，有16%的八年級學生使用大麻、2.6%使用過古柯鹼、35%的十二年級學生使用過大麻、4%使用過古柯鹼。

無疑地，常狂歡飲酒會損害個體健康，不僅使人無法清醒地面對問題，也會產生其他問題，如暴力、服用毒品、被性侵及酒駕等。而青少年使用毒品的因素可能有逃避挫折、想減輕壓力、行為偏差、無力感或低自尊（Jessor, 1987）。

Atwater（1992）歸納青少年使用藥物的理由，分述如下：

1.實驗型：剛開始是基於好奇，會在短期內嘗試不同藥物，但不會長期使用。

2.社會休閒型：藥物使用是基於社交的目的，只會使用層次較低的藥物來助興。

3.情境型：藥物使用有特定目的，例如考試或睡眠問題，不小心會不自覺而成癮。

4.強化型：此類使用者是因個人問題或壓力情境所導致，當變成慢性慣用者或個體長期壓力未能解除時，便會成癮，只能依賴加強藥物的劑量來紓解壓力。

5.強迫型：此類使用者已有身心因素的依賴，例如酒、藥癮者，未使用藥物會出現身心症狀。

青少年心理困擾與藥物濫用的問題是受其社會因素的影響，個體的情緒發展從個人的素質、與成人互動的關係，以及日後學校、同儕及媒體的影響，到了青春期可能加劇情緒或行為的衝突及困擾。一般而言，藥物濫用的治療與處遇模式可分為：

1.個別的心理治療：心理治療有許多不同的模式，例如行為治療、來談者中心、理情治療等，但針對兒童／少年的焦慮與壓力治療者，常會用遊戲的方式來瞭解兒童／少年困擾之訊息，再幫助他們瞭解自己，進而促成兒童／少年接受及處理個體的情緒，以達成良好的社會適應。

2.家庭治療：家庭治療是以整個家庭成員為對象，視家庭為一整體，從治療中觀察成員互動的型態，指出哪些是健康或破壞／抑制的互動型態，再進行團體處遇。

3.行為治療：行為治療又稱為行為改變技術，乃是採用增強或處罰的學習理論來進行特定的行為改變，以模塑好的行為或消除不好的行為。行為治療方法不探究兒童行為的內在原因，而是在改變行為本質（Weisz et al., 1995）。

4.藥物治療：利用藥物來解除行為的症狀，但並不能消除內在心理原因，藥物治療最好伴隨其他治療方式，功效較佳。一九九〇年代之後，此種方式已成為美國兒童／少年情緒困擾或藥物濫用的處理模式（USDHHS, 1999）。

5.遊戲治療：利用遊戲讓兒童／少年表達及揭露感覺、想法、經驗及行為，並透過有良好訓練的治療者，選擇遊戲素材，讓兒童在安全關係下宣泄情感，例如沙箱、圖書、服裝、舞蹈等方式，以幫助孩子處遇其認知、情緒或社會的困擾（Wilson & Ryan, 2001）。

6.休閒治療：休閒治療是讓兒童／少年透過不同休閒活動參與方案，藉此培養個人與人群相處能力及技巧，培養個人獨立自主的生活技能，並增加個人的堅毅力（resilience），再輔以社會技巧訓練，增進個人的適應生活的正向資產。

上述處遇方式大抵以個人處遇方式來進行。近年來，有關青少年問題處遇逐漸轉移到充權家庭及社區的社會工作處遇模式，例如社會工作者與案主建立關係時，應對案主的藥物濫用要同理、真誠，並以非責難的態度及敏感性來應對，其後再充權家庭，教導有藥癮的父母處理藥癮問題，為孩子尋覓寄養家庭，以迎合孩子最佳利益的發展需求。此外，應用訓練、教育及管理技巧（Training, Education, and Management Skills, T. E. A. M. S）的方案，幫助案主改善藥物使用的難題。此外，社區處遇之三級預防，以充權增能、多元系統及優勢管理之原則來強化青少年及其家庭支持，以增加案主獨立自主的能力。尤其在藥物濫用的處遇上，可採用互助團體模式及預防模式，前者如酗酒匿名團體（Alcohol Anonymous, AA）或青少年酗酒匿名團體（Alcohol Anonymous Teens, A-AT）；後者則利用教育過程。

與其強調幫助青少年戒毒，不如讓青少年連吸食毒品的機會都沒有。White（1991）就使用在六年級兒童身上，教導兒童遠離吸菸及喝酒，並在九年級之前教導青少年如何拒絕毒品，所用的方法有：(1)提供

有關藥物的資訊；(2)因應個體之健康及心理福利感；(3)取替毒品的可接受方案，如休閒活動；(4)社會技巧訓練；(5)個人承諾遠離毒品。

## (六)青少年未婚懷孕問題

青少年過早進入性行為的不良結果，一是罹患性病，另一是青少女懷孕。美國青少年大約有22%的少年和10%的少女在國一即有性經驗，到了高三，則有77%的少年和66%的少女表示有了性經驗。至於避孕措施的使用在國一大約有33%，到高三則增加到53%，不到一半的少年在每一次性事中都會使用避孕措施（Pete & DeSantis, 1990）。相對於臺灣，家庭計畫研究所曾於一九九五年十二月至一九九六年一月，對各縣（市）高中、高職及五專在校學生進行抽查發現，曾與異性發生性行為的男生為10.4%，女生為6.7%，平均初次與異性發生性行為的年齡為男生十六・二歲，女生為十六・五歲（彭台珠、王淑芳，1998）。

通常青少年會從性探索中找到自己的性別認定，男孩會透過積極追求女孩發生性關係，而女孩則較被動的期待與男孩有浪漫的互動關係。Cassell（1984）的研究發現，女性表示與男性發生性關係是為了愛，而男性則因為知道女性有如此的心態，會「宣稱」和很多女性相愛。此資料顯示，女性在婚前性行為比男性保守，且持較正面的態度（Gordon & Gilgun, 1987）。

Petersen和Crockett（1992）提出影響青少年性行為與未婚懷孕的因素有四：

1.生理因素：由於賀爾蒙對大腦的作用，以及由於外表成熟的改變，兒童／少年對性行為產生期待。

2.性虐待：青春期前的性虐待經驗可能影響少女的性行為、未婚懷孕與生子。

3.偏差及問題行為：有行為偏差的青少年通常也較容易有性行為及懷孕。Jessor（1992）認為，性行為只是眾多問題行為的一種症狀

（syndrome），所以性行為與行為偏差是偏差青少年的一種生活型態。

4.規範的期待：社會的期待影響青少年進入下一階段成年的生活風格，有了小孩的青少年與想到先有學業再有小孩的青少年，有著不同的生涯規劃。

此外，Furstenberg、Brooks-Gunn及Chase-Lansdale（1989）的研究發現，青少年未婚懷孕並不是自願的，而是他們缺乏對懷孕結果的注意；Cervera（1993）的研究則發現，如果青少年對個人生活現況較不滿，也不能預測其日後的發展，可能會導致他們選擇早點懷孕。

懷孕會導致另一影響——性病及愛滋病，Sonenstein、Pleck及Ku（1989）的研究發現，在愛滋病的威脅下，我們由一九七九年與一九八九年樣本的比較中發現，青少年對愛滋病的性知識還算正確，而且使用安全及避孕措施的比例也有增加。但對同性戀青少年所產生的效果則較差，尤其是較年輕的同志，以及在寄養服務系統中的孩子，則較沒有使用避孕措施及較容易犯罪（Sullivan, 1994）。除此之外，還有一些犯罪青少年（以及身受保護管束者）也是此類行為的高風險群，因為他們將生活重心放在如何在社會上生存上面，會採行屈就或接受脅迫以求自保（Sonenstein, Pleck, & Ku, 1989）。

青少年同志的性行為除了受愛滋病威脅之外，也常遭受社會的非議，甚至遭受到暴力傷害。正如Hersch（1990）所指出的，在一個擔憂青少年性行為及對同志相當排斥的美國文化下，同志青少年面臨了更大的威脅。據估計，美國約有10%的同志人口，但只有2.3%的男性表示曾與同性有過性行為（Alan Guttmacher Institute, 1993）。Troiden（1989）分析青少年同志面臨的挑戰有四個階段：(1)感覺階段（sensitization）：青少年開始感覺自己與他人不同；(2)認同混淆（identity confusion）：青少年對於自己的性向產生了掙扎與矛盾；(3)認定假設（identity assumption）；(4)認定（commitment）：確認自己的性取向。

不幸地，大多數同志無法得到社會大眾的接納，除了憂鬱與自殺問題之外，許多同志青少年還可能面對其他危險行為，例如酗酒、吸毒、中輟、暴力犯罪下的受害者。

至於未婚懷孕的影響，自一九七三年起，美國大約共有超過一百萬的青少女未婚懷孕，而每年大約有11%左右的青少女未婚懷孕（Dryfoos, 1990），十五歲以下大約只有2%。在臺灣，每年約有二十至三十萬名墮胎婦女，青少女占40%左右，臺灣未成年小媽媽是亞洲之冠，平均每二十名嬰兒即有一位是未成年少女所生（約占5%），初次性行為也降至十二至十四歲。

未婚懷孕對母親及孩子都有影響，對小孩而言是體重不足及較高死亡率，對母親而言則有難產及死亡的可能性（Dryfoos, 1990）；除了生理因素之外，還有小孩照顧問題、社會關係及依賴社會救助等問題。美國最近也注意到未婚爸爸的問題，尤其在工作、念書與照顧孩子之間的壓力，所以有愈來愈多的兒童福利服務方案是為未婚爸爸所設計。

目前有關未婚媽媽的處遇方案除了擴大性教育措施，增加青少年獲得避孕措施的管道之外，社會也提供更多資源給予青少年更多的生涯抉擇，最重要的是，讓青少年不要有懷孕的動機（Dryfoos, 1990; Santrock, 1996），以及加強社區參與支持。

### (七)青少年的自殺問題

在美國，Lewinsohn等人（1994）估計約有3%至11%的青少年在某些程度上會想自殺。他們曾用縱貫研究策略訪問了一千五百零八位青少年，當中有二十六位（1.7%）表示，在接受訪問後一年曾企圖自殺。為何這二十六位青少年曾企圖自殺，Lewinsohn等人分析這些訪談資料發現，這些人出生自未婚年輕媽媽，罹患憂鬱症或罹患其他心理症狀。這些青少年在初次訪談中即有自殺的念頭或傾向，或是在近期內有朋友企圖自殺，及具較低自尊等特徵。其他研究亦顯示，青少年生活於單親家庭、父母教育程度低、缺乏家庭和朋友支持、身體狀況不佳、或較有機會擁有槍枝者，較可能會有自殺的傾向（Fergusson, Beautrais, & Horwood, 2003）。女生比男生更有可能嘗試自殺（attempt suicide）（約為男生的三倍），而男生則較可能自殺成功（suicide success）（約為女生的四倍）。

在美國，西裔青少年比非裔或白人的自殺率還高（約為這些種族的二倍），原因可能是拉丁文化與美國主流文化的衝突。在美國人中的自殺死亡率雖維持穩定，但青少年族群卻持續增加中，約為十萬分之十三，而在五至十四歲的兒童／少年自殺率卻上升三倍；美國在一九九〇年有十萬分之一的兒童以自殺結束生命。雖然兒童自殺的情形十分罕見，但若細究，美國每五位兒童即有一位表示曾認真想過要以自殺結束生命（Cook & Cook, 2005），這個數據看起來相當令人吃驚。究其原因可能是家庭結構改變、生活步調變快、缺乏或失去家庭系統支持等對兒童產生影響；此外，兒童憂鬱症或心理困擾也是可能的原因之一。

自一九九〇年以來，美國社會推動一些預防的干預策略，企圖喚醒大眾對風險因子的意識增加，也有可能是兒童精神處遇的成效，兒童的自殺率及全美自殺率在最近幾年已有明顯的下降效果。

## 第三節　青少年期問題的社會脈絡評析

### 一、人口少子化

目前兒童及少年的人口數逐年下降，根據內政部戶政司（2010a）的統計，二〇〇七年的兒童／少年人口總計五百萬二千一百二十三人，其中兒童人口三百零五萬八千零六十一人，少年人口一百九十四萬四千零六十二人，從歷年人口數變化來看，兒童及少年人口數均呈現減少趨

勢，與二〇〇一年相較，兒童人口減少將近15%，少年人口減少約2%，整體兒童及少年人口減少約10%（見**表7-10**）。兒童／少年人口減少的主要原因之一是生育率下降，根據內政部戶政司（2010b）的統計顯示，

**表7-10　歷年兒童／少年人口數**　　單位：人

| 年份 | 0-11歲兒童人口 | 12-17歲少年人口 | 合計 |
|---|---|---|---|
| 2001 | 3,700,255 | 1,962,266 | 5,662,521 |
| 2002 | 3,611,832 | 1,932,701 | 5,544,533 |
| 2003 | 3,517,927 | 1,912,023 | 5,429,950 |
| 2004 | 3,413,894 | 1,931,153 | 5,345,047 |
| 2005 | 3,294,247 | 1,948,681 | 5,242,928 |
| 2006 | 3,176,997 | 1,930,184 | 5,107,181 |
| 2007 | 3,058,061 | 1,944,062 | 5,002,123 |
| 2008 | 2,936,650 | 1,931,654 | 4,868,304 |
| 2009 | 2,808,328 | 1,936,831 | 4,745,159 |

資料來源：內政部戶政司、內政部統計資訊網（2010a）。

**表7-11　育齡婦女生育率**　　單位：0/00

| 年別 | 一般生育率 | 年齡別生育率 | | | | | | | 總生育率 |
|---|---|---|---|---|---|---|---|---|---|
| | | 15-19歲 | 20-24歲 | 25-29歲 | 30-34歲 | 35-39歲 | 40-44歲 | 45-49歲 | |
| 1997 | 53 | 15 | 80 | 147 | 87 | 22 | 3 | 0 | 1,770 |
| 1998 | 43 | 14 | 66 | 116 | 73 | 21 | 3 | 0 | 1,465 |
| 1999 | 45 | 13 | 66 | 126 | 82 | 21 | 3 | 0 | 1,555 |
| 2000 | 48 | 14 | 72 | 133 | 90 | 24 | 3 | 0 | 1,680 |
| 2001 | 41 | 13 | 62 | 106 | 75 | 21 | 3 | 0 | 1,400 |
| 2002 | 39 | 13 | 57 | 102 | 73 | 20 | 3 | 0 | 1,340 |
| 2003 | 36 | 11 | 52 | 92 | 69 | 20 | 3 | 0 | 1,235 |
| 2004 | 34 | 10 | 49 | 86 | 68 | 20 | 3 | 0 | 1,180 |
| 2005 | 33 | 8 | 44 | 79 | 68 | 21 | 3 | 0 | 1,115 |
| 2006 | 33 | 7 | 41 | 78 | 71 | 23 | 3 | 0 | 1,115 |
| 2007 | 32 | 6 | 37 | 76 | 74 | 24 | 3 | 0 | 1,100 |
| 2008 | 31 | 5 | 32 | 72 | 73 | 25 | 3 | 0 | 1,050 |

資料來源：內政部戶政司、內政部統計資訊網（2010b）。

一九九七年育齡婦女的總生育數約為一・八人；二〇〇六年育齡婦女的總生育數降至約為一・一人（見**表7-11**），少子女化現象除衍生有關子女生育、養育、教育問題外，加以人口老化快速，將使其日後所要承擔的扶養壓力成為沉重的人身負擔（王順民，2007）；依據行政院經濟建設委員會的推估，預計未來的四十五年內，生產者與退休者之比（十五至六十四歲vs.六十五歲以上），將由二〇〇六年的七・二個生產者扶養一個退休者的負擔，演變成二〇二六年的三・三個生產者扶養一個退休者，及至二〇五一年的一・五個生產者扶養一個退休者（行政院經濟建設委員會，2006）。少子女化的生育模式，凸顯出當前臺灣社會「人口」樣貌，是一項兼具數量與素質的雙重圖像。

## 二、家庭型態的多元變遷

家庭一直是社會組織的基本單位，也是個體最早社會化的場所，舉凡個人的生存、種族的繁衍、國家的建立、文化的傳承，以及社會秩序的維持，莫不以家庭為依歸，在資本主義高度發展與分化之下，家庭結構逐漸產生質的轉變，紐約「人口協會」（Population Council）在一九九五年所發布的研究報告指出：「家庭不再是穩定且具有凝聚力的單位。日漸減少的傳統家庭，家戶人口數因為生育率降低而減少，更多人經歷不穩定的家庭生活與異質家庭，以及家庭內部的分工與經濟角色有了顯著的改變等。」（Wetzel, 1990）日漸增加的未婚媽媽，逐漸攀升的離婚率，小家庭的盛行及女性日益貧窮的現象，成為當今世界的重要趨勢（郭靜晃，2005）。

臺灣家庭近年來的變遷也有相同的現象。根據行政院主計處（2007a）的調查指出，二〇〇四年臺灣地區共計有七〇八萬戶的家庭數，這其中核心家庭有三三〇萬戶（占46.7%）、三代同堂家庭有一〇七・七萬戶（15.2%）、夫婦兩人家庭有一〇〇萬戶（14.4%）、單親家庭有五四・八萬戶（7.7%）、祖孫兩代家庭有八・二萬戶（1.2%）（見**表7-12**）。這些數據所顯示的是，不婚族與不生育夫妻的比例增加最多，而單親家庭與隔代家庭在十六年間都增加一倍；再者，由於女性專業技能日益提升，愈來愈多女性走入就業市場，二〇〇六年九月的調查結果顯示，二十歲及以上同住的夫妻雙方均就業者占46.8%、僅夫就業者占27.9%、僅妻就業者占5.2%、夫妻雙方均未就業者占20.0%；與二〇〇二年八月比較，夫妻雙方均就業者的比率提高了二・七個百分點，顯示雙薪家庭已成為社會的主要型態，且有增加的趨勢（行政院主計處，

**表7-12　我國家庭型態變遷一覽表**

| 家庭型態 | 1988年 | 2004年 | 增減率% |
|---|---|---|---|
| 全體家庭（千戶） | 4,735.2（100%） | 7,083.4（100%） | 49.6 |
| 單人家庭 | 283.3（5.98%） | 704.1（9.94%） | 148.6 |
| 夫婦家庭 | 362.3（7.65%） | 1,003.7（14.17%） | 177.1 |
| 單親家庭 | 273.2（5.77%） | 548.3（7.74%） | 100.7 |
| 戶內有未滿18歲子女 | 112 | 167 | 49.5 |
| 父親為戶長 | 72 | 125 | 74.8 |
| 母親為戶長 | 40 | 42 | 4.6 |
| 祖孫家庭 | 39.5（0.83%） | 81.8（1.15%） | 107.3 |
| 核心家庭 | 2,799.7（59.13%） | 3,307.2（46.69%） | 18.1 |
| 三代家庭 | 790.4（16.79%） | 1,077.5（15.21%） | 36.3 |
| 人口數（百萬人） | 20.0 | 22.7 | 13.7 |
| 平均戶量（人／戶） | 4.1 | 3.2 | -0.9 |

資料來源：行政院主計處（2007a）。

**表7-13　20歲及以上同住夫妻的就業情形**　單位：%

| | 總計 | 夫妻均就業 | 夫或妻一方就業 | | | 夫妻均未就業 |
|---|---|---|---|---|---|---|
| | | | 計 | 夫就業 | 妻就業 | |
| 1998年3月 | 100.00 | 41.54 | 41.47 | 37.56 | 3.91 | 16.99 |
| 2002年8月 | 100.00 | 44.17 | 35.44 | 30.31 | 5.12 | 20.39 |
| 2006年9月 | 100.00 | 46.84 | 33.13 | 27.93 | 5.19 | 20.03 |

資料來源：行政院主計處（2007b）。

2007b）（見表7-13）。以上所指陳出來的是，如何回應當前多元且差異的家庭組成型態，藉以針對不同的家庭生活樣態以思考親職教養知能、父母效能訓練、家庭關係經營、所得維持與經濟安全等等不同的福利服務輸送內涵。

單親家庭快速增加是現今家庭另一個重要變遷，從行政院主計處（2007a）的統計顯示，一九八八年的單親家庭戶數約二十七萬三千戶，二○○四則約有五十四萬八千戶，成長高達100.7%，其中，戶內有未滿十八歲子女的戶數從十一萬二千戶，增加到十六萬七千戶，成長49.5%，此外，單親家庭以父親為戶長的戶數明顯比以女性為戶長的戶數多，在一九八八年接近二倍，到二○○四年時已接近三倍（見表7-12）。再依據行政院主計處（2007c）的家庭收支調查可發現，二○○四至二○○六年單親家庭仍在增加中，且已增加至全國總戶數的8.63%，單親家庭兒童／少年人口數，推估約三十三萬四千八百二十五人。此外，隔代教養家庭在近幾年也約占全國總戶數的1%左右（見表7-14）。

單親家庭子女常有下列的生心理發展狀況，如遭受同伴嘲笑、自卑、不易學習到適當的性別角色、自我價值偏差或低落、青少年期的行為偏差或犯罪機率高（陳怡冰，1992；王美芬，1993）。單親家庭的父

**表7-14　隔代教養、單親家庭戶數及兒童／少年人口推估**　　單位：戶，人

| 年度 | 全國家庭總戶數 | 隔代教養家庭總戶數 | 單親家庭總戶數 | 隔代教養家庭兒童／少年人口推估數 | 單親家庭兒童／少年人口推估數 |
|---|---|---|---|---|---|
| 2004 | 7,083,445 | 81,799（1.2%） | 548,302（7.74%） | 87,607 | 315,822 |
| 2005 | 7,206,883 | 92,979（1.3%） | 619,837（8.6%） | 98,558 | 334,712 |
| 2006 | 7,307,999 | 80,518（1.1%） | 630,555（8.63%） | 86,235 | 334,825 |

資料來源：行政院主計處（2007c）。

母在面對社會壓力、工作及子女教養時，要比核心家庭更易缺乏資源來因應困境，因而導致問題的產生（張清富，1995）。內政部統計處（2002）針對全國性單親生活狀況調查研究指出，單親家庭家長表示對其子女管教方面感到有「嚴重影響」程度有：親子關係很差、子女的學業表現受影響、子女行為有偏差等問題；至於，單親經驗對子女「稍有影響」的程度，單親父母認為是：「心理健康」（52.7%）、「學業或成就」（44.6%）、「人際關係」（44.4%）、「行為常規」（46.0%）、「性格養成」（47.5%）、「人生態度」（46.0%）、「婚姻看法」（46.0%）等問題。隨著單親家庭戶數增加，單親兒童及少年數亦明顯增長，其所伴隨的經濟、照顧教養、角色學習、偏差行為等問題，實有待社會更多關注。

## 三、兒童／少年貧窮議題探討

在經濟安全保障的生活議題上，當前相關的福利作為比較側重在弱勢兒童／少年族群的身上，依內政部的統計資料顯示（2008），二〇〇六年底我國中低收入戶兒童／少年人數約為十・九萬人，較二〇〇五年底減少三萬人，占兒童／少年總人數的比率亦降至2.1%；另外，在提供中低收入戶兒童／少年生活扶助的措施上，從二〇〇一年的三十一萬餘人次，增加至二〇〇六年的九十萬餘人次，扶助金額亦增加近一倍（見**表7-15**），足見當前對於中低收入戶兒童／少年的經濟扶助明顯增長。

雖然如此，家庭經濟困難往往影響兒童／少年的正常發展，持貧窮病態學觀點的學者Hurry提到有關貧窮循環的概念時，列舉了四種貧窮相循的現象：(1)貧窮導致教育機會與品質不佳，影響工作地位；(2)貧窮經常給人邋遢不潔的外貌印象，以致影響工作表現與升遷；(3)貧窮往往受限於本身的教養，通常只能就業於低薪的、間歇性的工作；(4)貧窮多半伴隨著惡劣的居住環境，致使有礙其身心健康，進而影響就業能力。上

表7-15　歷年中低收入戶兒童及少年生活扶助人次及金額表

| 年別 | 兒童／少年總人數 | 中低收入戶兒童／少年人數 | 占兒童／少年總人數比率 | 低收入兒童／少年扶助人次 | 生活扶助總金額 |
|---|---|---|---|---|---|
| 2001 | 5,662,521 | | | 311,260 | 923,495,784 |
| 2002 | 5,544,533 | | | 420,448 | 1,012,899,756 |
| 2003 | 5,429,950 | 125,271 | 2.3% | 526,412 | 996,874,058 |
| 2004 | 5,345,047 | 62,704 | 1.2% | 597,918 | 1,080,559,034 |
| 2005 | 5,242,928 | 138,745 | 2.6% | 824,842 | 1,714,960,948 |
| 2006 | 5,107,181 | 109,024 | 2.1% | 906,194 | 1,723,932,253 |
| 2007 | 5,002,123 | 113,331 | 2.3% | 932,495 | 1,722,510,353 |

資料來源：內政部統計資訊網（2008）。

述這些因素常造成人們無法脫離貧窮的威脅（引自徐震等，2005）。

目前政府提供對抗貧窮的政策大抵以社會救助為主，包括低收入家庭生活扶助、低收入戶兒童／少年醫療補助、特殊境遇婦女子女的托育津貼、托育補助、臨托補助、教育補助、生活補助，的確是有它救急紓困的止惡效果；但是，如何建構一套用以捍衛包括一般家庭在內的照顧方案，這方面諸多的抗貧計畫，是必須有進一步檢視討論的必要，應能幫助貧困家庭促進個人工作意願，進而達到抗貧、脫貧的效果。

## 四、兒童／少年保護議題探討

從歷年來臺灣地區的十大兒童保護新聞來看，仍然還是以負面事件居多，另外，自二〇〇〇年起，近五年兒童／少年保護案件的開案件數，大致呈現逐年上升的趨勢，二〇〇〇年已有六千零五十九件，二〇〇一年增加至六千九百二十七件，到二〇〇六年則超過一萬件，顯現兒童／少年受虐情形並沒有減緩的趨勢（見**表7-16**）。再從內政部二〇〇五及二〇〇六年兒童／少年保護安置統計中，遭受虐待進而進入保護安置系統的兒童／少年依舊有著可觀的數量（見**表7-17**）。

### 表7-16　兒童／少年保護案件統計

| 年度 | 受虐人數（人） | 按年齡分 | | | | |
|---|---|---|---|---|---|---|
| | | 0-2歲 | 3-5歲 | 6-8歲 | 9-11歲 | 12-17歲 |
| 2000 | 6,059 | 567 | 825 | 1,126 | 1,575 | 1,966 |
| 2001 | 6,927 | 667 | 1,044 | 1,240 | 1,515 | 2,461 |
| 2002 | 6,902 | 686 | 945 | 1,204 | 1,443 | 2,624 |
| 2003 | 8,013 | 812 | 1,187 | 1,620 | 1,730 | 2,664 |
| 2004 | 7,837 | 1,151 | 1,305 | 1,524 | 1,816 | 2,401 |
| 2005 | 9,897 | 1,445 | 1,721 | 1,879 | 2,050 | 2,802 |
| 2006 | 10,093 | 1,341 | 1,626 | 1,968 | 2,054 | 3,104 |

資料來源：內政部統計資訊網（2007）。

### 表7-17　2005至2009年臺灣地區兒童／少年保護安置情形

| | 變遷指數 | | 2005年 | 2006年 | 2007年 | 2008年 |
|---|---|---|---|---|---|---|
| 保護安置情形 | 合計 | | 9,806 | 9,994 | 13,515 | 13,983 |
| | | 男生 | 4,957<br>（50.55%） | 5,102<br>（51.05%） | 6,405<br>（47.39%） | 6,983<br>（49.94%） |
| | | 女生 | 4,849<br>（49.45%） | 4,892<br>（48.95%） | 7,110<br>（52.61%） | 7,000<br>（50.06%） |
| | 仍住在家中 | | 7,512<br>（76.16%） | 8,064<br>（80.69%） | 11,295<br>（83.57%） | 11,893<br>（85.05%） |
| | 緊急安置 | 親屬寄養 | 253（2.58%） | 174（1.74%） | 196（1.45%） | 183（1.31%） |
| | | 家庭寄養 | 361（3.68%） | 374（3.74%） | 297（2.20%） | 312（2.23%） |
| | | 機構安置 | 295（3.01%） | 251（2.51%） | 398（2.94%） | 423（3.03%） |
| | 繼續安置 | 親屬寄養 | 160（1.63%） | 181（1.81%） | 134（0.99%） | 109（0.78%） |
| | | 家庭寄養 | 705（7.19%） | 323（3.23%） | 424（3.14%） | 269（1.92%） |
| | | 機構安置 | 255（2.60%） | 215（2.51%） | 308（2.28%） | 290（2.07%） |
| | 死亡 | | 34（0.35%） | 31（0.31%） | 54（0.40%） | 47（0.34%） |
| | 其他 | | 231（2.38%） | 381（3.81%） | 409（3.03%） | 457（3.27%） |

資料來源：內政部統計資訊網（2010a）。

這多少隱含著如何充權（empower）父母本身的親職觀念，以及如何因應幼兒家庭的個別性情境，藉以提供包括支持、補充與替代性的各種福利服務；連帶地，正視包括受虐通報、司法保護、危機處遇、緊急安置、經濟扶助、出收養服務等等，以問題取向為主的弱勢兒童福利工作應該有它迫切執行的優先性；但是，建構以大多數正常兒童為主體所提供親職教育、學校社工、諮商輔導以及法律諮詢等等，以發展取向的兒童福利工作，也是有它無法迴避的基本擔當。終極來看，如何形塑出一個免於恐懼、免於人身安全危險，以及免於家庭運作失靈的整體兒童與少年照顧服務的生活環境，是未來兒童／少年福利政策所要追求的努力目標。

除了兒童／少年虐待問題之外，有鑑於性侵害案件的增加，政府於一九九七年頒布「性侵害犯罪防治法」，內政部成立性侵害防治委員會，以提供受害兒童／少年另一保護措施。從內政部警政署（2008）的資料顯示，受性侵害者以十二至十七歲的少女居多數，比例上均接近當年度被害人數的一半（見**表7-18**）。受性侵害的少女通常處在熟識關係中，為劣勢或受控制的地位，又因其對身體界限及自我保護的認識不足，再加上國內性教育較重性生理的偏狹結果，正值青春期的少女便成為受性侵害最多的一群。逐年增高的性侵害受害少女人數，正提醒著我們：**臺灣少女的人身保護權並未受到重視**。

## 五、特殊需求兒童／少年議題探討

身心障礙兒童／少年在我們社會中是經常被遺忘及被忽視的族群，由於有些人對於身心障礙的失能兒童持有排斥或歧視的態度，因此，此類的服務與方案尚未能引起大眾的青睞。Morris（1997）認為，最主要的原因是失能兒童被其他族群的兒童／少年所隔離（isolation）（郭靜晃，2004）。臺灣社會中的身心障礙者人口族群不斷增加，從一九九七年的

表7-18　近年臺灣性侵害案件被害人年齡分析

| 年度 | 受害人數 | 按年齡分 | | | | |
|---|---|---|---|---|---|---|
| | | 0-5歲 | 6-11歲 | 12-17歲 | 18-23歲 | 24歲以上 |
| 2000 | 2,370（77） | 64 | 286 | 1216 | 356 | 448 |
| 2001 | 3,057（108） | 83 | 300 | 1588 | 426 | 660 |
| 2002 | 3,098（81） | 101 | 272 | 1662 | 461 | 602 |
| 2003 | 3,195（99） | 90 | 271 | 1699 | 475 | 660 |
| 2004 | 2,903（80） | 67 | 291 | 1498 | 426 | 621 |
| 2005 | 3,296（71） | 104 | 298 | 1553 | 535 | 806 |
| 2006 | 3,326（84） | 102 | 352 | 1545 | 518 | 809 |

註：「受害人數」一欄括弧內的數字為男性受害人數。
資料來源：內政部警政署（2008）。

五十萬零一百三十八人到二〇〇六年的九十八萬一千零一十五人，增加約96%；兒童／少年身心障礙人口亦呈現逐年增加的趨勢，二〇〇六年，兒童身心障礙人口為三萬四千二百六十七人，少年身心障礙人口為二萬八千三百三十九人（見**表7-19**）。我們需要務實地思考以家庭為本位的福利服務作為，也就是說，扣緊身障個體以及身障家庭集體的雙重生命軌跡的發展歷程，來提供諸如早期療育、特殊教育、促進就業、養護安置、殘障津貼、稅式扣除、輔助器具、定額僱用、居家護理、臨短托服務、日間照顧、親職教育、心理諮詢、轉介服務、個案管理、無障礙環境、復康巴士、公益信託等等兼具支持、補充、保護以及替代性質之連續進程的照顧措施！

## 六、青少年中輟、偏差、犯罪等議題探討

根據調查，我國的兒童／少年中途輟學率在一九九五至一九九七年間，數據約在0.24%至0.21%之間；一九九八至二〇〇三年間，中輟比率則降至0.1%左右。實際中輟人數從一九九五年的七千四百八十五

表7-19　臺閩地區身心障礙人口一覽表

| 年別 | 總計 | 0-2歲 | 3-5歲 | 6-11歲 | 12-14歲 | 15-17歲 | 18-29歲 | 30-44歲 | 45-59歲 | 60-64歲 | 65歲以上 |
|---|---|---|---|---|---|---|---|---|---|---|---|
| 1997 | 500,138 | 1,495 | 6,049 | 16,331 | 10,154 | 13,741 | 61,141 | 124,496 | 86,551 | 32,179 | 148,001 |
| 1998 | 571,125 | 1,341 | 5,768 | 17,481 | 9,771 | 13,273 | 64,821 | 135,476 | 100,723 | 37,316 | 185,155 |
| 1999 | 648,852 | 1,564 | 5,716 | 19,054 | 10,247 | 12,957 | 67,069 | 146,821 | 118,894 | 44,281 | 222,249 |
| 2000 | 711,064 | 1,753 | 5,873 | 19,970 | 10,664 | 12,735 | 70,292 | 155,746 | 136,777 | 49,354 | 247,900 |
| 2001 | 754,084 | 1,836 | 5,897 | 20,291 | 11,001 | 12,397 | 72,476 | 159,973 | 153,645 | 52,641 | 263,927 |
| 2002 | 831,266 | 1,983 | 6,641 | 21,710 | 11,645 | 12,858 | 76,677 | 168,788 | 177,012 | 58,665 | 295,287 |
| 2003 | 861,030 | 2,203 | 6,915 | 22,195 | 12,207 | 13,266 | 78,491 | 171,030 | 193,854 | 60,918 | 299,951 |
| 2004 | 908,719 | 2,271 | 7,546 | 23,279 | 12,724 | 14,059 | 80,804 | 173,397 | 214,672 | 64,735 | 315,232 |
| 2005 | 937,944 | 2,151 | 7,593 | 23,782 | 13,312 | 14,338 | 81,212 | 171,091 | 232,405 | 64,361 | 327,699 |
| 2006 | 981,015 | 2,188 | 7,424 | 24,655 | 13,764 | 14,575 | 81,657 | 171,099 | 249,923 | 65,366 | 350,364 |
| 2007 | 1,020,760 | 1,998 | 7,032 | 25,182 | 14,133 | 15,167 | 81,872 | 169,317 | 267,302 | 67,669 | 371,088 |
| 2008 | 1,040,585 | 1,792 | 6,660 | 25,218 | 14,241 | 15,598 | 80,794 | 166,051 | 279,376 | 70,869 | 379,986 |
| 2009 | 1,071,073 | 1,727 | 6,571 | 24,580 | 14,566 | 15,996 | 79,739 | 164,809 | 290,051 | 76,555 | 369,479 |

資料來源：內政部統計資訊網（2010b）。

人，降至一九九八年的三千六百五十八人，再降至二○○二年的二千二百二十七人為最低。其中，單親家庭及原住民家庭兒童／少年中輟的情形逐年增加，在二○○一至二○○三年都達到當年度曾中輟兒童／少年人數的一半以上（見**表7-20**）。中輟率減少及復學率的提升是政府努力減少中輟問題的主要措施之一，但從數據所發現的另一個問題是：每年找回的學生復學率很高，但再輟學的比率也高，復學之後的輔導與追蹤是否發揮應有的功能，有待進一步檢驗與思考。

學生中輟除了因教育中斷而影響學業外，中輟學生也成為少年犯罪的高風險群，例如較常出現未成熟的性行為、未成年懷孕、犯罪與非行行為、酗酒、藥物濫用及自殺行為（Kushman & Heariold-Kinney, 1996；郭靜晃，2004）。此外，處理中途輟學問題對於中輟生本人及對社會造成的影響，其所需的花費是相當龐大的。除了中輟學生自己本身比完成

表7-20　歷年中輟人數統計

| 年度 | | 1995 | 1997 | 1998 | 2000 | 2003 | 2004 | 2005 | 2006 |
|---|---|---|---|---|---|---|---|---|---|
| 實際中輟人數 | 人數 | 7,485 | 6,106 | 3,658 | 2,265 | 2,948 | 2,382 | 1,785 | 1,295 |
| | 中輟率% | 0.24 | 0.21 | 0.13 | 0.08 | 0.10 | 0.10 | 0.06 | 0.05 |
| 曾輟學人數 | | 9,790 | 8,984 | 8,368 | 8,666 | 8,605 | 8,168 | 7,453 | 6,194 |
| 單親人數 | | | | 2,414 | 2,980 | 3,921 | 3,799 | 3,627 | 3,185 |
| 原住民人數 | | | | 921 | 887 | 1,244 | 1,118 | 992 | 791 |
| 復學人數 | | 2,305 | 2,878 | 4,710 | 6,401 | 5,657 | 5,786 | 5,668 | 4,899 |
| 復學率 | | 23.54 | 32.03 | 56.29 | 73.86 | 65.74 | 70.84 | 76.05 | 79.09 |

資料來源：教育部統計處（2008）。

正式學程的同學少賺了許多收入外，政府為善後中輟生所產生的問題及預防中輟問題的服務方案，亦是一項沉重的負擔（Rosenthal, 1998；郭靜晃，2004）。

根據法務部保護司（2009）的歷年兒童／少年犯罪人口率統計，自一九九八年兒童及青少年犯罪率從34.04%到二〇〇五年的16.38%，可以發現每年都有下降的趨勢（見**表7-21**）。但檢視歷年兒童／少年犯罪總人數暨虞犯少年人數則可發現，一九九八年兒童／少年虞犯有二百二十七人，到了二〇〇〇年時雖然下降至一百六十九人，但從二〇〇一至二〇〇六年兒童／少年虞犯的人數不斷增加，尤其是二〇〇四年兒童／少年虞犯的人數最多，增加至一千二百二十一人（見**表7-22**）。

如前所述，兒童／少年觸犯刑罰法律人口數減少的趨勢與少年事件處理法之轉向制度引用有關，學校經驗對每一位兒童／少年都是必須經歷，且非常重要。每位學生到學校之前要有學習的準備，早期的成功經驗將有助於兒童奠立日後學習的基石，以及明瞭學習努力與堅持才是成功之路。然而並不是每一位兒童／少年在學校皆能有好的適應，甚至有些兒童／少年在學校會產生問題與適應困難。身為一位教育者、輔導者

表7-21　歷年兒童／少年犯罪人口率　　人口率；單位：萬人

| 年別 | 合計 | | | 兒童 | | | 少年 | | |
|---|---|---|---|---|---|---|---|---|---|
| | 人口數 | 犯罪人數 | 犯罪人口率 | 人口數 | 犯罪人數 | 犯罪人口率 | 人口數 | 犯罪人數 | 犯罪人口率 |
| 1998 | 5,723,011 | 19,479 | 34.04 | 3,547,647 | 397 | 1.12 | 2,175,364 | 19,082 | 87.72 |
| 1999 | 5,868,903 | 17,908 | 30.51 | 3,785,640 | 349 | 0.92 | 2,083,263 | 17,559 | 84.29 |
| 2000 | 5,779,069 | 15,848 | 27.42 | 3,751,124 | 285 | 0.76 | 2,027,945 | 15,563 | 76.74 |
| 2001 | 5,662,521 | 14,882 | 26.28 | 3,700,255 | 263 | 0.71 | 1,962,266 | 14,619 | 74.50 |
| 2002 | 5,544,533 | 13,821 | 24.93 | 3,611,832 | 231 | 0.64 | 1,932,701 | 13,590 | 70.32 |
| 2003 | 5,429,950 | 11,652 | 21.46 | 3,517,927 | 201 | 0.57 | 1,912,203 | 11,451 | 58.89 |
| 2004 | 5,345,047 | 9,566 | 17.90 | 3,413,894 | 199 | 0.58 | 1,931,153 | 9,367 | 48.50 |
| 2005 | 5,550,472 | 9,089 | 16.38 | 3,294,247 | 238 | 0.72 | 2,256,225 | 8,851 | 39.23 |
| 2006 | 5,107,181 | 9,073 | 17.77 | 3,176,997 | 239 | 0.75 | 1,930,184 | 8,834 | 45.77 |
| 2007 | 5,002,123 | 9,072 | 18.14 | 3,058,061 | 214 | 0.70 | 1,944,062 | 8,858 | 45.56 |
| 2008 | 4,868,304 | 9,441 | 19.39 | 2,936,650 | 204 | 0.69 | 1,931,654 | 9,237 | 47.82 |

資料來源：法務部保護司（2009）。

表7-22　歷年兒童／少年犯罪總人數暨虞犯少年人數

| 年別 | 觸犯刑法法令少年／兒童 | | | | | | | | | 虞犯兒童／少年 | |
|---|---|---|---|---|---|---|---|---|---|---|---|
| | 合計 | | | 刑事案件 | | | 保護事件 | | | | |
| | 人數 | 指數 | 百分比 | 人數 | 指數 | 百分比 | 人數 | 指數 | 百分比 | 人數 | 指數 |
| 1999 | 17,908 | 100 | 100.0 | 881 | 100 | 4.92 | 17,027 | 100 | 95.08 | 178 | 100 |
| 2000 | 15,862 | 89 | 100.0 | 548 | 62 | 3.45 | 15,314 | 90 | 96.55 | 169 | 95 |
| 2001 | 14,894 | 83 | 100.0 | 493 | 56 | 3.31 | 14,401 | 85 | 96.69 | 326 | 183 |
| 2002 | 13,826 | 77 | 100.0 | 514 | 58 | 3.72 | 13,312 | 78 | 96.28 | 644 | 362 |
| 2003 | 11,669 | 65 | 100.0 | 493 | 56 | 4.22 | 11,176 | 66 | 95.78 | 929 | 522 |
| 2004 | 9,576 | 53 | 100.0 | 392 | 44 | 4.09 | 9,184 | 54 | 95.91 | 1,221 | 686 |
| 2005 | 9,089 | 51 | 100.0 | 388 | 44 | 4.27 | 8,701 | 51 | 95.73 | 880 | 494 |
| 2006 | 9,073 | 51 | 100.0 | 339 | 38 | 3.74 | 8,734 | 51 | 96.26 | 866 | 487 |
| 2007 | 9,072 | 51 | 100.0 | 431 | 49 | 4.75 | 8,641 | 51 | 95.25 | 857 | 481 |
| 2008 | 9,441 | 53 | 100.0 | 324 | 37 | 3.43 | 9,117 | 54 | 96.57 | 1,182 | 664 |

資料來源：法務部保護司（2009）。

或社會工作者的助人專業，應如何預防學生在校產生問題呢？**表7-23**提供一些預防策略，幫助兒童／少年能從學校及老師處獲得個別瞭解及被賦與價值，提升兒童／少年獲得成功的學校經驗，進而減少犯罪率並使其日後的生活品質獲得提昇。

**表7-23　預防兒童／少年在學適應問題的策略**

| 策略 | 父母能做的事 | 學校能做的事 |
|---|---|---|
| 提升入學準備度，以幫助兒童有好的學習開始。 | 1.帶兒童注射疫苗，鼓勵兒童有好的飲食及運動習慣，確信兒童有足夠的睡眠。<br>2.選擇有品質的幼教機構，幫助兒童學習好的基本技巧，鼓勵兒童對學校和學習有正面的態度。<br>3.每日與兒童共讀，並鼓勵他們多使用語言描述事物、提問及有好奇心。<br>4.鼓勵兒童努力，不要只評論結果。<br>5.讓兒童知道你相信他們可以努力及幫助他們持續努力地學習。 | 1.為父母提供明確建議，以增加兒童的學習準備度。<br>2.仔細篩檢所有幼兒以鑑別有需要及早介入幼教方案之幼兒。<br>3.建立能刺激好奇、提問及學習熱誠的氛圍。<br>4.發展強調努力、持續力及專精取向的學校政策。<br>5.對學生有正向的期望。 |
| 幫助建立正向的學校環境，以增進兒童在學的舒適感，建立自信及快樂。 | 1.積極參與學校事務。擔任愛心父母、志工及參加學校活動。<br>2.即使孩子不是問題兒童，也要定期與老師碰面、會談。<br>3.要求老師強調努力、持續力及專精取向，並對兒童有正向的期望。<br>4.考量並評估孩子的課室氣氛，如是溫暖還是冷淡。 | 1.鼓勵有意義及規律的父母參與。<br>2.採取步驟消弭負向的課室環境。<br>3.舉辦支持正向課室氣氛及專精學習的常規在職訓練。<br>4.盡力降低師生比至1：20以下；年級愈低，師生比要更低。 |

（續）表7-23　預防兒童／少年在學適應問題的策略

| 策略 | 父母能做的事 | 學校能做的事 |
| --- | --- | --- |
| 思考學校結構與政策的影響，提供適當的階段——環境適合度。 | 1.質疑強調成績與競爭的學校政策。要求執行強調學習、努力及持續力的教學。<br>2.在中學，支持對學生友善的辦法，例如區塊時間表或家庭「建議」室之方案。<br>3.注意新生入學銜接困難的可能癥候。 | 1.思考學校是否太強調能力取向，嘗試強調努力、持續力及學習取向。<br>2.考量使用「建議」方案或區塊時間表，如此一來可增進師生關係。<br>3.注意學生適應困難的癥候。<br>4.營造對學生友善的常規，並教導學生自我管理——即自我控制策略。<br>5.常與父母互動，以確信學生的需求能獲得滿足。 |
| 瞭解學生出身的不同文化，以便學校能與兒童／少年的生活關係更密切且更吸引學生。 | 1.瞭解孩子的老師，幫助老師瞭解他們與你們文化的差異。<br>2.幫助孩子的教室及學校組織多元文化情境。<br>3.要瞭解學校的課程為何如此組成，找出學校課程能被孩子所接受的理由。<br>4.指出你的孩子所學習的內容及技巧，特別是你孩子認為不符合你文化的主題。 | 1.規劃親師合作方案。<br>2.提供在職訓練，幫助老師瞭解學生的文化、期望以及風俗習慣。<br>3.鼓勵老師整合學生文化背景的訊息，並可利用作為學習課程教材。<br>4.要求社區成員說出不適合他們孩子及文化的教學題材，盡量改善這些與文化不相容的教學題材。 |
| 不要只是教學生課程內容，不要讓學生排除非學術之需求，致成為其學習之障礙。 | 1.幫助兒童發展正向、支持性的友誼。<br>2.鼓勵兒童多討論學校的事——有關他們所學習的內容，不管喜歡或不喜歡，鼓勵他們談及其原因。<br>3.鼓勵兒童與所信任的成人們，如老師，發展正向關係。 | 1.與學生談論學習態度、自我控制策略及如何因應負向情緒。<br>2.提供有學習、情緒或社會困難的學生諮詢服務或轉介。<br>3.讓學校成為學生學術及非學術的諮詢來源。 |

資料來源：郭靜晃譯（2008）。

## 七、青少年婚前性行為議題探討

有關青少年婚前性行為所產生的未婚懷孕問題已在前一節中有詳細的探討，在這裡以高雄市愛國國小為例，為學校、社會、家庭三系統作處遇性概念的釐清。高雄市愛國國小選在畢業前夕，為一百多位畢業生連續上了四天的兩性教育課程，並且簽下「拒絕婚前性行為的誓卡」約束自己，希望學生在未來迎接另一個階段時，能提醒自己在關鍵時刻做正確的決定。畢業生宣誓：「我拒絕婚前性行為」（PChome個人新聞台，2008/6/17）。

十二歲左右的學生一同簽下了「我拒絕婚前性行為誓卡」，顯然，對於小六學生簽署拒絕婚前性行為守貞卡一事，聚焦所在不全然在於對兒童階段的小六學生來說，「婚前－性行為－婚前性行為」本身所充斥的荒謬性，而是一起守約的從眾行為，究竟有無搭配其他的對應措施，特別是相應於馬上面臨的國、高中的青春狂飆期；連帶地，即使是要凸顯簽署認同守貞的集體性行為，不論是作為預防事情發生的未雨綢繆，抑或是為了避免弄假成真的懷孕生子，首重的政策性思考應是強化兩性教育的概念內涵，這是因為：接受兩性教育課程的社會化目標，不應該只是將性行為逕自施以禁制與否的二分式切割，而是如何將兩性教育所側重的有與無的嚴禁性訓誡，擴及到程度別的安全性行為與危險性行為的機會教育上。

就此而言，針對國小、國高中學生所設計的兩性教育，理應要有從完全排斥的嚴禁性行為到相對包容的安全性行為的觀念廓清，藉此鑲嵌「不可行」與「可行」，以整合成為多元、彈性、保護與尊重的兩性教育，更具體地說，攸關到衛生教育、兩性教育、情色教育、生命教育、親職教育、家庭教育、法治教育與社會教育等等照顧管理模式的機制設計，是有它跨部會、跨領域以及跨專業的綜合思考；連帶地，對於懷孕或生育而遭遇困境的兒童／少年（未成年父母）及其子女，理應結合社政、教育、醫療、戶政主管機關，以建立起整合性服務流程，藉此維護其身分權、健康權、受教權與福利權。

## 八、青少年就業議題探討

本文就青少年就業及職涯發展問題方面進行探討。青少年就業族群橫跨十五至二十四歲的年齡層，是人生中首次就業的階段。青少年是否能順利進入就業市場，是青少年是否能順利轉變為獨立自主、自信自重、承擔社會責任的成年公民的重要關鍵。青少年的失業，可能導致青少年自身被邊緣化、被排擠、遭受挫折及產生低自尊，也可能造成嚴重的社會成本；從另一方面來說，青少年是國家的重要資產，更是國家創造力與創新的重要來源。因此，政府對於青少年就業的協助，不應僅視為是解決問題或負擔，而應積極視為是對於國家未來發展機會的投資。

### (一)青少年的失業率高於平均失業率

依據行政院主計處的人力資源調查統計資料顯示，臺灣地區青少年的失業率較平均年齡層總體情況為高；連帶地，揆諸一九九六到二〇〇五年青少年失業率與平均失業率的關聯性，更是發現青少年失業率均高於平均失業率，不過，兩者之間的差距有逐年縮短的變化趨勢（見**表7-24**）。

近幾年來，包括英國、法國、德國、瑞典等歐洲主要國家都面對青少年失業率高升的問題，他們所採取的因應政策有下列各個面向：(1)協助失業青少年重返勞動市場，包括設置就業服務體系、鼓勵青少年參加短期基本訓練、獎勵補助聘僱青少年的企業僱主；(2)政府在公部門創造就業機會，提供青少年短期就業機會，使其保持就業意願與能力；(3)提供全職教育訓練，或透過師徒制，讓青少年一方面賺取所得，一方面可以取得職業證照；(4)輔導創業能力，讓遇上就業障礙的青少年有機會

表7-24　歷年青少年、中高年與平均失業率的比較　單位：%

| 年別 | 青少年失業率 | 中高年失業率 | 平均失業率 |
|---|---|---|---|
| 1998 | 7.32 | 1.44 | 2.69 |
| 1999 | 7.34 | 1.65 | 2.92 |
| 2000 | 7.36 | 1.75 | 2.99 |
| 2001 | 10.44 | 2.92 | 4.57 |
| 2002 | 11.91 | 3.37 | 5.17 |
| 2003 | 11.44 | 3.76 | 4.99 |
| 2004 | 10.85 | 3.20 | 4.44 |
| 2005 | 10.59 | 2.79 | 4.13 |
| 2006 | 10.31 | 2.31 | 3.91 |
| 2007 | 10.65 | 2.24 | 3.91 |
| 2008 | 11.81 | 2.54 | 4.14 |

資料來源：行政院主計處（2010）。

成為微小型企業創業者或自營作業者；(5)建構教育與就業之間的銜接機制，強化學校與企業的互動。

同許多先進國家一樣，臺灣的青少年在就業上不只受到經濟景氣、產業結構變遷的影響，更受到社會文化、全球化等因素的衝擊。面對知識經濟的潮流，愈來愈多年輕人選擇繼續升學，延緩進入職場的時間。也由於產業結構快速變遷，使得年輕人的職涯規劃不再是傳統的尋求鐵飯碗的觀念，而必須強調適應、創新、改變的能力，年輕人不再是直線性的從學習者進入到工作者的身分，而可能是在兩種身分之間非線性的交錯變化；終身學習成為這一代年輕人職涯發展中的重要需求，也對傳統的教育體系帶來挑戰；全球化的影響，使得這一代年輕人的國際視野、競爭力，與跨國工作能力的養成變得日益重要。這些變化不只對這一代的青少年構成重大的挑戰，也要求政府在制定青少年就業政策時，必須能有效回應大環境的改變，並滿足不同類型青少年在職涯發展上的真正需求（行政院青輔會，2004）。

### (二)青少年就業與升學問題的社會現況探討

基於社會性保護以及人力資本投資原則，當前臺灣社會的青少年，大多數在國中畢業後即順利地繼續升學進入普通高中、職業高中或專科學校就讀，僅有少部分國中畢業生進入職場就業；不過，還是有一定比率是未升學且未就業的青少年，根據教育部統計，每年約有2%至3%的青少年在國中畢業後未繼續升學；此外，教育部二〇〇六年五月的調查統計資料顯示，九十四學年度國中畢業生未升學的人數高達有六千七百零九人，對此，在教育部、勞委會及青輔會所進行的初步分析中發現，國中畢業未升學或未就業的主要原因為：(1)家庭經濟因素未能繼續就學；(2)不適應學校正規教育，導致學業低成就或無升學意願；(3)暫不升學而有就業意願，但因僅有國中學歷或低技術能力，導致在職場上無法覓得合適工作。由此觀之，對這些青少年而言，部分是有升學意願，但因經濟因素而無法升學者，或許可提供經濟層面的協助，對於無升學意願或有工作意願者，則應提供其進入職場取得公平而又穩定的工作機會，如此才不至於造成人力資源的浪費，讓青少年生涯發展所可能造成的不利影響減低。

青少年若能順利就業，將有助於其個別人力資本和勞動競爭力的累積；事實上，國際間對於青少年就業的相關輔導策略大致上亦著眼於就業準備，例如經濟合作與發展組織（簡稱經合組織，OECD）國家的青少年勞動市場政策包括六大範疇：(1)為弱勢青少年提供介入政策；(2)教育與訓練的多元發展；(3)改善就業能力與動員勞動供給的積極措施；(4)大規模創造與促進工作機會；(5)提供學校與工作橋梁的雙軌制；(6)離校者的安全網。

除此之外，其他的建置性措施還包括最低薪資、減少勞動成本措施、就業保障、教育到工作的轉移過程，如對新進與重新進入勞動市場者為生涯諮商對象等（OECD, 2003；轉引自郭振昌，2003）。又如美國於一九九四年所頒布的「學校到工作機會法案」（School-to-Work

Opportunities Act），其主要的內涵便包括以學校為基礎、以工作為基礎及連結活動等的規劃原則，具體而微的對應措施有：(1)以學校為基礎的內涵，包括生涯探索和諮商等活動；(2)以工作為基礎的內涵，包括工作訓練和經驗、工作見習（work shadowing）、在職訓練、職場實習督導等；(3)連結活動的內涵有將學生和僱主所提供的學習機會配對、提供技術協助和相關服務、統整學校和工作的活動等。

相較之下，我國對於青少年就業輔導的措施，早在一九八二年即訂頒有「未升學未就業青少年輔導工作要點」，以居住於都市之十五至二十四歲未升學未就業青少年為對象，必要時對居住於村里鄉鎮者亦納入予以輔導，其相關的工作內容包括：(1)調查與資料的建立；(2)加強生活及心理輔導；(3)輔導失學青少年各依其程度能力及興趣，參加課業輔導；(4)輔導失業青少年各依需要接受就業輔導或職業訓練；(5)加強辦理親職教育以改善未升學未就業青少年與其父母之間的親子關係；(6)辦理高中／高職畢業男生志願提前入營服役。行政院勞委會職訓局於二〇〇三年十月啟動「補助辦理未升學青少年就業準備試辦計畫」，藉以協助十五至二十四歲未升學有就業意願且具有工作能力的青少年就業；此外，行政院經建會、青輔會及勞委會於二〇〇三年十一月實施「青年職場體驗計畫」，參照歐美國家的企業見習模式，提供十八至二十九歲高中（職）以上畢業青年短期見習訓練，此計畫的用意在鼓勵事業單位協助政府有效因應失業問題，幫助企業儲備所需人才，降低用人成本，同時鼓勵青年「從做中學」（learning by doing），在職場體驗中學習成長，進而爭取正式就業機會。

二〇〇五年，政府推出「促進特定對象就業補助作業要點」，進一步結合政府及民間資源，用以促進弱勢青少年就業，其服務的標的對象主要為十五歲以上未滿二十四歲、未升學未就業、偏遠地區或高危機高關懷青少年；二〇〇六年，行政院召集教育部、勞委會及青輔會研擬訂定「國中畢業生多元進路輔導方案」，除了對家庭經濟因素未能繼續就學者提供相關補助外，對於無升學意願或暫不升學而有就業意願者，責由青輔會及勞委會共同從就業系統提供協助。對此，在勞委會所規劃執行的「飛Young計畫」裡（該計畫於民國九十六年三月九日由行政院勞工委員會公布施行，於民國九十七年三月二十五日終止），以學業成就較低、無升學意願的弱勢青少年，同時就讀於教育部合作式中途班的學員為優先，而青輔會則協調教育部與勞委會共同訂定「國中畢業未升學未就業青少年職能培訓輔導計畫」，以十五至十九歲國中畢業未升學未就業青少年為對象，藉由所提供的職涯探索、職場見習、戶外體驗及就業專長培訓等課程，同時結合個案輔導員的全程輔導，以協助青少年探索職涯興趣、培養正確的就業觀念與態度，以及從職場見習中學習就業技能。最後，再依其性向及興趣，輔導其就業或返回學校繼續進修。其後為協助青年就業，勞動部跨部會跟進推動「青年圓夢計畫—北中南攜手飛young」，進一步鼓勵並評估適性就業，政府陸續積極推動青少年就業。

在臺灣，尼特族（NEET, Not Employment, Education or Training）的現象雖不像英、美、日等國那樣明顯，但根據教育部統計，每年約有2%至3%的青少年在國中畢業後未繼續升學。

由於青少年期正是人生的風暴期與徬徨期，從發展的觀點來看，心理層面面臨自我認同與角色混淆的危機，而人生發展正處於生涯試探期，此一時期最易產生心理困擾、壓力與挫折，為了避免衍生各種病態問題，「培養健康青少年就是培養未來健康社會」的觀點應被重視，所謂**健康的青少年**，除了生理上的健康狀態外，亦須有健康的心理，評估心理健康程度的指標之一即是堅毅力，它是指在面對具挑戰性或威脅性的環境下，成功適應的過程、能力或結果。

**心理的堅毅力**關注於行為適應，通常被定義為內在的幸福感，或是指能在環境中發揮效能，抑或兩者兼具（Masten, Best, & Garmezy, 1990）。也就是說，一個堅毅的青少年能夠因應不斷變遷的需求及生命歷程中所面臨的挫折與失望，在此過程中逐漸自我肯定，發現自己的能

力與價值，並期許自己成為一個勤奮耐勞、充滿自信的人，這些都對青少年的自尊與自我概念有所幫助。

由此可見，青少年需要培養能夠成為社會有用分子的能力，如果青少年無法成為一個具有正向發展結果的公民，那將對社會無所助益。William Damon（1997）建立了美國與世界的青少年章程（youth charter），這是一種社區可採納用來提供青少年健康發展的框架，包括一系列規則、引導、行為計畫。Damon提出，青少年和社區中重要他人可以如何創造伙伴關係，以追求正向道德發展與智力成就。Yates和Youniss（1996）則認為，讓青少年處於一個關懷且有助於發展的社區，可以促進他們的道德發展，並對公民社會有所貢獻。Benson（1997）認為，社會需要運用資產（發展性資產）來促進青少年正向發展，這裡所謂的**資產**是指青少年發展所需的個人、家庭和社會的資源，也就是當個人（對學習全心全意投入、健康的自我辨識）、家庭（賦權並設定界線的關懷態度、教養風格）、社區（社會支持、使孩子能接受教育資源的方案、安全，並在社區中得到教導）採取行動時，將能增進青少年的正向發展。Benson和他的同僚（1998）透過研究找出四十種資產，包括二十種內在資產及二十種外在資產（見**表7-25**），他們也發現青少年擁有愈多資產，則其正向、健康發展的可能性愈高。

上述發展性資產均對青少年正向發展具有幫助，但另一個關切的議題是要如何強化青少年擁有這些資產。Benson等學者總結了數個研究結果，發展出一個整合模式，這個模式指出，當青少年在能提供指引的家庭中成長，他們會學習到政策和相關方案所教導他們的行為。因此，公共政策的焦點應該放在使家庭具有提供孩子規範和期望、社會心理和安全的需求、愛和關懷的氣氛、自尊、鼓勵成長、正向價值觀和與社會正向連結的能力。政策方案的施行應該加強家庭教養孩子和社會化所需的資源，這些資源能給孩子一個健康的開始、安全的環境、關懷和可靠的成長、市場導向的技能、回饋社區的機會。如果方案

表7-25　青少年正向的外在及內在資產

| 資產 | 名稱與定義 |
|---|---|
| 二十種外在資產 | |
| 一、支持 | 1.家庭支持：家庭提供愛與支持。 |
| | 2.正向的家庭溝通：親子間能正向溝通，且青少年願意尋求父母的意見。 |
| | 3.與其他成人的關係：除了父母之外，青少年能接受三位以上成人的意見。 |
| | 4.關懷的鄰居：擁有互相關懷、照顧的鄰居。 |
| | 5.關懷的學校氣氛：學校提供關懷、激勵性的環境。 |
| | 6.父母的學校參與：父母主動參與，幫助青少年在學校成功。 |
| | 7.重視青少年的社區：青少年在社區中能感受到成人對其重視。 |
| 二、賦權 | 8.青少年被視為資源：青少年在社區中被賦予重要角色。 |
| | 9.服務他人：青少年每週在社區中服務一小時以上。 |
| | 10.安全：青少年在家、在學校、在社區都能感到安全。 |
| 三、界限與期望 | 11.家庭界限：家庭有清楚的規定和行為後果，並掌握青少年的行蹤。 |
| | 12.學校界限：學校提供清楚的規定和行為後果。 |
| | 13.鄰居界限：鄰居能協助掌握青少年的行為。 |
| | 14.成人角色楷模：父母與其他成人提供正向、負責任的楷模。 |
| | 15.正向的同儕影響：青少年的好友能提供正向的楷模。 |
| | 16.高度期望：父母與師長鼓勵青少年。 |
| 四、建設性地使用時間 | 17.創造性活動：青少年每週花三小時以上的時間在課業、音樂、戲劇或其他藝術上。 |
| | 18.青少年方案：青少年每週花三小時以上的時間在運動、社會或其他學校、社區組織。 |
| | 19.宗教性社區：青少年每週花一小時以上在宗教組織上。 |
| | 20.在家時間：青少年每週低於兩次與朋友無所事事的外出。 |
| 二十種內在資產 | |
| 五、學習投入 | 21.成就動機：青少年在學校中有表現良好的動機。 |
| | 22.學校參與：青少年主動參與學習。 |
| | 23.家庭功課：青少年放學後至少花一小時做功課。 |
| | 24.與學校的連結：青少年關心其學校。 |
| | 25.為樂趣而閱讀：青少年每週至少因樂趣而閱讀三次以上。 |

（續）表7-25　青少年正向的外在及內在資產

| 資產 | 名稱與定義 |
|---|---|
| 六、正向價值觀 | 26.關懷：青少年重視幫助別人。 |
| | 27.公平與社會正義：青少年重視公平及減少飢餓與貧窮等社會議題。 |
| | 28.正直：青少年能捍衛自身的信念。 |
| | 29.誠實：青少年盡可能說實話。 |
| | 30.負責任：青少年接受個人責任。 |
| | 31.克制：青少年相信不從事性行為或不使用酒精、毒品的重要性。 |
| 七、社會能力 | 32.計畫與決定：青少年知道如何去計畫與做決定。 |
| | 33.人際能力：青少年有同情心、同理心和友誼技巧。 |
| | 34.文化能力：青少年知道如何與不同文化、種族、民族背景的人相處。 |
| | 35.拒絕的技巧：青少年能拒絕負面的同儕壓力和危險情況。 |
| | 36.和平地解決衝突：青少年能尋求非暴力的衝突解決方案。 |
| 八、正向自我認同 | 37.個人力量：青少年知道如何去計畫和做決定。 |
| | 38.自尊：青少年有高度自尊。 |
| | 39.目標感：青少年認為自己的生活有目標。 |
| | 40.個人未來的正向感：青少年對於個人未來抱持樂觀態度。 |

資料來源：Benson et al. (1998).

是有效的，在孩子身上應該可以看到數個發展結果，我們將這些結果歸結為5C（Five Cs）：即能力（Competence）、連結（Connection）、品格（Character）、自信（Confidence）、關懷（Caring）或同情心（Compassion）（引自黃德祥等譯，2006）。

從生態系統的觀點來看，社會變遷所牽動的不僅是社會結構的改變，同時也影響家庭及個人，當家庭及個人發生問題時，則又須透過制度的改變，以協助其適應。因此，我們從上述各項兒童／少年所面對的社會變遷結果，歸結出幾個主要的現象，以呈現兒童／少年的生活樣貌，並思考未來制度面應如何回應兒童／少年乃至家庭的方向。

首先，在社會結構層面，少子化對未來人口的衝擊，致使兒童／

少年在成年後必須面對更沉重的扶養壓力；單親家庭、隔代家庭持續增加，家庭經濟負擔、照顧角色及責任負荷加重；外籍配偶家庭快速增加，生育子女之後的教養及教育問題逐漸浮現。因此，未來對於單親、隔代、外籍配偶家庭的支持服務應更強化，以解決家庭的經濟、照顧等問題，進而促進兒童／少年人力品質的提昇。

其次，在兒童／少年照顧與保護層面，托育服務在長年努力下已有一定成果，為因應雙薪家庭的增加，課後托育成為重要支持；經濟弱勢兒童／少年人數增加，雖然社會提供持續性的扶助及補助措施，但潛在的教育條件、競爭條件仍舊薄弱的問題，往往讓貧窮兒童／少年無法有效藉由教育脫貧，因而再次陷入貧窮循環；受虐兒童／少年人數逐漸增加，除彰顯社會對兒童人身安全權益的重視之外，對於施虐者的治療與輔導，以及對於受虐兒童／少年的安置與輔導，仍是必須關注的焦點。

最後，在少年關懷輔導層面，少年中輟情形減緩，犯罪率因轉向制度的實施而呈現減少趨勢，但虞犯比率上升；同時伴隨發生的是兒童／少年涉案暴力化、多樣化與犯罪年齡下降等趨勢，也因輔導成效不彰，造成再犯率持續升高。另外，青少年失業比例偏高，長期無法進入就業市場，影響個人生涯發展，也可能導致青少年自身被邊緣化、被排擠、遭受挫折、增加社會成本等問題。因此，未來對於偏差少年的輔導、一般少年的職涯發展輔導，應更具體思考解決策略。

整體而言，現今兒童／少年身處變遷快速的社會環境中，需要發展各種能力去適應外在的變化，但其在社會當中屬於相對弱勢，無法為自己的需求發聲，因此需要成人的協助。同時，兒童／少年處於身心發展的重要基礎期，無論其生理、人格、情緒、認知、語言發展，均是未來社會人力資源品質的關鍵，因此，如何營造有利兒童／少年健全成長的環境，仍要回歸到家庭能否獲得足夠的資源與協助，以獲得照顧兒童／少年的能力。此外，國家基於兒童／少年權益後盾的角色，應如何提出全面性的政策，並落實為具體的福利服務，也是亟待努力的方向。據此，政府除了在二〇〇三年制訂「兒童及少年福利法」來保障兒童／少年權益，其中第三條規定：「父母或監護人對兒童及少年應負保護、教養之責任。對於主管機關、目的事業主管機關或兒童及少年福利機構依本法所為之各項措施，應配合及協助。」第四條規定：「政府及公私立機構、團體應協助兒童及少年之父母或監護人，維護兒童及少年健康，促進其身心健全發展，對於需要保護、救助、輔導、治療、早期療育、身心障礙重建及其他特殊協助之兒童及少年，應提供所需服務及措施。」這些內容都指出，家庭及社會國家對於兒童／少年照顧及保護的責任與義務。此外，政府在二〇〇四年制定家庭政策，在兒童／少年福利施政上亦依循社會政策綱領及相關法規的目標，提供福利服務。至於，將對象指向兒童／少年為主的福利政策時，我們更應從其需求著眼，檢視福利服務的實際供輸與需求間的落差，藉以作為政策規劃的藍本。

## 第四節　結語

青少年是從兒童邁入成年的一個轉捩期（transitional period），中國人俗稱轉大人。現在青少年期有愈來愈長的趨勢，原因是接受強迫教育、訓練日後進入社會所需的生活技能。青少年是人生歷程中除了嬰兒期之外，發展第二迅速的一個時期，除了生理及性的變化之外，心理上在認知、自我發展和社會關係更是產生很大的改變。不可否認地，青少年更要面對社會中的種種問題，例如婚姻解組、愛滋病、暴力犯罪、藥物濫用、變質的媒體及個人的心理困擾，其實這些問題不在於青少年本身，而是來自成人的社會所造成，這也難怪青少年專家常慨嘆：「我們沒有問題青少年，只有青少年問題，而青少年問題種因於家庭，顯現於學校，惡化於社會。」

# 參考書目

## 一、中文部分

Pchome個人新聞台（2008/6/17）。三又二分之一妄想症，請跟我這樣說：拒絕婚前性行為？！，http://mypaper.pchome.com.tw/jb2019/post/1308150571。

內政部戶政司（2010a）。內政統計年報：人口年齡分配。內政部戶政司全球資訊網，http://www.moi.gov.tw/stat/index.asp。

內政部戶政司（2010b）。內政統計年報：育齡婦女生育統計。內政部戶政司全球資訊網， http://www.moi.gov.tw/stat/index.asp。

內政部兒童局（2006）。《臺閩地區生活狀況調查》。臺中：內政部兒童局。

內政部統計處（2002）。《臺閩地區單親家庭生活狀況調查》。臺北：內政部統計處。

內政部統計處（2008）。育齡婦女生育率，http://sonf.mot.gov.tw/stat/year/list.htm。

內政部統計資訊網（2007）。內政統計年報。兒童及少年福利服務，http://sowf.moi.gov.tw/stat/year/y04-09.xls。

內政部統計資訊網（2008）。內政統計年報。兒童及少年福利服務，http://sowf.moi.gov.tw/stat/year/y04-09.xls。

內政部統計資訊網（2010a）。近七年臺灣地區兒童及少年保護安置情形，http//:www.moi.gov.tw/stat/index.asp。

內政部統計資訊網（2010b）。臺閩地區身障人口一覽表，http://www.moi.gov.tw/stat/index.asp

內政部警政署（2008）。各類刑案被害人數——年齡別，http://www.npa.gow.tw/NPAGiP/wSite/lp?ctNode: 11395&ctUnit=1740&BaseDSD=7&mp=1。

王美芬（1993）。《單親青少年休閒狀況之調查研究》。臺北：國立師範大學教育研究所碩士論文。

王淑女（1994）。〈青少年的法律觀與犯罪行為〉。《輔仁學誌》，26，337-375。

王淑女、許臨高（1991）。《我國現行少年福利法規適用情況調查報告》。南投：臺灣省法規會。

王順民（2007）。〈社會變遷底下的人口樣貌社會圖像與福利論述〉。輯於郭靜晃（主編）、蔡宏昭等著，《社會問題與適應》（第三版）。臺北：揚智文化。

王順民（2008）。他山之石之攻錯與借鏡——關於新加坡財政分紅的衍生性思考。國政報告社會（析）097-001號。臺北：國家政策發展基金會。

古允文等（1999）。「邁向二十一世紀社區福利白皮書」初稿規劃結案報告。臺北：內政部社會司。

司法院統計處（2002）。《九十一年少年兒童犯罪概況及其分析》。臺北：司法院。

伊慶春（1994）。《臺灣民眾的社會景象——社會科學的分析》。臺北：中央研究院中山人文社會科學研究所。

成之約（2003）。青少年就業促進措施，財團法人國家政策研究基金會國政分析。社會（析）092-008號，http://www.npf.org.tw/PUBLICATION/SS/092/SS-13-092-008.htm。

行政院主計處（2006）。《90-94年度人力資源調查提要分析》。臺北：行政院主計處。

行政院主計處（2007a）。我國家庭型態變遷一覽表，http://www.moi.gov.tw/stat/index.asp。

行政院主計處（2007b）。社會發展趨勢調查—婚姻概況，http://www.dgbas.gov.tw/public/Attachment/7720935971.doc。

行政院主計處（2007c）。家庭收支調查，http://www.mov.gov.tw/stat/index.asp。

行政院主計處（2010）。人力資源調查提要分析，http://www.moi.gov.tw/stat/index/asp。

行政院青輔會（2004）。《青少年政策白皮書》。臺北：行政院青輔會。

行政院經濟建設委員會（2006）。中華民國95至140年人口推估。行政院經濟建設委員會，http://www.cepd.gov/tw/public/Attachment/8317144271.pdf。

吳亞紘（2005）。《技職生離合關係、同儕互動與生活型態之相關研究》。臺北：中國文化大學心理輔導研究所未出版碩士論文。

吳芝儀（2000）。《生涯輔導與諮商》。嘉義：濤石。

李旻陽（1992）。《國中學生學習成績、師生互動與偏差行為關係之探討》。臺北：中國文化大學兒童福利研究所未出版碩士論文。

李惠加（1997）。《青少年發展》。臺北：心理。

周碧瑟（1999）。臺灣地區在校青少年藥物使用流行病學調查研究。臺北：行政院衛生署八十八年委託研究計畫。

周震歐（1987）。《犯罪心理學》。自行編印。

林哲立、邱曉君、顏菲麗譯（2007）。《人類行為與社會環境》第二版（Jos B. Ashford、Craig W. LeCroy及Kathy L. Lortie著）。臺北：雙葉書廊。

法務部保護司編（2009）。《少年兒童犯罪概況及其分析——97年》。臺北：法務部。

青輔會（2004）。《青少年政策白皮書》。臺北：行政院青輔會。

洪莉竹（1996）。〈逃學行為的形成原因及輔導策略——系統的觀點〉。《諮商與輔導》，125，6-13。

徐震、李明政、莊秀美（2005）。《社會問題》。臺北：學富文化。

翁慧圓（1996）。〈從家庭系統理論探討國中少年中途輟學問題〉。《社區發展季刊》，73，63-70。

商嘉昌（1994）。《中途輟學與青少年犯罪——以新竹少年監獄為例》。臺北：政治大學社會研究所碩士論文。

張欣戊（1995）。〈認知發展〉。輯於張欣戊等著，《發展心理學》。臺北：國立空中大學。

張欣戊（1999）。從青少年發展看校園暴力，http://www.sinica.edu.tw/info/edu-reform/farea8/j09/39html。

張春興（1986）。《張氏心理學辭典》。臺北：東華書局。

張清富（1995）。《單親家庭現況及其因應對策之探討》。臺北：行政院研究發展委員會。

張清濱（1992）。〈中途輟學的社會學分析及其輔導策略〉。《教育研究雙月刊》，25，48-56。

教育部（1998）。《中華民國教育統計》。臺北：教育部。

教育部訓委會（1992）。《青少年輔導中心的需求評估之研究》。臺北：教育部訓委會。

教育部訓委會（1996）。《輔導中輟學生簡報》。臺北：教育部訓委會。

教育部統計處（2008）。重要教育統計資訊，中輟率與復學率，http://www.edu.tw/

files/site_content/Boo13/overview45.xls。

許文耀（1998）。中輟學生因素之探討。發表於「以愛化礙——關懷中途輟學學生」研討會。

許春金（1991）。《犯罪學》（第三版）。臺北：三民書局。

郭昭佑（1995）。《臺灣省各級學校中途輟學演變趨勢及相關因素之研究》。臺北：政治大學教育研究所碩士論文。

郭振昌（2003）。〈青少年失業問題與就業展望〉。《社區發展季刊》，103，112-125。

郭登聰（2006）。〈從高風險家庭關懷輔導處遇實施計畫探討我國家庭政策的問題與對策〉。《社區發展季刊》，114，86-102。

郭靜晃（2004）。《兒童少年福利與服務》。臺北：揚智文化。

郭靜晃（2005）。《親職教育：理論與實務》。臺北：揚智文化。

郭靜晃（2006）。《青少年心理學》。臺北：洪葉文化。

郭靜晃（2008）。《兒童少年與家庭社會工作》。臺北：揚智文化。

郭靜晃、王順民、曾華源（2000）。《中輟生現況分析與輔導策略之研究》。臺北：中國文化大學社會科學院研究計畫。

郭靜晃、曾華源、湯允一、吳幸玲（2000）。〈臺灣青少年對家庭生活認知與感受之分析〉。《香港青年學報》，6，110-121。

郭靜晃譯（2008）。〈不同發展遭遇的兒童〉，輯於郭靜晃總校閱，《兒童發展》（Joan Littlefield Cook 及Gred Cook著）。臺北：華都。

陳怡冰（1992）。〈親子關係與兒童社會技巧之相關——單雙親家庭之比較研究〉。《學生輔導通訊》，23，45-53。

彭台珠、王淑芳（1998）。〈由少年未成年生育看婚前性行為〉。《慈濟護專學報》，7，65-78。

彭駕騂（1989）。《社會變遷中青少年輔導角色及其定位》。臺北：教育部。

黃德祥等譯（2006）。《青少年心理學：青少年的發展、多樣性、脈絡與應用》（Richard M. Lerner著）。臺北：心理。

黃慧真譯（1989）。《發展心理學——人類發展》。臺北：桂冠書局。

葉光輝譯（1993）。〈道德發展：柯爾堡的理論、研究發現及方法〉。輯於俞筱鈞等譯。《道德發展：柯爾堡的薪傳》。臺北：洪葉。

詹火生（1987）。《社會學》。臺北：國立空中大學。

趙雍生（1997）。〈對臺灣少年犯罪矯治之回顧與展望〉。《社區發展季刊》，72，211-220。

劉玉玲（2005）。《青少年心理學》。臺北：揚智文化。

薛荷玉（2007/04/20）。校園暴力偏差行為暴增四成。《聯合報》，c4版。

謝高橋（1982）。《社會學》。臺北：巨流圖書。

鍾思嘉（1991）。《少年竊盜行為個人心理特質之分析研究》。臺北：教育部訓育委員會。

蘇惠慈（1997）。〈青少年逃學之成因及輔導策略〉。《諮商與輔導》，137，28-31。

## 二、英文部分

Achenbach, T. M. & Edelbrock, C. (1983). Manual for the child behavior checklist and revised child behavior profile. Burlington, VT: Department of Psychiatry.

Adams, G. R., Abraham, K. G., & Markstrom, C. A. (1987). The relations among identity development, self-consciousness, and self-focusing during middle and late adolescence. *Developmental Psychology, 23*, 292-297.

Adams, G. R. & Gullotta, T. (1989). *Adolescent Life Experience*. Pacific Grove, CA : Brooks/Cole.

Alan Guttmacher Institute (1993). *National Survey for the American Males' Sexual Habits*. New York: Author.

Atwater, E. (1992). *Adolescence* (3rd ed.). Englewood Cliffs, NJ: Prentice Hall.

Baumrind, D. (1989). Effective parenting during the early adolescent transition. In P. A. Cowan & E. M. Hetherington (Eds.). *Advances in Family Research* (Vol. 2). Hillsdale, NJ: Erlbaum.

Benson, P. L. (1997). *All Kids Are Our Kids*. San Francisco, CA: Jossey-Bass, Inc.

Benson, P. L., Leffert, N., Scales, P. C., & Blyth, D. (1998). Beyond the "village" rhetoric: Creating healthy communities for children and youth. *Applied Developmental Science, 2(1)*, 138-159.

Berdt, T. J. & Ladd, G. W. (1989). *Peer Relations in Child Development*. New York: Wiley.

Berdt, T. J. (1979). Development changes in conformity to peers and parents.

*Development Psychology, 15*, 608-616.

Blos, P. (1979). The second individuation process of adolescence. *Psychoanalytic Study of Child, 72*, 162-186.

Bronfenbrenner, U. (2000). Ecological systems theory. In A. kazdin(Ed.). *Encyclopedia of Psychology*. Washington, D. C. and New York: American Psychological Association and Oxford University Press.

Brooks-Gunn, J. & Furstenberg, F. F. Jr. (1989). Adolescent sexual behavior. *American Psychologist, 44*, 249-257.

Brooks-Gunn, J. & Ruble, D. N. (1983). The experience of menarche from a developmental perspective. In J. Brooks-Gunn & A. C. Petersen (Eds.). *Girls at Puberty*. New York : Plenum.

Brown, B. B. (1990). Peer groups and peer cultures. In S. S. Feldman & G. R. Elliott (Eds.). *At the Threshold: The Developing Adolescent* (pp. 171-196). Cambridge, MA: Cambridge University Press.

Campbell, E. (1984). Familial correlates of identity formation in late adolescence: A study of the predictive utility of connectedness and inviduality in family relation. *Journal of Youth and Adolescence, 13(6)*, 509-525.

Carnegie Corporation of New York (1995). *Great Transitions: Preparing Adolescents for A New Century*. New York: Author.

Carnegie Council on Adolescent Development (1989). *Turning Points: Preparing Youth for the 21st Century*. New York: Carnegie Corporation.

Cassell, C. (1984). *Swept Away: Why Woman Fear Their Own Sexuality*. New York: Simon & Schuster.

Cervera, N. J. (1993). Decision making for pregnant adolescents: Applying reasoned action theory to research and treatment. *Families in Society: The Journal of Contemporary Human Services, 74(6)*, 355-365.

Children's Defense Fund (1995). *The State of American's Children Year Book*. Washington D. C.: Author.

Chilman, C. S. (1989). Some major issues regarding adolescent sexuality and childrearing in the United States. In P. Allen-Mears & C. Shapiro (Eds.). *Adolescent Sexuality: New Challenging for Social Work* (pp. 3-27). New York: Haworth Press.

Colby, A. & Kohlberg, L. (1987). *The Measure of Moral Judgment* (Vol. I & II). Cambridge, MA: Cambridge University Press.

Cook, J. L. & Cook, G. (2005). *Child Development: Principles and Perspectives* (lst ed.). CA: Allyn & Bacon.

Csikszentmihaly, M. & Larson, R. (1984). *Being Adolescent*. New York: Basic Books.

Current Population Survey (2001). Annual demographic survey. March supplement. Retrieved July 19, 2002. From www.bls.cencus.gov/cps.

Damon, W. & Hart, D (1988). *Self-understanding in Childhood and Adolescence*. Cambridge, MA: Cambridge University Press.

Damon, W. (1997). *The Youth Charter: How Communities Can Work Together to Raise Standards for All Our Children*. New York: The Free Press.

Di Mauro, D. (1995). *Sexuality Research in the United States: An Assessment of Social and Behavior Science*. New York: Social Science Research Council.

Dryfoos, J. G. (1990). *Adolescent at Risk: Prevalence and Prevention*. New York: Oxford University Press.

Eccles, J. S. & Midgley, C. (1989). Stage/environment fit: Developmentally appropriate classrooms for early adolescents. In R. E. Ames & C. Ames (Eds.). *Research on Motivation in Education* (Vol. 3). New York: Academic Press.

Elkind, D. (1967). Egocentrism in adolescence. *Child Development, 38*, 1025-1034.

Elkind, D. (1984). *All Group Up and Replace to Go: Teenager in Crisis*. Reading, MA: Addison-Wesley.

Erikson, E. H. (1968). *Identity: Youth and Crisis*. New York: Norton.

Feiring, C. (1996). Concepts of romance in 15-year-old adolescents. *Journal of Research on Adolescence, 6(2),* 181-200.

Fergusson, D. M., Beautrais, A. L., & Horwood, L. J. (2003). Vulnerability and resiliency to suicidal behaviors in young people. *Psychological Medicine, 33*, 61-73.

Finkelhor, D. (1994). Current information on the scope and nature of child sexual abuse. *Future of Children, 4(2)*, 31-53.

Franklin, C. & Streeter, C. L. (1995). Assessment of middle-class youth at-risk to dropout: School, psychological and family correlates. *Children and Youth Review, 17(3)*, 433-448.

Furstenberg, F. F., Brooks-Gunn, J., & Chase-Lansdale, L. (1989). Teenaged pregnancy and child rearing. *American Psychologist, 44*, 313-320.

Fursteuberg, F. F. & Hughes, M. E. (1997). The influence of neighbors on child's development: A theoretical perspective and a research agenda. In J. Brooks-Gunn, G. J. Duncan, & J. L. Aber (Eds.). *Neighborhood Poverty, Vol. 2: Policy Implications in Studying Neighborhoods* (pp. 23-47). NY: Russell Sage Foundation.

Gagnon, J. H. & Simon, W. (1969). They are going to learn in the street anyway. *Psychology Today, 3(2)*, 46-47 ; 71.

Gilligan, C. (1985). Response to critics. Paper presented at the biennial meeting of the society for research in child development. Toronto, Canada.

Gordon, S. & Gilgun, J. E. (1987). Adolescent sexuality. In V. B. Van Hasselt & M. Hersen (Eds.). *Handbook of Adolescent Sexuality*. New York: Pergamon Press.

Grotevant, H. (1998). Adolescent development in family contexts. In W. Damon & N. Eisenberg (Eds.). *Handbook of Child Psychology, vol. 3: Social, Emotional and Personality Development* (pp. 1097-1169). New York: Wiley.

Hartup, W. W. (1996). The Company they keep: Friendships and their developmental significance. *Child Development, 67*, 1-13.

Hawkins, J. D., Jenson, J. M., Catalano, R. F., & Lishner, D. M. (1988). Delinquency and drug abuse: Implications for social services. *Social Service Review, 62(2)*, 258-284.

Henrich. C. C., Kuperminc, G. P., Sack, A., Blatt, S. J., & Leadbeater, B. J. (2000). Characteristics and homogeneity of early adolescent friendships groups: A comparison of male and female clique and non cligue members. *Applied Developmental Science, 4(1)*, 15-26.

Herbert, M. (1987). *Living with Teenagers*. UK: Basic Blackwell Row.

Hersch, P. (1990). The resounding silence. *Family Therapy Network* (pp. 18-29). 1990 July/ August.

Hettingler, R. F. (1970). *Sexual Maturity*. Belmont, CA: Wadsworth.

Hirschi, T. & Gottfredson, M. R. (1994). *The Generality of Deviance*. New Jersey: Transaction Publishers.

Hoffman. J. A. & Weiss, B. (1987). Family dynamics and presenting problems in college studeuts. *Journal of Counseling Psychology, 34*, 157-163.

Jessor, R. (1987). Problem-behavior theory, psychosocial development, and adolescent problem drinking. *British Journal of Addiction, 82*, 331-342.

Jessor, R. (1992). Risk behavior in adolescence: A psychosocial framework for understanding and action. In D. E. Rogers & E. Ginzburg (Eds.). *Adolescent at Risk: Medical and Social Perspective* (pp. 19-34). Boulder, CO: Westview Press.

Johnson, L. D., O'Malley, P. M., & Bachman, J. G. (1988). *Illicit Drug Use, Smoking, and Drinking by America's High School Students, College Students and Young Adults, 1975-1987*. Washington D.C.: National Institute of Drug Abase.

Kadushin, A. & Martin, J. A. (1988). *Child Welfare Service* (4th ed.). New York: McMillan.

Kagan, J. (1984). *The Nature of the Child*. New York: Basic Books.

Kenrick, D. T., Gabrielidis, C., Keefe, R. C., & Cornelius, J. S. (1996). Adolescents' age preference for dating partner: Support for an evolutionary model of life-history strategy. *Child Development, 67*, 1499-1511.

Kuo, J. H. (1998). Parent-adolescent interaction and psychological development. Paper presented in The Development of Adolescent Psychological and Mental Health in Taiwan, R. O. C. Pan Pacific and South East Asia Woman's Association, R. O. C.

Kushman, J. W. & Heariold-Kinney, P. (1996). Understanding and preventing school dropout. In D. Capnezi & P. K. Gross (Eds.). *Youth at Risk*. Alexandria: American Counseling Association.

Lewinsohn, P. M., Rohde, P. & Seeley, J. R. (1994). Psycho-social risk factors for future adolescent suicide attempts. *Journal of Consulting and Clinical Psychology, 62*, 297-305.

Lickona, T. (1983). *Raising Good Children*. New York: Bantam Books.

Linet, M. S., Stewart, W. F., Celentano, D. D., Ziegler, D., & Sprecher, M. (1989). An epidemiological study of headaches among adolescents and young adults. *Journal of the American Medical Association, 261*, 2211-2216.

Marcia, J. (1966). Development and validation of ego identity status. *Journal of Personality and Social Psychology, 3(5)*, 551-558.

Marcia, J. (1979). Identity status in late adolescence: Description and some clinical implications. Address given at a symposium on identity development at

Rijksuniversitat Groningen, The Netherlands.

Marcia, J. (1980). Identity in adolescence. In J. Adelson (Ed.). *Handbook of Adolescent Psychology*. New York: Wiley.

Masten, A. S., Best, K. M., & Garmezy, N. (1990). Resilience and development: Contributions from the study of children who overcome adversity. *Development and Psychopathology, 2*, 425-444.

Minuchin, P. P. & Shapiro, E. K. (1983). The school as a context for social development. In P. H. Mussen (Ed.). *Handbook of Child Psychology* (Vol. 4). New York: Wiley.

Montemayer, R. (1983). Parents and adolescents in conflict: All families some of the time and some families most of the time. *Journal of Early Adolescence, 3*, 83-108.

Morris, J. (1997). Gone missing? Disabled children living away from their families. *Disability and Society, 12(2)*, 241-258.

Newcomer, S. & Udry, J. R. (1987). Parental marital status effects on adolescent sexual behavior. *Journal of Marriage and the Family, 49*, 235-240.

Newman, B. & Newman, P. (1999). *Development Through Life: A Psychosocial Approach* (7th ed.). New York: Brooks/Cole.

Newman, B. & Newman, P. (2006). *Development Through Life: A Psychosocial Approach* (9th ed.). New York: Thomson Learning Inc.

OECD (2003). *Youth and Labor Market*. Paris: OECD.

Offer, D., Ostrov, E., & Howard, K. (1981). *The Adolescent: A Psychological Self-portrait*. New York: Basic Books.

Parker, J. G. & Asher, S. R. (1987). Peer relations and later personal adjustment: Are low-accepted children at risk? *Psychological Bulletin, 102(3)*, 357-389.

Parker, J. G. & Gottman, J. M. (1989). Social and emotional development in a relational context: Friendship interaction from early childhood to adolescence. In T. J. Berdt & G. W. Ladd (Eds.). *Peer Relations in Child Development*. New York: Wiley.

Pete, J. M. & DeSantis, L. (1990). Sexual decision making in young black adolescent females. *Adolescence, 25*, 145-154.

Petersen, A. C. (1987). Those gangly year. *Psychology Today*, September, 28-34.

Petersen, A. C. & Crockett, L. J. (1992). Adolescent sexuality, pregnancy and child rearing: Developmental perspective. In M. K. Rosenheim & M. F. Testa (Eds.).

*Early Parenthood and Coming of Age in the 1990s*. New Brunswick, NJ: Rutgers University Press.

Piaget, J. (1963). *The Origins of Intelligence in the Child*. New York: Norton.

Rest, J. R. (1986). *Moral Development: Advances in Research and Theory*. New York: Praeger.

Rice, F. P. (1993). Separation-individualization and adjustment in college: A longitudinal study. *Journal of Counseling Psychology, 39*, 203-213.

Rogers, D. (1985). *Adolescents and Youth* (5th ed.). Englewood Cliffs, NJ: Prentice-Hall.

Rosenthal, B. B. (1998). Non-school correlates of dropout: An integrative review of the literature. *Children and Youth Service Review, 20(5)*, 413-433.

Rubin, K. H., Bukowski, W., & Parker, J. G. (1998). Peer interactions, relationships, and groups. In W. Vamon & N. Eisenberg (Eds.). *Handbook of child psychology, Vol. 3: Social, Emotional, and Personality Development* (pp. 619-700). New York: Wiley.

Santrock, J. W. (1990). *Adolescence* (4th ed.). Dubuque, IA: Wm C. Brown.

Santrock, J. W. (1996). *Adolescence*. Madison, WI: Brown & Benchmark.

Santrock, J. W. (1999). *Life-Span Development* (7th ed.). New York: McGraw-Hill.

Schulenberg, J., Wadsworth, K. N., O'Malley, P. M., Bachman, J. G., & Johnson, L. D. (1996). Adolescent risk factors for being drinking daring the transition to young adulthood: Variable-and pattern-centered approaches to change. *Developmental Psychology, 32(4)*, 659-674.

Schuster, C. S. & Ashburn, S. S. (1992). *The Process of Development: A Holistic Life-span Approach* (3rd ed.). Philadelphia, PA: Lippincott.

Selman, R. (1980). *The Growth of Interpersonal Understanding*. New York: Academic Press.

Sicklund. M. (1992). Offenders in juvenile court. 1988 OJJDP update on Statistics.

Simmons, R. G. & Blyth, D. A. (1987). *Moving into Adolescence*. Hawthorne, NY: Aldine.

Sonenstein, S., Pleck, J., & Ku, L. (1989). Sexual activity, cordon use and AIDS awareness in a national sample of adolescent males. *Family Planning Perspective, 21*, 152-158.

Steinberg, L. (1990). Autonomy, conflict, and harmony in the family relationship. In S.

Feldman & G. Elliot (Eds.). *At the Threshold: The Developing Adolescent* (pp. 255-276). Cambridge, MA: Harvard University Press.

Steinberg, L. & Silverberg, S. (1986). The vicissitudes of autonomy in early adolescence. *Child Development, 57*, 841-851.

Sternberg, R. (1985). *Beyond IQ: A Triarchic Theory of Human Intelligence*. Cambridge, MA: Cambridge University Press.

Sugland, B., Manlove, J., & Romano, A. (1997). Perceptions of opportunity and adolescent fertility operationalizing across race/ethnicity and social class. *Child Trends*. Washington, D. C.

Sullivan, T. R. (1994). Obstacles to effective child welfare service with gay and lesbian youths. *Child Welfare, 37(4)*, 291-304.

Troiden, R. (1989). The formation of homosexual identities. *Journal of Homosexuality, 17*, 1-2, 43-73.

U. S. Department of Health and Human Service (1996). *Trends in the Well-being of American's Children and Youth: 1996*. Washington, D.C.: Author.

U. S. Department of Health and Human Service (USDHHS) (1999). Mental health: A report of the surgeon general. Rockville, MD: U.S. Department of HHS. Substance Abuse and Mental Health Service Administration, NIH, NIMH.

Udry, J. R. & Billy, J. O. (1987). Initiation of coitus in early adolescence. *American Sociological Review, 52*, 842.

Van Biema, D. (1995/11/06). Full of promise. *Time*, 62-63.

Vygotsky, L. S. (1978). *Mind in Society*. Cambridge, MA: Harvard University Press.

Weisz, J. R., Weiss, B., Han, S. S., Granger, D. A., & Morton, T. (1995). Effects of psychotherapy with children and adolescents revisited: A meta-analysis of treatment outcome studies. *Psychological Bulletin, 117(3)*, 450-468.

Weithorn, L. A. & Campbell, S. B. (1982). The competency of children and adolescents to make informed treatment decision. *Child Development, 53*, 1589-1598.

Wetzel, J. R. (1990). America families: 75 years of change. *Monthly Labor Review* (March), 4-13.

White, J. (1991). *Drug Dependence*. Englewood Cliffs, NJ: Prentice Hall.

Wilson, K. & Ryan, V. (2001). Helping parents by working with their children in individual child therapy. *Child and Family Social Work, 6*, 209-217.

Yates, M. & Youniss, J. (1996). Community service and political and moral identity development in adolescence. *The Journal of Research on Adolescence, 6,* 271-283.

Yussen, S. R. (1977). Characteristics of moral dilemmas written by adolescents. *Developmental Psychology, 13*, 162-163.

Zastrow, C. & Kirst-Ashman, K. K. (2007). *Understanding Human Behavior and the Social Environment* (7th ed.). New York: Wadsworth.

Chapter

8

# 成年期

- 成年期的生心理發展
- 成年期的心理社會發展與危機
- 成年期的社會適應議題
- 結語

步入成年是人生的重要轉捩點，前面二十幾年是上學準備中，而人生的平均壽命也在七十幾歲，所以日後的五十年中，人生才剛開始。雖然法律上並沒有清楚界定何時開始方為成年，不過三十而立，四十不惑，正是人生成年的開始。

發展心理學的階段論學者Bühler在一九三三年將成年時期訂在約二十二至四十五歲之間，此年齡層的個體把重點放在追求實際而具體的目標，並在生活中建立工作與家庭。哈佛大學學者Levinson及其同僚透過與不同年齡的成年男性進行訪談，將成年時期勾勒出八個發展階段，其核心是以「**生活架構**」（life structure）為概念，茲分述如下（Levinson, 1986）：

1.十七至二十二歲：脫離青少年期，對成年的生活做初步的選擇。
2.二十二至二十八歲：對感情、職業、友誼、價值觀及生活型態做初步的選擇。
3.二十八至三十三歲：生活架構改變，可能是小，也可能是大的，且會造成壓力與危機。
4.三十三至四十歲：建立自己在社會中的立足點，為家庭及工作目標訂出時間表。
5.四十至四十五歲：生活架構成為問題，通常讓人對生命的意義、方向和價值觀提出疑問，開始想表達自己的才能或期待。
6.四十五至五十歲：重新選擇並建立新的生活架構，個人必須投入新的任務。
7.五十至五十五歲：再進一步質疑或修改生活架構，以前未遇到危機的個體，現在可能開始有了危機。
8.五十五至六十歲：建立新的生活架構，可能是人生中得到最大成就感之時。

Levinson（1978）將青年期區分為更小的單位，從十七至二十二歲是離開家庭尋求獨立的時期；接著二十二至二十八歲進入成人世界的過渡階段；到了三十至三十二歲，開始決定這一生如何度過剩餘的時間；三十二至四十歲是成年生活結構的高峰，準備安頓下來。

成人發展階段有許多角色需要被建立，從過去青少年時的自我認同到成年期建立親密關係，組成家庭及工作生涯的追求，至少成年時個人要有經濟及獨立決策的能力。在成人階段中，Elder（1975）所提的生命歷程（life course），將個人在特定時段中與工作及家庭階段順序之排序的概念運用於個人生活史的內容，因為個人生活史融入於社會和歷史的時間階段中。然而，從發展心理學的角度來看，個體的早期經驗都將影響現時的選擇，個人特點也將因而形成。所以生命歷程模式說明個體不僅對經驗的時間順序感興趣，而且還很關注在成人努力於適應的不斷變化，而且有時變化是個體的角色相互衝突所造成的心理成長。

成年時期正處於體能巔峰狀態，肌肉力量在三十歲以前達到高峰，雙手最為靈活，之後手指靈巧度開始衰退；此外，視力與聽力也是最敏銳的狀態，其餘的觸覺、味覺和嗅覺也是保持在穩定的狀態，一直到了中年才開始衰退。

現今的社會對成人的規範相當清楚，成年期的成人角色任務大略可條列如下（洪貴貞譯，2003）：

1.選擇登對的伴侶。
2.學習與婚姻伴侶同居、共同理財，或選擇事業。
3.建立家庭。
4.養育子女。
5.經營管理家庭。
6.拓展職業選擇。
7.行使公民責任。
8.參與個人有興趣的社團。

# 第一節　成年期的生心理發展

進入成年時，個體的身體發展將隨年齡增加而減緩，再者個體可達到生理發展的顛峰，除了事故傷害外，個體此時是健康的，體力也是最好的，此時期也是運動選手的黃金時期。尤其是肌力、速度和敏捷力，而且這時期也是女性最佳的懷孕生子時期。

不過，在這個時期體重會開始增加，而且會發胖，原因是個體脂肪的增加（Haywood, 1986）以及基礎代謝率（basal metabolism rate）的影響，所以成年人如果要保持良好的體重標準，只有多運動或少吃一點來彌補基礎代謝率的降低。

成人的生活風格有時也會造成對個體生命及健康的威脅，此時期最大的生理威脅就是細胞病變——癌症，尤其是生殖系統。美國婦女每九位即有一位得到乳癌（Javroff, 1996），其次是皮膚癌，在臺灣年輕女性還有一些子宮與卵巢癌，男性則是睪丸癌的威脅。這些症狀可以透過早期的自我檢查來做預防，而且早期發現也有很高的治癒率。其餘如酗酒、交通事故、愛滋病和凶殺案致死等，是造成成年人死亡及健康的很大威脅。

青年人比較容易碰到呼吸系統問題以及慢性健康問題，如脊椎或背部問題、聽力、關節炎或壓力過重，而這些問題皆與個人的健康習慣和個人生活型態息息相關。有益的健康習慣如定時用餐、少吃、多運動，避免高脂和高糖的食物，避免抽菸和酗酒，和適度的睡眠。除此之外，影響健康的另一個因素是壓力，壓力與各種疾病的關係很密切，如心臟病、高血壓。

良好的健康與個人的習慣和生活型態有關，如定食定量、運動、保持良好的體重、少接觸有害的物質，如抽菸和酗酒，避免導致癌症、心臟血管問題、三酸甘油脂、膽固醇過重、痛風、胃疾病（包括潰瘍）、神經系統受損、精神疾病的困擾等。

貧窮的壓力與遭受到的痛苦與個人是否有資源有關，貧窮會帶給個人壓力，而壓力與疾病有關。有些正向行為，例如運動可以促進個體的健康，預防心臟疾病、減輕壓力和焦慮、提升生理健康、增強肌肉及骨骼的功能，並降低血壓延長壽命。飲食的良好習慣，例如每天定時吃三餐，避免高脂肪和高糖的食物，適量以維持健康。

## 一、成年期的認知發展

依J. Piaget的認知理論，在青少年期之後已邁入認知發展的最高階段——形式運思期；所以，在成年期個體已發展具有邏輯思考，包括具有抽象思考能力、有系統的形式運思能力及具有邏輯觀，並能提升思考於問題解決上。漸漸地，當個體進入成年期，個體的思考能力能發展統合能力，具有相對觀，可包容不同觀點。基本上，成年期的運思能力能跨越正式運思期，可深入瞭解人生各種事件的手段，也能以較務實的態度（委婉的手段），不像青少年那般強調邏輯取向（方方正正，有稜有角），如此務實的取向也讓成年人能夠在思考上更具彈性及多樣性（Bornstein & Schuster, 1992）。換言之，成年人隨著年齡與能力的增長，在形式運思上的思考本質也產生了改變。

就Piaget的理論而言，個體於青春期開始發展形式運思能力，其中有些人根本未達正式運思階段。有研究顯示，大約只有60%至75%的青少年可以解決正式運思問題（Neimark, 1975），而且只有不到30%的成年人可以成功地進入正式運思期的最高階段（Kuhn, Kohlberg, Langer, & Haan, 1977），可能的因素是遺傳或童年未有適當的文化及教育刺激。

根據長期的縱貫研究及橫斷觀察法，Kitchener及King（1989）認為，在正式運思期之後，個體的思考模式已有質的提昇。正式運思期之後個體的事實判斷是依不同情境，合情合理考量現實情境來加以判斷。

不過，具體年齡層的劃分還是有其困難性的，Kitchener及King（1989）將個體的判斷思考分為七個階段過程：

1. 階段一：善惡道德的存在是具體且絕對的，真理只有一個，能解決的方式也只有一個，真理可以透過直接觀察獲得，信仰與真理是密切關聯的。
2. 階段二：善惡標準是絕對存在的，只是不能馬上看到。所有的事實、知識可透過觀察及權威指點獲得，而信仰的來源取決於權威。
3. 階段三：善惡標準有一部分是肯定的，也可能是暫時不確定。任何一種不確定，可以透過直覺或偏見的補救，直到真理出現為止。
4. 階段四：善惡標準是不確定的，尤其情境之所逼或情況前後不一致，個體不一定瞭解全部真相，一個人會依信仰的證據合理化，不過選擇證據也可能因個體的主觀、偏見所左右。
5. 階段五：所有善惡定奪來自個體對主觀情境的判斷，個人依自己的世界觀來詮釋外界，個人的信仰也依靠文化情境的脈絡所形塑，個體的信仰也會與其他信仰相對立，甚至產生衝突。
6. 階段六：個體依主觀的判斷與客觀的意見，針對爭議的行為做一評判，建構真相是依不同的佐證、意見及生活的價值來取決。
7. 階段七：善惡與真相的判斷，通常是綜合依據理性的探究思考及主觀合情合理解決的方法。真理信仰是建立在足夠的認證下，或是在全盤科學客觀的探究瞭解下所做的決定。

就發展的觀點，成人的判斷式思考是從絕對論到相對論，最後到辯證論，成人的思考是由絕對的觀點評論個人的看法及事實，到追求道德真相，是持續不斷的、永不停止的追求過程。這種正式運思期之後的判斷及道德思考行為，是透過學習及歷練的過程，來達到圓融的境界。

## 二、成年期的道德發展

Kohlberg習俗後期的道德判斷與推理在成年期開始成形。Kohlberg（1984）指出，大部分三十歲的成人仍處於習俗期的道德層次（conventional level），但這些人中有六分之一至八分之一已進入習俗後期的道德推理。換言之，這些人的道德判斷是瞭解法律之規範，而且能夠分辨合理正義及不合理的法規。

如同Kitchener和King（1989）所認為的，個體的反應式判斷（reflective judgments）是前進的、向上提升的。Kohlberg甚至強調社會歷練的重要性，個體的發展歷練促使人們欣賞別人的觀點，並體認自己是社會秩序中不可分離的一個部分，而道德規範是人與人之間所達成的共識。然而，個體與不同觀點的人來往，也會附帶認知上的同化及認知失衡，也會激發衝突，也會因衝突而震盪出新思維。個體位於多元複雜的社會環境，需要與不同人做人際互動，就如同我們與同事、朋友相互學習交流，建議與回饋不同的議題，使我們瞭解不同社群間的個別差異與目標，法規是民主社會的公民集合多元異言之共識，並經由立法審核程序來形成社會規範及律法。

反映西方社會理念中的正義，忽視西方社會的文化與價值。東方社會重視集體主義（collectivism），講求社會和諧，這些在文化模式下引以為習俗的人，便成為Kohlberg理論中古板的道德思考者，但卻是非西方社會（如印度、藏族文化、阿拉伯文化）中被認為具有高度正義感及有作為的人（Snarey, 1985）。或許從西方的觀點很難去理解這些宗教的價值（如對神、貞操、階層制度的虔敬），但是這些價值背後卻蘊涵著高階的道德標準及觀點。

對Kohlberg理論常見的批判有五點（Snarey, 1985），分述如下：

1.Kohlberg的研究最主要是針對美國中產階級男性所做的深度訪談所

歸納出的理論建構，此種建構是否具有文化及性別的普同性值得商榷。

2.Kohlberg的道德兩難的故事情境，並無法充分解釋兒童、少年及大學生或成人所處的日常生活情境。

3.Kohlberg詮釋的研究對象的回應可能使他的結論有所偏頗（Flavell, 1992），尤其在多元文化族群的應用方面。

4.Kohlberg的理論多半著墨於人類的理性與認知層次，忽略了人類是情感的動物且具有惻隱之心，道德具有認知判斷、情感與行為，所有道德並非全由Kohlberg所述是依認知步驟逐步推理衍生出來的。

5.Kohlberg的理論反應是「男性中心偏見」。Kohlberg和Piaget一樣，認為自主性是道德發展的最高境界，客觀性勝過主觀性。然而，Carol Gilligan並不以為然，Gilligan假設婦女發展獨特的女性道德取向（feminine orientation），女性多半是由「責任以及照顧、關懷」的觀點來做道德考量，而不是如男性般以「某項權利邏輯上的可成立性」來思考道德兩難問題（Gilligan, 1990）。女性較考量所有關係人真實影響的實然面，而不是邏輯上的應然面（程小危，1995：434）。據此，Gilligan歸納出女性道德發展歷程——從「求生存」到「追求犧牲自我就是好（goodness）」，以至歸結出「非暴力或不傷害（nonviolence, against hurting）的原則」。Gilligan對女性道德的研究總結認為，男生自小即被培養成為獨立的、積極的，並以成就為導向的個體。男生視道德困境，如兩造或各黨派等權益失衡是無可避免的；社會規範習俗及法律建構也是因這些衝突與失衡而被創造出來的。而一般女性通常被教養（或期望）成為有愛心及同理心，甚至被要求「無才便是德」，論及婦女的美德端賴女性是否為別人設身處地著想而定。

## 專欄8-1　道德判斷——評論

Kohlberg的道德發展理論與架構大概是最具實徵研究之基礎，而且深獲學術界的推崇，並引發後繼不少的科學實徵研究及方案落實的推動。然而，後續研究者也批判Kohlberg的論述至少存在有兩種偏見：即文化與性別的偏見。例如Kohlberg所假設序階6的最高階段或成規後期的推理，只是成年時期的道德發展掙扎於道德推理與社會習俗之間的差異。社會習俗（social convention）是指由社會系統所確定並適用於特殊的社會情境。違反社會習俗可能是無禮的表現，但並不一定是沒有道德的，道德問題不是由社會情境所調節，而是由潛在的對他人公正的關心原則所確定，支配道德行為的原則並不隨環境或情境的變化而有所不同。因此成年期道德判斷的種種混亂，可能反映成人對社會習俗規則的不確定，成人因扮演更多不同的新角色及介入更複雜的社會情境，有時因他們對這些情境的社會有所期望並瞭解，使得他們對道德判斷產生質疑與混淆。

此外，成年期的道德判斷也有禁忌的道德判斷（prohibitive moral judgment）及利社會的道德判斷（prosocial moral judgment）之間的差異，前者係指一種為達某種目標而違反法律或承諾的抉擇，例如Kohlberg的故事裡海恩斯因偷藥而陷於道德兩難，他為了挽救妻子的生命，而到藥店偷藥違反道德的禁忌——這是做了有益於別人的事與滿足自己需要之間的衝突。例如，冒著耽誤自己非常重要的工作機會，停下來幫助一個在高速公路汽車故障的人。成年人似乎在社會問題上比在禁忌的問題上能靈活思考。涉及同情與關心他人幸福的道德抉擇，要比有關違反法律的道德選擇，更傾向於採用更高層次的道德推理（Eisenberg & Strayer, 1987），尤其女性比男性具有更高的道德情感。Carol Gilligan（1990）認為，女性對問題的背景具有更高的敏感性和強烈的關懷情感，而男性則傾向於從一種較深遠的、抽象的角度來看待道德問題。男性的道德判斷訴諸於責任、公正及對權力的尊重，而女性則較訴諸於人性關懷及情感上。

Gilligan認為，可能是因為社會化經驗而導致性別之差異，而衍生了Kohlberg的男性主義觀點，認為女生在道德發展上比男性落後，通常男性會發展到Kohlberg的第四層次的道德判斷，而女性只發展到第三層次的道德判斷。Gilligan也提出，社會化的教導造成此種差異，通常社會化經驗教導男性要有主張、要獨立且強調成就，造成男性認為道德兩難為不同利益團體的衝突所導致；對女性而言則剛好相反，因為她們被期待要關心他人福祉、同理他人，所以她們視道德兩難為他人需求與個人需求之衝突的結果；所以，男性的道德判斷以公義為觀點，而女性則強調以對他人關懷的觀點。

除了文化與性別的批判以外，Kohlberg論述的最大批判是道德判斷與實際付諸行動間的關係。在經過著名的心理實驗（Milgram電擊他人）的例子，Kohlberg改變了他原先的思維，同意推理與行動是兩個獨立事件（郭靜晃，2006：165）。

由於成年期個體的情緒發展與心理社會發展的重要課題——「建立親密關係」息息相關，因而本章將成年期的情緒發展與第二節的社會發展層面合併探討。

## 第二節　成年期的心理社會發展與危機

成年期的重要心理社會發展的課題是建立親密關係，依Erikson的心理社會理論，成年期處於**親密vs.孤立**（intimacy vs. isolation）階段。然而親密關係的建立並不一定都循著合乎邏輯或性別刻板化（男性重權勢、

輕溝通，女性則重人際關係與溝通），故社會工作者在服務成人案主時，要有多元文化觀點，尤其要瞭解不同案主的溝通方式及對親密需求的期待。

## 一、情緒與親密關係的發展

成年期是個人開始建立親密關係的伊始，此種關係是指個體能與他人分享真實且深刻的自我，換言之，也就是一種**自我揭露**（self-disclosure）。Carol Gilligan（1990）的研究即發現，對男性而言，認同先於親密；而對女性而言，兩者可同時產生、互存；也就是說，女性可從與他人發展親密關係形成自我認同。Gilligan相信，男性較在乎公平與正義，而女性則較注重關係與關懷，所以從公平與關懷來瞭解兩性，將有助於我們瞭解成年期的工作與家庭生活。

獲得親密感需有一個重要的過程，即同儕間的「感情共鳴」。兩個年輕人必須帶著同等的優勢和資本進入關係。「親密感」是建立在能否滿足彼此的需要、接受對方的弱點的基礎之上。其中一方想依賴時，另一方就得堅強、支撐得住，在發展的歷程中，有時雙方的角色也有可能正好相互對調。伴侶雙方都要明白，任何一方都有能力建立多種關係。「承諾」是夫或妻給予彼此的認同、支持、信任的互動需求，也是建立一種感情共鳴，讓雙方在彼此支持的過程中，認同彼此的所作所為。

我們已用過感情共鳴來描述嬰兒期基本信任感的發展。當然，只有在照顧者願意關心嬰兒的冷暖時，才可能有相互共鳴。經過照顧者的不斷努力，孩子們最後學會了約束他們的需要以適合家庭模式。在成年早期，伴侶雙方有義務相互滿足對方的需要，就像嬰孩學會信賴照顧者，相信照顧者有能力滿足自己的需求一樣，每個成人伙伴也應學會信賴對方、預見及滿足他或她的需求的能力。伴侶們還會認識到，有些問題是需要彼此共同努力的，而要解決這些問題就必須相互依賴。一旦兩人學會了相互依賴，會發現彼此的共同努力比個人的努力效果要來得好時，相互間的親密關係會進一步加強。感情共鳴和依附一樣，是兩個人的關係特點，是彼此共享而不是單一的（Barnhill, 1979）。當自我認同兩個人可以很明確的走到一起，一旦能夠開誠布公、直截了當地交流，彼此都把對方放在心上，能很有效地滿足彼此的需要時，相互間的親密關係也就建立了。

### (一)愛與喜歡

愛與喜歡不僅止在程度的不同，關心的焦點也不相同，**喜歡**（like）的要素在生理吸引（physical attractiveness）、時空相近（proximity）、相似性（similarity）及互補性（complementarity）；而**愛**（love）的要素則是關心（care）、依附（attachment）、親密（intimacy）及承諾（commitment）。成年時最常存在的情緒是愛情，除了建立彼此有意義的關係，也可能延續到結婚、組成家庭。Robert Solomon（1988）認為，浪漫式的愛情有三個特質：

1.在動機上是有意涵的。
2.是自然發生且出自於自願，且並非個體所能控制的。
3.只在同儕之間才會產生的反應。

然而，Hatfield及Walster（1985）也提出了「愛的迷思」：

1.個體知道自己在戀愛。
2.當愛情來的時候，個體無法控制它。
3.愛情是完全正向的經驗。
4.真愛會永遠存在。
5.愛情可以克服一切。

Sternberg（1988）的**愛情三角理論**（triangular theory of love）指出，

愛情包含三種元素：親密、熱情與承諾。該理論所指的親密是互動關係中所分享的溫馨與親近；熱情是在愛情關係中所存在的一種強烈情緒（涵蓋正、負面情緒），包括性的慾望；而承諾則是指不論遇到任何困難仍保存兩人關係的決定與意圖。愛情三元素的組合可以形成如下八種模式：

1.沒有愛情（non love）：上述的三種要素皆不存在，只是一般的互動關係。
2.喜歡（liking）：只有親密成分。
3.迷戀（infatuation）：只有熱情成分。
4.空洞的愛（empty love）：只有承諾的成分。
5.虛幻的愛（fatuous love）：熱情與承諾的組合，例如一對戀人很快墜入愛河並決定結合。
6.浪漫的愛（romantic love）：是親密與熱情的組合，沉醉於浪漫愛情的戀人對彼此擁有許多熱情，但沒有承諾，浪漫的愛可能始於迷戀，一般平均可持續三十個月。
7.伴侶的愛（companionate love）：是親密與承諾的結合，這是最傳統與持久的婚姻關係，大多數熱情已不存在，只以生活與孩子為目標。
8.無上的愛（consummate love）：是親密、承諾與熱情的結合，是一種圓滿、完美的愛，但這種關係是很難存在的。

喜歡是個人表達對他人情感的連續，尤其是對青春期的青少年，喜歡是兩人之間吸引的形式，主要是受友誼之間的和諧溝通（persisting compatible communication）所影響。兒童隨著自我的認識與認同（self-identity），逐漸對同伴透過生理吸引、時空的接近、相似性及需求互補的社會互動，而萌生對他人有著親切的感覺（feeling of tender），這也是個人瞭解他人內在生活的覺察（awareness）（又稱為同理心），如此一來，彼此之間便成為膩友、死黨（chum），尤其在同性別青少年間非常普遍，而且對他們而言，這個需求是很重要的，它可以使青少年信任他人的感受，對別人親近並接受別人善意的干涉與批評。

隨著個人成長，兒童從自戀（narcissist）到關心他人，尤其對同性別的幫團（crowds or cliques），他們聚集在一起，從共享活動、注重相似的外表到共享內心的價值與態度。之後，個人由自我中心（ego centric）逐漸學習與別人分享內在的感覺、概念與心情，而進展為多層利他性（altruistic），此時個人不再個人化而是具有人性化。

當兩人關係透過接觸、溝通、相互致意，從陌生到熟識、從相知到相惜、從意見不合到和諧圓融、從肉體的情慾而產生心靈的契合，如此一來，兩人即產生共同的愛慕之情，甚至可以結婚、組成家庭。這個過程可由社會交換理論、浪漫與成熟之愛、愛情色彩理論、愛情三角形理論、愛情依附理論等做分類。將愛情歸納具有一些共同因素，如對對方的關懷、激情、依戀及承諾等。正如Farber在一九八〇年指出婚姻之愛（conjugal love）應具有下列三因素：

1.內在思考及情感的分享，也就是建立彼此的親密感。
2.建立自我認同：這是一種融合於人格，造成彼此之間信任及相互影響的行為改變。
3.彼此之間的承諾。

Abraham Maslow（1962）將愛分為缺陷的愛（deficiency love）及完整的愛（being love）。缺陷的愛是自私的，可以滿足個人的需求，通常缺乏自我認同的人常將愛看成是獲得，而不是給予，並將所愛的人當成物品（object）。例如，男人愛女人只為了性或為了滿足其男性的自尊，此種男人希望女人為他煮飯、洗衣、滿足其性慾；而女人為了金錢、需求或依賴而去愛男人。這種愛不會幫助個人成長，也無法發展更深固的自我認同。通常這種情況下，男人會稱女人是他的好太太，而女人則指男人很顧家，彼此之間很少有交集，而以角色、物體或功能來維繫彼此的關係。

完整的愛是一種不求回饋的愛，彼此雙方不是盲目的吸引或愛，而是相互瞭解、信任；它可以使個人成長與成熟。父母對子女的愛更是完整的愛的代表，它也包含了個人的情緒，例如憤怒、厭煩、害怕、驚奇的感覺以及感情和知識。

愛與被愛總是令人興奮的，尤其愛是透過社會化經由學習過程而來。然而，愛也有其障礙，茲分述如下：

1.視人為物品：當將人視為物品或他人的附屬品時，那麼你我之間的關係將變成我與它的關係。尤其是資本主義社會講求功利、現實。將愛人視為物品，也隱含著不尊重，人與人之間的關係也變成非人性化。
2.隱藏的禁忌：不能控制自己的情緒、衝動將使我愛你變成我恨你；而不瞭解自己，未能獲得自我認同又如何愛人；不能尊敬別人又如何能愛別人。
3.傳統的兩性角色：傳統的兩性角色教導男人要勇敢，隱藏情感，不能輕易示愛；而女性要情緒化、溫柔並依賴男人而成「男主外、女主內」。此種障礙會影響兩性在情感或性交流時產生困難，並造成兩人之間的疏離，唯有透過自我肯定，坦誠溝通並達成自我揭露，兩人關係才能獲得改善。

## (二)妒忌

**妒忌**（jealous）也和愛一樣，不是與生俱有的行為，而是後天的學習行為，妒忌是個人透過社會化過程而來。雖然，大多數的人可能認為妒忌是一件不好的事，非理性，甚至是不應有的，但妒忌其實只是一種不愉快的情緒，夾雜著怨恨、生氣、害怕、沒有安全感、不信任或痛苦的感覺。就因為妒忌有著惱人的影響，因此我們皆想要避免或去除妒忌，然而無論我們傾向妒忌與否，都可能常使用它，甚至在不知不覺中表達此種情感。

心理學家Barbara Harris在一九七六年指出，妒忌也有其價值，她認為妒忌是負反應的信號或症狀。正如痛苦提醒吾人身體上出現問題，並要我們注意或做某些行為來避免通苦（如驅力與驅力降低理論）；妒忌也是一樣，代表吾人心中有了壓力，或許是來自潛意識，抑或來自意識中你所不想面對的事。因此，當個人面臨此種情況，最重要的不是吾人是否知道我們正在妒忌，而是是否我們能發現為何我們在妒忌，進而要如何應對。通常，我們可能很容易運用以往的社會化經驗來處理妒忌的情形，而且通常是負面大於正面，例如對外遇的處理。當個人面臨外遇時，你將面臨失去你所愛的人的感受，而妒忌將令人更難以接受。不管男女任一方，皆害怕自己的伴侶和別人在一起，除了懷疑性關係的不滿足之外，通常女性比男性更易受到威脅，因為女性常懷疑自己是否較對手來得不具吸引力（attractiveness）。

妒忌的反應有時合乎理性，有時不合乎理性。合理的反應主要是因個人的主權（控制）受到威脅而引起妒忌的反應，此種反應是被遺棄、被迫的。此外，妒忌有時也在不合乎理性之下運作，例如當某人的伴侶和一位異性朋友共進午餐，某人因害怕他的伴侶會離他而去，雖然意識上知道他們僅是朋友關係，但某人已受到威脅而產生妒忌，這種不合理的態度值得我們探討與深思。若是你不妨回答下列幾個問題：

1.你是否信任你的另一半？
2.你相信你的伴侶所告訴你的話或情節嗎？
3.你是否將你的感受投射給你的伴侶？
4.你是否感受沒有安全感而責怪他？

如果你的回答是多數情形皆會，那你大約已陷入不合理的妒忌情感中。我們為何如此害怕妒忌呢？因為我們皆依賴所愛的人，而且人類是分工的，人的生活愈來愈不獨立，因而害怕失去依賴可能增加你對失去伴侶的恐懼。

在我們瞭解妒忌之後，接下來是如何面對我們妒忌的情感呢？我認為事先瞭解自己為何妒忌，並清楚哪些方式或行為會令你感到妒忌，你才能面對它。妒忌基本上是一「三人行」的人際問題，絕對不是你個人的問題，同時，你也不能指著你的另一半說「那是你的問題」。最理想的方法是三人一起處理，共同來負責，以減低負面的影響。以下有幾個減緩妒忌的方法供參考：

1.在認知上，必須瞭解自己為何會妒忌，以及導致你妒忌的想法或知覺。在瞭解你的妒忌是理性或非理性之後，你才能預知這種結果是否會帶給你威脅、害怕，或使你沒有安全感。
2.要誠實、坦白面對你的感覺，而且個人要確信你與被妒忌的人的關係是不具威脅性及安全的。
3.要自信，因為妒忌反映的是自己缺乏自信及沒有安全感。

### (三)孤獨與寂寞

不是所有人皆能獲得滿意的情感、友誼或浪漫關係，仍有不少人面臨孤寂的經驗。Rubenstein及Shaver（1982）的研究指出，少年與青年是最易感到寂寞的兩個群體，隨著年齡的增長，這種感受會遞減。**寂寞**（loneliness）也是一種主觀的感受，它與社會孤立感有關，有時會伴隨無助感及無望感。寂寞最佳的定義是少於期望（desired）中所能擁有的人際關係，或指沒有從期望的人際互動中獲得滿意的關係；因此，寂寞並不等於獨處。目前有關協助因應寂寞的處遇方案，大都採取**理性情緒治療法**的認知重建，或改變負面的自我對話，以及教導個案降低焦慮感。Young（1982）則提出了各種導致寂寞感的認知和負面自我對話的因素，以及之後衍生的六種後續行為（見**表8-1**）。社會工作者在輔導此類

表8-1　導致寂寞的認知與行為

| 認知叢集 | 行為 |
|---|---|
| 我不受歡迎。<br>我是很笨很無趣的人。 | 逃避友誼關係。 |
| 我無法與人溝通。<br>我的思想及感覺都很空洞貧乏。 | 自我揭露意願低落。 |
| 我不是個好的戀人。<br>我無法放鬆並享受性關係。 | 逃避性關係。 |
| 我似乎無法從這個關係中得到我想要的。 | 在關係中缺乏獨斷性。 |
| 我不想再冒被傷害的危險。<br>我對每個關係都處理不好。 | 規避可能的親密關係。 |
| 我不知道在這種情況下該如何表現。<br>我會出洋相的。 | 躲避其他人。 |

資料來源：Young, J. E. (1982).

個案時，應先瞭解案主的認知類型，再輔以情緒及焦慮紓解的技巧，以有助於方案處遇的效果。

## 二、生涯選擇

職業的選擇確定了成年早期生活方式（life style）的基礎，勞動工作占據成人大多數的時間，包括活動量、身體與精神能量的耗損、現時與長期獎賞的條件。工作帶給個人身分及職業，而職業身分授予個人社會地位，並給予種種不同的發展機會。此外，職業身分也反映了個人價值系統的象徵，而生涯抉擇更是成年期社會發展的一項重要任務。

雖然許多人在成年期之前就有打工經驗，而有些人則在青年期之前已有一些正式的工作經驗，然而打工與正式的工作經驗是處於不同社會化的基礎之上，打工的經驗常是以金錢作為交換，鮮少需要太多技術化的工作技巧。

如**圖8-1**所示，生涯選擇的過程受到六個因素影響：個體、心理、社會／情緒、社會經濟、情境、家庭及社會（O'Neil et al., 1980）。這些因素也受到性別角色的社會化所影響，而這些因素中的個人因素，諸如能力、興趣、態度和自我期望，最影響其個人的生涯選擇；此外家庭、社會和經濟因素對生涯選擇的影響最小（O'Neil et al., 1980）。

影響就業機會的重要因素之一是**教育**，職業的晉升及相對的收入與學歷有密切相關。以往學校的經驗，如上大學及有專業的訓練對日後的高收入及能擁有較穩定的工作有關（Hubner-Funk, 1983），但現在則要求具有碩士學位及職業證照。生涯發展似乎有兩個階段，前一個階段是抱著一種像唐吉訶德式（騎士化）的探索，他們選擇任何一種可能的工作機會，騎驢找馬，對工作也沒有長期投入的意圖，也常表現出反覆無

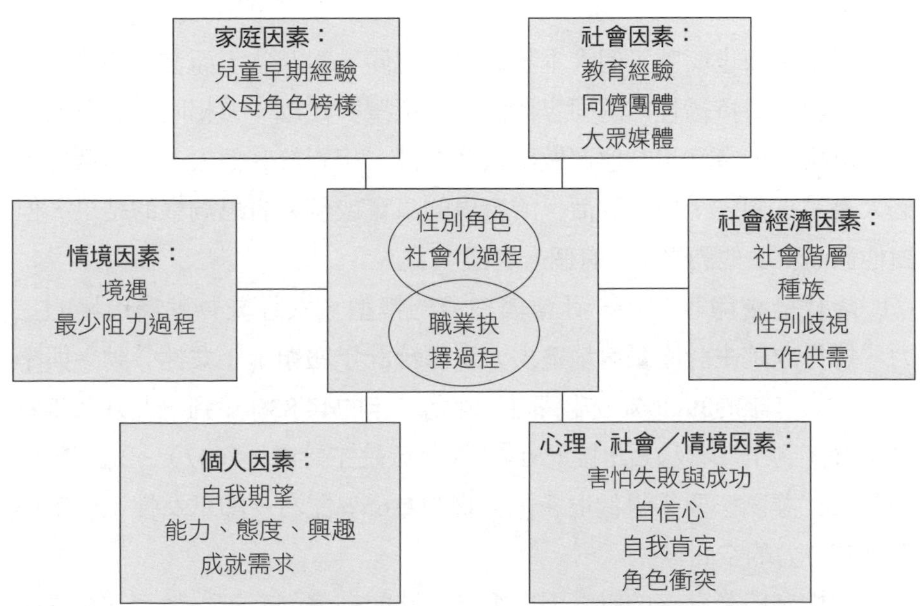


**圖8-1　影響性別角色社會化和職業抉擇過程之因素**

資料來源：O'Neil et al. (1980).

常的工作作為。大多數這類工作也不太需要太多的訓練，例如超商或速食店的工作，這種工作談不上一種職業。青年一旦賺足了能滿足需求的錢，便會辭退工作，然後一直失業，直到他們又需要錢為止。到了二十多歲，隨著對工作的態度愈來愈嚴肅，他們便開始尋求一份好的工作，開始在乎工作績效及表現，隨著時間的推移，他們對工作的態度也會變成一種承諾。

另一個影響生涯抉擇的重要因素是**性別角色社會化**（sex-role socialization），其受兩個重要心理社會因素所影響，一是社會化結果，男性與女性往往對職業成功的有關技能有不同的期望，另一因素是男女兩性有不同的價值觀。性別角色認同影響了決定人的生涯目標和相應選擇的態度和價值觀。此外，男性在職業抉擇較傾向於高地位報酬，而女性則選擇較高支持性的環境，此種差異也造成職業結構和職業成就上的性別差異。

職業選擇也反映了個人本身的自我認同，對某些人而言，職業抉擇是反映對父母持續性的認同，他們可能選擇與父母一方相同或類似的工作或職業，或者父母為他們做出職業選擇。相對於其他人，職業選擇是個人嘗試、內省、自我評價、所發現的事實或個人省思洞察的結果，但對他們而言，他們幾乎沒有個人選擇。

現代社會隨著政治、社會與經濟的轉型，女性成為就業市場的主力，據行政院主計處臺灣地區人力資源統計年報顯示，女性勞動參與率自一九八二年的39.30%，升高到一九九二年的44.83%，到一九九七年為46.13%，到了二〇〇七年接近51.6%（行政院主計處，2007）。這些數據相對於工業國家要來得低很多，美國約為65%左右，顯示女性工作參與率仍有努力的空間。

女性參與勞動率的影響因素很多，諸如經濟的需求、教育的提高、生育率的下降，以及人口統計趨勢的改變、產業結構及需求的改變，以及托兒及托老等家庭照顧需求的滿足等，皆足以影響婦女是否外出就

業。就整體的環境而言，女性投入工作市場，造成社會經濟力的提升，但是女性在家庭中的角色與期望，並未因家庭經濟力提升而減少，而男性也不會因女性出外工作而回家幫忙家務。相對地，女性不再是以傳統的單一角色自居，除了扮演職業婦女角色之外，同時她亦扮演母親、太太、媳婦、朋友、同事等多重角色，於是女性陷入家庭、職業、人際關係等多重角色的壓力困境中。

女性工作角色的性質，對家庭生活品質、個人幸福感、企業的生產力、社會的安定繁榮皆有影響，所以國家政策及企業宜加以考量一些家庭取向的人事政策（張惠芬、郭妙雪譯，1998；郭靜晃，2001）：

1.彈性工時：除了朝九晚五的上班時間，政府或企業可以配合彈性工時及非全職工作來幫助女性員工協調工作與家庭的角色。

2.親職假（parental leave）：係指提供三個月的無給假，並保證回來工作職場時給予相當於請假前的工作待遇與職位。女性員工除了六至八週（公務員六週，勞工八週）的產假之外，尚有陪產假、安胎休養假、家庭照顧假等。近年來，有些美商公司如IBM，也提供家中有三歲以下的嬰孩，可以請育嬰假，北歐有些國家則將此假的福利擴及至家庭成員，如父親、祖父母也有權利申請親職假，以幫助照顧家中的兒童。

3.兒童及老人托育：臺灣地區婦女就業雖有增加，約為51%，但仍比不上工業國家，仍有近40%的職業婦女因工作關係不能親自照顧子女。臺灣的幼兒托育提供率約為三成，可見社會支持系統明顯不足。所以幼兒托育除了量的增加，還須確保托育品質，這也是職業婦女在選擇兒童替代照顧時第一個考量的因素。此外，托老機構的不足及品質也是婦女選擇重返職場時的一個考慮因素。

4.彈性福利方案：在國外，員工福利平均約占平常薪資所得的37%以上（Alex, 1985），因此，員工福利對僱主及員工皆有很大的影響。而傳統的員工福利，包括公／勞保、健保、退休金、有給假期和病假，或生命、健康保險等。而彈性福利方案是讓員工依據個人的需求，選擇福利方案，例如雙生涯家庭，由於夫妻雙方的公司皆有提供健康保險，二人都接受，恐有資源重複，因此其中一人可以不要健康保險，而交換同等利益的福利方案。此種措施不但對不同家庭狀況的員工比較公平，也可以協助企業控制成本。

5.諮商及教育方案：企業可以提供一些方案來因應某些工作／家庭問題，如應付工作不確定之因素、增加自己的專業能力、幫助親職功能、協調工作和家庭責任、工作壓力和財務管理技巧等，也是利用經濟的方式來協助員工協調工作與家庭的雙重角色，以避免因角色衝突衍生工作與家庭的壓力。

## 三、成年期的生心理發展疾患

### (一)孤立

建立親密關係是一種積極的過程，是Erikson的心理社會理論中所說的青年期的重要發展任務。**親密**被定義為能夠為另外一個人感受一種開放、支持、關心的關係，同時又不擔心在互動過程中失去自我的個性，而孤立與親密相對。親密意味著能夠相互體諒、互相約束需求，且能從他人處獲得快樂與滿足；相對地，不能獲得親密所顯現的心理社會危機就是**孤立**（isolation），會使人欠缺與他人建立關係的能力，也會使旁人無從瞭解自己。

「孤立」是成年期發展初期危機的一個極端。孤立與其他「消極」極端一樣，大多數人都有過一段對這種極端的體驗。自我發展愈成熟，界限就愈分明。個性和獨立性這種文化價值的一個副產品是一種突出與他人的區別感。

有人估計，25%的成人會在某個月中感到極其孤單（Weiss, 1974）。孤單感可分為三類：暫時性的（transient）、情境性的（situational）及經

常性的（chronic）（Meer, 1985）。暫時性孤單持續很短一段時間就過去了，就像你聽到一首歌或看到一種表情而使你想起某個遠離身邊的心上人；情境性孤單伴隨著突發的喪失或初到一個新的環境；經常性孤單者可能有與常人一樣多的社會接觸，但是在這些互動中卻沒能獲得所期望的親密感（Berg & Peplau, 1982）。許多經常性孤單者對所有的社會活動都感到焦躁不安，他們認為搞好社會關係十分重要，但又認為意外與人相遇是件難辦的事，結局總不盡如意。社會焦慮程度高的人喜歡採用一些人際技巧對親密關係設置一些障礙。他們可能是自我否定的人。社會互動可能出現消極的結果，這一點使他們感到煩惱，因此傾向於由別人提出人際互動活動的範圍和目的（Langston & Cantor, 1989）。

社交技能和孤獨之間似乎關係很密切。與人交友、溝通技能、非言語行為的分寸、對他人做出恰當反應等社交技能高的人，有比較恰如其分的社會支持系統，且孤單感較低些（Sarason et al., 1985）。有一致的證據表明，男人的互動方式不如女人那麼親密（Carli, 1989）。男人一般顯得競爭性更強，呼應性較差，自我揭露性較低。但是，自我揭露性低對女性來說意味著比較孤單，但對男性來說卻不是如此。男性和女性親密互動方面的能力似乎相同，但是男性不願在同性互動中施展這種技能。女性認為親密對於同性和異性關係都較合適，而男性只傾向於與女性進行親密互動。

在比較男性、女性各自的親密關係時，男性在親密性上的得分比女性低；涉及男性的關係給人的親密感比涉及女性的關係低。研究發現，四種可能的組合中，兩位女性之間的關係在親密感上得分最高，兩位男性之間的關係得分最低。這並不是說，涉及男性的關係不親密，而是這種關係不如涉及女性的關係那麼親密（Fischer & Narus, 1981）。通常丈夫可能比妻子在婚姻中的同理心程度及同伴關係方面較滿意（Scanzoni & Scanzoni, 1981）。對這一發現有幾種解釋。也許在婚姻情感理解方面，男人的期望比女人要低，也許女性的社會化的確使得婦女比男人更善解人意。

這種與他人親近的可能性，嚴重威脅著一些年輕人的自我意識。他們以為親密關係會使自己的認同模糊不清，因此他們不能與人建立親密的關係。感到孤立的人必然繼續在他們和別人之間設立障礙，以保持他們的自我感覺完好無損。他們脆弱的自我感覺是經年累月的童年經歷造成的。這些經歷阻礙了個人認同的發展，自我認同變得死板、脆弱或十分混淆。一旦自我認同單薄纖弱，就會不斷地提醒自己他是誰，不允許自行其是，從而使自己消失在其他人之中，哪怕只是暫時的消失都不允許。他們整天忙於保持自己的認同或者極力消除困惑，從而無力獲得親密感。

孤立也可能因情境性因素而產生。一個年輕男子去了戰場，回來後發現家鄉的「意中人」已嫁他人，或者一位婦女拋下婚姻想去學醫，這些人都會發現自己處於親密願望無法滿足的情境之中。儘管我們可以說，這些孤單者應更加努力地去結交新人或發展新的社交技巧，但是孤獨感很可能影響人們去採用更積極的因應策略（Peplau, Russell, & Heim, 1977）。

孤立也有可能是興趣或活動領域分歧的結果。例如，傳統婚姻中男人和女人的角色和活動都不一樣，有時這種婚姻會被稱為「他和她」的婚姻（Bernard, 1972）。妻子多數日子是待在家裡，與孩子或鄰居的妻子來往；丈夫則整天不在家，與同事在一起。夫妻倆有時各自找不同的嗜好：女人喜歡玩牌，男人喜歡打獵。年長日久，雙方的共同點愈來愈少。孤立呈現在他們缺乏相互之間的理解，缺乏對各自生活目標及需要的支持。

### (二)精神疾病

人類發展學者Robert Havighurst宣稱，成年期是人類發展最困難的時期之一，因為年輕的成年人必須面對許多生活上的挑戰，需要做出許多人生的重要決定，如職業、教育、婚姻、生養孩子等，對一個剛入社會的新鮮人來說，這也代表他們將負起許多責任，端賴個人能力以及個體是否已做好準備。因此，尚未準備好的成人，容易遭受挫折、壓力，導致心理層面出現問題。

許多重大的精神疾病在青少年晚期與成年時期會明顯出現，特別是精神分裂症（schizophrenia）。一般將精神分裂症患者分為三類：治療成功而痊癒；部分痊癒並能維持一般正常的生活；療效不彰以致常常要入院治療。

精神分裂的原因可能來自遺傳因素，也可能導因於神經化學因素，Lehmann和Cancro（1985）提出具有下列四個因素者會有較佳的預後狀況：突然發作，年齡較長才發作，有較好的社會及工作環境，及家庭中的非正式支持系統等。

美國國家精神疾病聯盟（The National Alliance for the Mentally Ill, NAMI），成立於一九七九年，專門為倡導精神分裂患者及其家屬權益，其主要扮演倡導者（advocate）的角色，將與病患有關的相關權益問題讓各級政府知道，並支持相關研究，以期提出協助病患及其家庭的專業知識，尤其是幫助他們在社區生活上的適應，目前有關精神疾病的社區工作，已從第三級的治療走向第二級的補充性服務，以及走向第一級的社區及家庭支持的預防性服務。

### (三)性的問題及處遇

#### ■性功能障礙或違常

性功能障礙雖不是成年期常有的問題，但如涉及有關夫妻或人際親密互動之間的問題，則必須尋求協助。過去有關此類的問題較著重於生物性的功能障礙，患者則尋求偏方或食補方式來獲得單方面的功能舒緩，但此類問題常涉及個人的認知及心理互動的問題癥結。在婚姻及性治療的個案發現，女性在性關係常抱怨男人只是下半身思考，為了享受肉體器官滿足的性樂趣，而女性則著重於情緒的紓解再獲得肉體的刺激與快感。Master和Johnson（1985）的研究即發現，有75%性功能障礙者，除了尋求醫師及其他專業治療者的協助可以獲得此類問題的改善，此外亦可求助於社會工作者，或由社會組織如婦女學苑、幸福家庭基金會、健康社區、性教育協會等專業組織，提供成人終身教育，開設兩性教育人際關係課程，以幫助社會工作者處理相關性功能違常的問題。

然而，大部分的性治療者（sexual counselors）多半只處理異性戀者，尤其是結婚之後的夫婦或單身者對他們的伴侶性趣缺缺，缺乏性方面有關的諮商協助。在工作及生活的壓力之下，即使異性戀夫婦在新婚期，因為角色適應之問題，諸如家庭間、姻親間或工作壓力所衍生的生活問題，涉及個人的親密關係，也有待社會工作者的協助，幫助個案之生活適應及與性有關的調適。

■性取向

**同性戀**（homosexual）最早期溯及一九六九年（Money, 1990），現今則用同志，也就是gay這個字眼。雖然gay適用於男性和女性，但女同志，lesbian則只適用於女同性戀。現今最新的資料在敘述同性戀時，有gay（**同志**）、lesbian（**女同志**）、bisexual（**雙性戀**）及questioning individuals（**灰色性戀**，為介於無性戀與有性戀之間的灰色地帶）等稱呼。

Alfred Kinsey在一九四〇及一九五〇年代的研究發現，有8%的男性和4%女性在過去三年裡曾有同性戀行為；有4%的男性及2%的女性在青少年期之後便是同性戀者；此外，37%的男性及20%的女性表示，他們曾有至少一次是與同性達到性高潮行為。Diamond（1993）針對世界各國男女所做的調查，估計有6%的男性和3%的女性自青少年時期即有過同性戀行為，然而許多專家相信這些估計偏低，因為社會對同性戀的態度是極度歧視，會讓人較不願意公開自己的性向。

雖然過去有一些不同取向者認為，同性戀可能會有較嚴重的性虐待或心理疾病，但不管所使用的研究方法為何，至少這兩者的差異性尚未被發現（Gonsiorek, 1991; Groth & Birnbaum, 1978），所以同性之性取向不應被公眾所譴責。

同性戀配偶所遭受的社會排除（social exclusion），諸如家居的抉擇、職場所受的待遇及接納，甚至有關日後的收養小孩等權利，社會工作者要能去除社會預期觀點（social desirability），瞭解案主的背景，情緒的穩定，以充權協助同性戀者完成其人生的夢想及期待。

## (四)婚外情

Hyde及DeLamater（2008）指出，丈夫外遇比例約在10%到25%，而妻子外遇比例則為5%到15%。以男性而言，婚外性行為隨著年齡增加而減少，而女性的頻率則隨著年齡增加而增加，以四十歲左右為顛峰，此外已婚的職業婦女比家庭主婦更容易發生婚外情。

已婚者尋求婚外性行為的原因很多，有可能是婚姻中的性生活得不到滿足，或夫妻長期分隔兩地或分居、配偶長期生病或有性功能障礙。婚外情的發生可能意味著個人尋求婚姻中所缺少的東西，例如情感、刺激、好奇心，或是想征服更多異性或報復。然而，也有相當比例的已婚者沒有外遇，其中最常見的理由是怕背叛了兩性關係間的信任。

當配偶發現另一伴有外遇時，常見的情緒反應包括憤怒、覺得被背叛、受騙，甚至感到恥辱。短暫的出軌常被解釋為性挫折的暫時反應，但長期的外遇則是婚姻中的重大威脅（Hyde & DeLamater, 2008）。

外遇可能為婚姻帶來危機，例如離婚，但也可能是轉機，其會迫使夫妻坦誠面對婚姻問題。有的夫妻會在事後努力尋求問題的解決，改善婚姻；有些配偶則會無奈地接受事實；有些配偶因為害怕離婚必須付出昂貴的代價而反應冷淡，如社會地位下降，孤獨過活；只是，這個婚姻已無活力，夫妻間只會愈來愈疏遠，毫無情感可言。

### (五)親密暴力

親密關係帶給個人幸福、美滿及健康的生活，但在親密關係中遭受到另一半的攻擊、凌虐等暴力，卻在近年來社會新聞報導中層出不窮，此類問題已涉及個人、家庭及社會的犯罪行為。

檢視**家庭暴力**（family violence）並不是一件容易的事，因為它涉及家庭的隱私，何況法不過家門，如果缺乏受害者的舉報，此類案件常會被隱藏。因為受虐者常礙於害怕再度受創，或涉及個人自尊而不願據實以告。女性比男性、老人比年輕人、兒童比成年人易成為家庭暴力中的犧牲者。家庭暴力往往是長期的，傷害也比陌生人的攻擊來得大。

事實上，在親密關係中，愛與暴力通常交錯互行，且不易切割，**暴力循環就存於日常生活中：第一階段是壓力累積期**，經歷施暴者的憤怒、指責、爭吵、冷戰；**接著進入爭執期**，相互謾罵、甚至互毆，即使是小事都可能成為導火線；**再來的風暴期**則夾帶著肢體暴力、性虐待、言語威脅，久而久之，暴力行為遂成為一種習慣；**接著而來是蜜月期**，施暴者可能下跪痛哭、懺悔或承諾改變，以鮮花、禮物、性愛等方式作為彌補，以使受暴者心軟再求取給予另一機會，或是此階段從不出現，因為施虐者將暴力行為視為理所當然，久而久之也不認為有必要去討好或安撫受暴者，甚至用否認、合理化等防衛機轉來詮釋個人的暴力行為。

不管是喘息於「暴風雨前的寧靜」，或者沉溺於短暫而反覆的蜜月期中，留下或離開的決定，皆是對受暴者的一種困難抉擇（林美薰，2004），社會工作者應要能讓受暴者瞭解這是一種暴力循環，甚至去除受虐者的婚姻暴力迷思，以充權受虐者能早日走出婚姻暴力的危機，例如肢體傷害、精神損害、牽連子女、財務或家庭、朋友、涉及逮捕及法律訴訟等（柯麗評等，2004）。

**婚姻暴力防治**本質上即是一個跨專業、跨部門及跨機構的工作，業務推動必須透過網絡來完成，涉及工作又包括中央到地方各相關網絡及體系，在地方上的社政單位所辦理的工作有：

1.保護網絡的建立及教育訓練，督導協調。

2.受理並彙整全縣（市）通報案件。

3.通報個案的訪視調查與緊急救援。

4家庭處遇計畫的訂定與實施。

5.保護個案的安置與後續追蹤輔導。

6.個案資料的建立及管理。

7.協調、整合相關機構及督導轄內福利機構配合推動保護工作。

8.規劃辦理社工、保母人員、保育人員及相關行政人員教育訓練。

9.其他家暴防治應辦事項。

## 第三節　成年期的社會適應議題

全世界的青年人口約占人口總數的18%，青年具有無限潛力、創意與天生的熱情，這個人口群除了積極投入工作生涯，組成家庭，世界重要國家及國家組織皆致力於讓青年充分及有效地參與公共事務，以成為社會公民及公民社會（civil society）。而成年期的社會議題不外乎婚姻與工作二大要項，本節茲針對這二大要項與適應問題進行探討如下：

### 一、婚姻

在婚姻的社會關係中，個人的親密和成熟的社會關係得以產生，大約90%的個體在四十歲左右皆會成家，一直以來大約有10%左右的人保持獨身主義，不過，現在有愈來愈多的比例保持單身，而且有比較多的年輕人將婚姻延遲到三十歲。這些改變也說明初婚年齡延後，家庭規模變小，以及撫養子女之時間更短。

透過約會過程，有機會遇到一個與自己有感情共鳴的人生伴侶，人們往往會依社會時鐘（social clock）來決定婚姻的時程表。當一個人準備考慮結婚時，深深的吸引和承諾的過程影響著伴侶的選擇和婚姻的決定。Adams（1986）提出擇偶過程的四個階段（見**圖8-2**）：

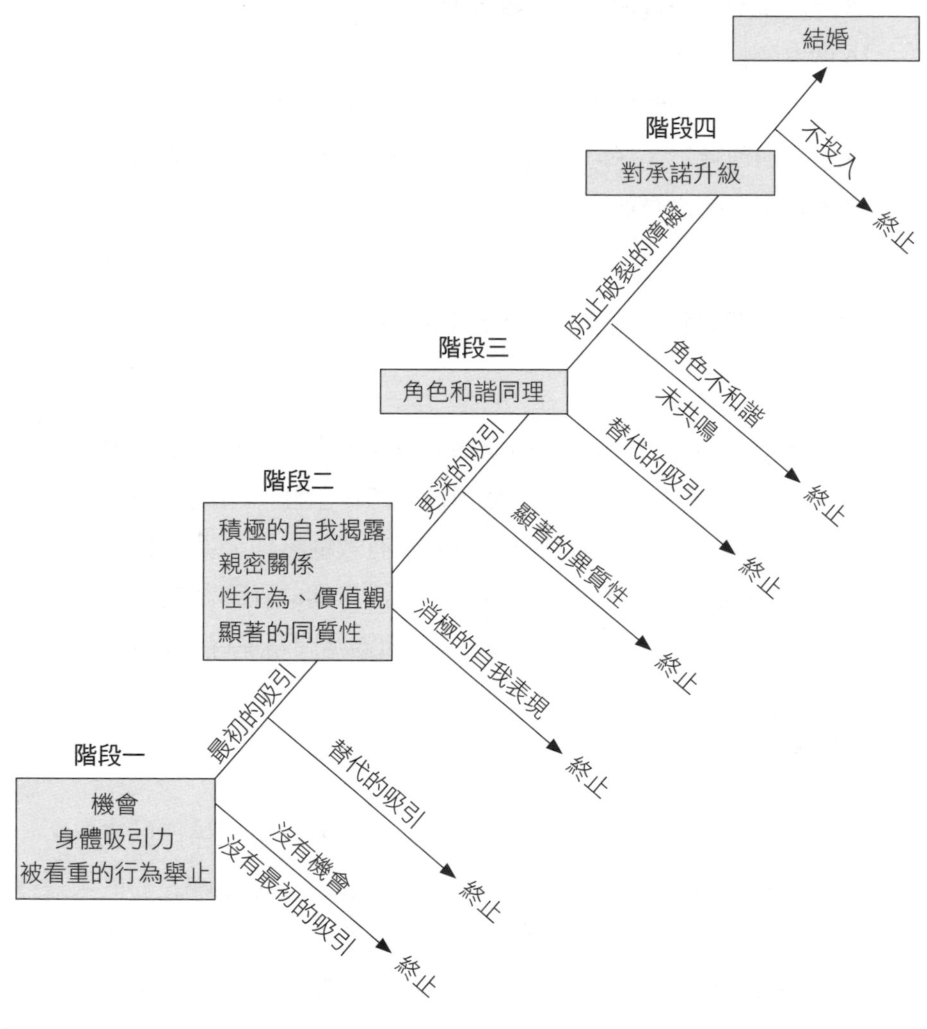


**圖8-2　美國人的擇偶過程**

資料來源：Adams, B. N. (1986).

1.階段一：伴侶選擇是在社會交往的環境中，例如學校、工作環境、派對上。從最普遍的意義，婚姻伴侶的選擇有賴於個人所介入的人際網絡，以及個人所欣賞的外表、儀容與所看重的行為舉止，來決定個人的心儀對象及吸引力所在。

2.階段二：基本的相似之處（similarity）及親密度（intimacy）是維繫彼此關係進一步的核心所在。個人的基本價值、背景特點如過濾器般，篩選著更進一步的吸引力，以及考量著是否與之進一步交往；有些人考慮是否志同道合，另有些人則選擇年齡、宗教、教育背景是否門當戶對。如果雙方自我揭露更深，包括性需求、個人恐懼及人生理想等，那麼個人就從階段二進階到階段三。

3.階段三：角色和諧和同理心讓雙方的關係注入生命力。前者係指處理情境時雙方合作和諧並使情境沒有衝突，順利解決問題；是透過雙方的和諧關係，建立彼此的同理心，使雙方能夠彼此瞭解對方的反應，並預見對方的需要。

4.階段四：雙方一旦對角色和諧和同理心感到滿意，他們便會進入階段四：「中意人」關係。在這個階段，防止雙方關係破裂的屏障將有助於雙方關係的鞏固。雙方此時已有自我揭露，相互做些冒險之舉；再者，經過共同扮演角色，他們已被視為一對，被其他社會圈所隔離。

一旦做了抉擇，求愛激情宣告結束，取而代之就是婚姻及其適應過程。事實上，婚姻的適應過程與滿意度如「U型」方式，結婚頭幾年離婚的可能性很高，一般平均是七年。造成婚姻緊張因素很多，諸如收入、宗教、教育、社會階層背景不同，以及心理的承諾感，所以婚姻的調節適應是有其必要的。

親密關係與日後的婚姻滿足感有關，有效的溝通及處理衝突的能力更是婚姻過程的調適能力。衝突可能是自我認同的產物，例如夫妻雙方個性不同、價值和目標相異，加上權力或資源分布不均，或未能合作共同做出決策所導致的結果。婚姻滿意與彼此的溝通和自我揭露有關，這些因素更是維持婚姻的有效預測因子（Robinson & Price, 1980）。

男性與女性對溝通過程可能有不同的看法，Hawkins、Weisberg及Ray（1980）分類出兩性四種不同的互動性格：常規式互動（conventional interaction）、控制式互動（controlling interaction）、推測式互動（speculative interaction）以及接觸式互動（contractual interaction）。常規式互動常會雙方掩蓋問題，只是維持雙方互動，並不表露太多的情緒投入及探討彼此的觀點；推測式互動雙方是防禦性的，個人只探究別人的觀點，但並不充分表露自己的立場；控制式互動是只將自己的意見說清楚，不考慮另一方的觀點；接觸式互動是雙方既聽取他人意見，亦可以自我肯定地表明自己的立場。夫妻雙方之間皆認為接觸式的互動最好，控制式的互動最不可取，而每一種互動方式皆會影響彼此之間的親密關係。

在婚姻調適中，女性比男性體驗到更多的緊張（Bell, 1983），可能因素來自經濟保障、自我認同、生育子女的準備不夠，或者彼此對親密關係的期待不同。近年來婚姻對家庭最大的變化是婦女進入就業市場以及離婚率的提升。當婦女進入工作職場而形成雙生涯家庭（dual-career families），最大的家庭困境是老人及年幼兒童的照顧問題，以及家庭角色及勞動分工的重新定義。當夫婦缺乏外在資源，或者必須面對他們的生活方式的挑戰時，衝突必然產生，進一步將影響彼此之間的親密感。此外，二〇〇八年的資料顯示，男性初婚年齡為三十一・一歲，女性為二十八・四歲，相較於一九七一年的資料已提高四歲，顯現臺灣初婚年齡也有上升之現象，呈現晚婚趨勢。

當結婚之初的誓言「白頭偕老」的好景不再，雙方可能漸行漸遠，或者選擇離婚來結束雙方的關係。美國的離婚率全世界最高，加拿大、英國、瑞士、澳州也有三成多（約三對即有一對離婚）；最近，臺灣的離婚率也接近此數字，且離婚通常發生在結婚三至四年之後（洪貴貞

譯，2003）。

離婚的原因在過去可能是經濟因素，或一方染有惡習，而現在的原因多半是來自「沒有過錯」（no fault），可能是溝通不良、性生活不美滿，或者不匹配因素所致（洪貴貞譯，2003）。

一九九八年，全美有14.4%未滿十八歲的兒童（超過千萬名兒童）處於父母已離婚或分居的家庭中（U. S. Census Bureau, 1998），臺灣的單親家庭比例則趨近9%。離婚是一種過程，不是單一事件，這個過程始於父母分居，直到父母終止合法的婚姻關係。從「**離婚－壓力－適應觀點**」（divorce-stress-adjustment perspective）來看，離婚過程起始於父母與孩子共同面對的壓力事件，然後這些壓力源將增加父母與孩子的負向影響之危機（Amato, 2000）（見**圖**8-3）。

如**圖**8-3所示，依據此觀點，離婚對兒童的影響端賴各種因素及其交互作用，例如親職效能、父母的衝突等，加上兒童特質，如難養型之氣質或心理問題之基因遺傳；同時，保護因子也會在過程中發揮作用，如社會支持、因應技巧、友善及支持的鄰里環境等。當然，離婚有好也有壞，離婚過程也有可能為成人及兒童帶來好處，例如不好的負面影響將隨離婚過程漸漸淘汰。

近年來，臺灣的離婚率節節高升，二〇〇一年的粗離婚率為0.25%，其中又以未滿五年內占37.1%為最多，此外在「結婚二十至二十四年」及「結婚二十五至二十九年」的離婚者也有增加的趨勢，這使得離婚呈現雙峰現象。此外，近年來臺灣異國婚姻比率逐年升高，從一九九八年開始，大陸配偶及外籍配偶人數快速增加，截至二〇〇七年，在臺灣大陸配偶（含港澳）有近二十五萬人，外籍配偶也有十三・五萬人，合計達三十八・五萬人，外籍配偶大都來自越南（57%）、印尼（19%），約有近八成的外籍配偶來自東南亞（內政部，2008），而二〇一〇年小學入學人數每八位即有一位是外配人士所生。

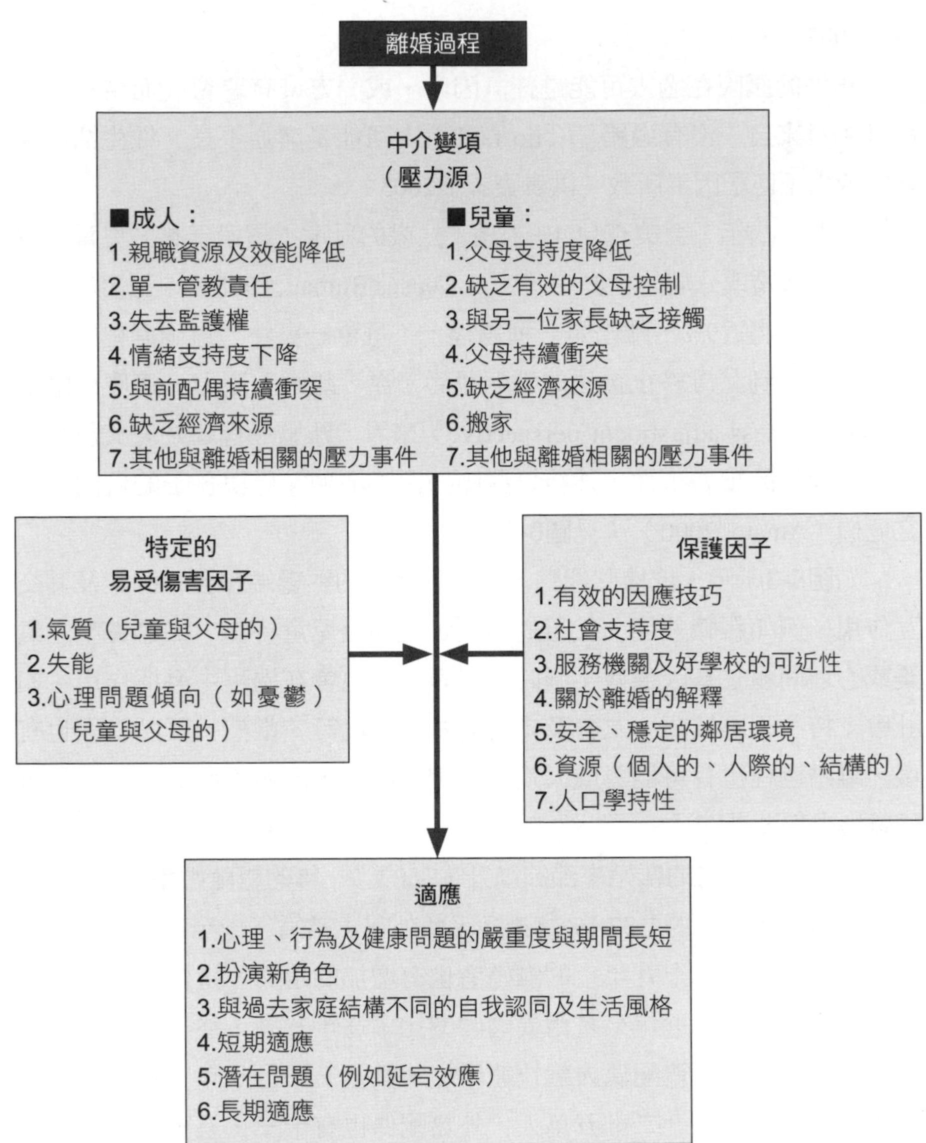


**圖8-3　離婚－壓力－適應觀點**

註：此觀點視離婚為一過程，受許多中介變項、特定的易受傷害因子及保護因子所影響，這些因子會發生交互作用，共同影響兒童的發展結果。

資料來源：Amato, P. R. (2000).

## 二、工作

工作是一個複雜的概念，工作者將工作的角色加以分析，那就會衍生個人在工作情境中不同的心理需求。工作（職業）的選擇千變萬化，所以個人在工作準備的可能性是微乎其微（Brim, 1968）。打工工作的受訓期可能需要幾天或幾週，而專業工作（如醫生、會計師）則需要七至十年。個人透過社會化過程，新僱員瞭解技術技能、人際行為、勞動態度、職場文化及職工所看重的權力關係。一個人必須衡量個人特點與工作情境中的四種核心關係是否匹配：

1.技術技能：多數工作要求具備一定的技術專長，個人必須評估特定技能要求是否合乎個人的能力，判斷個人是否有改進技能的潛力及展示能力，以及是否從中獲得快樂與滿足。

2.權威關係：各種工作角色對人與人之間的地位和決策關係已做了明確規範，工作培訓的內容即是要幫助新進員工瞭解個人受誰評估，評估標準是什麼，以及個人工作的自主性受到何種限制。

3.要求和危害：每個工作崗位有其獨特的職業要求，包括自我保護、工害預防、生產效能和效率等。此外，工作參與之後可能影響個人的閒暇、家庭活動或政治和社會作用，所以，個人必須衡量各種工作情境及所獲報酬之間的比較。

4.工作同伴的關係：在工作中建立的伙伴關係與個人工作滿意度有關。個人需要朋友，需要同伴分擔熟悉新工作的煩惱，這也驅使個人在工作中找到志同道合的伙伴關係。

除了上述四種核心關係，個人工作的抉擇也受到其他因素所限制，例如教育資歷、天賦、地理位置。O'Reilly及Caldwell（1980）以MBA學生為研究樣本，研究影響工作選擇和持續工作滿意度的關係，結果發現有兩種因素影響工作抉擇：內在及外在因素。內在因素包括對工作的興趣、個人對工作的知覺、工作責任感和升遷機會；外在因素包括家庭及財務壓力、他人建議、工作地點和薪資。

現今世界趨勢面對經濟泡沫化，加上金融海嘯也使得全世界的成年人失業率居高不下，其現象有：

1.全球青年就業率惡化：全球青年人口增加了13%，但青年就業只增加3.8%，青年人口增加的速度是其工作機會增加速度的三‧五倍。青年人口占全球人口的25%，卻占了全球失業人口的43.7%。全球青年失業率從12.3%升為13.5%，是成人失業率（4.6%）的二‧八倍。臺灣十五至二十四歲青年失業率為10.9%，是二十五至四十四歲的二‧九倍，是四十五至六十四歲的五倍。
2.青年工作貧民增加：即使有工作者，其中有超過一半（56.3%）的日薪不到二美元，是「低度就業」（underemployed）的「工作貧民」，其處境很可能比青年失業者更糟，往往是因為太窮，導致沒有挑選工作的權利。
3.青年勞動參與率降低：青年勞動參與率只有54.7%，代表每二個青年就有一個沒去找工作，主要成分有四：(1)青年喪志，找工作不順而放棄求職；(2)升學，接受更高教育；(3)傳統文化歧視女性，輟學幫忙家務；(4)尼特族（NEET）：既不在學也沒工作者（其中不少是喪志青年）。
4.高學歷低就業現象：壓縮較低學歷者的就業機會。

深究臺灣青年失業的原因有下列幾點：

1.高等教育大幅擴張：
 (1)decent work（體面工作）未同步成長，造成結構性落差。
 (2)教育品質未同步提昇，導致人力素質落差，大學學歷的就業競爭力巨幅下滑，失業率甚至超過低階基層人力。

(3)「虛假的優越意識」：空有大學生身段，但實作與理論能力皆差，即使這些工作的職缺與薪資福利都不差，也不願「低就」低階工作。

(4)低學歷者的就業機會被壓縮：從科技廠作業員到汽車修護黑手等這些原本國中生的工作，現在都被科大學生所取代。

(5)名校主義的盛行，科技業都有內部名單，以台成清交＋四中＋台科北科為第一優先。

(6)碩士化浪潮：科技業無碩士學位無法進入研發部門，而服務業則對名校與學歷較不重視。

2.非典型勞動型態盛行：

(1)非核心員工大量改採「非典型僱用」或「外包」。

(2)短期且無保障的「約聘僱／人力派遣／見習生」大行其道，企業增加僱用彈性，將市場風險轉嫁給年輕受僱者。

(3)使用派遣勞動的主因：

①節省招募與人事管理成本。

②增加僱用彈性，應付訂單與景氣的起伏。

③變相延長試用「草莓族」新鮮人，擇優轉為正式員工。

3.企業合併、市場飽和、產業外移成為「工作職缺」殺手：從金融業到科技業，合併腳步加速，成為工作最大殺手。

(1)重複人力。

(2)企業文化與人力盤點。

(3)新舊派系衝突。

4.求職的迷思？社會的期許？

(1)年輕人難找工作，卻也有許多工作難找人。

①刻板印象：模具工程師、業務銷售人員。

②身段問題：技術員、汽車／手機修理員。

③高薪辛苦：營建、護理、會計、飛機修護。

④正職、穩定、固定薪資⋯⋯。

(2)職訓局數據：五・四萬人搶一・七萬個低薪的文書助理工作，但薪資遠比文書助理高的技術員，卻有六・二萬個職缺找不到人；六・六萬個業務銷售職缺，只有八千萬人應徵。

(3)社會期許：

①白領優於藍領。

②行政總務優於業務銷售。

③科技業優於傳統產業。

④萬般皆下品，唯有教書高（教育科系）或律師／司法官高（法律科系）。

5.企業用人趨勢與求職青年的落差：

(1)「就業力」不等於專業技能或學歷，年輕人自認為最需要強化的「專業技能」，其實企業認為是「工作態度」。

(2)性格測驗／智力測驗／情境測驗。

(3)全方位職場競爭力：學歷／專業能力與證照／跨領域專業／基礎能力（溝通／合作／創意）／性格（自信心／企圖心）／品味與美感／新能力（模糊容忍度）⋯⋯。

青年長期失業者由於對就業市場的陌生，形成所謂的「就業市場迷思」，其定義為：由於認知的資訊不足或不明確，導致個人對於就業市場職業世界的瞭解，出現偏差或刻板印象，進而影響其面對特定職業與職場時的工作態度與觀念。青年長期失業者的就業市場迷思，除了表現在設定偏高的期望薪資之外，還有對於就業市場僱主設定招募條件的認知不足，也就是往往自恃年輕，自以為就業能力必然高於中高齡者，卻忽略了就業市場的僱主在招募過程中，也重視工作經驗此項條件，再加上在家庭的經濟支持下，往往會偏高的期望薪資，使得年輕尋職者易淪為長期失業者，出現了所謂「尼特族」、「啃老族」與「Yo-Yo族」，成為社會中的依賴人口。

目前臺灣針對這些青少年及青年失業者提供下列方案：

1.「青年個人化加強協助諮詢」方案：加強提供適合青年長期失業者個人化的有效支持措施，應提供「青年個人化加強協助諮詢」（Individual Enhanced Assistance Consulting）方案，主要目標是提供更為密集有效的就業諮商服務，以積極的諮商協助方式，瞭解青年長期失業者的就業能力與就業觀念，作為後續提供分類服務的基礎，以促進青年長期失業者能夠再整合納入社會體系內，建立青年長期失業者的正確就業市場觀念與態度。具體而言，青年長期失業者應該先行參加由就業服務中心舉辦的「工作計畫研討會」（Job Plan Workshop），這是比現行「就業促進研習活動」更為專精深入的協助服務，外聘就業諮商專家，提供個人化的深度諮商討論服務，諮商討論項目包括：(1)決定青年長期失業者的技能程度與就業能力；(2)提供青年長期失業者發展有助於返回職場之技能的建議；(3)提升青年長期失業者具有就業與訓練的觀念；(4)透過電腦系統為青年長期失業者做就業媒合；(5)協助青年長期失業者與僱主進行接觸的態度與觀念。
2.「青年長期失業者再出發行動計畫」：二〇〇五年臺灣共有十一萬二千名二十五歲以下的青年失業者，占全國失業率的10.59%，而在青年長期失業者中，有高達25%是失業一年以上的青年長期失業者。在全國公共就業服務系統的就業諮商人員，針對二萬七千名青年長期失業者，提供個人化的「青年長期失業者個人化加強協助諮詢」方案，降低青年長期失業者的就業市場迷思之後，必須再依照個別情形，擬定適合不同青年長期失業者的「青年長期失業者再出發行動計畫」（Personalized Action Plan for a New Start，簡稱為PAP計畫）。
3.「青年在企業」方案：經過深度就業諮商，認定為就業能力不足、低技能的青年長期失業者，為加強協助其提升就業能力，應擬定實施「青年在企業」（Young People in Enterprise）方案，提供青年失業者工作機會，以達到青年就業的政策目標。具體而言，針對低技能青年，特別是高中職以下畢業的低技能者（low-skilled）弱勢青年，補助企業僱用低技能青年長期失業者在專職部門內就業，由就業服務中心人員協助青年長期失業者與企業僱主簽定執行各種形式的協定，包括「學徒訓練契約」（apprenticeship contract）、「專業化訓練契約」（professional contract）、「資格認證契約」（qualification contract），其中「學徒訓練契約」針對非技能性青年失業者實施訓練，而「專業化訓練契約」則針對低技能性青年失業者實施訓練，均是將「工作／訓練」加以連結的「青年就業新架構」，目標是整合訓練與就業服務資源，提供青年失業者完整的協助。

## 第四節　結語

成年期被視為是由人生的準備期，經過青少年的轉捩期，到了人生主要的轉型期，此時年輕人透過自我認同轉移至與他人發展親密關係，建立婚姻、家庭及尋求工作（職業），建立個人獨特的生命風格（life style），**經濟的獨立和個人決策為此一階段的主要發展任務**。

個體在此時期是生理發展的顛峰，除了事故傷害外，鮮少會有危及個體生命的疾病，不過成人社會化有可能習得不好的生活習慣，如喝酒、抽菸；此外，個體面臨生活壓力會影響個體生理產生一些症狀。如心理危險因素乃受到生活壓力而導致憂鬱、行為失調等生理症狀；在社會層面，婚姻與工作已占據個體大多數的生活時間，尤其是女性面對結婚、生子及工作所產生的壓力，**離婚與失業是成年期最大的壓力創傷**。

# 參考書目

## 一、中文部分

內政部（2008）。人口政策白皮書，http://www.ris.gov.tw/version96/pe_004. Html。

成之約（2003）。青少年就業措施。財團法人國家政策研究基金會國政分析，社會（析）092－008號，http://www.npf.org.tw/publication/ss/092/ss-b-092-008.htm

行政院主計處（2006）。人力資源調查提要分析。94年度人力資源調查統計結果，http://www.dgbas.gov.tw。

行政院主計處（2007）。《中華民國臺灣地區人力運用調查報告》。臺北：行政院主計處。

林美薰（2004）。《家庭暴力防治工作人員服務手冊》。臺北：內政部家庭暴力及性侵害防治委員會。

柯麗評、王佩玲、張舒麗（2004）。《家庭暴力理論政策與實務》。臺北：巨流圖書。

洪貴貞譯（2003）。《人類行為與社會環境》（Vimala Pillari著）。臺北：洪葉。

張惠芬、郭妙雪譯（1998）。《工作與家庭》。臺北：揚智文化。

郭靜晃（2001）。《親子話題》（第二版）。臺北：揚智文化。

郭靜晃（2006）。《青少年心理學》。臺北：洪葉。

程小危（1995）。〈道德發展〉。輯於張欣戊等著。《發展心理學》。臺北：國立空中大學。

## 二、英文部分

Adams, B. N. (1986). *The Family: A Sociological Interpretation* (4th ed.). Harcourt, Brace and Jovanovich: Publishers.

Alex, H. (1985). *Corporations and Families: Changing Practices and Perspectives*. New York: Conference Board.

Amato, P. R. (2000). The consequences of divorce for adults and children. *Journal of Marriage and the Family, 62*, 1269-1287.

Barnhill, L. R. (1979). Healthy family systems. *Family Coordinator, 28*, 94-100.

Bell, R. R. (1983). *Marriage and Family Interaction* (5th ed.). Homewood, IL: Dorsey.

Berg, J. H. & Peplau, L. A. (1982). Loneliness: The relationship of social-disclosure and androgyny. *Personality and Social Psychology Bulletin, 8*, 624-630.

Bernard, J. (1972). *The Future of Marriage*. New York: World.

Bornstein, R. & Schuster, C. S. (1992). Cognitive development during the adult years. In C. S. Schuster & C. Ashburn (Eds.). *The Process of Human Development*. New York: Lippincott.

Brim, O. G. Jr. (1968). Adult socialization. In J. Clausen (Ed.). *Socialization and Society*. Boston: Little, Brown.

Carli, L. L. (1989). Gender differences in interaction style and influence. *Journal of Personality and Social Psychology, 56,* 565-576.

Diamond, M. (1993). Homosexuality and bisexuality in different populations. *Archives of Sexual Behavior, 22*, 291-310.

Eisenberg, N. & Strayer, J. (1987). *Empathy and Its Development*. Cambridge, MA: Cambridge University Press.

Elder, G. H. (1975). Age differentiation and the life course. *Annual Review of Sociology, 1*, 165-190.

Fischer, J. L. & Narus, L. R. (1981). Sex roles and intimacy in same-sex and other-sex relationships. *Psychology of Women Quarterly, 5*, 444-455.

Flavell, J. H. (1992). Cognitive development: Past, present and future. *Developmental Psychology, 28,* 998-1105.

Gilligan, C. (1990). *In a Different Voice: Psychological Theory and Women's Development*. Cambridge, MA: Harvard University Press.

Gonsiorek, J. C. (1991). The empirical basis for the demise of the illness model of homosexuality. In J. C. Gonsiorek & J. D. Weinrich (Eds.). *Homosexuality: Research Implications for Public Policy* (pp. 115-137). Newbury Park, CA: Sage.

Groth, A. N. & Birnbaum, H. J. (1978). Adult sexual orientation and attraction to underage persons. *Archives of Sexual Behavior, 7,* 175-181.

Hatfield, E. & Walster, G. W. (1985). *A New Look at Love*. New York: University Press of America.

Hawkins, J. L., Weisberg, C., & Ray, D. W. (1980). Spouse differences in communication style preference, perception, and behavior. *Journal of Marriage and the Family, 42*, 585-593.

Haywood, K. M. (1986). *Life Span Motor Development*. Champaign, IL: Human Kinetics.

Hubner-Funk, S. (1983). Transition into occupational life: Environmental and sex differences regarding the status passage from school to work. *Adolescence, 18*, 709-723.

Hyde, J. S. & DeLamater, J. D. (2008). *Understanding Human Sexuality*. Boston: McGraw-Hill Higher Education.

Javroff, L. (1996/04/01). Prostate cancer: The battle. *Time*, 58-65.

Kitchener, K. S. & King, P. M. (1989). The reflective judgment model: Ten years of research. In M. L. Commons, C. Armon, L. Kohlberg, F. A. Richards, T. A. Grotzer, & D. Sinnott (Eds.). *Adult Development* (Vol. 2). (pp. 63-78). New York Praeger.

Kohlberg, L. (1984). *Essays on Moral Development, Vol. 2: The Psychology of Moral Development*. San Francisco: Harper & Row.

Kuhn, D., Kohlberg, L., Langer, J., & Haan, N. (1977). The development of formal operations in logical and moral judgment. *Genetic Psychology Monographs, 95*, 97-188.

Langston, C. A. & Cantor, N. (1989). Social anxiety and social constraint: When making friends is hard. *Journal of Personality and Social Psychology, 56*, 649-661.

Lehmann, H. E. & Cancro, R. (1985). Schizophrenia: Clinical features. In H. I. Kaplan & B. J. Sadock (Eds.). *New Perspectives in Schizophrenia*. New York: Macmillan.

Levinson, D. J. (1986). A conception of adult development. *American Psychologist, 41*, 3-13.

Levinson, D. J. (1978). *The Seasons of Man's Life*. New York: Knopf.

Levinson, D. J. (1997). *The Seasons of a Woman's Life*. New York: Ballantine Books.

Maslow, A. H. (1962). *Toward a Psychology of Being*. Princeton, NJ: Von Nostrand.

Master, W. & Johnson, V. (1985). *Human Sexual Response*. Boston, MA: Little, Brown.

Meer, J. (1985). Loneliness. *Psychology Today, 19*, 28-33.

Money, J. (1990). *Gay, Straight, and In-Between: The Sexology of Erotic Orientation*.

New York: Oxford University Press.

Neimark, E. D. (1975). Longitudinal development of formal operational thought. *Genetic Psychology Monographs, 91*, 171-225.

O'Neil, J. M., Ohlde, C., Barke, C., Prosser-Gelwick, B., & Garfield, N. (1980). Research on a workshop to reduce the effects of sexism and sex-role socialization on women's career planning. *Journal of Counseling Psychology, 27*, 355-363.

O'Reilly, C. A. & Caldwell, D. F. (1980). Job choice: The impact of intrinsic and extrinsic factors on subsequent satisfaction and commitment. *Journal of Applied Psychology, 65*, 559-565.

Peplau, L. A., Russell, D., & Heim, M. (1977). An attributional analysis of loneliness. In I. Frieze, D. Bar-Tal, & J. Carroll (Eds.). *Attribution Theory: Application to Social Problems*. San Francisco: Jossey-Bass.

Robinson, E. A. & Price, M. G. (1980). Pleasurable behavior in marital interaction: An observational study. *Journal of Counseling and Clinical Psychology, 48*, 117-118.

Rubenstein, C. M. & Shaver, P. (1982). The experience of loneliness. In L. A. Peplau & D. Perlman (Eds.). *Loneliness: A Source Book of Current Theory, Research and Therapy*. New York: Wiley.

Sarason, B. R., Sarason, I. G., Hacker, T. A., & Basham, R. B. (1985). Concomitants of social support: Social skills, physical attractiveness and gender. *Journal of Personality and Social Psychology, 49*, 469-480.

Scanzoni, L. D. & Scanzoni, J. (1981). *Men, Women, and Change: A Sociology of Marriage and Family* (2nd ed.). New York: McGraw-Hill.

Snarey, J. R. (1985). Cross-cultural universality of social-moral development: A critical review of Kohlberg research. *Psychological Bulletin, 97(2)*, 202-232.

Solomon, R. C. (1988). *About Love: Reinventing Romance for Modern Times*. New York: Simon & Schuster.

Sternberg, R. J. (1988). Triangulating love. In R. J. Sternberg & M. L. Barnes (Eds.). *The Psychology of Love*. New Haven, CT: Yale University Press.

U. S. Census Bureau (1998). Marital status and living arrangement: March 1998 (update) (Current Population Reports, Series, pp. 20-514). Washington, D.C.: Government Printing Office.

Weiss, R. S. (1974). The provisions of social relationships. In Z. Rubin (Ed.). *Doing Unto Others* (pp. 17-26). Englewood Cliffs, NJ: Prentice-Hall.

Young, J. E. (1982). Loneliness, depression and cognitive therapy: Theory and application. In L. A. Peplau & D. Perlman (Eds.). *Loneliness: A Source Book of Current Theory, Research and Therapy*. New York: Wiley.

Chapter 9

# 中年期

- 中年期的生理發展與危機
- 中年期的心理發展與危機
- 中年期的社會適應與處遇
- 結語

中年成人期大約從三十五歲一直延續到六十五歲，此時人生已走完一大段的歲月，個體可否察覺到變化呢？儘管成年生活中的經歷及生活風格的特點差異很大，而此階段正承接前面各階段的基礎，正如發展有固定順序，後一階段的發展受前面階段所影響，中年時期的發展雖不似嬰幼兒期或青少年期有明顯快速的變化，但其變化的節奏是規律及有序的，尤其在社會及心理的變化，包括一個人的時間感、自我意識以及投入於社會機構上的變化。Erikson心理社會理論的觀點認為，中年時期著重人格重新重組，以獲得創生感（generativity），在此階段，個體需要綜合前面各階段的技能和觀念，將精力投入於未來，所以在此階段，個體更著重於智慧成就及自我省思。

中年時期與其他階段的不同是個體甚少感受到生理上的變化（因為變化是冗長與緩慢的），但是受個人經驗的影響而對時間序列有很大的感覺，例如有人將組成家庭而暫緩生涯發展；而有人因為子女離巢而致力於個人之工作顛峰。每個人規劃不同，差異成為中年時期的最佳寫照。

在社會學及心理學鮮少有理論專門談到中年時期的發展，最早期有社會學者Margaret Mead論及一生的發展，而Margaret Atwood（1998）在她的小說《貓眼》（*Cat's Eye*）也有提及。在心理學除了Abraham Maslow的人類需求論外，也有針對中年期的專門論述，如Eric Erikson（1963）的心理社會理論，他將中年時期定義為創生vs.停滯（Generativity vs. Stagnation）；Peck（1968）的心理發展理論中則主張，中年的調適須具有調整四種危機的能力：人際關係中社會化vs.性關係（socializing vs. sexualizing in human relationship）、重視智慧vs.重視體能（valuing wisdom vs. value physical powers）、情緒靈活vs.情緒疲乏（emotional flexibility vs. emotional impoverishment）及心智靈活vs.心智僵化（mental flexibility vs. mental rigidity）；此外，Vallant（1977）也立基於Erik Erikson的心理社會理論，發現中年期最重要在找尋人生意義，避免剛愎自用和停滯；Levinson（1978）也專門針對四十位年齡介於三十五

表9-1　Levinson男性成人發展理論及轉換期

| 時期 | 轉換期 |
|---|---|
| 1.成年前期（0-22歲） | 成年轉換早期（17-22歲） |
| 2.成年早期（17-45歲） | 進入成年早期的生理結構（22-28歲）<br>30歲轉換期（28-33歲）<br>成年早期生活結構之高峰（33-40歲）<br>中年轉換期（40-45歲） |
| 3.成年中期（40-65歲） | 進入成年中期的生活結構（45-50歲）<br>50歲轉換期（50-55歲）<br>成年中期生理結構之高峰（55-60歲）<br>老年轉換期（60-65歲） |
| 4.老年期（60歲以上） | |

資料來源：Levinson, D. J. (1978).

至四十五歲的男性，為受試者進行訪談及人格測驗，然後建立其成年期生活改變的生活結構（life structure）發展理論（見**表9-1**）：

1.成年前期：從出生到二十二歲，是出生到青春期結束之間的成長期。

2.成年早期：從十七到四十五歲，是個體做出生命中最重要決定的時期，個人展現最多精力及體驗最多壓力的時期。

3.成年中期：從四十到六十五歲，是個體生理及體力開始衰退，但是社會責任增加的時期。

4.老年期：六十歲以上，是人生的最終階段。

# 第一節　中年期的生理發展與危機

中年人面臨最明顯的變化就是精力與體力的衰退，這時生理的反應速率變慢了、新陳代謝趨緩了、體脂肪增加了，肥胖與三高成了中年人最常談論的話題，當然，在面臨身體漸漸老化的同時，疾病成了中年期最大的威脅，同時也開始面臨死亡的議題。

## 一、疾病的威脅

中年人的生理死亡因素最大的成因是癌症、心臟病、中風和意外事件等，除了遺傳的生理成因之外，心理因素，特別是壓力更易導致生理疾病。在一九八〇年代，心理學派已發展一支專門研究因壓力而導致的生理／身體疾病之關係，稱之為健康心理學（health psychology）。Friedman和Roseman（1974）在找尋心臟病的成因過程中發現，除了身體因素之外，人格也是導致心臟病和影響病情的主因，尤其是A型性格（type A personality），其特徵是好競爭、好強、缺乏耐性、充滿敵意、比較容易被激怒及完美主義；相反地，B型性格（type B personality）的特徵是放鬆、隨和、友善和不易動怒。

Eysenck（1989）指出，Grossarth-Maticek曾選取一大群成人受試者進行研究，他先施予人格測驗，再將之歸類為四類：類型一是癌症的危險群、類型二是心臟疾病的危險群、類型三及四是健康型群體；之後更長期（長達十年以上）追蹤這些受訪者，結果發現健康與個人人格有很大的關係。

癌症為臺灣人十大死因的首位，總數比第二至四名的心臟病、腦血管疾病及糖尿病的死亡人數之總和還要多，粗估每三分鐘即有一人死於癌症。癌症並不是單一疾病，而是伴有其他類症狀，但癌症要靠平時預防，早期發現，治癒率高。癌症與個人生活習慣和環境關係密切，在已開發國家常見的癌症是腸癌、攝護腺癌、膀胱癌及乳癌，與高脂、低纖維飲食及肥胖有關；而未開發中國家與胃癌、肝癌、食道癌及子宮頸癌有關，這主要與醃漬食物有關。臺灣國人癌症死亡以肺癌、肝癌位居前兩名，大腸癌（直腸癌）及乳癌位居第三名及四名，但最近，大腸（直腸）癌上升，已超過肝癌，位居第一（見**圖9-1**及**表9-2**至**表9-6**），與國人飲食之高脂有關。除了高脂食物、醃漬食物，其他如不良習慣之抽

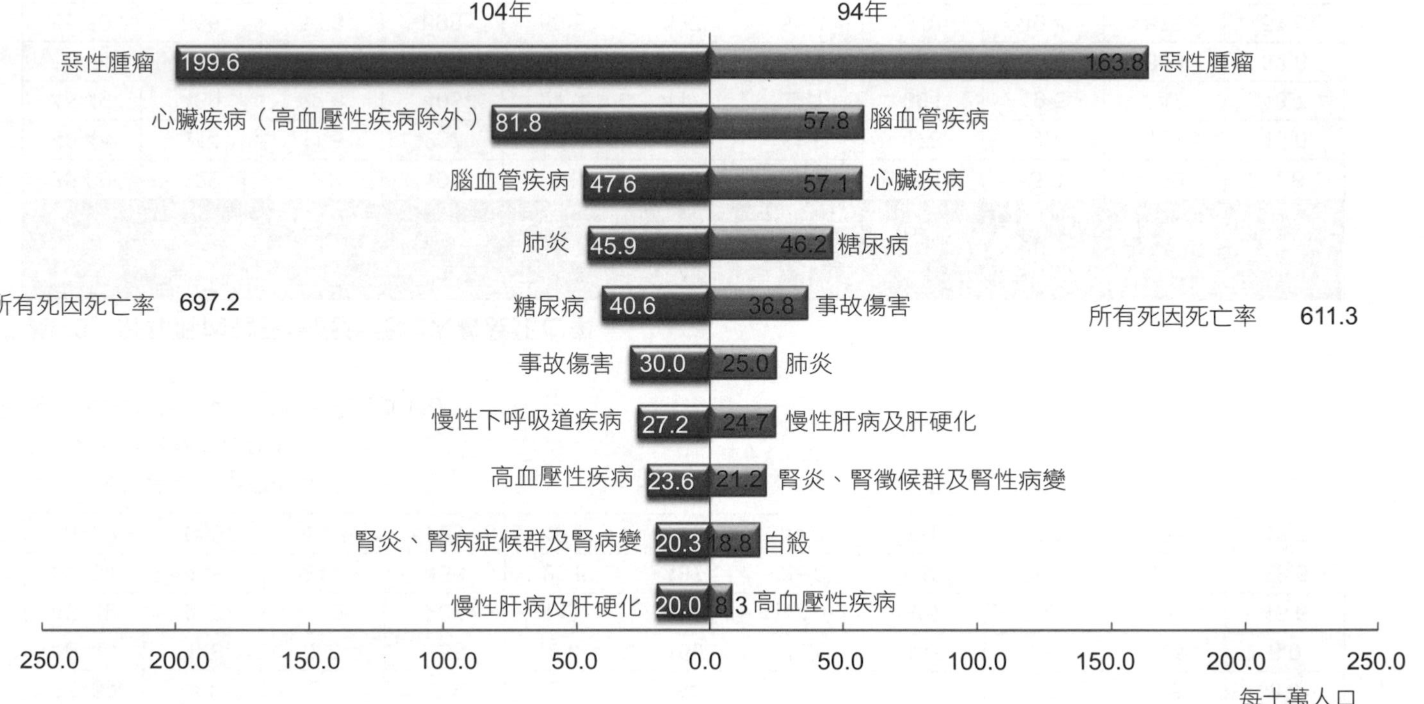


**圖9-1　國人104年與94年十大死亡原因比較**

資料來源：衛生福利部統計處（2016）。

### 表9-2　氣管、支氣管及肺癌歷年死亡人數及死亡率

| 年齡別 | 99年 | | 100年 | | 101年 | | 102年 | | 103年 | |
|---|---|---|---|---|---|---|---|---|---|---|
| | 死亡人數 | 每十萬人口死亡率 | 死亡人數 | 每十萬人口死亡率 | 死亡人數 | 每十萬人口死亡率 | 死亡人數 | 每十萬人口死亡率 | 死亡人數 | 每十萬人口死亡率 |
| 35–39 | 44 | 2.4 | 51 | 2.8 | 54 | 2.9 | 56 | 2.9 | 66 | 3.4 |
| 40–44 | 146 | 7.8 | 155 | 8.4 | 150 | 8.2 | 145 | 7.9 | 145 | 8.0 |
| 45–49 | 289 | 15.2 | 267 | 14.0 | 321 | 17.0 | 307 | 16.5 | 307 | 16.6 |
| 50–54 | 438 | 24.8 | 456 | 25.5 | 487 | 26.8 | 519 | 28.0 | 532 | 28.5 |
| 55–59 | 686 | 44.7 | 725 | 45.6 | 716 | 44.1 | 756 | 45.7 | 791 | 46.7 |

註：1.死因統計含金門縣及連江縣。
2.死因分類為ICD-10。
資料來源：衛生福利部統計處（2016）。

### 表9-3　肝和肝內膽管癌歷年死亡人數及死亡率

| 年齡別 | 99年 | | 100年 | | 101年 | | 102年 | | 103年 | |
|---|---|---|---|---|---|---|---|---|---|---|
| | 死亡人數 | 每十萬人口死亡率 | 死亡人數 | 每十萬人口死亡率 | 死亡人數 | 每十萬人口死亡率 | 死亡人數 | 每十萬人口死亡率 | 死亡人數 | 每十萬人口死亡率 |
| 35-39 | 129 | 7.2 | 101 | 5.6 | 110 | 5.9 | 101 | 5.3 | 90 | 4.6 |
| 40-44 | 214 | 11.5 | 237 | 12.8 | 211 | 11.5 | 178 | 9.7 | 181 | 10.0 |
| 45-49 | 430 | 22.6 | 405 | 21.3 | 417 | 22.1 | 364 | 19.5 | 347 | 18.7 |
| 50-54 | 631 | 35.7 | 599 | 33.5 | 605 | 33.3 | 625 | 33.8 | 609 | 32.6 |
| 55-59 | 865 | 56.3 | 898 | 56.5 | 827 | 51.0 | 818 | 49.4 | 873 | 51.5 |

註：1.死因統計含金門縣及連江縣。
2.死因分類為ICD-10。
資料來源：衛生福利部統計處（2016）。

表9-4　結腸、直腸和肛門癌歷年死亡人數及死亡率

| 年齡別 | 99年 | | 100年 | | 101年 | | 102年 | | 103年 | |
|---|---|---|---|---|---|---|---|---|---|---|
| | 死亡人數 | 每十萬人口死亡率 | 死亡人數 | 每十萬人口死亡率 | 死亡人數 | 每十萬人口死亡率 | 死亡人數 | 每十萬人口死亡率 | 死亡人數 | 每十萬人口死亡率 |
| 35-39 | 65 | 3.6 | 76 | 4.2 | 87 | 4.7 | 74 | 3.9 | 88 | 4.5 |
| 40-44 | 109 | 5.8 | 116 | 6.3 | 102 | 5.5 | 125 | 6.8 | 133 | 7.4 |
| 45-49 | 185 | 9.7 | 178 | 9.3 | 183 | 9.7 | 197 | 10.6 | 185 | 10.0 |
| 50-54 | 280 | 15.8 | 297 | 16.6 | 298 | 16.4 | 306 | 16.5 | 325 | 17.4 |
| 55-59 | 419 | 27.3 | 412 | 25.9 | 456 | 28.1 | 464 | 28.0 | 455 | 26.8 |

註：1.死因統計含金門縣及連江縣。

2.死因分類為ICD-10。

資料來源：衛生福利部統計處（2016）。

表9-5　乳癌歷年死亡人數及死亡率

| 年齡別 | 99年 | | 100年 | | 101年 | | 102年 | | 103年 | |
|---|---|---|---|---|---|---|---|---|---|---|
| | 死亡人數 | 每十萬人口死亡率 | 死亡人數 | 每十萬人口死亡率 | 死亡人數 | 每十萬人口死亡率 | 死亡人數 | 每十萬人口死亡率 | 死亡人數 | 每十萬人口死亡率 |
| 35-39 | 55 | 6.1 | 58 | 6.3 | 53 | 5.7 | 60 | 6.3 | 66 | 6.7 |
| 40-44 | 126 | 13.5 | 131 | 14.1 | 138 | 14.9 | 125 | 13.6 | 121 | 13.3 |
| 45-49 | 237 | 24.9 | 227 | 23.8 | 237 | 25.0 | 211 | 22.6 | 231 | 24.9 |
| 50-54 | 270 | 30.3 | 315 | 34.9 | 294 | 32.1 | 338 | 36.2 | 349 | 37.0 |
| 55-59 | 308 | 39.5 | 311 | 38.5 | 311 | 37.7 | 329 | 39.0 | 377 | 43.7 |

註：1.死因統計含金門縣及連江縣。

2.死因分類為ICD-10。

資料來源：衛生福利部統計處（2016）。

表9-6　攝護腺癌歷年死亡人數及死亡率

| 年齡別 | 99年 | | 100年 | | 101年 | | 102年 | | 103年 | |
|---|---|---|---|---|---|---|---|---|---|---|
| | 死亡人數 | 每十萬人口死亡率 | 死亡人數 | 每十萬人口死亡率 | 死亡人數 | 每十萬人口死亡率 | 死亡人數 | 每十萬人口死亡率 | 死亡人數 | 每十萬人口死亡率 |
| 35-39 | -- | -- | -- | -- | -- | -- | -- | -- | -- | -- |
| 40-44 | 3 | 0.3 | -- | -- | 1 | 0.1 | -- | -- | -- | -- |
| 45-49 | 2 | 0.2 | 2 | 0.2 | 4 | 0.4 | 3 | 0.3 | 1 | 0.1 |
| 50-54 | 3 | 0.3 | 10 | 1.1 | 7 | 0.8 | 12 | 1.3 | 4 | 0.4 |
| 55-59 | 23 | 3.0 | 20 | 2.6 | 21 | 2.6 | 16 | 2.0 | 26 | 3.1 |

註：1.死因統計含金門縣及連江縣。

2.死因分類為ICD-10。

資料來源：衛生福利部統計處（2016）。

菸、喝酒、嚼檳榔等以及工業污染的空氣與飲食也是致癌因素。

除了死亡之外，中年人之前的體力達到顛峰，之後開始走下坡，過了四十歲之後，才會覺得體力大不如前。這時，皮膚開始容易乾燥、失去彈性、體脂肪增加，如不忌口，容易得到三高（高血壓、高膽固醇及高血脂），這也是中年人開始重視身材，生理變化，除了運動之外，就是控制飲食及養身。再來，生理最快的反應是眼睛，開始要戴老花眼鏡，頭髮也開始斑白，對味覺、嗅覺及疼痛感也較不敏感；總之，中年時期，身體漸漸地老化，個人通常不會自覺，唯有在生一場大病或激烈運動後，才發覺自己精力及體力上的衰退。中年人必須調整自己的體能活動，才能配合日漸衰退的體能。

中年時期新陳代謝率開始緩慢，除了身材改變較大之外，主要還有骨質疏鬆，尤其是女性到了四十五歲之後，男性到了五十歲之後，骨質開始疏鬆，導致體格縮小、矮化、骨頭容易折損或脊椎彎曲，婦女的成因較多，主要原因是婦女骨骼較小，缺鈣，加上更年期後賀爾蒙減少也促進鈣質流失。所以補充鈣質、賀爾蒙、適度的陽光，加上最重要的少喝咖啡、茶，少熬夜，可以減少鈣質流失。

## 二、更年期的生理變化

更年期常是中年時期的最佳代言人，尤其在進入中年之後，更年期的賀爾蒙流失，心理及情緒變化，常被形容為中年危機（mid-life crisis）。女性在更年期（約二至五年）包括卵巢功能萎縮及性腺和賀爾蒙分泌減少，而造成熱高潮（hot flash）及陰道失去潤滑性（Masters & Johnson, 1966），除此之外，還有經期不規則、乳房鬆軟及頻尿現象（見**表9-7**），目前有關更年前方面的處遇是使用賀爾蒙的生理處遇來減輕熱潮症狀。更年期對性活動的影響不大，而且見仁見智，有些人在此階段，性活動降低，但有些人因為此階段沒有懷孕的恐懼，反而增加性需

表9-7　更年期的生理變化

| 何時 | 症狀 | 描述 |
|---|---|---|
| 更年期之前 | 經期不規則 | 週期變短或加長，血流變多或變少。 |
| 更年期 | 停經 | |
| | 熱潮紅 | 皮膚溫度上升又下降，盜汗、心跳加速、頭暈、焦慮，頻率由1個月1次到1小時多次不等，可能持續好幾年。 |
| | 失眠 | 由夜間熱潮所引起，多夢的快速眼球運動減少，干擾睡眠。 |
| | 心理影響 | 煩躁、易怒、注意力不集中、短期記憶喪失。 |
| 更年期之後 | 神經系統 | 觸感變得敏感或遲鈍。 |
| | 皮膚與毛髮 | 皮膚變薄、乾、癢、頭髮變疏、體毛增加。 |
| | 尿失禁 | 膀胱肌肉萎縮、括約肌衰退，導致膀胱失禁。 |
| | 陰道 | 陰道內膜乾燥，造成性交疼痛和易感染。 |
| | 骨質 | 骨質疏鬆及流失。 |

求。但婦女在停經約二年內還是要避孕，以免意外受孕，而產生「老蚌生珠」，因為超過四十五歲的婦女生出唐氏症寶寶的機率仍很高。至於更年期對婦女心理的影響，研究還未有明確結論，有些婦女經歷所謂的後更年期熱絡（postmenopausal zest, PMZ），係指精力和信心大增，而且能自我肯定，此原因的歸因並不是來自生理因素，而是婦女個人心理認為過去人生目標未達成和潛力未發揮，體會到了處理過去衝突和滿足需求能力日益增加的結果。此外，更年期免除了婦女處理經期的麻煩與困擾，也不會因失血造成鐵質流失，反而讓婦女的精力和自信大增（Apter, 1995）。

Apter（1995）的研究發現，更年期婦女並沒有憂鬱和煩躁之情緒傾向，換言之，大家所認為的中年婦女會因更年期而情緒受影響，並沒有實徵的研究支持。然而，Adler（1991）的研究發現，有些中年婦女可能經驗到憂鬱、焦慮和煩躁，這可能與他們對更年期有較負面的知覺和期待所致。因此，憂鬱與焦慮並不是更年期所造成的，而是生命中的事件與變化所致；此外，Davis（1989）的解釋為更年期因減少雌激素

（endorphins），進而減少腦內啡的釋出，認為這是造成憂鬱情緒的主因。

老化對兩性也呈現出雙重標準，灰白的頭髮、粗糙的皮膚和魚尾紋如果出現在男性身上，會被視為迷人、傑出、卓越、經驗豐富和自信的象徵；但相同的外表變化出現在女性身上則意味著他們已走下坡，甚至被男性認為較老的女性較沒有價值，不能視為理想伴侶或工作夥伴。

目前老化現象的雙重標準已開始式微（Papalia, Olds, & Feldman, 2007）。社會已受到年輕世代的衝擊，愈多「八十後、九十後」（七年級或八年級生）已在工作環境影響老一輩世代（六十後、七十後）（五年級或六年級生），甚至超過五十歲，找工作也會受到無形的歧視。愈來愈多的男性開始花大錢購買保養品或接受整型手術和「抗老」處遇。老化現象如果沒有工作或財務的支持，男性往往較女性承受更大的壓力。（溫如慧等譯，2012）

## 三、性生活的變化

至於中年期是否影響個體的性生活，進而影響雙性之間的關係，而男女兩性在生理變化上是否影響個體的性生活呢？有人說：「三十歲之前男性一天可以行房多次，而五十歲之後的男性多天才能行房一次」。男性面對年齡增長的危機，感受的壓力是要證明個體仍如年輕般生龍活虎，而女性則焦慮個體外觀的變化。身體的變化和心理對身體變化的調適，進而影響個體的性生活。Scarf（1992）認為，個體在性反應會經歷三個週期變化：性慾、興奮和高潮。性慾與年齡、生理病變（如高血壓、糖尿病、精神疾病等所服之藥物）以及男性賀爾蒙有關。興奮期是身體對性刺激的初步反應，造成性器官的充血。男性在中年期需要心理和性器雙重刺激才能達興奮期，不似青春期只要性器或視覺刺激即可勃起。中年時期，如果男女雙方沒有協力調適，會讓彼此雙方萌生壓力而使雙方有受辱之感，更影響雙方的性關係。性反應最後一個階段是高潮期，尤其是休養期（refractory period）會隨年齡的增長而延期（這也是高潮之間所需的時間），男性在此方面受影響較大，中年男性往往需要半天或二天才能有第二次高潮，不似少男有時可以在幾分鐘內達到多重性高潮，但女性則隨時可以有多重性高潮，只是賀爾蒙的減少會造成陰道乾澀而使行房不舒服。

對男女兩性來說，有關中年的改變，主要在於心理上的「中年危機」。在這個時期裡，離婚、外遇、換工作、意外事故，甚至自殺的風險也相對提高。中年期是人生一段銜接與變化的時期，對有些人會產生困擾，但對其他人卻不構成困擾。（Hyde & DeLamater, 2008）男女兩性皆有更年期的生理改變，因賀爾蒙失調或心理壓力致自信心減弱，容易煩躁、憂慮、疲倦，而對工作或性缺乏興趣；或因家庭壓力、身體疾病、退化之體力而逐漸失去個人的性能力，這些皆有賴專家的協助。然而，婚姻的滿意感可以提升對性的興趣，對男生而言，十八到二十四歲對性最滿意，但女性是在三十五至四十四歲對性最滿意。

身為社會工作的助人專業，要熟悉個體在中年時期的生理變化，以及個人知覺此變化的歷程及期待。對於有生理疾病，除了倡導個體的養生及早期檢測，透過篩檢來及早發現，以減少日後重大的手術程序，預防勝於治療，中年期的預防之道是減少三高，少吃、多運動，每月自我檢查及做更年期的檢查。對於已有壓力或有性及生理失調的患者，可以透過支持性團體給予患者同理及誠心的傾聽，也可以減少患者的壓力，除此之外，對於家庭及配偶瞭解患者之需求，以便就近提供必要之支持。許多醫師有時也會開抗百憂解（抗憂鬱的藥物）給出現中年危機的病人，建議其接受心理諮商，同時鼓勵家人及好友體諒患者並給予支持（Hyde & DeLamater, 2008）。

# 第二節　中年期的心理發展與危機

## 一、中年期的認知發展

過去研究認知發展者皆以Jean Piaget的認知發展理論為主，不過，Piaget的理論似乎以青少年期之前的發展為最主要，尤其在青少年期之後，成年期已進入形式運思期。然而，認知發展的變化在中年時期是到達顛峰，還是開始如身體般走下坡呢？Schaie及Strother（1968）的縱貫研究發現，個體的數字、推理、語言、字詞流利及空間視覺能力，並沒有因中年期的到來而顯著衰退，大致維持平穩現況，此外，語言能力甚至到達顛峰，不過智力到了六十歲之後開始衰退。如同Shaie研究的結論，中年人的認知課題是考慮如何（how）應用，而不似青少年是著重認知的什麼（what），老年期的為什麼（for what）。

一如Schaie（1994）的研究結論，成人的認知研究與Piaget的兒童／少年的研究不同，成人應著重於資訊的應用，而兒童／少年是著重資訊的取得。成人著重知識和技能的應用，以便達成目標與解決問題，這些能力需要社會角色和認知功能加以整合。

中年時期處於Piaget的形式運思期後階段，此時中年人看待問題，不似青少年依照絕對真理（absolute truth）原則來尋求解決問題的策略，而採用個別化的邏輯，透過不同方式去檢視每一件問題，而不是尋求事情的通則化。中年人的認知能力的發展是獲取專業經驗後，再學習思考更為圓融有效的方式，假以時日累積個人術業專攻的能量與經歷，個體便能超越形式運思能力。

從智力論的觀點來看中年期的認知能力。智力可分為兩類：流體智力（fluid intelligence）及晶體智力（crystallized intelligence）；前者主要是以神經的及生理因素的速率和效率功能為主，包括神經速率、歸納及記憶能力；後者被視為是一種個人透過正式與非正式教育所吸收並記錄整合的能力，包括語言的推理、字彙、理解力和空間知覺與辨識力。

## 二、中年期的情緒發展與危機

中年是個體回顧自身前半部生活曲的反省時刻，中年的情緒發展是否為抑鬱、憂鬱？或常與酗酒、吃安眠藥的報導有關，甚至是藥癮、酒癮分子，或淪為街頭遊民？一旦個體自我審視時，發現個人的活力特質不再，身體功能日衰、疾病入侵、死亡的腳步漸近，此時若伴隨著情緒上的混亂、絕望和停滯，將為個體帶來中年危機。相關研究對於「中年危機」各有其論述，例如Levinson（1978）認為，中年危機是成人發展的正常過程；Vallant（1977）則發現，只有少部分人經驗過這種危機；Apter（1995）則認為，中年危機隨時會發生，過程包括一段時間的自我省察和探索；Neugarten（1986）則認為，發展本身就是分歧的，端視不同的年齡層而定。最早的心理社會發展學者Erik Erikson認為，在中年期個體形成了一種指導自己與他人生活進程的新能力，這些能力與個人技能，如決策能力、規劃未來、預見他人需求及分析人生各階段發展能力有關。創生vs.停滯是一種心理社會危機，個體能與自我認同相連接，發現個體對社會賴以生存的事物有關並能提供關懷，個體才能擁有創生感；相反地，如果個體無法達到中年期各項要求，那麼個體會導致停滯，進而缺乏心理活動與成長，並形成情緒抑鬱。

抑鬱常伴隨著寂寞感及輕生念頭，有些人可能因長期無法成長，例如晉升到一個很高的管理職位，懷疑自己再也無法往上爬了，或個體經歷離婚協商，自覺無法再往前走了，或無法實現目標、做出有意義之貢獻，而有停滯的感覺，如果未能有一些冒險或改變，個體可能因抑鬱而影響其生活品質，進而服用藥物或選擇自殺。

停滯感可以分為兩種不同典型：一是自以為是的成人；另一類是

憂鬱、自卑成性之人。前者可能散盡所有能量，與別人互動是期待別人的給予，獲取自利，直到體力衰微之時，取而代之是面對死亡與恐懼。Newman和Newman（1995）曾發現此類型的中年人，在晚年因自我檢討，尤其在年老身衰之後，轉而投入「新興宗教」的活動。另一種憂鬱、自卑成性的中年人，總覺得個人能量有限，資源不夠，無法回饋社會，有著強烈的自卑感，面對自己的未來充滿茫然與疑惑。

## 第三節　中年期的社會適應與處遇

### 一、家庭

對於大多數的人而言，家是個體生活於一個結構之中，而管理家庭的種種要求和任務是成年期認知、社會及個人的發展。家庭不僅是一個自然環境，同時也是一群人共處的環境。有些人家庭和諧，但有些人的家庭必須面臨各種改變，例如離婚、繼親家庭等。然而有些人無法獲得可保持安定、舒適的家，而露宿街頭或公共場所，這些人被稱為無家可歸者（homeless）或遊民。淪落成為遊民，有些人是精神不健康，有些人是吸毒、酗酒者，也有些人是逃債者或自我放逐者，這些人沒有固定棲息場所或個人地盤（Landers, 1989a, 1989b）。這些人固然有他們獨自的生活方式，例如獨自一人，不與任何人有社會聯繫；但有些人卻處於殘酷和強暴的環境；有些人則身心重創等。

#### (一)培育婚姻關係

中年期的首要發展任務是培育婚姻關係。婚姻是一種動態關係，隨著雙方進一步成熟，家庭命運的改變，以及生活事件的不斷變化。維護一個充滿生機的婚姻至少有三個要求（Mace, 1982）：(1)夫妻雙方必須承擔義務，促進個人或夫妻皆有發展和進步；(2)夫妻必須建立有效的溝通體系；(3)雙方能夠有創造性的解決衝突。對於中年夫妻而言，最難做到的是，在已建立高程度的安定、信任和同理心之後，彼此間仍能夠產生興趣、關懷和欣賞，進而保持親密關係。

### (二)家庭管理

家庭能否促進個人成長和增進心理健康，學習建立此種健康的環境是中年期的另一項任務，而是否能形成積極的家庭環境氛圍，端視個體是否能預知家人的需求，管理好時間和資源，並滿足個人的需求。一個好的、成功的家庭管理，需要有下列能力：(1)能評估需求和家人能力；(2)進行家庭決策；(3)妥善做好時間管理及安排；(4)目標設定；(5)與其他社會機構建立聯繫。

家庭是一個特殊的社會環境，它能督促並管理成年人依據家人的日常需求和目標，盡自己最大的靈活與彈性，發揮創造力和適應性，讓每個家庭成員皆能充分發揮作用。

### (三)為人父母

為人父母是一項非常艱難及辛苦的任務，現代人在滿足個人需求及因應高漲的生活費用的兩難下，選擇志願不孕而造成少子化的社會，其中一項的考量是不敢挑戰為人父母。為人父母需要大量的學習，成人也必須在新的情境中，保持敏銳、靈活並讓孩子能滿足需求。撫養孩子的體驗因孩子而異，而且家庭系統的變化也要求成人要有新的靈活性和學習能力（Zeits & Prince, 1982）。

Duvall（1977）的家庭發展模式強調，孩子的發展變化也與家庭發展變化有關；換言之，孩子的需要、能力和社會交往的變化，會促進家庭成員之間的互動、活動和價值觀的變化。Duvall（1977）提出家庭發展有顯著的七個階段：

1.認識及蜜月。

2.生育及嬰兒剛出生的歲月。

3.孩子蹣跚學步的歲月。

4.孩子上小學的歲月。

5.孩子步入青少年的歲月。

6.孩子離開家庭的歲月。

7.做祖父母的歲月。

現代的父母大都晚婚，男生大約平均在三十歲，女生平均在二十八歲，所以當父母步入中年期，其發展正處於五或六階段。當孩子步入青少年期，他們行為較為獨立，不受父母監督，具有成人體格及相當的認知能力，可能會向父母的權威挑戰。此時，父母所強調的原則或道德規範也就面臨挑戰，這也是身為青少年之父母的頭痛歲月。孩子的成長及教養是艱難的任務，這也使得青少年父母足以感受一股頑強的壓力，而不得不重新評價自己未來的社會化以及身為父母的效能。

此外，當父母年近四十至五十歲之間時，孩子也長大離家上大學、服役或工作，或有一部分的青少年成家，父母一變而為祖父母的身分，這段時期稱為離家期（launching period）。在孩子不多的家庭，頂多幾年就過去了，而孩子較多時，這段時期可能要花十至十五年。而這段時期常也是母親進入更年期，象徵著夫婦完成了生育孩子的任務。

當撫養孩子的發展任務結束之後，丈夫和妻子的關係也產生了變化，通常呈現兩極化。因孩子長大，個人有較多的時間去完成個人之任務而出現離異；有的夫婦因孩子離家，雙方反而更加親近。看到孩子建立自己的生活時，許多父母可能開始回顧和評價他們身為父母的功過，並開始尋求新的目標（Rubin, 1980），這也說明為何有一部分的中年人會在這段時期投入社會公益或投入服務的志工行列。

在這個階段，中年成年人還承擔一定的父母職能，只要孩子在經濟上依賴父母，父母就必須努力保持最大產能，但現在有些年輕人寧願在家當宅男，回家靠父母，時下習稱為「啃老族」。離家之孩子不一定有能力解決職業和婚姻問題，此時期，中年父母仍是孩子建議和支持的最大來源。不過中年人也被稱為「三明治世代」（sandwich generation），係指中年成年人必須面對養兒育女的艱辛與困難，同時也要面對日益衰老的老年父母，承擔照顧年幼的孩子及年老的父母的責任。

隨著醫療科技的進步和生活的改善，現代人比往昔更加長壽（男生平均七十三歲，女生平均七十九歲），老人的長期關懷與照顧遂成為現代人必要的課業，老人的醫療也由急性轉為慢性，且以日常的生活功能為主，飲食、穿衣、如廁、上下床等。雖然照顧年老父母是所有兒女之責，不過大部分的擔子常落在女兒及媳婦身上。平均每位婦女須耗費十七年的時間照顧孩子，十八年的時間照顧老年父母（Lemme, 1995）。中年婦女是家庭的經理人，掌管家中大大小小事務，確保家中成員得到適當的健康照護，安排和計畫家庭的團聚與互動，提供家中老少的情緒支持，所以婦女有其特定的「照顧者生涯」（caregiving career），而且還是無給的工作。

照顧他人雖然會為個體帶來滿足感和生命意義，但照顧者往往也必須面對強大的壓力，尤其是婦女，如同蠟燭雙頭燒，日積月累，也會影響個體的身心健康（Aneshensel et al., 1995）；有些照顧者在毫無準備的情形下就必須承擔照顧的全責；有些人缺乏家庭支持，有被孤立及拋棄的感受；有些人則開始自責，為老人的任何問題責備自己；有些人則受到長期壓力而出現精神違常的問題（林哲立等譯，2006）。身為助人專業的社會工作者在進行處遇時，應優先考量照顧者所需的社會支持（除了直接因應照顧者需求，還提供喘息服務、教導因應壓力及問題技巧等），除此之外，在倡導老人長期照顧的政策與服務時，不僅要考量老人照顧問題，更要提供家庭支持，及考量影響勞力工作參與及社會經濟的議題。

## 二、職業生涯管理

中年時期工作或退休與否對不同的人有不同的意義。工作對中年人有下列的意義：(1)有穩定的收入來源；(2)生活較為規律也較有結構；(3)地位與身分的象徵；(4)有與人互動的脈絡情境；(5)提供個人成就的意義經驗。在面臨全球化經濟改變的今日，現代中年人的工作環境已有大幅的改變。例如中年人換工作的頻率增加、退休時間的延長與變化、工作與退休的分界線愈來愈模糊，以及中年人的工作再教育與進修的增加等等。（Hutchison, 2015）

工作是成人發展的另一種主要情境，工作經驗與個人成長有很大的關聯性，例如個人的舉止活動、智力、社會互動及價值觀等。成年的勞動就業與下列要求有關：

1.人際關係：大多數職業都重視培養和使用人際技能，職業生涯管理的成功要求一個人有能力影響他人，給人信任感，善於在群體與人合作並達成任務。成年人必須花點心思掌握人際技能，以增強自身在工作情境的價值地位。

2.權威關係：工作當中除了與同事的人際關係之外，尚有繁雜的權威關係。個體首先必須明瞭工作環境裡的權力結構，並確認自己在該結構中的角色與位置。職業的發展不可避免地導致決策的職責和權力的增加，此種權力責任與個人升遷有關，所以，職業生涯管道最終涉及擔負權威責任以及服從上級權威的能力。

3.工作技能：職業和工作環境的特質將決定個體需要具備哪些工作技能。Melvin Kohn（1980）曾研究職業要求與心理發展的關係，結果發現工作的實際複雜性（substantive complexity）與智力靈活性（intellectual flexibility）有很大的相關。實際複雜性是指一項工作對思維、獨立判斷以及經常決策的需求程序；智力靈活性是指一個人處理衝突情境、多方面知覺問題、反映自己價值和解決問題的能力。

職業生涯管理並不期待個體永遠待在同一職業機構之中，職業流動可幫助個人吸收智力及升遷，但也有一些個人在一生中並沒有更換許多工作，卻在中年時期職業有了改變，其原因有四：

1.有些職業在中年期必須結束，如職業運動員到了中年期，他們的力量、反應、速度和耐力已走下坡，無法達到最佳表現。
2.個人性格與工作需求不符合或個人工作目標與工作需求不符合。有人在商場上很成功時轉行去務農；或者一直是公共事務專家，最後卻隱退到鄉村經營餐館。
3.察覺個人已達職業可達的頂點，換言之，個體察覺不能再獲提拔，或者日新月異的技術使得個人的技術專長已過時。專業過時（professional obsolescence）係指個體擁有的資訊、理論和技術已經落伍或不管用，且已無法勝任職務上完成任務的要求。
4.有些婦女等待孩子離家或上大學，就把精力投入職業當中。過去為了承擔家庭勞務，個體將精力奉獻給家庭，現在反過來，個體奉獻更多精力於勞務工作中。

中年時期的第二春（the second career）在當今勞動市場上還是挺夯的。中年職業變化並不是說重新評價一個人的職業目標及個人滿足不好，而是指更換工作角色的機會可能由於條件限制或阻礙，而使得工作流動不是很順暢。例如工商業（經濟）成長緩慢、工作人員年齡老化、中等管理職位擁擠等等（見**表9-8**）。然而，全球的經濟變化使個人的原有工作不穩定，致使接受新的工作訓練與發展，以求建立新的工作技能，成為中年工作者所必須面對的挑戰。

表9–8　影響中年職業變化的條件

| 促進變化的條件 | 阻礙變化的條件 |
|---|---|
| 就業充分（工作機會多，職業和工作流動大）。 | 中年人居多的小社會。 |
| 工作人員流動大。 | 勞動力需要白領及專業僱員。 |
| 不需要靠才智、訓練即可採用。 | 工作和商業成長緩慢。 |
| | 工作人員皆有養老金計畫（年金計畫）。 |
| 勞動中，女性勞動力較被重視。 | 工作人員害怕不公平待遇。 |

資料來源：Arbeiter, S. (1979).

## 三、中年失業

有些人對工作疏離、有些人對工作不滿足，而有些人在工作中難找到有意義的事，又有些人因為缺乏人際技能、權力或技術，使得職業生涯管理能力低落而無法承擔工作，進而失業。失業除了造成個體經濟生活產生困頓，也可能成為每年創生vs.停滯的社會心理衝突的嚴重障礙。

臺灣自二○○○年之後，年平均失業率已超過3%以上，突破國際勞工所稱的充分就業的人口線。依據主計處所發布的中年失業率，在四十五至六十四歲的中高齡勞工狀況，已由一九九五年平均失業週數的二十・七週，攀升至二○○○年的三十一・一週，而二○○一年中高齡失業人口已達八千人（行政院主計處，2002）。中高齡勞工多是承擔家庭經濟的主要來源，失業連帶引發家庭生計及社會問題，亟待正視。

### (一)中高齡失業的趨勢與成因

#### ■傳統產業式微及關廠歇業的衝擊

依據行政院主計處一九八九至一九九八年進行的「人力資源調查」非初次尋職的中高齡失業者失業原因，近十年來約有四至五成係因工作場所歇業或業務緊縮。意即臺灣每十位中高齡失業者中，有四至五位因遭「關廠歇業」而失去工作。經濟部「國內外經濟統計指標速報」顯示，一九九八年臺灣地區關廠歇業廠數為十萬七千七百五十餘家（含營利事業歇業家數五萬零九百四十五家，公司解散及撤銷家數二萬四千二百五十五家，工廠申請註銷家數六千七百八十八家，商業登記歇業家數二萬五千七百六十三家），一九九八年關廠歇業家數已較一九八九年增加了三萬七千七百九十七家，為一九八九年的一・八倍。到一九九九年撤銷及解散的公司數由二萬二千家，資本額一千八百億元，至二〇〇〇年撤銷及解散的數目已達三萬九千家，公司資本額已近五千億元。

中高齡勞工就業與失業情形，從二〇〇〇年十月中的中高齡失業者原先所從事的行業觀之，以營造業一萬四千九百三十一人（32.1%）居首，後為製造業（26.7%）及批發零售與餐飲業（16.3%），社會服務及個人服務業（10.3%）居末，一般認為「建築業不景氣」及「傳統產業缺乏競爭」及「民間消費減弱」，是讓中高齡失業人口無法下降的主因。因此，經濟不景氣下，工作場所關廠歇業或業務緊縮者比率增高造成的失業衝擊已不可小覷。

■ 事業單位缺乏僱用意願

不利中高齡者就業的原因，除產業結構的改變外，還包括僱主的僱用意願低落；根據勞動部勞動及職業安全研究所於2015年辦理「四十五歲以上中高齡者就業狀況調查」，藉以瞭解我國四十五歲以上且目前仍就業中的中高齡者的工作環境與職涯發展概況。調查發現，中高齡就業者中男性占57.5%；年齡以四十五至五十四歲者為多，占63.2%；具備高中職或以上學歷者近九成；有經濟負擔者占70.5%，前三大負擔為子女教育費用（20.7%）、房屋貸款（17.2%）、家人生活費用（14.5%）。此外，中高齡就業者平均工作年資二十七・二年；46.6%的中高齡者每週平均工時四十至四十九小時，23.9%的工時更高達五十小時以上；全職與兼職工作的比例約九比一；聘僱狀況以受私人僱用者的46.4%最多，受政府僱用者的30.3%次之，自營作業者12.7%再次之；約45%平均月薪在四萬元以下。（中華民國勞動部，2015）民營事業單位不願意僱用中高齡勞工。其原因以「現僱人員已足夠」者占55.06%居首，其次為「沒有適合的工作」占35.81%，再者「效率不高」占10.26%，其餘選項則未超過10%。

一九九八年行政院主計處「專業人力僱用狀況調查」報告中亦發現，近八成廠商不願意僱用中高齡勞工。報告中顯示遇有短缺員工時，僅有20.47%的廠商願意僱用中高齡勞工，另有79.53%的廠商不願意僱用中高齡勞工。二〇〇五年五月「事業人力僱用狀況調查」同樣顯示，臺灣事業單位不願僱用中高齡勞工的主因，以認為「體力不堪勝任」占49.1%、認為「職業適應性較低」為28.8%、認為「工作效率差」者占28%及「年長者薪資高，人事成本增加」的占22.6%。這些調查結果顯示，民營企業不願意僱用中高齡勞工的現象相當普遍。

■就業及轉介困難

行政院主計處在二〇〇〇年人力資源調查，中高齡失業求職途徑以透過「熟人介紹」最多（77.4%），其次為「求才廣告及雜誌」（53.9%），公、私立就業機構申請分別占4.4%及5.8%。一九九八年行政院主計處的「失業狀況調查報告」中顯示，失業期間達半年（二十六週）及以上的長期失業者中，「曾遇有工作機會但未就業」或因「缺乏就業求職資訊」而失業者占11.73%，因「景氣不佳致缺乏工作機會」者占38.13%，以三十五至四十九歲的42.37%最多；餘因個人因素（技術、學歷、年齡等限制）而長期失業者占50.14%，其中因「技術不符」或「學歷、科系限制」而長期失業者占13.07%；因「年齡限制」致長期失業者則占22.40%。

就中高齡者而言，最主要原因為「年齡限制」，占39.39%，相對於其他年齡組高出許多，這意味著中高齡者求職時，因年齡因素而受到諸多限制，這顯示了中高齡者再就業時所遭受的困難，未必完全因為其技能較差，主因是「年齡」較大。此外，中高齡者透過公設就業服務機構求職及被推介就業的比率偏低。勞工委員會職業訓練局「臺灣地區職業訓練、技能檢定與就業服務統計」資料中顯示，中高齡求職者經由公設就業服務機構轉介，其求職就業率與推介就業人數相較於整體平均求職就業率皆偏低。

失業不僅對個人造成影響，同時也使社會衍生出一些問題與衝擊。比較一九八二與一九九五年失業潮，中高齡失業現象及變遷時指出，相較於其他年齡層的失業者，中高齡失業者在尋職時，需要更長時間才能找到新職。而中高齡者再就業時常受到僱主不平等的對待，加以中高齡者體能較退化、教育程度較低、工作技能折舊，都使得其轉業較為困難。中高齡者由於通常負擔主要家計責任，其平均失業期間又日漸延長，失業問題實值得重視與關切。隨著經濟不景氣→失業人數攀高→臺灣家庭儲蓄日降→失業週期漸升→政府債務日重的循環，使社會民眾情緒不穩、家庭紛爭四起、地下經濟猖獗，這些情況都說明了臺灣社會因應失業的緩衝的耐力漸失，是一項極大的隱憂。

## (二)中高齡失業連帶所引發的民生與社會問題

在中高齡勞動力就業現況中，有七成的中高齡就業者每週平均工時超過四十個小時、二成有失業危機，因此勞動部於2015年開始多方呼籲能打造「老有所用」的友善職場環境。只是，中高齡人口原本就須承擔較大責任的家庭生計問題，失業所連帶產生的問題，不僅只是家庭生計陷入困境，更使臺灣的經濟雪上加霜，社會問題層出不窮。

### ■國民平均所得縮水，生活水準下降

社會抗拒高失業衝擊的關鍵因素涉及長期所累積的國富存量（家庭儲蓄、企業資本累積等）的多寡，臺灣相較於國際間失業率攀高的國家，國富存量往往偏低。以日本為例，日本國富存量高於臺灣，失業率雖同逾5%，但其社會對失業的抗壓能力遠高於臺灣。使其在一九九〇年代後期雖經濟趨緩，但二〇〇〇年時日本的平均每人GNP仍高居全球第一。

一般而言，國民平均所得會被視為是衡估社會平均消費能力與國民生活水平高低的指標之一；臺灣失業率逐年攀高的結果，已使國民平均所得縮水、生活水準倒退；二〇〇一年底臺灣已有一百三十萬戶的儲蓄率由正轉負，失業逾一年者也由六萬人升至十萬人，失業的衝擊正在深化強化之中。失業者遭資遣後以擺地攤或開計程車糊口者極多，有些或返家務農，但總體上來說，仍使原本不穩定的「邊際就業機會」營收更加不穩定。

### ■民生痛苦指數增加，引發社會問題層出不窮

一旦家庭儲蓄耗盡，須舉債度日，或企業公司跳票倒店而債台高築時，集體的痛苦指數隨之升高。臺灣社會所面臨生計的壓力與失業恐懼，已間接導致兒童虐待、家庭暴力乃至各項犯罪事件等社會問題頻傳。

中高齡人口原本就須承擔較大責任的家庭生計問題，失業帶來的問題，影響所及即是家庭生計陷入困境，經濟陷入困頓易犯下財產犯罪事件；臺灣失業率的增加，可說是近年來臺灣財產犯罪事件相對升高的因素之一。另外，中高齡失業人口因為教育程度較低，並以勞力工作為主，在長期的失業與待業過程中，迷失自我，甚至以酒精或毒品來麻痺自己，也易對家中老弱婦孺施暴，家庭暴力案件增加，連帶離婚事件增高，單親家庭也就愈來愈多，諸此勢必影響到下一代的教育與社會適應力問題。長期失業下的精神壓力也使得失業人口將表現出強烈的社會攻擊性，突發性的性別暴力犯罪也將會相對提高發生的可能性。

近年，臺灣不斷出現的失業父母攜子女自殺事件，也顯示社會福利邊緣戶遽增的問題，失業的家長在臺灣現有福利措施個案篩選標準之下，是被忽略的一群。但現在經濟如此不景氣，失業率加倍，結構性失業因素強烈衝擊著整個社會與家庭，政府投注大量資金穩定股市，對失業家庭卻缺乏提供實質彈性的照顧措施；失業問題同時引發了高風險家庭的社會安全議題。

■失去工作，對個人身心產生影響

大多數失業人員常是多年來頭一次嘗到失業滋味，他們覺得被人遺棄，無足輕重，反思過去工作的無價值，甚至造成個體的自卑感。失去工作除了自我退縮與自我懷疑，還會造成家庭壓力，使得家庭形成衝突戰場或產生家庭暴力。工作與家庭角色的結合與調適是一件困難的事，即使是有工作如此，失去工作亦是如此，但失去工作的個體，除了個體的自卑，再加上家人的責難，都會使自我產生更大衝突，所以衝突的解決、轉化，有賴家人的支持、溝通或尋求外部的資源，獲得自我衝突的解決。助人之社會工作者需要瞭解失業不僅是社會因素所造成，亦可能是個體的專業過時、人格因素所造成，最重要的是要瞭解失去工作者所受的身心影響，及可能帶給家庭（人）之衝突。

## 四、中年期的危機與保護因子

從人生歷程觀點，中年期是青年期邁向老年期的人生轉捩時期，中年期的行為有其前因與後果。早先的人生經驗可扮演影響中年時期的保護或風險因子，而中年期也會影響日後成年晚期的健康與幸福感的危機或保護因子。從相關堅韌力、風險因子及保護因子的相關縱貫研究，提供瞭解中年期行為的前因後果關係。

Emmy Werner及其同事（Werner & Smith, 2001）對Kauai、Hawaii生於1955年的世代進行縱貫研究，直到他們在1995進入四十歲之後的中年期，結果發現，當兒童／少年時期有不利的生活環境時，如何在中年時期轉逆境為順境，例如有關工作成就、人際關係貢獻於社區及生活滿意度等等，其中最大的改變是在二十至三十歲時有了人生轉捩點，這些扭轉人生的事件，包括獲得大學教育、軍旅服務、有穩定的婚姻關係、宗教信仰，及從具威脅的疾病或意外事件裡存活下來等等。參與研究的受試者回憶是因為在嬰兒期有可靠及溫暖的照顧者，以及日後可以從家庭、親戚、同儕及家庭外成人處獲取情緒支持（保護因子）（Hutchison, 2015）。然而Werner及Smith（2001）亦發現，有近六分之一的受試群體有不良的中年期的生活適應，其傷害因子包括嚴重的產前創傷、低出生體重、童年期的貧窮、幼兒期不良的健康史、父母酗酒或心理困擾、青少年健康問題及三十歲時的健康問題。

Dioussé、Driver及Gaziano（2009）的研究則指出，中年期的問題也會延續至老年期的健康及失能的問題，例如吸菸、酗酒、肥胖、飲食及久坐造成坐骨神經問題；至於中年時期的保護因子有健康飲食、運動等，運動包括伸展、體重訓練及有氧運動、冥想及情緒支持與互動等。此外，經濟剝奪及高度壓力也會造成日後老年期的健康與福祉出現狀況。

社會工作者針對中年期的實務工作也要瞭解人類行為的前因及後果，以下為對中年期的社會工作處遇的建議（Hutchison, 2015）：

1.熟悉你中年個案的生命歷程。
2.瞭解文化如何形成個人的人生信念，並協助案主探索其信念（belief）。
3.幫助案主思索其創生（generative）活動及參與這些活動的意義。
4.熟悉中年期的生物性變化及特定的健康議題，幫助案主評定其健康行為。
5.知道中年期的認知變化。
6.瞭解中年期人格的穩定性及改變程度。
7.幫助個案評估精神在生活適應裡所扮演的角色，幫助案主瞭解解決現有問題的精神資源。
8.幫助中年案主參與與人的互動關係，如羅曼蒂克關係、合作夥伴關係、與子女關係、與朋友關係及與家人關係。
9.與其他專業人士合作，對政府及企業倡導解決中年期的家庭與工作之間的衝突。

# 第四節　結語

中年期不似兒童／少年期，個體仍受身體成長變化所影響，相對地，在這時期個體有很長一段時間是沒有明顯的變化，但個體深受其過去經驗所影響，個體著重個人的省思及反省。不過，在人一生中的三分之二旅程，個體也漸漸感受體力、身體在走下坡而產生一些變化，例如更年期的影響。同時也完成人生的養兒育女的責任，待孩子離開家而形成空巢家庭（empty-nest family），是否能留給個人更多時間來衝刺職場工作或投身於社會公益工作，端賴個體對過去的回顧及個體有否產生新的人生觀。

中年危機實際是個體對自己期待更好的生活方式並予以承諾的道德危機。一個社會必須關心成人，除了關心自己之外還要關心他人，創生（要求個人獻身於社會及下一代）必然是推動人們進一步創造性地投注個人力量以求得整個社會的進步，要不然，個人的生命力是停滯、破壞性，那社會也必然受到衝擊及負向影響。

個體在中年期會歷經一些生理及心理的影響，癌症和心臟病是中年人最主要的死因，主要受個人所經歷的壓力、人格及環境因素所致；心理變化在心智愈來愈依賴晶體智力運作的情形下，如果個體缺乏省思及對變動的遲鈍，就有可能產生中年危機，而不良習性，如酗酒、藥物濫用就是中年期常見的中年危機所產生的影響。在社會層面，因小孩長大而使得家庭形成空巢家庭，工作流動可能造成失業，皆是這時期可能要面對的社會風險因素，而社會對中年人的支持也最少。

# 參考書目

## 一、中文部分

中華民國勞動部（2015）。中高齡勞動力就業現況，http://www.mol.gov.tw/announcement/2099/23954/。

行政院主計處（2002）。91年度人力資源調查提要分析。91年度人力資源調查結果，http://www.dgbas.gov.tw。

林哲立、邱曉君、顏菲麗等譯（2006）。《人類行為與社會環境》第二版（J. B. Ashford、C. W. LeCroy及K. L. Lortie著）。臺北：雙葉。

溫如慧、李易蓁、黃琇櫻、練家姍、溫淑珍、吳兆鈺等譯（2012）。《人類行為與社會環境》（Charles. H. Zastrow & Karen K. Kirst-Ashman著）。臺北：麗文文化。

衛生福利部統計處（2016）。103年度死因統計，http://www.mohw.gov.tw/CHT/DOS/Statistic.aspx?f_list_no=312&fod_list_no=5488。

衛生福利部統計處（2016）。104年主要死因統計結果分析，http://www.mohw.gov.tw/CHT/DOS/Statistic.aspx?f_list_no=312&fod_list_no=6201。

衛生福利部統計處（2016）。104年度死因統計，http://www.mohw.gov.tw/CHT/DOS/Statistic.aspx?f_list_no=312&fod_list_no=6201。

## 二、英文部分

Adler, T. (1991/07). Women's expectations are menopause villains. APA Monitor. 14.

Aneshensel, C. S., Pearlin, L. I., Mullan, J. T., Zarit, S. H., & Whitlach, C. J. (1995). *Profiles in Caregiving: The Unexpected Career.* San Diego: Academic Press.

Apter, T. (1995). *Secret Paths: Women in the New Midlife*. New York: Norton.

Arbeiter, S. (1979). Mid-life career change: A concept in search of reality. AAHE Bulletin, 32, (1).

Atwood, M. (1998). *Cat's Eye*. NY: Vintage Books & Anchor Books.

Davis, L. (1989). The myths of menopause. In I. Fenson & J. Fenson (Eds.). *Human Development 90/91* (pp. 237-241).

Dioussé, L., Driver, J., & Gaziano, J. (2009). Relation between modifiable lifestyle factors and lifetime risk of heart failure. *Journal of American Medical Association, 304 (4),* 394-400.

Duvall, E. M. (1977). *Family Development* (5th ed.). Philadelphia: Lippincott.

Erikson, E. (1963). *Childhood and Society* (2nd ed.). New York: Norton.

Eysenck, H. J. (1989/12). Health's character. *Psychology Today, 28-32*, 34-35.

Friedman, M. & Roseman, R. E. (1974). *Type A Behavior and Your Heart*. New York: Knopf.

Hutchison, E. D. (2015). *Dimensions of Human Behavior: The Changing Life Course* (5th ed.). Thousand Oaks, CA: Sage Publications Inc.

Hyde, J. S. & DeLamater, J. D. (2008). *Understanding Human Sexuality*. Boston: McGraw-Hill Higher Education.

Kohn, M. L. (1980). Job complexity and adult personality. In N. J. Smelser & E. H. Erikson (Eds.). *Themes of Work and Love in Adulthood* (pp. 193-210). Cambridge, MA: Harvard University Press.

Landers, S. (1989a). Homeless mentally ill gain research push. *American Psychological Association Monitor, 20* (April), 33.

Landers, S. (1989b). Homeless children lose childhood. *American Psychological Association Monitor, 20* (December), 1.

Lemme, B. H. (1995). *Development in Adulthood*. Needham Heights, MA: Allyn & Bacon.

Levinson, D. J. (1978). *The Seasons of Man's Life*. New York: Knopf.

Mace, D. (1982). *Close Companions*. New York: Continuum.

Masters, W. H. & Johnson, V. E. (1966). *Human Sexual Response*. Boston: Little, Brown.

Neugarten, B. C. (1986). The awareness of middle age. In B. L. Neugarten (Ed.). *Middle Age and Aging* (pp. 93-98). Chicago: University of Chicago Press.

Newman, B. & Newman, P. (1995). *Development Through Life: A Psychosocial Approach* (6th ed.). New York: Thompson/Wadsworth.

Papalia, D. E., Olds, S. W., & Feldman, R. D. (2007). *Human Development* (10th ed.). Blacklick OH: McGra.

Peck, R. C. (1968). Psychological developments in the second half of life. In B. L.

Nevgarten (Ed.). *Middle Age and Aging* (p. 88). Chicago: University of Chicago Press.

Rubin, L. B. (1980). *Works of Pain: Life in the Working-class Family*. New York: Basic Books.

Scarf, M. (1992/07-08). The middle of the journey. *Family Therapy Network*, 51-55.

Schaie, K. W. & Strother, C. R. (1968). A cross-sequential study of age changes in cognitive behavior. *Psychological Bulletin, 70*, 671-680.

Schaie, K. W. (1994). The course of adult intellectual development. *American Psychologist, 49*, 304-313.

Vallant, G. E. (1977). *Adaptation to Life*. Boston: Little, Brown.

Werner, E. E. & Smith, R. S. (2001). *Journey from Childhood to Midlife*. Ithaca, NY: Cornell University Press.

Zeits, C. R. & Prince, R. M. (1982). Child effects on parents. In B. B. Wolman (Ed.). *Handbook of Developmental Psychology* (pp. 751-770). Englewood Cliffs, NJ: Prentice-Hall.

Chapter

10

# 老年期

- 老年期的身心變化與發展
- 老年期的心理社會理論
- 老年期的社會適應與處遇
- 結語

在美國（為十七個高收入國家中，生命餘命最低者），對二〇一〇年出生的預期生命餘命，白人男性是七十一・六歲，女性是八十一・八歲，對非裔美國人男性是七十・九歲，女性是七十七・八歲（U. S. Census Bureau, 2003）。臺灣在二〇〇五年出生的男性平均餘命是七十五・九六歲，女性是八十二・四七歲（內政部統計處，2016）。已有證據顯示，社會系統影響一個人的生物系統，使平均餘命得以延長，諸如醫藥的進步、生活方式的選擇、健康照顧服務的可及性及成功因應壓力等，尤其是增加的生命餘命，其因子諸如減少出生嬰兒的死亡率、兒童／少年及青壯年的死亡率及增加生命健康的科技。聯合國已將二〇一〇年訂定為「**成功老化年**」（Successful Aging Year），意味著老年化已是世界趨勢，由於醫療、衛生、營養技術的重大突破，使更多的人在出生之後能存活，並能度過六十歲之前的中年期，邁向生命力旺盛的老年期。

影響全世界高收入國家生命餘命之差異的可能因子是健康照顧的取得、健康行為、收入不平等及生活環境，例如太依賴汽車（Woolf & Aron, 2013）。增加壽命不僅發生在高收入的國家，60%中低收入的國家也增加，而且到了2020年，更可能達到75%（Hooyman & Kiyak, 2011）。在美國非常高收入的老人比收入低的老人多活幾十年。

老年問題就連帶涉及老年性別結構，在世界上皆可發現，老年人口是女性多於男性，大約是六比四的比例，尤其在發達中國家更為突出，例如日本、北歐和美國。相較於過去，五十年前老年人口性別比例相當，而今日這種女多於男的性別結構引人注目（U. S. Census Bureau, 2003）。女性的壽命從一九〇〇年的一百零五歲到一九八〇年的一百一十五歲（Meyers & Mauton, 1984）；之後，女性壽命的極限可能會再提高。長壽的秘訣是維持健康習慣，諸如運動、吃得好、維持良好身材及體重，以及不抽菸、喝酒等。

隨著老年期的階段愈來愈長，而老年是活得愈老，還是活得健康？

高壽也帶來更多的生命體驗，發展新的技能，發現個人潛力的種種機會，同時社會及政府也更積極重視這些老人的健康及照護，而發展長期照顧的社會服務，以提供老年及其家庭因應年齡老化所衍生的生活問題。老年的高壽帶給個體新的體驗，而在這時期，他們也必須為其生命結束做準備，為自己的閒暇做新角色的調適，以及尋求符合個人生命風格的創造性的生活方式。

從過去的研究發現，現在老人是具活動力的（Hutchison, 2015），其特徵是：

1.不沉耽於死亡或垂死。
2.有意願學習新的事物。
3.覺得他們能夠而且有意願控制自我生活。
4.具有人生目標。
5.不願活在過去。
6.仍有積極的生活方式，只要健康允許。

日本作家藤田孝典的著作《下流老人》裡即建議現代老人要有「儲蓄」觀念，不只是金錢，更要儲蓄人際關係，而人際關係的貧窮往往比物質的貧窮更讓人淪為「下流老人」，尤其在五十五歲之後更要儲蓄人際關係，例如多參加非營利組織或市民活動，以強化人際關係網絡。

老年在過去階段所獲得的創生，跨入老年期階段，個體開始顯露追求成就與權力（功成名就）的解脫，而展開對個人整體一生的省思與回顧，將自己在過去生命歷程中的經驗收穫、未來展望以及對危機的適應，運用於個人對其生命意義的追尋。

老化是成功抑或失敗？代表著個體對心理發展和身心變化的衰退的省思和定義。貧窮和苦難對老年生心理打擊最具毀壞性，身體的衰老帶給個體怪癖行為、身體衰退和依賴性，以及個人生活功能（如記憶、推理能力、問題解決能力）的急遽喪失。老化和慢性病是老年普同性的問題，但是否會帶給個體抑鬱和絕望的陰影，斷然結束自己的生命，或這些老化及慢性病帶給子女及家庭嚴重的心理和經濟的困難，這些變化都會影響老年，同時也影響其家庭及社會。因此，維持健康及活化的老年期是個體在此時期重要的發展任務。

從Erik Erikson的心理社會發展理論來看，無論個體的生活條件如何，對自己是否有活力的思考，是否有能力消除日常生活的障礙、困難和矛盾，老年期對個體而言是一個十分艱難的挑戰，尤其負向及身體老化帶給個體的體驗，對不同階層、不同收入的個體皆須透過對自我經歷的內省（introspect）來達到個體的整合感（sense of integrity），否則個體找不到生命的意義，變得藐視別人的弱點，心中永遠充滿悔恨和遺憾，演變成為對個人人生的絕望（despair）可就真的是人生的遺憾。

## 第一節　老年期的身心變化與發展

老年（old age, elder or aging）的年齡應如何劃分，實有很大的分歧。Erik Erikson（1968）將六十歲之後稱為**成人晚期**（late adulthood），其弟子B. M. Newman和P. R. Newman（1999）更將成人晚期分為成年晚期（約六十至七十五歲）和老老年期（very old age，七十五歲至死亡）；而Charness及Bosman（1992）將成年晚期分為：青老年（young-old）、中老年（middle-old），老老年（old-old）和極老年（very old）。在**青老年期**，老年人開始退休或保持半職，朋友們開始逝去，個體慢性病增加，甚至惡化，伴隨著心理憂鬱，有些人成為家庭的照顧者，但大多數青老年仍保持活力且因應能力佳；**中老年期**，個體慢性病加劇，朋友死亡伴隨壓力，身體障礙多且功能退化，但也有些人仍因應良好，且在身體、心理及社會上仍很活躍；**老老年期**，個體開始依賴且有失能現象，心理違常也日益增加；**極老年期**，個體失去生活自理功能，極需家人或

社會的照護，很多人臥床或待在養老院裡。

Twente（1965）是創立社會工作之優勢取向（strength perspective）理論的社會工作者，也是一位教育家，雖然身為老人，她在七十五歲出版《永遠不會太老》（*Never Too Old*）一書，認為老人仍具有創造力，老而彌堅，所以，個體的生理年齡和生存能力、毅力及生命的實現並沒有必然的關係。

## 一、老年期的生理系統改變

老年時期的生理改變與衰退因人而異，Santrock（1995）指出，老人在生理系統的改變有：

1.骨骼系統：老化、骨質疏鬆、脊椎退化，每年約減少二至四公分，骨關節炎普遍，常伴隨腳趾囊腫、踵刺、腳皮長繭等。

2.肌肉系統：體脂增加、肌肉收縮力道及速度減弱，活動容易疲憊、失禁。

3.腦和神經系統：神經之流失、神經傳導變緩慢、血流量減少、膽固醇增加影響神經傳導，進而干擾感覺和認知功能。

4.感覺系統：肌肉、骨骼、神經的變化造成步伐緩慢，平衡感減弱、事故傷害增加；感覺系統的觸覺敏感度減少、痛覺容忍度增強、嗅覺退化、味覺退化、視覺退化以及聽覺也退化。

5.循環系統：左心室變大，動脈瓣膜和心內膜變厚；彈力素纖維組織膠質化和鈣化，造成動脈變厚和硬化；肥胖、缺乏運動、焦慮、疾病、血管硬化造成血壓升高；靜脈血管變厚，失去彈性，使得心臟功能受影響。

6.呼吸系統：肺功能減少，肺部失去彈性，胸部變小，橫膈膜變弱，鼻管組織變化，造成膈膜收縮，引起打鼾或以口呼吸。

7.皮膚系統：皮膚老化、有斑點、皮膚乾燥、皺紋鬆弛、指甲變軟易裂、銀髮、禿頭、皮膚粗毛變多。

8.性：男性可能會因生理功能而影響性能力，但女人因缺乏賀爾蒙會因陰部乾燥而不舒服，但不會影響性慾。Duffy（1998）指出，老人不只維持性趣，也持續有性活動及能力。老年除了生病或生理問題，男性並不會因年齡而失去性能力，較需要人工刺激才能夠勃起，影響因素可能是疲倦、酗酒、憂鬱、憂心性無能，或因心臟血管疾病、神經系統、內分泌、泌尿科生殖器等問題。多數性無能的問題可透過社會心理的性治療找到病源而解除。性生活可促進老年的心理健康，Marsiglio及Donnelly（1992）的研究發現，老年的自我價值、性能力和伴侶的健康與性生活次數有正相關，因此老人也是有性需求及能力。

身體老化容易產生健康的威脅，特別是慢性病（Santrock, 1995），青老年少有慢性病，中老年逐漸增加，老老年變得很普遍，故慢性病與年齡增加呈現正相關，最常見的老人慢性病有風濕症、高血壓、心臟血管疾病、聽障、白內障、骨骼疾病、鼻病、糖尿病等。所以，老人也是健保給付最常見的消費群，常見的求診疾病是跌倒、白內障、攝護腺炎以及其他慢性疾病。每日清晨在各大醫院常見老人掛號、看病及領藥，老人也是住院留院及門診最多的族群，同時，醫療花費也最高。因此，健康維護遂成為老年族群最重要的問題，這要靠平時的健康檢查、維持規律的運動、減少壓力及憂鬱，再加上均衡的營養來加以維護老年的生理健康。

## 二、老年期的認知發展

記憶、推理、閱歷、問題解決能力以及心理堅毅力和易變性，都會影響老年的內省、評價個人過去生涯以及規劃未來的能力。刻板化的觀點認為，成年的老化會變得智力退化，換言之，智力會隨年齡增長而退化。關於老年智力退化的問題可能是年齡差異和年齡變化的區別，雖然在一九八五年的美國一次橫斷研究中指出，七十多歲的老年人智力表現不如四十多歲，但這個結果未必是年齡的結果。美國人口普查局（U.S. Bureau of the Census, 1989）發現，在一九八八年六十五歲及以上的老年人只有13%是大學畢業，而三十及四十歲的青年大都可以從正式教育獲得很多知識。縱貫研究追蹤了各個時期的變化，但是只有包含一個族群的標本，仍不能說明年齡與發展的結果，例如Schaie（1994）即發現，有些人的智力會隨年齡增長而衰退，但有些人卻隨年齡增加而增長智力。不過，Horn（1982）的橫斷研究結論是：結晶智力（指資訊的累積和語文能力）隨著年齡增加而增加；流動智力（抽象思考能力等）則隨著年齡增加而衰退。

另外一個區分老年記憶的方式是其記憶是有目的還是偶然的。**有目的的記憶**（intentional memory）是個人想要記憶的事件；**偶然記憶**（incidental memory）是非個人意願要獲得或喚起的事物。研究發現，偶然性記憶隨老年人年紀增加而減少，但有目的的記憶則不然（Direnfeld & Roberts, 2006）。

其他認知功能的要素是**大腦可塑性**（brain plasticity），此為大腦對刺激改變的能力。研究老年人大腦具修補功能與大腦神經元的相關研究也有增加中，此種能力可使老年人終身學習。成年再教育及智能刺激可實際幫助老年人維持認知健康，不僅在終身學習，而且對新事物的學習也具有效果，此種刺激將有助於減少對老年人大腦損傷的危機（Institute for the Study of Aging, 2001）。

第二個可能是認知功能的定義，認知功能包括不同的能力，諸如語彙能力、問題解決、短期記憶等。這些能力與年齡之間的變化以及與個人常用的知識可能有很大的關聯。

第三個可能是測量成人認知功能的工具及其定義與功能有關，一般用智力測驗來測量認知功能是與學校課程所教導的知識有關。

最後的一個可能是健康的因素與老年的認知功能有關，每一個年長的老人在接近死亡的狀況會影響其平均智力表現，而且藥物的使用也可能引起器質性違常的症狀。

不過在資訊的取得（retrieval）、記憶和反應時間的確業已研究證實，老年因身體功能的老化而呈現退化現象，Schaie（1987）就發現，有些老人即便到了老年期，其智力表現仍沒有退化，其特徵為沒有心臟血管疾病，經濟地位中上，積極的生活風格及生活態度較有彈性。因此，Azar（1996）建議，老人應保持彈性的生活態度，容易接受改變，喜歡學習新事物和能適應新環境，那麼老人的心智就較不會退化。

如果從個人工作的生產效率與品質來看，高品質的創造作品可能在三、四十歲達到顛峰，但有價值的作品可能會稍晚，不過這些區別在不同領域也有不同，在科技類可能在四十歲左右，而人文類可以在七十歲仍有相當高水準的作品。年長受重視的程度也因文化而有所不同，中國比較尊重「老」前輩，尤其在中國大陸缺少科學家，有些年過六、七十歲的有教授頭銜者仍可以持續工作，這完全取決於個人的健康情形（Newman & Newman, 1999）。

雖然老年人也有被診斷出老年癡呆症（dementia）的風險，但此症狀並不是一般模式，可能是病理因素影響心智功能，例如中風。許多縱貫性研究指出，如果沒有大腦疾病，老年人心智健康會隨年齡增長而增加（Vaillant, 2002），而老年人的心智違常比壯年及中年期要來得低，尤其是流行病學的盛行率（Bengtson, Gans, Putney, & Silverstein, 2009）。然而此現象也因居所不同而有所差異，住在長照的老人養護病人有較高的心理違常行為，但不幸地，這些老人卻沒有好好接受心理治療（Conn, 2001），而這些症狀可能在早期的成年期也被確認（Aldwin & Gilmer, 2004）。準此，我們對於老人心理病理研究及臨床實務是可以加以期盼的。

老年期的認知模式既不是單方向的（unidimensional），也不是穩定的，它受環境所影響。這些環境會對不同歷史條件或不同社經條件的成人產生作用，而且心智功能也受身體和社會系統的交互作用所影響。

## 三、老年期所面臨的議題與危機

除了疾病、生理退化、心理發展層面等議題外，老年期最大的議題莫過於回顧與死亡了，其次尚有生活事件中最重要的喪偶、憂鬱與自殺的問題。回顧和懷舊（reminiscence）是一種過程，當個人體認生命到達終點，會重新對過去的人生事件進行回顧，喚起對這些生命事件的意識和知覺，尤其對過去未解決的事件與衝突做一檢視，期望從這個過程中取得統整（integrity），統整的功能有二：一是對生命重整；另一是對死亡做準備。

### (一)對生命的重整

到了老年期，個人的任務大抵完成，成功抑或失敗也已累積，個人將這些經驗累積以判斷一生的功過。然而，某些角色負荷的升降也影響另一些角色的改變，個人在婚姻、養育子女、工作的考驗下，考驗個人的目標與成就。每個人不可避免地會對自身成就的侷限有一些程度的失望，他們必須面對眼前的現實，並體驗個人成就與目標之間的差距，這種接受個人過去生活既成事實的過程，對個人或許也是一種嚴峻的考驗。一個人必須將個人過去的失敗、包袱、危機、失望，結合到個人自我形象之中，而不是背負無力感的內疚；此外，個人也必須為自己的成就感到驕傲，即使有時並沒有完全達到個人的期望。

有些年長成人在回顧過去時會變得十分抑鬱，並對淒慘的未來感到憂慮。疾病、死亡、過去個人危機成為生活的關注內容；另外有一些人則剛愎自用，將他們的生活自喻為年輕人，不服輸、不能忍受失敗的挑戰。這兩種人都使得他們的老年期變得很緊張、不滿足。當個人接受失望或危機而能將這些經驗當作個人成就予以正面看待時，就能對個人一生做一總體平衡，那麼就能對個人歷史採取較靈活的態度，朝向成功老化的可能性。Sherman（1991）指出，回顧可為老人提供下列幾種功能：

1.回顧可從老人角色從傾聽者角色轉移到說故事的角色，化被動為主動的轉移，尤其是回顧過去英勇的故事插曲或事件。
2.回顧可增強個體的自我形象，尤其在談論過往的豐功偉業成就時。
3.回顧可幫助老人因應現在或未來的問題，讓個人找到記憶的安全點，或回憶過去曾經歷過的壓力情境。
4.回顧可幫助個人對其人生成績的回憶，有助於個人自我統整。

Flanagan（1980）針對三千多位年齡分別是三十、五十以及七十歲的人士，要求他們評估自己生活滿足的因素，得到下面的十五類清單（checklist）：

1.物質幸福和經濟保障。
2.健康與人身安全。
3.與配偶的關係良好。
4.生育並撫養孩子。
5.與父母、手足及其他親戚關係良好。
6.與朋友關係良好。
7.幫助他人或鼓勵他人。
8.與社區及國家政府的活動有關聯。
9.智力不錯。
10.個人計畫。
11.職業角色。
12.創造力及個人表現。
13.社會化不錯。

14.有休閒活動（被動地觀察）。
15.主動參與休閒活動。

這一研究對於成年晚期接受個人的生活體驗有五點結論：

1.大多數人對自己的生活以及自己需求被滿足的方式感到滿意。
2.三十至五十歲是個人生命最旺盛的時期，雖然他們不以為然。
3.養育子女是成年期最大的壓力來源也是衝突（同時是滿足也是壓力來源）。
4.對父母身分及工作滿意度隨年齡增加而增長。
5.生活的滿意不僅與客觀因素測量有關，也可能與個人人格對人生事件的詮釋有關。

## (二)對死亡預做準備

不可避免地，在成年晚期，嚴肅的、駭人的和令人不愉快的，均是與死亡有關的議題，且死亡的想法充斥著個體的思維。個體對死亡的觀念源自於兒童期，而且對死亡概念的認知也是一種過程，在幼兒期，幼兒無法想像死亡的不可逆轉，他們往往將個人的死亡擬人化，認為一個人某一刻死亡，又可以在某一刻復活。同時，幼兒有了死亡的概念，但不會將此種概念與他們自己或和他關係密切的人產生關聯（Anthony, 1972）。

到了青少年期，個體仍未能整合認同，他們仍不會為了面對遙遠人生的未來而保護自己，但他們可能提出關於死亡、生命的意義及死後生命的可能性之問題，而且也建立一種死亡觀。在此階段，死亡帶來的恐懼與個體的自戀和自我價值感有關。青年期個體形成親密的連結，對親密對象的死亡產生焦慮，並形成個體的責任感，所以此時的死亡觀是由關注個人的死亡擴展至評價與他人關係的相互依賴性。

到了中年期，個體意識人生已走完一半，隨著父母或其他長輩的死亡，死亡意識愈來愈具體化，同時因個體對自己家庭及社區的影響和責任，不斷增加效能和生命力（創生感），因而減少了對死亡的恐懼（Fried-Cassorla, 1977）。到了成人晚期，對於死亡的自我擔憂變得較小，個體開始隨著進一步生活而將死亡視為一個自然的人生歷程的結果，因而接受自己的生活。死亡不再對個體價值產生威脅，甚至成就實現或影響他人生活，之後個體會逐漸接受死亡這一事實（Newman & Newman, 1999）。

死亡觀的要求除了要求個體接受死亡的能力外，同時也要求承擔喪失親友的能力。Kalish及Reynolds（1976）的研究調查不同年齡的個體對死亡的關注，結果發現年老的人比年輕的人明顯地考慮死亡的議題，他們參與死亡的儀式及做些特殊安排，例如購買墓地、為身後事預做準備、寫遺囑等的人也較多（見**表10-1**）。

個體對死亡的恐懼是自然及正常的體驗，其原因可能是：(1)與實際過程有關；(2)與死亡後果有關。前者包括害怕孤獨、生病，讓別人看到痛苦，或對自己（身心）失去控制；後者則包括害怕被人遺忘、喪失認同，使別人感到悲痛、身軀解體、來世受到懲罰（下地獄）（Florian & Kravetz, 1983）。死亡對年長的人不似年輕人那麼恐懼。理由可能是：(1)年長的人往往較篤信宗教，會從宗教概念中獲得較多的安慰；(2)年長的人比年輕的人較接受自己的生活及自我抉擇；(3)年長者較熟悉死亡

**表10-1　不同年齡層的個體對死亡的恐懼**

| | 年齡 | | |
|---|---|---|---|
| | 20-39 | 40-59 | 60- |
| 害怕／恐懼 | 40% | 26% | 10% |
| 既無害怕也無不怕 | 21% | 20% | 10% |
| 不害怕／渴望死 | 36% | 52% | 71% |
| 視情況而定 | 3% | 3% | 2% |

資料來源：Kalish, R. A. & Reynols, D. K. (1976).

（Kalish & Reynolds, 1976）。

■ 死亡與悲傷

成人晚期或老年人不僅要應對自己的死亡，同時也要因應自己所愛的人的疾病與死亡。對所愛的人死亡所伴隨的情緒痛苦稱為**喪失**（bereavement），通常這是個體重大的生活壓力事件，會伴隨身心症狀、角色喪失及強烈的情緒，如憤怒、悲哀、焦慮和抑鬱，有時生離死別的壓力增加生存者的疾病，甚至死亡的機率。情緒的強度因人而異，通常至少持續六個月，如超過六個月則需尋求心理治療。抑鬱、困頓及失落通常會引發悲傷（grief），例如失去親友、體驗喪失、失去控制和能力、失去身體及失去執行計畫的能力和夢想的失落（Kalish, 1985），此時對身心皆有影響，身體方面會產生如頭痛、腳軟、窒息感或空虛感等，而心理的情緒則有憂鬱、傷心、悲痛、憤怒、罪惡感等。

■ 死亡與臨終

面對死亡的過程與方式因人而異，Kübler-Ross（1969）一共訪視二百位瀕臨死亡的病人，最後歸納出面對死亡的五個階段：

1.否認與孤獨（denial and isolation）：「不是我」，這是瀕臨死亡初期最常見的反應，當事者覺得震撼、不信，這是一種防衛機能，提供一些時間與機會讓當事者能夠面對死亡的事實。
2.憤怒（anger）：「為什麼是我？」提供個體抒發生氣憤怒的機會，瀕死的人常會將怒氣發洩在愛他或照顧他的人身上。此種反應不是針對個人，而是痛苦求助的徵兆（symptom），對周遭的人、事、物表示抗議及嫉妒的表現。
3.討價還價（bargaining）：「如果我……那我是否會活更久？」「早知道，我就……」這些反應是個體企圖延續生命的表現，臨終之人相信好行為必有好報，協商、妥協可以延命。
4.憂鬱（depression）：「我覺得傷心、失落、悲傷」，個體夾雜著失落、罪惡感和羞愧。如果沒有充分與人溝通、對質，其可能錯失解決人際關係的困難。但如果個體已能坦然面對死亡，則成為一種有備而來的憂鬱，考量自己的生命及可能即將的失落（失去自我、親友、自控能力）。

5.接受（acceptance）：「我已準備好了」，不再退縮，而開始嚴肅思考面對死亡的機會，處在這個階段的個體，可能是軟弱、退縮、無法與別人溝通。

Clay（1997）根據一些專家的考量，建議可由下列四個方面來幫助臨終病人：

1.減輕他們的擔憂，幫助他們回顧生命及處理未完成的事務。
2.再三強調他們已完成人生歷程，可以坦然放手。
3.可用圖像、或想像、或鬆弛技巧來紓解個體的憂慮。
4.可用藥物來舒緩個體的生理痛苦。

儘管個體因失落或面對死亡常會引起一些情緒和感受，助人專業的處遇應著重辨認案主的感受，給予同理的回應，協助案主辨認自己的情緒，尋找支援或幫助案主能找出表達情緒的適當方式。

此外，垂死之人通常具有下列症狀：

1.呼吸停止。
2.心臟停止跳動。
3.失去排尿／便控制。
4.叫他／搖他時沒有反應。
5.眼球注視某一點是張開。
6.嘴巴張開。

## (三)喪偶

**喪偶**係指婚配生涯中所娶（嫁）的對象死亡，通常女人的壽命比男人長，故女人守寡的機會比男人多，有人認為女人最好要有準備（平均保持一次婚姻，女人平均需要守寡十年及以上，因為女人平均壽命比男人高六歲，又喜歡先生年紀比她們大），但也有人認為根本不用準備，因為女人的支持體系本來就比較完善，因應能力也比較好，也許守寡反而是個人成長或獨立的辦法，不必完全將它看成負面的人生事件。Silverman（1987）認為，守寡是個體人生生命歷程的一種變動，需要個體有良好的調適（adjustment），例如如何和自己相處、與別人相處及如何取得重新的認同感。

在美國社會，寡婦和鰥夫的比率約為4：1，而臺灣的資料約為3：1（見**表10-2**），女性老年人保持寡婦較多的原因是個體出自自我抉擇不再改嫁，不似男性，男人再娶比例較多，顯示出寡婦比鰥夫較具獨立感及能減輕對他人的依賴。相較之下，老鰥夫似乎比較脆弱，對某些人而言，失去配偶好像失去生命的重心，在沒有愛妻及別人的照顧之下，他

**表10-2　2015年臺灣老年人口婚姻現況**

| 年底及年齡別 | 總計 | | | 有偶 | | | 喪偶 | | |
|---|---|---|---|---|---|---|---|---|---|
| | 計 | 男 | 女 | 計 | 男 | 女 | 計 | 男 | 女 |
| 2015年底 | 23,492,074 | 11,712,047 | 11,780,027 | 10,342,769 | 5,212,220 | 5,130,579 | 1,298,696 | 243,438 | 1,055,258 |
| 65-69歲 | 977,014 | 466,819 | 510,195 | 700,448 | 385,466 | 314,982 | 159,519 | 23,674 | 135,845 |
| 70-74歲 | 674,500 | 313,098 | 361,402 | 453,373 | 257,177 | 196,196 | 168,501 | 28,367 | 140,134 |
| 75-79歲 | 560,559 | 247,645 | 312,914 | 330,493 | 193,211 | 137,282 | 199,587 | 39,059 | 160,528 |
| 80-84歲 | 385,340 | 171,347 | 213,993 | 185,638 | 120,387 | 65,251 | 182,222 | 41,639 | 140,583 |
| 85-89歲 | 235,563 | 114,167 | 121,396 | 92,069 | 71,830 | 20,239 | 129,999 | 33,555 | 96,444 |
| 90-94歲 | 84,923 | 39,070 | 45,853 | 23,758 | 20,220 | 3,538 | 55,022 | 14,694 | 40,328 |
| 95-99歲 | 17,613 | 7,552 | 10,061 | 3,421 | 3,012 | 409 | 12,689 | 3,475 | 9,214 |
| 100歲以上 | 3,067 | 1,442 | 1,625 | 628 | 516 | 112 | 2,001 | 591 | 1,410 |

資料來源：內政部統計處（2016）。

們或許會選擇自殺。

喪偶老人的悲傷對其生心理發展都會產生影響，尤其在情緒、認知與行為上。悲傷是個人經歷喪失（loss）的內在反應，是一種複雜的因應歷程，而且具個別化，也是一預期的轉捩點（Silverman, 2004）。

### ■生理上的影響

喪偶老人的悲傷對其生理、情緒、認知、行為等都會產生影響，在生理上根據許多有關悲傷者的研究指出，悲傷者的疾病和死亡比率都會隨著悲傷而增加，尤其是心愛的人死後的六個月內。他們經常表現出來的症狀是虛弱，更有可能是由於憂鬱和絕望而引起悲傷者的內分泌變化而對疾病的抗拒減弱。老人喪偶，有時會因過度悲傷，而使其原有的疾病加劇或死亡。

### ■情緒上的影響

喪偶老人在情緒上會產生憂鬱、悲傷和憂愁、痛苦、罪惡感、憤怒、否認、精神的問題等方面的反應。依據Kübler-Ross（1969）悲傷理論的觀點認為，喪偶老人所經歷的喪失的內在反應歷程如下：

1.否認：老年人初期可能仍會否認其配偶的死亡事實，導致退化情形，並且在心理反應上拒絕承認此事實。
2.生氣憤怒：當否認的情緒逐漸降低時，老人可能感到憤怒，認為另一半怎可讓自己孤獨留在世上，而感到憤慨不平。
3.討價還價：老人對於配偶的死亡開始出現討價還價的情形，例如許願或禱告，祈求神明或上天能讓配偶重生。
4.沮喪：當老人理解到其無法對抗配偶死亡的事實時，會有沮喪的心態產生。
5.接受事實：老年人歷經前四階段的心理變化後，會理性地接受配偶死亡的事實。

### ■認知上的影響

喪偶老人在認知的反應通常為：

1.不相信：尤其是死亡發生得很突然的時候。
2.紛亂困惑：會有思緒剪不斷，理還亂，精神不集中及健忘的現象。
3.全神貫注於思考死者和瀕死的過程：這是一種強迫性的思念，思念的內容通常是有關於如何再尋回失去的親人。有時候有關逝者遭受折磨或瀕死的念頭，甚或影像會突如其來的占據哀悼者的心思，揮之不去。
4.用各種方式與死者相會，例如在夢中，認為這樣可以使自己覺得配偶還活著。

### ■生活與行為上的影響

喪偶老人在行為上會有下列現象：

1.睡眠失常，如失眠和驚醒。
2.食慾反常。
3.恍惚、心不在焉。
4.從社會人群中撤退。
5.在正常的夢或夢魘中夢見死者。
6.常嘆氣。
7.哭泣。

除了上述這些行為現象外，老人因喪偶有可能也會對日常的生活產生下列影響：

1.因缺乏伴侶生活起居有可能單調或無人照理，致飲食起居不正常，進而影響老年人的生理功能。
2.因缺乏社會角色的認同，喪偶老人有可能會與親友的聯繫漸少，使得老年人的社會功能逐漸衰弱，而更加孤獨。

3.因失去依靠而缺乏安全感。由於安全感的獲取不足，且獨自處理生活各層面的事件，當老人無法適應生活時，缺乏安全感的感受會增強。

4.喪偶老人在獨處時對於配偶死亡的生活事件，難免自憐，如若對死亡的接納程度無法調整時，心理狀態亦無法獲得安定。

5.喪偶後，有些老年人可能喪失了主要的經濟依賴，經濟層面的不安全感加劇，生活恐陷入困境。

■社會工作者的社會處遇

社會工作者可協助喪偶老人的方法有：

1.提供必要的生理狀況評估：瞭解其生活自理能力及尚需他人協助的事宜，提供老年人個案管理服務。

2.尊重喪偶者的心理需求及現實生活的型態與習性：特別是必須轉換喪偶者原有居住方式時，務必協調其適應。

3.給予必要的居家服務：如送餐、問安、家務料理或陪伴就醫等，協助喪偶者社會功能的增強，如喪偶互助團體的參與。

4.提供必要的悲傷輔導：瞭解其對於死亡的看法及接納程度，提供足夠的心理支持，適當改變心理適應情形。

5.評估喪偶老人的經濟安全狀況：社會工作者應視評估狀況協助喪偶老人穩定經濟安全。

以上的討論即是從Kübler-Ross的悲傷理論觀點分析喪偶老人的悲傷處理歷程，及社會工作者可就喪偶對於老年人的影響層面，提供協助的方法。

### (四)憂鬱與自殺

老人有重度的憂鬱違常（major depressive disorder）的比率並不高，但大多數有些輕度的憂鬱症狀，而且會隨年齡增加而增加其比重。其

症狀包括哀傷、空虛、自我放棄、食慾改變、失去性慾和睡眠有問題（Gruetzner, 1988），這些症狀與疾病有關，包括心臟病、高血壓、神經違常、新陳代謝問題、癌症、性無能、風濕症等（Sunderland et al., 1988）。此外，婦女、獨居老人和低收入的因素也與憂鬱有關。

有關憂鬱的處遇目前是使用藥物和諮商治療並重，尤其是認知療法。社會支持體系的破碎或缺乏是導致老人憂鬱的主要因素，而社會工作者處遇的優勢觀點正是幫助個案增加支持體系，例如訪視、問安。老人團體的成立一來可排解老人的孤立與寂寞，二來可以引發自我照顧動機，減緩健康與失能導致的憂鬱，當然篩檢及正確的評估更是社會工作者確認老人病症必要之途徑。

**自殺**是憂鬱的結果之一，也是成年晚期及老年期的重大問題之一。老人的自殺率一直在各年齡層中居高不下，男士又高於女士，此外男士使用的自殺手段也較激烈，成功率也較高（Rich, Young, & Fowler, 1986）。造成老人自殺的因素很多，包括憂鬱、失落、寂寞、孤立、罹患絕症及失控感等；其中，憂鬱是所有自殺之人所擁有的症狀。到底自殺是否為個人的抉擇權利之一？有人主張在個人末日未來之前，可由醫生協助結束生命〔協助自殺（assisted suicide）〕或安樂死（euthanasia），現今的法律與道德規範是不允許的，但荷蘭皇家醫療協會早在一九九五年已有討論病人可以尋求安樂死的權利，此議題廣受人討論，迄今贊成與反對的人皆有其主張。

## 第二節　老年期的心理社會理論

心理歷史觀（psychohistorical perspective）是個體對過去、現在及未來的整合。老年期已經歷各種體驗、決策（婚姻、家庭、養育子女、工作）以及個人哲學的形成。所以老年期經過不斷學習與創新的因應過程，常將現實的要求與過去的重大事件結合在一起。例如，我們常聽老兵敘述當年抗日戰爭的口訴歷史來傳遞他們那一代的生命意義與價值，因為他們是歷史（時間）的見證者及記憶的儲存者，這些生命歷程或故事敘述可以為其下一代傳遞一些集體認同，及幫助下一代在未來繼續生存與傳承，他們透過改變將智慧和過去、現在與未來做一個連續及聯繫。

## 社會老年學的心理社會理論

助人專業如何看待及詮釋老人將影響他們對老年的處遇。**社會老年學**是一門研究老年人的社會科學，提供一些理論觀點來解釋老年成長過程（見**表10-3**），分述如下：

### (一)撤退理論

**撤退理論**（disengagement theory）建議當老年期年紀漸長，應減少平常與社會環境的活動與聯結（ties）。這也是減少老年期生活愈來愈多

**表10-3　社會老年學的心理社會觀點**

| 理論 | 主要主題 |
|---|---|
| 撤退理論 | 老年逐漸從社會撤離。 |
| 活動理論 | 活動與生活滿意度有關。 |
| 連續理論 | 老年持續適應其互動型態。 |
| 社會建構理論 | 在環境與人互動可增加自我概念。 |
| 女性主義 | 性別在其早年經驗是一重要組成因子。 |
| 社會交換主義 | 年齡是人際互動的重要因子，更造成資源交換。 |
| 生命歷程觀點／生命歷程資本觀點 | 老年是動態，產生轉變的人生歷程。人們在人生歷程累積資本以迎合需求。 |
| 年齡分層觀點 | 社會將年齡分層並決定其角色與權力。 |
| 生產老化理論 | 老年人是身體主動性、活動性、健康及經濟安全的新世代。 |

資料來源：Hutchison, E. D. (2015). p.32.

退化與失落的因應機轉（Cumming & Henry, 1961; Tobin, 1988）。此外，社會也漸漸排除老人。此理論遭受許多批判，事實上在社會上的一些老人，因為其能力還是很受社會所青睞，而活躍於社會。社會撤退理論現已不被老年學學者所倡導（Hooyman & Kiyak, 2011）。

### (二)活動理論

相對於撤退理論，**活動理論**（activity theory）建議老年人應多參與活動並融入社會，將有助於增加生活滿意度（Havighust, 1968），建議老人盡可能延續過去中年期的活動並持續活躍。Benjamin、Edwards及Bharti（2005）指出，活動與功能障礙及失能有負向關聯。

活動理論也同樣遭受批判，因為高度活動應會花費很多精力、時間與金錢，而且與性別、種族、社經地位有關，但獲得滿意度並不相關，因此，有些老年人採取較輕鬆、休閒的生活風格（Eliopoulus, 2010; Moody & Sasser, 2012）。活動理論更大批判是其完全考量個人的生活情境及個人風格（Moody & Sasser, 2012）。

### (三)連續理論

**連續理論**（continuity theory）之被採用是用於回應撤退與活動的批判，主張個體漸老會喪失某些角色，但同時也增加不同的角色，然而個體會使用相同的因應風格來適應改變（Neugarten, Havighust, & Tobin, 1968）。所以說來，個體的人格差異是老年人適應問題的最大影響。

Hooyman及Kiyak（2011）指出，連續理論是一哲學性假說，很難用實徵研究考驗其理論，原因是其概念很難操作化（operationalization），例如「正常老人」（normal aging）及「病態老人」（pathological aging）。

## (四)社會建構理論

**社會建構理論**（social construction theory）的目標在瞭解及解釋老年人如何受社會定義、社會互動及社會結構所影響。所以瞭解老年人必須從其社會脈絡著手，例如老人如何受文化、社會、歷史、政治、經濟型態所影響（Dean, 1993）。「**老年卓越**」（gerotranscendence）即是應用社會建構理論觀點，強調個人發展延續至老年，並不會因老人身體衰退而終止（Hooyman & Kiyak, 2011; Tornstram, 2005）。依社會建構觀點，老年人依時間來評估其生命，例如認同、自我及地位。

## (五)女性主義

**女性主義**（feminist theory）認為，性別是瞭解老年經驗的最大因子。性別有社會階層之別，其影響個體獲得權力、特權及地位，但因而產生不平等及不相稱，所以瞭解人，尤其是老人，應考量其性別（Arber & Ginn, 1995）。性別在人的發展歷程是一重要因子，影響個體的成功、機會、健康不相稱，及社經機會不相等，甚至給予一「限制的抉擇」（on strained choice）（Rieker & Bird, 2005）。

## (六)社會交換理論

**社會交換理論**（social exchange theory）奠基於在所有人際互動中的資源交換（Blau, 1964），此理論根源市場導向的資本主義概念漸漸應用於社會人際關係互動而發展出來的。個體如果看重結果的交換率，那麼便會多願意付出。當進入老年期，個體可用的資源漸少，也漸漸轉移，所以個人角色、價值及貢獻必須重新調整，例如當一位老年人奉身於志願服務活動，此種利他行為便轉換成個人情緒需求的實現，那麼他們遂調整個人所改變的交換公式；如果他們的資源減少，他們會選擇從社會撤退，而導致他們從社會互動中孤立。所以，社會工作者應多注意老人

如何從其人際互動中轉換，並評估其資源。

### (七)生命歷程觀點

**生命歷程觀點**（life course perspective）視老化是動態的一生歷程（Greve & Staudinger, 2006）。人一生中有許多生命的轉捩點（Hendricks & Hatch, 2006），老年期亦同。老年所生活的紀元（時期），所屬的世代（cohort）及個體所處的環境與個人因子皆影響個體的心理社會發展，所以「人生歷程資本」（life course capital）是此理論新附加的假說。此概念主張個體在其生命歷程累積人際資本（資源）以因應日後的需求，例如社會、生物、心理或發展性人際資本（human capital）（Hooyman & Kiyak, 2011），而個體的人生歷程資本將影響個體的老化，例如健康（活動性、死亡等）或財富（退休後的生活水平）。

### (八)年齡分層觀點

**年齡分層觀點**（age stratification perspective）依據生命歷程觀點的傳統概念（Foner, 1995），描繪社會存在一定的社會結構。社會分層是多元面向及相互關聯的，存在有權力、階層及地位。年齡分層觀點指出，社會是由相似的社會階層所建構，同時也被年齡所分層，角色與權利奠基於其年齡階層或族群會員所分配。老人的生命經驗來自不同規則族群組成及經驗的世代（Hooyman & Kiyak, 2011）。

### (九)生產老化理論

**生產老化理論**（productive aging）聚焦於老年族群的正向改變，例如健康、社會、經濟地位、活動性及教育（Kaye, 2005），尤其是當代老人比起過去愈來愈獨立及擁有好的生活。生產老化理論不是單指個體在工作的延續或將其當作重要影響因子，而是指對老年人生活滿足及富意義的行為。此理論有別於過去只著重老年人負向影響的理論，例如喪失、危機及老年問題，而是以優勢（strength）觀點來看老年生活，尤其從老年人的內在情感（inner affective）、內在利他（inner utilitarian）及外在利他（outer utilitarian）。內在情感著重於個人成長及增進生活品質，內在利他強調功能性成長，而外在利他則著重老人對社區、家庭及朋友的社會貢獻。

## 第三節　老年期的社會適應與處遇

**社會支持**（social support）被定義為讓人們相信他們是被關心、被愛護、被尊重和被重視的，以及屬於一個相互溝通和承擔義務的網絡（Cobb, 1979）。社會支持包括所有個體被包容於其中的社會關係的數量及其相互聯繫和網絡，是個體被聯繫的強度、交往的頻率，以及此支持系統被感到有幫助和關懷作用的程度（Bergman et at., 1990）。它也是社會工作者提供充權增能的資源，對於老年人而言，社會支持為保持個體幸福感和促進超越不斷衰老的身體極限中，提供了重要的支持角色。

社會支持對幸福感至少提供三種作用：(1)減少孤獨；(2)提供關愛、訊息、忠告、交通、飲食和日常生活的幫助、經濟支持和健康照顧；(3)減少緊張壓力的衝擊，保護個體免於疾病的不良後果。社會支持與個體的身心健康有明顯的相關（House, 1985）。社會支持的來源不是開始於老年期，它的最初起源可能來自於嬰兒期和照顧者之間的關係，之後透過其社會化逐漸擴大。在老年期，家庭成員通常是其社會支持最基本的來源，特別是個人的配偶、子女和手足；此外，宗教參與也是老年期另一社會支持來源。社會支持系統肯定老年人的價值，為他們對他人積極影響以及提供他們在社會中被接受的感覺，亦是老人獲得永生（immortality）的基本要素。

## 一、家庭

有人說空巢期是相當寂寞的、孤零零的、空蕩蕩的現象，而老人常被人遺棄，或過著孤苦無依、獨居的日子。這類傳說雖然是事實，但卻被過度渲染了。雖然高齡者比年輕人較少與鄰里朋友互動，但事實上配偶及其手足是老年人重要的支持體系，而且男性比女性有較小的社交圈，他們只與好朋友及親戚互動。在美國，成年子女大都居住在年老父母的附近，而且與高齡父母保持良好及有意義的互動及交流。老年人的社會支持廣度雖然縮小了，但彼此的情緒互動卻更為頻繁。換言之，老年人寧願獨處，做個快樂愜意的老年人，也不願像年輕人常勉強自己參加一些無聊的應酬。此外，美國老人也不會因獨處而感到寂寞，反而他們想多一些時間獨處，並覺得怡然自得。

## 二、生活

年齡的增長除了影響個體的生理功能之外，也會影響個體的生活方式，舉凡家庭居住型態、工作之身分、社經地位、活動的安排，或居住環境的安排等。老年人的活動仍以家庭為中心，但是仍有很多老年人（尤其是女性）選擇寡居、離婚或獨居的居住型態。家庭的型態具有多樣式，老年人因為解除撫養子女的角色及任務，所以正是經營婚姻的最好時機，培養共同的興趣、相互情感依賴及照顧，也可以增加彼此的親密關係；然而，也有人漸行漸遠，而選擇由家人或親戚照顧，更有些人必須仰賴機構的照顧。

洪貴貞（2003）指出，六十五歲以上高齡者的生活模式可歸納為以下六種：

1.家族主義（familism）者：以老夫婦和自己子女或親戚朋友的活動為主。

2.伙伴配偶式（couplehood）：膝下無子女的夫婦，彼此相處，相互依賴，並與其他夫婦共同參與活動。

3.以工作為軸心者（world of work）：以工作為重心，閒暇時，三兩好友共同休閒。

4.以充分活力為導向者（living fully）：充滿活力的擁抱世界，寓娛樂於工作。

5.獨居者（living alone）：多數獨居且很少與外人互動。

6.持續參與者（maintain involvement）：大部分獨居，但仍繼續保持與他人互動，參與活動，持續活躍的生活。

有關老年夫婦的婚姻滿意度的研究（如Miller, 1976；Orthner, 1975）指出，老年夫婦到了空巢期，婚姻滿意度上升，理由可能是因為養兒育女的責任解除，不像年輕世代，因為父母角色的加入，所以影響其婚姻滿意度。因此，個體的婚姻滿意度會隨年齡增長而呈現V字的形狀；換言之，個體的婚姻滿意度會隨年齡增長先呈現下降，到了空巢期會再上升。當然，除了養兒育女責任解除，婚姻滿意度還會與個體的教育水準、社會地位有關（Atchley & Miller, 1983）。此外，再婚者的滿意度也比較高，通常這些人身體比較健康，活動力較好，有伴侶者比寡居者會覺得生活更滿意。

老年期的子女大多數皆已長大成人，他們之間因為生活在不同世代，年長的父母可能歷經貧窮與戰爭禍亂，而年輕世代的子女可能比較享福，而且彼此的壓力來源也不同，所以彼此之間存有代溝（generation gap）。成年子女常被稱為**三明治世代**（sandwich generation），尤其是婦女，又要照顧年幼的子女，更要因應父母的老化，有些婦女還要因應工作，這些角色的累加負擔會帶給他們生活壓力。因應老年化的世代，老人的照顧不是個體或家庭所能負擔，於是社會及國家也要提供必要的支持，老人的照顧，尤其是長期照護遂成為社會重要的議題。在老年時期，愛情對成功的婚姻仍具有舉足輕重的地位，配偶也比較會坦誠分享彼此的感覺，相互尊重以及擁有共同的樂趣。年齡較高者比年齡較輕的年老人更覺得婚姻不快樂，尤其是女性老年人；同時，已婚的老人比鰥寡、離婚的老年人更加快樂，特別是身體健康的老人。配偶死亡會帶給另一方重大創傷，尤其彼此關係愈緊密，失落感也愈大，而且也容易發生自殺事件。大部分的老年人不願意與子女同住，少數與子女同住者大都是老年女性或是喪偶者（Santrock, 2004）。健康的老人與家人關係緊密，而且也常與家人互動，他們也傾向住在成年子女的附近，並且依賴子女提供不同方式的協助。

老年人的養兒育女責任免除之後，隨之而來的可能是提升為祖父母的角色，有些人認為身為祖父母的角色比當父母的角色來得輕鬆，即使與孫子接觸不多，但身為祖父母的角色，賦予老年人生命有重大的意義（Wood & Robertson, 1978），包括成為兩代之間的連續者，有時用傾聽與協助，可以敘述過去家族的歷史，身為祖父母是一個具有彈性的角色（Hagestad, 1985）。

Neugarten及Weinstein（1964）的研究指出美國社會中祖父母的五種型態：

1.尋找樂趣（fun seeker）：老年人是孫子女的玩伴，彼此從雙方互動中找到樂趣。
2.疏離形象（deviant figure）：祖父母只有在特定日子會與孫子女會面，平時不相往來。
3.代理父母（surrogate parent）：此類型祖父母要照顧孫子女，可能為隔代教養家庭，通常其子女是雙生涯家庭或單親家庭。
4.正規形象（formal figure）：祖父母只給予孫子女特定協助，認為養育孫子女是其子女的責任與義務。
5.家庭智庫者（reservoir of family wisdom）：祖父母擁有權威的角色，給予孫子女及家庭特別資源及技巧。

以上的祖父母角色會隨家庭的情境（例如危機）及祖父母的性別而有不同，通常家庭陷入困境或危機時，祖父母會扮演家庭的救火員（firefighter）或看門狗（watchdog），而且祖母比祖父有更多的照顧及互動。

## 三、退休

**退休**（retirement）是一種社會制度，將人從工作職場抽離出來，一般社會定義在六十五歲，但隨老人化社會的來臨，現在有愈來愈晚退休（例如六十七或六十八歲）的趨勢。退休雖是社會制度的產品，目的是提供更多職位給新進人員以減少企業開銷，但退休之人仍享有過去服務年限所累積的儲蓄或收入，現今也有保險或年金制度以備退休老年人的生活所需，目前社會約有80%的男性及90%的女性，年過六十五歲不再工作。有些人把退休定義為人們開始接受社會保障或其他養老福利的時期，有的職業例如軍公教在中年時即可申請退休，而且也有退休年俸可以領取。然而，退休還涉及一種心理狀態——脫離工作或職業機構的感覺以及對工作的新定向。當然，也有一些人選擇不退休，他們在退休之前即過世了，或有一些自我僱用（self-employed）之人或從事創作之技能，在其晚年仍持續工作。

有三種因素會影響退休的適應，包括退休的計畫、對退休的感受及收入減少的程度（Newman & Newman, 1983）。退休的準備包括願意與預定退休後可能在經濟、家庭角色、日常活動以及社會交往方面的變化，並採取某些行動引導這些變化。Ferraro（1990）提出一些可為退休之年善做規劃的項目：

1.設立個人的存款帳戶。

2.擁有自己的房子。

3.瞭解退休金及社會福利事宜。

4.發展個人嗜好及休閒活動。

5.決定住所。

6.準備遺囑。

7.確信有完善醫療照顧。

8.與家人住在一起。

對退休的感受涉及一個人針對退休的解脫感和抱怨程度。對許多人而言，工作帶來日常生活的穩定，薪水可讓自己自立及被賦予社會價值。退休使個人收入急遽下降，那麼其生活及適應就會受影響，危機就會隨之而來，進而影響個人的身心健康。

不可否認地，退休面臨家庭角色、日常活動、社會互動和財務來源等方面的變動，所以如何成功老化，適應能力就顯得格外重要，Atchley（1976）推出退休適應的三個階段：(1)**蜜月期**：是繁忙而積極的時期；(2)**失望期**：此時期工作的意義和結構真正消失；(3)**重新定向期**：這時會建立一個穩定的生活秩序。Vaillant（2002）的縱貫研究卻沒有證據說明退休會有損身體健康。

退休者的人格特質也會影響退休生涯，如工作狂型（work-oriented）、自我保護型（self-protective）、主動型（autonomous）以及欣然接受關懷型（receptive-nurturant）等的退休生涯都有所不同（洪貴貞譯，2003）。工作狂型的退休者面對退休之際可能鬱卒以待，甚至有被遺棄的憤怒或恐懼感；自我保護型的退休者可能認為退休是種解脫；主動型退休者是依自己意願或生涯規劃來轉換工作；欣然接受關懷型的退休者則覺得退休是個人生命責任的終點，其退休生活是豐富而具人生意義。洪貴貞（2003）引用Richard、Livson及Petersen的研究，提出五種人格類型來描述退休者的生活適應：

1.適應良好者（well-adjusted people）：接受目前的現實環境，對過去所作所為沒有懊悔，保持自然輕鬆愉快的生活態度的退休者。

2.搖椅型（rocking chair people）：欣然接受老年的到來，認為老化是自然的過程，放心安養，滿足現狀，採取以退養姿態而非積極外向行動的退休者。

3.武裝戰鬥型（armored people）：抱著不服老，仍然全副武裝去除老年的陰影，發展高強度生命旺盛力的退休生活方式，以維持防衛保護系統，去除抗老焦慮感的退休者。

4.適應不良型（poor adjusters）：常抱怨退休生活、怨天尤人的退休者。

5.自責型（self-blamers）：自我譴責型，自貶身價、自怨自艾的退休者。

一個人對退休的適應與健康、經濟地位、需求滿足、個人的生活史、對生命的看法及社會支持有關。退休並不是將過去一刀兩斷，而是對過去的延伸，迎接另一人生的階段。

## 四、休閒與社會參與

### (一)休閒

成年晚期之後，個體隨著父母的角色責任減少，以至於有更多的時間和精力從事休閒活動。不同的休閒活動可以滿足個體的不同心理社會需要，Tinsley等人（1985）針對成年晚期的休閒活動及其益處所做的研究發現，不同類型的休閒活動可以滿足不同的需要（見**表10-4**）。

除了**表10-4**所列的閒暇活動外，身體鍛鍊是近年來老年人所選擇的一項重要活動，其益處與健康、自尊及生活樂趣有很大相關。有節奏的大肌肉活動如步行、輕搖、做操、跑步、游泳、爬山等，常有助於循環與呼吸系統的健康。

### (二)社會參與

內政部統計處（2016）的資料顯示，我國六十五歲以上老年人在二

**表10-4　閒暇活動及其心理益處**

| 類別 | 主要益處 |
|---|---|
| 1.打牌、賓果遊戲、保齡球、跳舞等。 | 交往友誼。 |
| 2.野餐。 | 體驗一些新的不尋常的事物。 |
| 3.看體育節目（不是從電視上）、看電視。 | 逃避與他人相處的壓力。 |
| 4.種植家庭植物、收集照片、收集古董、閱讀等。 | 幽靜、安全。 |
| 5.編織或針線、木匠工作、製陶等。 | 表現並確認其價值，但只是在獨自的個人環境中。 |
| 6.志願服務：如志願的職業活動、參加社會群體的會議、參加宗教群體的會議等。 | 智力刺激、自我表現、成就服務。 |

資料來源：改編自Tinsley, et al. (1985).

○一四年底，已達二百八十多萬人，占總人口比率約11.99%，預估到二○二六年，老年人口將達到20.6%，成為「超高齡社會」。因應臺灣已進入高齡化社會，二十年後將進入老年人口超過兩成的超高齡社會，即每五位人口中，就有一位是六十五歲以上的老人。再加上社會型態及家庭結構急遽轉變，人口老化所衍生的各種問題，顯得相當重要並值得加以重視。

針對國內正面臨少子化與高齡化的問題，教育部研擬完成「邁入高齡社會老人教育政策白皮書」，並於二○○六年十二月二十九日公布，將我國老人教育工作願景定位為：終身學習、健康快樂、自主尊嚴、社會參與，並且建構老人教育的全民體系網絡，以正規學校教育及社會教育合力推動。其最重要的施行意義在於：(1)保障老人權益，提升老人心理及生理健康，促進成功老化；(2)提升老年人退休後家庭生活及社會的調適能力，減少老化速度；(3)提供老人再教育及再社會參與的機會，降低老人被社會排斥與隔離的處境；(4)建立一個對老人親善以及無年齡歧視的社會環境。教育部除了規劃符合老人需求的終身學習教育方向，也將老化知識納入九年一貫國教課程議題教學。並希望各級學校安排「祖孫週」、「老化體驗日」等教學活動，讓不同年齡的孩子瞭解老化的意義，學習關心老人，並在二〇〇七年辦理老人教育五年實施計畫。

綜觀一九九八、二〇〇二年行政院核定的「加強老人安養服務方案」，與二〇〇六年教育部研擬的「邁入高齡社會老人教育政策白皮書」可知，政府目前均將「社會參與」列為實施要項，同時也將老人教育工作列入。由這些政策的發展面向可知：老化的議題不論是從福利或是教育的角度來看，「社會參與」的促進為對老化具有實質意義的重要對策。社會現今必須要面對的課題，是將這些為數愈來愈多的老年人口，放入社會的運作體系中，善加利用他們的能力。以老年人所累積的智慧，提供老人能量，再度服務社會、貢獻社會。

### ■老人社會參與的界定

國內對老人社會參與的界定多有探討，茲整理相關敘述如下：

1.黃國彥、詹火生（1994）認為，「老人社會參與」一為有酬的工作、二為無酬的志願服務工作。

2.林珠茹（2002）認為，「老人社會參與」是一個動態的概念和行動，也是有組織的行動投入社區活動。

3.曾中明（1993）則認為，「老人社會參與」的層面很廣，包括政治、經濟、文化、社會及教育等公共事務，並將之分成：休閒活動、宗教活動、志願服務、進修研習與政治參與等五種類型。

4.張怡（2003）則認為，社會參與的界定可從定義及類型加以區分：

(1)在定義上：老人透過參與社會的機會和權利的擁有，以一個動態的概念和行動，有組織的投入社會上各類型的活動形式。

(2)在類型上：區分有酬勞形式的人力資源運用及無酬勞性質的社區參與。社區參與包括文康休閒、志願服務、宗教活動及政治參與。

5.黃富順等學者（2006）認為，成人社會參與的基本概念，乃指成熟

的個體對公共事務在認知、態度、意見上的表達，以及實際參與行動等不同層面的表現。並分成下列四種形式：

(1)透過社區鄰里事務的意見表達與決策。

(2)透過非營利組織的活動。

(3)透過宗教團體。

(4)透過政黨參與。對公共事務靜態的關心到實際行動，都可說是成人對社會事務的涉入。

### ■老人社會參與的重要性

由於平均餘命的提高，生命週期延長，加上生物科技的進步及生活品質的大幅改善，老年人身體健康者的數據也呈增加的趨勢，這使得社會上存在著更多的老年人，也帶動影響老人的社會地位。黃富順等學者（2006）指出，新一代的老人具有三個特徵：健康良好、教育程度高、經濟有保障；因此，他們往往熱中政治、社會及教育活動的參與，以旺盛的精神，積極參與社會各項活動。對於現今的老年人口，我們應該要跳脫老年人是屬於需要被照顧的觀念，擺脫以往習於將老年人當作無角色的角色（roleless role）之看法，對老年人的生活與社會資源做重新的檢視。

### ■老人社會參與的需求

Moody在一九七六年將老人教育的發展分為四個層級階段：拒絕與忽視、社會服務、社會參與、自我實現等。以我國目前狀況而言，老人教育主要處於社會服務的型態，且包含社會參與的部分（顏蒨榕，2002）。老人教育的目標必須針對老人的需要，並配合老年期的發展任務，在健康維護、心理調適、經濟管理、社會關係的調整、休閒生活的知能、第二生涯發展、生命意義的發現與重建等諸多方面給予協助，使老人有效解決生活中的問題，在人生的最後階段中，尋求整全生命的永恆意義（邱天助，1991）。

社會參與是老人教育的層級階段，而老人教育目標的實踐，必須針對老人的需求。McCluskyu依據發展觀點提出老年人特殊需求的論述，描繪老人社會參與型態、參與內涵，以社會參與方式回應老人需求，期能增進老人社會參與發展的周延性。

**表10-5**列出五種老年人需求的種類、內容（吳老德編著，2003）、社會參與型態及其內涵：

**表10-5　不同的老人需求及其社會參與型態**

| 老人需求的種類 | 老人需求的內容 | 社會參與型態 |
|---|---|---|
| 應付的需求（coping needs） | 可以使個體自複雜的社會充分發揮需求，其中包括生理需求、社會互動、消費及生活的基本能力。 | **■有酬勞性質的人力資源**<br>2002年第二次老齡問題世界大會的報告書中指出（張怡，2003），老人人力資源的目標乃為所有想要工作的老年人提供就業機會。老年人若能從事有酬勞的工作，個人經濟消費能力得以提升，能有效滿足自己的基本需求，降低依賴，提昇老人尊嚴。 |
| 貢獻的需求（contributory needs） | 藉由利他慾望充實自己與增進自我價值，並促進自我統整。 | **■志願服務**<br>依據「老人福利法」第二十三條規定：「老人志願以其知識、經驗貢獻於社會者，社會服務機構應予介紹或協助，並妥善照顧。」（內政部社會司，2007）<br>一九九一年的「聯合國老人綱領」中亦鼓勵老人從事志願服務。鼓勵老人服務社區與擔任適合自己興趣及能力的志工，能提昇老人貢獻的動力，傳授自己的知識和技能。志願服務的美德，可以促進社會進步與提昇國民生活素質。從社會交換理論來看，老人的志願服務可看作是一角色變換。它使老年人更能體諒他人，為社會多付出一些心力，也從幫助他人中獲得更多的快樂與成就感。 |

（續）表10-5　不同的老人需求及其社會參與型態

| 老人需求的種類 | 老人需求的內容 | 社會參與型態 |
|---|---|---|
| 表達與沉思的需求（expressive and contemplative needs） | 個體從活動參與中獲得內在回饋，使心理獲得滿足。 | **■文康休閒：參與休閒教育活動，保持社會接觸，減少社會隔離**<br>許多中外研究均證實，老人參與休閒、文化或教育活動，可以有效促進身心健康。這些活動，除了可以發展友誼，更可增進創造力，改變自我形象。在我國「老人福利法」第九條明白規定，政府應視需要設立並獎助私人設立各類老人福利機構，其中第四項所謂的「文康機構」，係以舉辦老人休閒、康樂、文藝、技藝、進修及聯誼活動為目的。 |
| 影響的需求（influencing needs） | 透過老年人累積豐富經驗的傳承，可使老年人覺得生活更具意義。 | **■政治參與**<br>依據Zastrow及Kirst-Ashman（1997）所提出的高齡化與老人服務中最特別的部分在於老人政治勢力的興起。在美國，有許多退休組織積極聯合其他團體為老人權益發聲（張怡，2003）。國內大多數的退休組織則都傾向於休閒單位，只從事一般性質的聯誼聚會型的活動。對關心的事發表言論、進行討論，可以幫助老人認清最適合自己的角色，發展個人或團體技巧，提供社會支持，以爭取個人或社區的共同利益，這部分值得國內加強。 |
| 超越的需求（The needs for transcendence） | 更深入瞭解生命之意義，超越生理限制，使人生達致圓融的境界，進而有更高層次的領悟。 | **■宗教活動**<br>「老人福利法」第二十四條規定：「有關機關、團體應鼓勵老人參與社會、教育、宗教、學術等活動，以充實老人精神生活。」這與最近倡導的「靈性學習」，以及面對臨終的生命教育，其訴求是一致的，提供智慧認識人生意義，詮釋不同的人生意義，對老人給予支持性的回顧環境；參與此類型活動的精神在於使老人接受自己，認同生命的價值。 |

總之，對於老人而言，要提升或維持身體機能與生活品質，參與定期的、適度的體力活動是相當重要的。與社會中其他年齡層一樣，老人也有相同的一些需求。要滿足這些需求，主要的差異是如何滿足並提供何種類型的服務？老人的社會參與選擇，可能是由個人的不同經驗、教育程度、生活環境、健康情況、知識、技能與個人需求所決定，某位老人的休閒，可能是另一個人的工作（葉肅科，2004）。因此，老人在生理、心理與社會參與等層面各有不同需求，為了滿足老人福利需求，自然會產生各項福利措施與不同面向的社會參與方式，故其參與的類型與實質意涵，也會有差異。不同境遇的老人，適合採取的社會參與方式也不盡相同。隨著老人年齡的增加，老化程度不一，依賴程度可能增強，因此，不同階段的老人福利需求與社會參與方式都有可能不同。

## 五、老人居住的安排

美國的高齡者日常的居住空間隨著退休和旅遊活動的減少而相形重要。由於退休老人的經濟能力下降，體力衰微，不僅工作、退休和旅遊受影響，就連居家活動範圍也受到影響，因此，居住空間的安排是高齡者生命歷程中提昇生活品質的終極目標。臺灣的社會亦是如此，安養院、養生村、老人公寓、老人獨居的名詞也應運而生，而且也被發展成獨特的老人福利（照護）事業。生活方式、健康、興趣、日常生活自理能力、婚姻狀況和收入等，皆會影響老年人對住房設計的抉擇，**表10-6**提供一些老年人退休家居（retirement housing）的規劃。

除了上述健康老人的退休家居型態外，大約也有5%的六十五歲老人居住在養護院或其他集體式的看護機構。當沒有家庭成員能幫助一個老年人管理其日常生活所需時，進入養護中心（院）的機率就會大為提高。在國外，許多養護中心最後會發展成為長期護理養老社區（continuing-care retirement community），只要住在那裡，生病或喪失能

表10-6　退休住所的六種類型

| |
|---|
| ■**退休旅館（retirement hotel）**<br>位於洛杉磯市區，為許多位於市中心地區的老旅館，因失去吸引力，為了維持適當的使用率，有些旅館轉為老年旅館。這類型旅館通常不需要多大調整，因為旅館中居住的基本都是老年公民。在這種退休旅館，每日供給兩餐。所有的居室都是單間。在旅館底部有一個娛樂室，中層有交誼廳、遊憩室和視聽室。 |
| ■**出租的養老村（rental retirement village）**<br>為簡易的老人公寓而非通常被理解為老年人居住的鄉村俱樂部的舊有概念。出租的養老村得到美國政府財政的支持。養老村位於近郊，包括大約八十座單層建築；此外，還有一個很大的中心建築，裡面設有管理辦公室、自助餐廳、圖書館、醫生診所、娛樂室、活動室和休息處，還有一個小型百貨商店。 |
| ■**公寓型套房**<br>是一種在美國許多地區正快速發展的類型，為位於城區的單幢高層建築（single high-rise building），由美國政府所計畫，並為教堂和其他非營利性組織貸款所資助，比起從事其他經營來，它的盈利率非常低。所有的住房是公寓套房，大樓裡有休息室和娛樂室。 |
| ■**郊區獨立型退休村（retirement villages）**<br>位於加利福尼亞南部的半乾燥的山地—沙漠地區。絕大部分住房是單獨家庭住房，少數為有花園的公寓。除有一個購物中心外，還有許多昂貴的娛樂設施，包括高爾夫球場、游泳池和特別設計的活動建築或場地。 |
| ■**豪華型退休村**<br>為抵押與合資方案建造，位於加利福尼亞北部，是較為豪華的退休村（luxurious retirement villages）。所有住房都是公寓套房（一至三個臥室），有醫療診所、高爾夫球場、游泳池、俱樂部，以及為藝術和工藝、娛樂、會議和授課準備的建築和場地。診所中全天有護士值班，而且有家訪護理服務。居民們也辦有健康保險。 |
| ■**教會主辦的生活養護所（life-care home）**<br>為經美國國家社會福利部許可對個人照顧和保護的服務。要以火災、意外事故及健康保險為抵押（附設有附屬醫療部門，但並不包括住院醫生）。提供全天飲食。其地點位於加利福尼亞南部都市的大學城。具吸引力的特色是提供三種不同類型的住房：單幢住所、公寓套房和單間住房，根據個人自我照顧能力的下降程度，分別安排居住。中心建築內有餐廳、休息室和活動室。 |

資料來源：Sherman, S. R. (1971).

力都可以獲得照顧及護理保障（Cohen, Tell, & Wallace, 1988）。

在美國約有一半的州因應老年化的時代，已發展以社區為本位的長期看護計畫，由居住在社區的人員為那些患有慢性疾病的老年人提供治療和社會服務，臺灣也積極發展老年的長期照顧計畫。這些計畫減輕了家庭成員和親友們照顧老年人的負擔，也給喜歡留在家裡的獨居老人帶來安慰。長期照顧計畫提供老年人必要的服務，並隨個人的情況與需求而變化，因而也具有相當彈性及靈活性。這些計畫絕對需要政府及民間財力和科技的支持，來強化老年人的居住安排及提升高齡者的生活水準和機能。

## 第四節　結語

人類壽命的延長使得六十五歲的人還有至少二、三十年的平均餘命，所以老年人實難以定義，也有人將六十五歲的個體分為青老年、中老年及老老年。Erikson的心理社會發展理論認為，這個階段的主要任務是統整和絕望，個體在此階段傾向回顧他們一生的功成名就。老人家喜歡敘述過去，因為過去帶來一些成就、快樂的回憶，他們不是活在過去，而是過去在他們心中活著，回顧歷史是老人家活出生命意義的一種活動。

隨著身體老化，老人家也伴隨一些慢性疾病，其中又以關節炎和高血壓最為常見，此外，老年人的新陳代謝速度減緩，營養均衡和充分運動將有助老年時期的健康維護。老年期的身體老化並不意味著其失去心智能力，只是感覺器官的退化加上短期記憶的衰退造成其流體智力減緩，但結晶智力卻沒有太大的影響。然而，失落及憂鬱卻是老年時期要嚴肅面對的心理課題，特別是面對個人的老化及親友的死亡，老人癡呆和憂鬱症是老年期最常見及嚴重的心理違常行為，社會支持為減緩其症狀的良劑。

到底老年時期應要撤離（disengagement）還是要加以活動（activity），實是見仁見智的問題，這要看個體的健康、人格、經濟狀

況、能力及社會支持而定，但至少個體應維持休閒活動及社會參與。

家庭在老年期的社會化也提供必要的支持，尤其與配偶、家人及親友的互動。有些老人免除父母角色，但另一角色（祖父母）也為個體帶來具體的意義。老人選擇的居住方式也影響個體的生活自理照顧和機能，長期照護乃是因應老年化趨勢所發展的社會政策與福利服務，有賴政府、民間團體和科技的能力來減緩家人所產生的照顧壓力。此外，老人被虐待、歧視以及生活在貧窮邊緣皆是老年生活適應的危機，去除刻板化以及社會政策的制定，實能提升老人福祉，這是一個嚴肅的課題。

Vaillant（2002）的縱貫研究探索影響老年長壽、健康、幸福的因子，以作為其預測因子（見**表10-7**）。不具影響的變項有祖先長壽史、膽固醇、壓力、父母特徵、兒童期氣質及優良社會關係；但具影響的預測變項為抽菸、喝酒、體重、婚姻穩定性、運動及教育等。Vaillant不用風險因子來「羞辱受害者（老人）」，而採用較可以控制的預測因子；此外，Vaillant也建議老人應持續提供好的照顧、未來導向、感激與寬恕的能力、同理心及願意與其他人共事等來當作提昇個體幸福感品質。

**表10-7　影響老年健康的預測變項**

| 對老年健康沒有預測力的變項 | 對老人健康具有預測力的變項 |
|---|---|
| 1.祖先的長壽史。 | 1.不抽菸或年輕時即戒除。 |
| 2.膽固醇。 | 2.使用成熟的防衛機轉。 |
| 3.壓力。 | 3.不酗酒。 |
| 4.父母特徵。 | 4.健康的體重管理。 |
| 5.兒童期氣質。 | 5.婚姻穩定。 |
| 6.優良社會關係。 | 6.運動。 |
| | 7.教育年資。 |

# 參考書目

## 一、中文部分

內政部社會司（2007）。老人福利服務，http://sowf.moi.gov.tw/04/07/07.htm。

內政部統計處（2016）。104年第3週內政統計通報（103年底人口結構分析），http://www.moi.gov.tw/stat/news_content.aspx?sn=9148。

內政部統計處（2016）。內政部統計年報，http://sowf.moi.gov.tw/stat/year/list.htm。

內政部統計處（2016）。國民生命表，http://sowf.moi.gov.tw/stat/life/T06-complete.html。

吳老德編著（2003）。《高齡社會——理論與策略》。臺北：新文京開發。

林珠茹（2002）。《老人社區參與和生命意義之相關因素探討》。臺北：國立臺北護理學院護理研究所未出版碩士論文。

邱天助（1991）。〈老人基本教育的理論與實踐〉。《成人基本教育》，教育部教育司主編。

洪貴貞譯（2003）。《人類行為與社會環境》（Vimala Pillari著）。臺北：洪葉。

張怡（2003）。〈影響老人社會參與之相關因素探討〉。《社區發展期刊》，103，225-233。

曾中明（1993）。〈老年人的社會參與——志願服務〉。《社區發展季刊》，64，94-96。

黃國彥、詹火生（1994）。《銀髮族之社會資源》。嘉義：國立嘉義師範學院編印。

黃富順等（2006）。《成人發展與適應》。臺北：國立空中大學。

葉肅科（2004）。〈老人休閒、娛樂、教育與志願服務需求與趨勢〉。《兩岸四地社會福利學術研討會論文集》。

顏蒨榕（2002）。《老人生死教育課程內容與教學之研究》。嘉義：南華大學生死學研究所碩士論文。

## 二、英文部分

Aldwin, C. M., & Gilmer, D. (2004). *Health, Illness, and Optimal Aging: Biological and Psychosocial Perspectives*. Thousand Oaks, CA: Sage Publications Inc.

Anthony, S. (1972). *The Discovery of Death in Childhood and After*. New York: Basic Books.

Arber, S., & Ginn, J. (1995). *Connecting Gender and Aging: A Sociological Approach*. Philadelphia, PA: Open University Press.

Atchley, R. (1976). *The Sociology of Retirement*. New York: Halsted Press.

Atchley, R. C. & Miller, S. J. (1983). Types of elder couples. In. T. H. Brunbaker (Ed.). *Family Relationships in Later Life*. Beverly Hills, CA: Sage.

Azar, B. (1996/11). Some forms of memory improve as people age. APA Monitor, 27.

Bengtson, V. L., Gans, D., Putney, N. M., & Silverstein, M. (2009). *Handbook of Theories of Aging* (2nd ed.). NY: Sprirger.

Benjamin, K., Edwards, N. C., & Bharti, V. K. (2005). Attitudinal, perceptual, and normative beliefs influencing the exercise decisions of community-dwelling physical frail seniors. *Journal of Aging and Physical Activity, 13 (3),* 276-293.

Bergman, C. S., Plomin, R., Pedersen, N. L., McClearn, G. E., & Nesselroade, J. R. (1990). Genetic and environment influences on social support: The Swedish adoption/twin study of aging. *Journal of Gerontology: Psychological Sciences, 45,* 101-106.

Blau, P. M. (1964). *Exchange and Power in Social Life*. NY: Wiley.

Charness, N. & Bosman, E. A. (1992). Human factors in aging. In F. I. M. Cralk & T. A. Salthouse (Eds.). *The Handbook of Aging and Cognition*. Hillsdale, NJ: Erlbaum.

Clay, R. A. (1997/04). Helping dying patients let go of life in peace. APA Monitor, 42.

Cobb, S. (1979). Social support and health through the life course. In M. W. Riley (Ed.). *Aging from Birth to Death*. Boulder, Colo: Westview.

Cohen, M. A., Tell, E. J., & Wallace, S. S. (1988). The risk factors of nursing home entry among residents of six continuing care retirement community. *Journal of Gerontology: Social Sciences, 43,* s15-s21.

Conn, D. K. (2001). Mental health issue in long-term care facilities. In D. Conn, N. Herrmann, A. Kaye, D. Rewilak, & B. Schogt (Eds.). *Practical Psychiatry in the*

*Long-term Care Facility: A Handbook for Staff* (pp. 1-16). Seattle, WA: Hogrefe & Huber.

Cumming, E. & Henry. W. (1961). *Growing Old*. NY: Basic Books.

Dean, R. G. (1993). Teaching a constructive approach to clinical practice. In J. Laird (Ed.). *Revisioning Social Work Education: A Social Constructionist Approach* (pp. 55-75). NY: Haworth Press.

Direnfeld, D. & Roberts, J. (2006). Mood congruent memory in dysphoria: The role of state affect and cognitive style. *Behavior Research and Therapy 44(9),* 1275-1285.

Duffy, J. A. (1998/09/29). Older adults enjoy sex, too, poll says. The Arizona Republic, A6.

Eliopoulus, C. (2010). *Gerontological Nursing* (7th ed.). Philadelphia, PA: Lippincott, Williams & Wilking.

Erikson, E. (1968). *Identity: Youth and Crisis*. New York: Norton.

Ferraro, K. F. (1990). Cohort analysis of retirement preparation, 1974-1981. *Journal of Gerontology, 45*. S25.

Flanagan, J. C. (1980). Quality of life. In C. A. Bond & J. C. Rosen (Eds.). *Competence and Coping During Adulthood* (pp.156-177). Hanover, NH: University Press of New England.

Florian, V. & Kravetz, S. (1983). Fear of personal death: Attribution structure and relation to religious belief. *Journal of Personality and Social Psychology, 44*, 600-607.

Foner, A. (1995). Social stratification. In G. L. Maddox (Ed.). *The Encyclopedia of Aging: A Comprehensive Resource in Gerontology and Geriatrics* (2nd ed., pp. 887-890). NY: Springer.

Fried-Cassorla, M. (1977). Death anxiety and disengagement. Paper presented at the annual convention of the American Psychological Association, San Francisco.

Greve, W. & Staudinger, U. M. (2006). Resilience in later adulthood and old age: Resources and potentials for successful aging. In D. Cicchetti & D. J. Cohen (Eds.). *Developmental Psychopathology: Risk, Disorder and Adaptation* (Vol. 3, pp. 790-840). Hoboken, NJ: John Wiley & Sons.

Gruetzner, H. (1988). *Alzheimer's: A Caregiver's Guide and Sourcebook*. New York: Wiley.

Hagestad, G. (1985). Continuity and connectedness. In V. L. Bengston & J. Robertson (Ed.). *Grandparenthood*. Beverly Hills, CA: Sage.

Havighust, R. J. (1968). Personality and pattern of aging. *The Gerontologist, 8*, 20-23.

Hendricks, J. & Hatch, L. R. (2006). Lifestyle and aging. In R. H. Binstock & L. K. George (Eds.). *Handbook of Aging and the Social Science* (pp. 301-319), Amsterdam: Elsevier.

Hooyman, N. R. & Kiyak, H. A. (2011). *Social Gerontology: A Multidisciplinary Perspective* (9th ed.). Boston: Allyn & Bacon.

Horn, J. L. (1982). The theory of fluid and crystallized intelligence in relation to concepts of cognitive psychology and aging in adulthood. In. F. J. M. Cralk & S. Tiehub (Eds.). *Aging and Cognitive Processes* (pp. 237-278). New York: Plenum.

House, J. S. (1985). Social support. LSA, 8, 5-8.

Hutchison, E. D. (2015). *Dimensions of Human Behavior: The Changing Life Course* (5th ed.). Thousand Oaks, CA: Sage Publications Inc.

Institute for the Study of Aging (2001). Achieving and maintaining cognitive vitality with aging (International Longevity Center Workshop Report).

Kalish, R. A. & Reynolds, D. K. (1976). *Death and Ethnicity: A Psychocultural Study*. Los Angeles, CA: University of Southern California Press.

Kalish, R. A. (1985). *Death, Grief, and Caring Relationships* (2nd ed.). Pacific Grove, CA: Brooks/ Cole.

Kaye, L. W. (2005). The emergence of the new age and the productive aging perspective. In W. Kaye (Ed.), *Perspectives on Productive Aging: Social Work with the New Age* (pp. 3-18). Washington DC: NASW.

Kübler-Ross, E. (1969). *On Death and Dying*. New York: Macmillan.

Marsiglio, W. & Donnelly, D. (1992). Sexual relations in later life: A national study of married persons. *Journal of Gerontology, 46*, 334-338.

Meyers, G. C. & Mauton, K. G. (1984). Compression of mortality: Myth or reality? *Gerontologist, 24*, 346-353.

Miller, B. C. (1976). A multivariate development model of marital satisfaction. *Journal of Marriage and the Family, 38*, 643-657.

Moody, H. R., & Sasser, J. (2012). *Aging: Concepts and Controversies* (7th ed.). LA:

Sage.

Neugarten, B. & Weinstein, R. (1964). The changing American grandparent. *Journal of Marriage and the Family, 26*, 199-204.

Neugarten, B. L., Havighust, R. J., & Tobin, S. S. (1968). Personality and patterns of aging. In B. L. Neugarten (Ed.). *Middle Age and Aging*. Chicago IL: University of Chicago Press.

Newman, B. M. & Newman, P. R. (1983). *Understanding Adulthood*. New York: Holt, Rinehart & Winston.

Newman, B. M. & Newman, P. R. (1999). *Development Through Life: A Psychosocical Approach* (7th ed.). Belmont, CA: Brooks Cole/Wadsworth.

Orthner, D. (1975). Leisure activity patterns and marital satisfaction over the marital career. *Journal of Marriage and the Family, 37*, 91-102.

Rich, C. L., Young, D., & Fowler, R. C. (1986). San Diego suicide study. *Archives of General Psychiatry, 43*, 577-582.

Rieker, P. P. & Bird, C. E. (2005). Rethinking gender differences in health: Why we need to integrate social and biological perspectives. *Psychological Sciences and Social Sciences, 60*, 40-47.

Santrock, J. W. (1995). *Life-span Development* (5th ed.). Madison, WI & Dubuque, IA: Brown & Benchmark.

Santrock, J. W. (2004). *Life-span Development* (7th ed.). Madison, WI & Dubuque, IA: Brown & Benchmark.

Schaie, K. W. (1987). Intelligence. In G. L. Maddox (Ed.). *The Encyclopedia of Aging* (pp. 357-358). New York: Springer.

Schaie, K. W. (1994). The course of adult intellectual development. *American Psychologist, 49*, 304-313.

Sherman, E. (1991). *Reminiscence and the Self in Old Age*. NY: Springer.

Sherman, S. R. (1971). The choice of retirement housing among the well-elderly. *Aging and Human Development, 2*, 119-120.

Silverman, P. R. (2004). Bereavement: A time of transition and changing relationships. In J. Berzoff & P. R. Silverman (Eds.), *Living with Dying: A Handbook for End-of-Life Healthcare Practitioners* (pp. 226-241). NJ: Columbia University Press.

Silverman, P. R.(1987). Widowhood as the next stage in the life course. In H. Lopata (Ed.). *Widows: Vol. II. North America* (pp. 171-190). Durham, NC: Duke University Press.

Sunderland, T., Lawlor, B. A., Molchan, S. E., & Martinez, R. A. (1988). Depressive symptoms in the elderly: Special concerns. *Psychopharmacology Bulletin, 24*, 567-576.

Tinsley, H. E., Teaff, J. D., Colbs, S. L., & Kaufman, N. (1985). System of classifying leisure activities in terms of the psychological benefits of participation. *Journal of Gerontology, 40*, 172-178.

Tobin, S. (1988). Preservation of the self in old age. *Social Casework: The Journal of Contemporary Social Work, 66 (9)*, 550-555.

Tornstram, L. (2005). *Gerotranscendence: A Developmental Theory of Positive Aging*. NY: Springer.

Twente, E. (1965). Aging, strength and creating. *Social Work, 10*, 105-110.

U. S. Bureau of the Census (1989). Population profile of the United States, 1989. Current Population Reports (Ser. p.23 no.159). Washington, D.C.: U.S. Government Printing Office.

U. S. Census Bureau (2003). Statistical abstract of the United States. Table 105, p.83. Washington D.C.: U. S. Government Printing Office.

Vaillant, G. (2002). *Aging Well: Surprising Guideposts to a Happier Life from the Landmark Harvard Study of Adult Development*. Boston: Little, Brown.

Wood, V. & Robertson, J. E. (1978). Friendship and kinship interaction: Differential effect on the morale of the elderly. *Journal of Marriage and the Family, 40*, 367-375.

Woolf, S. & Aron, L. (Eds.). (2013). U.S. Health in international perspective: Shorter lives, poorer health. Washington, DC: Institute of Medicine.

Zastrow, C. & Kirst-Ashman, K. K. (1997). *Understanding Human Behavior and the Social Environment* (4th ed.). Chicago, IL: Nelson-Hall.

社工叢書

# 人類行為與社會環境

作　　者 / 郭靜晃
出 版 者 / 揚智文化事業股份有限公司
發 行 人 / 葉忠賢
總 編 輯 / 閻富萍
特約執編 / 范湘渝
地　　址 / 22204 新北市深坑區北深路三段 258 號 8 樓
電　　話 / 02-8662-6826
傳　　真 / 02-2664-7633
網　　址 / http://www.ycrc.com.tw
E-mail / service@ycrc.com.tw
ISBN / 978-986-298-237-2
二版一刷 / 2016 年 9 月
二版二刷 / 2020 年 9 月
定　　價 / 新台幣 650 元

國家圖書館出版品預行編目(CIP)資料

人類行為與社會環境／郭靜晃著. -- 二版. --
新北市：揚智文化，2016. 09
面； 公分. -- (社工叢書)

ISBN 978-986-298-237-2 (平裝)

1.社會心理學 2.人類行為 3.社會環境

541.75 105016371